JN305295

日本経済統計集 1989-2007

本間立志［監修］

日外アソシエーツ

Japanese Economic Statistics

1989 - 2007

Supervised by
Ryushi Homma

Compiled by
Nichigai Associates, Inc.

本書はディジタルデータでご利用いただくことができます。詳細はお問い合わせください。

●編集担当● 町田 千秋／比良 雅治

序

本書は、総務省統計局が編集した『日本統計年鑑』をもとに、日外アソシエーツ編集部が作成した統計集である。グラフを使って、数値を視覚的に表現している。

グーグルの画像検索で「夜の地球」と入力すると、はるか上空からとらえた夜景を見ることができる。経済活動が盛んなところは明るく照らされ、不活発なところは暗く見える。朝鮮半島を見ると、南半分は明るく北半分は暗い。カナダは、米国との国境に張り付いた東西に細長い国にも見える。日本は沿岸部が明るく、国土が明瞭に識別される。

地表でどのようなことが行われているかを調べる手がかりの１つとして、ダニエル・ハフの『統計でウソをつく法』が挙げられる。統計のウソを見破る五つのカギが紹介されている。統計の出所、調査方法、隠されている資料、問題のすりかえ、外挿法の限界に注意が必要であると述べられている。

イアン・エアーズの『その数字が戦略を決める』は、絶対計算を紹介したものである。絶対計算は、データ解析およびデータ解析を使った意思決定のことである。例えば、小春日和にコンビニエンスストアで冷やし中華が並ぶことである。スティーヴン・レヴィットとスティーヴン・ダブナーの『ヤバい経済学』も、このデータ解析の手法を駆使して生み出されたそうである。

本統計集が、読者の探究心を刺激するきっかけになるならば、監修者として望外の喜びである。

2009年4月

本間 立志

目　次

凡　例

1．本書の内容

本書は、総務省統計局編、日本統計協会発行「日本統計年鑑」および、日本統計協会編、総務省統計局監修「新版　日本長期統計総覧」より、1989（平成元）年から2007（平成19）年までの日本の経済および社会生活に関する140種の統計データを抽出累積したものである。

2．基本原則

1）同一事項の統計データであっても時代により調査方法や調査内容などが異なるものは別表とした。

2）正誤表がある場合はすべて正誤表に従った。

3）同一年次の調査方法も調査内容も同一の統計データが、出所となる資料の発行年次によって異なる場合は、原則新しい発行年次のものを掲載した。

4）原本の明らかな誤植も正誤表に記載のないものはそのまま掲載した。

5）原本記載の注記（頭注および脚注）は「原注」として各表末に掲載した。

6）以下の記号を使用した。

＃　うち数であるもの

－　該当する数字が存在しないもの

…　数字が得られないもの

3．排列

各統計表を「人口」「労働」「貿易」「金融」「財政」「教育」「農林水産業」「鉱工・建設業」「運輸・通信」「企業」「環境」「国民生活」「国民経済計算」の13分野に区分し、この順に掲載した。各分野における排列は概ね原本の掲載順とした。

4．出所

1）統計データの出所は各表末に略記した。

2）掲載ページなど出所の詳細は巻末の「出所一覧」にまとめた。

5．折れ線グラフ

各統計表の中から主要項目を選び編集部で作成した。

6．事項名索引

各統計に関連する語を五十音順に並べ、掲載ページを示した。

日本経済統計集 1989–2007

1. 人　口

1-1　人口の推移

年　次		人　口　(1,000)			人口増減　(1,000)　1)				
		総数	男	女	計	自然増減 2)	出生児数	死亡者数	社会増減 3)
1989	平成元年	123,205	60,515	62,690	459	476	1,270	794	-4
1990	〃 2年	a) 123,611	a) 60,697	a) 62,914	406	417	1,241	824	2
1991	〃 3年	124,101	60,934	63,167	490	394	1,224	829	38
1992	〃 4年	124,567	61,155	63,413	466	374	1,228	854	34
1993	〃 5年	124,938	61,317	63,621	370	322	1,205	882	-10
1994	〃 6年	125,265	61,446	63,819	327	351	1,229	877	-82
1995	〃 7年	a) 125,570	a) 61,574	a) 63,996	305	297	1,222	925	-50
1996	〃 8年	125,859	61,698	64,161	289	307	1,203	896	-13
1997	〃 9年	126,157	61,827	64,329	297	288	1,209	921	14
1998	〃 10年	126,472	61,952	64,520	315	282	1,215	933	38
1999	〃 11年	126,667	62,017	64,650	195	212	1,198	985	-12
2000	〃 12年	a) 126,926	a) 62,111	a) 64,815	259	226	1,194	968	38
2001	〃 13年	127,316	62,265	65,051	390	219	1,185	966	146
2002	〃 14年	127,486	62,295	65,190	170	195	1,176	981	-51
2003	〃 15年	127,694	62,368	65,326	208	115	1,138	1,023	68
2004	〃 16年	127,787	62,380	65,407	93	103	1,126	1,024	-35
2005	〃 17年	a) 127,768	a) 62,349	a) 65,419	-19	9	1,087	1,078	-53
2006	〃 18年	127,770	62,330	65,440	2	0	1,090	1,090	1
2007	〃 19年	127,771	62,310	65,461	1	-2	1,101	1,103	4

原注：「国勢調査」及び「人口推計年報」による。10月1日現在。昭和20年から45年までの各数値には沖縄県を含まない。 1) 前年の10月からその年の9月末までの数値。 2) 平成2年9月以前は厚生省人口動態統計確定数，日本人については遅れて届け出られた出生児数及び死亡者数も，その発生月に繰り入れて計算を行った。平成2年10月以降は人口動態統計月報（概数）による。 3) 法務省の正規出入国者数。外国人出入国者は在留期間短期の者を除く。4) 国勢調査年以外は，「全国都道府県市区町村別面積調」を用いて算出した。昭和20年以降の密度計算に用いた面積には歯舞群島，色丹島，国後島，択捉島及び竹島を含んでいない。 a) 国勢調査人口。

出所：58

人　口

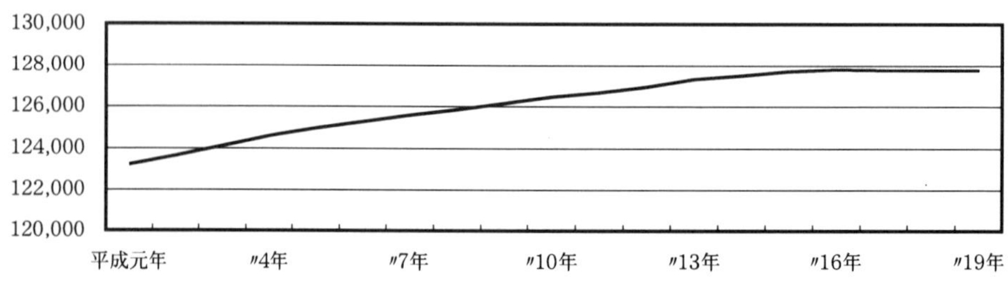

年　次	人口増減 (1,000)　1) 各回国勢調査間の補正	人口増加率 （人口1,000につき）	人口密度 （人/km^2 ） 4)
1989　平成元年	-13	3.7	330.5
1990　〃2年	-13	3.3	331.6
1991　〃3年	58	4.0	332.9
1992　〃4年	58	3.8	334.2
1993　〃5年	58	3.0	335.2
1994　〃6年	58	2.6	336.0
1995　〃7年	58	2.4	336.8
1996　〃8年	-5	2.3	337.6
1997　〃9年	-5	2.4	338.4
1998　〃10年	-5	2.5	339.3
1999　〃11年	-5	1.5	339.8
2000　〃12年	-5	2.0	340.4
2001　〃13年	25	3.1	341.5
2002　〃14年	25	1.3	341.9
2003　〃15年	25	1.6	342.5
2004　〃16年	25	0.7	342.7
2005　〃17年	25	0.1	342.7
2006　〃18年	-	0.0	342.6
2007　〃19年	-	0.0	342.6

人口密度

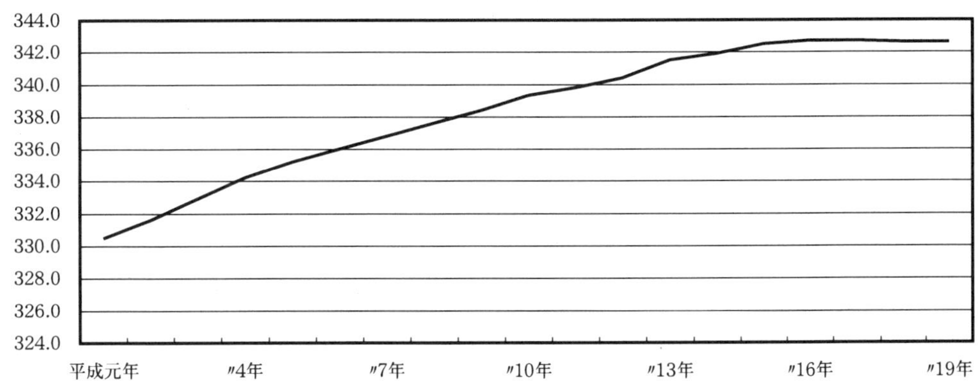

1-2　出生，死亡，死産，婚姻及び離婚数

年　次		出生数 (1,000)	死亡数 (1,000)	乳児死亡数 (1,000)	自然増加 (1,000)	死産数 (1,000)	婚姻件数 (1,000)	離婚件数 (1,000)
1989	平成元年	1,247	789	5.7	458	55	708	158
1990	〃2年	1,222	820	5.6	401	54	722	158
1991	〃3年	1,223	830	5.4	393	51	742	169
1992	〃4年	1,209	857	5.5	352	49	754	179
1993	〃5年	1,188	879	5.2	310	45	793	188
1994	〃6年	1,238	876	5.3	362	43	783	195
1995	〃7年	1,187	922	5.1	265	39	792	199
1996	〃8年	1,207	896	4.5	310	40	795	207
1997	〃9年	1,192	913	4.4	278	40	776	223
1998	〃10年	1,203	936	4.4	267	39	785	243
1999	〃11年	1,178	982	4.0	196	38	762	251
2000	〃12年	1,191	962	3.8	229	38	798	264
2001	〃13年	1,171	970	3.6	200	37	800	286
2002	〃14年	1,154	982	3.5	171	37	757	290
2003	〃15年	1,124	1,015	3.4	109	35	740	284
2004	〃16年	1,111	1,029	3.1	82	34	720	271
2005	〃17年	1,063	1,084	3.0	-21	32	714	262
2006	〃18年	1,093	1,084	2.9	8.2	31	731	257

原注：「人口動態調査」による。日本において発生した日本人に関するもの。1) 出生1,000につき。
出所：58

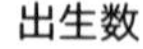
出生数

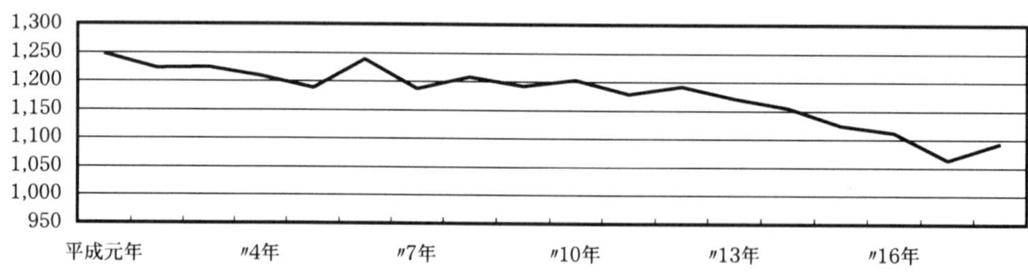

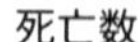
死亡数

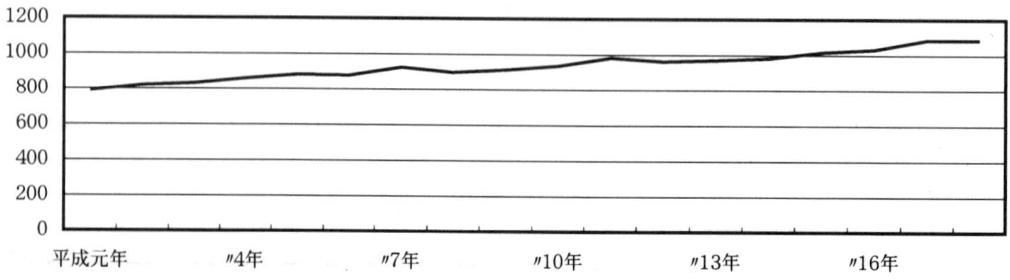

年　次		人口 1,000につき					乳児死亡率 1)
		出生率	死亡率	自然増加率	婚姻率	離婚率	
1989	平成元年	10.2	6.4	3.7	5.8	1.29	4.6
1990	〃2年	10.0	6.7	3.3	5.9	1.28	4.6
1991	〃3年	9.9	6.7	3.2	6.0	1.37	4.4
1992	〃4年	9.8	6.9	2.9	6.1	1.45	4.5
1993	〃5年	9.6	7.1	2.5	6.4	1.52	4.3
1994	〃6年	10.0	7.1	2.9	6.3	1.57	4.2
1995	〃7年	9.6	7.4	2.1	6.4	1.60	4.3
1996	〃8年	9.7	7.2	2.5	6.4	1.66	3.8
1997	〃9年	9.5	7.3	2.2	6.2	1.78	3.7
1998	〃10年	9.6	7.5	2.1	6.3	1.94	3.6
1999	〃11年	9.4	7.8	1.6	6.1	2.00	3.4
2000	〃12年	9.5	7.7	1.8	6.4	2.10	3.2
2001	〃13年	9.3	7.7	1.6	6.4	2.27	3.1
2002	〃14年	9.2	7.8	1.4	6.0	2.30	3.0
2003	〃15年	8.9	8.0	0.9	5.9	2.25	3.0
2004	〃16年	8.8	8.2	0.7	5.7	2.15	2.8
2005	〃17年	8.4	8.6	-0.2	5.7	2.08	2.8
2006	〃18年	8.7	8.6	0.1	5.8	2.04	2.6

婚姻率

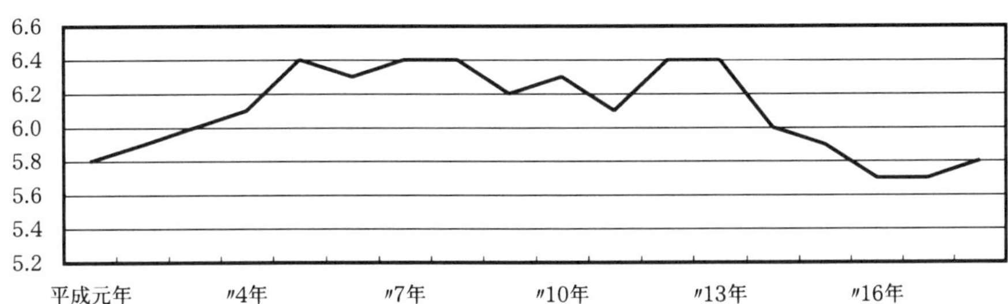

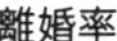
離婚率

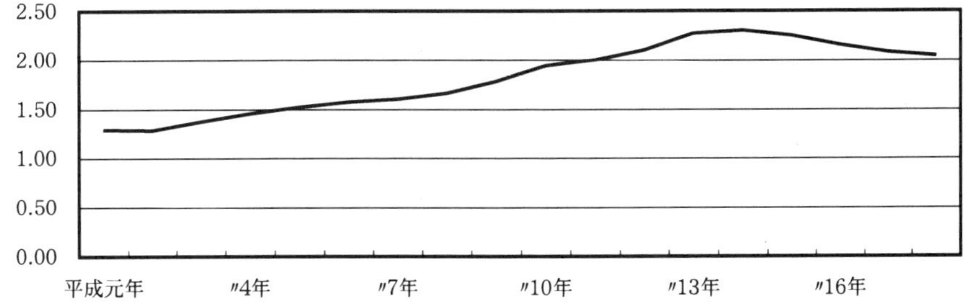

1-3　国籍別登録外国人数（平成元年～3年）

国　籍	平成元年 1989	平成 2年 1990	平成 3年 1991
総数	984,455	1,075,317	1,218,891
アジア	891,299	924,560	974,551
イスラエル	299	398	471
イラン	988	1,237	3,419
インド	2,926	3,107	3,653
インドネシア	2,781	3,623	4,574
韓国、北朝鮮	681,838	687,940	693,050
シンガポール	1,042	1,194	1,283
スリランカ	1,064	1,206	1,658
タイ	5,542	6,724	8,912
中国	137,499	150,339	171,071
パキスタン	1,875	2,067	3,741
バングラデシュ	2,205	2,109	2,542
フィリピン	38,925	49,092	61,837
ベトナム	6,316	6,233	6,410
マレーシア	4,039	4,683	5,639
その他	3,960	4,608	6,291
ヨーロッパ	23,123	25,123	28,383
アイルランド	587	671	366
イギリス	9,272	10,206	11,794
イタリア	890	940	1,091
オーストリア	320	309	355
オランダ	667	749	779
ギリシア	166	169	175
スイス	925	980	994
スウェーデン	554	586	620
スペイン	827	856	960
デンマーク	415	450	509

原注：外国人登録法に基づいて登録された各年末現在の数値である。

出所：42

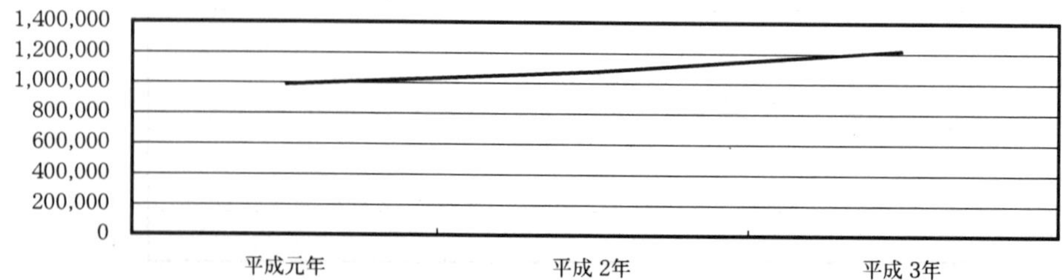

国　籍	平成元年 1989	平成 2年 1990	平成 3年 1991
ヨーロッパ			
ドイツ（旧西独地域）	3,315	3,606	3,821
ドイツ（旧東独地域）	95		
ノルウェー	354	360	403
フィンランド	385	432	432
フランス	2,881	3,166	3,517
ベルギー	371	402	412
ポーランド	316	359	447
ポルトガル	331	319	353
その他	452	563	855
北アメリカ	40,186	44,643	50,100
アメリカ合衆国	34,900	38,364	42,498
カナダ	4,172	4,909	5,903
メキシコ	691	786	927
その他	423	584	772
南アメリカ	21,899	71,495	153,099
アルゼンチン	1,704	2,656	3,366
ブラジル	14,528	56,429	119,333
ペルー	4,121	10,279	26,281
その他	1,546	2,131	4,119
アフリカ	1,838	2,140	3,364
エジプト	344	368	428
その他	1,494	1,772	2,936
オセアニア	4,232	5,440	7,224
オーストラリア	3,073	3,975	5,392
ニュージーランド	967	1,275	1,622
その他	192	190	210
旧ソビエト	340	440	695
無国籍	1,538	1,476	1,475

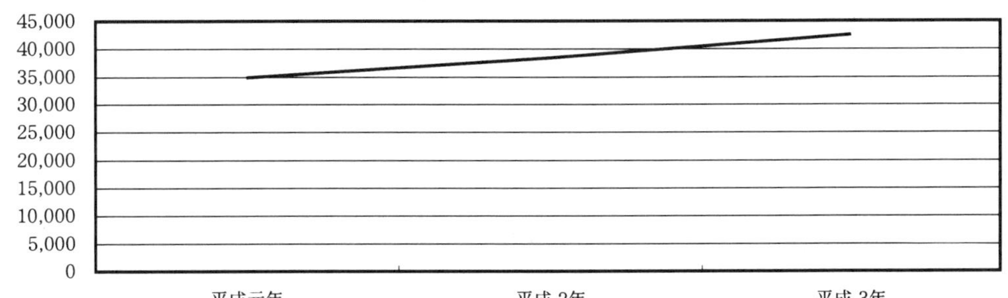

1-3　国籍別登録外国人数（平成4年～7年）

国　籍	平成4年 1992	平成5年 1993	平成6年 1994	平成7年 1995
総数	1,281,644	1,320,748	1,354,011	1,362,371
アジア	1,000,673	1,027,304	1,050,211	1,039,149
イラン	4,516	6,754	8,207	8,645
インド	4,035	4,642	5,169	5,508
インドネシア	5,201	5,647	6,282	6,956
韓国、北朝鮮	688,144	682,276	676,793	666,376
カンボジア	1,280	1,312	1,417	1,441
シンガポール	1,258	1,300	1,385	1,554
スリランカ	2,097	2,375	2,553	2,794
タイ	10,460	11,765	13,997	16,035
中国	195,334	210,138	218,585	222,991
パキスタン	4,124	4,443	4,507	4,753
バングラデシュ	2,905	3,319	3,955	4,935
フィリピン	62,218	73,057	85,968	74,297
ベトナム	6,883	7,609	8,229	9,099
マレーシア	5,744	5,461	5,356	5,354
その他	6,474	7,206	7,808	8,411
北アメリカ	50,421	51,057	52,317	52,681
アメリカ合衆国	42,482	42,639	43,320	43,198
カナダ	6,132	6,450	6,883	7,226
メキシコ	944	1,053	1,072	1,238
その他	863	915	1,042	1,019
南アメリカ	187,140	196,491	203,840	221,865
アルゼンチン	3,289	2,934	2,796	2,910
ブラジル	147,803	154,650	159,619	176,440
ペルー	31,051	33,169	35,382	36,269
その他	4,997	5,738	6,043	6,246

原注：外国人登録法に基づいて登録された各年末現在の数値である。
出所：44, 46

総　数

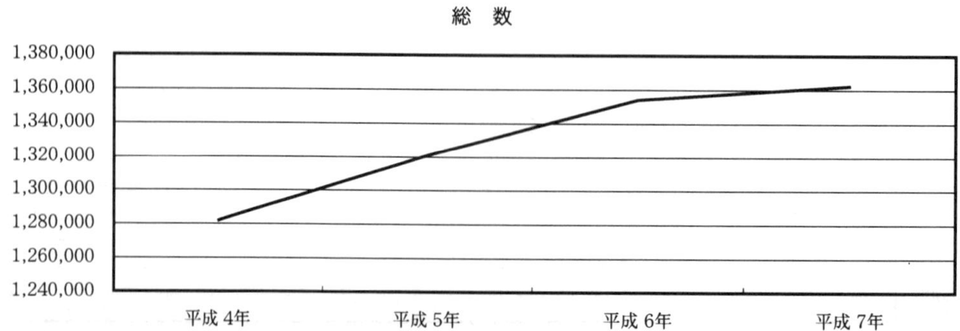

国　籍	平成 4年 1992	平成 5年 1993	平成 6年 1994	平成 7年 1995
ヨーロッパ	29,899	31,046	32,529	33,283
アイルランド	897	916	899	857
イギリス	12,021	12,244	12,453	12,485
イタリア	1,107	1,116	1,186	1,262
オーストリア	348	353	382	385
オランダ	826	819	795	823
スイス	974	948	978	942
スウェーデン	668	765	776	848
スペイン	958	964	1,067	1,130
デンマーク	536	560	558	569
ドイツ	3,846	3,827	3,993	3,963
ノルウェー	445	423	405	374
フィンランド	453	452	491	436
フランス	3,628	3,588	3,655	3,772
ベルギー	406	425	413	427
ポーランド	463	530	559	577
ポルトガル	350	335	332	340
ロシア	966	1,535	1,887	2,169
その他	1,007	1,246	1,700	1,924
アフリカ	4,027	4,749	4,909	5,202
エジプト	468	545	651	636
ガーナ	846	1,098	1,119	1,171
ナイジェリア	1,315	1,468	1,290	1,252
その他	1,398	1,638	1,849	2,143
オセアニア	7,982	8,601	8,571	8,365
オーストラリア	5,890	6,269	6,219	6,036
ニュージーランド	1,877	2,094	2,067	2,066
その他	215	238	285	263
無国籍	1,502	1,500	1,634	1,826

ロシア

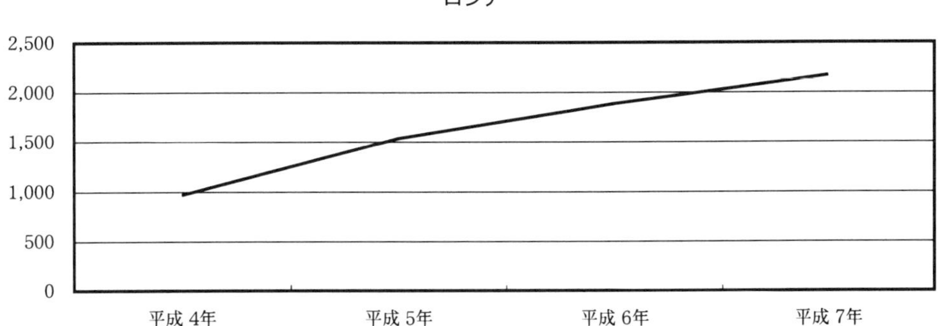

1-3　国籍別登録外国人数（平成8年～13年）

国　籍	平成 8年 1996	平成 9年 1997	平成 10年 1998	平成 11年 1999	平成 12年 2000	平成 13年 2001
総数	1,415,136	1,482,707	1,512,116	1,556,113	1,686,444	1,778,462
アジア	1,060,081	1,086,390	1,123,409	1,160,643	1,244,629	1,311,449
イラン	8,418	7,946	7,217	6,654	6,167	5,921
インド	6,343	7,478	8,658	9,067	10,064	11,719
インドネシア	8,742	11,936	14,962	16,418	19,346	20,831
韓国、北朝鮮	657,159	645,373	638,828	636,548	635,269	632,405
カンボジア	1,448	1,519	1,575	1,637	1,761	1,925
シンガポール	1,586	1,624	1,676	1,841	1,940	2,059
スリランカ	3,225	3,907	4,671	5,052	5,655	6,467
タイ	18,187	20,669	23,562	25,253	29,289	31,685
中国　1)	234,264	252,164	272,230	294,201	335,575	381,225
パキスタン	5,112	5,593	6,005	6,550	7,498	7,903
バングラデシュ	5,856	6,095	6,422	6,574	7,176	7,850
フィリピン	84,509	93,265	105,308	115,685	144,871	156,667
ベトナム	10,228	11,897	13,505	14,898	16,908	19,140
マレーシア	5,544	5,978	6,599	7,068	8,386	9,150
その他	9,460	10,946	12,191	13,197	14,724	16,502
北アメリカ	54,668	55,312	54,700	54,882	58,100	60,492
アメリカ合衆国	44,168	43,690	42,774	42,802	44,856	46,244
カナダ	8,023	8,841	9,033	9,185	10,088	11,032
メキシコ	1,336	1,551	1,596	1,612	1,740	1,736
その他	1,141	1,230	1,297	1,283	1,416	1,480
南アメリカ	248,780	284,691	274,442	278,209	312,921	329,510
アルゼンチン	3,079	3,300	2,962	2,924	3,072	3,229
ブラジル	201,795	233,254	222,217	224,299	254,394	265,962
ペルー	37,099	40,394	41,317	42,773	46,171	50,052
その他	6,807	7,743	7,946	8,213	9,284	10,267

原注：外国人登録法に基づいて登録された各年末現在の数値である。　1) 台湾，香港及びマカオを含む。
出所：50, 56

総　数

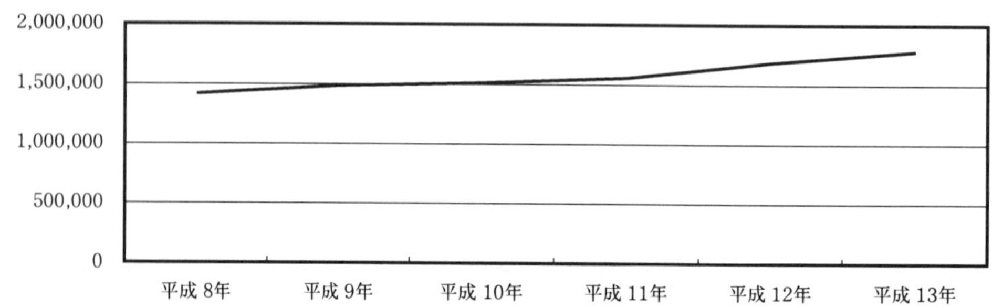

国　籍	平成 8年 1996	平成 9年 1997	平成 10年 1998	平成 11年 1999	平成 12年 2000	平成 13年 2001
ヨーロッパ	35,136	38,200	39,925	41,659	47,730	51,497
アイルランド	870	927	919	939	974	1,086
イギリス	13,328	14,438	14,762	15,402	16,525	17,527
イタリア	1,358	1,433	1,491	1,497	1,579	1,678
オーストリア	411	433	435	437	476	462
オランダ	886	922	914	894	904	979
スイス	885	924	919	904	907	912
スウェーデン	943	1,149	1,161	1,098	1,158	1,132
スペイン	1,148	1,209	1,241	1,264	1,338	1,370
デンマーク	593	557	533	516	542	555
ドイツ	4,051	4,163	4,066	4,154	4,295	4,543
ノルウェー	443	452	440	370	380	370
フィンランド	441	489	550	580	613	615
フランス	4,072	4,362	4,528	4,691	5,371	5,935
ベルギー	493	525	525	486	525	545
ポーランド	587	589	713	686	742	750
ポルトガル	352	365	372	368	370	365
ロシア	2,263	2,580	2,942	3,297	4,893	5,329
その他	2,012	2,683	3,414	4,076	6,138	7,344
アフリカ	5,609	6,275	6,940	7,458	8,214	8,876
エジプト	705	797	895	1,009	1,103	1,231
ガーナ	1,256	1,341	1,438	1,533	1,657	1,758
ナイジェリア	1,268	1,311	1,456	1,562	1,741	1,985
その他	2,380	2,826	3,151	3,354	3,713	3,902
オセアニア	8,753	9,645	10,514	11,159	12,839	14,697
オーストラリア	6,290	6,940	7,613	8,154	9,188	10,550
ニュージーランド	2,183	2,384	2,575	2,690	3,264	3,742
その他	280	321	326	315	387	405
無国籍	2,109	2,194	2,186	2,103	2,011	1,941

ロシア

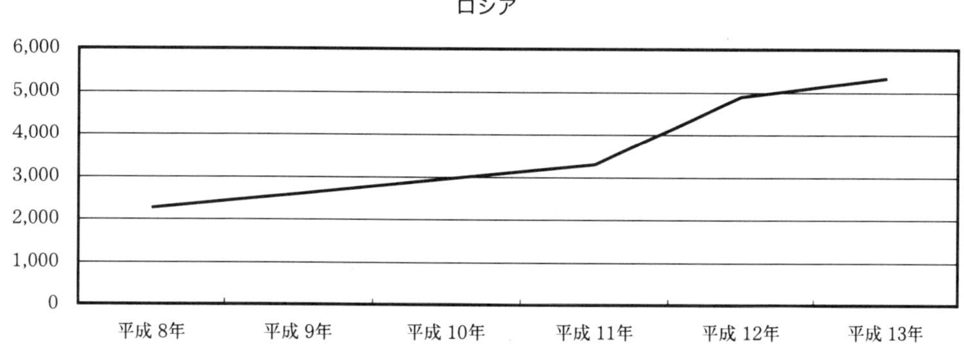

1-3　国籍別登録外国人数（平成14年～18年）

国　籍	平成 14年 2002	平成 15年 2003	平成 16年 2004	平成 17年 2005	平成 18年 2006
総数	1,851,758	1,915,030	1,973,747	2,011,555	2,084,919
アジア	1,371,171	1,422,979	1,464,360	1,483,985	1,540,764
イラン	5,769	5,621	5,403	5,227	5,198
インド	13,340	14,234	15,480	16,988	18,906
インドネシア	21,671	22,862	23,890	25,097	24,858
韓国、北朝鮮	625,422	613,791	607,419	598,687	598,219
カンボジア	2,051	2,149	2,215	2,263	2,353
シンガポール	2,136	2,161	2,263	2,283	2,392
スリランカ	7,312	7,985	8,764	9,013	8,855
タイ	33,736	34,825	36,347	37,703	39,618
中国　1)	424,282	462,396	487,570	519,561	560,741
パキスタン	8,225	8,384	8,610	8,789	9,086
バングラデシュ	8,703	9,707	10,724	11,015	11,329
フィリピン	169,359	185,237	199,394	187,261	193,488
ベトナム	21,050	23,853	26,018	28,932	32,485
マレーシア	9,487	9,008	8,402	7,910	7,902
その他	18,628	20,766	21,861	23,256	25,334
北アメリカ	63,201	63,271	64,471	65,029	67,035
アメリカ合衆国	47,970	47,836	48,844	49,390	51,321
カナダ	11,873	11,984	12,110	12,022	11,893
メキシコ	1,784	1,827	1,818	1,825	1,908
その他	1,574	1,624	1,699	1,792	1,913
南アメリカ	334,602	343,635	358,211	376,348	388,643
アルゼンチン	3,470	3,700	3,739	3,834	3,863
ブラジル	268,332	274,700	286,557	302,080	312,979
ペルー	51,772	53,649	55,750	57,728	58,721
その他	11,028	11,586	12,165	12,706	13,080

原注：外国人登録法に基づいて登録された各年末現在の数値である。　1) 台湾，香港及びマカオを含む。
出所：56, 58

総　数

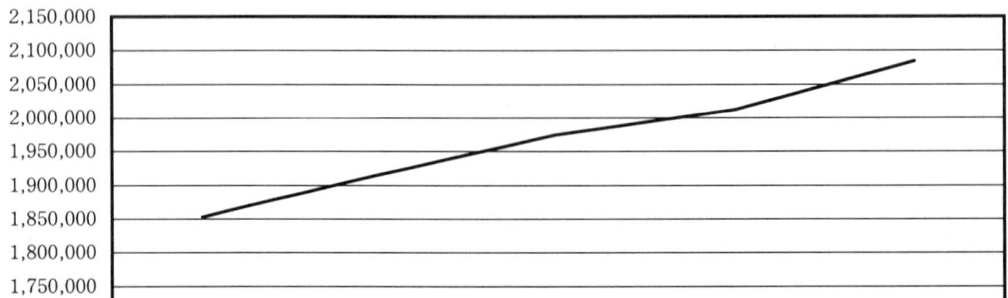

国　籍	平成 14年 2002	平成 15年 2003	平成 16年 2004	平成 17年 2005	平成 18年 2006
ヨーロッパ	55,288	57,163	58,430	58,351	59,995
アイルランド	1,174	1,171	1,174	1,094	1,102
イギリス	18,508	18,230	18,082	17,494	17,804
イタリア	1,815	1,879	1,956	2,083	2,268
オーストリア	504	495	528	524	551
オランダ	1,039	1,007	1,102	1,079	1,202
スイス	907	910	973	971	1,016
スウェーデン	1,093	991	1,033	1,136	1,348
スペイン	1,379	1,419	1,518	1,585	1,631
デンマーク	598	563	551	567	554
ドイツ	4,688	4,893	5,025	5,356	5,705
ノルウェー	391	381	367	361	389
フィンランド	577	570	539	560	595
フランス	6,368	6,609	6,957	7,337	8,146
ベルギー	551	598	635	640	692
ポーランド	760	809	864	870	974
ポルトガル	363	379	391	382	413
ロシア	6,026	6,734	7,164	7,110	7,279
その他	8,547	9,525	9,571	9,202	8,326
アフリカ	9,694	10,060	10,319	10,471	11,002
エジプト	1,273	1,272	1,293	1,366	1,583
ガーナ	1,867	1,904	1,867	1,824	1,852
ナイジェリア	2,263	2,354	2,405	2,389	2,456
その他	4,291	4,530	4,754	4,892	5,111
オセアニア	15,898	16,076	16,130	15,606	15,763
オーストラリア	11,402	11,582	11,703	11,277	11,433
ニュージーランド	4,070	4,042	3,960	3,824	3,762
その他	426	452	467	505	568
無国籍	1,904	1,846	1,826	1,765	1,717

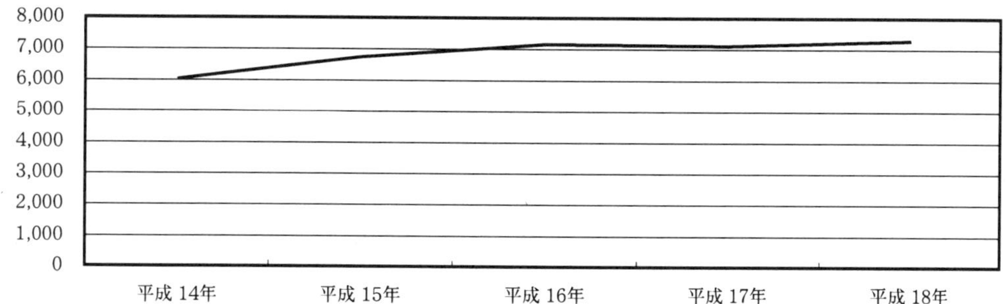

2. 労　働

2-1　就業状態別15歳以上人口

総数

（単位　万人）

年　次		総　数 1)	労働力人口					非労働力人口		
			計	就業者	就業率（%）2)	完全失業者	完全失業率（%）3)	計	# 家　事	# 通　学
1989	平成元年	9,974	6,270	6,128	61.4	142	2.3	3,655	1,535	998
1990	〃2年	10,089	6,384	6,249	61.9	134	2.1	3,657	1,528	989
1991	〃3年	10,199	6,505	6,369	62.4	136	2.1	3,649	1,527	981
1992	〃4年	10,283	6,578	6,436	62.6	142	2.2	3,679	1,570	964
1993	〃5年	10,370	6,615	6,450	62.2	166	2.5	3,740	1,615	947
1994	〃6年	10,444	6,645	6,453	61.8	192	2.9	3,791	1,631	931
1995	〃7年	10,510	6,666	6,457	61.4	210	3.2	3,836	1,659	914
1996	〃8年	10,571	6,711	6,486	61.4	225	3.4	3,852	1,685	879
1997	〃9年	10,661	6,787	6,557	61.5	230	3.4	3,863	1,678	855
1998	〃10年	10,728	6,793	6,514	60.7	279	4.1	3,924	1,700	836
1999	〃11年	10,783	6,779	6,462	59.9	317	4.7	3,989	1,731	830
2000	〃12年	10,836	6,766	6,446	59.5	320	4.7	4,057	1,775	815
2001	〃13年	10,886	6,752	6,412	58.9	340	5.0	4,125	1,792	801
2002	〃14年	10,927	6,689	6,330	57.9	359	5.4	4,229	1,758	788
2003	〃15年	10,962	6,666	6,316	57.6	350	5.3	4,285	1,751	780
2004	〃16年	10,990	6,642	6,329	57.6	313	4.7	4,336	1,728	772
2005	〃17年	11,007	6,650	6,356	57.7	294	4.4	4,346	1,721	750
2006	〃18年	11,020	6,657	6,382	57.9	275	4.1	4,355	1,718	726
2007	〃19年	11,043	6,669	6,412	58.1	257	3.9	4,367	1,704	709

原注：「労働力調査」による。　1)　不詳を含む。　2)（就業者÷15歳以上人口）×100
　3)（完全失業者÷労働力人口）×100

出所：58

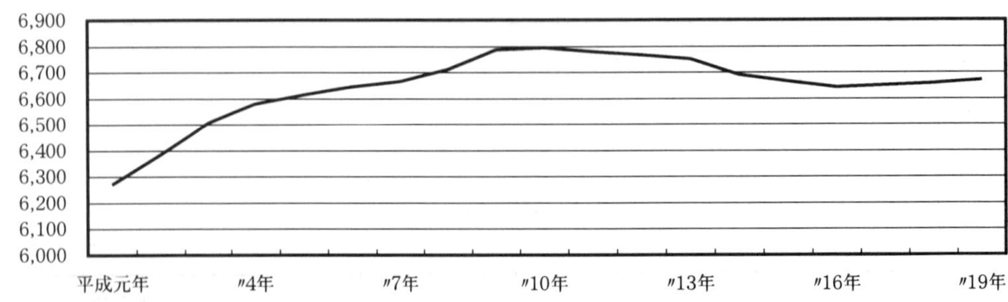

2-2　就業状態別15歳以上人口
男

（単位　万人）

年　次		総数 1)	労働力人口					非労働力人口		
			計	就業者	就業率 (%) 2)	完全失業者	完全失業率 (%) 3)	計	# 家　事	# 通学
1989	平成元年	4,854	3,737	3,654	75.3	83	2.2	1,091	13	546
1990	〃2年	4,911	3,791	3,713	75.6	77	2.0	1,095	14	538
1991	〃3年	4,965	3,854	3,776	76.1	78	2.0	1,088	15	531
1992	〃4年	5,002	3,899	3,817	76.3	82	2.1	1,090	17	518
1993	〃5年	5,044	3,935	3,840	76.1	95	2.4	1,101	20	506
1994	〃6年	5,078	3,951	3,839	75.6	112	2.8	1,122	21	499
1995	〃7年	5,108	3,966	3,843	75.2	123	3.1	1,139	22	489
1996	〃8年	5,136	3,992	3,858	75.1	134	3.4	1,140	24	469
1997	〃9年	5,180	4,027	3,892	75.1	135	3.4	1,147	25	452
1998	〃10年	5,209	4,026	3,858	74.1	168	4.2	1,177	27	447
1999	〃11年	5,232	4,024	3,831	73.2	194	4.8	1,199	30	442
2000	〃12年	5,253	4,014	3,817	72.7	196	4.9	1,233	36	435
2001	〃13年	5,273	3,992	3,783	71.7	209	5.2	1,277	42	429
2002	〃14年	5,294	3,956	3,736	70.6	219	5.5	1,333	38	419
2003	〃15年	5,308	3,934	3,719	70.1	215	5.5	1,369	38	416
2004	〃16年	5,318	3,905	3,713	69.8	192	4.9	1,406	38	414
2005	〃17年	5,323	3,901	3,723	69.9	178	4.6	1,416	39	404
2006	〃18年	5,327	3,898	3,730	70.0	168	4.3	1,425	44	392
2007	〃19年	5,342	3,906	3,753	70.3	154	3.9	1,432	47	379

原注：「労働力調査」による。　1）不詳を含む。　2)（就業者÷15歳以上人口）×100
3)（完全失業者÷労働力人口）×100

出所：58

労働力人口計

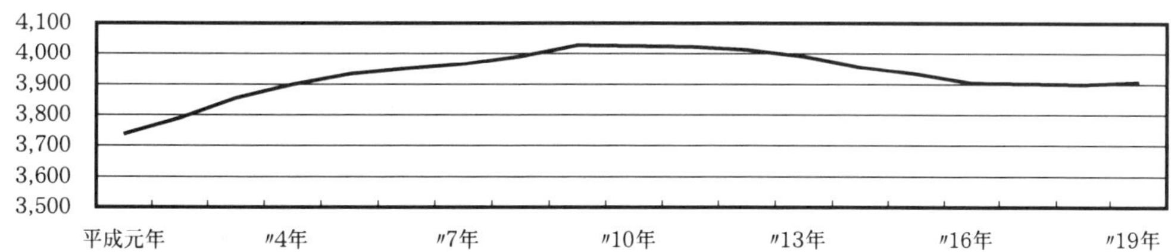

完全失業率

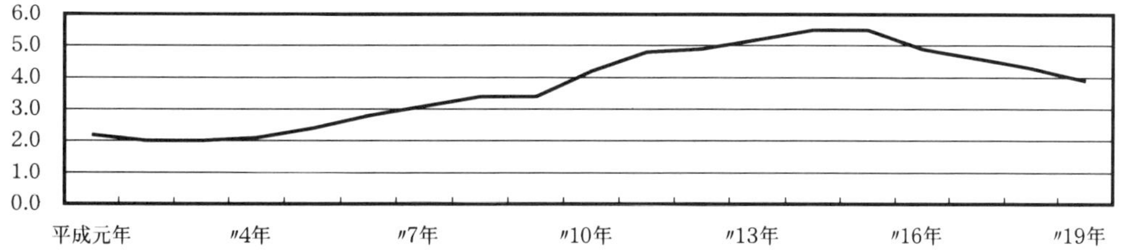

2-3　就業状態別15歳以上人口
女

（単位　万人）

年　次		総　数 1)	労働力人口 計	就業者	就業率 (%) 2)	完全失業者	完全失業率 (%) 3)	非労働力人口 計	# 家事	# 通学
1989	平成元年	5,120	2,533	2,474	48.3	59	2.3	2,564	1,522	452
1990	〃2年	5,178	2,593	2,536	49.0	57	2.2	2,562	1,514	451
1991	〃3年	5,233	2,651	2,592	49.5	59	2.2	2,561	1,512	450
1992	〃4年	5,281	2,679	2,619	49.6	60	2.2	2,590	1,553	446
1993	〃5年	5,326	2,681	2,610	49.0	71	2.6	2,639	1,595	441
1994	〃6年	5,366	2,694	2,614	48.7	80	3.0	2,669	1,610	432
1995	〃7年	5,402	2,701	2,614	48.4	87	3.2	2,698	1,637	424
1996	〃8年	5,435	2,719	2,627	48.3	91	3.3	2,712	1,662	410
1997	〃9年	5,481	2,760	2,665	48.6	95	3.4	2,716	1,652	403
1998	〃10年	5,519	2,767	2,656	48.1	111	4.0	2,747	1,673	389
1999	〃11年	5,552	2,755	2,632	47.4	123	4.5	2,790	1,701	387
2000	〃12年	5,583	2,753	2,629	47.1	123	4.5	2,824	1,739	381
2001	〃13年	5,613	2,760	2,629	46.8	131	4.7	2,848	1,750	372
2002	〃14年	5,632	2,733	2,594	46.1	140	5.1	2,895	1,720	369
2003	〃15年	5,654	2,732	2,597	45.9	135	4.9	2,916	1,713	364
2004	〃16年	5,672	2,737	2,616	46.1	121	4.4	2,930	1,690	358
2005	〃17年	5,684	2,750	2,633	46.3	116	4.2	2,929	1,681	346
2006	〃18年	5,693	2,759	2,652	46.6	107	3.9	2,930	1,674	335
2007	〃19年	5,701	2,763	2,659	46.6	103	3.7	2,935	1,657	330

原注：「労働力調査」による。　1)　不詳を含む。　2)（就業者÷15歳以上人口）×100
3)（完全失業者÷労働力人口）×100

出所：58

労働力人口計

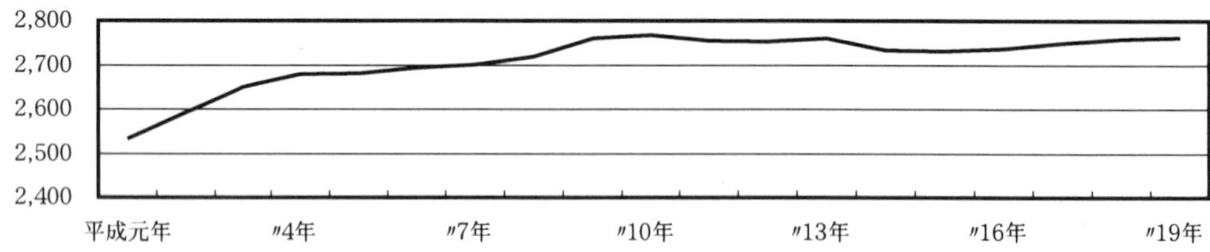

完全失業率

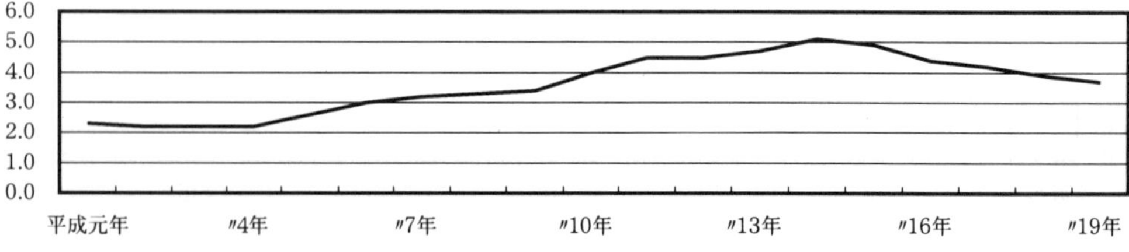

2-4　従業上の地位別就業者数

総数

（単位　万人）

年　次		総　数 1)	自営業主	#雇　有	家　族従業者	雇用者	常　雇	臨時雇	日　雇
1989	平成元年	6,128	896	195	531	4,679	4,176	376	127
1990	〃2年	6,249	878	193	517	4,835	4,316	393	126
1991	〃3年	6,369	859	188	489	5,002	4,477	398	127
1992	〃4年	6,436	843	191	456	5,119	4,589	409	121
1993	〃5年	6,450	814	193	418	5,202	4,657	422	123
1994	〃6年	6,453	796	191	407	5,236	4,690	424	122
1995	〃7年	6,457	784	193	397	5,263	4,709	433	120
1996	〃8年	6,486	765	193	382	5,322	4,754	448	120
1997	〃9年	6,557	772	195	376	5,391	4,791	475	125
1998	〃10年	6,514	761	189	367	5,368	4,750	493	126
1999	〃11年	6,462	754	184	356	5,331	4,690	516	125
2000	〃12年	6,446	731	182	340	5,356	4,684	552	119
2001	〃13年	6,412	693	176	325	5,369	4,677	570	122
2002	〃14年	6,330	670	170	305	5,331	4,604	607	120
2003	〃15年	6,316	660	165	296	5,335	4,598	615	122
2004	〃16年	6,329	656	164	290	5,355	4,608	631	115
2005	〃17年	6,356	650	164	282	5,393	4,631	650	112
2006	〃18年	6,382	633	165	247	5,472	4,702	659	110
2007	〃19年	6,412	622	164	236	5,523	4,751	664	108

原注：「労働力調査」による。1)　不詳を含む。

出所：42, 45, 49, 52, 55, 58

総　数

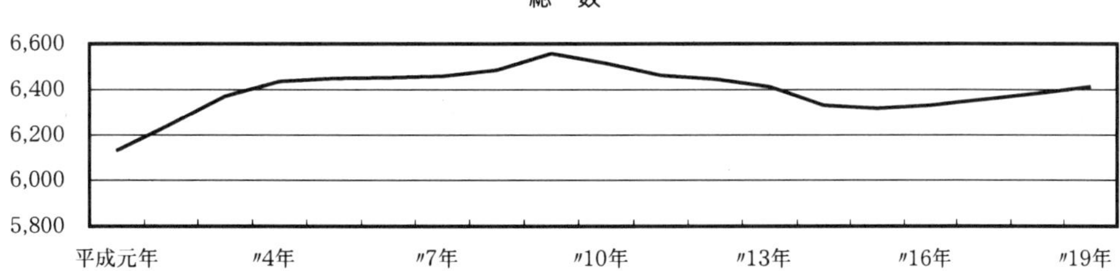

雇用者

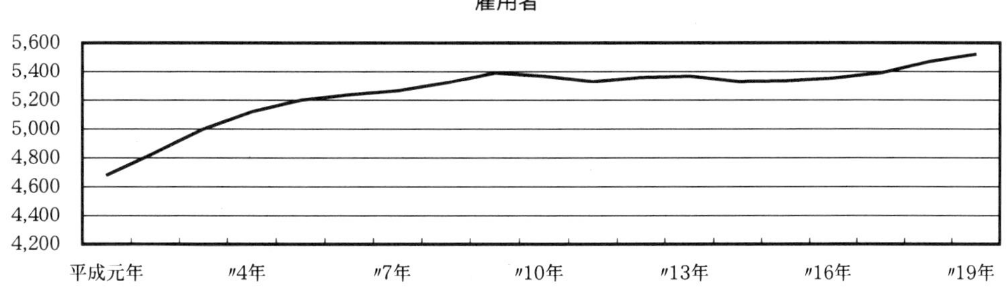

2-5　従業上の地位別就業者数
男

（単位　万人）

年　次	総　数 1)	自営業主	# 雇　有	家　族 従業者	雇用者	常　雇	臨時雇	日　雇
1989 平成元年	3,654	615	162	94	2,929	2,768	100	61
1990 〃2年	3,713	607	160	93	3,001	2,836	108	58
1991 〃3年	3,776	594	154	87	3,084	2,917	111	57
1992 〃4年	3,817	580	156	81	3,145	2,980	113	52
1993 〃5年	3,840	562	158	75	3,193	3,020	119	54
1994 〃6年	3,839	556	157	72	3,202	3,028	120	54
1995 〃7年	3,843	550	157	70	3,215	3,039	124	52
1996 〃8年	3,858	543	158	67	3,238	3,056	130	52
1997 〃9年	3,892	550	160	68	3,264	3,070	139	54
1998 〃10年	3,858	537	153	66	3,243	3,042	146	55
1999 〃11年	3,831	538	149	66	3,215	3,006	154	55
2000 〃12年	3,817	527	149	63	3,216	2,995	169	52
2001 〃13年	3,783	506	143	60	3,201	2,971	177	54
2002 〃14年	3,736	495	139	58	3,170	2,925	191	54
2003 〃15年	3,719	488	135	58	3,158	2,908	197	54
2004 〃16年	3,713	487	134	58	3,152	2,896	205	51
2005 〃17年	3,723	485	134	56	3,164	2,901	212	51
2006 〃18年	3,730	472	136	45	3,194	2,927	218	50
2007 〃19年	3,753	467	136	42	3,226	2,956	222	48

原注：「労働力調査」による。1)　不詳を含む。
出所：42, 45, 49, 52, 55, 58

総　数

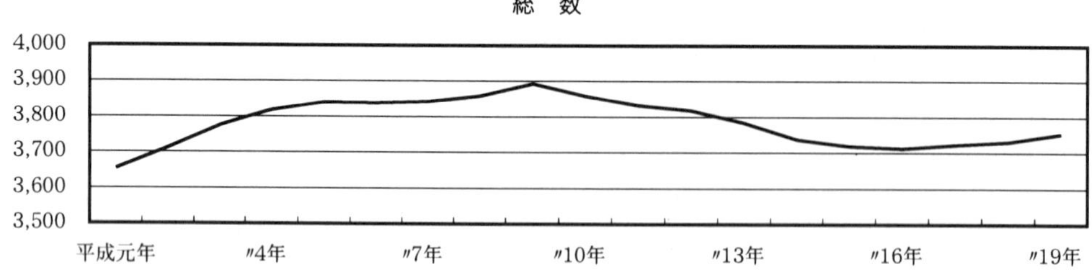

雇用者

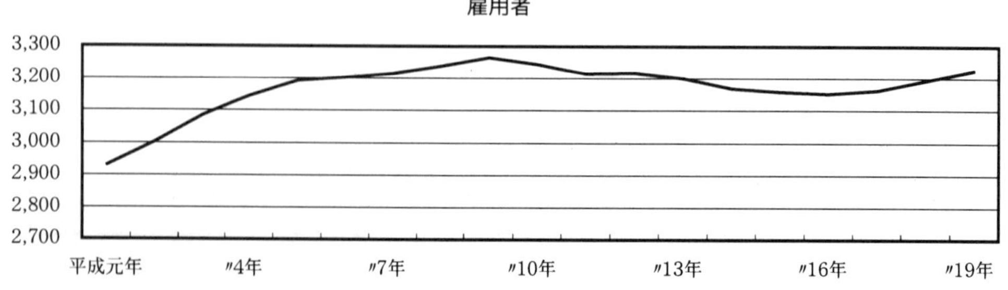

2-6　従業上の地位別就業者数
女

（単位　万人）

年　次		総　数 1)	自営業主	# 雇　有	家　族 従業者	雇用者	常　雇	臨時雇	日　雇
1989	平成元年	2,474	281	34	437	1,749	1,407	276	66
1990	〃 2年	2,536	271	33	424	1,834	1,480	286	68
1991	〃 3年	2,592	265	34	402	1,918	1,561	287	70
1992	〃 4年	2,619	263	35	375	1,974	1,609	296	69
1993	〃 5年	2,610	251	35	343	2,009	1,636	303	69
1994	〃 6年	2,614	240	34	334	2,034	1,662	304	69
1995	〃 7年	2,614	234	36	327	2,048	1,670	310	68
1996	〃 8年	2,627	222	35	315	2,084	1,698	318	68
1997	〃 9年	2,665	223	36	308	2,127	1,721	336	71
1998	〃 10年	2,656	224	36	301	2,124	1,707	347	70
1999	〃 11年	2,632	217	35	291	2,116	1,684	362	71
2000	〃 12年	2,629	204	33	278	2,140	1,689	383	67
2001	〃 13年	2,629	187	33	265	2,168	1,706	393	68
2002	〃 14年	2,594	175	31	247	2,161	1,679	417	66
2003	〃 15年	2,597	172	30	238	2,177	1,690	418	68
2004	〃 16年	2,616	169	30	232	2,203	1,712	426	65
2005	〃 17年	2,633	166	29	226	2,229	1,730	438	61
2006	〃 18年	2,652	160	29	202	2,277	1,775	442	61
2007	〃 19年	2,659	155	29	194	2,297	1,796	442	60

原注：「労働力調査」による。1)　不詳を含む。
出所：42, 45, 49, 52, 55, 58

総　数

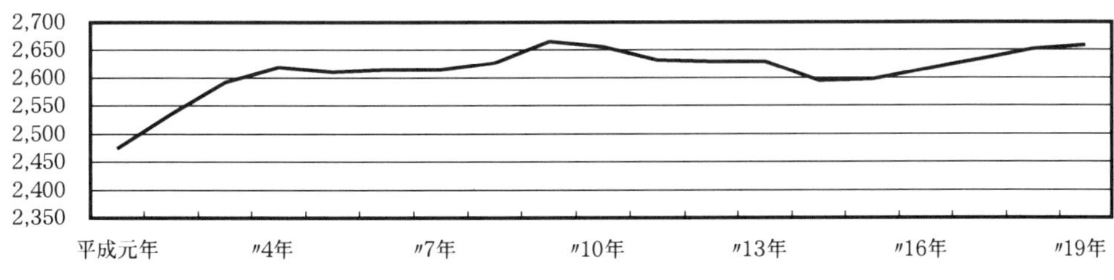

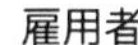

雇用者

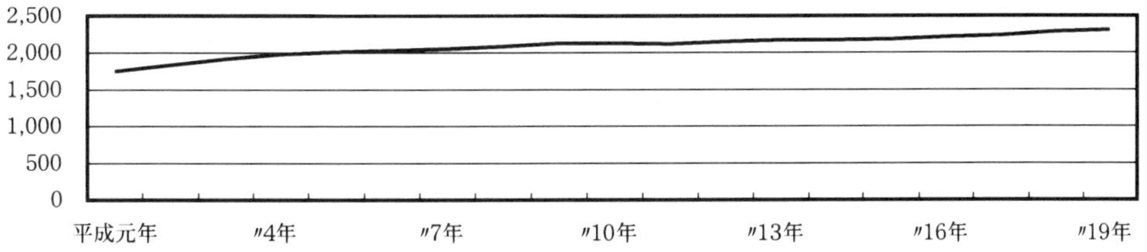

2-7　産業，職業別就業者数（平成元年～14年）

総数

（単位　万人）

年　次		総　数 1)	産業別						
			農林業	非農林業 1)	漁　業	鉱　業	建設業	製造業	電気・ガス・熱供給・水道業
1989	平成元年	6,128	419	5,709	44	7	578	1,484	30
1990	〃2年	6,249	411	5,839	40	6	588	1,505	30
1991	〃3年	6,369	391	5,977	36	6	604	1,550	33
1992	〃4年	6,436	375	6,061	36	6	619	1,569	33
1993	〃5年	6,450	350	6,100	33	6	640	1,530	35
1994	〃6年	6,453	345	6,108	28	6	655	1,496	39
1995	〃7年	6,457	340	6,116	27	6	663	1,456	42
1996	〃8年	6,486	330	6,155	26	6	670	1,445	37
1997	〃9年	6,557	324	6,232	26	7	685	1,442	36
1998	〃10年	6,514	317	6,197	26	6	662	1,382	37
1999	〃11年	6,462	307	6,155	28	6	657	1,345	38
2000	〃12年	6,446	297	6,150	29	5	653	1,321	34
2001	〃13年	6,412	286	6,126	27	5	632	1,284	34
2002	〃14年	6,330	268	6,063	28	5	618	1,222	34

原注：「労働力調査」による。1) 不詳を含む。

出所：42, 45, 48, 51, 53

総　数

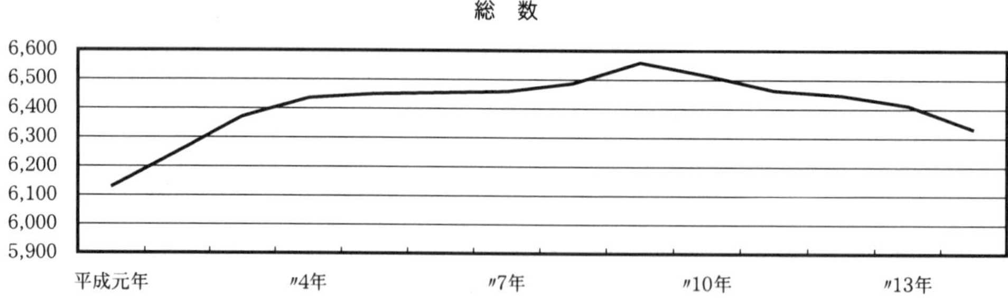

農林業

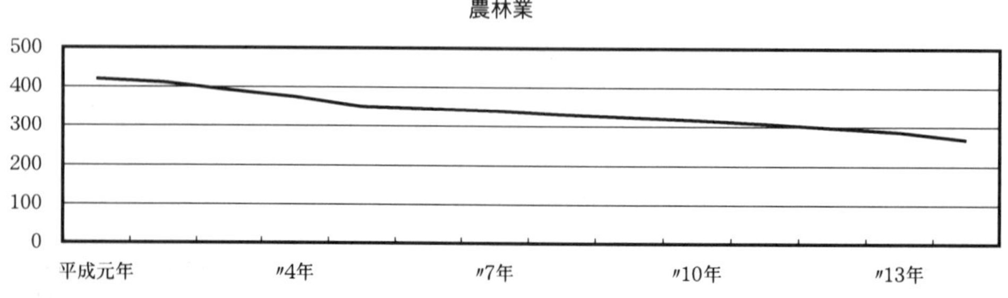

（単位　万人）

年　次	産業別 非農林業 運輸・通信業	卸売・小売業，飲食店	金融・保険業，不動産業	サービス業	公務（他に分類されないもの）	職業別 専門的・技術的職業従事者	管理的職業従事者	事務従事者
1989 平成元年	368	1,400	243	1,336	189	665	235	1,101
1990 〃2年	375	1,415	259	1,394	195	690	239	1,157
1991 〃3年	378	1,433	263	1,446	199	733	252	1,206
1992 〃4年	385	1,436	262	1,481	204	755	259	1,223
1993 〃5年	394	1,448	260	1,516	209	765	246	1,226
1994 〃6年	392	1,443	262	1,542	215	778	235	1,238
1995 〃7年	402	1,449	262	1,566	218	790	236	1,252
1996 〃8年	411	1,463	256	1,598	214	804	240	1,263
1997 〃9年	412	1,475	253	1,648	215	824	226	1,273
1998 〃10年	405	1,483	257	1,685	217	844	222	1,290
1999 〃11年	406	1,483	251	1,686	214	846	215	1,273
2000 〃12年	414	1,474	248	1,718	214	856	206	1,285
2001 〃13年	407	1,473	240	1,768	211	873	202	1,249
2002 〃14年	401	1,438	241	1,804	217	890	187	1,228

卸売・小売業，飲食店

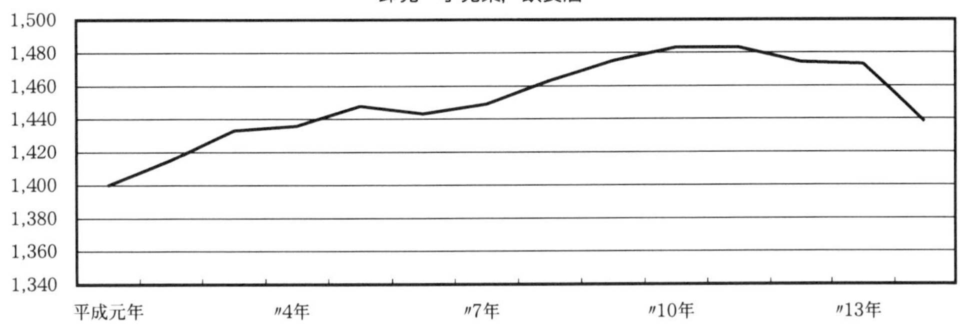

金融・保険業，不動産業

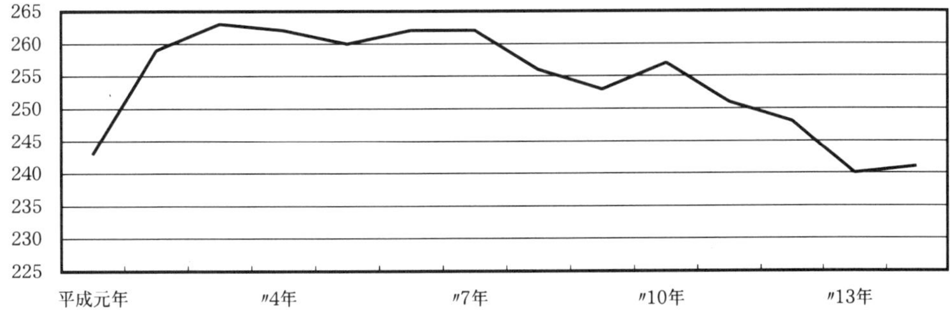

2. 労　働

（単位　万人）

年　次		職　業　別					
	販　売 従事者	保安・サービス職業従事者	農林漁業 作業者	運輸・通信 従事者	採　掘 作業者	技能工, 製造・建設 作業者	労　務 作業者
1989 平成元年	937	519	459	230	3	1,687	263
1990 〃2年	940	535	448	233	3	1,702	274
1991 〃3年	944	552	425	231	3	1,718	279
1992 〃4年	944	568	407	228	3	1,726	293
1993 〃5年	948	587	381	233	3	1,725	309
1994 〃6年	943	603	369	234	3	1,715	308
1995 〃7年	945	610	363	237	3	1,687	310
1996 〃8年	933	618	352	240	2	1,686	318
1997 〃9年	940	637	346	241	3	1,706	328
1998 〃10年	928	654	340	232	3	1,634	333
1999 〃11年	921	668	332	228	3	1,604	334
2000 〃12年	911	677	321	221	3	1,580	347
2001 〃13年	968	693	309	214	3	1,506	353
2002 〃14年	934	717	291	211	4	1,468	349

販売従事者

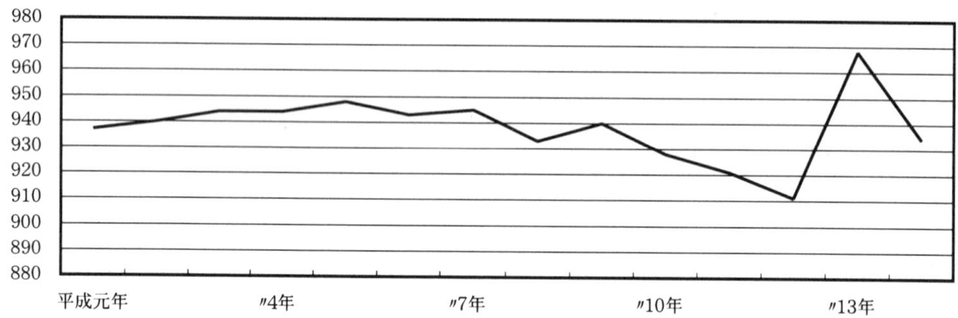

農林漁業作業者

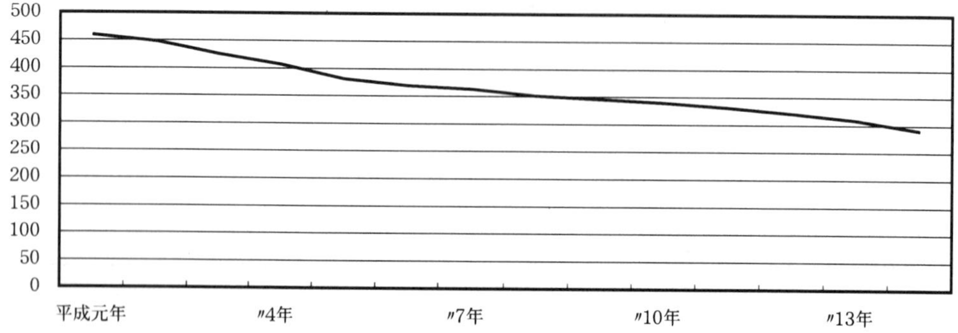

2-7　産業，職業別就業者数（平成15年～19年）

総数

（単位　万人）

年　次		総　数 1)	産　業　別						
			農林業	非農林業 1)	漁　業	鉱　業	建設業	製造業	電気・ガス熱供給・水道業
2003	平成15年	6,316	266	6,050	27	5	604	1,178	32
2004	〃16年	6,329	264	6,064	22	4	584	1,150	31
2005	〃17年	6,356	259	6,097	23	3	568	1,142	35
2006	〃18年	6,382	250	6,132	22	3	559	1,161	36
2007	〃19年	6,412	251	6,161	21	4	552	1,165	33

原注：「労働力調査」による。1) 不詳を含む。

出所：56, 58

総　数

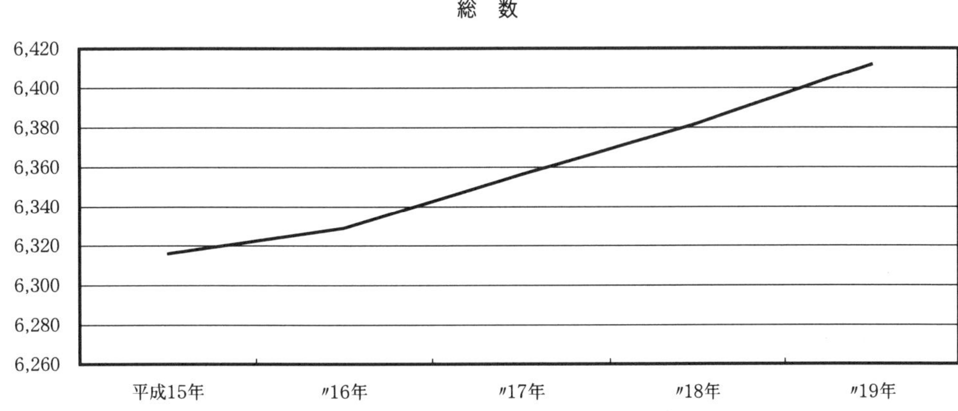

農林業

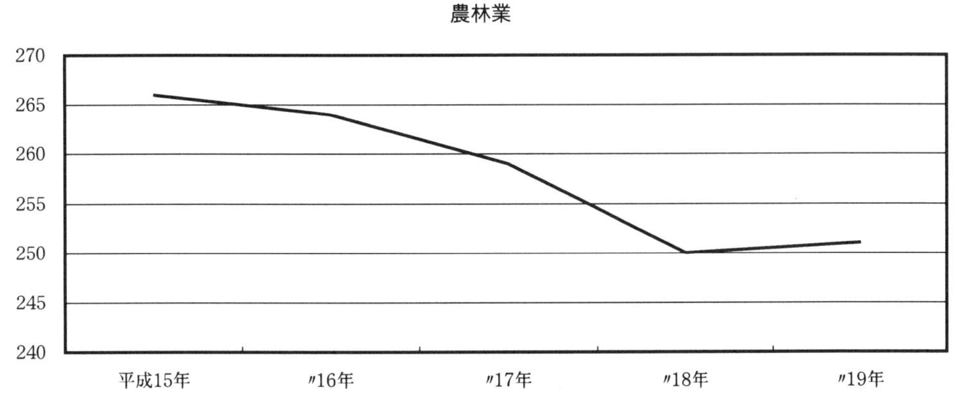

2. 労　働

（単位　万人）

年次	産業別							
	非農林業							
	情報通信業	運輸業	卸売・小売業	金融・保険業	不動産業	飲食店,宿泊業	医療,福祉	教育,学習支援業
2003 平成15年	164	332	1,133	161	71	350	502	279
2004 〃16年	172	323	1,123	159	71	347	531	284
2005 〃17年	176	317	1,122	157	75	343	553	286
2006 〃18年	181	324	1,113	155	79	337	571	287
2007 〃19年	197	323	1,113	155	85	342	579	284

情報通信業

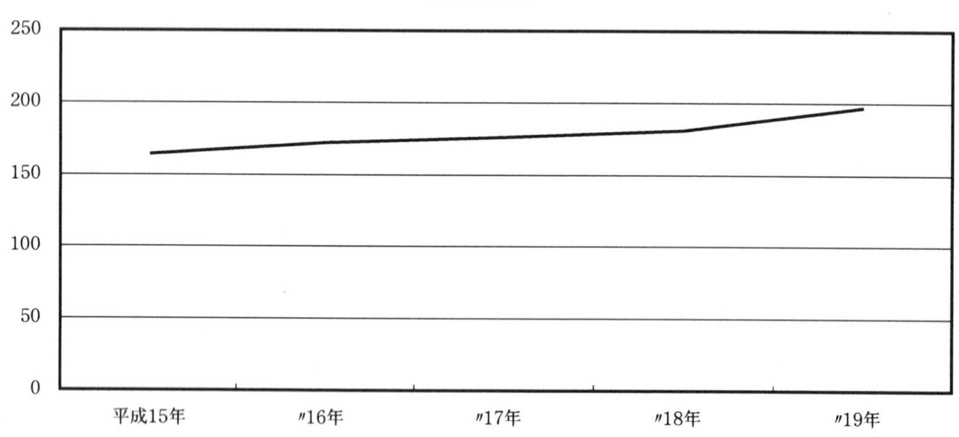

卸売・小売業

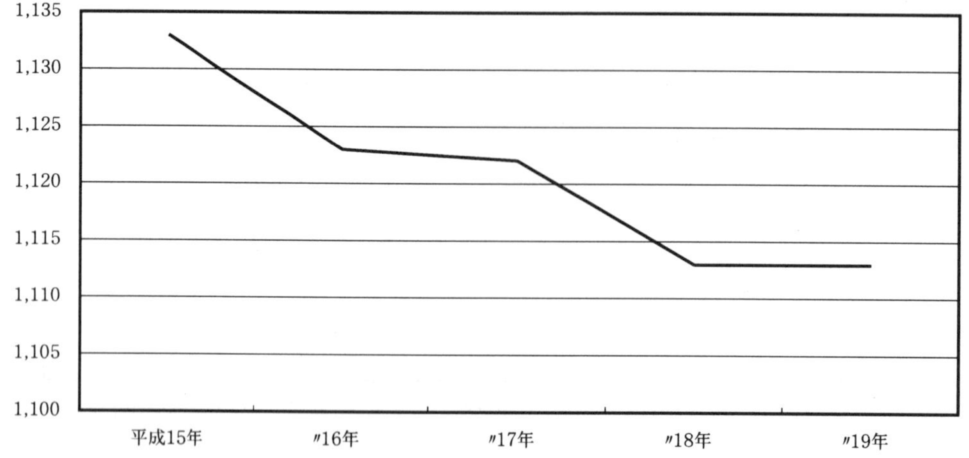

（単位　万人）

年　次	産業別			職　業　別				
	非農林業			専門的・技術的職業従事者	管理的職業従事者	事　務従事者	販　売従事者	保安職業，サービス職業従事者
	複合サービス事業	サービス業（他に分類されないもの）	公　務（他に分類されないもの）					
2003 平成15年	79	845	227	906	185	1,230	917	729
2004 〃16年	81	881	233	920	189	1,244	901	748
2005 〃17年	76	916	229	937	189	1,247	892	757
2006 〃18年	75	938	222	937	185	1,260	881	772
2007 〃19年	72	933	226	938	173	1,262	888	787

専門的・技術的職業従事者

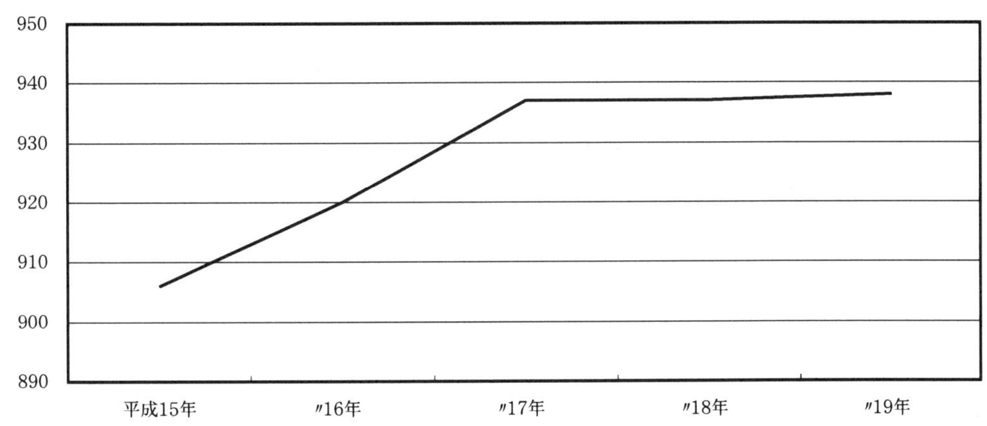

販売従事者

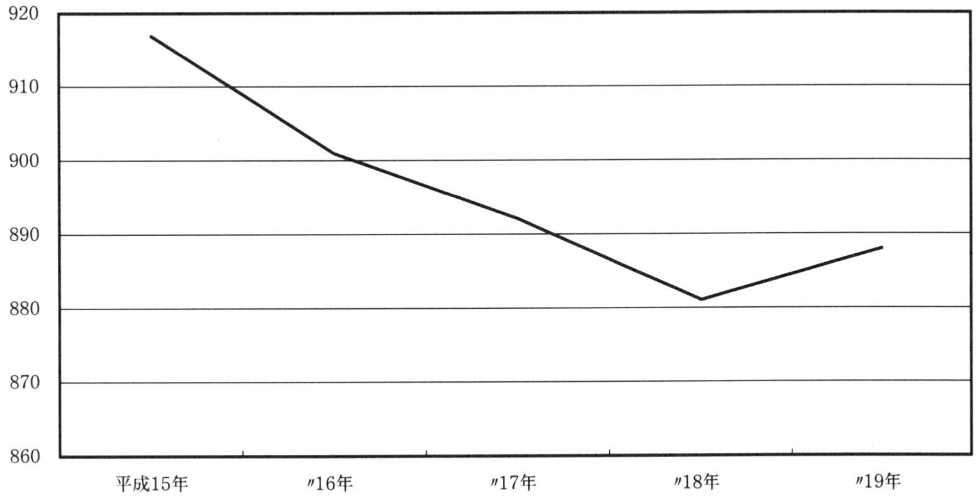

2. 労　働

（単位　万人）

年　次	職業別				
	農林漁業作業者	運輸・通信従事者	採掘作業者	製造・制作・機械運転及び建設作業者	労務作業者
2003　平成15年	289	210	4	1,437	353
2004　〃16年	284	201	3	1,415	360
2005　〃17年	279	204	3	1,416	363
2006　〃18年	269	206	3	1,432	370
2007　〃19年	269	205	3	1,441	376

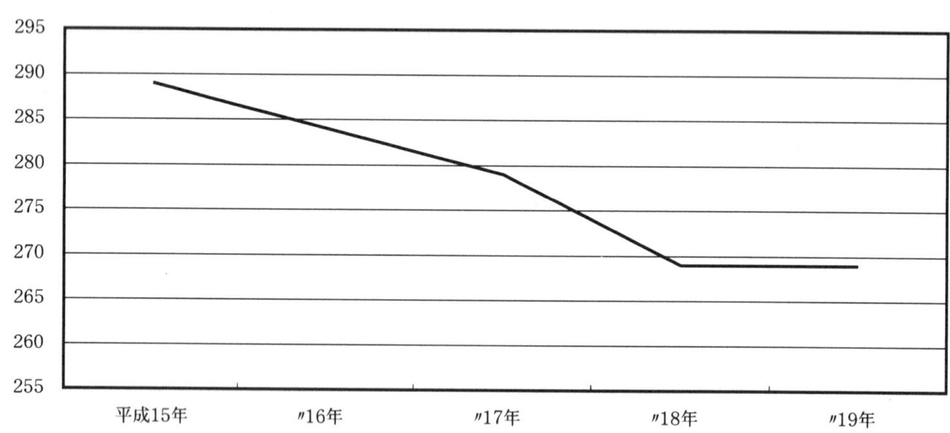

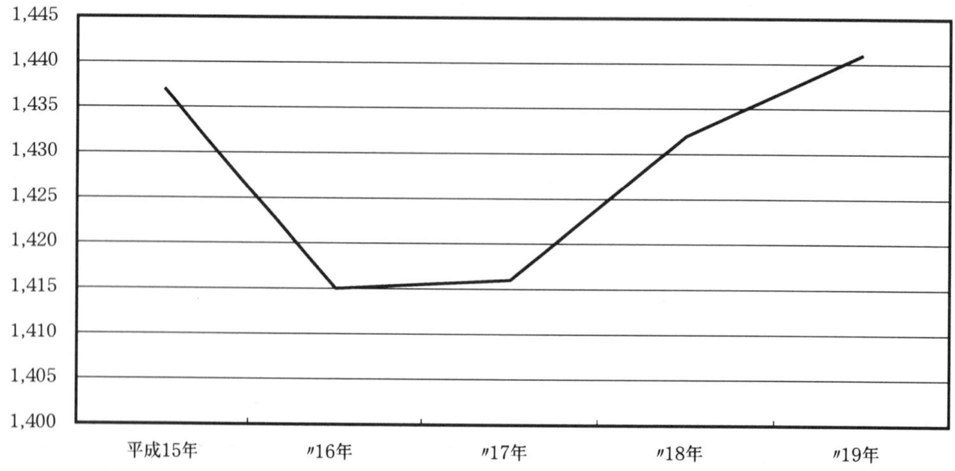

2-8　産業，職業別就業者数（平成元年～14年）
男

（単位　万人）

年　次		総　数 1)	産　業　別						
			農林業	非農林業 1)	漁　業	鉱　業	建設業	製造業	電気・ガス・熱供給・水道業
1989	平成元年	3,654	211	3,443	32	6	487	893	25
1990	〃2年	3,713	206	3,507	29	5	492	910	26
1991	〃3年	3,776	199	3,577	27	5	503	941	28
1992	〃4年	3,817	194	3,623	27	5	518	960	28
1993	〃5年	3,840	183	3,657	24	5	537	945	30
1994	〃6年	3,839	181	3,658	21	5	549	935	34
1995	〃7年	3,843	178	3,665	20	5	557	915	37
1996	〃8年	3,858	174	3,685	19	5	563	913	32
1997	〃9年	3,892	171	3,721	19	6	573	917	31
1998	〃10年	3,858	166	3,692	20	5	555	892	33
1999	〃11年	3,831	164	3,667	21	5	555	873	32
2000	〃12年	3,817	160	3,657	21	5	555	860	30
2001	〃13年	3,783	155	3,628	20	5	536	842	30
2002	〃14年	3,736	148	3,589	20	4	526	811	29

原注：　「労働力調査」による。　1）不詳を含む。

出所：　42, 45, 48, 51, 53

総　数

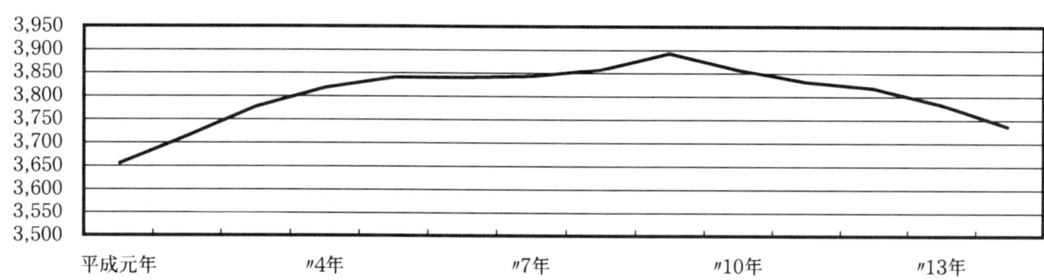

農林業

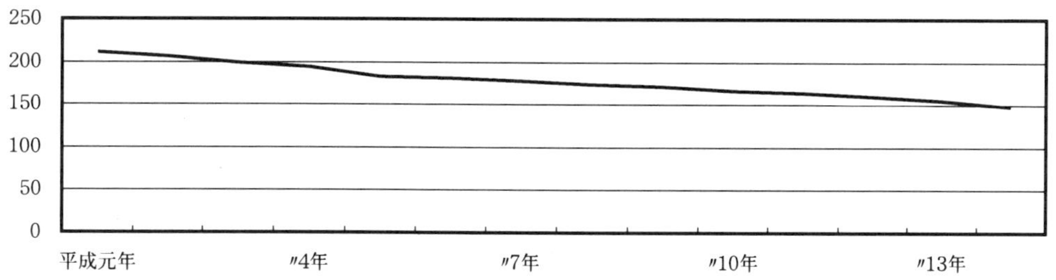

（単位　万人）

年　次	産業別 非農林業 運輸・通信業	卸売・小売業，飲食店	金融・保険業，不動産業	サービス業	公務（他に分類されないもの）	職業別 専門的・技術的職業従事者	管理的職業従事者	事務従事者
1989 平成元年	317	723	125	658	156	385	216	449
1990 〃2年	321	726	131	687	159	401	220	462
1991 〃3年	320	728	131	712	163	430	231	476
1992 〃4年	323	718	132	727	166	446	239	477
1993 〃5年	330	730	131	737	170	445	226	483
1994 〃6年	327	723	132	740	174	442	214	489
1995 〃7年	334	723	132	751	176	448	216	495
1996 〃8年	342	729	130	762	171	450	218	495
1997 〃9年	338	730	129	787	172	461	204	495
1998 〃10年	329	729	135	802	171	473	201	504
1999 〃11年	331	725	132	800	168	474	195	501
2000 〃12年	337	717	132	811	166	475	186	509
2001 〃13年	329	716	125	834	166	480	183	487
2002 〃14年	325	697	126	847	170	485	168	475

卸売・小売業，飲食店

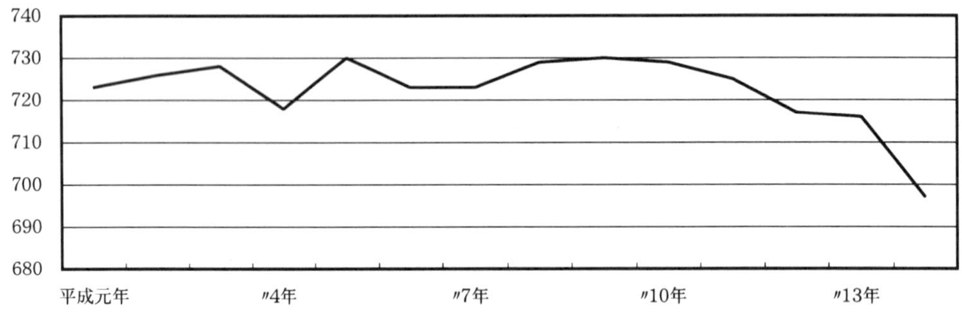

金融・保険業，不動産業

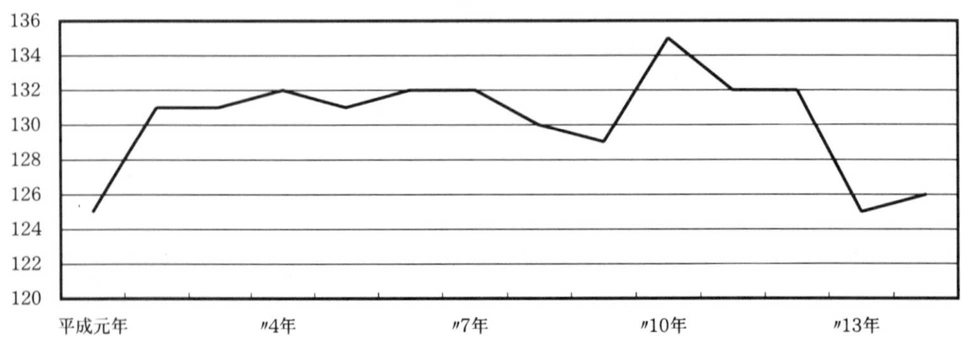

（単位　万人）

年　次	職業別						
	販　売従事者	保安・サービス職業従事者	農林漁業作業者	運輸・通信従事者	採　掘作業者	技能工，製造・建設作業者	労　務作業者
1989　平成元年	581	236	241	220	3	1,156	148
1990　〃2年	579	245	235	223	3	1,172	155
1991　〃3年	576	253	226	221	2	1,184	160
1992　〃4年	576	256	220	217	3	1,199	167
1993　〃5年	583	268	209	221	3	1,210	177
1994　〃6年	580	275	202	221	3	1,223	174
1995　〃7年	582	276	198	224	2	1,215	173
1996　〃8年	579	279	192	227	2	1,219	179
1997　〃9年	585	286	191	227	3	1,237	184
1998　〃10年	576	291	187	219	3	1,197	185
1999　〃11年	574	292	186	216	3	1,181	186
2000　〃12年	570	299	182	210	3	1,166	194
2001　〃13年	600	306	176	204	3	1,119	197
2002　〃14年	584	317	169	200	4	1,108	196

販売従事者

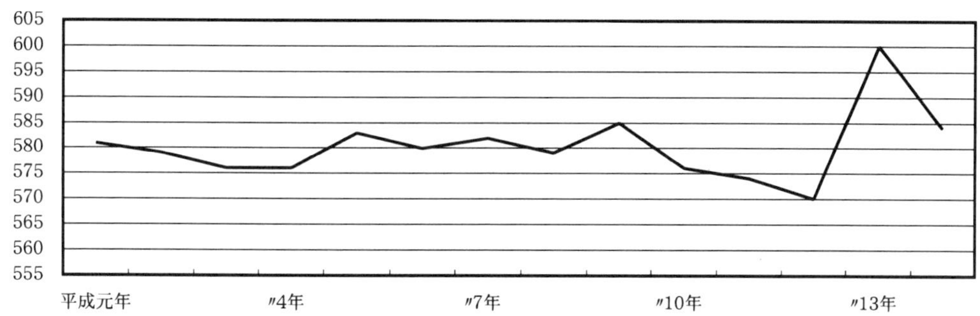

農林漁業作業者

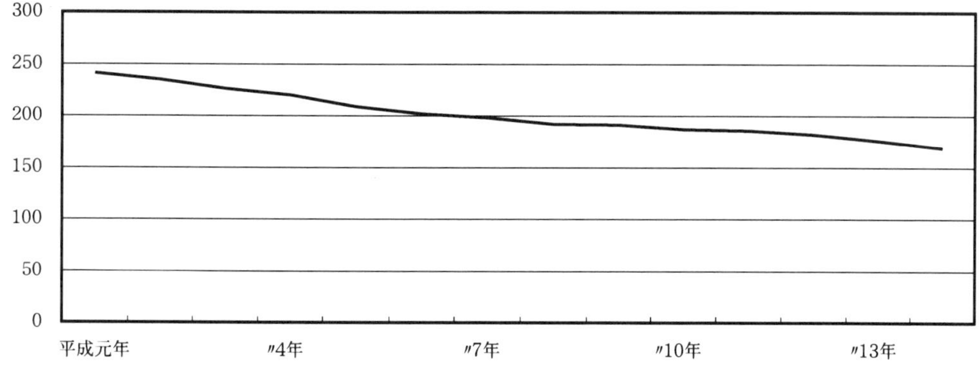

2-8　産業，職業別就業者数（平成15年～19年）

男

（単位　万人）

年　次		総　数 1)	産　業　別						
			農林業	非農林業 1)	漁　業	鉱　業	建設業	製造業	電気・ガス・熱供給・水道業
2003	平成15年	3,719	147	3,572	20	4	515	785	27
2004	〃16年	3,713	148	3,565	16	3	498	772	27
2005	〃17年	3,723	146	3,576	17	3	487	774	31
2006	〃18年	3,730	142	3,588	16	3	478	788	32
2007	〃19年	3,753	142	3,610	16	3	471	800	29

原注：「労働力調査」による。　1）不詳を含む。

出所：56, 58

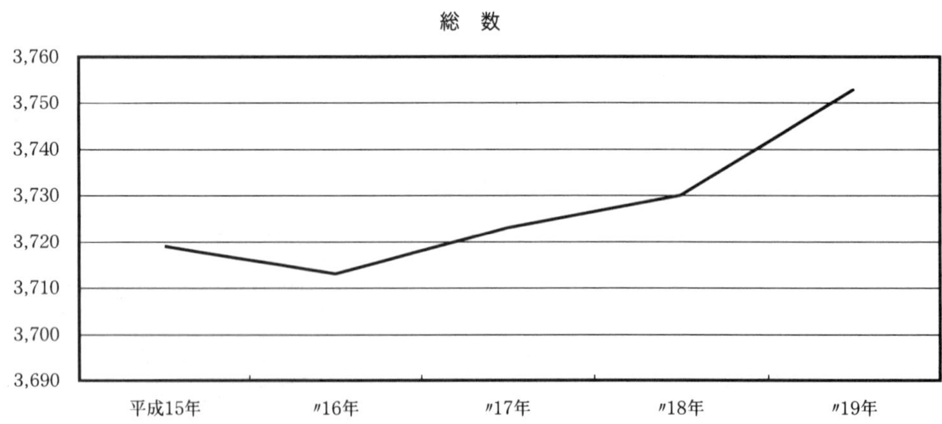

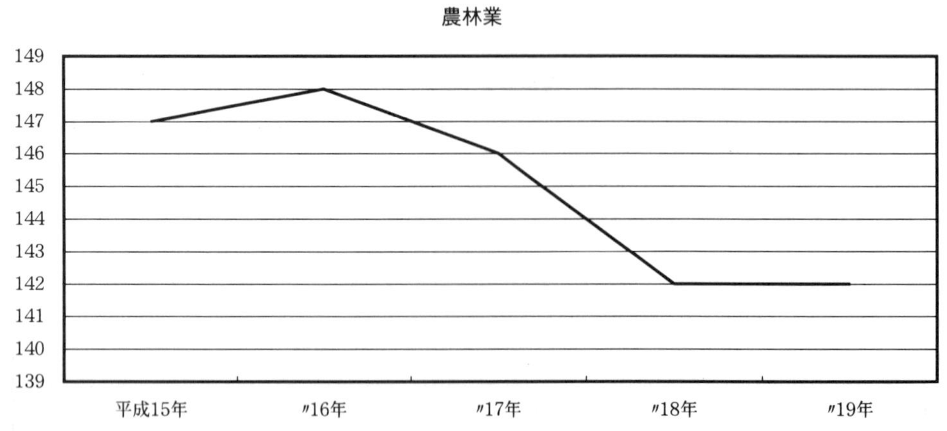

（単位　万人）

年　次	産業別							
	非農林業							
	情報通信業	運輸業	卸売・小売業	金融・保険業	不動産業	飲食店，宿泊業	医療，福祉	教育，学習支援業
2003　平成15年	120	279	569	81	44	142	116	132
2004　〃16年	126	271	560	78	44	140	123	133
2005　〃17年	131	263	555	79	46	141	130	129
2006　〃18年	135	268	549	77	50	136	135	130
2007　〃19年	147	268	549	76	54	138	139	131

情報通信業

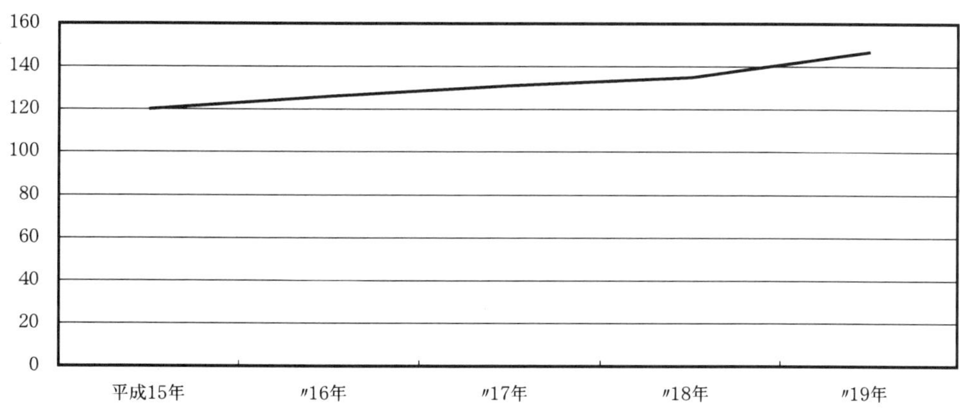

卸売・小売業

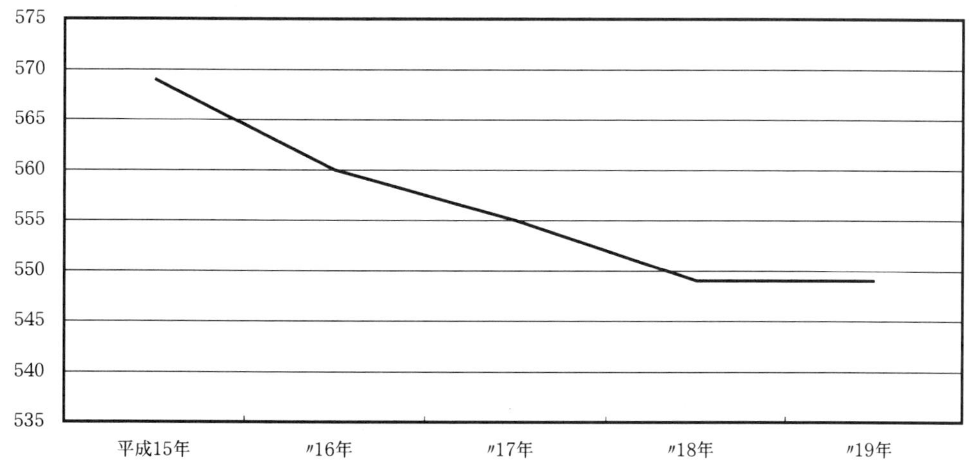

（単位　万人）

年　次	産業別			職業別				
	非農林業							
	複合サービス業	サービス業（他に分類されないもの）	公務（他に分類されないもの）	専門的・技術的職業従事者	管理的職業従事者	事務従事者	販売従事者	保安職業，サービス職業従事者
2003　平成15年	53	471	179	491	167	481	576	320
2004　〃16年	54	495	185	496	170	487	563	327
2005　〃17年	49	518	180	506	171	486	551	330
2006　〃18年	49	527	175	500	166	490	544	337
2007　〃19年	47	522	176	505	156	489	551	340

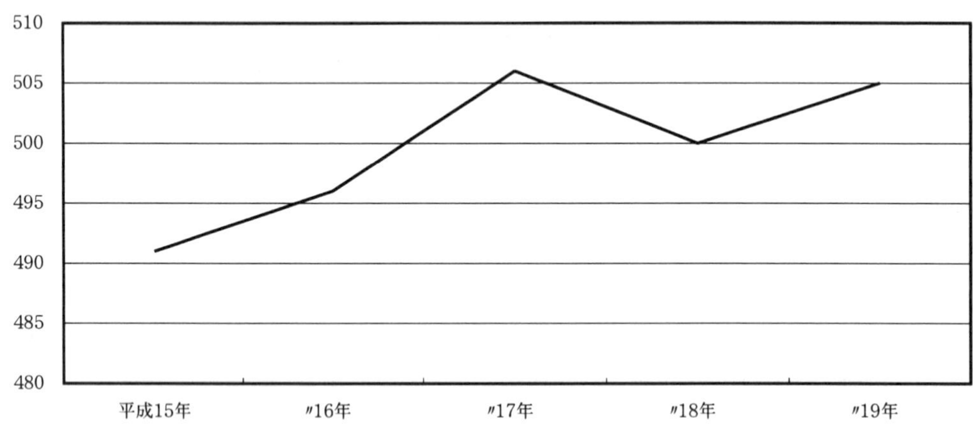

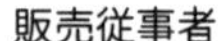

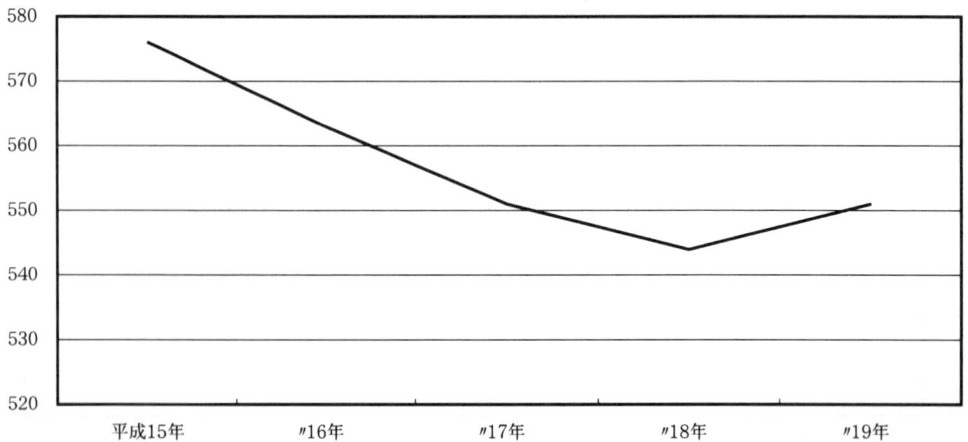

（単位　万人）

年　次	職　業　別				
	農林漁業作業者	運輸・通信従事者	採　掘作業者	製造・制作・機械運転及び建設作業者	労　務作業者
2003　平成15年	169	200	4	1,081	198
2004　〃16年	166	192	3	1,067	204
2005　〃17年	165	193	3	1,075	203
2006　〃18年	161	196	3	1,086	210
2007　〃19年	161	196	3	1,096	215

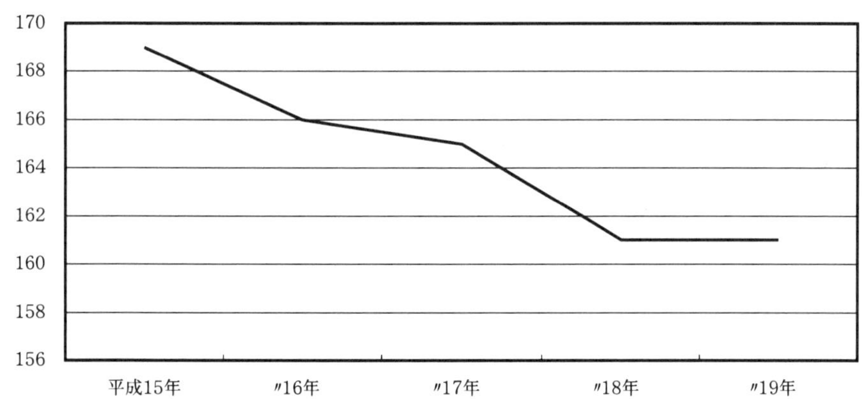

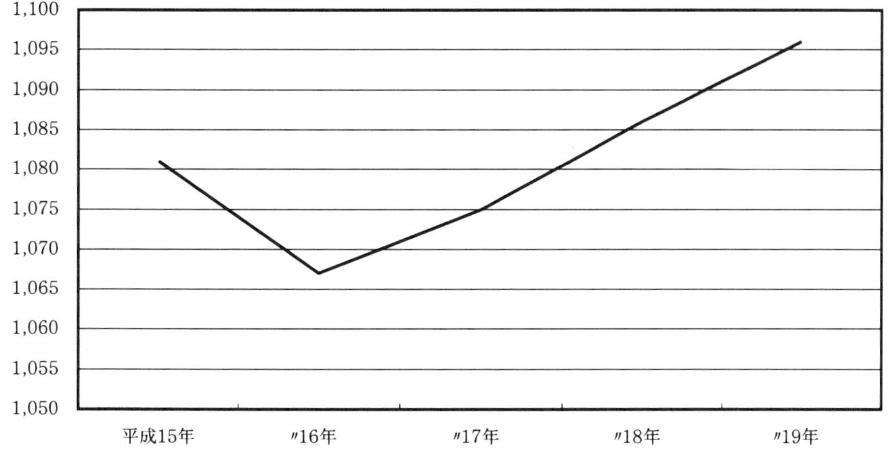

2-9　産業，職業別就業者数（平成元年～14年）
女

（単位　万人）

年　次		総　数 1)	産業別						
			農林業	非農林業 1)	漁　業	鉱　業	建設業	製造業	電気・ガス・熱供給・水道業
1989	平成元年	2,474	208	2,266	11	1	91	590	5
1990	〃2年	2,536	204	2,332	11	1	96	595	4
1991	〃3年	2,592	192	2,400	9	1	101	609	4
1992	〃4年	2,619	181	2,438	9	1	101	609	5
1993	〃5年	2,610	167	2,443	9	1	103	585	5
1994	〃6年	2,614	164	2,450	7	1	105	561	5
1995	〃7年	2,614	162	2,451	7	1	106	542	5
1996	〃8年	2,627	157	2,471	7	1	107	532	6
1997	〃9年	2,665	153	2,511	6	1	112	525	5
1998	〃10年	2,656	151	2,506	7	1	107	490	4
1999	〃11年	2,632	143	2,489	8	1	102	471	5
2000	〃12年	2,629	137	2,493	8	1	98	461	5
2001	〃13年	2,629	131	2,498	7	1	96	443	4
2002	〃14年	2,594	120	2,474	7	1	92	411	5

原注：「労働力調査」による。　1）不詳を含む。
出所：42, 45, 48, 51, 53

総　数

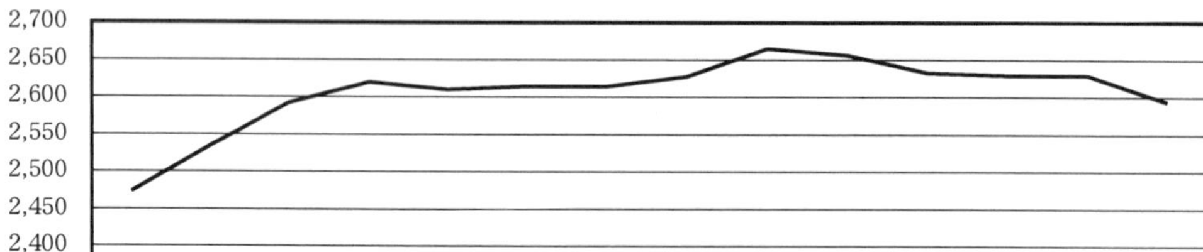

農林業

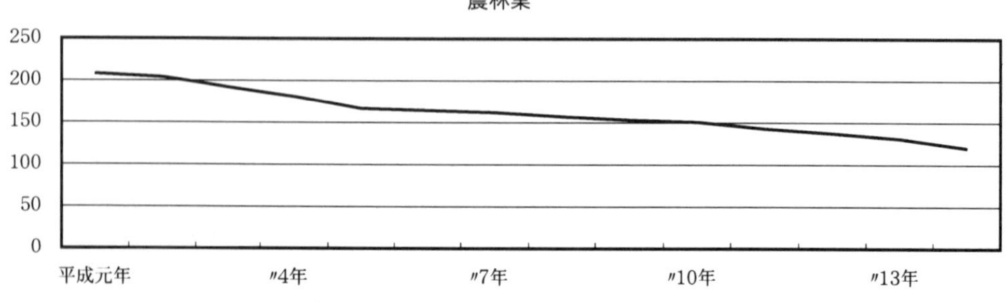

（単位　万人）

年　次	産業別					職業別		
	非農林業							
	運輸・通信業	卸売・小売業,飲食店	金融・保険業,不動産業	サービス業	公　務（他に分類されないもの）	専門的・技術的職業従事者	管理的職業従事者	事　務従事者
1989　平成元年	52	677	118	678	33	281	19	653
1990　〃2年	55	689	128	706	36	290	19	695
1991　〃3年	58	705	131	734	37	303	21	731
1992　〃4年	62	718	130	754	38	309	21	745
1993　〃5年	64	718	129	779	39	320	21	744
1994　〃6年	65	720	130	802	41	336	20	749
1995　〃7年	68	726	130	814	42	342	21	757
1996　〃8年	69	733	126	836	42	354	22	769
1997　〃9年	74	745	124	862	43	364	21	778
1998　〃10年	76	754	123	883	46	371	21	785
1999　〃11年	75	759	119	887	46	372	20	772
2000　〃12年	78	757	116	907	47	381	19	777
2001　〃13年	78	757	115	935	46	393	18	762
2002　〃14年	77	741	114	957	47	405	18	753

卸売・小売業，飲食店

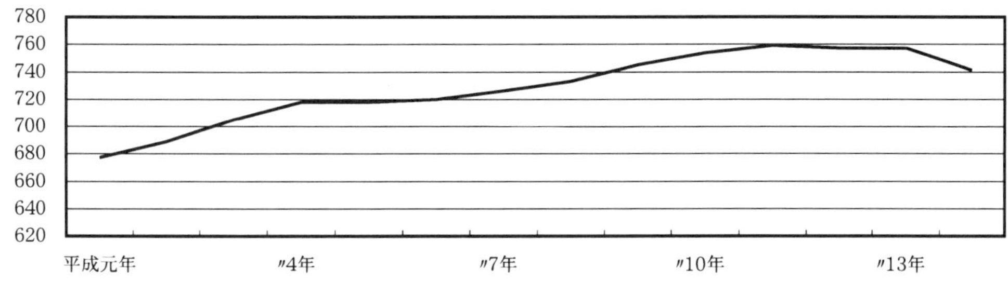

金融・保険業，不動産業

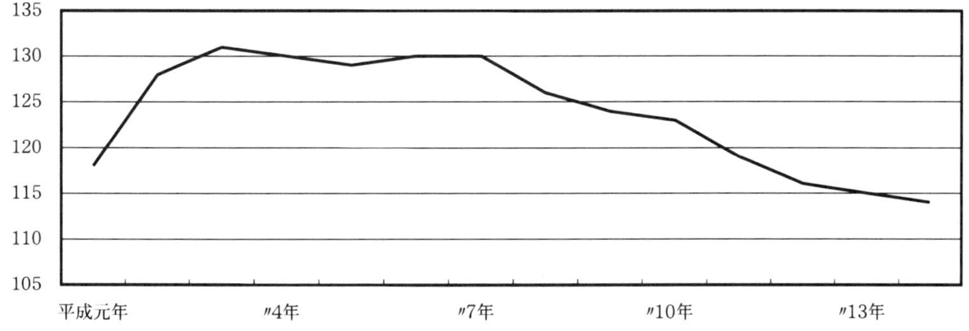

（単位　万人）

年　次		職　業　別						
		販　売 従事者	保安・サー ビス職業 従事者	農林漁業 作業者	運輸・通信 従事者	採　掘 作業者	技能工, 製造・建設 作業者	労　務 作業者
1989	平成元年	356	283	217	10	0	531	115
1990	〃2年	360	290	213	10	0	530	118
1991	〃3年	368	299	199	10	0	534	118
1992	〃4年	369	312	187	11	0	527	126
1993	〃5年	365	319	172	11	0	515	132
1994	〃6年	363	328	168	13	0	492	135
1995	〃7年	362	335	165	13	0	472	136
1996	〃8年	353	339	159	13	0	467	139
1997	〃9年	355	351	155	14	0	469	145
1998	〃10年	352	363	153	13	0	437	148
1999	〃11年	347	376	146	12	0	424	148
2000	〃12年	341	379	139	11	0	415	153
2001	〃13年	368	386	134	10	0	387	155
2002	〃14年	350	401	122	11	-	361	153

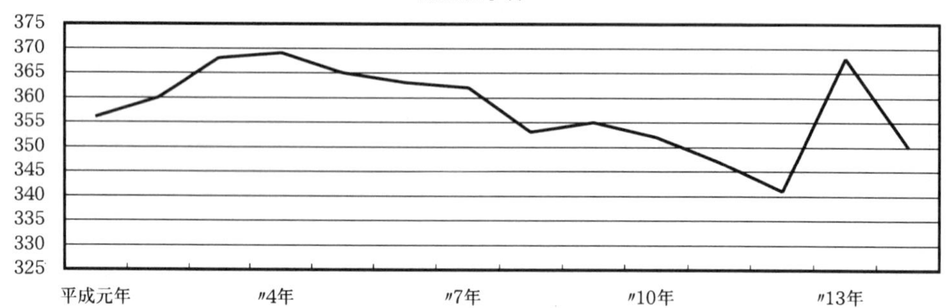

農林漁業作業者

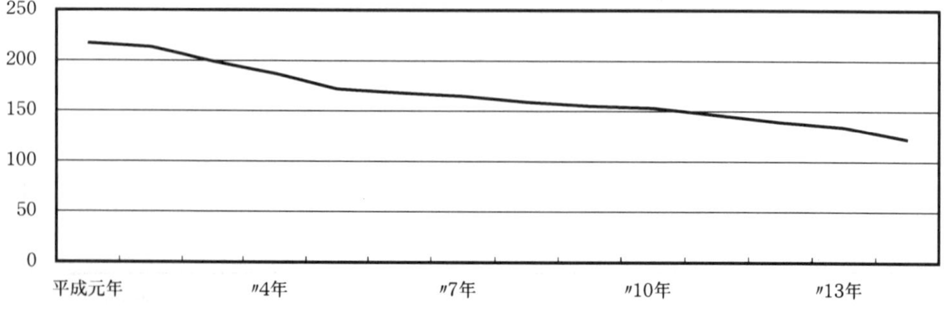

2-9　産業，職業別就業者数（平成15年～19年）
女

（単位　万人）

年　次	総　数 1)	産　業　別						
		農林業	非農林業 1)	漁　業	鉱　業	建設業	製造業	電気・ガス・熱供給・水道業
2003　平成15年	2,597	119	2,479	7	1	89	394	5
2004　〃16年	2,616	117	2,499	5	1	86	378	4
2005　〃17年	2,633	113	2,520	6	1	81	368	4
2006　〃18年	2,652	108	2,544	6	1	82	373	4
2007　〃19年	2,659	108	2,551	6	1	81	365	3

原注：「労働力調査」による。　1）不詳を含む。
出所：56, 58

総　数

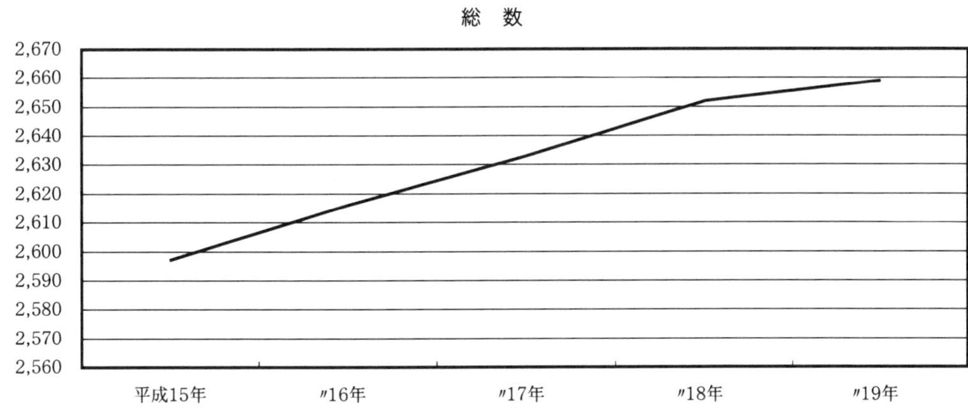

農林業

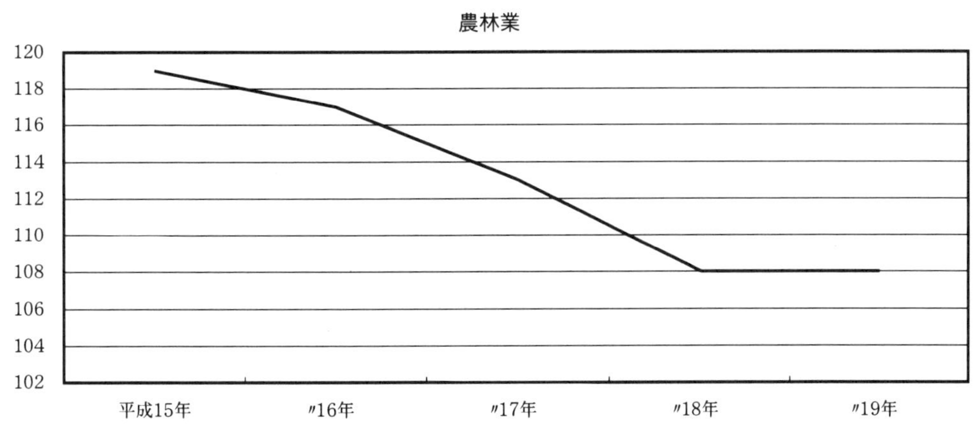

2. 労　働

（単位　万人）

年　次	産業別 非農林業 情報通信業	運輸業	卸売・小売業	金融・保険業	不動産業	飲食店，宿泊業	医療，福祉	教育，学習支援業
2003　平成15年	44	53	564	80	27	209	386	148
2004　〃16年	46	52	563	81	27	207	408	151
2005　〃17年	46	54	567	79	28	202	424	157
2006　〃18年	47	56	564	77	29	201	436	157
2007　〃19年	51	55	564	78	31	204	440	153

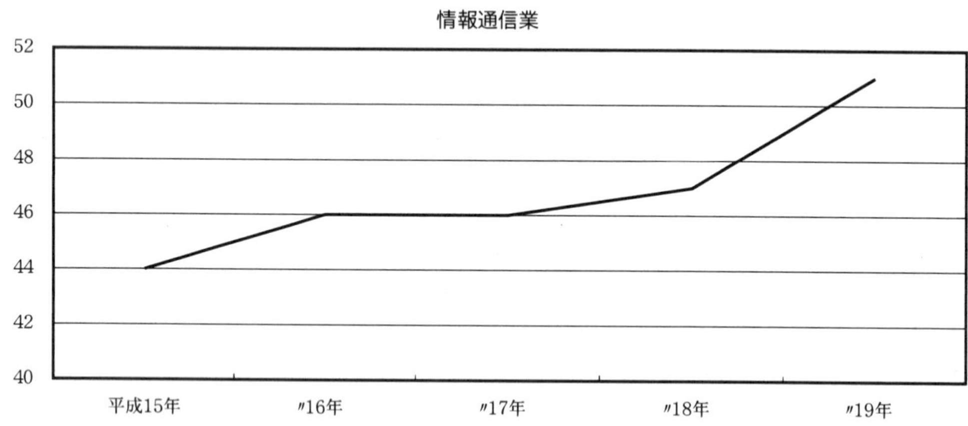

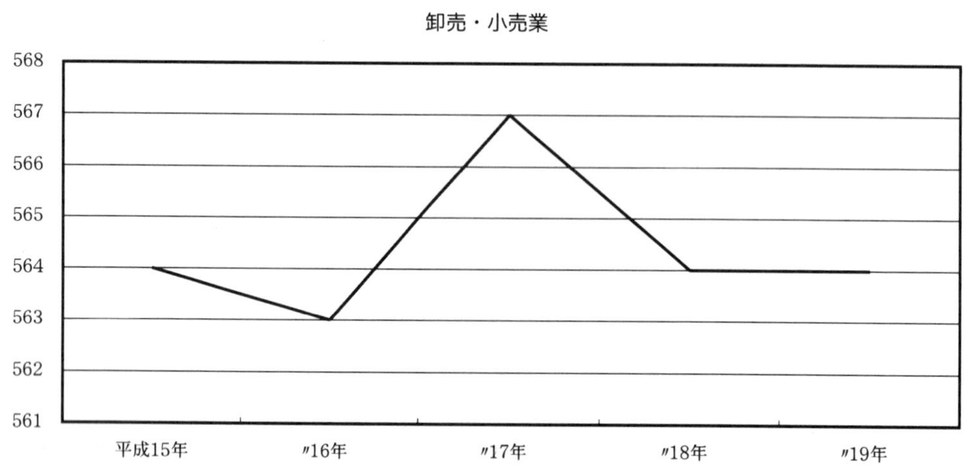

（単位　万人）

<table>
<tr><th rowspan="3">年　次</th><th colspan="3">産　業　別</th><th colspan="5">職　業　別</th></tr>
<tr><th colspan="3">非　農　林　業</th><th rowspan="2">専門的・技術的職業従事者</th><th rowspan="2">管理的職業従事者</th><th rowspan="2">事　務従事者</th><th rowspan="2">販売従事者</th><th rowspan="2">保安職業，サービス職業従事者</th></tr>
<tr><th>複合サービス業</th><th>サービス業（他に分類されないもの）</th><th>公　務（他に分類されないもの）</th></tr>
<tr><td>2003　平成15年</td><td>26</td><td>374</td><td>47</td><td>415</td><td>18</td><td>750</td><td>341</td><td>409</td></tr>
<tr><td>2004　〃16年</td><td>28</td><td>386</td><td>48</td><td>425</td><td>19</td><td>758</td><td>339</td><td>421</td></tr>
<tr><td>2005　〃17年</td><td>27</td><td>397</td><td>49</td><td>431</td><td>19</td><td>761</td><td>341</td><td>427</td></tr>
<tr><td>2006　〃18年</td><td>26</td><td>411</td><td>47</td><td>438</td><td>19</td><td>770</td><td>337</td><td>436</td></tr>
<tr><td>2007　〃19年</td><td>25</td><td>411</td><td>51</td><td>433</td><td>16</td><td>773</td><td>337</td><td>447</td></tr>
</table>

専門的・技術的職業従事者

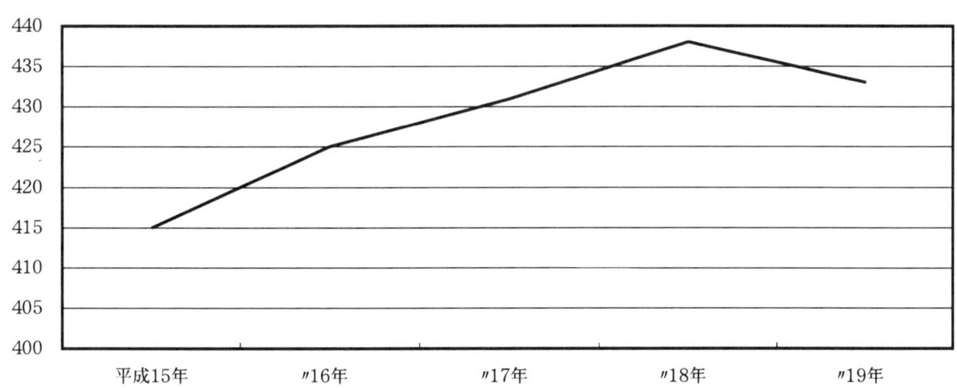

販売従事者

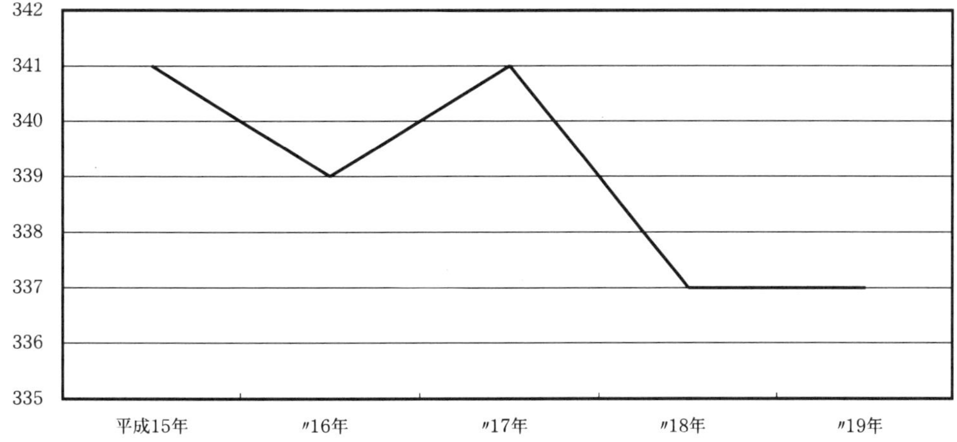

2. 労　働

（単位　万人）

年　次	職業別				
	農林漁業作業者	運輸・通信従事者	採掘作業者	製造・制作・機械運転及び建設作業者	労務作業者
2003　平成15年	121	10	0	356	155
2004　〃16年	118	9	0	347	156
2005　〃17年	114	11	0	341	160
2006　〃18年	108	11	0	346	161
2007　〃19年	109	9	0	345	161

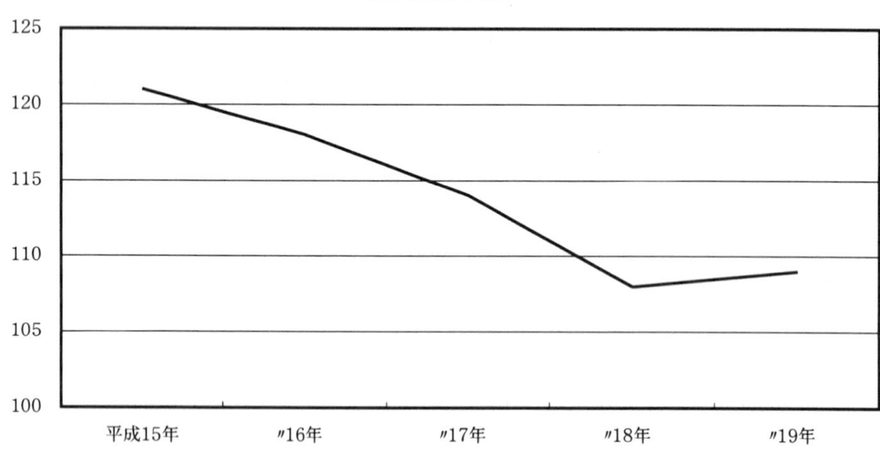

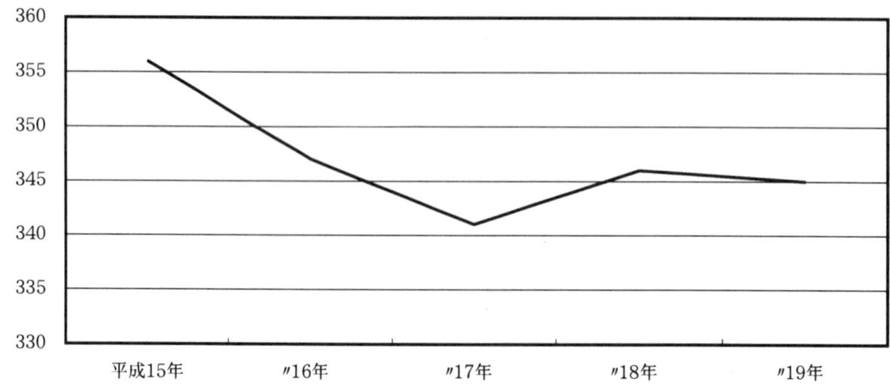

2-10　産業別常用労働者１人平均月間総実労働時間数（平成元年～16年）

(単位　時間)

年　次		総数	鉱業	建設業	製造業	食料品,飲料・飼料・たばこ	繊維	衣服・その他の繊維製品	木材・木製品
1989	平成元年	174.0	189.2	187.3	179.3	173.2	178.7	177.4	194.5
1990	〃2年	171.0	185.5	184.4	176.6	168.3	173.9	173.5	190.3
1991	〃3年	168.0	179.0	180.3	173.2	166.7	170.6	168.3	184.0
1992	〃4年	164.3	176.9	176.3	168.1	163.9	167.6	166.7	181.5
1993	〃5年	159.4	181.6	173.6	163.4	158.5	162.5	162.8	180.3
1994	〃6年	158.7	180.0	171.5	163.1	156.6	163.2	163.6	182.1
1995	〃7年	159.1	178.6	172.1	163.9	156.6	161.4	161.5	179.0
1996	〃8年	159.9	182.1	173.3	165.8	160.7	165.6	165.7	180.0
1997	〃9年	158.3	178.7	171.7	165.5	159.5	164.0	163.3	176.5
1998	〃10年	156.6	174.7	170.1	162.7	158.5	159.7	159.9	171.3
1999	〃11年	153.5	171.2	169.8	161.9	155.8	163.5	159.1	174.7
2000	〃12年	154.9	172.2	170.3	164.7	157.9	163.5	157.7	175.3
2001	〃13年	154.0	173.6	170.1	162.9	159.2	163.3	160.6	173.4
2002	〃14年	153.1	169.1	169.4	163.8	156.8	163.0	161.5	173.1
2003	〃15年	153.8	168.6	170.9	165.6	158.3	164.3	162.1	175.8
2004	〃16年	153.3	166.5	170.3	167.7	161.8	166.9	161.4	174.5

原注：　「毎月勤労統計調査」による。常用労働者30人以上の事業所。

出所：　44, 49, 54, 55

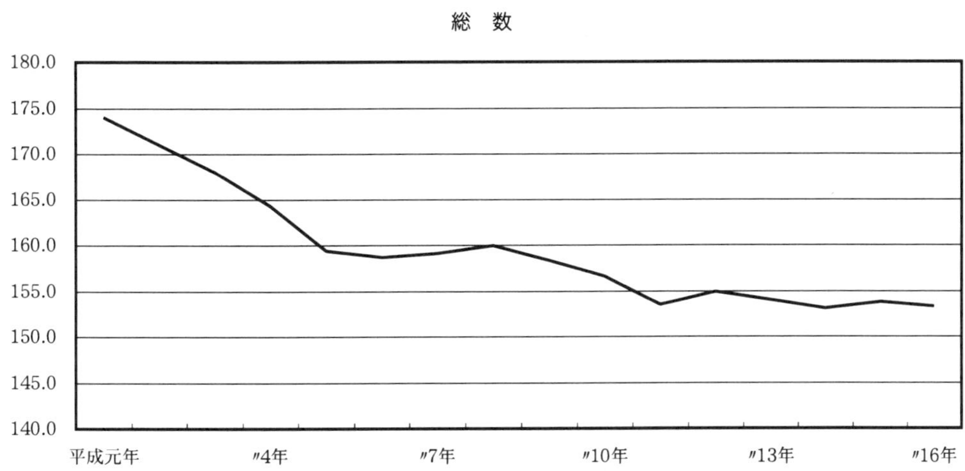

(単位　時間)

年　次	製造業							
	家具・装備品	パルプ・紙・紙加工品	出版・印刷	化学	石油・石炭製品	プラスチック製品	ゴム製品	なめし革・同製品・毛皮
1989 平成元年	186.9	175.1	185.3	165.1	169.5	180.3	178.8	179.6
1990 〃2年	182.4	174.1	180.3	163.9	167.5	177.6	176.1	174.9
1991 〃3年	177.1	170.9	177.6	161.8	166.1	173.2	171.3	167.6
1992 〃4年	172.9	167.3	174.1	159.9	164.6	169.2	167.1	163.9
1993 〃5年	171.5	165.3	170.8	156.8	162.2	167.2	162.2	164.6
1994 〃6年	170.5	164.9	172.1	155.4	160.3	167.2	161.6	163.2
1995 〃7年	170.7	164.9	173.0	156.1	160.6	167.8	162.9	163.2
1996 〃8年	172.1	169.4	169.7	156.4	161.4	166.0	166.0	165.5
1997 〃9年	171.2	166.7	168.4	154.9	158.8	165.7	167.2	163.6
1998 〃10年	165.5	164.2	167.6	154.8	159.0	164.5	163.5	162.6
1999 〃11年	168.2	163.1	170.3	155.2	154.6	165.9	163.8	163.4
2000 〃12年	171.6	164.6	171.9	156.6	158.1	167.2	166.8	164.7
2001 〃13年	169.7	163.2	171.2	156.6	159.2	166.9	164.4	166.5
2002 〃14年	167.8	165.4	171.6	157.3	158.0	163.2	164.3	153.2
2003 〃15年	168.3	166.4	172.1	157.3	157.7	164.6	166.8	155.7
2004 〃16年	169.8	164.9	173.1	156.9	160.2	170.3	168.9	165.8

出版・印刷

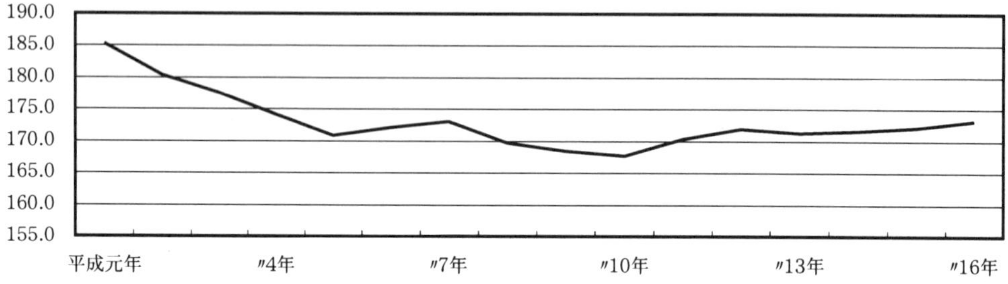

化　学

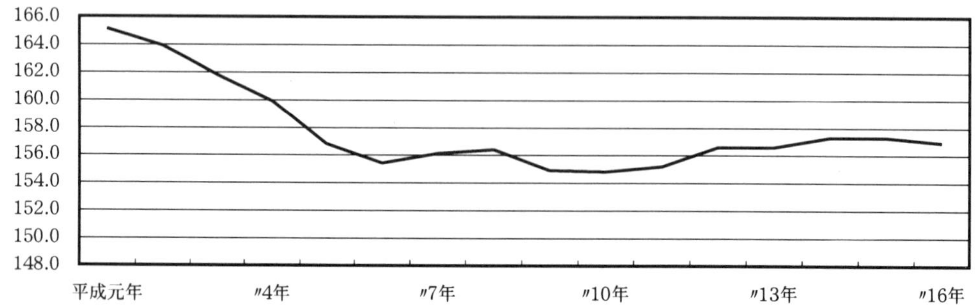

(単位　時間)

年　次	製造業							
	窯業・土石製品	鉄鋼	非鉄金属	金属製品	一般機械	電気機器	輸送用機器	精密機器
1989 平成元年	183.4	179.1	181.4	186.3	184.3	175.5	189.5	173.6
1990 〃2年	180.4	180.0	180.7	183.3	180.9	173.9	186.4	171.8
1991 〃3年	174.1	176.8	178.8	179.4	179.6	171.0	181.1	168.6
1992 〃4年	170.1	171.5	172.7	172.7	172.4	164.1	174.1	162.3
1993 〃5年	167.0	164.6	166.7	169.2	163.9	160.8	166.3	158.8
1994 〃6年	166.1	160.0	166.2	168.0	164.8	161.5	165.5	160.0
1995 〃7年	167.4	162.8	167.2	169.6	168.1	162.0	167.4	160.9
1996 〃8年	168.3	165.0	166.8	173.1	171.8	162.5	170.1	162.5
1997 〃9年	167.6	167.2	167.8	171.2	172.3	162.7	172.5	162.2
1998 〃10年	165.2	161.6	164.6	167.6	166.9	160.3	168.3	159.2
1999 〃11年	166.4	159.0	164.0	165.4	163.8	159.9	166.5	161.5
2000 〃12年	168.6	165.3	168.4	167.2	169.0	163.6	169.8	165.0
2001 〃13年	164.7	163.3	165.0	164.8	166.3	158.7	168.5	161.4
2002 〃14年	164.1	164.8	165.9	169.5	167.4	160.7	171.7	161.6
2003 〃15年	166.0	169.5	168.4	171.4	170.1	164.0	173.0	163.6
2004 〃16年	167.8	173.0	166.5	173.2	173.2	165.4	175.1	164.2

鉄　鋼

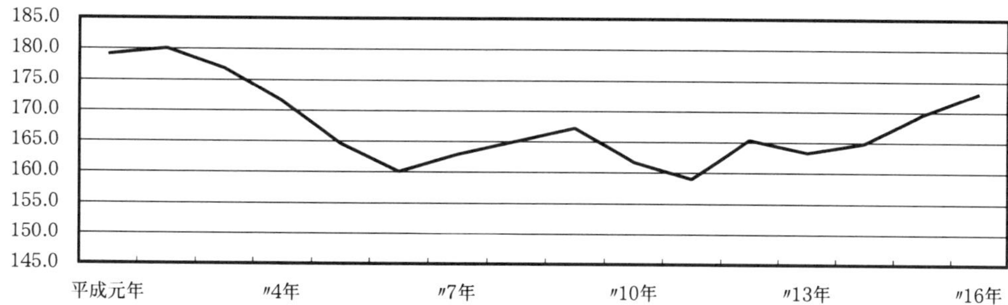

非鉄金属

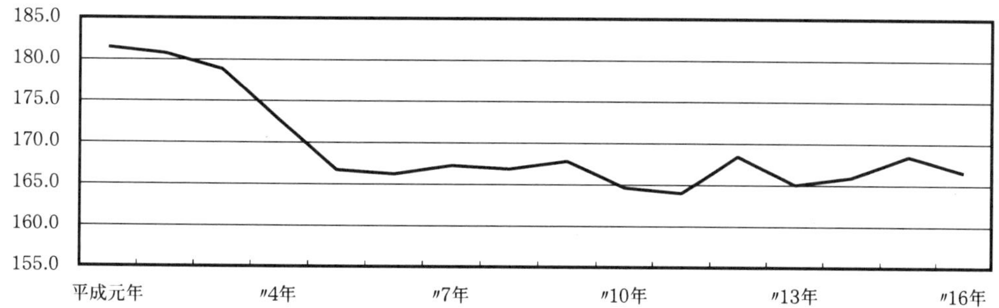

(単位　時間)

年　次		製造業 武器，その他	電気・ガス・熱供給・水道業	運輸・通信業	卸売・小売業，飲食店	金融・保険業	不動産業	サービス業
1989	平成元年	172.2	167.9	188.6	162.9	155.2	171.3	167.7
1990	〃2年	168.9	166.3	186.0	161.0	152.7	166.6	163.7
1991	〃3年	164.6	165.6	180.3	157.5	149.7	164.4	162.8
1992	〃4年	161.5	162.4	176.9	155.0	149.3	161.3	160.1
1993	〃5年	158.0	158.7	175.5	148.5	149.3	154.9	153.0
1994	〃6年	157.4	156.8	173.9	147.6	150.0	154.8	152.3
1995	〃7年	157.5	158.3	174.1	146.8	150.4	155.8	153.0
1996	〃8年	157.5	157.2	171.7	150.1	150.4	155.3	152.3
1997	〃9年	156.0	155.3	169.5	147.5	149.6	153.7	150.0
1998	〃10年	155.2	155.4	167.6	145.4	149.9	154.4	149.5
1999	〃11年	154.6	152.6	167.7	138.3	148.3	152.4	147.4
2000	〃12年	158.0	154.9	168.2	139.0	149.6	153.8	148.6
2001	〃13年	156.6	154.4	167.1	138.9	149.5	152.5	148.2
2002	〃14年	161.4	154.7	168.3	135.2	148.5	153.2	147.2
2003	〃15年	161.3	153.8	170.2	134.4	148.1	153.8	147.5
2004	〃16年	160.2	156.0	170.7	133.3	149.7	152.8	147.4

運輸・通信業

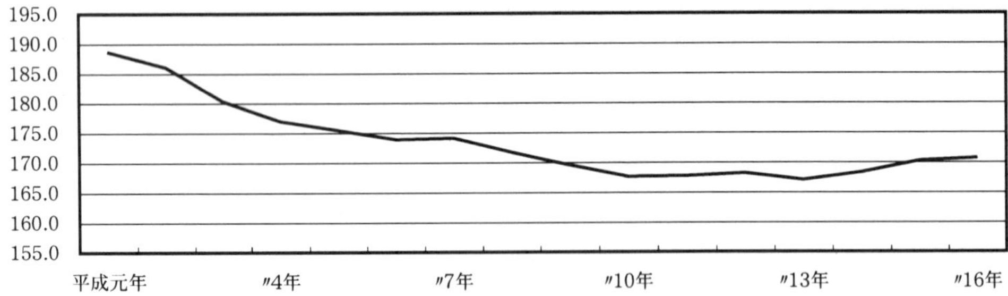

金融・保険業

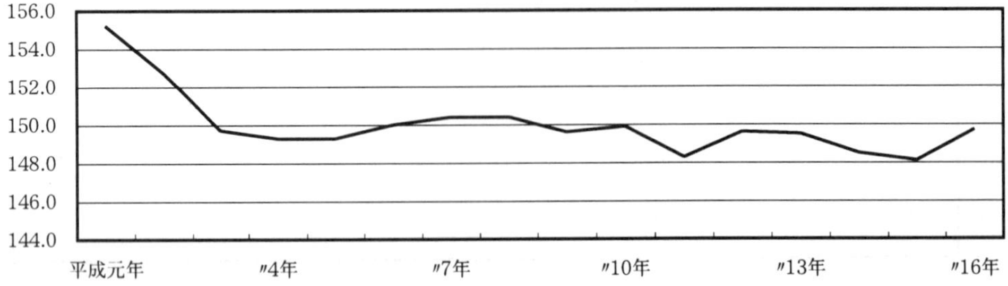

2-10　産業別常用労働者１人平均月間総実労働時間数（平成17年～19年）

(単位　時間)

年　次	総数	鉱業	建設業	製造業	# 食料品, 飲料・たばこ・飼料	# 繊維 1)	# 衣服・その他の繊維製品	# パルプ・紙・紙加工品
2005　平成17年	152.4	165.5	170.7	166.8	160.2	165.9	161.7	164.9
2006　〃 18年	153.5	164.6	174.0	167.9	159.8	166.5	161.9	165.4
2007　〃 19年	154.2	165.6	174.4	167.6	158.6	166.0	158.4	168.9

原注：　「毎月勤労統計調査」による。常用労働者30人以上の事業所。　1) 衣服，その他の繊維製品を除く。
出所：　58

総　数

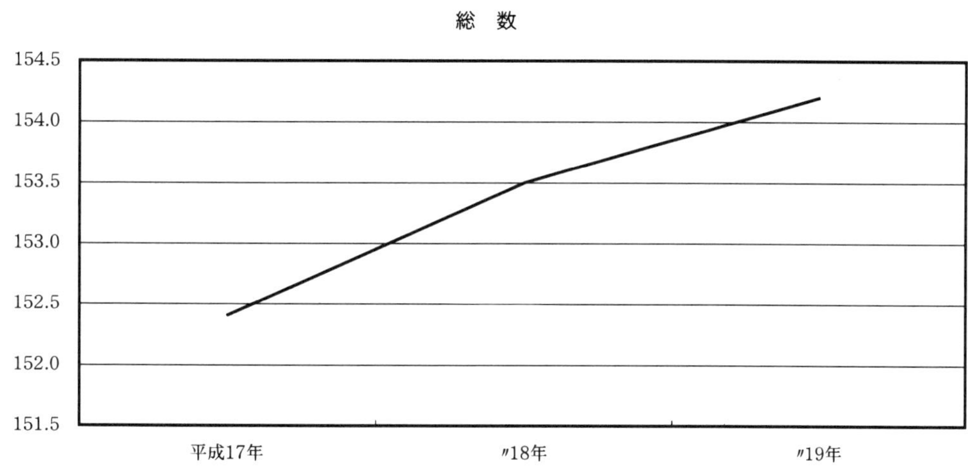

製造業

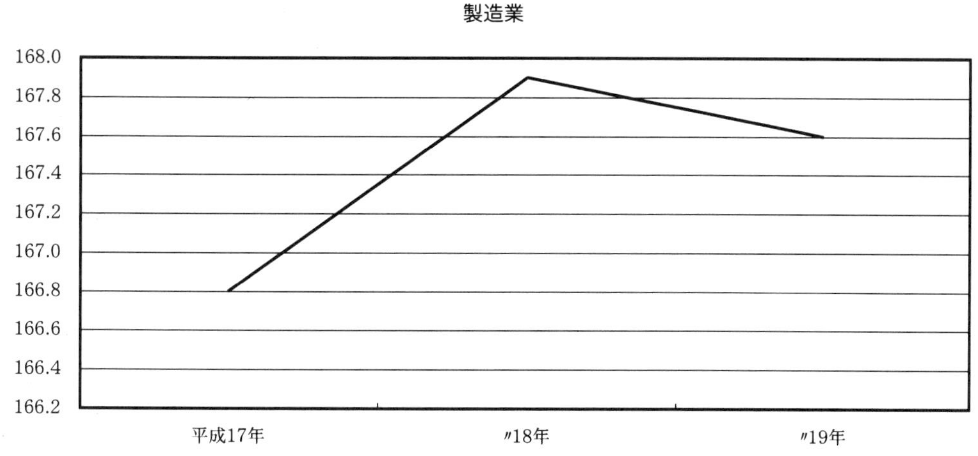

(単位　時間)

年　次	製造業							
	# 印刷・同関連業	# 化学	# 石油・石炭製品	# 窯業・土石製品	# 鉄鋼	# 非鉄金属	# 金属製品	# 一般機械
2005 平成17年	174.9	157.0	160.9	165.6	171.8	165.5	172.1	172.5
2006 〃18年	175.2	159.0	164.2	168.1	173.5	167.2	172.3	173.9
2007 〃19年	177.8	158.2	164.8	172.6	176.0	168.3	171.8	173.6

印刷・同関連業

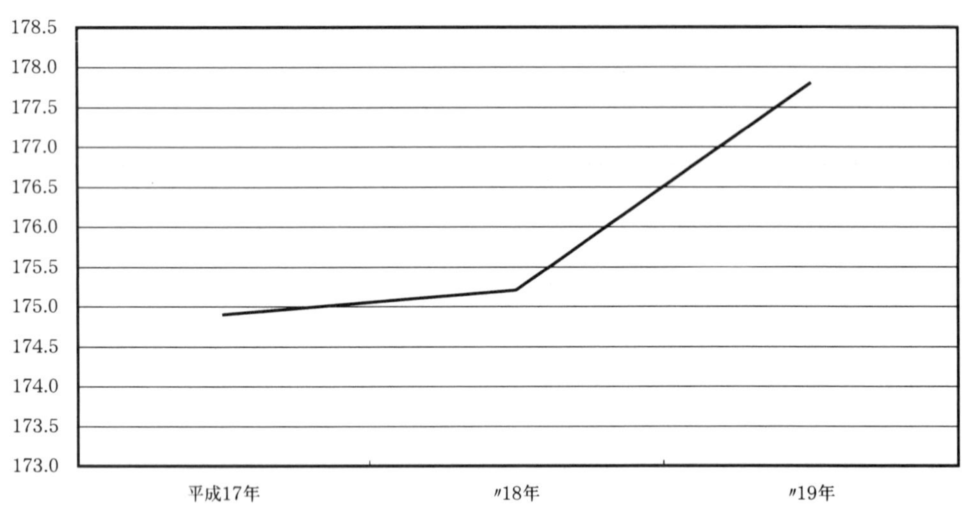

鉄　鋼

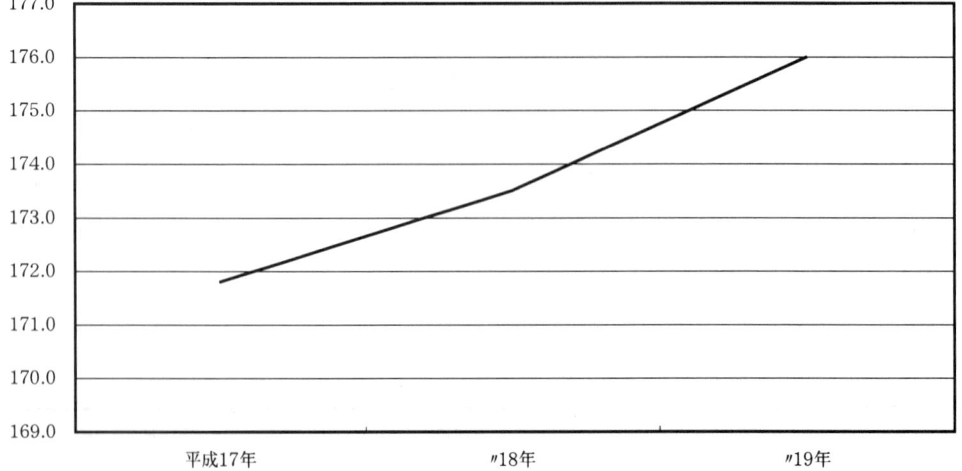

(単位　時間)

年　次	製造業 # 電気機器	製造業 # 情報通信機器	製造業 # 輸送用機器	製造業 # 精密機器	電気・ガス・熱供給・水道業	情報通信業	運輸業	卸売・小売業
2005 平成17年	163.4	163.1	174.9	163.3	155.7	161.6	176.8	137.4
2006 〃18年	165.2	164.6	175.7	165.6	158.2	162.5	176.6	139.7
2007 〃19年	162.9	164.1	174.6	167.4	159.2	164.0	176.1	141.6

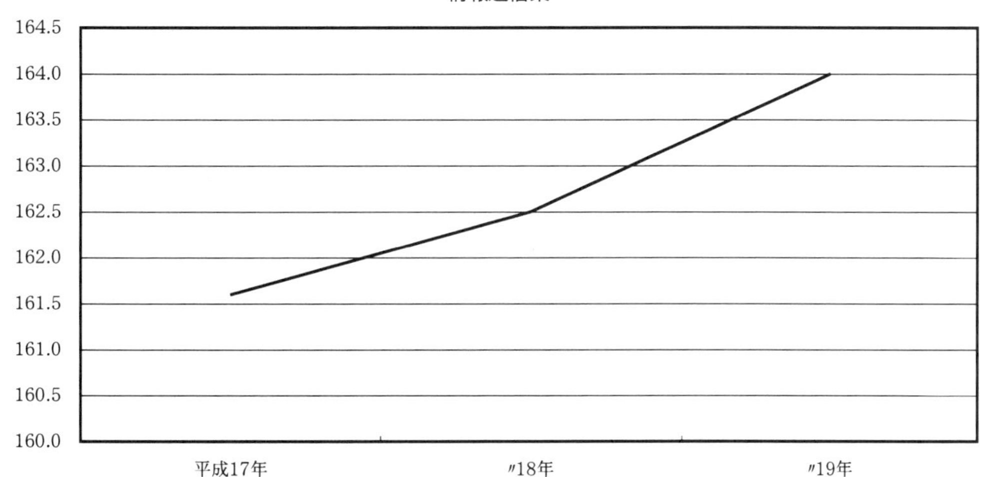

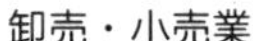

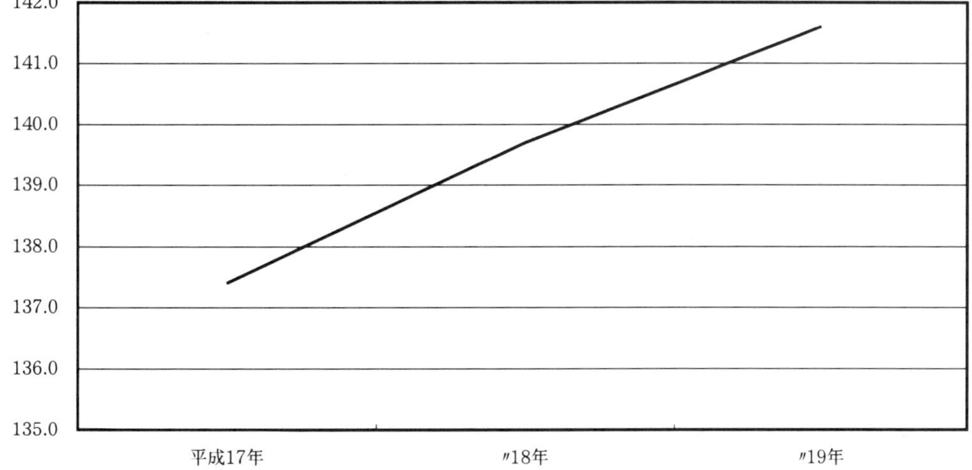

(単位　時間)

年　次	金融・保険業	不動産業	飲食店,宿泊業	医療,福祉	教育,学習支援業	複合サービス事業	サービス業(他に分類されないもの)
2005　平成17年	150.8	152.0	123.8	148.4	129.9	144.2	146.1
2006　〃18年	153.4	153.4	121.7	148.6	131.5	145.6	147.2
2007　〃19年	152.7	156.9	122.8	146.2	137.7	149.9	149.4

金融・保険業

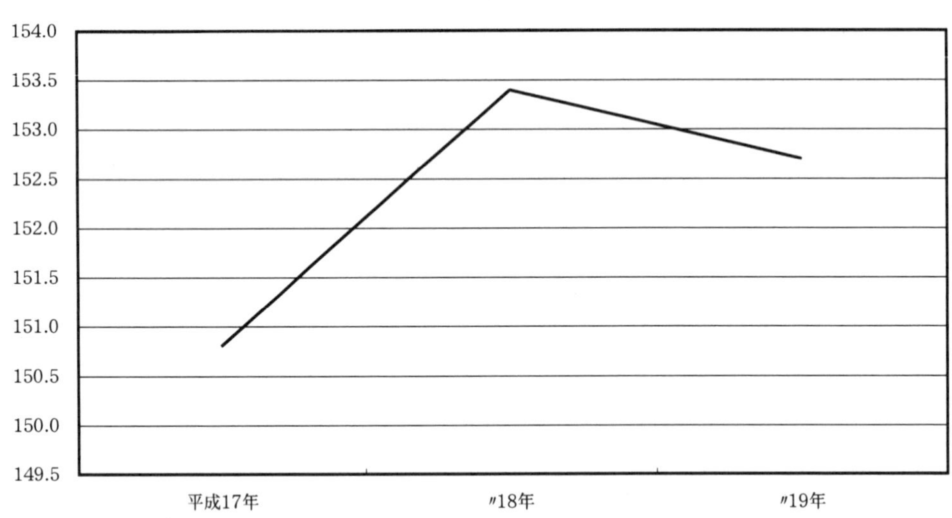

医療，福祉

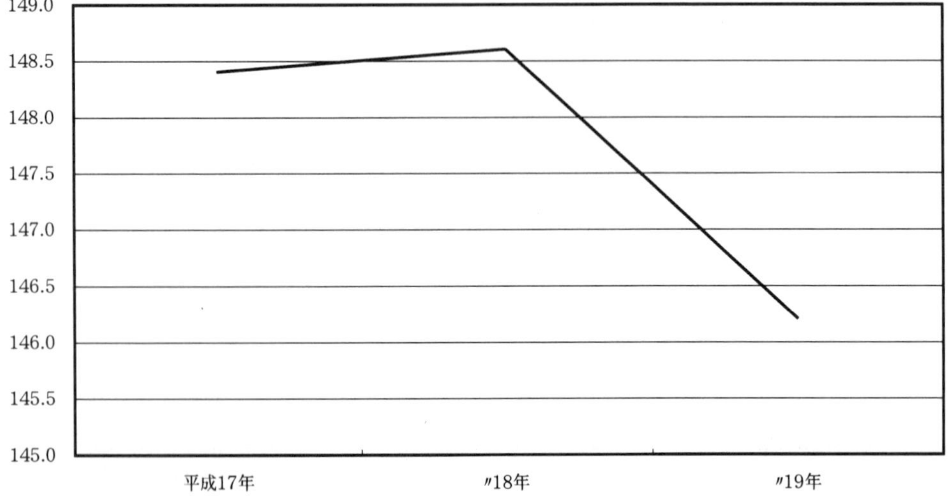

2-11　労働組合数及び組合員数（平成元年～15年）

年　次	単一労働組合			単位労働組合				
				組合員数規模別組合数				
	組合数	組合員数 (1,000)	推定組織率 (%) 1)	計	29人以下	30～99	100～299	300～499
1989 平成元年	33,683	12,227	25.9	72,605	23,569	24,290	15,877	4,045
1990 〃2年	33,270	12,265	25.2	72,202	23,596	23,927	15,781	4,032
1991 〃3年	33,008	12,397	24.5	71,685	23,432	23,575	15,700	4,038
1992 〃4年	33,047	12,541	24.4	71,881	23,446	23,516	15,833	4,071
1993 〃5年	32,552	12,663	24.2	71,501	23,266	23,246	15,803	4,106
1994 〃6年	32,581	12,699	24.1	71,674	23,476	23,183	15,805	4,138
1995 〃7年	32,065	12,614	23.8	70,839	23,254	22,807	15,678	4,059
1996 〃8年	31,601	12,451	23.2	70,699	23,454	22,687	15,583	3,995
1997 〃9年	31,336	12,285	22.6	70,821	23,807	22,617	15,483	3,996
1998 〃10年	31,062	12,093	22.4	70,084	23,741	22,325	15,275	3,943
1999 〃11年	30,610	11,825	22.2	69,387	23,881	21,963	15,046	3,864
2000 〃12年	31,185	11,539	21.5	63,737	23,965	21,751	14,721	3,789
2001 〃13年	30,773	11,212	20.7	67,706	24,185	21,091	14,331	3,713
2002 〃14年	30,177	10,801	20.2	65,642	23,564	20,505	13,741	3,627
2003 〃15年	29,745	10,531	19.6	63,955	23,199	19,840	13,237	3,561

原注：「労働組合基礎調査」による。6月30日現在。

1) (組合員数÷雇用者数（総務庁統計局「労働力調査」各年6月分））×100。 2) 2以上の主要団体に加盟している組合員数は，それぞれの団体に重複計上した。 3) 昭和62年11月結成。 4) 平成元年11月結成。 5) 平成元年12月結成。

6) 主要団体以外の上部組合への加盟及び無加盟の組合員数。

出所：42, 45, 48, 51, 54

単一労働組合　組合数

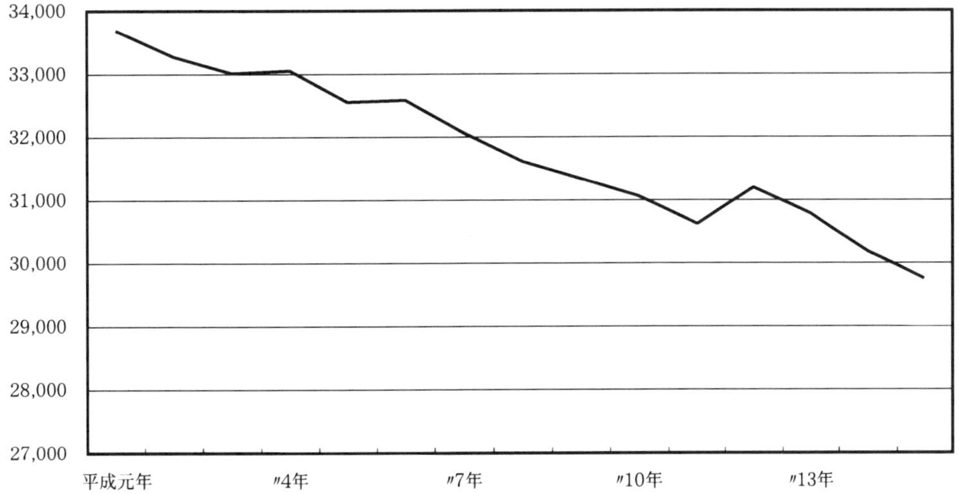

年　次	単位労働組合							
	組合員数規模別組合数			主要団体別組合員数				
	500～999	1,000～4,999	5,000人以上	計 2)	連合 3)	全労連 4)	全労協 5)	その他 6)
1989 平成元年	3,062	1,652	110	12,150	5,407	-	-	4,132
1990 〃2年	3,060	1,691	115	12,193	7,580	833	303	3,950
1991 〃3年	3,089	1,734	117	12,323	7,602	875	308	3,930
1992 〃4年	3,100	1,794	121	12,471	7,653	907	312	4,012
1993 〃5年	3,121	1,832	127	12,587	7,840	901	314	3,956
1994 〃6年	3,094	1,847	131	12,619	7,867	903	309	3,960
1995 〃7年	3,076	1,837	128	12,495	7,764	899	284	3,940
1996 〃8年	3,030	1,826	124	12,331	7,662	895	294	3,876
1997 〃9年	3,000	1,803	115	12,168	7,578	882	287	3,812
1998 〃10年	2,914	1,772	114	11,987	7,482	881	281	3,727
1999 〃11年	2,795	1,728	110	11,706	7,329	862	277	3,608
2000 〃12年	2,733	1,669	109	11,426	7,185	845	269	3,468
2001 〃13年	2,693	1,591	102	11,099	7,024	821	257	3,318
2002 〃14年	2,580	1,521	104	10,708	6,809	799	178	3,167
2003 〃15年	2,541	1,480	97	10,437	6,673	773	168	3,036

単位労働組合　主要団体別組合員数計

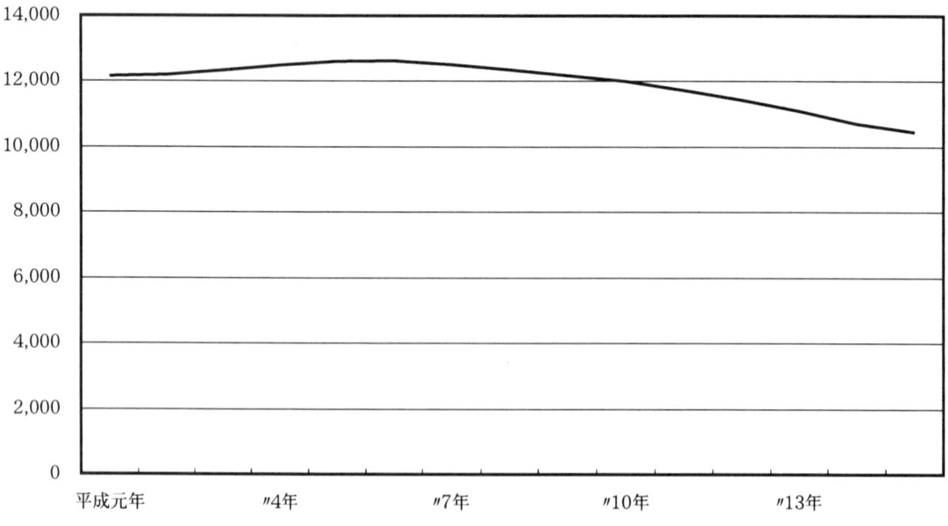

2-11　労働組合数及び組合員数（平成16年～19年）

年　次	単一労働組合		単位労働組合					
			組合員数規模別組合数					
	組合数	組合員数 (1,000)	計	29人以下	30～99	100～299	300～499	500～999
2004　平成16年	29,320	10,309	62,805	23,056	19,416	12,747	3,567	2,489
2005　〃17年	28,279	10,138	61,178	22,703	18,709	12,266	3,545	2,441
2006　〃18年	27,507	10,041	59,019	21,729	17,801	12,103	3,445	2,411
2007　〃19年	27,226	10,080	58,265	21,584	17,243	12,096	3,395	2,407

原注：「労働組合基礎調査」による。6月30日現在。

1) 2以上の主要団体に加盟している組合員数は、それぞれの団体に重複計上した。　2) 主要団体以外の上部組合への加盟及び無加盟の組合員数。 3) (組員数÷雇用者数（総務庁統計局「労働力調査」各年6月分))×100。

出所：56, 58

単一労働組合　組合数

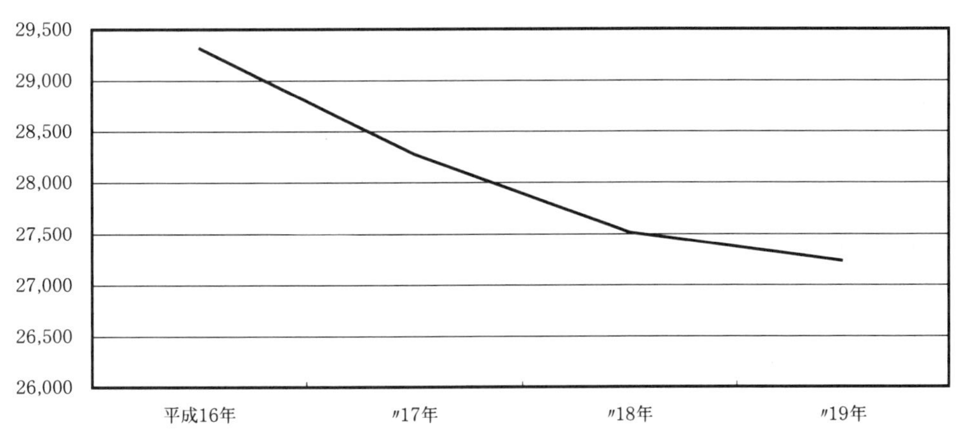

単一労働組合　組合員数

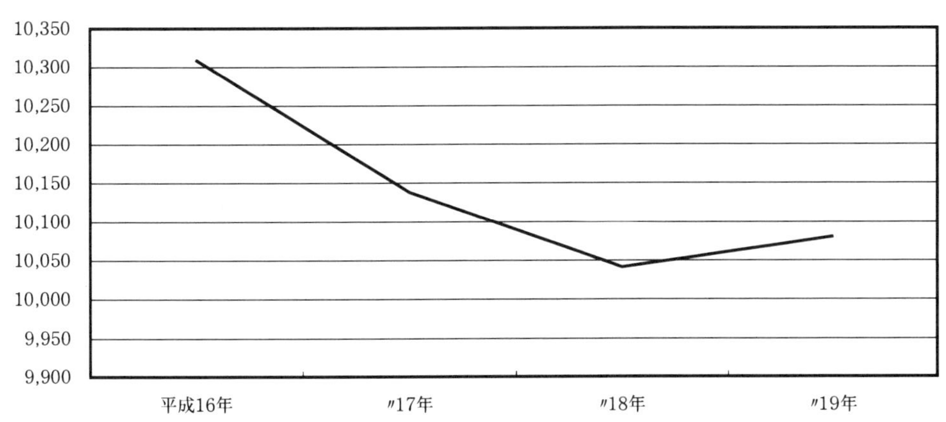

<table>
<tr><th rowspan="3">年　次</th><th colspan="8">単位労働組合</th></tr>
<tr><th colspan="2">組合員数規模別組合数</th><th colspan="5">主要団体別組合員数　1)</th><th rowspan="2">推定
組織率
(%) 3)</th></tr>
<tr><th>1,000～
4,999</th><th>5,000人
以上</th><th>計</th><th>連合</th><th>全労連</th><th>全労協</th><th>その他
2)</th></tr>
<tr><td>2004 平成16年</td><td>1,435</td><td>95</td><td>10,209</td><td>6,563</td><td>755</td><td>163</td><td>2,944</td><td>…</td></tr>
<tr><td>2005 〃17年</td><td>1,419</td><td>95</td><td>10,034</td><td>6,507</td><td>730</td><td>158</td><td>2,843</td><td>…</td></tr>
<tr><td>2006 〃18年</td><td>1,434</td><td>96</td><td>9,961</td><td>6,500</td><td>709</td><td>147</td><td>2,791</td><td>…</td></tr>
<tr><td>2007 〃19年</td><td>1,440</td><td>100</td><td>10,002</td><td>6,602</td><td>692</td><td>140</td><td>2,742</td><td>…</td></tr>
</table>

単位労働組合　主要団体別組合員数計

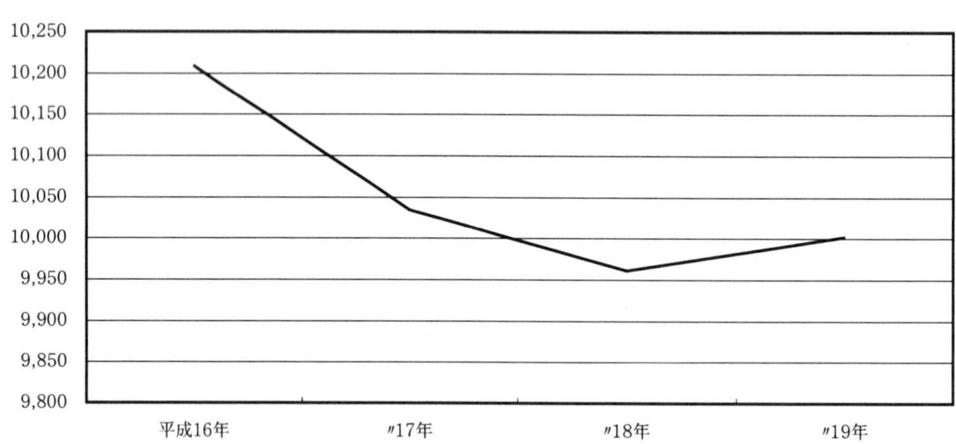

単位労働組合　主要団体別組合員数　連合

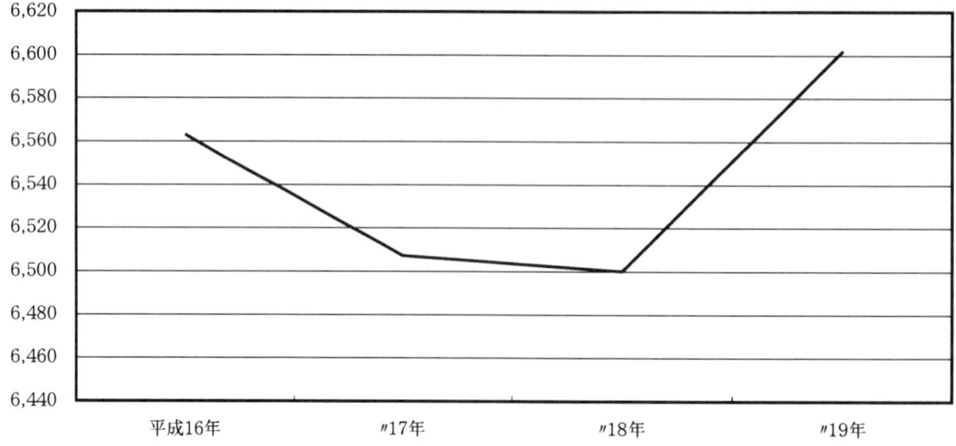

2-12　争議形態別労働争議

（単位　人員　1,000人）

年　次		総争議 件数	総争議 総参加人員	#争議行為を伴う争議 件数	#争議行為を伴う争議 行為参加人員	半日以上の同盟罷業 件数	半日以上の同盟罷業 行為参加人員	作業所閉鎖 件数	作業所閉鎖 行為参加人員
1989	平成元年	1,868	1,402	1,433	485	359	86	8	0.9
1990	〃2年	2,071	2,026	1,698	699	283	84	2	0.0
1991	〃3年	1,292	1,289	935	345	308	53	3	0.1
1992	〃4年	1,138	1,656	788	410	261	109	3	0.1
1993	〃5年	1,084	1,330	657	274	251	64	1	0.0
1994	〃6年	1,136	1,321	628	263	229	49	2	0.1
1995	〃7年	1,200	1,207	685	222	208	38	1	0.0
1996	〃8年	1,240	1,183	695	178	189	23	4	0.0
1997	〃9年	1,334	1,296	782	213	176	47	2	0.1
1998	〃10年	1,164	1,186	526	165	145	26	4	0.1
1999	〃11年	1,102	1,134	419	106	152	26	3	0.0
2000	〃12年	958	1,117	305	85	117	15	1	0.0
2001	〃13年	884	1,072	246	75	89	12	2	0.0
2002	〃14年	1,002	1,005	304	66	74	7.0	-	-
2003	〃15年	872	1,153	174	43	47	4.4	-	-
2004	〃16年	737	710	173	55	51	7.0	1	0.0
2005	〃17年	708	646	129	27	50	4.1	-	-
2006	〃18年	662	627	111	39	46	5.8	-	-

原注：「労働争議統計調査」による。「総争議」とは,争議行為を伴う争議と争議行為を伴わない第三者が関与した争議をいう。「総参加人員」とは,争議行為に参加するか否かにかかわらず労働争議継続期間中における組合又は争議団の最大員数をいい,「行為参加人員」とは,実際に争議行為を行った実人員をいう。2以上の行為形態を伴う争議は,それぞれの形態で集計してあるので形態別合計と争議行為を伴う争議の計とは一致しない。

出所：54, 58

争議行為を伴う争議　件数

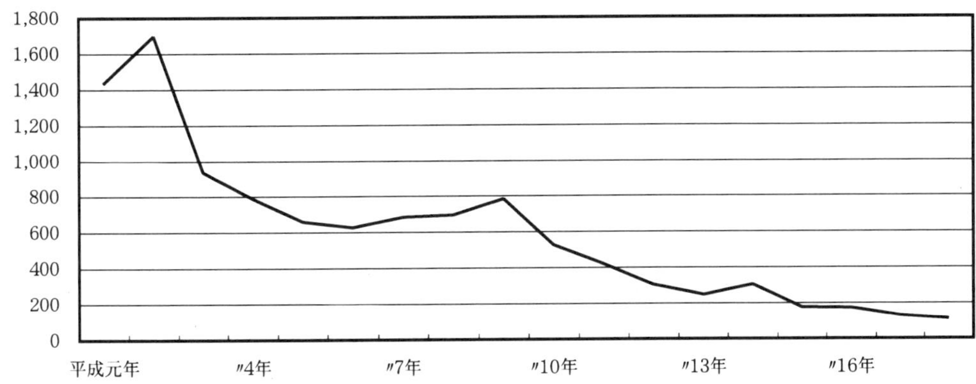

（単位　人員　1,000人）

年　次		# 争議行為を伴う争議					
		半日未満の同盟罷業		怠業		その他	
		件数	行為参加人員	件数	行為参加人員	件数	行為参加人員
1989	平成元年	1,240	432	3	0.2	1	0.1
1990	〃2年	1,533	638	7	0.5	-	-
1991	〃3年	730	314	10	0.5	6	0.3
1992	〃4年	640	317	7	0.6	3	0.0
1993	〃5年	500	226	11	0.9	-	-
1994	〃6年	486	223	7	0.8	-	-
1995	〃7年	549	193	7	1.6	-	-
1996	〃8年	568	159	4	0.1	4	0.1
1997	〃9年	655	169	4	0.9	5	0.1
1998	〃10年	441	142	3	0.2	2	0.0
1999	〃11年	301	83	2	0.0	2	0.0
2000	〃12年	216	71	2	0.0	7	1.4
2001	〃13年	176	65	-	-	3	0.1
2002	〃14年	253	60	-	-	2	0.0
2003	〃15年	145	39	-	-	-	-
2004	〃16年	142	50	-	-	-	-
2005	〃17年	99	24	-	-	-	-
2006	〃18年	82	35	-	-	-	-

怠業　件数

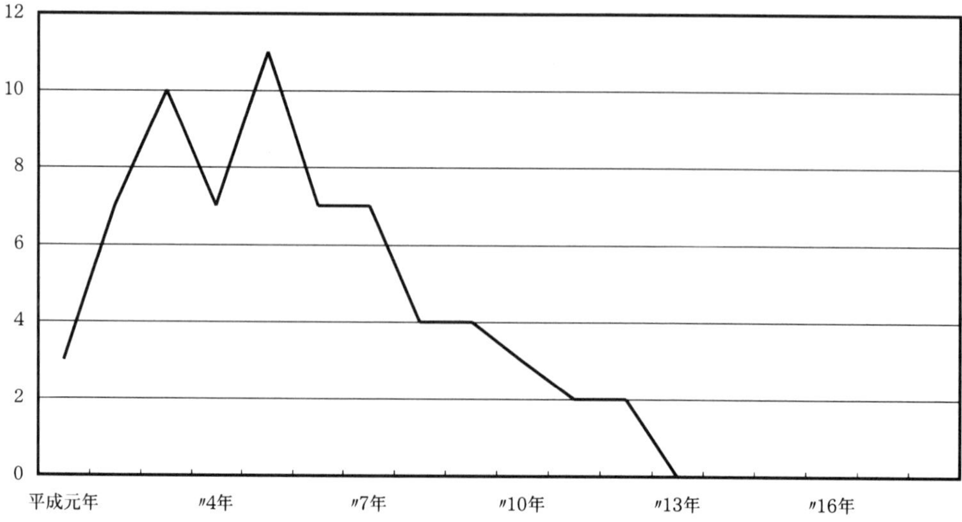

3. 貿　易

3-1　主要商品の輸出数量及び金額（平成元年～4年）

（単位　金額　10億円）

年　次	食料品 # 魚介類, 同調製品 数量 (1,000 t)	食料品 # 魚介類, 同調製品 金額	繊維及び同製品 織物用繊維及びくず 数量 (1,000 t)	織物用繊維及びくず 金額	# 合成繊維短繊維 数量 (1,000 t)	# 合成繊維短繊維 金額	織物用糸及び繊維製品（金額）
1989　平成元年	402	102	404	114	230	67	753
1990　〃2年	329	96	417	121	240	70	839
1991　〃3年	350	97	409	122	233	70	871
1992　〃4年	336	93	444	120	262	74	889

原注：「貿易統計」による。昭和63年1月から商品分類の改正により，60年以前と接続しない商品もある。

1) 食料に適しない原材料（織物用繊維及びくずを除く），鉱物性燃料，動植物性油脂，革及び同製品・毛皮，ゴム製品，木製品及びコルク製品（家具を除く），紙類及び同製品，雑製品（衣類及び同附属品，科学光学機器，時計，映像・音声の記録機又は再生機を除く）及び特殊取扱品（再輸出品及びマネタリーゴールドを除く金）の計。

出所：42, 43

3-1　品別輸出数量及び金額（平成5年～15年）

（単位　金額　10億円）

年　次	食料品 魚介類, 同調製品（金額）	繊維及び同製品 織物用繊維及びくず 数量 (1,000 t)	織物用繊維及びくず 金額	# 合成繊維短繊維 数量 (1,000 t)	# 合成繊維短繊維 金額	織物用糸及び繊維製品（金額）
1993　平成5年	80	449	103	295	70	742
1994　〃6年	73	530	110	357	75	688
1995　〃7年	65	547	122	360	83	665
1996　〃8年	75	574	131	385	88	745
1997　〃9年	106	569	139	392	99	808
1998　〃10年	93	585	134	420	98	770
1999　〃11年	80	590	109	406	75	741
2000　〃12年	85	591	112	385	78	747
2001　〃13年	92	627	117	401	80	743
2002　〃14年	97	637	120	409	82	739
2003　〃15年	105	587	113	353	76	729

原注：「貿易統計」による。　1) 平成6年以前は，部分品も含む。　2) 船舶のみ。

出所：47, 51, 54

3. 貿　易

（単位　金額　10億円）

年　次	繊維及び同製品							
	織物用糸及び繊維製品							
	# 合成繊維糸		# 綿織物		# 毛織物		# 合成繊維織物	
	数量 (1,000 t)	金額	数量 (1,000 m^2)	金額	数量 (1,000 m^2)	金額	数量 (1,000 m^2)	金額
1989 平成元年	86	61	378,295	107	17,662	15	1,176,403	244
1990 〃2年	84	65	448,506	126	21,199	18	1,132,672	264
1991 〃3年	93	73	446,505	132	25,728	20	1,145,826	274
1992 〃4年	100	71	430,456	130	31,434	26	1,141,777	287

（単位　金額　10億円）

年　次	繊維及び同製品							
	織物用糸及び繊維製品							
	# 合成繊維糸		# 綿織物		# 毛織物		# 合成繊維織物	
	数量 (1,000 t)	金額	数量 (1,000 m^2)	金額	数量 (1,000 m^2)	金額	数量 (1,000 m^2)	金額
1993 平成5年	89	53	379,157	98	36,242	26	1,041,555	231
1994 〃6年	97	50	336,949	86	39,632	28	1,043,720	205
1995 〃7年	101	66	301,494	79	38,044	28	976,457	198
1996 〃8年	90	70	318,555	90	47,105	36	1,060,569	231
1997 〃9年	87	76	323,311	100	54,171	46	1,042,021	239
1998 〃10年	113	84	302,069	96	44,671	38	945,944	217
1999 〃11年	124	83	326,998	100	52,014	40	946,171	205
2000 〃12年	127	85	341,863	106	59,022	43	946,621	199
2001 〃13年	127	89	338,120	112	68,087	49	918,651	199
2002 〃14年	124	87	363,504	122	64,179	46	859,511	182
2003 〃15年	111	80	354,754	119	55,596	42	804,444	174

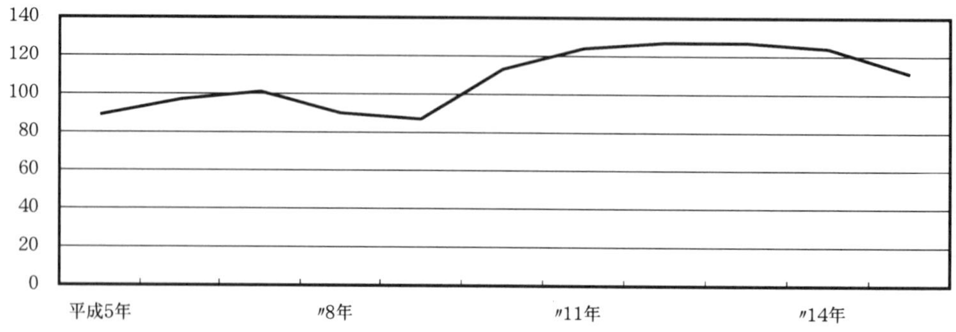

（単位　金額　10億円）

年　次	繊維及び同製品					化学製品		
	織物用糸及び繊維製品				衣類及び同附属品（金額）	# 化学肥料		# 医薬品（金額）
	# 人絹織物		# メリヤス及びクロセット編物					
	数量（1,000 m²）	金額	数量（1,000 t）	金額		数量（1,000 t）	金額	
1989 平成元年	195,250	44	18	35	78	946	19	106
1990 〃2年	225,242	53	20	42	82	905	16	127
1991 〃3年	224,559	54	22	50	78	1,106	17	147
1992 〃4年	230,999	56	24	53	80	1,041	15	173

（単位　金額　10億円）

年　次	繊維及び同製品					化学製品		
	織物用糸及び繊維製品				衣類及び同附属品（金額）	# 肥料		# 医薬品（金額）
	# 人絹織物		# メリヤス及びクロセット織物					
	数量（1000 m²）	金額	数量（1,000 t）	金額		数量（1,000 t）	金額	
1993 平成5年	6,604	5.5	21	43	71	928	12	164
1994 〃6年	6,625	5.3	20	41	59	885	11	158
1995 〃7年	6,494	6.5	21	43	49	978	12	173
1996 〃8年	4,755	7.7	23	47	53	1,005	13	206
1997 〃9年	5,444	8.8	26	54	56	950	13	236
1998 〃10年	5,337	8.8	25	50	53	939	11	250
1999 〃11年	5,222	9.8	24	49	51	1,029	11	274
2000 〃12年	5,743	11	24	47	57	1,080	10	294
2001 〃13年	6,233	12	23	45	57	896	9.8	332
2002 〃14年	6,850	12	26	51	58	894	11	352
2003 〃15年	7,117	13	28	56	59	918	10	369

肥料　数量

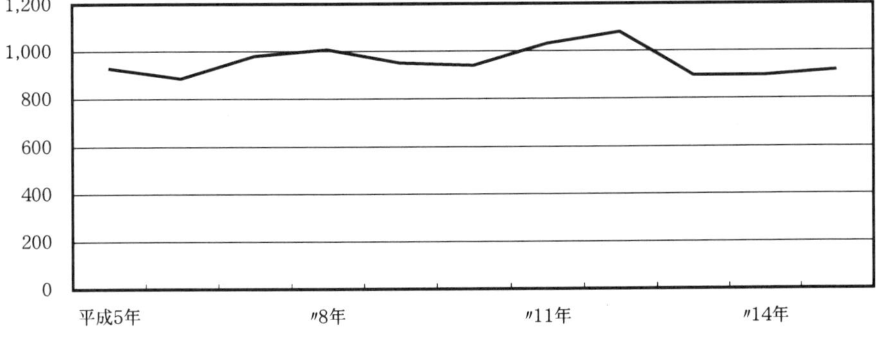

3. 貿　易

（単位　金額　10億円）

年　次	化学製品	非金属鉱物製品					金属及び同製品	
	#人造プラスチック	#セメント		#陶磁器	#真珠		鉄鋼	
	（金額）	数量 (1,000 t)	金額	（金額）	数量 (t)	金額	数量 (1,000t)	金額
1989 平成元年	545	6,576	25	72	121	13	19,909	2,029
1990 〃2年	634	6,369	29	77	96	18	16,735	1,808
1991 〃3年	637	7,383	37	71	69	17	17,796	1,835
1992 〃4年	659	11,433	55	64	82	19	18,747	1,689

（単位　金額　10億円）

年　次	化学製品	非金属鉱物製品					金属及び同製品	
	#人造プラスチック	#セメント		#陶磁器	#真珠		鉄鋼	
	（金額）	数量 (1,000 t)	金額	（金額）	数量 (t)	金額	数量 (1,000t)	金額
1993 平成5年	625	13,168	53	47	61	17	23,270	1,614
1994 〃6年	684	14,752	55	34	50	17	23,696	1,520
1995 〃7年	809	13,815	50	27	30	16	22,752	1,644
1996 〃8年	878	12,687	58	23	53	50	20,383	1,655
1997 〃9年	1,011	12,127	58	24	56	56	23,299	1,929
1998 〃10年	975	7,613	26	23	58	54	27,505	1,940
1999 〃11年	972	7,681	18	19	62	55	28,077	1,533
2000 〃12年	1,057	7,637	17	18	63	47	29,002	1,600
2001 〃13年	997	7,576	17	15	64	37	30,347	1,650
2002 〃14年	1,156	8,136	19	14	46	33	36,120	1,940
2003 〃15年	1,250	9,734	22	12	51	24	34,162	2,066

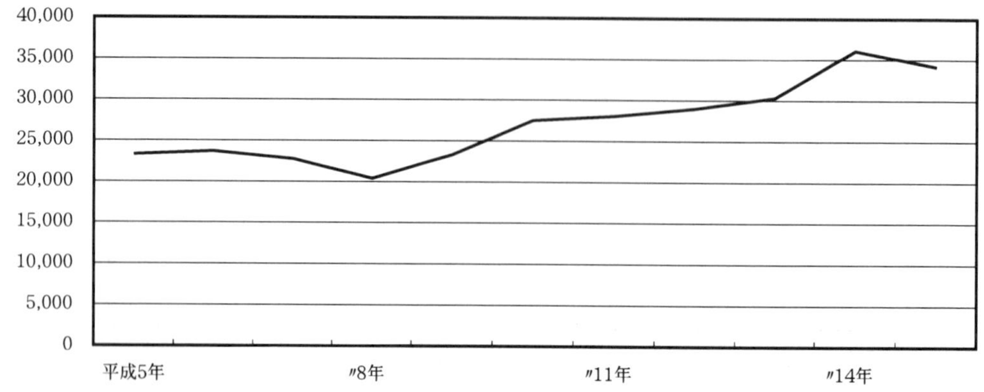

（単位　金額　10億円）

年　次	金属及び同製品				機械機器			
	非鉄金属	金属製品	#くぎ，ねじ，ボルト，ナット類		一般機械	#原動機	#農業用機械	#事務用機器
	（金額）	（金額）	数量 (1,000 t)	金額	（金額）	（金額）	（金額）	（金額）
1989 平成元年	309	625	206	102	8,405	1,022	118	2,659
1990 〃2年	347	669	204	113	9,176	1,116	120	2,980
1991 〃3年	317	695	162	102	9,362	1,117	110	2,997
1992 〃4年	320	694	154	101	9,659	1,228	118	3,210

（単位　金額　10億円）

年　次	金属及び同製品							
	非鉄金属	金属製品	#くぎ，ねじ，ボルト，ナット類		一般機械	#原動機	#内燃機関	#農業用機械
	（金額）	（金額）	数量 (1,000 t)	金額	（金額）	（金額）	（金額）1)	（金額）
1993 平成5年	301	636	156	102	9,210	1,273	1,083	105
1994 〃6年	319	642	174	118	9,509	1,435	1,213	117
1995 〃7年	399	655	174	124	10,010	1,450	1,253	101
1996 〃8年	433	692	175	133	11,050	1,533	1,322	107
1997 〃9年	521	796	184	142	12,130	1,565	1,344	126
1998 〃10年	545	724	162	130	11,403	1,668	1,317	135
1999 〃11年	510	668	167	125	10,151	1,515	1,301	128
2000 〃12年	557	694	180	141	11,096	1,635	1,354	128
2001 〃13年	552	687	169	137	10,229	1,720	1,351	120
2002 〃14年	563	725	189	154	10,599	1,748	1,444	139
2003 〃15年	559	763	204	157	11,025	1,730	1,477	154

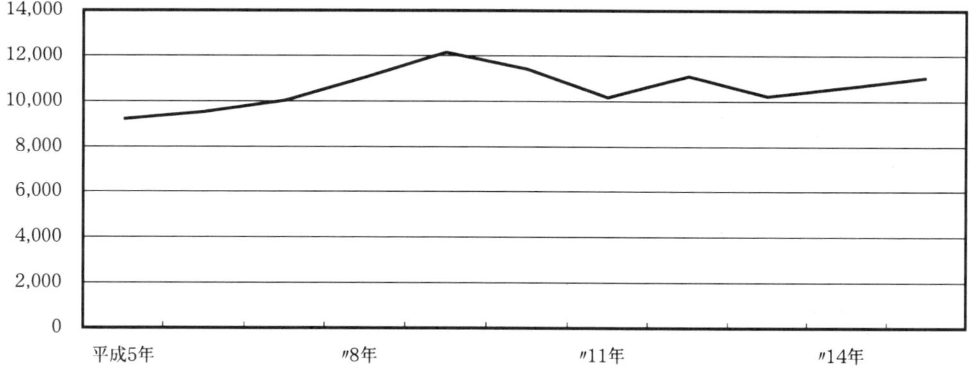

3. 貿　易

（単位　金額　10億円）

年　次	機械機器							
	一般機械							
	# 事務用機器						# 金属加工機	# 繊維機械
	# 電卓類		# 電子式ディジタル計算機械（卓上型のもの）		# 電子式自動データ処理機械			
	数量（1,000台）	金額	数量（1,000台）	金額	数量（1,000台）	金額	（金額）	（金額）
1989 平成元年	34,406	59	34,332	58	56,655	1,551	596	351
1990 〃2年	33,307	51	33,281	51	66,621	1,759	624	425
1991 〃3年	30,059	43	30,045	43	71,548	1,809	605	455
1992 〃4年	23,853	30	23,840	30	79,671	2,007	493	476

（単位　金額　10億円）

年　次	一般機械					# 金属加工機	# 繊維機械
	事務用機器	電卓類		# 電子式自動データ処理機械			
	（金額）	数量（1,000台）	金額	数量（1,000台）	金額	（金額）	（金額）
1993 平成5年	3,070	17,446	21	77,636	1,878	447	391
1994 〃6年	2,979	4,473	9.8	64,938	1,635	497	334
1995 〃7年	2,889	2,105	4.8	68,750	1,609	747	322
1996 〃8年	3,189	1,817	11	65,665	1,725	925	316
1997 〃9年	3,826	1,646	12	83,109	2,230	973	350
1998 〃10年	3,652	994	6.5	81,813	2,045	932	274
1999 〃11年	3,057	818	4.7	67,783	1,648	759	203
2000 〃12年	3,094	1,071	2.3	56,508	1,601	877	223
2001 〃13年	2,821	571	1.9	55,043	1,535	798	227
2002 〃14年	3,005	267	2.4	44,962	1,393	706	248
2003 〃15年	2,619	273	2.5	29,124	964	836	281

事務用機器（金額）

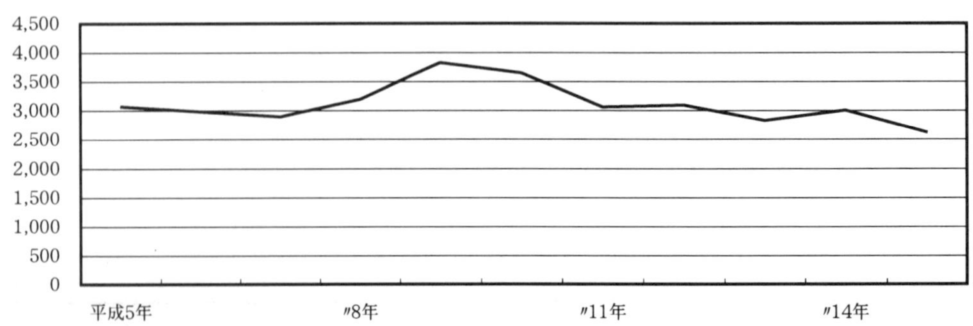

（単位　金額　10億円）

年　次	機械機器							
	一般機械							電気機器
	#ミシン	#建設用・鉱山用機械	# 加熱用及び冷却用機器	#ポンプ及び遠心分離機	#荷役機械	#ベアリング		
	（金額）	（金額）	（金額）	（金額）	（金額）	数　量 (1,000 t)	（金額）	（金額）
1989 平成元年	149	347	373	570	406	137	190	8,862
1990 〃2年	158	388	407	610	439	135	211	9,527
1991 〃3年	156	322	467	618	443	132	198	9,934
1992 〃4年	163	366	531	660	412	134	195	9,804

（単位　金額　10億円）

年　次	一般機械							電気機器
	#ミシン	#建設用・鉱山用機械	# 加熱用・冷却用機器	#ポンプ及び遠心分離機	#荷役機械	#ベアリング		
	（金額）	（金額）	（金額）	（金額）	（金額）	数　量 (1,000 t)	（金額）	（金額）
1993 平成5年	151	356	442	633	389	127	179	9,390
1994 〃6年	124	359	449	645	428	140	194	9,945
1995 〃7年	117	385	495	682	453	165	235	10,647
1996 〃8年	111	435	547	722	521	164	257	10,880
1997 〃9年	121	492	533	723	548	159	263	12,041
1998 〃10年	110	452	483	699	456	155	265	11,749
1999 〃11年	97	394	401	657	368	153	245	11,564
2000 〃12年	110	374	428	707	386	173	271	13,670
2001 〃13年	95	397	363	715	374	161	249	11,533
2002 〃14年	99	492	360	769	403	173	247	11,924
2003 〃15年	90	625	415	831	460	197	265	12,857

電気機器（金額）

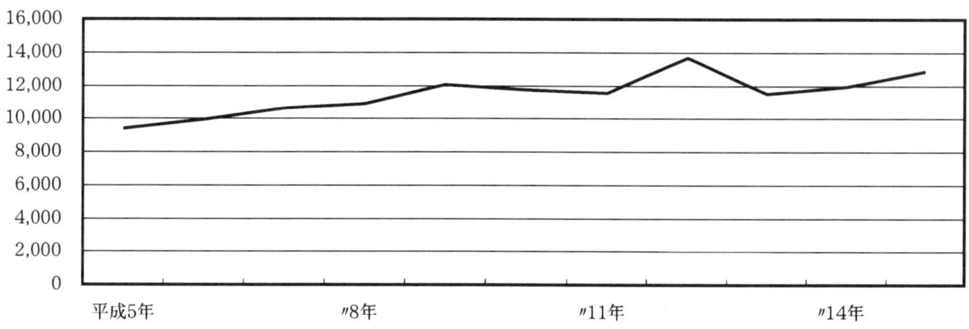

3. 貿　易

（単位　金額　10億円）

年　次	機械機器							
	電気機器							
	# 重電機器	# 映像・音響機器及び部分品	# テレビ受像機		# ラジオ受像機		# テープレコーダー類	
	（金　額）	（金　額）	数　量（1,000台）	金　額	数　量（1,000台）	金　額	数　量（1,000台）	金　額
1989 平成元年	485	2,894	6,081	228	21,628	300	62,891	1,061
1990 〃2年	528	3,288	7,598	298	23,105	358	58,164	1,132
1991 〃3年	574	3,394	7,483	295	26,180	421	48,620	968
1992 〃4年	578	2,953	7,551	304	22,131	367	41,464	787

（単位　金額　10億円）

年　次	電気機器							
	# 重電機器	# 映像・音響機器及び部分品	# テレビ受像機		# ラジオ受像機		# テープレコーダー類	
	（金　額）	（金　額）	数　量（1,000台）	金　額	数　量（1,000台）	金　額	数　量（1,000台）	金　額
1993 平成5年	552	2,382	5,930	249	19,611	303	33,955	586
1994 〃6年	567	2,200	5,122	251	15,045	238	31,930	516
1995 〃7年	582	1,965	4,182	212	13,871	214	10,589	73
1996 〃8年	601	1,878	3,653	221	9,866	165	7,303	74
1997 〃9年	677	2,071	4,576	268	8,400	161	7,100	84
1998 〃10年	646	2,211	5,196	318	7,741	167	6,444	85
1999 〃11年	615	2,139	4,984	284	7,863	147	4,830	67
2000 〃12年	633	2,369	6,201	359	7,111	122	4,507	58
2001 〃13年	587	2,170	5,801	394	5,543	90	2,454	33
2002 〃14年	567	2,501	5,802	467	5,926	102	2,612	32
2003 〃15年	550	2,931	8,602	515	5,157	70	1,911	22

映像・音響機器及び部分品（金額）

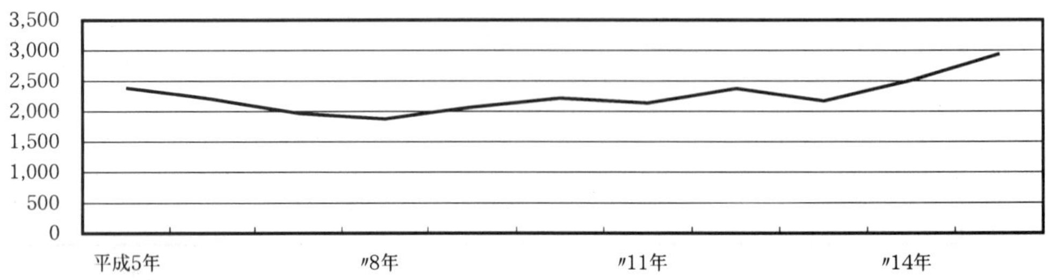

（単位　金額　10億円）

年　次	機械機器						
	電気機器						
	#映像・音響機器及び部分品			#家庭用電気機器	#電子管等		
	テープレコーダー類		#アンプ・スピーカー・マイク			#熱電子管	
	#VTR類						
	数　量 (1,000台)	金　額	(金額)	(金額)	(金額)	数　量 (100万個)	金　額
1989 平成元年	23,411	838	160	164	1,940	37	308
1990 〃2年	26,456	922	181	164	1,935	31	314
1991 〃3年	22,739	774	183	168	2,003	36	336
1992 〃4年	18,779	629	172	171	2,214	38	366

（単位　金額　10億円）

年　次	電気機器						
	#映像・音響機器及び部分品			#家庭用電気機器	#半導体等電子部品		
	#VTR類		#アンプ・スピーカー・マイク			#熱電子管	
	数　量 (1,000台)	(金　額)	(金額)	(金額)	(金額)	数　量	金　額
1993 平成5年	16,415	459	152	145	2,446	37	348
1994 〃6年	17,206	424	132	115	2,996	39	343
1995 〃7年	11,958	312	106	100	3,830	40	430
1996 〃8年	9,895	308	80	99	3,881	37	436
1997 〃9年	10,667	361	77	100	4,066	38	464
1998 〃10年	16,621	662	76	85	3,703	35	338
1999 〃11年	20,602	778	76	78	3,726	33	244
2000 〃12年	23,723	924	82	73	4,576	28	222
2001 〃13年	20,036	883	54	65	3,647	17	142
2002 〃14年	25,385	1,066	46	61	3,867	14	117
2003 〃15年	35,069	1,204	37	61	4,074	15	98

半導体等電子部品（金額）

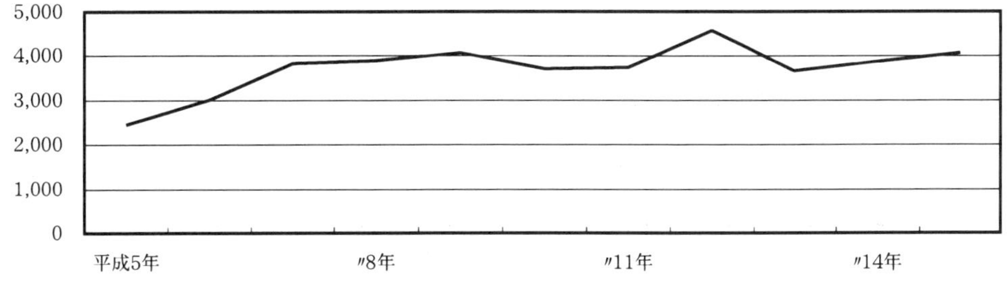

3. 貿　易

（単位　金額　10億円）

年　次	機械機器						
	電気機器					輸送用機器	
	#映像・音響機器及び部分品				#電気計測機器		#鉄道用車両
	#個別半導体		#I. C.				
	数　量（100万個）	金　額	数　量（100万個）	金　額	（金額）	（金額）	（金額）
1989 平成元年	34,029	247	6,578	1,148	379	9,135	53
1990 〃2年	39,636	270	7,302	1,101	397	10,367	50
1991 〃3年	51,035	300	7,896	1,112	408	10,485	26
1992 〃4年	59,835	315	8,341	1,251	402	11,030	47

（単位　金額　10億円）

年　次	電気機器					輸送用機器	
	#映像・音響機器及び部分品				#電気計測機器		#鉄道用車両
	#個別半導体		#I. C.				
	数　量（100万個）	金　額	数　量（100万個）	金　額	（金額）	（金額）	（金額）
1993 平成5年	64,126	342	10,924	1,453	409	10,123	38
1994 〃6年	77,299	418	13,393	1,867	463	9,496	36
1995 〃7年	96,068	491	15,746	2,449	554	8,428	34
1996 〃8年	90,040	528	15,595	2,405	638	9,138	25
1997 〃9年	106,752	614	18,867	2,433	726	10,969	30
1998 〃10年	99,954	618	18,968	2,221	639	11,758	30
1999 〃11年	125,515	667	24,204	2,307	645	10,793	42
2000 〃12年	173,533	859	30,995	2,934	856	10,828	40
2001 〃13年	111,776	659	22,987	2,372	734	11,133	62
2002 〃14年	143,425	746	29,882	2,542	727	13,000	52
2003 〃15年	155,586	840	32,833	2,711	872	13,261	39

輸送用機器（金額）

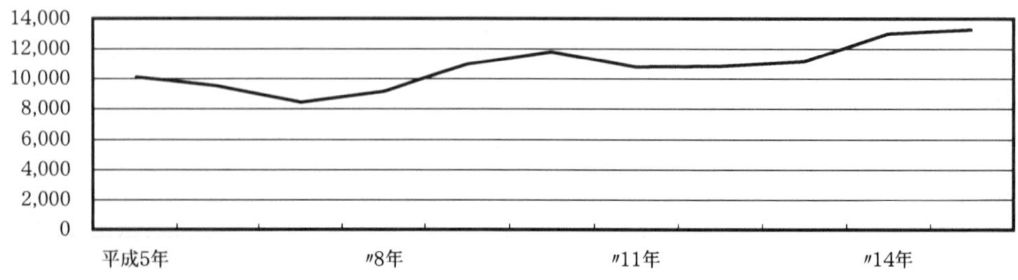

（単位　金額　10億円）

年　次	機械機器							
	輸送用機器							
	#自動車		#乗用自動車		#バス・トラック		#バス・トラックのシャシ	
	数　量 (1,000台)	金額	数　量 (1,000台)	金額	数　量 (1,000台)	金額	数　量 (1,000台)	金額
1989 平成元年	6,163	6,647	4,777	5,322	1,343	1,250	38	54
1990 〃2年	6,165	7,359	4,864	5,969	1,265	1,310	30	63
1991 〃3年	6,069	7,371	4,772	6,017	1,267	1,285	23	45
1992 〃4年	5,995	7,658	4,655	6,151	1,302	1,413	27	49

（単位　金額　10億円）

年　次	輸送用機器							
	#自動車		#乗用自動車		#バス・トラック		#バス・トラックのシャシ	
	数　量 (1,000台)	金額	数　量 (1,000台)	金額	数　量 (1,000台)	金額	数　量 (1,000台)	金額
1993 平成5年	5,286	6,551	4,096	5,250	1,156	1,221	28	53
1994 〃6年	4,727	5,837	3,573	4,599	1,123	1,164	27	57
1995 〃7年	4,199	4,980	3,180	3,907	984	996	29	62
1996 〃8年	4,260	5,514	3,232	4,351	993	1,088	29	58
1997 〃9年	5,205	7,112	3,999	5,765	1,164	1,266	36	61
1998 〃10年	5,236	7,795	4,101	6,550	1,117	1,206	13	25
1999 〃11年	5,118	7,095	4,336	6,226	771	845	8.6	14
2000 〃12年	5,188	6,930	4,476	6,123	694	780	13	16
2001 〃13年	4,920	7,211	4,269	6,422	635	765	14	18
2002 〃14年	5,663	8,775	4,932	7,826	706	915	20	21
2003 〃15年	5,791	8,895	5,046	7,893	705	950	33	35

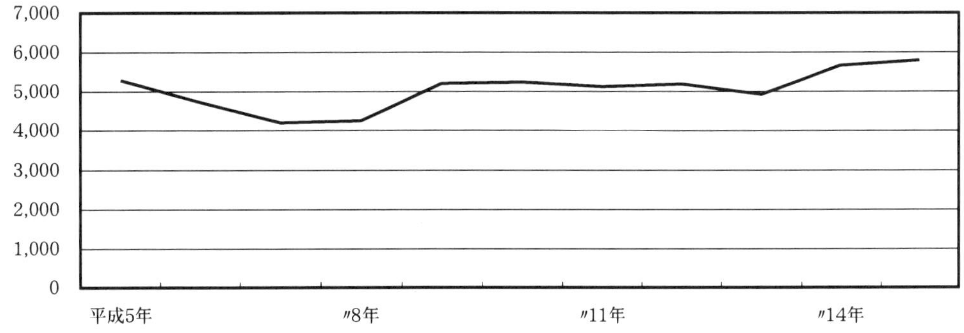

3. 貿　易

（単位　金額　10億円）

年　次	機械機器								
	輸送用機器					精密機械	科学光学機器		
	# 自動車の部分品・附属品	# 二輪自動車・原動機付自転車		# 船舶類				# 写真機	
	（金額）	数　量 (1,000台)	金額	数　量 (1,000G/T)	金額	（金額）	（金額）	数　量 (1,000台)	金額
1989　平成元年	1,361	1,552	278	7,713	607	1,836	1,540	19,285	238
1990　〃2年	1,567	1,713	326	7,247	804	2,001	1,670	21,411	246
1991　〃3年	1,524	1,833	381	7,697	904	2,087	1,742	25,324	235
1992　〃4年	1,585	2,327	461	7,278	1,006	2,028	1,710	30,377	192

（単位　金額　10億円）

年　次	輸送用機器					精密機器類	科学光学機器		
	# 自動車の部分品	# 二輪自動車・原動機付自転車		# 船舶類				# 写真機	
	（金額）	数　量 (1,000台)	金額	数　量 (1,000G/T) 2)	金額	（金額）	（金額）	数　量 (1,000台)	金額
1993　平成5年	1,654	2,461	472	8,836	1,135	1,853	1,585	36,255	147
1994　〃6年	1,798	2,131	396	8,874	1,189	1,851	1,627	37,285	127
1995　〃7年	1,782	2,065	370	9,334	1,025	1,942	1,736	42,099	111
1996　〃8年	1,841	2,159	436	…	…	2,095	1,895	32,807	123
1997　〃9年	1,789	2,319	481	53,671	1,192	2,427	2,211	44,579	114
1998　〃10年	1,637	2,437	587	42,994	1,321	2,346	2,141	46,405	120
1999　〃11年	1,637	1,992	526	57,128	1,132	2,404	2,241	41,678	94
2000　〃12年	1,864	2,080	562	59,924	1,107	2,773	2,626	42,649	58
2001　〃13年	1,880	1,922	574	131,272	1,026	2,629	2,504	39,370	36
2002　〃14年	2,117	1,732	561	47,293	1,152	2,019	1,897	34,648	25
2003　〃15年	2,300	1,534	533	52,946	1,134	2,154	2,038	31,261	16

精密機器類（金額）

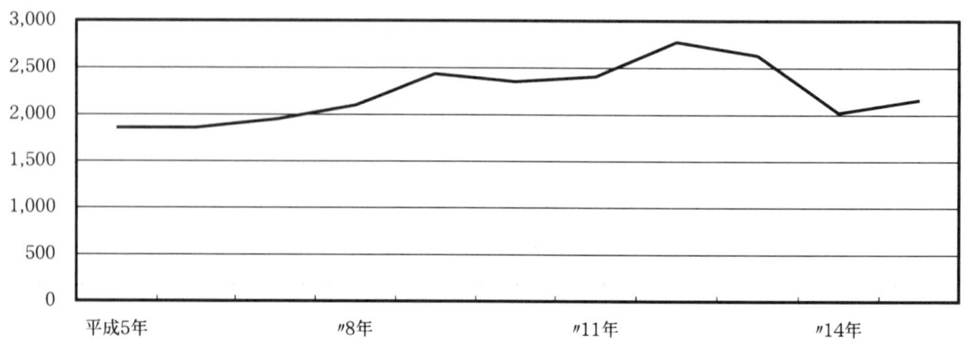

（単位　金額　10億円）

年　次	機械機器		その他　1)				
	精密機器						
	科学光学機器 #計測機器類及び同部分品	時計	#レコード及びテープ類	#　合板		#ゴムタイヤ及びチューブ	
	（金額）	（金額）	（金額）	数　量 (1,000m^2)	金額	数量 (1,000 t)	（金額）
1989　平成元年	169	296	269	2,638	3.1	945	341
1990　〃2年	191	331	326	2,391	3.1	928	359
1991　〃3年	195	345	313	2,170	2.8	893	330
1992　〃4年	196	318	314	1,387	2.1	907	324

（単位　金額　10億円）

年　次	精密機器		その他			
	科学光学機器 #計測機器類	時計及び部分品	#紙製及び同製品	#レコード及びテープ類	#ゴムタイヤ及びチューブ	
	（金額）	（金額）	（金額）	（金額）	数量 (1,000 t)	（金額）
1993　平成5年	175	268	223	284	849	270
1994　〃6年	175	225	219	252	891	266
1995　〃7年	190	206	233	251	1,016	299
1996　〃8年	214	200	219	319	1,084	368
1997　〃9年	247	216	264	365	1,136	405
1998　〃10年	215	206	260	379	1,233	452
1999　〃11年	196	163	269	334	1,257	402
2000　〃12年	227	147	280	302	1,217	358
2001　〃13年	228	125	246	310	1,145	363
2002　〃14年	222	122	284	349	1,296	419
2003　〃15年	241	116	272	388	1,447	465

ゴムタイヤ及びチューブ　数量

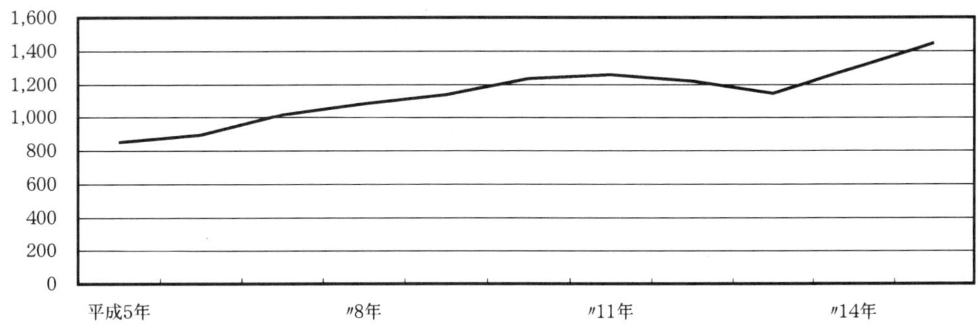

3-1　品別輸出数量及び金額（平成16年～19年）

（単位　金額　10億円）

年　次	食料品	原料品				化学製品		
	#魚介類及び同調製品	#織物用繊維及びくず		#合成繊維短繊維		# 肥料		#医薬品
	（金額）	数量 (1,000 t)	金額	数量 (1,000 t)	金額	数量 (1,000 t)	金額	（金額）
2004　平成16年	114	566	109	322	73	909	11	383
2005　〃17年	138	559	117	317	81	909	12	368
2006　〃18年	162	553	129	313	91	890	12	372
2007　〃19年	193	576	150	303	102	932	15	374

原注：貿易統計による。

出所：58

魚介類及び同調製品（金額）

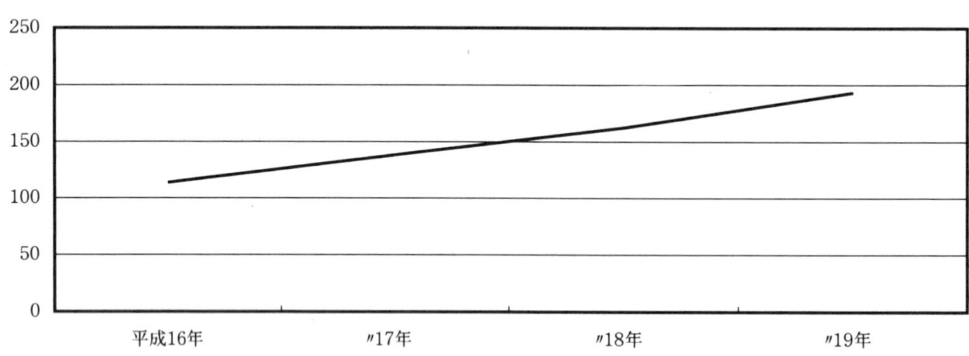

医薬品（金額）

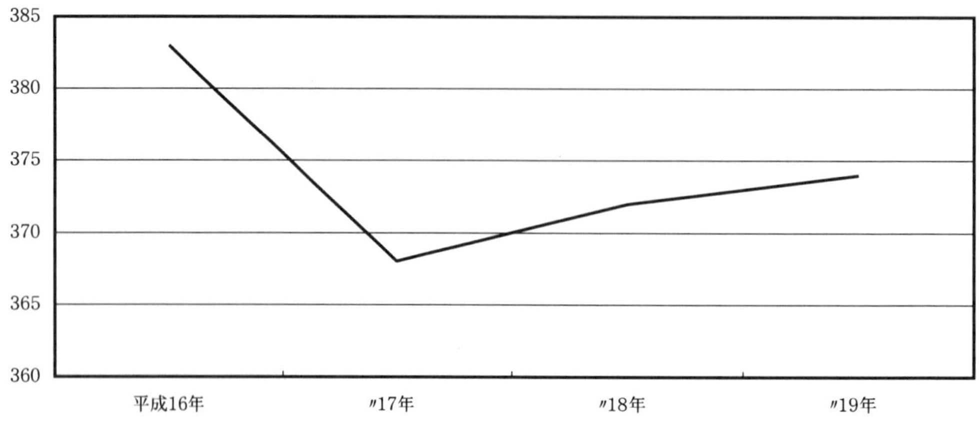

（単位　金額　10億円）

年　次	化学製品	原料別製品					
	# プラスチック	# ゴムタイヤ及びチューブ		# 紙類及び同製品	# 織物用糸及び繊維製品	# 合成繊維糸	
	（金額）	数量 (1,000 t)	金額	（金額）	（金額）	数量 (1,000 t)	金額
2004　平成16年	1,478	1,531	489	289	757	118	81
2005　〃17年	1,716	1,637	557	280	749	113	81
2006　〃18年	2,043	1,662	630	297	793	115	89
2007　〃19年	2,339	1,706	718	322	822	112	94

紙類及び同製品（金額）

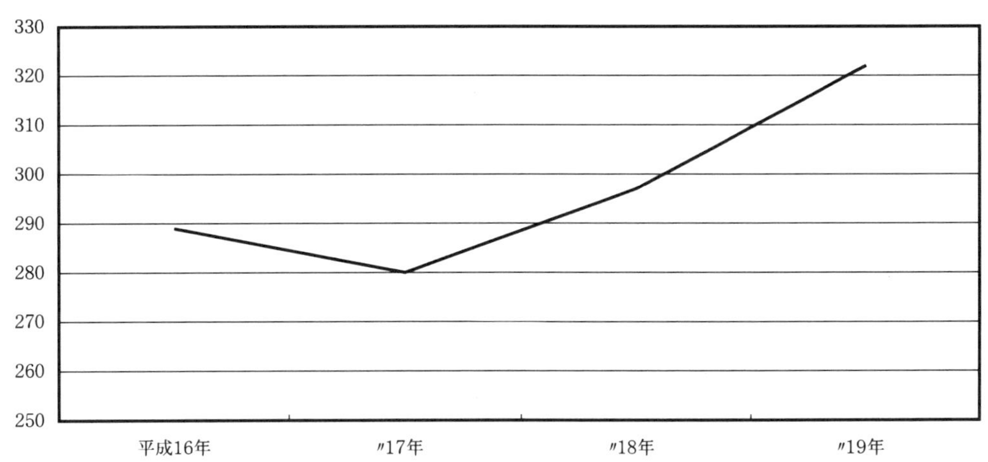

合成繊維糸　数量

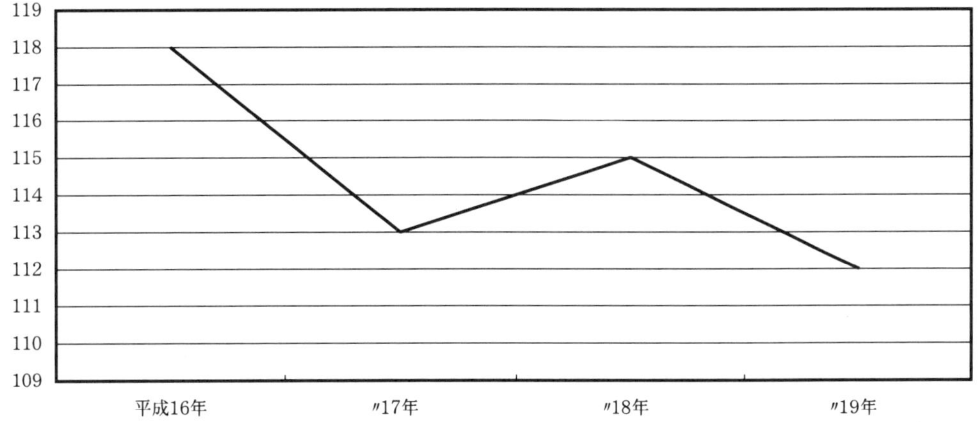

3. 貿　易

（単位　金額　10億円）

年　次	原料別製品							
	# 織物用糸及び繊維製品（金額）							
	# 綿織物		# 毛織物		# 合成繊維織物		# 絹織物	
	数量 (1,000 m^2)	金額	数量 (1,000 m^2)	金額	数量 (1,000 m^2)	金額	数量 (1,000 m^2)	金額
2004　平成16年	362,232	129	58,832	42	780,952	172	7,280	13
2005　〃17年	333,192	118	54,224	39	738,713	164	8,261	13
2006　〃18年	322,586	117	49,643	38	762,822	172	7,586	13
2007　〃19年	293,372	109	46,205	35	735,920	181	7,186	12

綿織物　数量

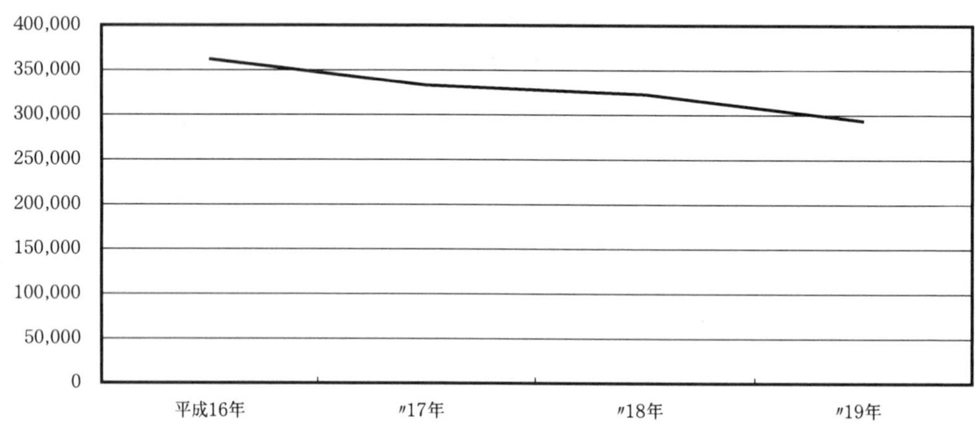

毛織物　数量

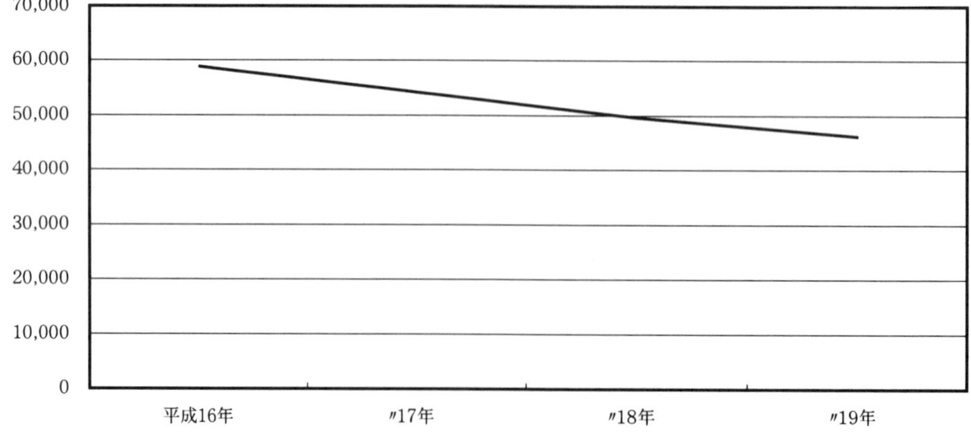

（単位　金額　10億円）

年　次	原料別製品						
	織物用糸及び織物類		非金属鉱物製品				
	#メリヤス及びクロセ編物		#セメント		#陶磁器	#真珠	
	数量 (1,000 t)	金額	数量 (1,000 t)	金額	(金額)	数量 (t)	金額
2004 平成16年	31	62	10,313	23	10	48	27
2005 〃17年	33	66	10,197	27	9.9	46	29
2006 〃18年	35	73	10,121	31	10	47	32
2007 〃19年	37	77	9,607	32	11	51	35

セメント　数量

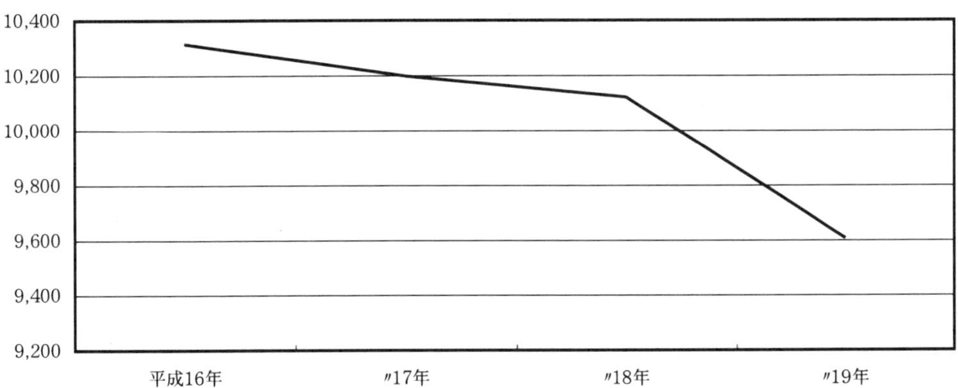

陶磁器（金額）

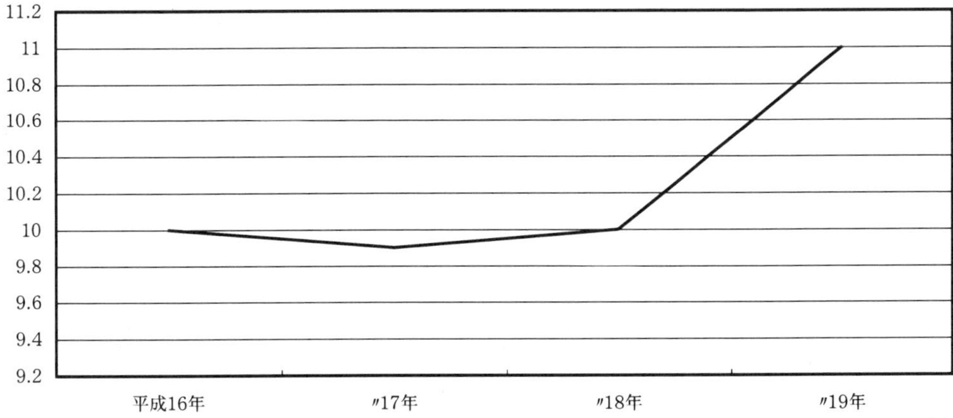

3. 貿　易

（単位　金額　10億円）

年　次	原料別製品						一般機械	
	鉄鋼		非鉄金属	金属製品	#くぎ，ねじ，ボルト，ナット類			#原動機
	数量 (1,000 t)	金額	（金額）	（金額）	数量 (1,000 t)	金額	（金額）	（金額）
2004 平成16年	34,999	2,519	672	870	233	177	12,607	1,920
2005 〃17年	32,280	3,037	800	933	255	197	13,352	2,186
2006 〃18年	34,861	3,485	1,250	1,049	271	224	14,800	2,320
2007 〃19年	36,486	4,042	1,555	1,122	305	259	16,631	2,593

鉄鋼　数量

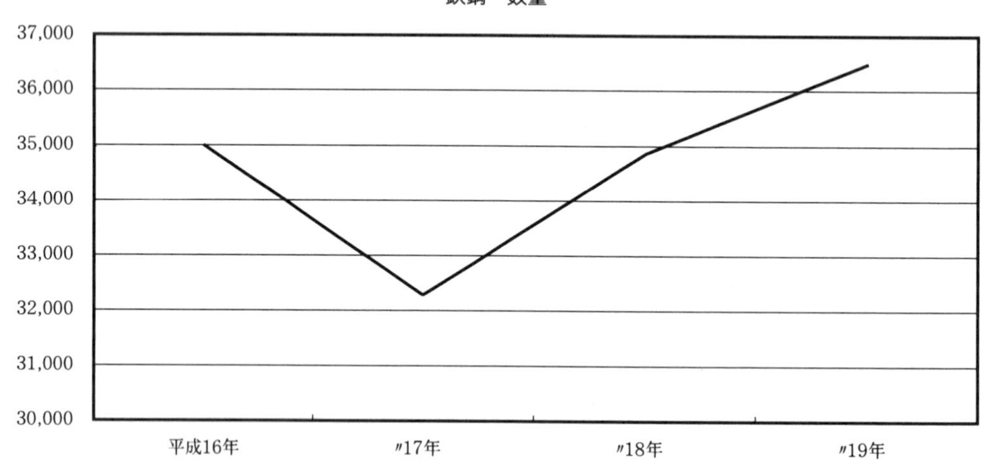

一般機械（金額）

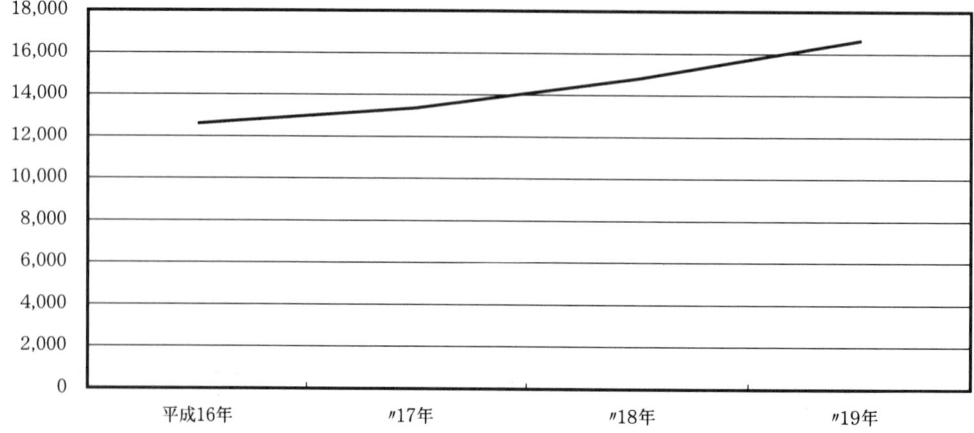

（単位　金額　10億円）

年　次	一般機械							
	原動機 # 内燃機関 (金額)	# 農業用機械 (金額)	# 事務用機器 (金額)	# 電卓類 数量 (1,000 t)	# 電卓類 金額	# 電算機類(含周辺機器) 数量 (1,000 t)	# 電算機類(含周辺機器) 金額	# 金属加工機械 (金額)
2004 平成16年	1,587	198	2,611	419	3.4	25,164	914	990
2005 〃17年	1,769	226	2,575	125	3.8	20,706	801	1,187
2006 〃18年	1,885	251	2,730	165	6.5	21,221	821	1,341
2007 〃19年	2,085	254	2,912	29	0.2	19,500	895	1,265

農業用機械（金額）

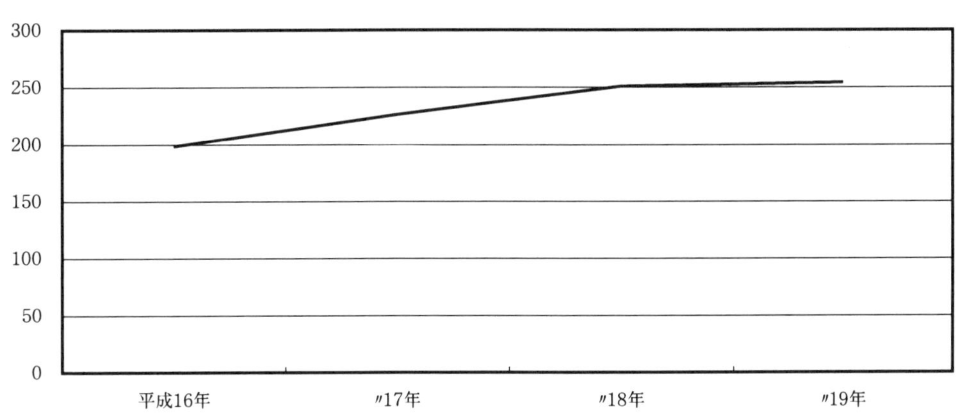

事務用機器（金額）

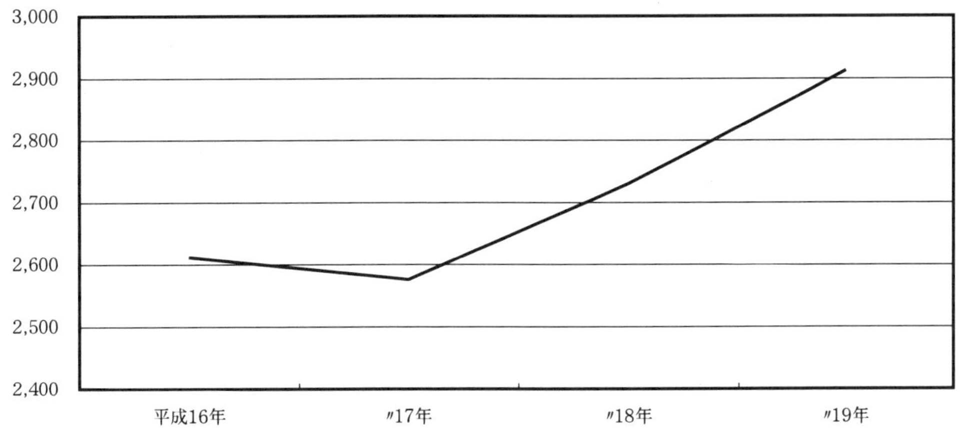

3. 貿　易

（単位　金額　10億円）

年　次	一般機械							
	#繊維機械	#ミシン	#建設用・鉱山用機械	#加熱用・冷却用機器	#ポンプ及び遠心分離機	#荷役機械	#ベアリング及び同部分品	
	（金額）	（金額）	（金額）	（金額）	（金額）	（金額）	数量（1,000 t）	金額
2004　平成16年	266	84	764	524	921	583	219	287
2005　〃17年	245	87	894	527	955	642	245	317
2006　〃18年	278	87	1,130	612	1,057	739	258	351
2007　〃19年	318	87	1,342	580	1,257	843	275	381

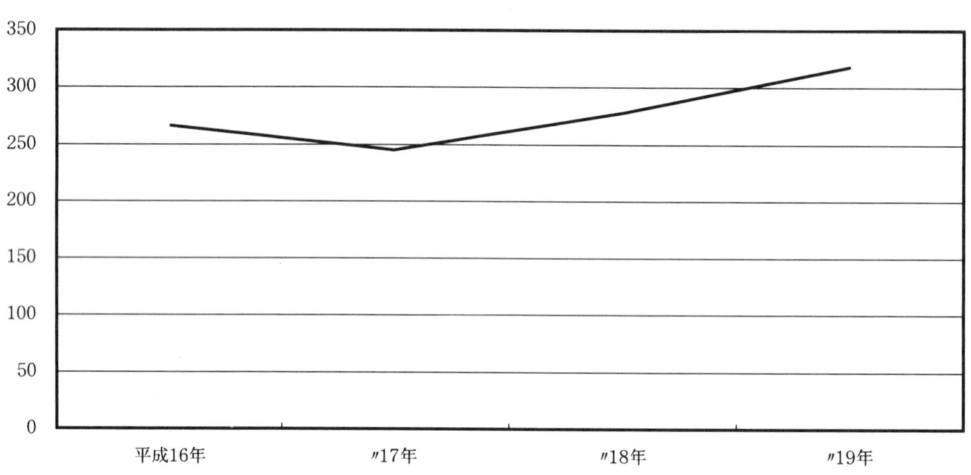

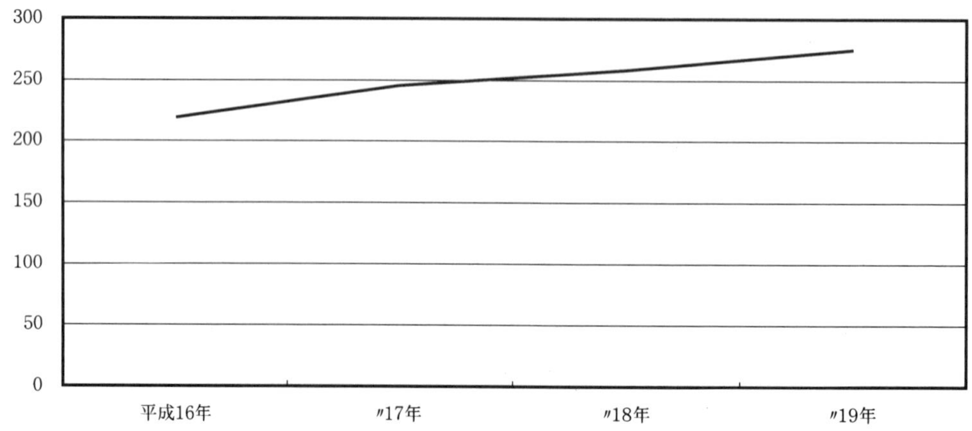

（単位　金額　10億円）

年　次	電気機器（金　額）	＃重電機器（金　額）	＃映像・音響機器及び部分品（金　額）	＃テレビ受像機 数　量（1,000台）	＃テレビ受像機（金　額）	＃ラジオ受信機 数　量（1,000台）	＃ラジオ受信機（金　額）
2004　平成16年	14,373	623	3,287	6,871	530	4,243	61
2005　〃17年	14,549	673	3,204	6,189	430	3,629	58
2006　〃18年	16,076	782	3,418	6,067	388	3,063	47
2007　〃19年	16,950	869	2,934	5,548	250	3,002	42

電気機器（金額）

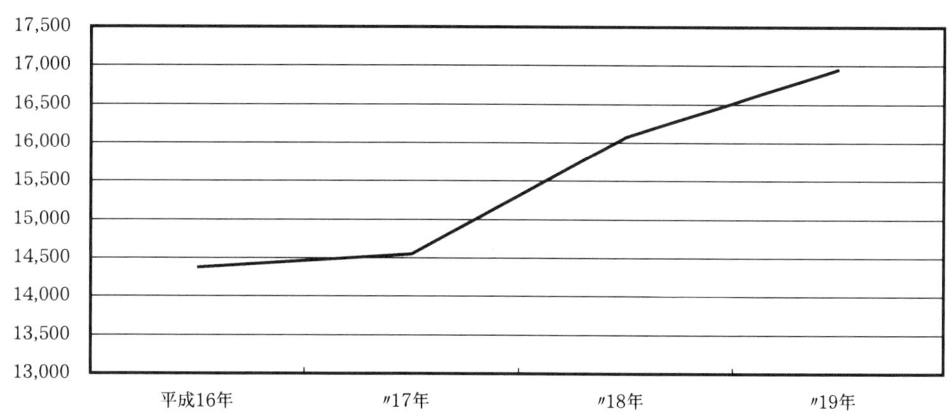

映像・音響機器及び部分品（金額）

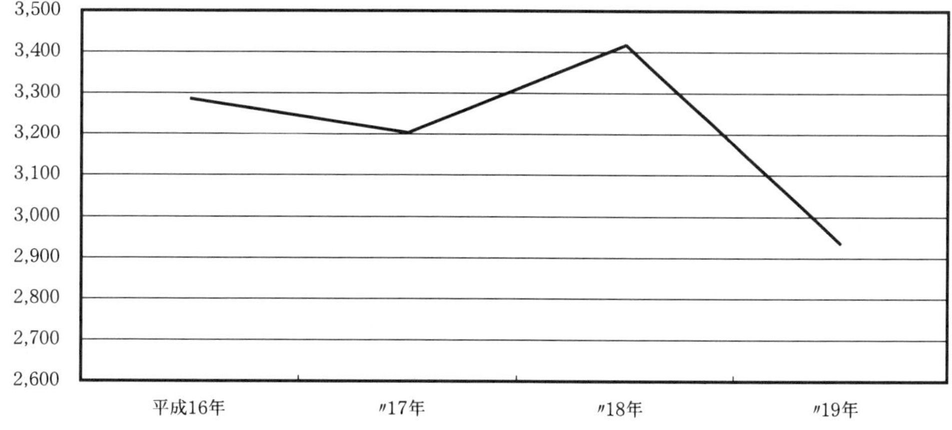

3. 貿　易

（単位　金額　10億円）

年　次	電気機器						
	映像・音響機器及び部分品					#家庭用電気機器	#半導体等電子部品
	#テープレコーダー類		#映像記録・再生機器		#アンプ・スピーカー・マイク		
	数量(1,000台)	(金額)	数量(1,000台)	(金額)	(金額)	(金額)	(金額)
2004 平成16年	1,644	22	39,974	1,286	32	66	4,395
2005 〃17年	1,391	15	40,596	1,271	25	65	4,402
2006 〃18年	982	8.5	39,341	1,271	24	78	4,855
2007 〃19年	…	…	43,341	1,447	23	78	5,243

家庭用電気機器（金額）

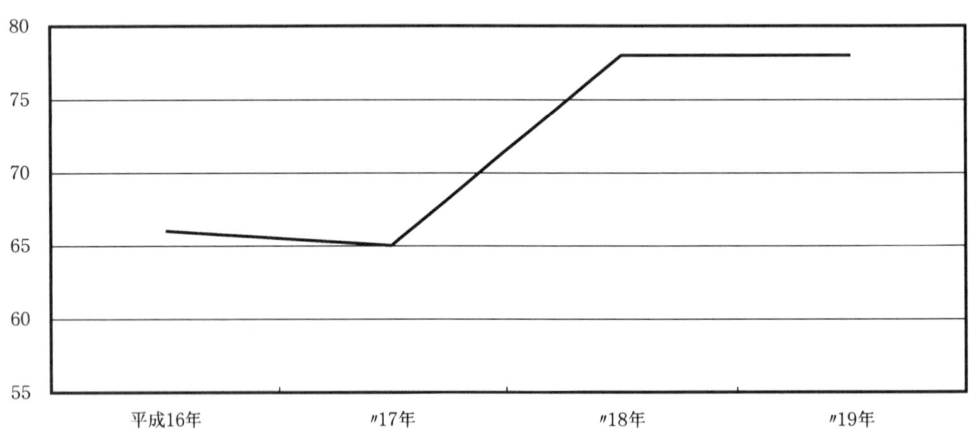

半導体等電子部品（金額）

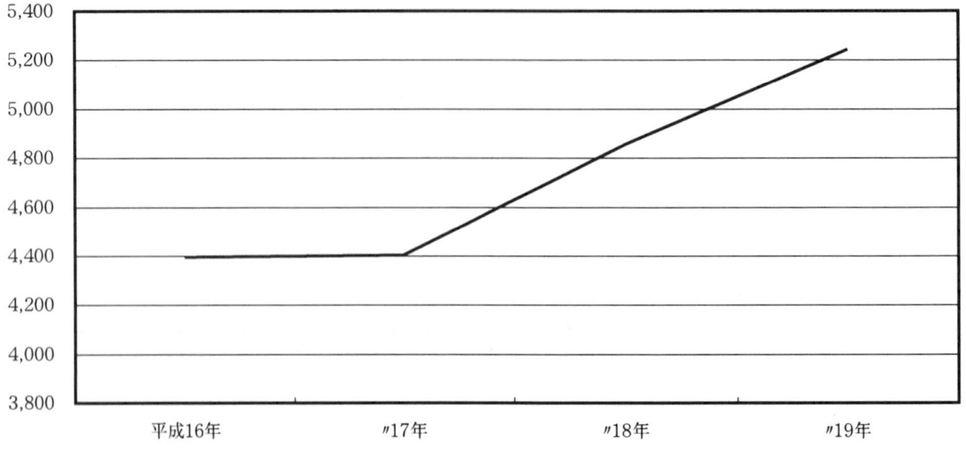

（単位　金額　10億円）

年　次	電気機器						
	半導体等電子部品						# 電気計測機器
	# 熱電子管		# 個別半導体		# IC		
	数　量 (100万個)	金額	数　量 (100万個)	金額	数　量 (100万個)	金額	(金額)
2004　平成16年	14	70	183,514	962	38,046	2,928	1,134
2005　〃17年	12	87	182,074	977	39,712	2,900	1,153
2006　〃18年	4.9	39	209,307	1,120	47,820	3,180	1,267
2007　〃19年	3.4	24	220,935	1,191	52,712	3,524	1,314

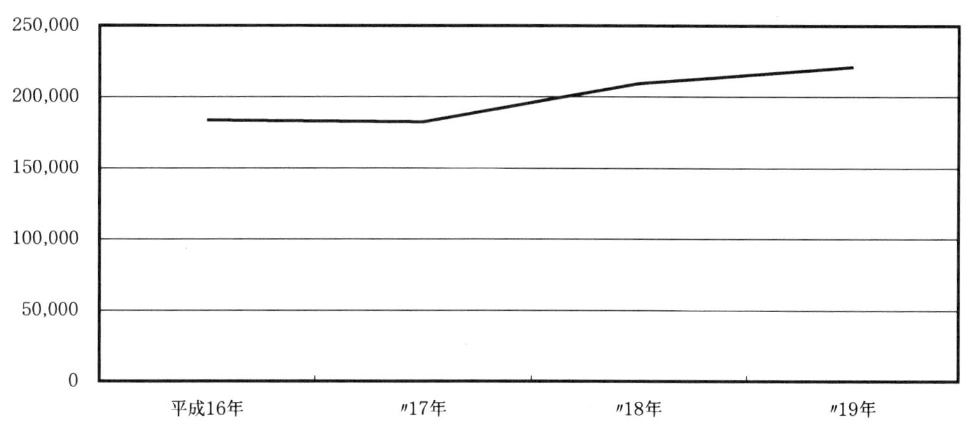

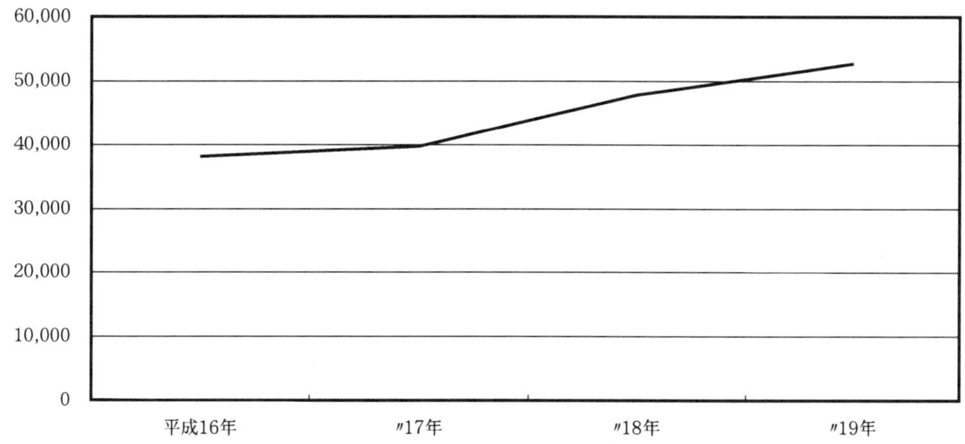

3. 貿　易

（単位　金額　10億円）

年次	輸送用機器（金額）	#鉄道用車両（金額）	#自動車 数量（1,000台）	#自動車 金額	#乗用車 数量（1,000台）	#乗用車 金額	#バス・トラック 数量（1,000台）	#バス・トラック 金額
2004 平成16年	14,107	73	6,128	9,214	5,287	8,076	789	1,067
2005 〃17年	15,197	120	6,394	9,929	5,564	8,782	766	1,067
2006 〃18年	18,244	99	7,449	12,300	6,552	10,969	839	1,249
2007 〃19年	20,839	74	8,145	14,317	7,178	12,683	905	1,531

乗用車　数量

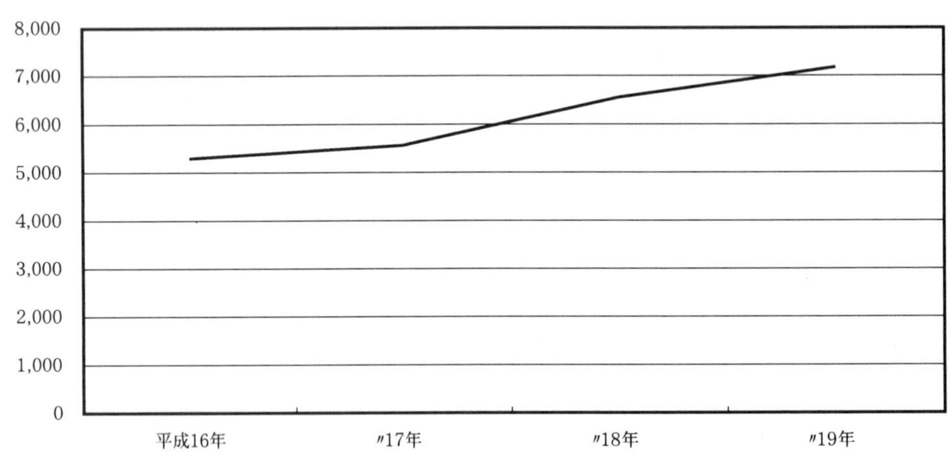

バス・トラック　数量

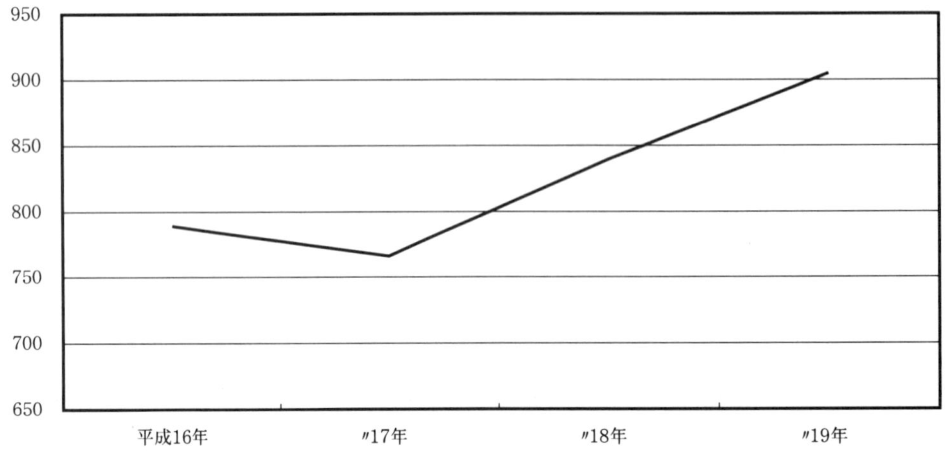

（単位　金額　10億円）

年　次	輸送用機器							その他
	#自動車 #バス・トラックのシャシ		#自動車の部分品	#二輪自動車・原動機付自転車		#船　舶　類		#精密機器類
	数　量(1,000台)	金額	(金額)	数　量(1,000台)	金額	数　量	金額	(金額)
2004　平成16年	46	49	2,562	1,575	596	56,735	1,324	2,610
2005　〃17年	58	58	2,801	1,695	674	52,270	1,302	2,580
2006　〃18年	51	54	3,023	1,782	745	53,431	1,636	2,575
2007　〃19年	54	68	3,355	1,699	739	79,518	1,824	2,193

船舶類　数量

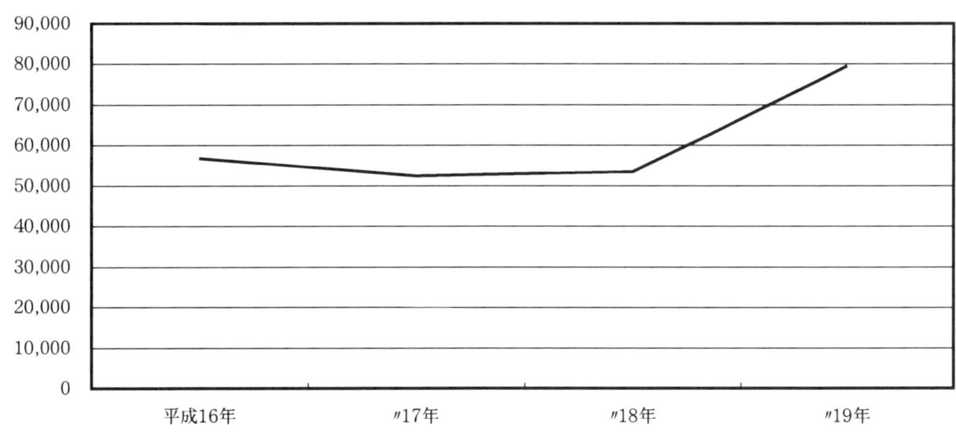

精密機器類（金額）

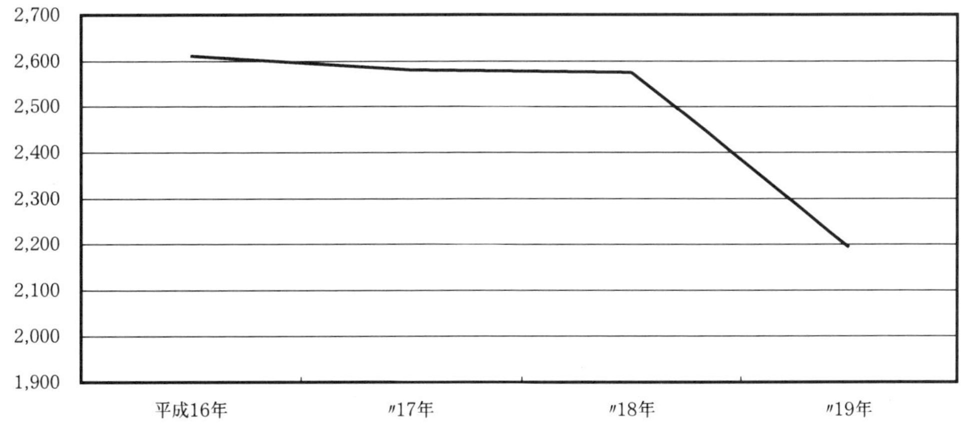

3. 貿　易

（単位　金額　10億円）

年　次	その他						
	精密機械					# 記録媒体（含記録済）	# 衣類及び同付属品
	科学光学機器	# 写真機		# 計測機器類	時計及び部分品		
	（金額）	数　量（1,000台）	金額	（金額）	（金額）	（金額）	（金額）
2004　平成16年	2,499	31,896	12	288	112	424	66
2005　〃17年	2,478	20,945	7.6	317	102	490	54
2006　〃18年	2,469	12,177	6.2	332	107	549	56
2007　〃19年	2,090	9,089	3.6	363	103	610	61

写真機　数量

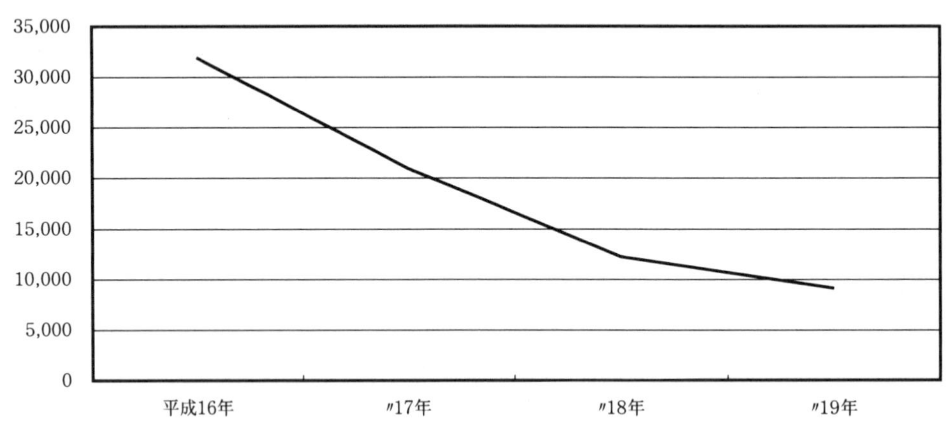

記録媒体（含記録済）（金額）

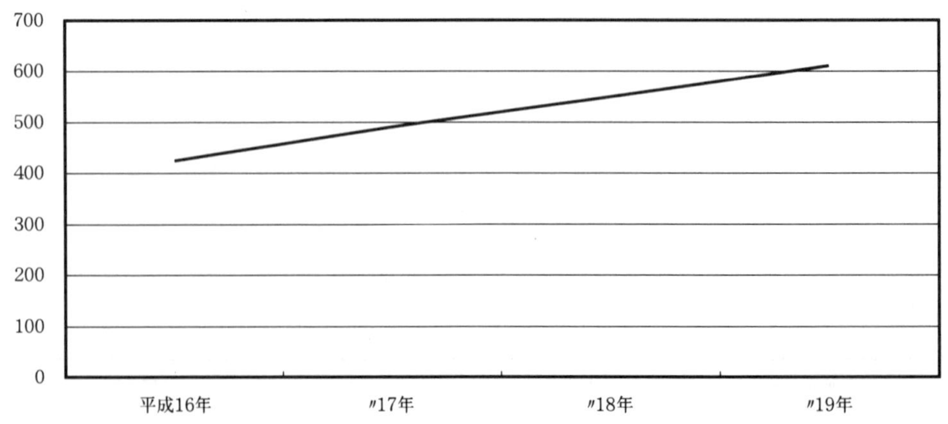

3-2　主要商品の輸入数量及び金額（平成元年～6年）

（単位　金額　10億円）

年　次		食料品							
		#肉類		#酪農品及び鳥卵	#魚介類	#えび（生鮮，冷凍）		#小麦	
		数量 (1,000 t)	金額	（金額）	（金額）	数量 (1,000 t)	金額	数量 (1,000 t)	金額
1989	平成元年	1,264	675	75	1,379	284	354	5,578	164
1990	〃2年	1,289	726	72	1,518	304	408	5,474	147
1991	〃3年	1,411	738	83	1,593	308	413	5,693	124
1992	〃4年	1,608	819	74	1,592	294	365	5,979	149
1993	〃5年	1,666	758	65	1,551	317	360	5,814	127
1994	〃6年	1,828	794	63	1,623	320	375	6,352	138

原注：「貿易統計」による。1) 原料別製品，精密機械（科学光学機器，時計，録音機及び再生機）を除く雑製品及び特殊取扱品（再輸入品及びマネタリーゴールドを除く金）の計。

出所：42, 45

3-2　品別輸入数量及び金額（平成7年～15年）

（単位　金額　10億円）

年　次		食料品							
		#肉類及び同調製品		#酪農品及び鳥卵	#魚介類及び同調製品	#えび（生鮮，冷凍）		#小麦及びメスリン	
		数量 (1,000 t)	金額	（金額）	（金額）	数量 (1,000 t)	金額	数量 (1,000 t)	金額
1995	平成7年	2,127	905	73	1,631	312	369	5,965	126
1996	〃8年	2,227	1,019	86	1,813	305	377	5,928	170
1997	〃9年	2,020	916	96	1,836	282	393	6,315	165
1998	〃10年	2,057	882	100	1,642	251	364	5,758	143
1999	〃11年	2,244	888	84	1,647	260	305	5,973	122
2000	〃12年	2,405	921	80	1,650	260	327	5,854	111
2001	〃13年	2,391	1,020	96	1,626	256	302	5,521	126
2002	〃14年	2,268	972	98	1,658	260	297	5,863	141
2003	〃15年	2,311	1,000	91	1,475	243	248	5,246	126

原注：「貿易統計」による。　1) 船舶のみ。

出所：50, 54

肉類及び同調製品　数量

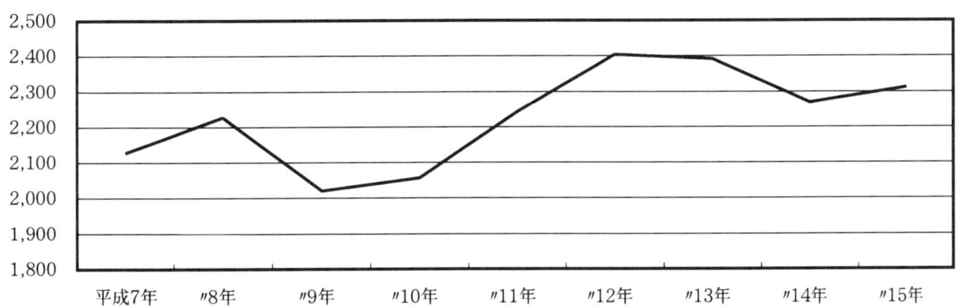

3. 貿　易

（単位　金額　10億円）

年　次	食料品							
	#とうもろこし（飼料用）		#こうりゃん（飼料用）		#果実	#野菜	#砂糖	
	数量（1,000 t）	金額	数量（1,000 t）	金額	（金額）	（金額）	数量（1,000 t）	金額
1989　平成元年	11,279	219	3,839	69	313	228	1,791	72
1990　〃2年	11,753	240	3,618	70	324	242	1,697	75
1991　〃3年	11,997	215	3,363	57	337	256	1,840	61
1992　〃4年	11,676	201	2,888	48	345	269	1,833	56
1993　〃5年	11,988	167	2,842	38	296	272	1,746	50
1994　〃6年	11,308	161	2,586	35	314	305	1,657	50

（単位　金額　10億円）

年　次	食料品							
	#とうもろこし（飼料用）		#こうりゃん（飼料用）		#果実	#野菜	#砂糖	
	数量（1,000 t）	金額	数量（1,000 t）	金額	（金額）	（金額）	数量（1,000 t）	金額
1995　平成7年	11,682	157	2,051	27	302	313	1,746	58
1996　〃8年	11,053	227	2,188	45	338	352	1,665	58
1997　〃9年	11,266	206	2,595	45	347	369	1,713	62
1998　〃10年	11,169	190	2,472	39	351	407	1,565	54
1999　〃11年	11,482	147	2,132	26	355	383	1,522	32
2000　〃12年	11,324	140	1,959	23	341	358	1,566	33
2001　〃13年	11,901	169	1,741	24	353	396	1,534	44
2002　〃14年	12,167	181	1,562	23	367	369	1,478	34
2003　〃15年	12,394	197	1,285	21	351	361	1,479	34

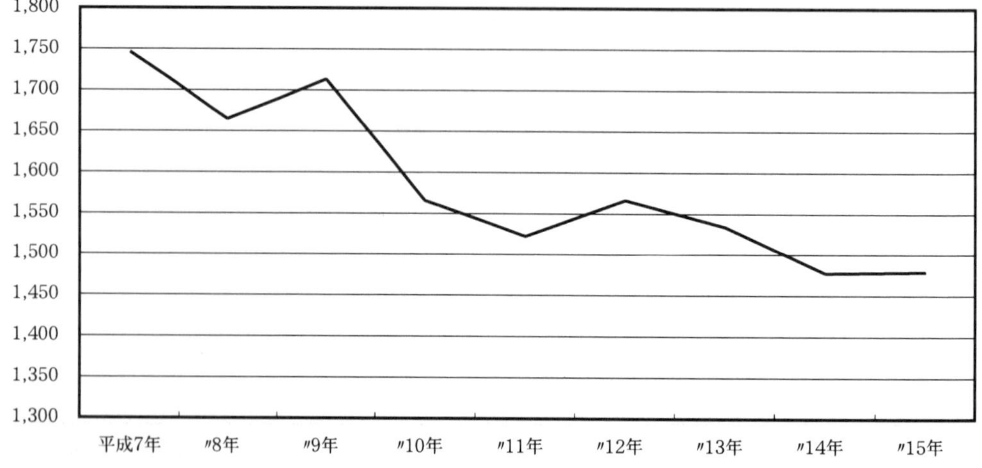

（単位　金額　10億円）

年　次	食料品		繊維原料				金属原料	
	#コーヒー，ココア		#羊毛		#綿花		#鉄鉱石	
	数量 (1,000 t)	金額	数量 (1,000 t)	金額	数量 (1,000 t)	金額	数量 (1,000 t)	金額
1989 平成元年	381	143	201	187	837	190	127,709	433
1990 〃2年	394	115	167	149	680	176	125,290	488
1991 〃3年	410	114	184	111	704	169	127,186	491
1992 〃4年	390	90	180	101	593	113	113,743	405
1993 〃5年	403	83	133	55	528	76	114,484	338
1994 〃6年	432	122	141	69	441	67	116,090	297

（単位　金額　10億円）

年　次	食料品		繊維原料				金属原料	
	#コーヒー，ココア		#羊毛		#綿花		#鉄鉱石	
	数量 (1,000 t)	金額	数量 (1,000 t)	金額	数量 (1,000 t)	金額	数量 (1,000 t)	金額
1995 平成7年	388	131	95	54	392	69	120,433	294
1996 〃8年	436	136	92	54	358	75	119,205	339
1997 〃9年	430	169	91	62	326	69	126,600	395
1998 〃10年	423	176	61	37	335	72	120,782	398
1999 〃11年	463	129	60	27	299	48	120,107	324
2000 〃12年	491	113	45	19	300	40	131,733	348
2001 〃13年	494	99	43	21	263	42	126,297	373
2002 〃14年	509	105	37	22	249	33	129,088	381
2003 〃15年	503	110	27	18	217	32	132,081	383

鉄鉱石　数量

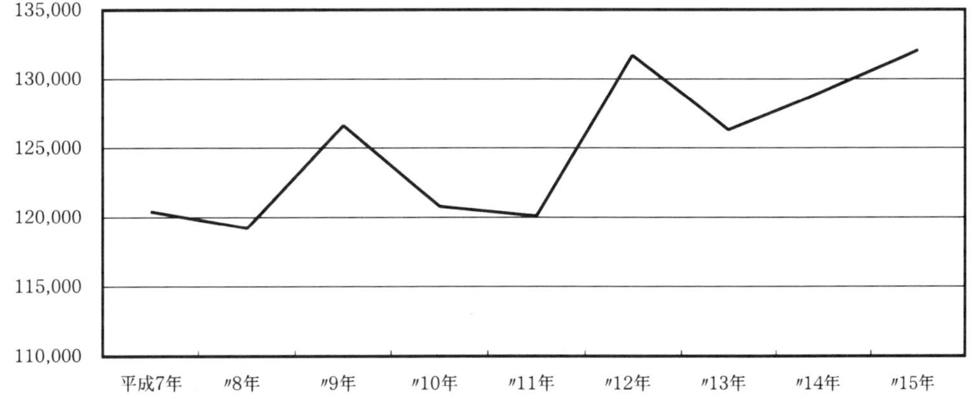

3. 貿　易

（単位　金額　10億円）

年次		金属原料				原料品（その他）			
		#鉄鉱くず		#非鉄金属鉱		#原皮		#大豆	
		数量 (1,000 t)	金額	数量 (1,000 t)	金額	数量 (1,000 t)	金額	数量 (1,000 t)	金額
1989	平成元年	1,157	54	14,703	642	235	96	4,346	185
1990	〃2年	1,048	47	14,086	631	260	111	4,681	183
1991	〃3年	820	39	14,587	532	220	70	4,331	154
1992	〃4年	328	21	12,778	454	204	63	4,725	157
1993	〃5年	913	28	12,825	334	193	50	5,031	153
1994	〃6年	1,068	28	11,981	353	148	42	4,731	144

（単位　金額　10億円）

年次		金属原料				原料品			
		#鉄鉱くず		#非鉄金属鉱		#原皮		#大豆	
		数量 (1,000 t)	金額	数量 (1,000 t)	金額	数量 (1,000 t)	金額	数量 (1,000 t)	金額
1995	平成7年	1,204	39	13,454	453	159	45	4,813	129
1996	〃8年	374	23	13,711	435	131	40	4,870	180
1997	〃9年	426	27	14,025	493	122	41	5,057	212
1998	〃10年	177	13	13,550	414	103	30	4,751	188
1999	〃11年	282	15	13,776	389	99	25	4,884	136
2000	〃12年	321	24	14,759	444	85	24	4,829	132
2001	〃13年	151	13	14,375	424	79	27	4,832	142
2002	〃14年	179	14	14,005	434	64	19	5,039	153
2003	〃15年	240	22	13,756	486	72	21	5,173	176

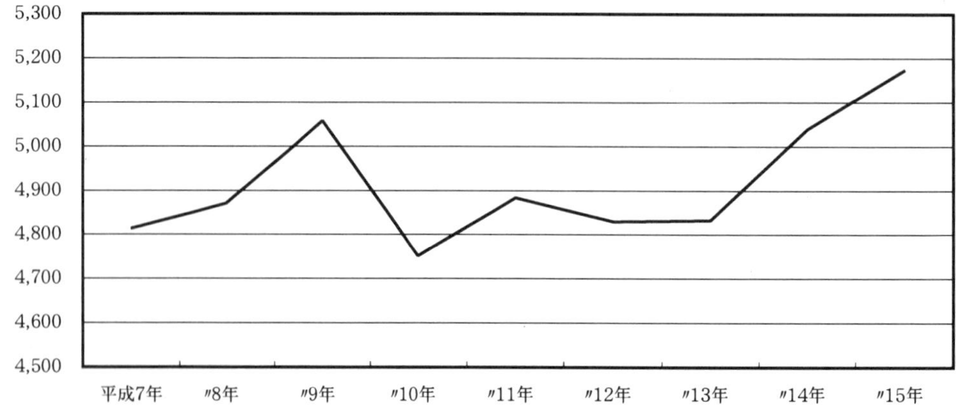

（単位　金額　10億円）

年　次	原料品（その他）						
	#天然ゴム		#木材		#パルプ		#非金属鉱　物（金額）
	数量 (1,000 t)	金額	数量 (1,000 m^3)	金額	数量 (1,000 t)	金額	
1989 平成元年	651	89	…	1,129	3,364	340	239
1990 〃2年	648	81	…	1,088	2,894	280	261
1991 〃3年	676	77	…	965	2,930	219	249
1992 〃4年	662	71	…	968	3,111	208	216
1993 〃5年	621	61	…	1,131	3,288	166	183
1994 〃6年	632	65	…	998	3,713	191	173

（単位　金額　10億円）

年　次	原料品						
	#天然ゴム		#木材		#パルプ		#粗鉱物（金額）
	数量 (1,000 t)	金額	数量 (1,000 m^3)	金額	数量 (1,000 t)	金額	
1995 平成7年	686	100	…	944	3,583	265	167
1996 〃8年	714	112	…	1,040	3,420	208	188
1997 〃9年	719	103	…	1,068	3,450	215	211
1998 〃10年	669	74	…	626	3,204	204	194
1999 〃11年	747	57	…	647	3,078	16	161
2000 〃12年	795	61	…	644	3,133	207	163
2001 〃13年	706	59	…	600	2,671	160	171
2002 〃14年	770	69	…	548	2,500	139	157
2003 〃15年	794	91	…	549	2,472	142	149

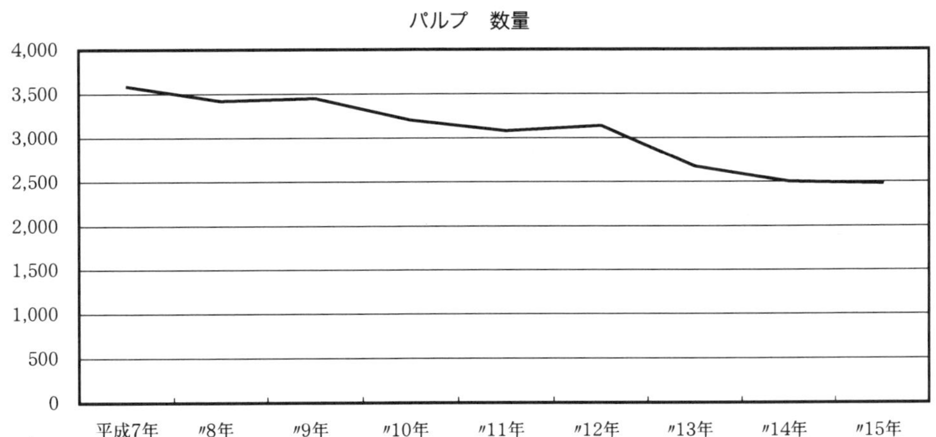

3. 貿　易

（単位　金額　10億円）

年　次	原料品（その他）							
	#非金属鉱物							#動植物性油脂
	#肥料		#りん鉱石		#粗鉱物	#塩		
	数量 (1,000 t)	金額	数量 (1,000 t)	金額	(金額)	数量 (1,000 t)	金額	(金額)
1989　平成元年	1,590	17	1,590	17	222	7,703	29	58
1990　〃2年	1,543	18	1,543	18	243	7,920	33	60
1991　〃3年	1,456	16	1,456	16	233	7,855	30	64
1992　〃4年	1,453	15	1,453	15	201	7,687	27	71
1993　〃5年	1,395	13	1,395	13	171	7,344	23	58
1994　〃6年	1,194	10	1,194	10	163	7,458	21	64

（単位　金額　10億円）

年　次	原料品							
	#粗鉱物				#動植物性油脂			
	#りん鉱石		#塩			#牛脂		#植物性油脂
	数量 (1,000 t)	金額	数量 (1,000 t)	金額	(金額)	数量 (1,000 t)	金額	(金額)
1995　平成7年	1,333	11	8,063	21	78	92	4.8	48
1996　〃8年	1,178	11	7,726	24	90	98	5.5	57
1997　〃9年	1,031	11	7,918	27	102	92	5.8	68
1998　〃10年	976	11	7,914	29	105	86	5.9	73
1999　〃11年	933	9.1	8,236	27	81	85	4.0	54
2000　〃12年	899	8.5	7,974	25	69	93	3.6	44
2001　〃13年	771	8.0	7,866	29	71	84	3.4	43
2002　〃14年	845	9.5	7,428	29	80	63	2.9	54
2003　〃15年	814	8.5	7,491	26	90	74	3.7	62

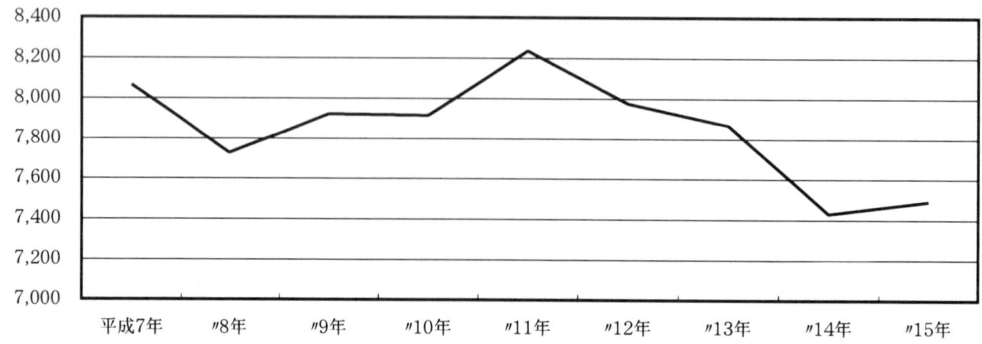

（単位　金額　10億円）

年　次	原料品（その他）		鉱物性燃料				
	#動植物性油脂		石炭，コークス及びれん炭		石油及び同製品		
	#牛脂		#石炭		#原油，粗油		#石油製品（金額）
	数量 (1,000 t)	金額	数量 (1,000 t)	金額	数量 (1,000 kl)	金額	
1989 平成元年	125	6.9	105,002	805	204,914	2,962	1,138
1990 〃2年	126	9.8	107,517	897	225,251	4,470	1,384
1991 〃3年	124	6.2	111,954	862	235,587	4,051	1,030
1992 〃4年	115	5.4	111,287	770	247,413	3,812	801
1993 〃5年	92	4.1	113,896	661	252,150	3,139	578
1994 〃6年	71	2.9	117,113	584	267,009	2,825	509

（単位　金額　10億円）

年　次	鉱物性燃料				
	石炭，コークス及びれん炭		石油及び同製品		
	#石炭		#原油，粗油		#石油製品（金額）
	数量 (1,000 t)	金額	数量 (1,000 kl)	金額	
1995 平成7年	126,179	619	263,889	2,820	539
1996 〃8年	129,416	751	261,482	3,644	851
1997 〃9年	135,021	844	268,314	4,217	838
1998 〃10年	131,764	801	255,225	2,930	534
1999 〃11年	138,659	635	250,757	3,040	656
2000 〃12年	145,278	583	249,814	4,819	953
2001 〃13年	155,784	753	245,669	4,718	903
2002 〃14年	158,534	786	235,964	4,573	823
2003 〃15年	167,018	774	248,925	5,328	996

原油，粗油　数量

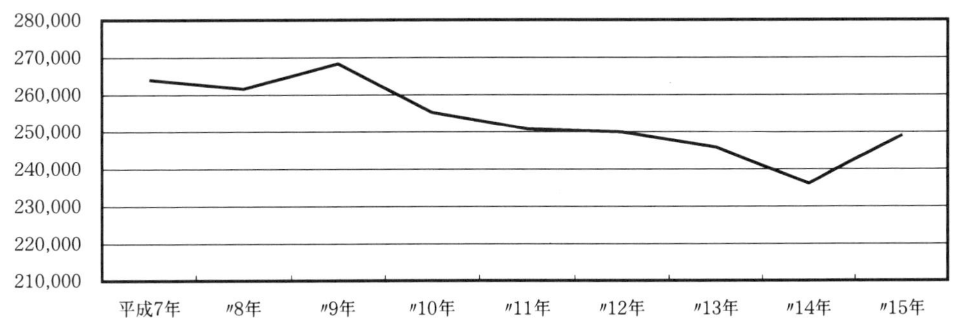

3. 貿　易

（単位　金額　10億円）

年　次	鉱物性燃料							
	石油及び同製品							
	# 石油製品							
	# 揮発油		# 灯油		# 軽油		# 重油	
	数量 (1,000 kl)	金額	数量 (1,000 kl)	金額	数量 (1,000 kl)	金額	数量 (1,000 kl)	金額
1989　平成元年	28,430	456	12,494	282	7,459	157	11,407	181
1990　〃2年	27,011	595	10,225	300	6,681	186	11,547	238
1991　〃3年	25,921	563	7,005	183	2,926	74	9,113	144
1992　〃4年	25,467	450	6,458	141	2,130	46	7,946	112
1993　〃5年	22,438	309	5,625	109	1,751	34	5,868	83
1994　〃6年	25,337	287	5,821	91	1,733	26	5,540	65

（単位　金額　10億円）

年　次	鉱物性燃料							
	石油及び同製品							
	# 石油製品							
	# 揮発油		# 灯油（含ジェット燃料油）		# 軽油		# 重油	
	数量 (1,000 kl)	金額	数量 (1,000 kl)	金額	数量 (1,000 kl)	金額	数量 (1,000 kl)	金額
1995　平成7年	29,749	342	5,176	79	1,399	20	4,982	55
1996　〃8年	31,639	463	9,186	196	2,003	41	6,477	95
1997　〃9年	30,814	578	5,314	123	473	11	3,955	67
1998　〃10年	28,187	409	2,460	38	361	5.2	2,472	33
1999　〃11年	31,808	454	5,516	90	1,765	31	3,005	42
2000　〃12年	31,679	657	4,306	106	3,390	87	2,889	59
2001　〃13年	29,722	632	4,208	106	2,511	62	2,484	51
2002　〃14年	29,721	604	4,018	96	1,278	29	2,163	47
2003　〃15年	29,932	703	5,242	143	821	21	3,354	80

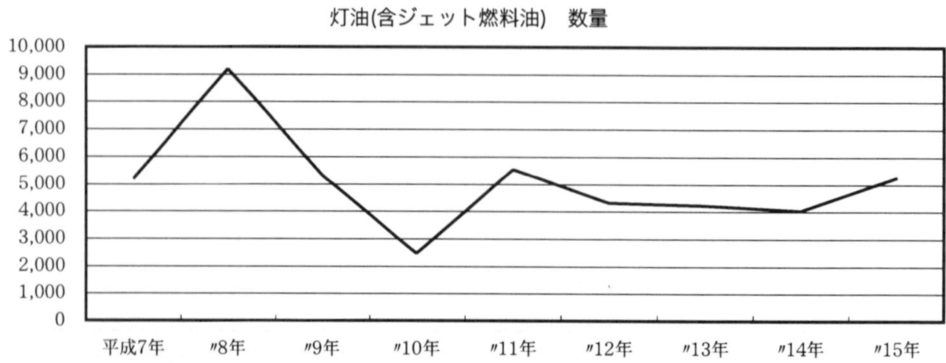

（単位　金額　10億円）

年　次	鉱物性燃料							
	石油及び同製品			天然ガス及び製造ガス（金額）				
	# 石油製品				液化石油ガス		液化メタンガス	
	# 潤滑油及びグリース（金額）	# 石油コークス						
		数量（1,000 t）	金額		数量（1,000 t）	金額	数量（1,000 t）	金額
1989　平成元年	21	4,413	35	1,002	13,984	252	32,358	749
1990　〃2年	22	4,077	37	1,324	14,536	363	35,465	960
1991　〃3年	25	4,345	35	1,413	14,652	371	37,515	1,042
1992　〃4年	19	4,208	25	1,287	15,307	363	39,047	924
1993　〃5年	13	4,598	23	1,089	15,283	290	39,290	798
1994　〃6年	12	4,274	20	963	14,828	253	42,078	709

（単位　金額　10億円）

年　次	鉱物性燃料							
	石油及び同製品			天然ガス及び製造ガス（金額）				
	# 石油製品				液化石油ガス		液化天然ガス	
	# 潤滑油及びグリース（金額）	# 石油コークス						
		数量（1,000 t）	金額		数量（1,000 t）	金額	数量（1,000 t）	金額
1995　平成7年	12	4,242	22	1,035	14,988	314	42,906	720
1996　〃8年	17	4,242	27	1,328	15,411	388	45,877	940
1997　〃9年	16	4,906	33	1,644	15,179	488	47,656	1,151
1998　〃10年	16	4,161	23	1,342	14,330	326	49,133	1,016
1999　〃11年	14	4,283	16	1,315	14,456	363	51,724	952
2000　〃12年	14	4,514	20	1,935	15,058	529	53,690	1,406
2001　〃13年	16	4,540	25	2,126	14,189	532	55,149	1,594
2002　〃14年	15	4,110	22	1,966	13,962	474	53,878	1,492
2003　〃15年	16	3,874	23	2,239	14,156	543	59,129	1,695

液化天然ガス　数量

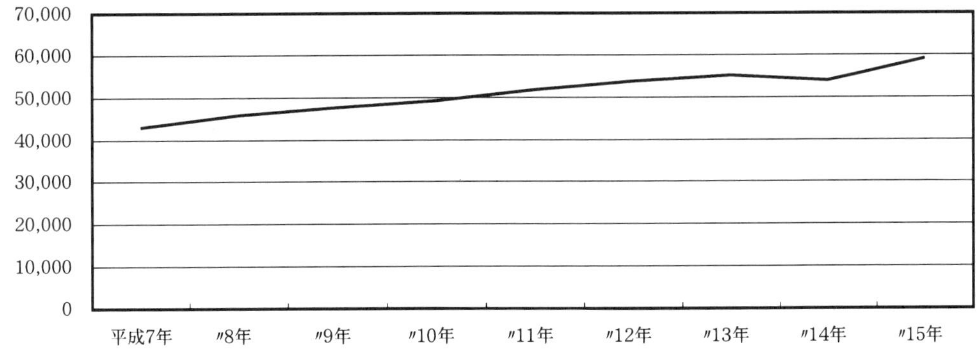

3. 貿　易

（単位　金額　10億円）

年次		化学製品			機械機器				
		# 有機化合物（金額）	# 無機化合物（金額）	# 医薬品（金額）	一般機械（金額）	# 原動機	# 事務用機器	# 金属加工機械	電気機器（金額）
1989	平成元年	637	178	374	1,578	195	602	72	1,580
1990	〃2年	643	173	411	2,024	232	754	97	1,851
1991	〃3年	665	179	419	1,936	203	752	91	1,976
1992	〃4年	592	154	465	1,844	195	760	76	1,852
1993	〃5年	562	142	438	1,682	197	761	46	1,950
1994	〃6年	590	152	432	1,850	197	925	42	2,400

（単位　金額　10億円）

年次		化学製品			機械機器				
		# 有機化合物（金額）	# 無機化合物（金額）	# 医薬品（金額）	一般機械（金額）	# 原動機	# 事務用機器	# 金属加工機械	電気機器（金額）
1995	平成7年	697	183	462	2,600	226	1,481	80	3,277
1996	〃8年	718	218	490	3,550	262	2,053	123	4,271
1997	〃9年	817	240	513	3,989	347	2,264	134	4,656
1998	〃10年	751	242	490	3,853	405	2,136	132	4,507
1999	〃11年	747	206	523	3,740	374	2,260	110	4,590
2000	〃12年	799	229	515	4,501	427	2,904	138	5,825
2001	〃13年	904	239	613	4,605	510	2,764	118	5,893
2002	〃14年	928	229	679	4,583	562	2,698	89	5,802
2003	〃15年	992	250	717	4,702	507	2,745	99	6,070

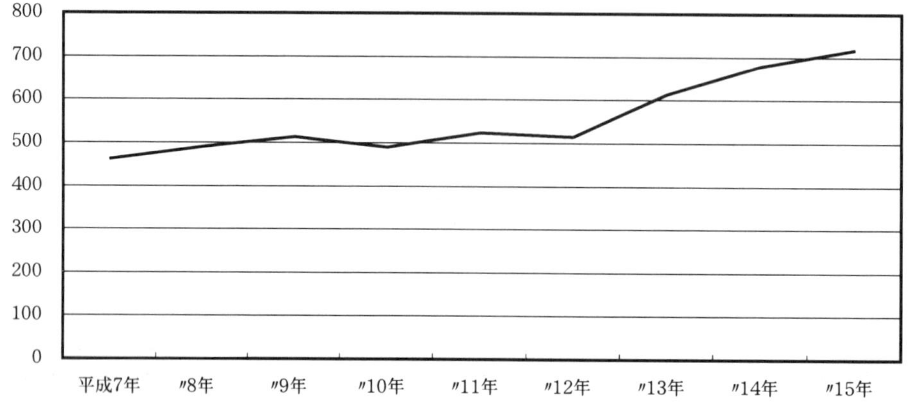

（単位　金額　10億円）

年次	機械機器							
	電気機器（金額）				輸送用機器（金額）	# 航空機（金額）	# 船舶	
	# 重電機器	# 通信機	# 半導体等電子部品	# 電気計測機器			数量 (1,000 G/T)	金額
1989 平成元年	127	95	394	248	961	231	136	38
1990 〃2年	157	124	478	267	1,596	453	32	59
1991 〃3年	173	131	528	261	1,405	434	35	60
1992 〃4年	163	103	505	220	1,290	408	39	34
1993 〃5年	163	142	589	215	1,132	348	104	22
1994 〃6年	192	196	747	235	1,344	393	94	20

（単位　金額　10億円）

年次	機械機器							
	電気機器（金額）				輸送用機器（金額）	# 航空機類（金額）	# 船舶類	
	# 重電機器	# 通信機	# 半導体等電子部品	# 電気計測機器			数量 (1,000 G/T) 1)	金額
1995 平成7年	245	299	1,151	261	1,460	252	…	…
1996 〃8年	325	437	1,441	335	1,727	269	341	28
1997 〃9年	376	434	1,556	380	1,774	449	249	27
1998 〃10年	387	465	1,407	393	1,765	678	180	23
1999 〃11年	365	444	1,533	356	1,688	643	189	24
2000 〃12年	419	573	2,140	383	1,455	321	212	22
2001 〃13年	438	533	1,910	429	1,448	237	186	27
2002 〃14年	429	412	1,910	412	1,773	461	175	34
2003 〃15年	443	342	2,015	430	1,868	506	113	14

船舶類　数量

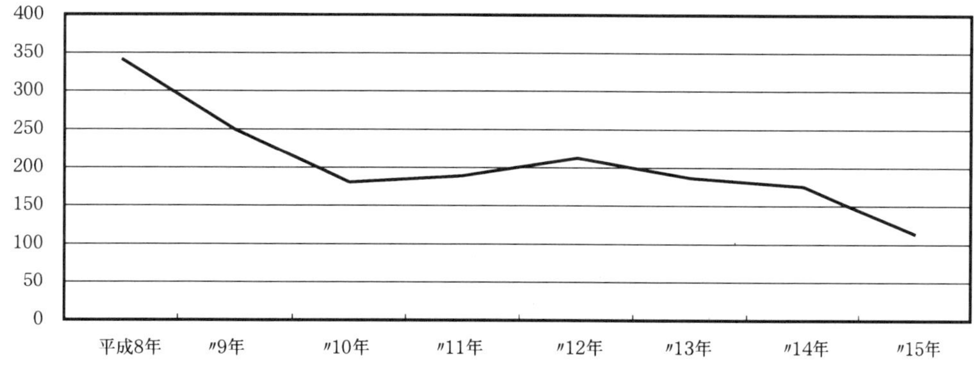

（単位　金額　10億円）

年　次	機械機器	その他　　1)					
	精密機器類（金額）	#繊維製品（金額）	衣類及び同附属品	織物用糸及び繊維製品	#ウッドチップ（金額）	#非金属鉱物製品（金額）	#ダイヤモンド
1989　平成元年	342	1,833	1,236	597	187	656	307
1990　〃2年	433	1,854	1,259	595	208	778	369
1991　〃3年	457	1,841	1,258	582	229	659	279
1992　〃4年	544	1,939	1,411	528	207	548	232
1993　〃5年	525	1,833	1,396	438	181	493	216
1994　〃6年	637	2,079	1,553	526	183	535	225

（単位　金額　10億円）

年　次	機械機器	その他					
	精密機器類（金額）	#繊維製品（金額）	衣類及び同附属品	織物用糸及び繊維製品	#ウッドチップ（金額）	#非金属鉱物製品（金額）	#ダイヤモンド
1995　平成7年	660	2,313	1,753	560	219	585	242
1996　〃8年	913	2,789	2,130	658	242	653	238
1997　〃9年	1,057	2,708	2,011	697	254	623	176
1998　〃10年	1,048	2,477	1,912	565	263	523	139
1999　〃11年	1,028	2,367	1,856	512	216	508	148
2000　〃12年	1,143	2,642	2,115	527	206	534	130
2001　〃13年	1,269	2,890	2,318	572	213	540	119
2002　〃14年	1,277	2,752	2,189	563	209	548	119
2003　〃15年	1,335	2,819	2,241	578	198	551	115

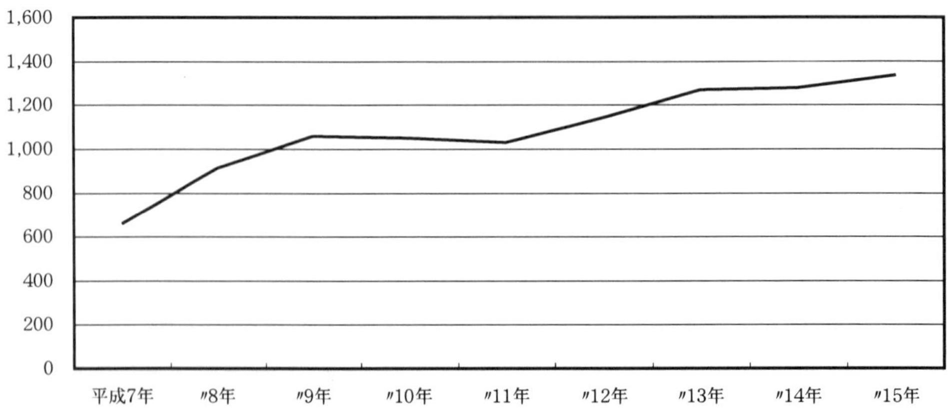

（単位　金額　10億円）

年　次	その他　1)					
	#鉄鋼		#非鉄金属（金額）	#銀及び白金属	#銅及び同合金	#アルミニウム及び同合金
	数量 (1,000 t)	金額				
1989 平成元年	10,860	698	1,359	207	233	696
1990 〃2年	11,702	662	1,425	251	279	687
1991 〃3年	13,848	743	1,293	225	244	621
1992 〃4年	8,884	480	891	144	140	457
1993 〃5年	9,214	454	749	138	116	385
1994 〃6年	9,081	416	808	159	113	403

（単位　金額　10億円）

年　次	その他					
	#鉄鋼		#非鉄金属（金額）	#銀及び白金属	#銅及び同合金	#アルミニウム及び同合金
	数量 (1,000 t)	金額				
1995 平成7年	11,670	546	1,017	161	145	528
1996 〃8年	8,581	484	1,009	159	131	524
1997 〃9年	9,502	534	1,215	202	140	640
1998 〃10年	6,575	418	1,063	222	95	543
1999 〃11年	6,389	336	935	243	80	454
2000 〃12年	7,644	394	1,170	362	81	527
2001 〃13年	5,976	338	1,022	281	65	514
2002 〃14年	5,137	305	912	221	57	485
2003 〃15年	5,805	385	1,003	216	51	543

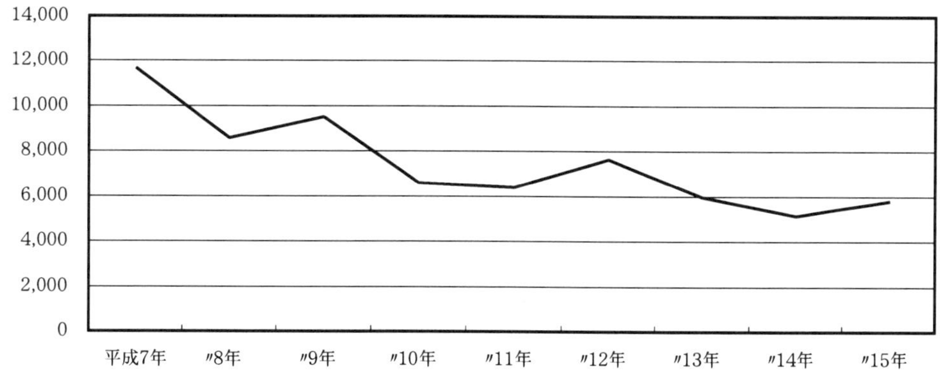

3-2　品別輸入数量及び金額（平成16年～19年）

（単位　金額　10億円）

年　次	食料品							
	#肉類及び同調製品		#酪農品及び鳥卵	#魚介類及び同調製品	#えび（生鮮，冷凍）		#小麦及びメスリン	
	数量 (1,000 t)	金額	（金額）	（金額）	数量 (1,000 t)	金額	数量 (1,000 t)	金額
2004　平成16年	2,126	985	100	1,539	251	238	5,490	138
2005　〃17年	2,380	1,075	111	1,562	242	235	5,472	136
2006　〃18年	2,225	977	111	1,573	238	248	5,337	149
2007　〃19年	2,253	1,028	140	1,501	215	226	5,275	192

原注：「貿易統計」による。

出所：58

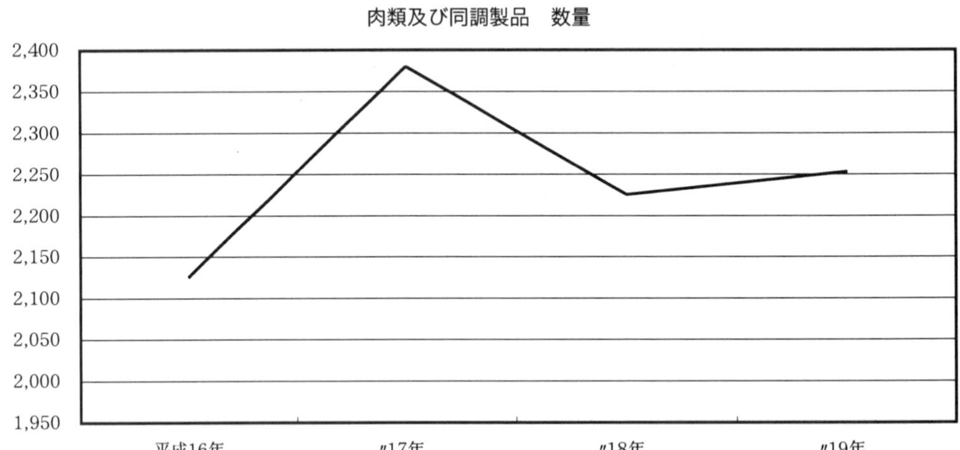

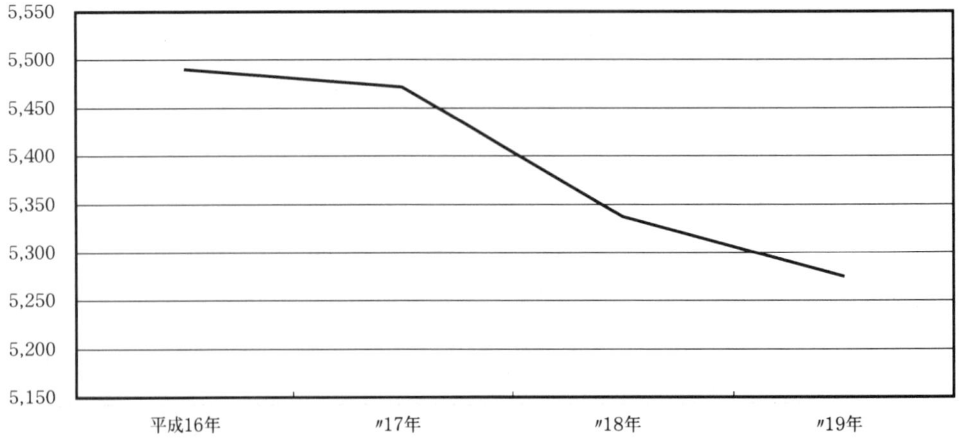

（単位　金額　10億円）

年　次		食料品							
		#とうもろこし（飼料用）		#こうりゃん（飼料用）		#果実	#野菜	#砂糖	
		数量（1,000 t）	金額	数量（1,000 t）	金額	（金額）	（金額）	数量（1,000 t）	金額
2004	平成16年	11,834	225	1,256	24	366	380	1,406	32
2005	〃17年	12,207	203	1,261	22	383	396	1,353	41
2006	〃18年	12,159	212	1,182	21	399	425	1,315	57
2007	〃19年	11,847	316	997	27	424	420	1,528	52

とうもろこし（飼料用）　数量

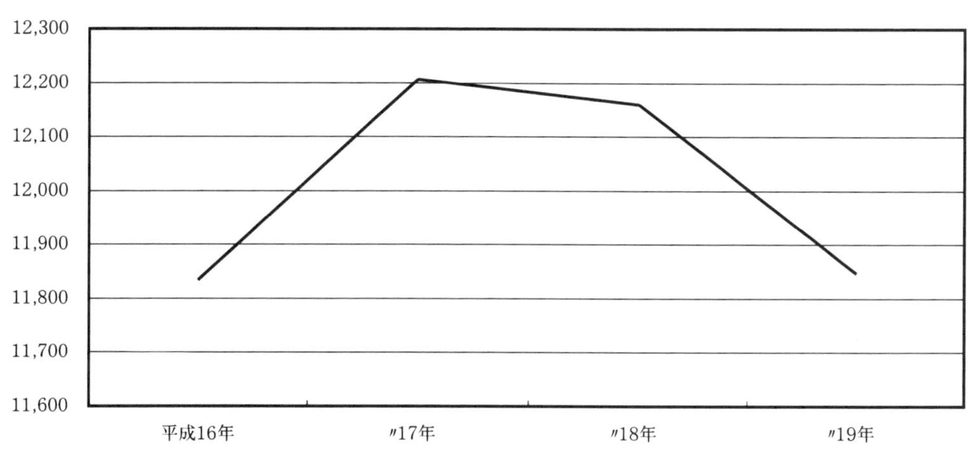

砂糖　数量

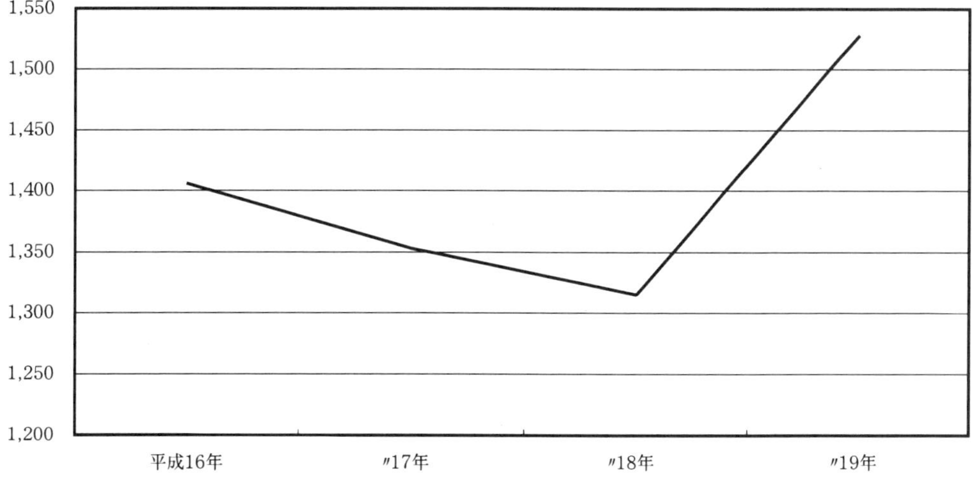

3. 貿　易

（単位　金額　10億円）

年　次	食料品		原料品					
	#コーヒー，ココア		#羊毛		#綿花		#鉄鉱石	
	数量 (1,000 t)	金額	数量 (1,000 t)	金額	数量 (1,000 t)	金額	数量 (1,000 t)	金額
2004 平成16年	521	110	26	16	193	32	134,884	431
2005 〃17年	536	146	23	13	194	27	132,285	616
2006 〃18年	556	165	24	15	164	25	134,287	834
2007 〃19年	538	184	24	18	160	26	138,881	1,037

羊毛　数量

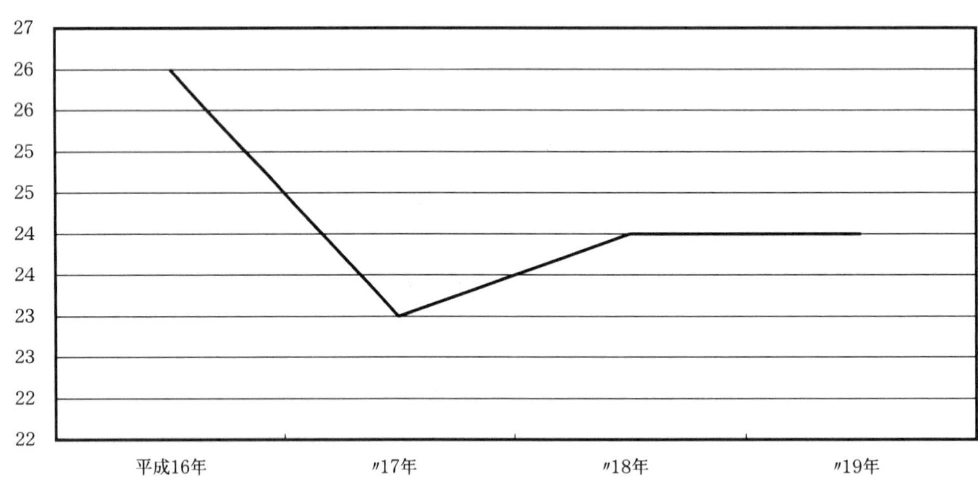

鉄鉱石　数量

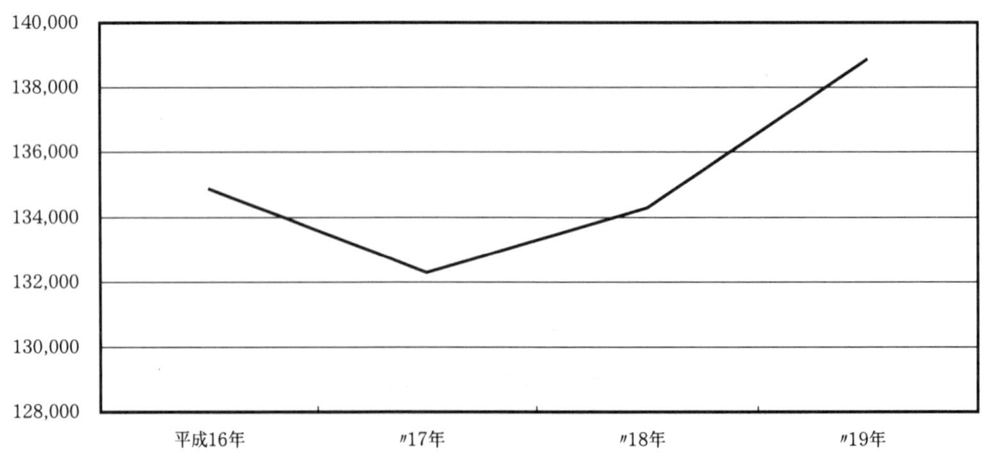

（単位　金額　10億円）

年　次		原料品						
		#鉄鉱くず		#非鉄金属鉱		#粗鉱物		
							#りん鉱石	
		数量 (1,000 t)	金額	数量 (1,000 t)	金額	（金額）	数量 (1,000 t)	金額
2004	平成16年	261	31	14,506	737	158	821	9.0
2005	〃17年	181	28	14,330	996	179	774	9.8
2006	〃18年	185	49	13,743	1,671	199	784	12
2007	〃19年	337	100	14,553	2,136	209	722	13

鉄鋼くず　数量

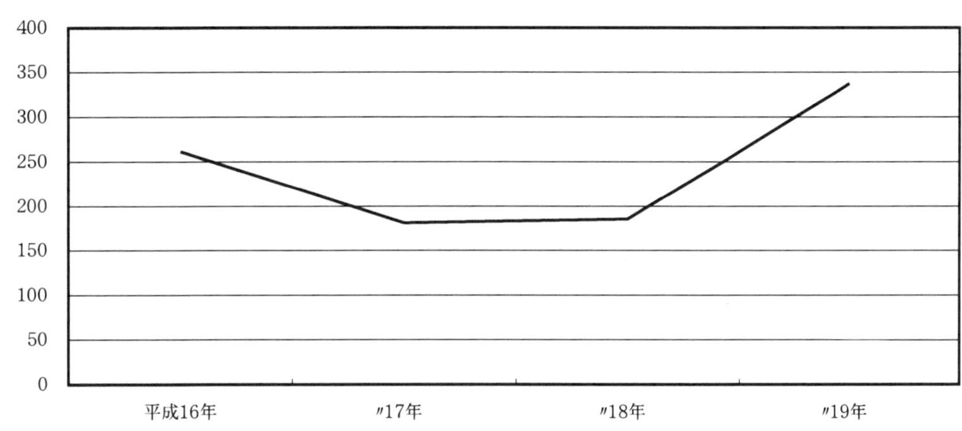

りん鉱石　数量

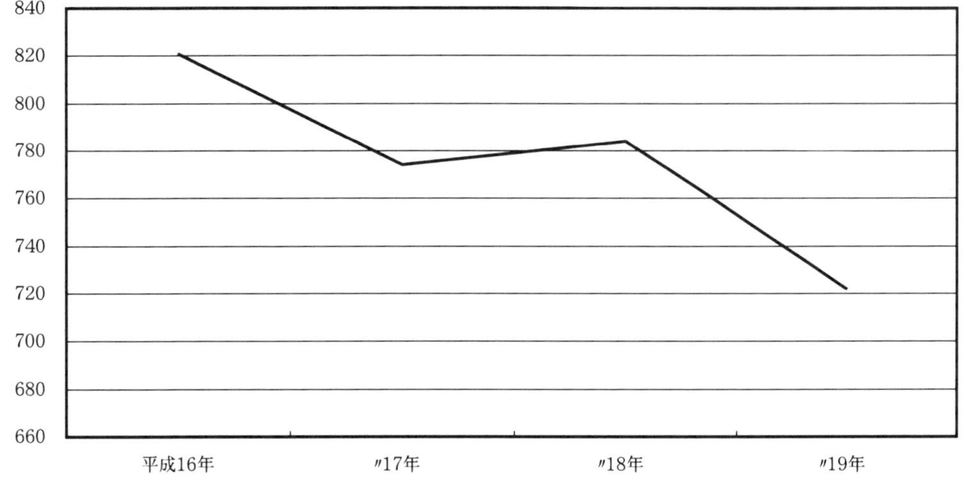

3. 貿　易

（単位　金額　10億円）

年　次		原料品							
		# 粗鉱物（金額） # 塩		# 原皮		# 大豆		# 天然ゴム	
		数量 (1,000 t)	金額	数量 (1,000 t)	金額	数量 (1,000 t)	金額	数量 (1,000 t)	金額
2004	平成16年	8,061	27	66	20	4,407	192	796	112
2005	〃 17年	8,298	36	55	16	4,181	157	843	130
2006	〃 18年	8,895	41	56	18	4,042	149	880	211
2007	〃 19年	8,551	43	54	19	4,161	195	842	208

大豆　数量

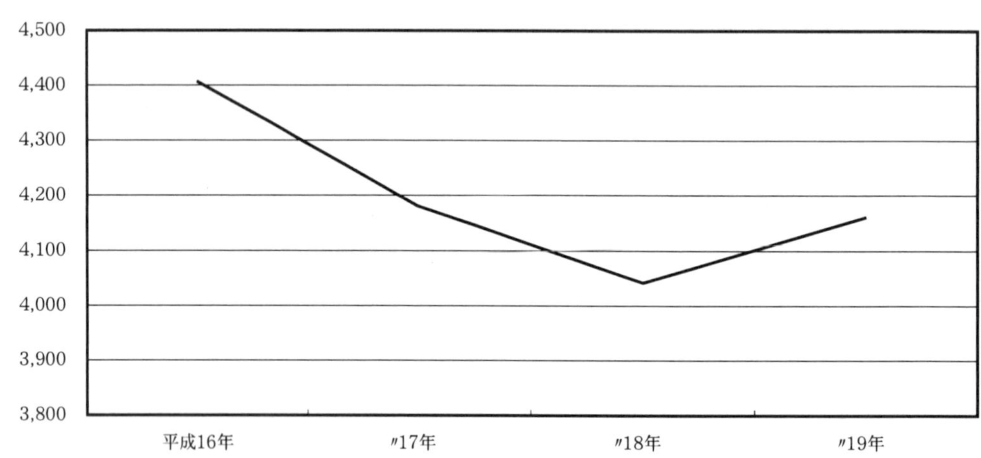

天然ゴム　数量

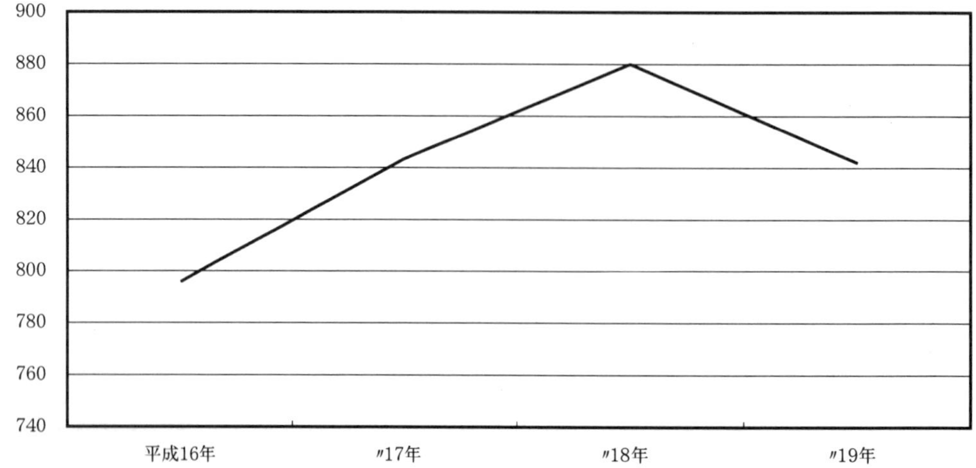

（単位　金額　10億円）

年　次	原料品						
	#パルプ		#木材	#動植物性油脂	#牛脂		#植物性油脂
	数量 (1,000 t)	金額	(金額)	(金額)	数量 (1,000 t)	金額	(金額)
2004　平成16年	2,552	147	572	103	73	3.8	72
2005　〃17年	2,360	142	522	116	70	3.4	78
2006　〃18年	2,365	167	581	117	76	4.0	80
2007　〃19年	2,097	168	566	147	65	5.1	103

パルプ　数量

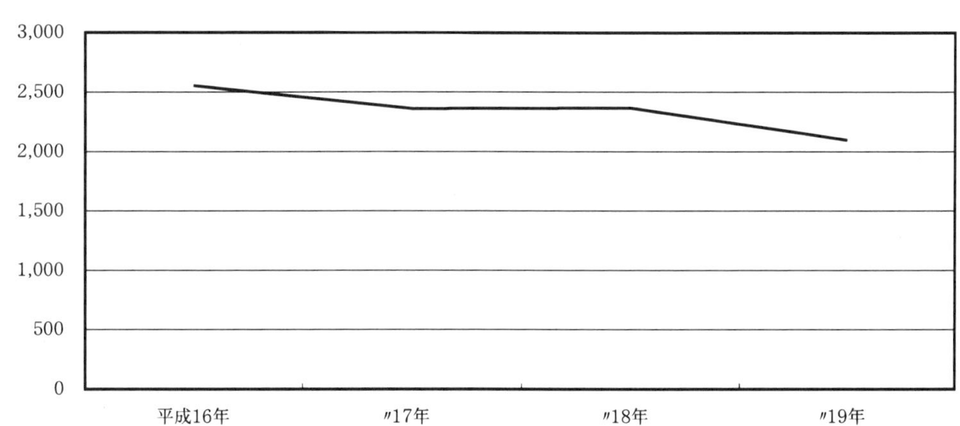

牛脂　数量

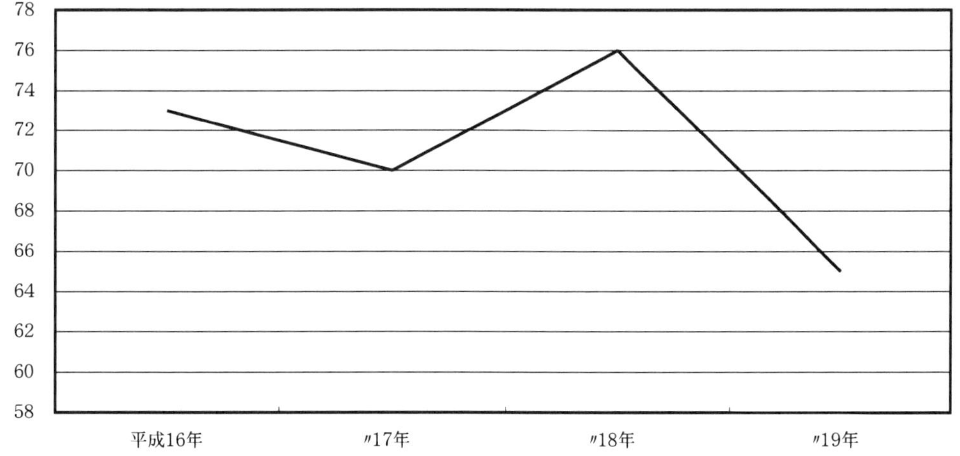

3. 貿　易

（単位　金額　10億円）

年　次	鉱物性燃料						
	石炭，コークス及びれん炭		石油及び同製品				
	#石炭		#原油及び粗油		#石油製品	#揮発油	
	数量 (1,000 t)	金額	数量 (1,000 kl)	金額	（金額）	数量 (1,000 kl)	金額
2004　平成16年	179,984	1,094	245,139	6,065	1,192	31,092	904
2005　〃17年	180,808	1,513	248,822	8,823	1,478	29,632	1,108
2006　〃18年	179,148	1,655	246,734	11,535	1,867	29,153	1,389
2007　〃19年	186,486	1,740	239,608	12,279	1,982	28,300	1,561

石炭　数量

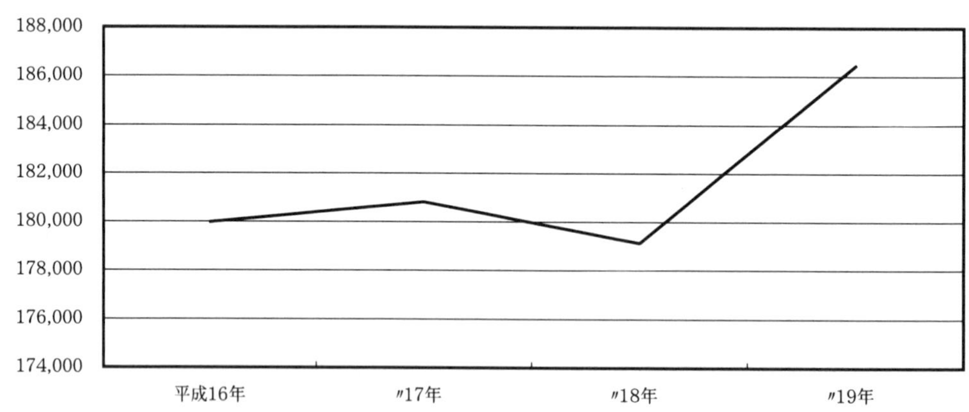

原油及び粗油　数量

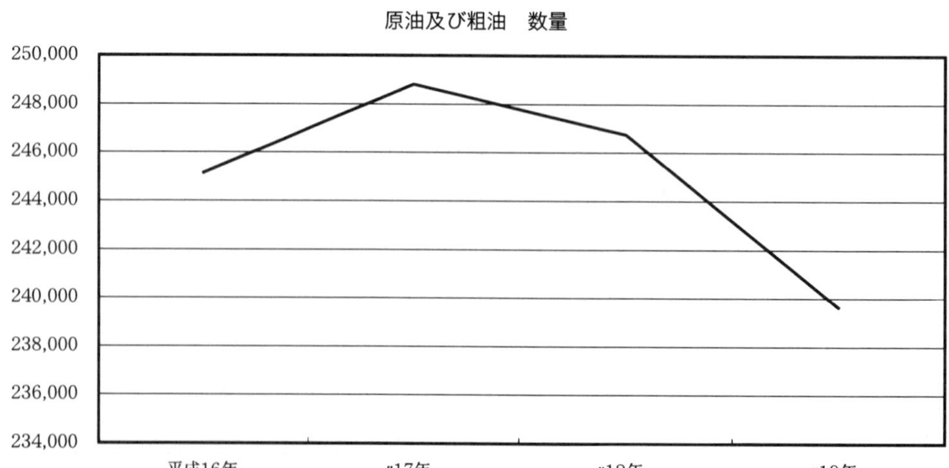

（単位　金額　10億円）

年　次	鉱物性燃料						
	石油及び同製品						
	#石油製品						
	#灯油(含ジェット燃料油)		#軽油		#重油		#潤滑油及びグリース(金額)
	数量(1,000 kl)	金額	数量(1,000 kl)	金額	数量(1,000 kl)	金額	
2004　平成16年	3,749	125	581	19	3,010	80	16
2005　〃17年	2,697	119	530	24	4,306	153	21
2006　〃18年	2,799	170	351	20	4,385	199	32
2007　〃19年	878	57	343	22	4,584	234	37

灯油（含ジェット燃料油）　数量

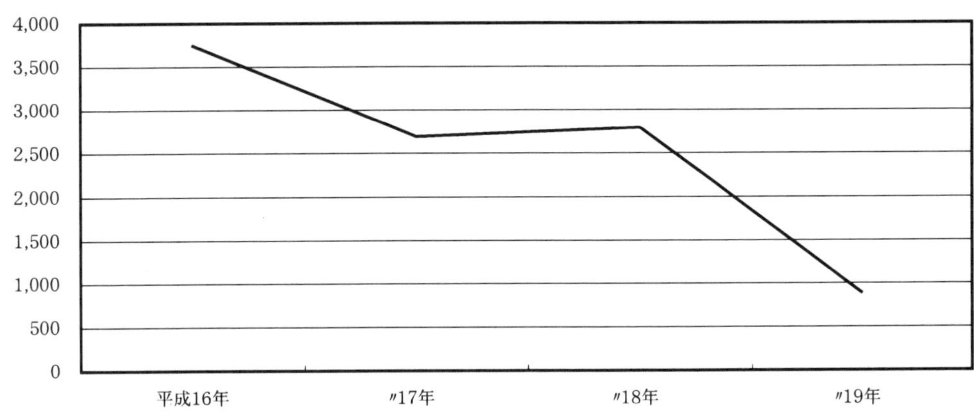

重油　数量

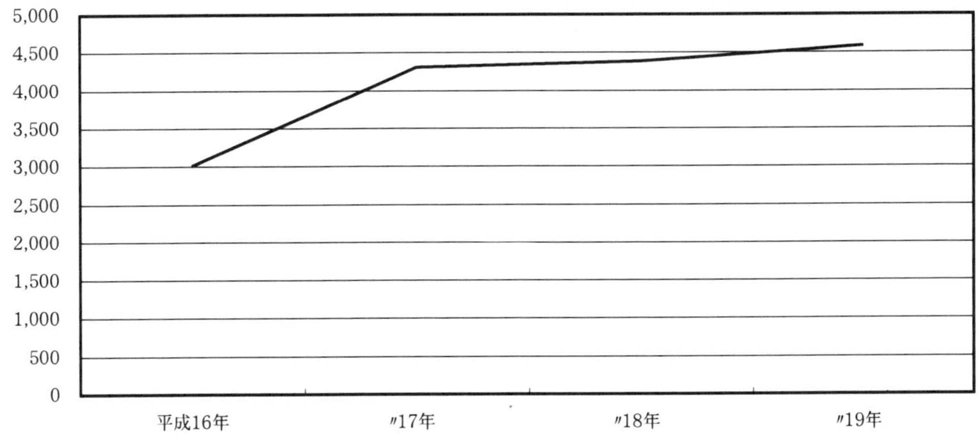

3. 貿　易

（単位　金額　10億円）

年　次	鉱物性燃料							化学製品
	石油及び同製品 #石油製品 #石油コークス		天然ガス及び製造ガス	#液化石油ガス		#液化天然ガス		#有機化合物
	数量 (1,000 t)	金額	(金額)	数量 (1,000 t)	金額	数量 (1,000 t)	金額	(金額)
2004　平成16年	4,307	35	2,214	13,947	564	56,971	1,650	1,082
2005　〃17年	4,537	43	2,671	13,755	686	58,014	1,985	1,184
2006　〃18年	4,625	46	3,600	14,512	941	62,189	2,659	1,347
2007　〃19年	4,435	57	4,132	13,792	992	66,816	3,140	1,464

石油コークス　数量

液化天然ガス　数量

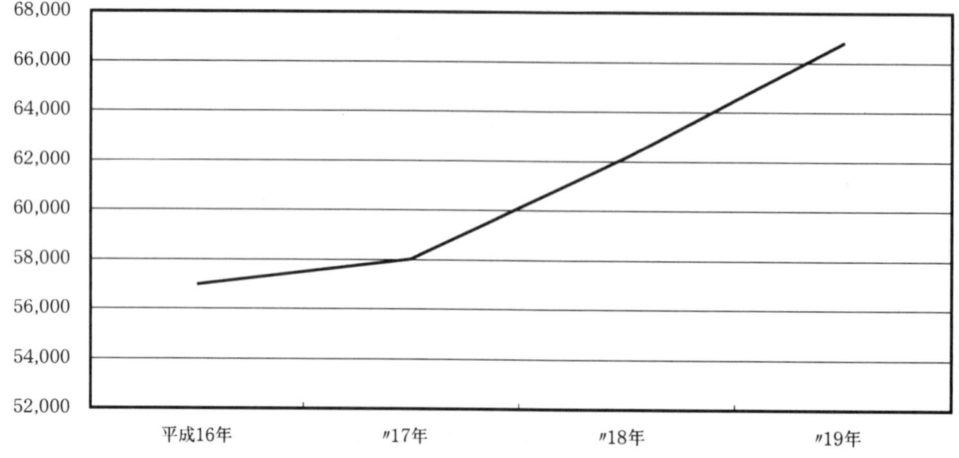

（単位　金額　10億円）

年　次	化学製品		原料別製品					
	#無機化合物（金額）	#医薬品（金額）	#ウッドチップ（金額）	#織物用糸及び繊維製品（金額）	#非金属鉱物製品（金額）	#ダイヤモンド	#鉄鋼 数量(1,000t)	#鉄鋼 金額
2004 平成16年	315	769	210	601	592	125	6,880	602
2005 〃17年	393	906	226	637	644	129	8,232	798
2006 〃18年	500	991	245	714	720	121	7,831	758
2007 〃19年	637	1,078	288	735	722	107	8,430	982

医薬品（金額）

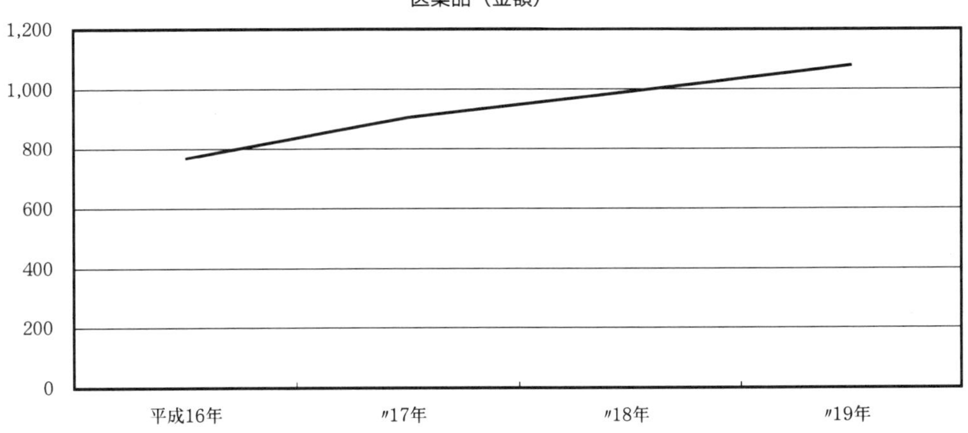

鉄鋼　数量

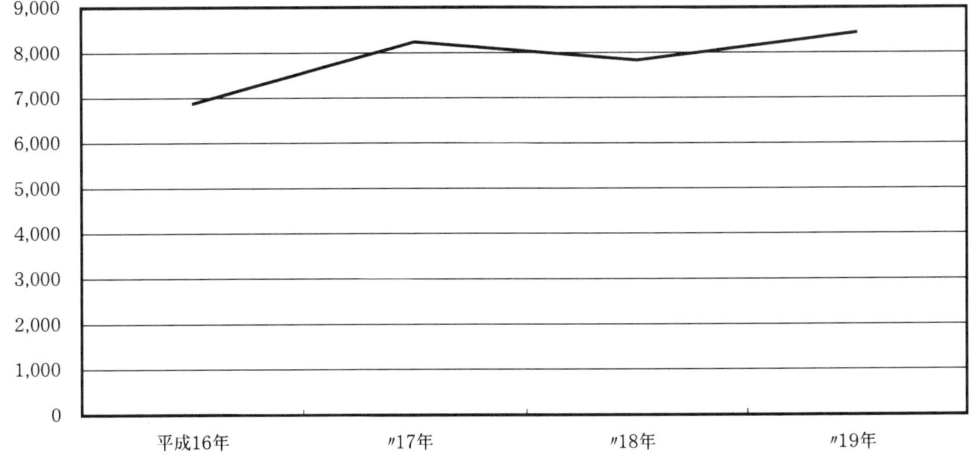

3. 貿　易

（単位　金額　10億円）

年　次		原料別製品 #非鉄金属 (金額)	#銀及び白金属	#銅及び同合金	#アルミニウム及び同合金	一般機械 (金額)	#原動機	#事務用機器	#金属加工機械
2004	平成16年	1,325	308	77	615	5,171	549	2,880	151
2005	〃17年	1,462	350	86	676	5,661	633	3,027	192
2006	〃18年	2,162	622	154	945	6,240	799	3,050	243
2007	〃19年	2,619	753	199	1,014	6,515	950	2,778	168

非鉄金属（金額）

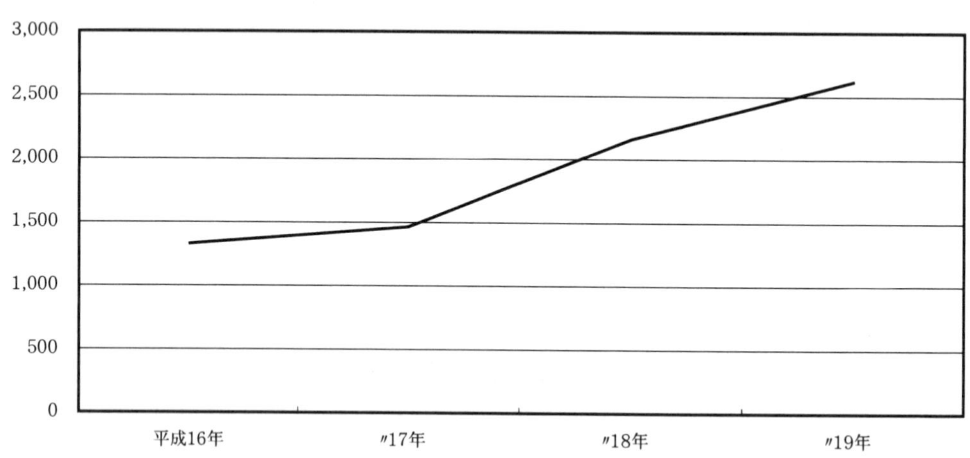

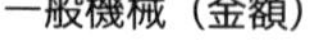

一般機械（金額）

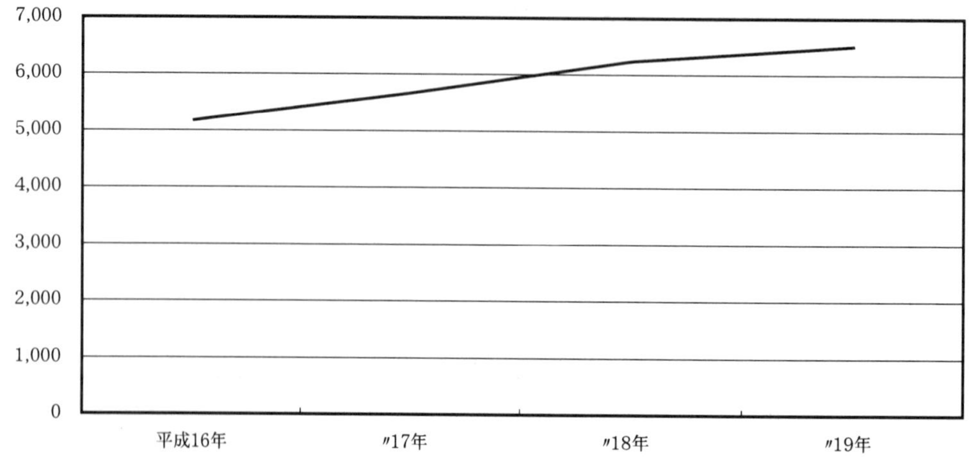

（単位　金額　10億円）

年　次	電気機器 (金額)	# 重電機器	# 通信機	# 半導体等電子部品	# 電気計測機器	輸送用機器 (金額)	# 航空機類 (金額)
2004 平成16年	6,851	452	351	2,280	491	1,926	446
2005 〃17年	7,402	461	387	2,348	488	2,063	523
2006 〃18年	8,645	557	484	2,873	599	2,259	581
2007 〃19年	9,310	584	1,109	2,852	591	2,534	701

半導体等電子部品

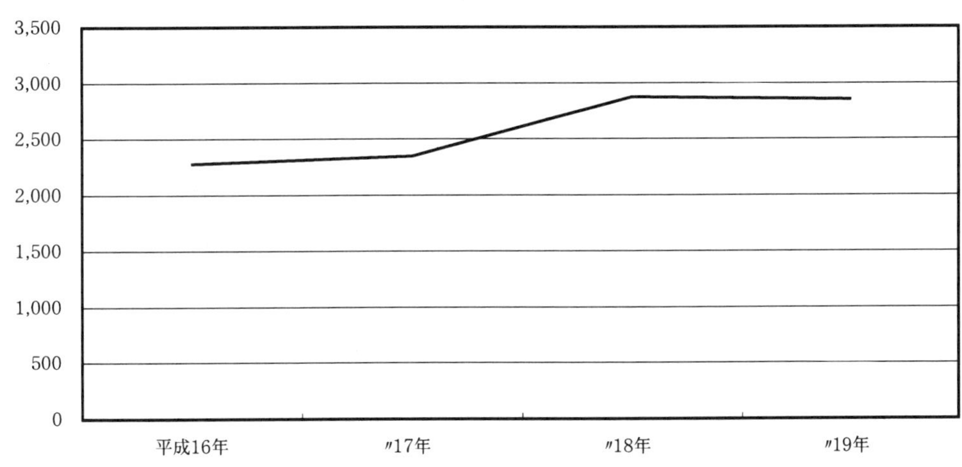

航空機類（金額）

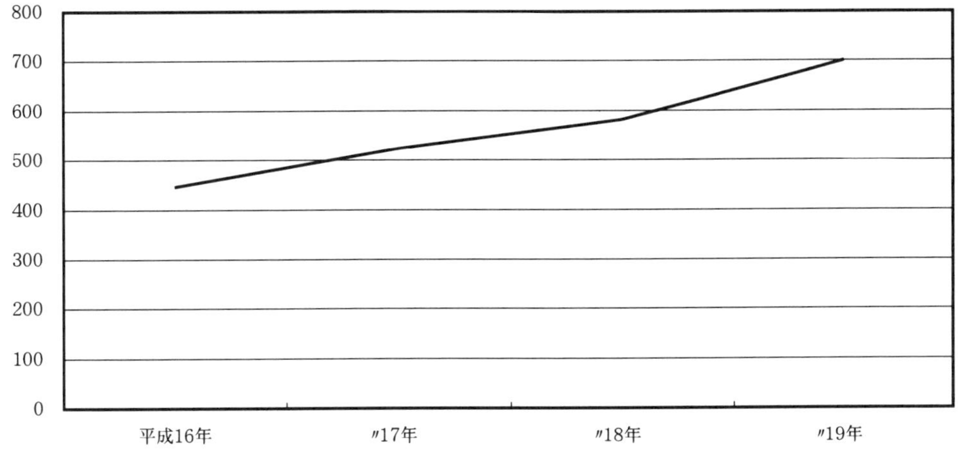

3. 貿　易

（単位　金額　10億円）

年　次	輸送用機器		その他	
	#船舶類		#精密機器類	#衣類及び同附属品
	数量 (1,000 隻)	金額	(金額)	(金額)
2004　平成16年	101	21	1,446	2,330
2005　〃17年	118	16	1,690	2,469
2006　〃18年	121	22	2,062	2,754
2007　〃19年	108	31	1,881	2,796

船舶類　数量

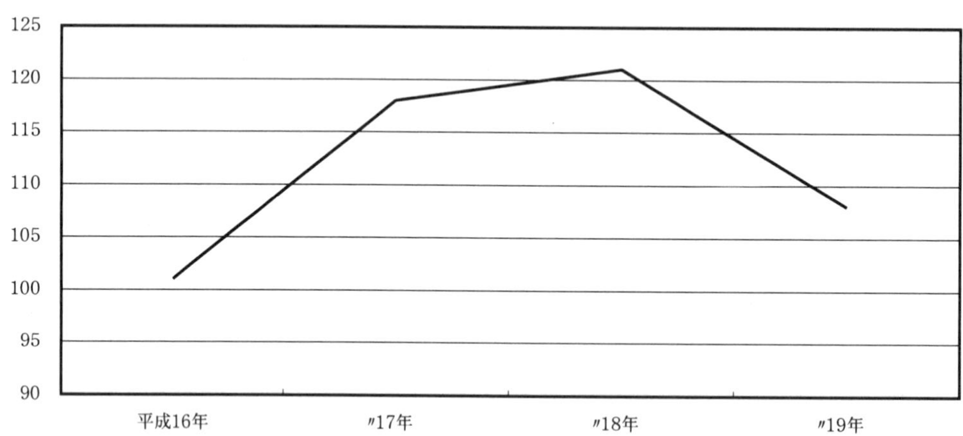

精密機器類（金額）

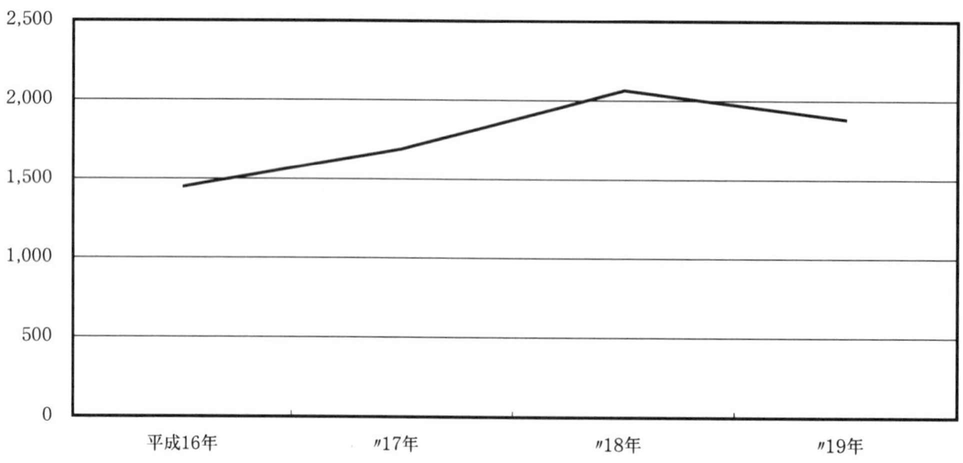

3-3　国際収支（平成元年～6年）

(単位　100万ドル)

年　次		経常収支						長期資本収支 3) 4)	短期資本収支 3) 4) 5)
		計	貿易収支			貿易外収支 2)	移転収支		
			1)	輸出	輸入				
1989	平成元年	57,157	76,917	269,570	192,653	-15,526	-4,234	-89,246	20,811
1990	〃2年	35,761	63,528	280,374	216,846	-22,292	-5,475	-43,586	21,468
1991	〃3年	72,901	10,344	306,557	203,513	-17,660	-12,483	-37,057	-25,758
1992	〃4年	117,551	132,348	330,850	198,502	-10,112	-4,685	-28,459	-7,039
1993	〃5年	131,448	141,514	351,292	209,778	-3,949	-6,117	-78,336	-14,426
1994	〃6年	129,140	145,944	384,176	238,232	-9,296	-7,508	-82,037	-8,897

原注：「国際収支統計」による。　1) 委託加工賃, 仲介貿易（ネット受取額）を除く。2) 委託加工賃, 仲介貿易（ネット受取額）を含む。　3) −(マイナス)は資本の流出（資産の増加及び負債の減少）を示す。　4) 現先取引は，短期資本収支へ計上。　5) 金融勘定に属するものを除く。　6) 外貨準備の評価増減を除く。

出所：45

3-3　国際収支（平成7年～19年）

(単位　100万ドル)

年　次		経常収支							
		計 1)	貿易・サービス収支	貿易収支			サービス収支	所得収支 1)	経常移転収支
					輸出	輸入			
1995	平成7年	10,386	6,955	12,345	40,260	27,915	-5,390	4,157	-725
1996	〃8年	7,158	2,317	9,097	43,566	34,469	-6,779	5,818	-978
1997	〃9年	11,436	5,768	12,310	49,519	37,209	-6,542	6,740	-1,071
1998	〃10年	15,785	9,530	15,984	48,867	32,882	-6,455	7,401	-1,146
1999	〃11年	12,174	7,865	14,016	45,795	31,779	-6,151	5,696	-1,387
2000	〃12年	12,576	7,430	12,563	49,526	36,962	-5,134	6,206	-1,060
2001	〃13年	10,652	3,212	8,527	46,584	38,056	-5,315	8,401	-960
2002	〃14年	14,140	6,469	11,733	49,480	37,746	-5,264	8,267	-596
2003	〃15年	15,767	8,355	12,260	51,934	39,675	-3,904	8,281	-870
2004	〃16年	18,618	10,196	14,298	58,295	43,997	-4,102	9,273	-851
2005	〃17年	18,259	7,693	10,335	62,632	52,297	-2,642	11,382	-816
2006	〃18年	19,849	7,346	9,464	71,631	62,167	-2,118	13,746	-1,243
2007	〃19年	24,794	9,825	12,322	79,725	67,403	-2,497	16,327	-1,358

原注：「国際収支統計」による。　1) 平成12年以降は，金融派生商品の計上方法変更のため平成7年とは接続しない。
2) −(マイナス)は資本の流出（資産の増加及び負債の減少）を示す。

出所：51, 56, 58

3. 貿　易

(単位　100万ドル)

年　次		誤差脱漏 6)	基礎的収支 4)	総合収支
1989	平成元年	-22,008	-32,089	-33,286
1990	〃2年	-20,877	-7,825	-7,234
1991	〃3年	-7,831	109,958	76,369
1992	〃4年	-10,451	89,092	71,602
1993	〃5年	-260	53,112	38,426
1994	〃6年	-17,778	47,103	20,428

(単位　100万ドル)

年　次		資本収支　2)		外貨準備増減	誤差脱漏
		計	# 投資収支		
1995	平成7年	-6,275	-6,061	-5,424	1,313
1996	〃8年	-3,347	-2,993	-3,942	132
1997	〃9年	-14,835	-14,347	-766	4,165
1998	〃10年	-17,339	-15,408	999	556
1999	〃11年	-5,396	-3,487	-8,796	2,018
2000	〃12年	-9,124	-8,130	-5,261	1,809
2001	〃13年	-6,173	-5,826	-4,936	457
2002	〃14年	-8,478	-8,056	-5,797	135
2003	〃15年	7,734	8,201	-21,529	-1,972
2004	〃16年	1,737	2,250	-17,268	-3,088
2005	〃17年	-14,007	-13,458	-2,456	-1,796
2006	〃18年	-12,467	-11,913	-3,720	-3,663
2007	〃19年	-22,538	-22,065	-4,297	2,042

4. 金　融

4-1　日本銀行勘定（平成元年～7年）

（単位　10億円）

年　末	資　産							
	金地金	現金	貸出金		買入手形	国　債		海外資産勘定
			割引手形	貸付金			#政府短期証券	
1989 平成元年	140	290	237	6,708	9,200	24,348	20,845	2,634
1990 〃2年	140	431	144	6,160	6,906	31,542	22,541	2,996
1991 〃3年	140	483	135	10,132	10,820	24,147	17,976	2,964
1992 〃4年	140	513	121	7,098	13,000	23,305	15,039	2,994
1993 〃5年	140	558	156	5,914	8,501	31,357	19,317	2,856
1994 〃6年	140	299	141	5,850	7,498	33,037	18,565	2,658
1995 〃7年	216	243	84	2,307	10,434	37,536	16,274	2,531

出所: 42, 45, 46

4-1　日本銀行勘定（平成8年～12年）

（単位　10億円）

年　末	資　産							
	金地金 1)	現金	買入手形 2)	保管国債	国　債		割引手形	貸付金
						#政府短期証券		
1996 平成8年	216	248	9,041	…	46,342	18,960	39	1,944
1997 〃9年	B 216	301	9,501	2,313	47,366	19,233	26	4,609
1998 〃10年	433	168	13,723	5,027	52,002	23,473	16	18,621
1999 〃11年	433	190	13,090	9,684	69,236	23,361	8.9	1,763
2000 〃12年	445	234	7,584	17,994	56,294	16,095	4.8	689

原注: 1) 平成10年4月以後は海外寄託分を含む。　2) 平成2年以後買入CPを含む。　3) 平成10年3月以前は海外資産勘定。
4) 項目の見直しにより，平成10年3月以前とは接続しない。　5) 平成10年3月以前は金融機関預金。
6) 平成10年3月以前は積立金。

出所: 50, 51

現　金

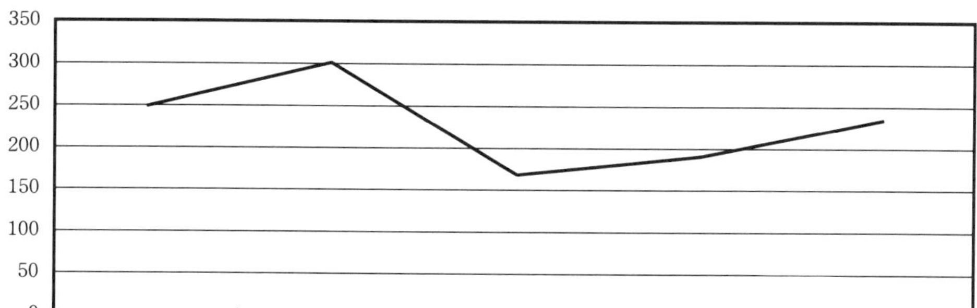

4. 金　融

（単位　10億円）

年　末	資産		負債及び資本					
	代理店勘定	雑勘定	発行銀行券	金融機関預金	政府預金	その他預金	雑勘定	引当金勘定
1989 平成元年	64	508	37,420	4,143	495	4.9	470	1,178
1990 〃2年	71	766	39,798	4,881	521	424	1,071	1,027
1991 〃3年	0.1	770	39,883	3,832	621	213	1,368	2,157
1992 〃4年	0.1	817	39,026	2,912	623	324	1,175	2,182
1993 〃5年	0.1	689	41,626	2,807	710	237	899	2,027
1994 〃6年	0.1	788	42,880	2,830	448	-5.2	853	1,457
1995 〃7年	74	872	46,244	3,310	305	10	777	1,632

（単位　10億円）

年　末	資　産							
	預金保険機構貸付金	外国為替 3)	代理店勘定	国債借入担保金	雑勘定 4)	発行銀行券	当座預金 5)	その他預金 4)
1996 平成8年	34	2,923	245	…	932	50,671	3,463	5.8
1997 〃9年	293	B 3,341	0.1	2,572	B 3,493	54,670	B 3,499	B 24
1998 〃10年	8,048	3,413	0.1	5,483	1,063	55,865	4,378	62
1999 〃11年	2,196	3,742	0.1	9,955	1,050	65,405	23,386	39
2000 〃12年	134	3,686	145	18,378	1,210	63,397	6,827	22

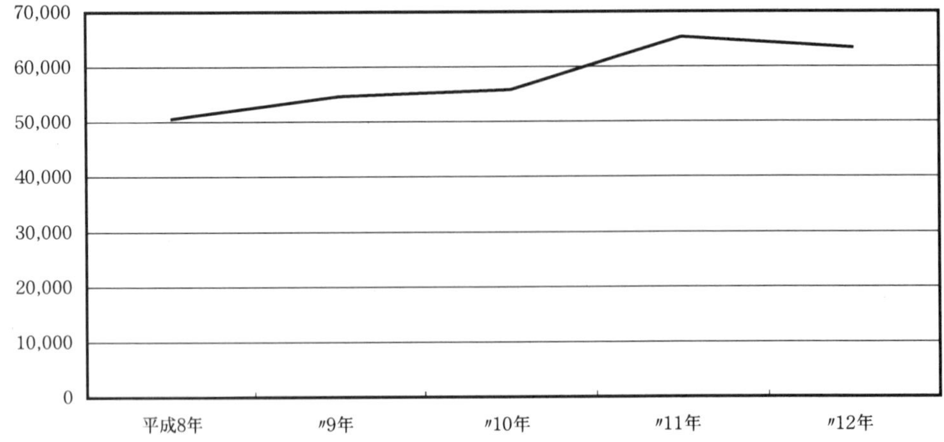

（単位　10億円）

年　末	負債及び資本		総　額
	資本金	債立金	（資産, 負債及び資本共通）
1989 平成元年	0.1	1,420	45,131
1990 〃2年	0.1	1,435	49,157
1991 〃3年	0.1	1,518	49,591
1992 〃4年	0.1	1,747	47,989
1993 〃5年	0.1	1,865	50,171
1994 〃6年	0.1	1,938	50,412
1995 〃7年	0.1	2,016	54,296

（単位　10億円）

年　末	負債及び資本							総　額
	政府預金	売出手形	借入国債	雑勘定 4)	引当金勘定 4)	資本金	準備金 6)	（資産, 負債及び資本共通）
1996 平成8年	371	2,530	…	3,116	2,289	0.1	2,047	61,963
1997 〃9年	500	5,155	2,313	B 8,100	B 2,534	0.1	2,132	71,458
1998 〃10年	517	19,586	5,027	773	2,898	0.1	2,133	91,238
1999 〃11年	5,955	0.0	9,684	1,747	2,924	0.1	2,208	111,348
2000 〃12年	9,383	2,807	17,994	1,600	2,501	0.1	2,265	106,796

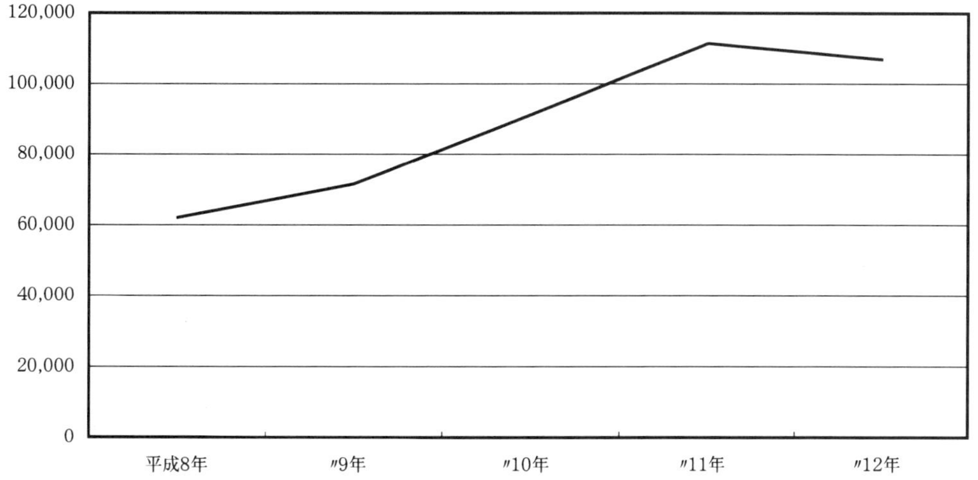

4-1　日本銀行勘定（平成13年，14年）

（単位　10億円）

年　末	資　産							
	#金地金 1)	#現金 2)	#買現先勘定	#買入手形 3)	#保管国債	#国債	#政府短期証券	#割引手形
2001　平成13年	446	217	4,070	20,714	…	75,591	8,030	0.0
2002　〃14年	441	197	7,509	28,042	…	83,124	2,218	0.0

原注: 1) 平成11年以後は海外寄託分を含む。　2) 支払元貨幣を計上。　3) 平成13年3月以前買入CPを含む。　4) 平成13年9月以後は貸倒引当金(控除項目)を含む。　5) 平成13年8月までは貸倒引当金を含む。

出所: 53

4-1　日本銀行勘定（平成15年～19年）

（単位　10億円）

年　末	総　額 (資産，負債及び資本共通)	資　産						
		金地金 1)	現金 2)	買現先勘定	買入手形	国　債	短期国債	#政府短期証券
2003　平成15年	131,369	441	202	6,060	23,843	93,503	29,101	9,961
2004　〃16年	144,547	441	217	5,412	36,073	95,026	29,664	5,076
2005　〃17年	155,607	441	193	4,489	44,090	98,918	35,784	5,131
2006　〃18年	115,544	441	149	5,321	-	80,596	29,083	4,693
2007　〃19年	111,284	441	137	3,513	-	70,461	22,308	6,445

原注: 1) 平成15年以降古金貨は雑勘定に計上。2) 支払い元貨幣を計上。3) 受渡しベース。4) 平成15年以降は貸倒引当金(控除項目)を含む。5) 金融機関(短資業者，証券金融会社を含む)の預金。6) その他負債+当期損益金。

出所: 57, 58

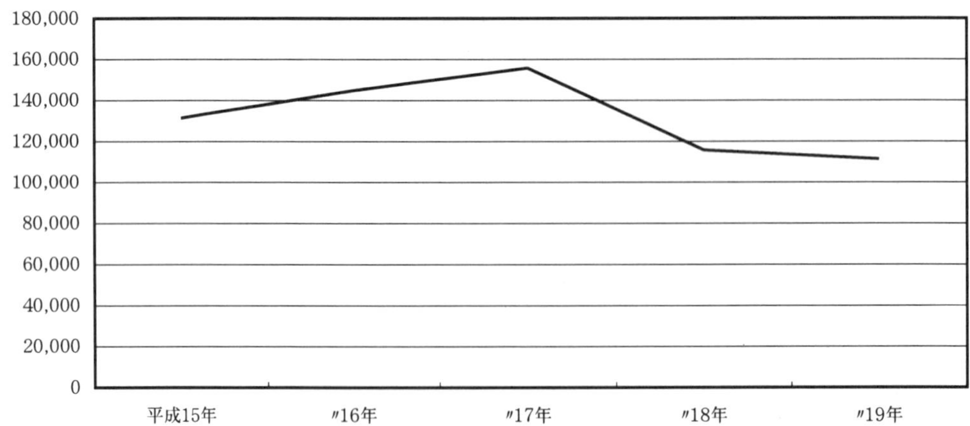

（単位　10億円）

年　末	資　産							
	# 貸付金	# 預金保険機構貸付金	# 外国為替	# 代理店勘定	# 国債借入担保金	# 雑勘定 4)	発行銀行券	当座預金
2001 平成13年	816	0.0	3,575	349	10,978	751	69,004	15,615
2002 〃14年	193	0.0	4,261	314	0.0	895	75,472	19,563

（単位　10億円）

年　末	資　産							
	国債	資産担保証券	金銭の信託（信託財産株式） 3)	貸出金				
	長期国債				割引手形	貸付金		
							# 共通担保資金供給	# 共通担保資金供給を除く33条貸付
2003 平成15年	64,401	51	1,899	141	0.0	141	-	0.0
2004 〃16年	65,362	116	1,986	111	0.0	111	-	0.0
2005 〃17年	63,134	121	1,945	0.0	0.0	0.0	-	0.0
2006 〃18年	51,513	-	1,632	21,714	0.0	21,714	21.714	0.0
2007 〃19年	48,153	-	1,519	29,240	0.0	29,240	29,219	21

長期国債

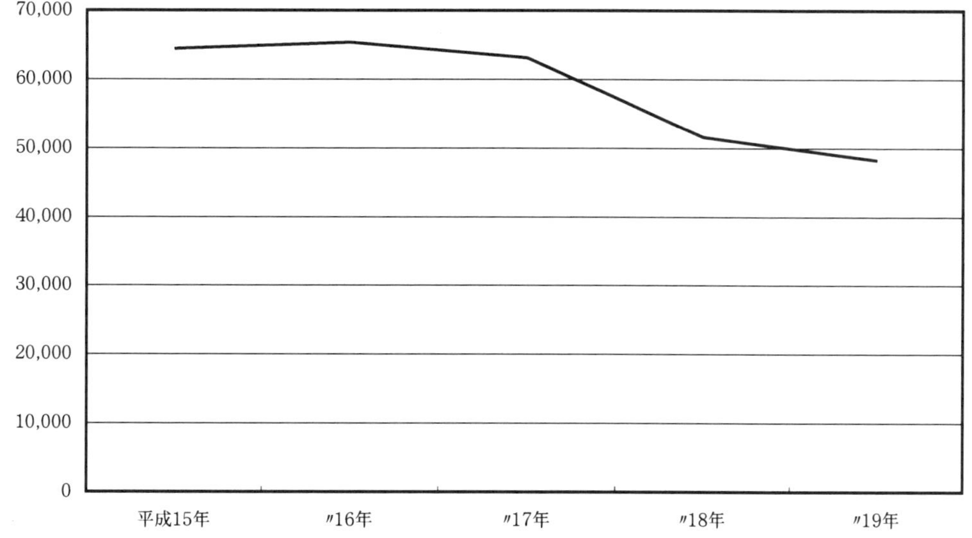

4. 金　融

（単位　10億円）

年　末	資　産							
	その他預金	政府預金	売現先勘定	売出手形	借入国債	雑勘定	引当金勘定 5)	資本金
2001　平成13年	930	5,965	19,573	300	…	1,089	2,700	0.1
2002　〃14年	1,376	6,331	14,525	1,701	…	1,022	2,732	0.1

（単位　10億円）

年　末	資　産							
	国債		外国為替	代理店為替	国債借入担保金	雑勘定 4)	発行銀行券	当座預金 5)
	貸付金 #38条貸付	預金保険機構貸付金						
2003　平成15年	141	0.0	4,333	14	-	880	76,910	30,031
2004　〃16年	111	0.0	4,433	16	-	715	77,956	33,178
2005　〃17年	0.0	0.0	4,728	11	-	672	79,271	32,868
2006　〃18年	0.0	0.0	5,025	18	-	646	79,837	10,413
2007　〃19年	0.0	0.0	5,531	28	-	593	81,278	10,123

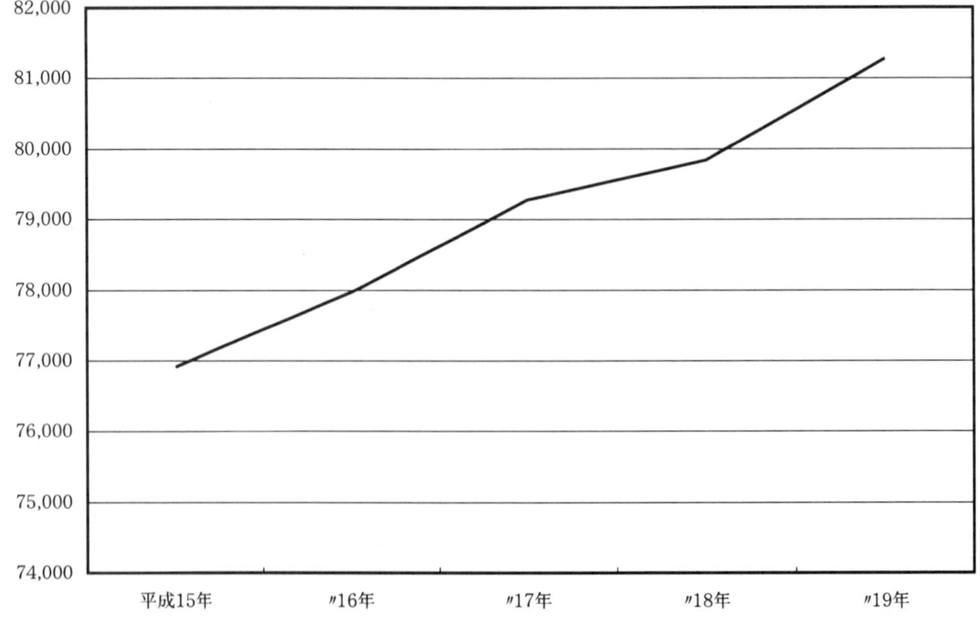

（単位　10億円）

年　末	負債及び資本	総　額 (資産, 負債及び資本共通)
	準備金	
2001 平成13年	2,332	117,508
2002 〃14年	2,405	125,125

（単位　10億円）

年　末	負債及び資本							
	その他預金	政府預金	売現先勘定	売出手形	雑勘定 6)	引当金勘定	資本金	準備金
2003 平成15年	2,007	4,243	11,911	0.0	1,005	2,767	0.1	2,494
2004 〃16年	573	4,546	22,157	0.0	849	2,785	0.1	2,502
2005 〃17年	632	4,575	28,371	3,802	644	2,917	0.1	2,527
2006 〃18年	23	4,139	15,050	0.0	418	3,121	0.1	2,544
2007 〃19年	27	2,873	10,475	0.0	701	3,224	0.1	2,583

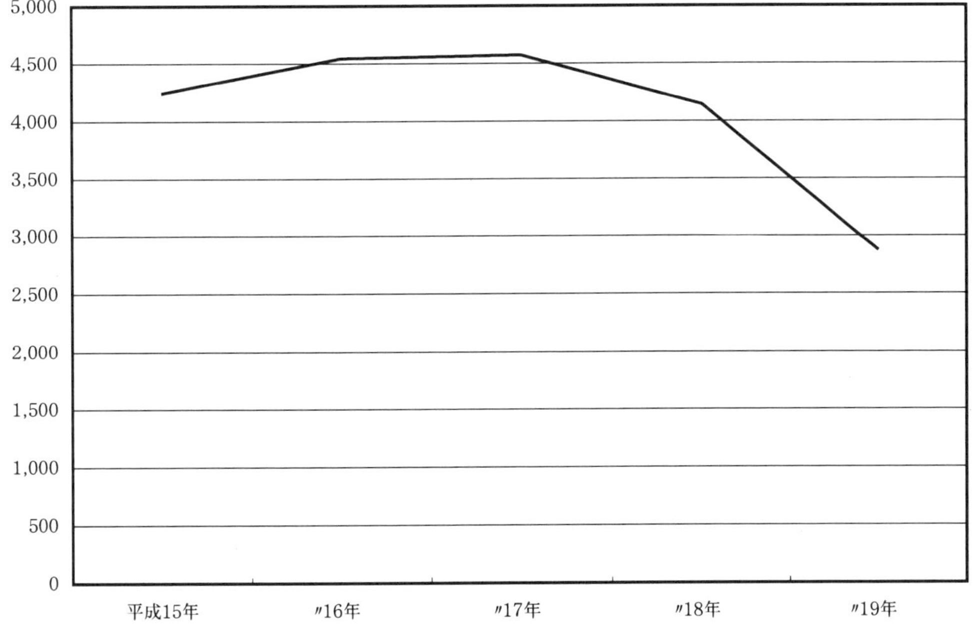

4-2　日本銀行金利（平成元年～13年）

（単位　年　パーセント）

実施年月日		商業手形割引率ならびに国債，特に指定する債券又は商業手形に準ずる手形を担保とする貸付利率（公定歩合）	その他のものを担保とする貸付利率
1989	平成元年5月31日	3.25	3.50
	平成元年10月11日	3.75	4.00
	平成元年12月25日	4.25	4.50
1990	平成2年3月20日	5.25	5.50
	平成2年8月30日	6.00	6.25
1991	平成3年7月1日	5.50	5.75
	平成3年11月14日	5.00	5.25
	平成3年12月30日	4.50	4.75
1992	平成4年4月1日	3.75	4.00
	平成4年7月27日	3.25	3.50
1993	平成5年2月4日	2.50	2.75
	平成5年9月21日	1.75	2.00
1995	平成6年4月14日	1.00	1.25
	平成6年9月8日	0.50	0.75
実施年月日		基準割引率及び基準貸付利率	
2001	平成13年1月4日	0.50	
	2月13日	0.35	
	3月1日	0.25	
	9月19日	0.10	

出所: 53

商業手形割引率ならびに国債，特に指定する債券又は商業手形に準ずる手形を担保とする貸付利率

4-3　通貨流通高

（単位　10億円）

年　末		種類別流通高						
		流通高	日本銀行券発行高	#一万円	#五千円	#二千円	#千円	#五百円
1989	平成元年	40,449	37,420	32,728	1,639	-	2,867	135
1990	〃2年	43,017	39,798	34,895	1,752	-	2,967	133
1991	〃3年	43,318	39,883	34,787	1,844	-	3,069	132
1992	〃4年	42,511	39,026	33,971	1,853	-	3,021	130
1993	〃5年	45,279	41,626	36,475	1,912	-	3,060	129
1994	〃6年	46,626	42,880	37,663	1,947	-	3,093	128
1995	〃7年	50,060	46,244	40,913	2,008	-	3,147	126
1996	〃8年	54,589	50,671	45,037	2,147	-	3,313	126
1997	〃9年	58,715	54,670	48,958	2,191	-	3,346	125
1998	〃10年	59,986	55,865	50,156	2,208	-	3,327	124
1999	〃11年	69,592	65,405	59,400	2,331	-	3,502	123
2000	〃12年	67,620	63,397	57,190	2,334	277	3,426	122
2001	〃13年	73,298	69,004	62,506	2,435	344	3,550	121
2002	〃14年	79,838	75,472	68,383	2,514	770	3,637	120
2003	〃15年	81,332	76,910	69,550	2,540	973	3,679	119
2004	〃16年	82,448	77,956	70,203	2,774	1,010	3,805	118
2005	〃17年	83,773	79,271	72,061	2,815	507	3,724	116
2006	〃18年	84,365	79,837	72,790	2,775	331	3,779	115
2007	〃19年	85,855	81,278	74,049	2,892	311	3,865	113

原注：1) 記念貨を含む。日本銀行保有分を除き，市中金融機関保有分を含む。

出所：55, 58

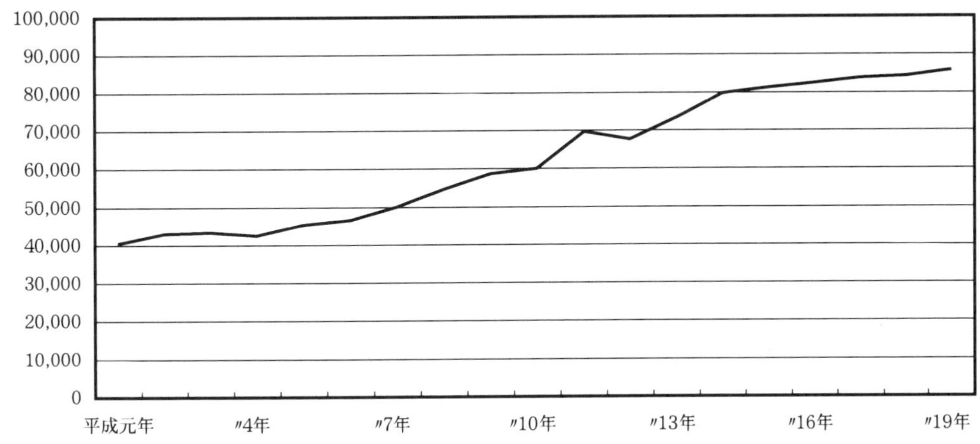

（単位　10億円）

年　末	種類別流通高						
	流通高						
	貨幣流通高 1)	#五百円	#百円	#五十円	#十円	#五円	#一円
1989　平成元年	3,029	783	831	189	189	53	31
1990　〃2年	3,219	871	869	200	195	56	33
1991　〃3年	3,436	930	893	206	200	57	35
1992　〃4年	3,485	994	903	210	201	59	36
1993　〃5年	3,653	1,067	904	212	200	59	37
1994　〃6年	3,745	1,160	921	216	202	60	38
1995　〃7年	3,816	1,226	936	221	204	61	39
1996　〃8年	3,918	1,306	962	226	207	62	40
1997　〃9年	4,046	1,380	978	229	208	63	40
1998　〃10年	4,122	1,448	982	230	208	63	41
1999　〃11年	4,187	1,511	997	231	208	63	41
2000　〃12年	4,223	1,555	1,001	230	207	63	41
2001　〃13年	4,294	1,627	1,013	230	208	63	41
2002　〃14年	4,366	1,705	1,019	231	208	63	41
2003　〃15年	4,423	1,762	1,030	231	208	62	41
2004　〃16年	4,492	1,837	1,037	230	208	62	41
2005　〃17年	4,502	1,856	1,044	227	208	61	41
2006　〃18年	4,529	1,888	1,052	226	208	61	41
2007　〃19年	4,577	1,943	1,058	226	207	60	41

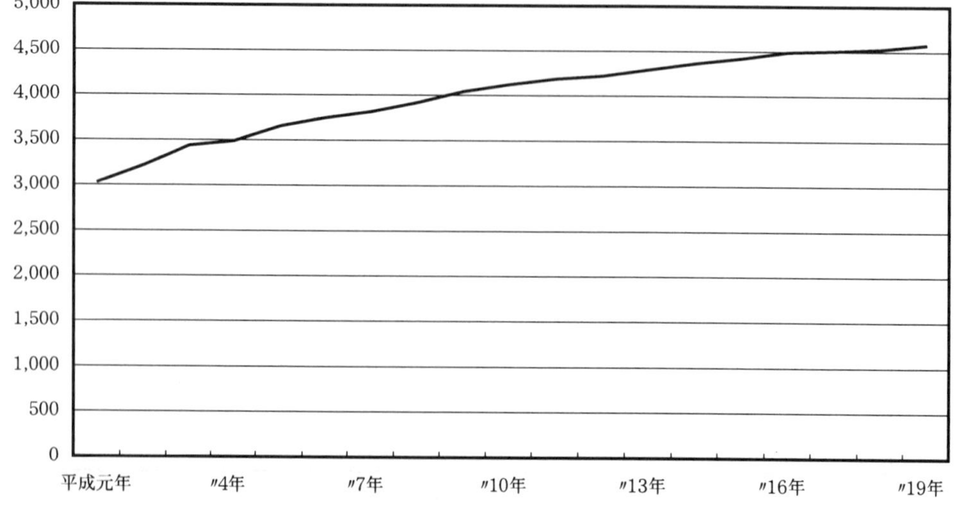

（単位　10億円）

年　末		日本銀行券発行高		
		年最高発行高	年最低発行高	平均
1989	平成元年	37,420	26,086	28,766
1990	〃2年	40,261	28,565	31,337
1991	〃3年	41,300	29,438	31,944
1992	〃4年	41,237	30,121	32,659
1993	〃5年	42,181	31,306	33,853
1994	〃6年	43,276	32,810	35,480
1995	〃7年	46,244	34,374	37,352
1996	〃8年	50,671	38,126	40,729
1997	〃9年	55,098	41,059	44,062
1998	〃10年	56,491	45,695	48,135
1999	〃11年	65,405	48,116	51,045
2000	〃12年	63,397	51,809	54,839
2001	〃13年	69,004	55,399	58,754
2002	〃14年	75,472	62,453	66,458
2003	〃15年	76,910	67,758	70,110
2004	〃16年	78,029	69,477	71,502
2005	〃17年	79,327	71,525	73,632
2006	〃18年	79,837	72,729	74,403
2007	〃19年	81,278	73,963	75,439

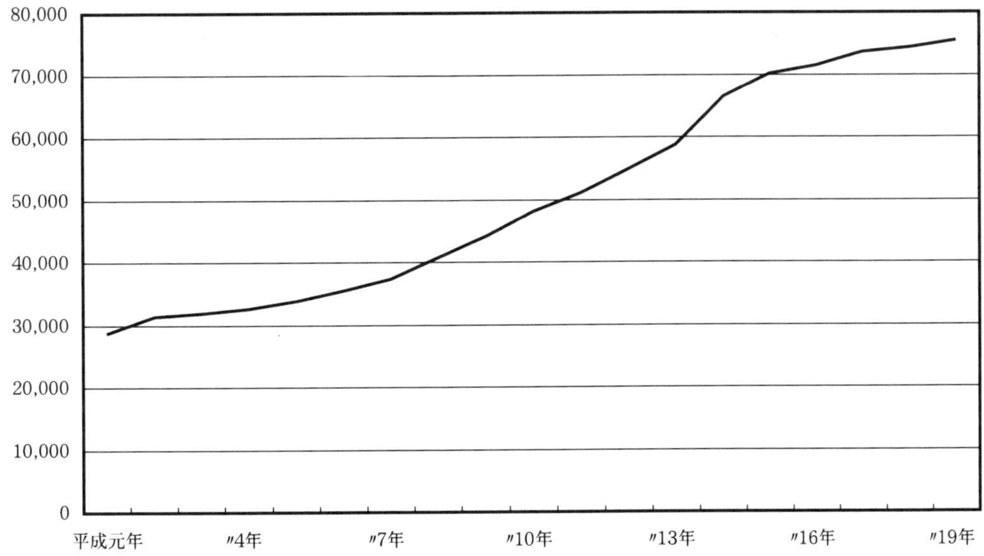

4-4　全国銀行銀行勘定　総数（平成元年～6年）
資　産

（単位　金額　10億円）

年　末	銀行数	総　額（資産，負債および資本共通）1)	資産 現金預け金 2)	資産 #現金	資産 #現金 #小切手手形	資産 #預け金 2)	資産 コールローン	資産 買入手形
1989 平成元年	155	676,442	47,408	32,826	29,814	14,560	17,747	1,570
1990 〃2年	154	728,578	46,764	31,827	27,228	14,907	17,144	1,217
1991 〃3年	153	730,779	35,171	22,539	18,293	12,607	16,122	730
1992 〃4年	151	727,963	21,839	12,589	9,144	9,219	16,992	291
1993 〃5年	150	715,488	21,778	13,471	10,025	8,279	13,597	67
1994 〃6年	150	714,699	20,553	12,119	8,819	8,380	13,626	90

原注：1) その他をふくむ。　2) 平成元年以降は海外譲渡性預金を含む。　3) 建設仮払金を含む。　4) 債券発行差金＋債券発行費用。

出所：42, 44, 45

4-4　国内銀行銀行勘定　総数（平成7年～14年）
資　産

（単位　金額　10億円）

年　末	銀行数	総　額（資産，負債および資本共通）1)	資産 #現金預け金	資産 #現金	資産 #現金 #小切手手形	資産 #預け金	資産 #コールローン	資産 #買入手形
1995 平成7年	171	750,356	45,012	11,695	8,748	33,289	12,635	21
1996 〃8年	175	753,968	41,648	13,062	8,780	28,553	9,047	118
1997 〃9年	175	787,778	38,363	11,737	7,025	26,588	10,929	1,649
1998 〃10年	171	778,647	27,748	9,538	5,490	18,170	11,458	4,276
1999 〃11年	169	768,250	40,007	10,621	3,262	29,347	8,455	0.0
2000 〃12年	131	759,138	28,701	8,125	4,015	20,539	12,118	1,682
2001 〃13年	-	759,231	26,349	8,475	3,611	17,833	13,071	115
2002 〃14年	-	731,754	29,336	9,166	2,816	20,128	18,159	733

原注：1) その他を含む。　2) 建設仮払金を含む。　3) 債券発行差金＋債券発行費用。

出所：50, 53

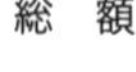

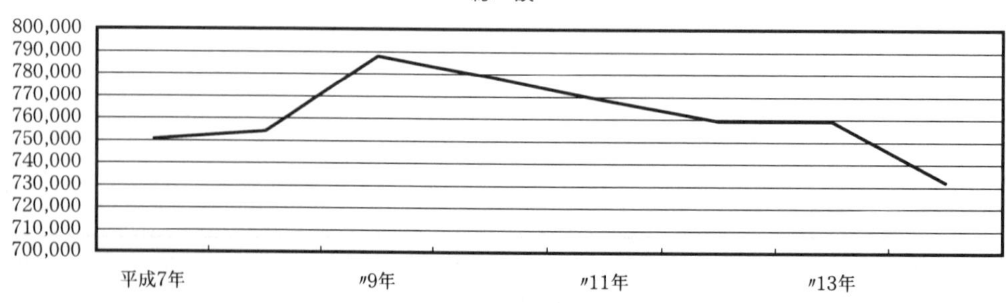

（単位　金額　10億円）

年　末	資　産							
	買入金銭債権	商品有価証券	有価証券			貸出金		
				#国債	#社債	計	#輸出前貸手形	#割引手形
1989 平成元年	4,433	4,683	112,586	31,267	23,332	410,572	61	28,044
1990 〃2年	3,137	4,692	124,037	30,071	24,683	441,169	59	25,996
1991 〃3年	3,018	4,300	120,617	27,980	25,391	460,472	48	25,908
1992 〃4年	3,049	4,827	118,115	27,144	26,358	471,281	37	23,210
1993 〃5年	2,206	4,848	120,802	28,710	26,470	477,581	23	22,665
1994 〃6年	2,613	3,835	121,402	27,757	24,788	478,277	15	21,184

（単位　金額　10億円）

年　末	資　産							
	#商品有価証券		#有価証券			#貸出金		
		#商品国債		#国債	#社債	計	#輸出前貸手形	割引手形
1995 平成7年	1,717	1,657	124,659	28,350	23,617	486,356	8.0	19,604
1996 〃8年	1,647	1,621	126,348	28,230	20,819	488,291	8.2	18,543
1997 〃9年	133	131	128,327	31,124	18,836	493,023	4.2	17,351
1998 〃10年	124	123	124,690	31,334	18,224	488,820	…	13,839
1999 〃11年	96	96	136,001	44,448	18,470	468,810	…	12,049
2000 〃12年	288	234	164,073	68,577	18,540	463,916	…	11,415
2001 〃13年	280	235	164,865	66,910	20,139	448,223	…	9,545
2002 〃14年	198	180	162,078	72,185	20,856	431,643	…	7,858

有価証券

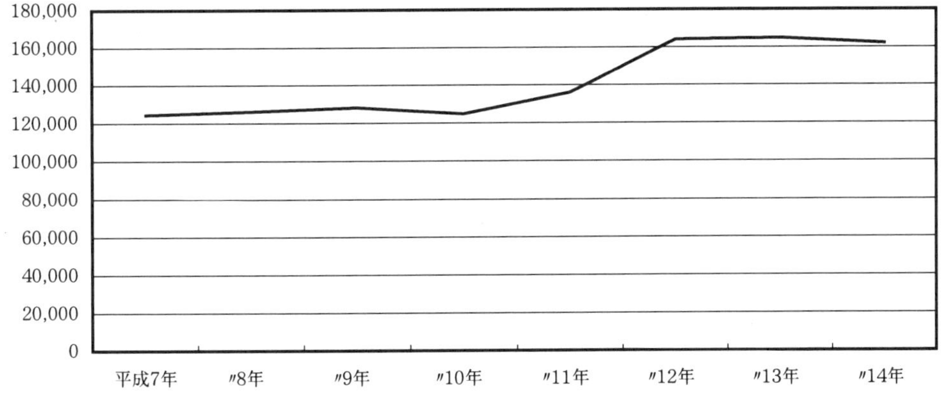

（単位　金額　10億円）

年　末	資　産							
	貸出金 #割引手形	外国為替	未決済為替貸	仮払金	未支店未達	動産不動産 3)	債券繰延 4)	支払承諾見返
1989 平成元年	382,528	6,677	15,219	1,258	471	5,200	338	32,423
1990 〃2年	415,173	9,533	13,637	1,199	735	5,886	570	40,185
1991 〃3年	434,564	6,412	13,484	1,220	1,040	6,759	828	39,239
1992 〃4年	448,611	6,286	13,003	1,372	510	7,168	833	35,684
1993 〃5年	454,916	3,915	89	1,617	371	7,319	432	30,390
1994 〃6年	457,093	3,524	84	1,598	266	7,151	328	29,251

（単位　金額　10億円）

年　末	資　産							
	#貸出金 貸付金	#外国為替	#未決済為替貸	#仮払金	#本支店未達	#動産不動産 2)	#債券繰延 3)	#支払承諾見返
1995 平成7年	466,752	3,688	99	1,791	17,333	7,090	202	29,484
1996 〃8年	469,748	3,700	99	1,973	17,730	7,089	124	30,946
1997 〃9年	475,672	3,818	91	2,469	23,754	6,897	71	33,154
1998 〃10年	474,981	3,709	84	2,409	26,159	10,504	44	30,379
1999 〃11年	456,762	3,690	74	8,224	11,163	10,014	23	27,537
2000 〃12年	452,502	2,753	69	1,913	3,375	9,713	19	25,699
2001 〃13年	438,679	3,975	85	1,622	7,304	9,332	9.7	27,229
2002 〃14年	423,785	2,755	58	1,587	4,932	8,893	4.9	22,318

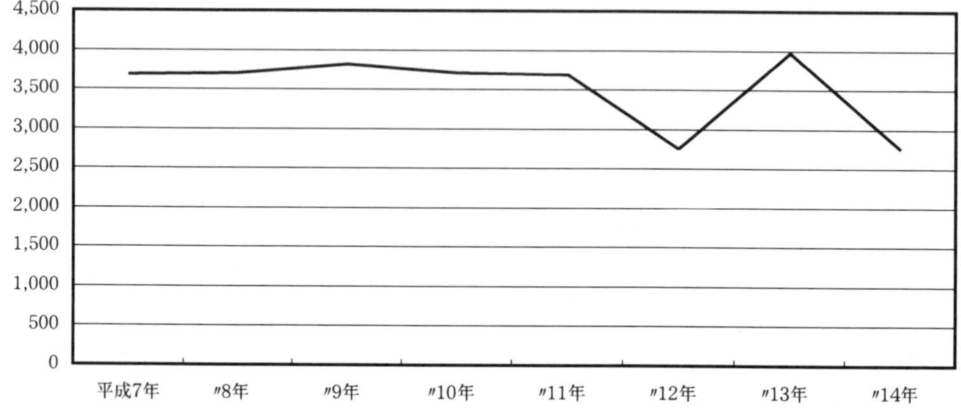

4-4　国内銀行銀行勘定　総数（平成15年～18年）
資　産

（単位　金額　10億円）

年　末	総額 1)	資　産							
		#現金預け金	#現金	#切手手形	#預け金	#譲渡性預け金	コールローン	買入手形
2003　平成15年	735,588	33,934	9,286	2,506	24,610	172	17,092	0.0
2004　〃16年	740,103	37,775	8,860	1,937	28,874	146	13,584	0.0
2005　〃17年	747,994	36,193	8,098	1,737	28,053	91	12,311	2,302
2006　〃18年	749,391	20,823	7,996	2,134	12,783	46	15,269	0.0

原注：整理回収機構，紀伊預金管理銀行（平成14年3月31日付で解散），日本承継銀行（平成16年3月8日付で解散），第二日本承継銀行を除く。海外店勘定を除く。特別国際金融取引勘定（オフショア勘定）を含む。会計制度の見直しに伴い，平成12年3月より「貸倒引当金」を負債項目から資産の控除項目へ移行。1）その他をふくむ。　2）建設仮払金を含む。

出所：57

総　額

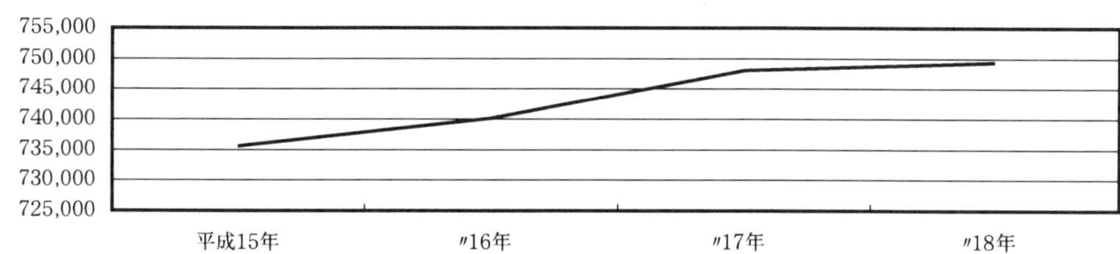

現　金

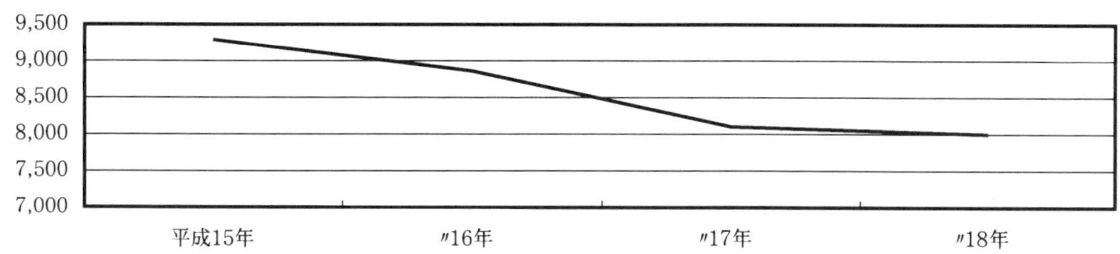

4-4　国内銀行銀行勘定　総数（平成19年）
資　産

（単位　金額　10億円）

年　末	総　額 1)	資　産						
		現　金預け金	#現金	#切手手形	#預け金	#譲渡性預け金	コールローン	買入手形
2007　平成19年	768,602	30,677	8,041	2,100	22,592	66	16,251	0.0

原注：1）その他を含む。　2）建設仮払金を含む。

出所：58

4. 金　融

（単位　金額　10億円）

年　末	資　産							
	商品有価証券	金銭の信託	有価証券	#国債	#社債	貸出金	割引手形	貸付金
2003　平成15年	153	1,391	180,698	93,863	23,573	413,853	6,699	407,154
2004　〃16年	107	1,744	194,176	102,059	26,595	404,001	5,873	398,128
2005　〃17年	141	1,837	197,626	96,590	30,007	408,548	5,169	403,379
2006　〃18年	170	1,863	189,205	88,276	30,564	415,577	4,736	410,841

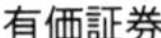

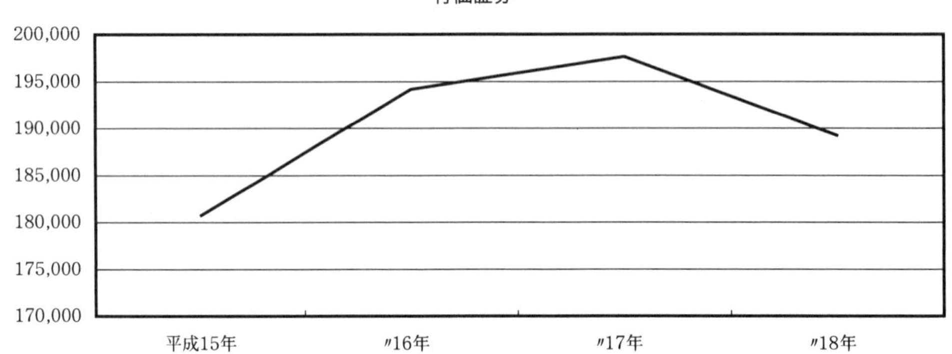

貸出金

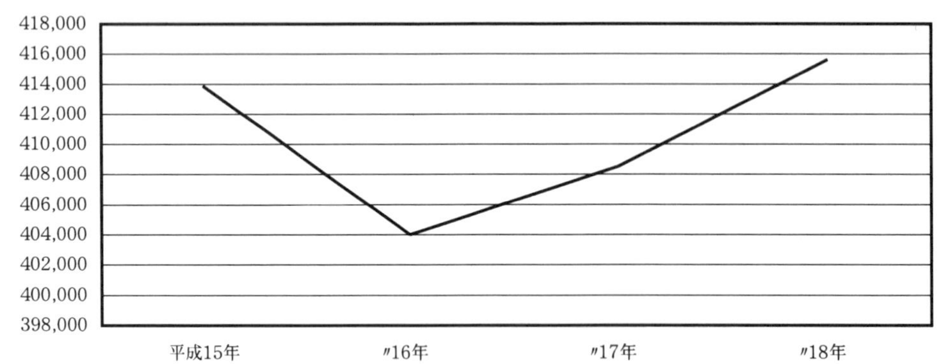

（単位　金額　10億円）

年　末	資　産							
	商品有価証券	金銭の信託	有価証券	#国債	#社債	貸出金	割引手形	貸付金
2007　平成19年	166	1,464	181,178	80,657	30,809	417,639	4,311	413,329

（単位　金額　10億円）

年　末	資　産					
	貸出金 貸付金 ＃手形貸付	外国為替	その他 資　産	＃未決済 為替貸	＃仮払金	＃本支店 未達
2003 平成15年	44,214	2,563	20,490	51	1,171	5,370
2004 〃16年	36,350	2,497	20,723	50	1,099	4,414
2005 〃17年	30,431	2,654	20,883	48	1,334	6,153
2006 〃18年	27,024	2,816	25,558	57	1,509	6,761

外国為替

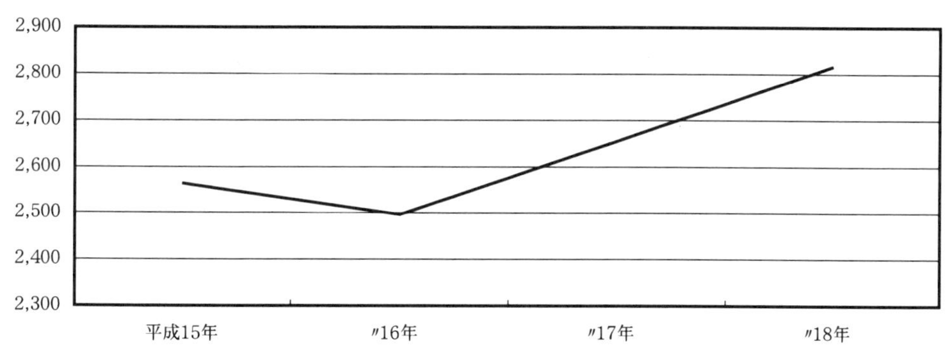

その他資産

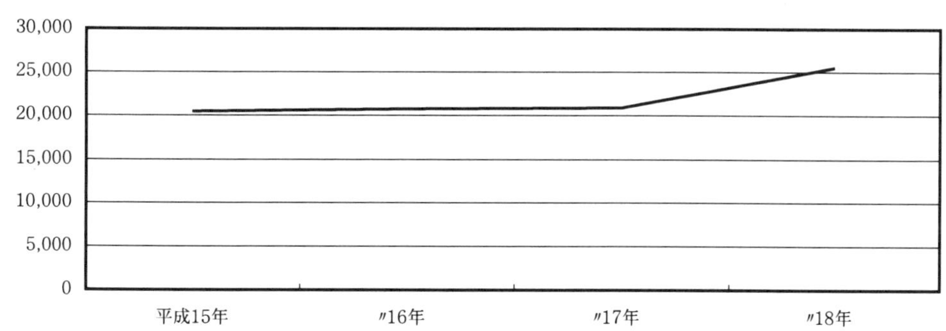

（単位　金額　10億円）

年　末	資　産					
	貸出金 貸付金 ＃手形貸付	外国為替	その他 資　産	＃未決済 為替貸	＃仮払金	＃本支店 未達
2007 平成19年	24,284	3,278	35,156	79	1,698	13,732

4. 金　融

（単位　金額　10億円）

年　末	資　産	
	動産 不動産 2)	支払承諾 見返
2003　平成15年	8,183	21,538
2004　〃16年	7,492	22,398
2005　〃17年	7,286	23,698
2006　〃18年	-	25,237

動産，不動産

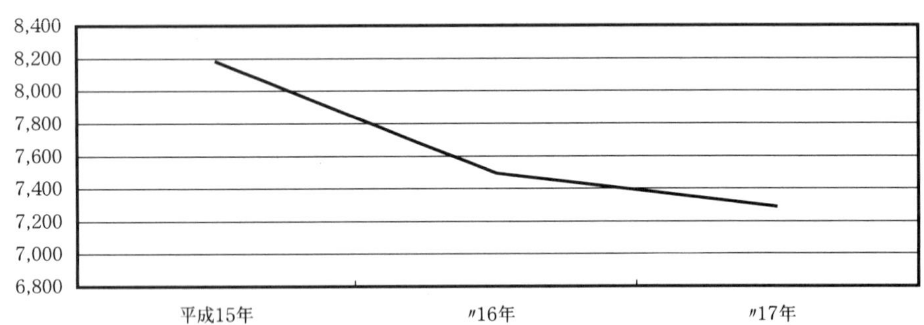

支払承諾見返

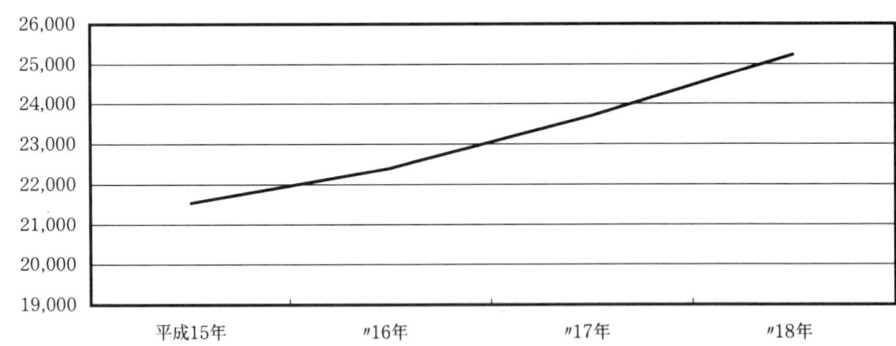

（単位　金額　10億円）

年　末	資　産			
	動産 不動産 2)	有形 固定資産	無形 固定資産	支払承諾 見返
2007　平成19年	-	6,745	1,293	25,149

4-5　全国銀行銀行勘定　総数（平成元年～6年）負債及び資本

（単位　10億円）

年　末	負債及び資本							
	預 金	#定期	譲渡性預金	債券 1)	コールマネー	売渡手形	借用金	#日銀借入金
1989 平成元年	405,502	273,465	20,393	44,625	34,393	20,363	7,269	6,193
1990 〃2年	436,238	294,831	18,248	51,836	33,736	15,867	9,550	5,629
1991 〃3年	428,461	290,215	16,864	55,022	40,359	15,450	16,561	9,364
1992 〃4年	411,608	285,816	16,364	58,073	49,253	14,803	17,959	6,703
1993 〃5年	418,567	288,788	18,880	56,497	49,105	9,043	16,709	5,292
1994 〃6年	426,993	296,385	18,189	56,048	44,268	7,648	18,968	5,072

原注：1) 債券発行高＋債券募集金。　2) 新株式払込金をふくむ。

出所：42, 44, 45

4-5　国内銀行銀行勘定　総数（平成7年～14年）負債及び資本

（単位　10億円）

年　末	負債及び資本							
	#預 金	#定期預金 1)	#譲渡性預金	#債券 2)	#コールマネー	#売渡手形	#借用金	#日銀借入金
1995 平成7年	478,771	313,068	24,133	53,964	41,419	9,644	17,611	1,065
1996 〃8年	477,581	303,585	31,874	52,773	41,583	8,346	20,373	583
1997 〃9年	481,654	300,810	38,464	45,545	40,275	4,915	24,541	4,309
1998 〃10年	483,376	309,157	39,081	36,372	37,203	5,738	22,442	1,511
1999 〃11年	490,034	299,638	35,364	35,894	22,863	3,030	20,960	1,531
2000 〃12年	486,191	295,369	38,337	29,290	27,761	3,134	16,622	367
2001 〃13年	489,786	270,898	44,116	24,643	22,036	11,944	14,890	263
2002 〃14年	504,447	235,281	29,638	17,255	27,400	18,046	13,658	193

原注：1) 据置貯金を含む。　2) 債券発行高＋債券募集金。3) 総数及び長期信用銀行は貸出受入金を含む。

出所：50, 53

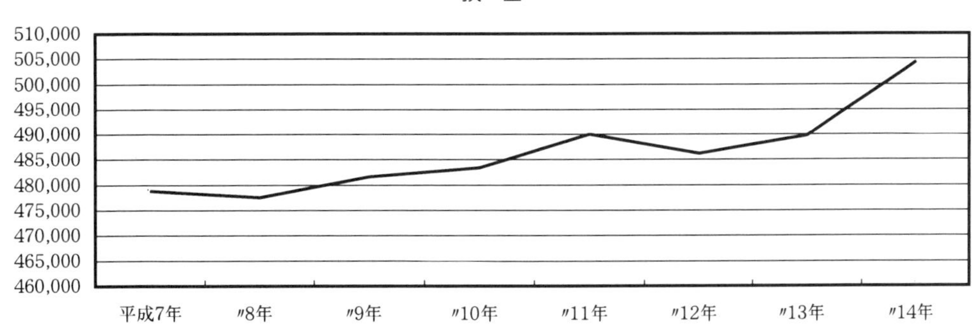

4. 金　融

（単位　10億円）

年　末	負債及び資本							
	借用金 # 金融機関借入金	外国為替	信託勘定借	未決済為替借	仮受金	本支店未達	貨倒引当金	退職給与引当金
1989 平成元年	-	1,692	14,844	14,886	884	34,657	3,090	1,024
1990 〃2年	1,712	1,028	18,309	13,675	1,134	38,670	3,025	1,025
1991 〃3年	4,211	621	21,484	13,615	769	30,989	3,104	1,032
1992 〃4年	7,233	489	30,065	13,036	883	24,230	3,458	1,027
1993 〃5年	7,300	814	34,233	121	1,029	21,655	4,391	1,026
1994 〃6年	8,870	888	35,485	111	919	21,575	5,650	1,030

（単位　10億円）

年　末	負債及び資本							
	# 外国為替	# 新株予約権付社債	# 信託勘定借	# 未決済為替借	# 仮受金 3)	# 本支店未達	# 貨倒引当金	# 退職給与引当金
1995 平成7年	845	713	33,596	139	1,070	496	7,966	1,036
1996 〃8年	949	729	29,150	152	1,588	161	11,765	1,034
1997 〃9年	1,098	891	22,929	114	4,726	202	12,973	1,030
1998 〃10年	1,070	699	17,833	103	2,522	184	16,418	1,011
1999 〃11年	942	892	18,780	93	1,085	1,150	19,882	989
2000 〃12年	784	850	16,224	85	4,709	3,749	-	1,158
2001 〃13年	2,581	535	13,784	108	1,719	1,423	-	964
2002 〃14年	1,696	271	9,139	71	1,041	127	-	896

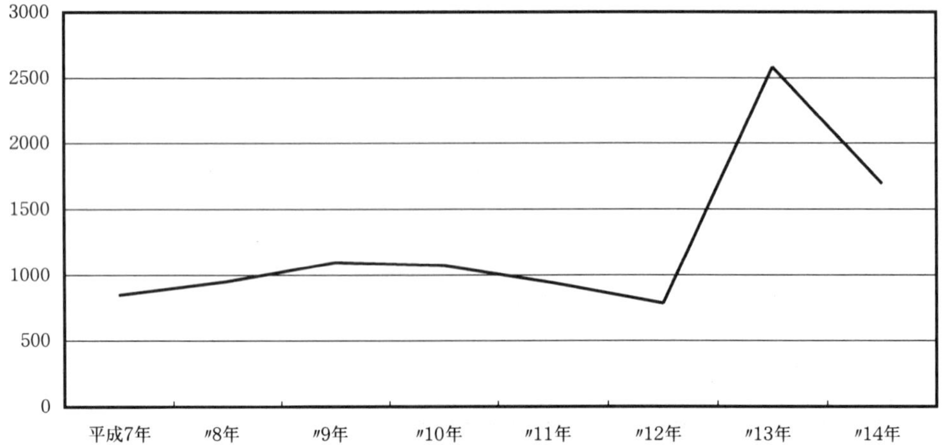

（単位　10億円）

年　末	負債及び資本							
	特別法上の引当金	支払承諾	資本金 2)	法定準備金		剰余金		期中損益
				資本準備金	利益準備金	任意積立金	未処分利益金	
1989 平成元年	291	32,423	6,886	4,508	1,410	11,941	410	6,355
1990 〃2年	312	40,185	7,681	5,298	1,553	13,474	434	7,878
1991 〃3年	313	39,239	7,741	5,357	1,698	14,765	351	7,363
1992 〃4年	273	35,684	7,778	5,400	1,834	15,604	248	8,396
1993 〃5年	306	30,390	7,833	5,450	1,949	15,947	267	6,846
1994 〃6年	340	29,251	8,001	5,615	2,059	16,214	271	4,144

（単位　10億円）

年　末	負債及び資本							
	# 特別法上の引当金	# 支払承諾	# 資本金	# 法定準備金		# 剰余金		# 期中損益
				資本準備金	利益準備金	任意積立金	未処分利益金	
1995 平成7年	340	29,484	8,364	5,631	2,160	15,959	185	2,420
1996 〃8年	353	30,946	8,912	6,040	2,239	11,674	88	922
1997 〃9年	372	33,154	9,172	6,288	2,284	11,242	-41	4,098
1998 〃10年	0.1	30,379	9,516	6,387	2,262	6,402	-120	2,344
1999 〃11年	0.5	27,537	13,626	9,895	2,206	7,266	-969	1,830
2000 〃12年	0.1	25,699	13,716	9,866	2,302	7,714	-1,131	2,192
2001 〃13年	0.1	27,229	13,401	10,092	2,336	7,038	872	1,906
2002 〃14年	0.0	22,318	11,394	7,282	1,774	6,203	526	1,535

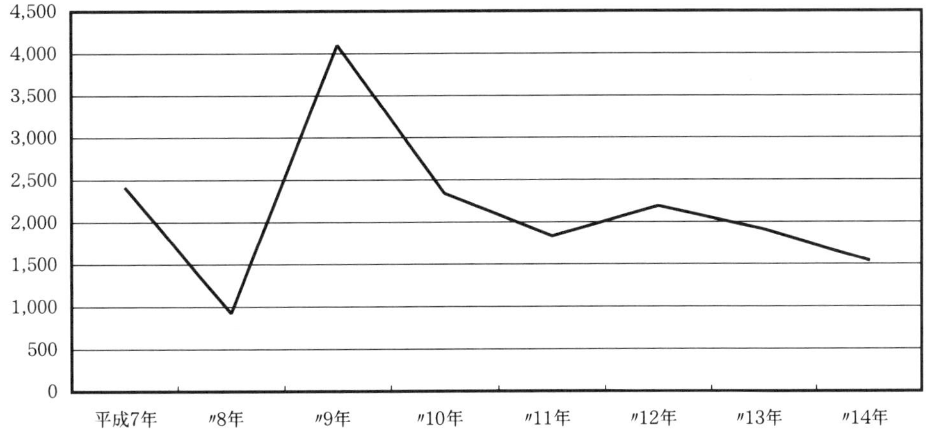

4-5　国内銀行銀行勘定　総数（平成15年～19年）
負債および資本

（単位　金額　10億円）

年　末	負債及び資本							
	預 金	#定期預金 1)	譲渡性預金	債券 2)	コールマネー	売渡手形	借用金	#日銀借入金
2003 平成15年	514,181	229,219	30,049	12,840	26,879	14,335	12,681	141
2004 〃16年	520,618	226,473	30,096	10,504	20,326	20,258	11,840	111
2005 〃17年	528,147	220,459	29,823	9,023	18,810	23,907	11,246	0.0
2006 〃18年	530,802	226,759	29,660	7,271	20,501	0.0	22,030	9,549
2007 〃19年	547,143	237,706	30,909	6,165	22,910	0.0	20,966	8,566

原注：整理回収機構，紀伊預金管理銀行（平成14年3月31日付で解散），日本承継銀行（平成16年3月8日付で解散），第二日本承継銀行を除く。海外店勘定を除く。特別国際金融取引勘定（オフショア勘定）を含む。会計制度の見直しに伴い,平成12年3月より「貸倒引当金」を負債項目から資産の控除項目へ移行。
1) 据置貯金を含む。　2) 債券発行高＋債券募集金。3) 平成18年3月以前は，貸出受入金を含む。

出所：57, 58

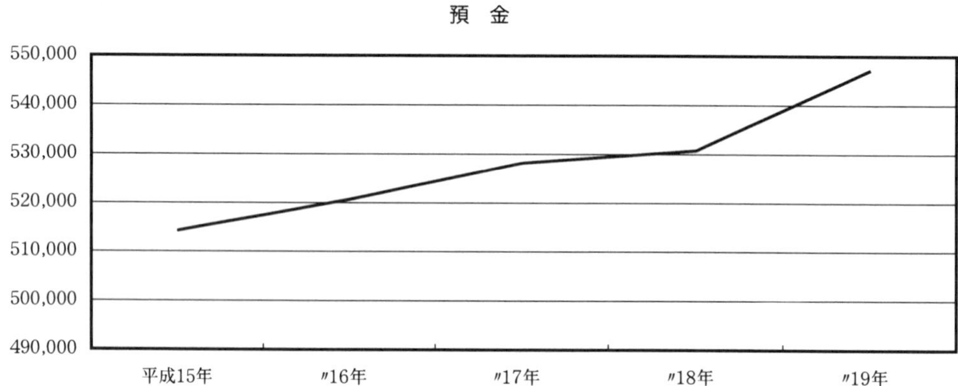

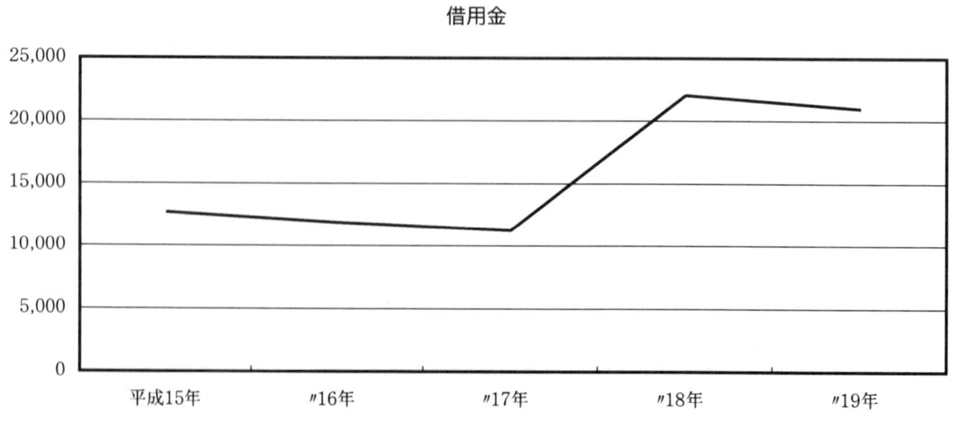

（単位　金額　10億円）

年　末	負債及び資本							
	外国為替	新株予約権付社債	信託勘定借	その他負債	#未決済為替借	#仮受金 3)	#本支店未達	退職給与引当金
2003 平成15年	2,014	161	11,134	11,734	58	988	26	768
2004 〃16年	1,972	156	10,027	13,259	57	1,118	67	731
2005 〃17年	2,449	82	9,897	12,905	49	737	995	654
2006 〃18年	1,399	126	7,246	18,495	59	861	1,093	601
2007 〃19年	2,240	113	6,776	18,755	81	1,122	32	542

外国為替

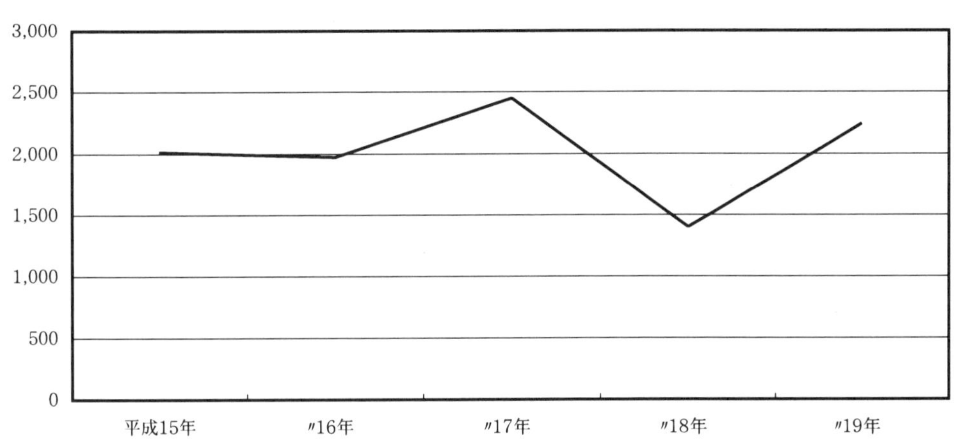

その他負債

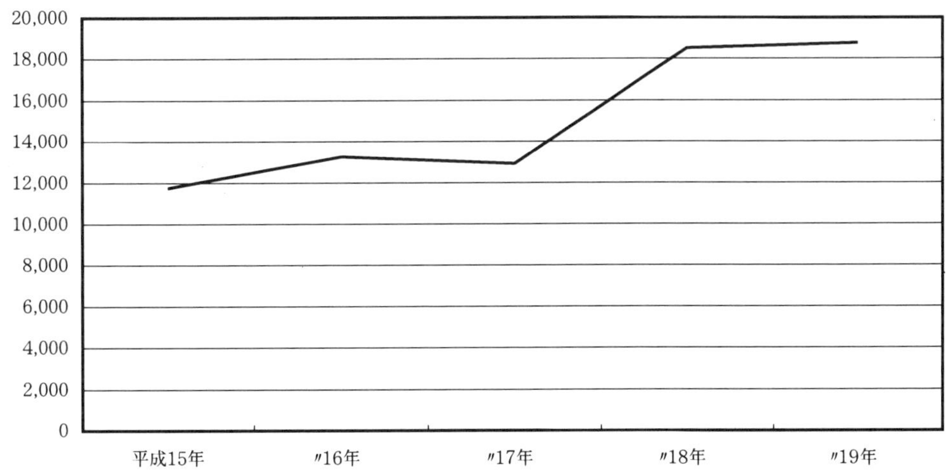

4. 金　融

（単位　金額　10億円）

年　末	負債及び資本								
	特別法上の引当金	支払承諾	純資産	#資本剰余金		#利益剰余金			期中損益
				資本準備金	その他資本剰余金	利益準備金	その他利益剰余金	任意積立金，未処分利益	
2003　平成15年	0.0	21,538	27,101	7,118	380	1,381	-	5,525	579
2004　〃16年	0.0	22,398	26,656	6,458	469	1,403	-	6,341	1,648
2005　〃17年	0.0	23,698	27,272	6,131	861	1,411	-	6,522	3,069
2006　〃18年	0.0	25,237	29,468	7,654	1,052	1,448	8,790	-	3,171
2007　〃19年	0.0	25,149	31,217	7,800	940	1,488	10,302	-	3,266

純資産

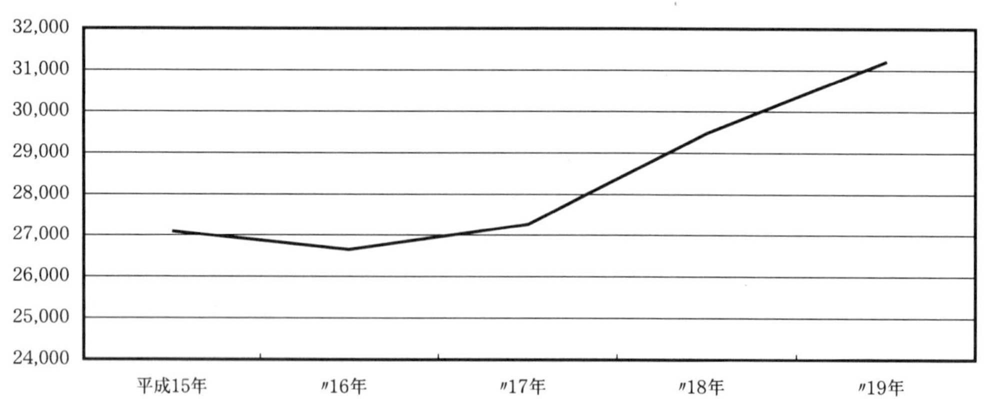

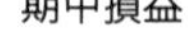
期中損益

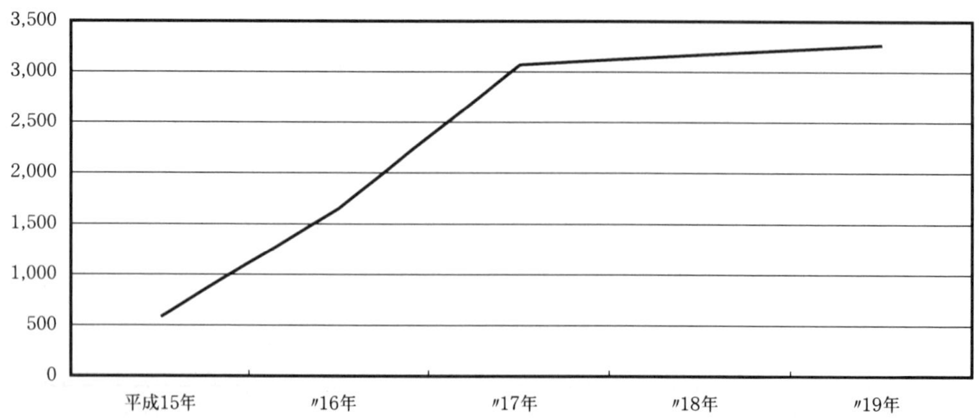

4-6　全国銀行銀行勘定　都市銀行（平成元年～6年）
資産

（単位　金額　10億円）

年　末		銀行数	総　額（資産、負債および資本共通） 1)	資　産					
				現金預け金 2)	#現金	#小切手手形	#預け金	コールローン	買入手形
1989	平成元年	13	328,311	29,472	19,757	18,843	9,700	9,415	336
1990	〃2年	12	352,321	29,788	19,380	18,105	10,391	7,499	10
1991	〃3年	11	345,938	21,545	13,112	11,992	8,419	5,495	45
1992	〃4年	11	338,811	12,423	6,409	5,556	5,996	4,449	-
1993	〃5年	11	327,533	12,746	7,338	6,399	5,393	2,886	-
1994	〃6年	11	324,383	11,875	6,559	5,667	5,274	4,052	5.1

原注：1) その他を含む。2) 平成元年以降は海外譲渡性預金を含む。　3) 建設仮払金を含む。　4) 債券発行差金＋債券発行費用。
出所：42, 44, 45

4-6　国内銀行銀行勘定　都市銀行（平成7年～14年）
資産

（単位　金額　10億円）

年　末		銀行数	総　額（資産、負債および資本共通） 1)	資　産					
				#現金預け金 2) 3)	#現金	#小切手手形	#預け金 2)	#コールローン	#買入手形
1995	平成7年	11	346,936	23,334	6,577	5,736	16,743	4,131	4.0
1996	〃8年	10	350,610	23,688	7,063	5,839	16,607	2,502	9.5
1997	〃9年	10	B 378,242	B 21,960	B 6,267	B 4,817	B 15,671	B 2,670	B 390
1998	〃10年	9	371,017	11,831	4,941	3,824	6,869	1,713	896
1999	〃11年	9	365,274	18,035	4,262	2,243	13,750	2,110	0.0
2000	〃12年	9	373,015	15,209	4,245	2,838	10,943	2,146	930
2001	〃13年	-	371,335	12,937	4,277	2,501	8,636	5,648	67
2002	〃14年	-	391,402	15,828	4,215	1,871	11,588	11,304	264

原注：1) その他を含む。2) 建設仮払金を含む。　3) 債券発行差金＋債券発行費用。
出所：50, 53

総　額

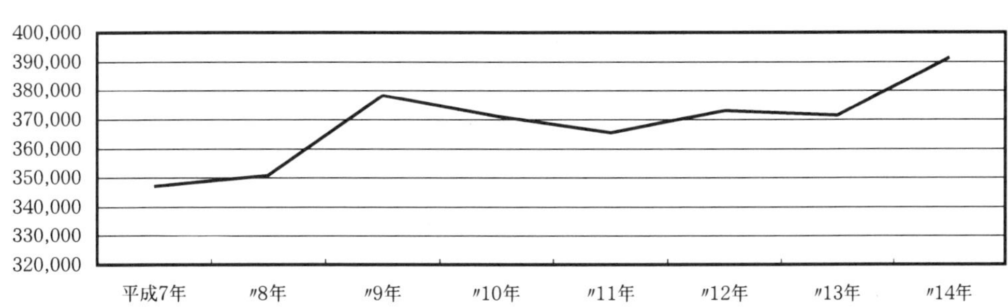

4. 金　融

（単位　金額　10億円）

年　末		資　産							
		買　入 金銭債権	商　品 有価証券	有価証券			貸出金		
					#国債	#社債	計	#輸出 前貸手形	割引手形
1989	平成元年	2,212	2,168	44,287	10,821	8,506	195,523	41	13,650
1990	〃2年	918	2,296	48,077	9,039	8,866	210,193	34	12,314
1991	〃3年	1,208	1,858	46,633	8,039	9,046	218,814	28	12,012
1992	〃4年	1,320	2,370	45,901	7,258	9,292	223,622	22	10,667
1993	〃5年	1,039	2,981	46,844	7,974	9,949	224,546	17	10,235
1994	〃6年	1,340	2,284	47,856	7,960	7,840	221,149	11	9,348

（単位　金額　10億円）

年　末		資　産							
		商品有価 証券		#有価 証券			#貸出金		
			#商品 国債		#国債	#社債	計	#輸出 前貸手形	割引手形
1995	平成7年	701	658	51,199	9,540	7,323	218,564	4.1	8,573
1996	〃8年	669	665	51,716	8,897	6,221	217,956	4.3	8,044
1997	〃9年	-	-	B 54,830	B 12,179	B 4,613	B 221,656	B 2.3	B 7,519
1998	〃10年	-	-	52,392	11,516	3,963	221,588	1.3	5,908
1999	〃11年	-	-	60,631	20,962	3,631	215,714	1.0	4,880
2000	〃12年	-	-	80,720	37,476	3,497	215,215	1.0	4,524
2001	〃13年	-	-	75,093	33,401	4,061	207,117	0.9	3,768
2002	〃14年	-	-	81,867	38,940	5,096	213,504	0.6	2,977

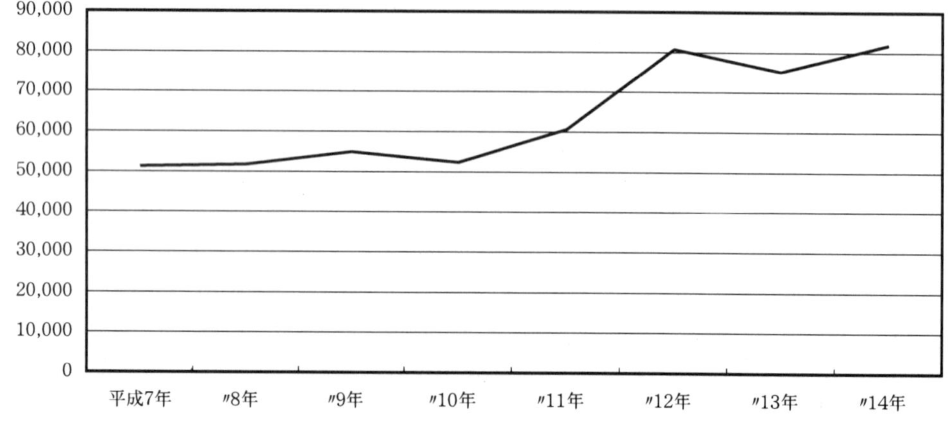

（単位　金額　10億円）

年　末		資　産							
		貸出金	外国為替	未決済為替貸	仮払金	本支店未達	動　産不動産 3)	債券繰越 4)	支払承諾見　返
		貸付金							
1989	平成元年	181,873	5,634	9,687	327	97	2,123	23	20,158
1990	〃2年	197,879	8,336	8,392	424	418	2,360	70	25,735
1991	〃3年	206,802	5,499	8,399	371	674	2,662	81	24,592
1992	〃4年	212,955	5,335	8,120	493	181	2,775	67	22,069
1993	〃5年	214,311	3,092	54	548	122	2,852	45	18,532
1994	〃6年	211,800	2,681	50	553	139	2,815	34	17,780

（単位　金額　10億円）

年　末		資　産							
		貸出金	#外国為替	#未決済為替貸	#仮払金	#本支店未達	#動　産不動産	#債券繰越 3)	#支払承諾見　返
		貸付金							
1995	平成7年	209,991	2,923	61	688	13,300	2,757	17	18,545
1996	〃8年	209,916	3,028	59	955	15,628	2,785	8.4	19,566
1997	〃9年	B 214,137	B 3,217	B 56	B 1,180	B 21,716	B 2,708	B 6.2	B 21,011
1998	〃10年	215,680	3,042	54	1,003	23,186	5,067	6.6	19,072
1999	〃11年	210,834	2,669	46	608	9,811	4,558	3.0	17,896
2000	〃12年	210,691	2,252	44	643	2,796	4,384	2.4	17,314
2001	〃13年	203,349	3,542	56	808	6,396	4,220	0.6	18,766
2002	〃14年	210,528	2,420	36	891	3,942	4,198	4.1	16,505

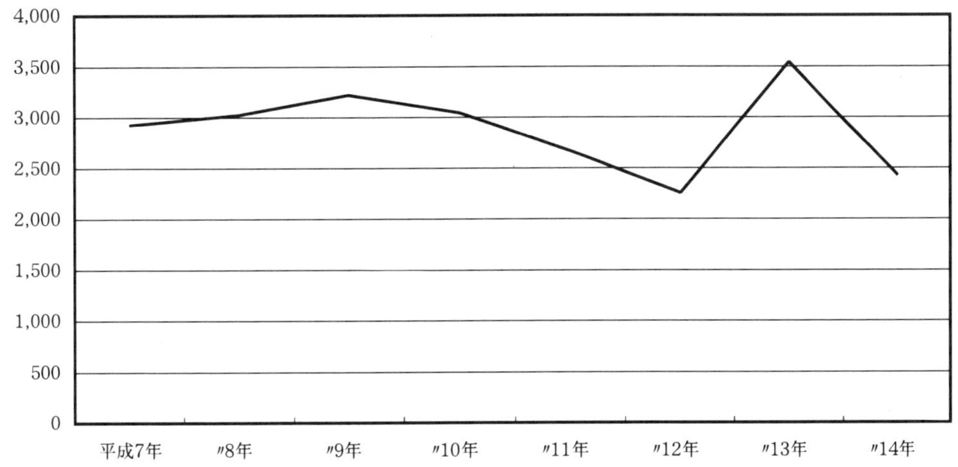

4-7　全国銀行銀行勘定　都市銀行（平成元年～6年）負債及び資本

（単位　10億円）

年　末	負債及び資本							
	#預金	#定期預金	譲渡性預金	債券 1)	コールマネー	売渡手形	借用金	#日銀借入金
1989 平成元年	195,456	136,554	10,960	4,233	17,712	15,269	5,254	4,568
1990 〃2年	209,627	146,846	11,750	4,310	16,939	12.114	6,577	4,127
1991 〃3年	197,301	134,284	10,976	4,256	25,265	12,074	9,917	5,199
1992 〃4年	184,053	127,062	12,297	4,625	35,890	11,320	11,104	3,973
1993 〃5年	185,902	126,560	15,343	4,602	36,370	6,971	10,305	3,259
1994 〃6年	188,493	127,990	15,042	5,216	31,601	6,175	12,538	3,335

原注：1) 債券発行高＋債券募集金。　2) 新株式払込金をふくむ。

出所：42, 44, 45

4-7　国内銀行銀行勘定　都市銀行（平成7年～14年）負債及び資本

（単位　10億円）

年　末	負債及び資本							
	#預金	#定期預金	#譲渡性預金	#債券 1)	#コールマネー	#売渡手形	#借用金	#日銀借入金
1995 平成7年	222,829	138,626	19,288	6,272	31,179	7,310	10,728	104
1996 〃8年	217,930	128,925	26,070	6,399	31,055	6,406	12,456	101
1997 〃9年	B 218,414	B 124,253	B 30,739	B 6,082	B 31,015	B 3,177	B 16,116	B 3,712
1998 〃10年	212,273	122,695	32,366	5,112	26,866	3,439	10,756	1,005
1999 〃11年	219,721	115,500	29,537	4,820	16,992	1,520	11,093	330
2000 〃12年	211,993	110,836	31,806	3,597	22,111	1,786	10,186	320
2001 〃13年	216,450	97,745	29,569	2,587	18,148	8,997	9,119	194
2002 〃14年	229,295	80,936	20,972	13,461	23,450	15,657	9,687	149

原注：1) 債券発行高＋債券募集金。

出所：50, 53

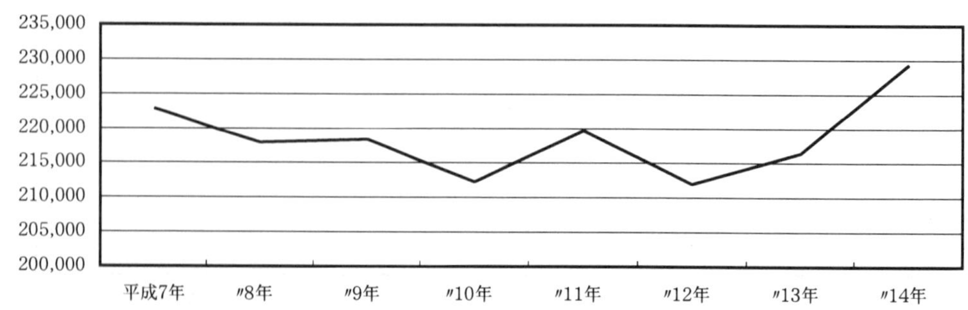

（単位　10億円）

年　末	負債及び資本							
	借用金 ＃金融機関借入金	外国為替	信託勘定借	未決済為替借	仮受金	本支店未達	貸倒引当金	退職給与引当金
1989 平成元年	427	1,447	145	9,194	302	26,442	1,603	423
1990 〃2年	1,249	882	280	7,862	492	31,160	1,589	411
1991 〃3年	3,104	478	551	7,737	266	27,777	1,651	398
1992 〃4年	5,274	386	1,189	7,697	226	20,575	1,963	380
1993 〃5年	5,278	781	1,543	85	249	18,354	2,511	366
1994 〃6年	6,570	846	1,507	78	210	19,386	2,912	358

（単位　10億円）

年　末	負債及び資本							
	＃外国為替	＃新株予約権付社債	＃信託勘定借	＃未決済為替借	＃仮受金	＃本支店未達	＃貸倒引当金	＃退職給与引当金
1995 平成7年	809	445	1,251	97	291	113	3,822	352
1996 〃8年	916	493	904	107	676	0.0	5,729	340
1997 〃9年	B 1,013	B 407	B 615	B 77	B 3,050	B 3.8	B 6,025	B 329
1998 〃10年	1,012	394	524	72	358	0.0	6,835	302
1999 〃11年	804	457	646	67	353	458	5,023	289
2000 〃12年	766	403	670	61	352	1,725	-	383
2001 〃13年	2,522	203	387	79	537	2.2	-	195
2002 〃14年	1,669	0.0	238	54	382	9.0	-	110

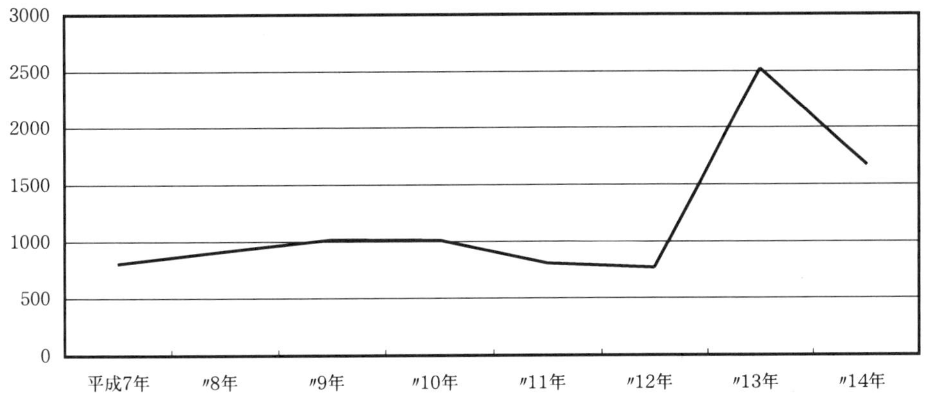

（単位　10億円）

年　末	負債及び資本							
	特別法上の引当金	支払承諾	資本金 2)	法定準備金		剰余金		期中損益
				資本準備金	利益準備金	任意積立金	未処分利益分	
1989 平成元年	85	20,158	3,353	2,314	481	5,564	283	2,083
1990 〃2年	94	25,735	3,758	2,719	524	6,357	308	2,254
1991 〃3年	100	24,592	3,774	2,735	569	6,979	220	1,282
1992 〃4年	100	22,069	3,775	2,736	613	7,382	119	1,444
1993 〃5年	125	18,532	3,791	2,753	659	7,481	142	780
1994 〃6年	138	17,780	3,852	2,814	704	7,541	154	299

（単位　10億円）

年　末	負債及び資本							
	# 特別法上の引当金	# 支払承諾	# 資本金	# 法定準備金		# 剰余金		# 期中損益
				資本準備金	利益準備金	任意積立金	未処分利益金	
1995 平成7年	141	18,545	3,938	2,899	749	7,217	64	438
1996 〃8年	147	19,566	4,199,	3,160	789	5,268	91	15
1997 〃9年	B 176	B 21,011	B 4,271	B 3,233	B 830	B 4,912	B 87	B 1,896
1998 〃10年	0.1	19,072	4,317	3,315	853	1,662	57	1,078
1999 〃11年	0.1	17,896	7,116	6,113	898	1,970	211	923
2000 〃12年	0.1	17,314	7,117	6,114	957	2,159	300	686
2001 〃13年	0.1	18,766	6,648	6,256	987	1,609	517	741
2002 〃14年	0.0	16,505	5,185	4,369	611	1,506	433	533

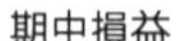

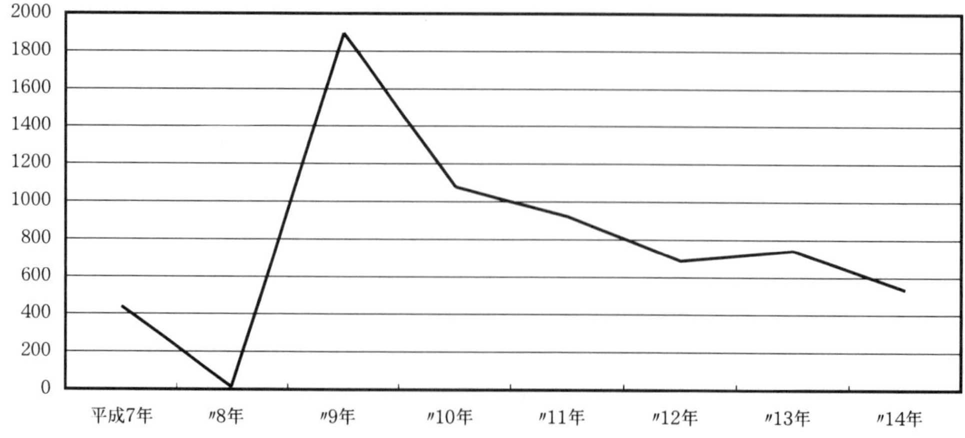

4-8　全国銀行銀行勘定　地方銀行（平成元年～6年）
資産

（単位　金額　10億円）

年　末		銀行数	総額（資産,負債および資本共通）1)	資産					
				現金預け金 2)	# 現金	# 小切手手形	# 預け金 2)	コールローン	買入手形
1989	平成元年	64	164,516	7,291	5,449	3,989	1,836	4,297	782
1990	〃 2年	64	179,408	7,155	5,276	2,931	1,869	5,615	810
1991	〃 3年	64	186,143	5,974	4,200	1,986	1,765	6,171	584
1992	〃 4年	64	187,315	4,804	3,263	1,434	1,531	6,720	225
1993	〃 5年	64	187,776	4,922	3,538	1,786	1,375	6,850	40
1994	〃 6年	64	188,944	4,819	3,235	1,567	1,575	5,525	53

原注： 1) その他をふくむ。　2) 平成元年以降は海外積渡性預金を含む。　3) 建設仮払金を含む。
4) 債券発行差金＋債券発行費用。

出所： 42, 44, 45

4-8　国内銀行銀行勘定　地方銀行（平成7年～14年）
資産

（単位　金額　10億円）

年　末		銀行数	総額（資産,負債および資本共通）1)	資産					
				#現金預け金	#現金	#小切手手形	#預け金	#コールローン	#買入手形
					地方銀行				
1995	平成7年	64	194,702	11,187	3,022	1,616	8,155	4,385	5.0
1996	〃 8年	64	197,738	10,555	3,781	1,687	6,762	3,876	93
1997	〃 9年	64	199,130	9,096	3,548	1,334	5,536	4,219	853
1998	〃 10年	64	199,975	7,957	2,875	906	5,068	4,048	1,484
1999	〃 11年	64	201,233	11,371	4,080	555	7,278	3,273	0.0
2000	〃 12年	64	200,509	7,435	2,560	687	4,862	5,300	301
2001	〃 13年	-	204,586	6,921	2,722	638	4,184	4,915	27
2002	〃 14年	-	203,584	6,837	3,410	585	3,413	3,828	192
					地方銀行 II				
1995	平成7年	65	71,939	2,118	1,280	672	835	1,918	12
1996	〃 8年	65	71,326	2,136	1,466	610	667	1,608	16
1997	〃 9年	65	B 70,055	B 1,877	B 1,275	B 417	B 598	B 1,560	B 163
1998	〃 10年	61	73,101	2,026	1,145	336	876	2,444	349
1999	〃 11年	60	70,660	3,742	1,748	248	1,991	1,020	0.0
2000	〃 12年	58	63,950	1,890	925	218	962	2,143	156
2001	〃 13年	-	63,251	2,303	1,010	197	1,289	1,480	12
2002	〃 14年	-	62,441	2,637	1,170	207	1,464	1,462	27

原注： 1) その他をふくむ。　2) 債券発行差金＋債券発行費用。

出所： 50, 53

(単位 金額 10億円)

年末		資産					貸出金		
		買入金銭債権	商品有価証券	有価証券	#国債	#社債	計	#輸出前貸手形	割引手形
1989	平成元年	1,350	1,206	30,291	9,422	8,431	106,759	5.4	9,889
1990	〃2年	1,395	988	33,988	9,784	9,100	114,941	4.8	9,352
1991	〃3年	921	993	33,878	9,714	9,472	121,834	3.5	9,551
1992	〃4年	824	858	32,431	9,481	9,555	122,580	3.2	8,656
1993	〃5年	548	660	32,543	9,431	9,764	128,863	2.3	8,570
1994	〃6年	444	720	32,796	9,150	9,660	130,806	1.5	8,101

(単位 金額 10億円)

年末		資産					#貸出金		
		#商品有価証券	#商品国債	#有価証券	#国債	#社債	計	#輸出前貸手形	割引手形
					地方銀行				
1995	平成7年	450	444	33,324	9,244	9,270	135,301	1.8	7,577
1996	〃8年	306	295	34,385	9,592	8,725	137,614	1.2	7,232
1997	〃9年	112	112	33,721	9,960	8,520	139,786	1.1	6,803
1998	〃10年	102	101	33,913	10,190	8,703	140,215	0.9	5,510
1999	〃11年	76	76	37,141	11,931	9,015	136,583	0.2	5,008
2000	〃12年	241	186	41,178	14,769	9,512	136,740	0.2	4,865
2001	〃13年	199	154	45,951	16,575	10,652	136,204	0.2	4,069
2002	〃14年	149	131	47,373	18,276	10,625	135,496	0.2	3,504
					地方銀行 II				
1995	平成7年	88	82	9,580	2,649	3,376	54,236	-	2,889
1996	〃8年	67	64	9,745	2,658	3,318	53,762	-	2,779
1997	〃9年	B 20	B 19	B 9,080	B 2,788	B 3,037	B 53,660	-	B 2,589
1998	〃10年	22	21	9,532	3,080	3,256	54,265	-	2,083
1999	〃11年	20	20	10,286	3,384	3,618	51,567	-	1,860
2000	〃12年	47	47	10,248	3,727	3,374	48,604	-	1,738
2001	〃13年	81	80	11,949	5,007	3,427	45,125	-	1,485
2002	〃14年	49	49	11,966	5,103	3,683	44,193	-	1,279

有価証券 地方銀行

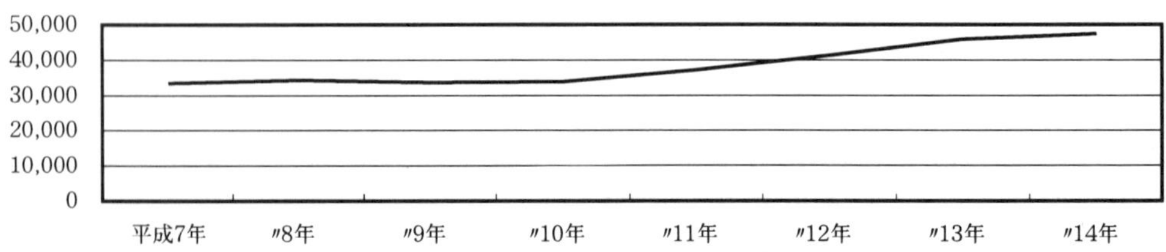

（単位　金額　10億円）

年　末		資　産							
		貸出金	外国為替	未決済 為替貸	仮払金	未支店 未　達	動　産 不動産 3)	債　券 繰　延 4)	支払承諾 見　返
		貸付金							
1989	平成元年	96,870	506	3,203	271	150	1,607	-	3,153
1990	〃2年	105,589	541	3,277	274	246	1,795	-	3,708
1991	〃3年	112,282	345	3,241	312	154	2,111	-	3,961
1992	〃4年	116,925	321	3,114	254	167	2,233	-	4,173
1993	〃5年	120,293	293	15	271	101	2,323	-	4,396
1994	〃6年	122,705	252	14	259	72	2,293	-	4,625

（単位　金額　10億円）

年　末		資　産							
		# 貸出金	# 外国 為替	# 未決済 為替借	# 仮払金	# 本支店 未達	# 動　産 不動産	# 債　券 繰　延 2)	# 支払承諾 見　返
		貸付金							
		地方銀行							
1995	平成7年	127,724	245	14	304	214	2,317	-	4,531
1996	〃8年	130,382	259	15	314	212	2,314	-	4,726
1997	〃9年	132,982	222	14	363	432	2,328	-	4,970
1998	〃10年	134,705	249	12	320	337	3,133	-	4,689
1999	〃11年	131,575	434	9.7	360	331	3,129	-	4,173
2000	〃12年	131,876	197	8.6	333	162	3,104	-	3,914
2001	〃13年	132,135	196	10	397	277	3,049	-	3,646
2002	〃14年	131,992	212	9.5	396	203	2,961	-	3,078
		地方銀行 II							
1995	平成7年	51,346	115	24	177	33	955	-	2,135
1996	〃8年	50,983	106	24	114	46	951	-	2,041
1997	〃9年	B 51,071	B 99	B 20	B 109	B 51	B 931	-	B 1,909
1998	〃10年	52,182	92	18	118	40	1,194	-	1,887
1999	〃11年	49,708	93	17	96	16	1,220	-	1,611
2000	〃12年	46,867	63	16	86	17	1,170	-	1,356
2001	〃13年	43,640	82	19	84	16	1,087	-	1,120
2002	〃14年	42,914	68	12	132	16	1,077	-	913

外国為替　地方銀行

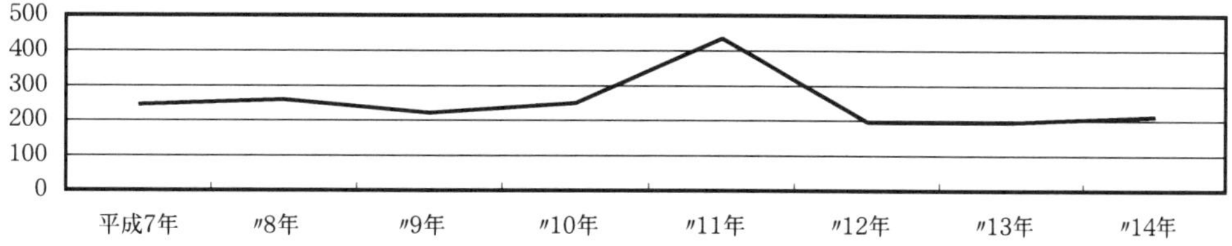

4-9　全国銀行銀行勘定　地方銀行（平成元年～6年）負債及び資本

（単位　10億円）

年　末	負債及び資本							
	預金	#定期 1)	譲渡性預金	債　券 2)	コールマネー	売渡手形	借用金	#日銀借入金
1989 平成元年	135,969	89,122	1,741	-	5,766	2,040	1,204	951
1990 〃2年	147,514	98,143	1,805	-	6,989	1,694	1,324	571
1991 〃3年	153,882	104,949	993	-	6,328	1,444	1,984	1,593
1992 〃4年	155,058	108,202	748	-	5,767	1,387	2,673	837
1993 〃5年	158,708	110,502	834	-	6,394	666	2,480	522
1994 〃6年	162,158	113,768	546	-	5,604	452	2,508	465

原注: 1) 据置貯金を含む。　2) 債券発行高＋債券募集金。

出所: 42, 44, 45

4-9　国内銀行銀行勘定　地方銀行（平成7年～14年）負債及び資本

（単位　10億円）

年　末	負債及び資本							
	#預金	# 定期預金 1)	#譲渡性預金	#債　券 2)	#コールマネー	#売渡手形	#借用金	#日銀借入金
	地方銀行							
1995 平成7年	166,972	113,973	764	-	6,058	762	2,382	100
1996 〃8年	170,246	113,990	801	-	5,882	892	2,405	70
1997 〃9年	171,260	112,923	573	-	4,445	598	2,585	41
1998 〃10年	171,947	113,505	853	-	3,747	719	2,399	69
1999 〃11年	174,055	113,299	512	-	1,711	838	2,125	2.0
2000 〃12年	178,549	113,798	614	-	1,606	368	1,879	1.5
2001 〃13年	179,565	106,882	3,864	-	1,582	365	1,717	0.0
2002 〃14年	180,629	92,234	3,159	-	1,481	647	1,565	0.0
	地方銀行 II							
1995 平成7年	61,681	45,524	751	-	990	375	1,333	855
1996 〃8年	62,775	45,959	412	-	699	237	859	404
1997 〃9年	B 61,094	B 44,512	B 260	-	B 749	B 258	B 1,034	B 554
1998 〃10年	63,985	46,760	212	-	547	171	635	167
1999 〃11年	60,885	44,071	178	-	657	97	1,709	1,198
2000 〃12年	58,278	41,354	645	-	1,038	32	472	44
2001 〃13年	57,335	38,979	473	-	122	12	389	69
2002 〃14年	57,158	33,989	198	-	349	60	359	44

原注: 1) 総数及び地方銀行は据置貯金を含む。　2) 債券発行高＋債券募集金。

出所: 50, 53

（単位　10億円）

年　末	負債及び資本							
	借用金 #金融機関借入金	外国為替	信託勘定借	未決済為替借	仮受金	本支店未達	貸倒引当金	退職給与引当金
1989 平成元年	6.1	19	57	3,253	257	686	569	344
1990 〃2年	357	17	58	3,723	301	607	582	346
1991 〃3年	915	14	77	3,767	169	424	615	350
1992 〃4年	1,378	12	185	3,493	160	663	700	358
1993 〃5年	1,348	11	261	19	189	447	822	366
1994 〃6年	1,520	9.0	274	15	146	472	971	373

（単位　10億円）

年　末	負債及び資本							
	#外国為替	#新株予約権付社債	#信託勘定借	#未決済為替借	#仮受金	#本支店未達	#貸倒引当金	#退職給与引当金
	地方銀行							
1995 平成7年	9.0	106	261	20	201	382	1,200	381
1996 〃8年	11	142	187	24	280	160	1,822	388
1997 〃9年	12	156	122	19	313	178	2,220	395
1998 〃10年	10	151	87	16	186	38	2,975	400
1999 〃11年	6.0	328	103	12	163	12	3,717	403
2000 〃12年	6.2	315	96	12	226	23	-	485
2001 〃13年	7.5	279	96	16	378	18	-	551
2002 〃14年	8.7	249	58	10	243	13	-	553
	地方銀行Ⅱ							
1995 平成7年	7.9	13	-	21	65	0.9	1,252	147
1996 〃8年	4.3	5.2	-	20	53	0.5	804	149
1997 〃9年	B 4.2	B 2.2	-	B 17	B 56	B 0.2	B 1,182	B 149
1998 〃10年	9.6	0.3	-	15	747	0.1	1,517	145
1999 〃11年	5.4	20	-	13	60	0.2	2,605	142
2000 〃12年	1.2	55	-	11	75	0.4	-	155
2001 〃13年	1.1	10	-	13	239	0.3	-	164
2002 〃14年	0.8	9.4	-	7.3	82	0.2	-	179

4. 金　融

（単位　10億円）

年　末		負債及び資本							
		特別法上の引当金	支払承諾	資本金	法定準備金		剰余金		期中損益
					資本準備金	利益準備金	任意積立金	未処分利益金	
1989	平成元年	93	3,153	1,429	761	634	3,095	57	2,461
1990	〃2年	94	3,708	1,632	962	704	3,366	55	3,107
1991	〃3年	98	3,961	1,659	990	775	3,613	62	3,215
1992	〃4年	88	4,173	1,676	1,008	840	3,820	62	3,767
1993	〃5年	93	4,396	1,700	1,028	883	4,023	62	3,490
1994	〃6年	96	4,625	1,706	1,032	922	4,181	54	1,966

（単位　10億円）

年　末		負債及び資本							
		#特別法上の引当金	#支払承諾	#資本金	#法定準備金		#剰余金		#期中損益
					資本準備金	利益準備金	任意積立金	未処分利益金	
		地方銀行							
1995	平成7年	94	4,531	1,751	1,067	958	4,316	58	1,692
1996	〃8年	96	4,726	1,807	1,123	985	3,939	50	1,030
1997	〃9年	98	4,970	1,840	1,153	1,015	4,032	52	1,216
1998	〃10年	0.0	4,689	1,840	1,133	988	3,556	18	1,074
1999	〃11年	0.0	4,173	2,113	1,339	935	3,931	95	1,119
2000	〃12年	0.0	3,914	2,220	1,444	950	4,111	104	806
2001	〃13年	0.0	3,646	2,327	1,453	963	4,004	114	501
2002	〃14年	0.0	3,078	2,383	1,207	933	3,726	69	767
		地方銀行 II							
1995	平成7年	29	2,135	643	461	159	1,379	14	19
1996	〃8年	29	2,041	696	413	156	1,268	-45	361
1997	〃9年	B 30	B 1,909	B 736	B 410	B 151	B 1,116	B -147	B 216
1998	〃10年	0.0	1,887	759	407	147	787	-251	273
1999	〃11年	0.0	1,611	830	505	145	894	-472	-332
2000	〃12年	0.0	1,356	866	577	150	889	-1,514	101
2001	〃13年	0.0	1,120	856	622	128	832	25	235
2002	〃14年	0.0	913	972	655	109	702	-127	90

期中損益　地方銀行

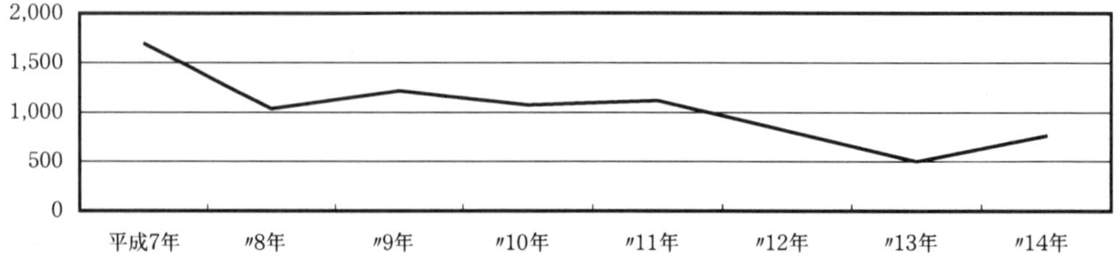

4-10　全国銀行銀行勘定　長期信用銀行（平成元年～6年）
資産

（単位　金額　10億円）

年　末	銀行数	総額（資産, 負債及び資本共通） 1)	資産 現金預け金 2)	#現金	#小切手手形	#預け金 2)	コールローン	買入手形
1989 平成元年	3	69,841	3,271	2,423	2,410	848	936	1.0
1990 〃2年	3	75,388	3,364	2,323	2,308	741	382	-
1991 〃3年	3	76,491	2,524	1,637	1,622	887	791	-
1992 〃4年	3	78,638	1,362	855	843	506	1,822	-
1993 〃5年	3	75,604	979	634	620	344	401	-
1994 〃6年	3	75,438	993	612	597	381	797	-

原注：1) その他をふくむ。　2) 平成元年以降は海外穣渡性預金を含む。　3) 建設仮払金を含む。　4) 債券発行差金＋債券発行費用。

出所：42, 44, 45

4-10　国内銀行銀行勘定　長期信用銀行（平成7年～11年）
資産

（単位　金額　10億円）

年　末	銀行数	総額（資産, 負債及び資本共通） 1)	資産 #現金預け金	#現金	#小切手手形	#預け金	#コールローン	#買入手形
1995 平成7年	3	76,202	2,880	454	424	2,425	542	0.0
1996 〃8年	3	76,091	1,902	339	309	1,563	179	0.0
1997 〃9年	3	78,437	1,549	311	254	1,237	803	0.0
1998 〃10年	3	69,744	1,208	341	294	867	1,122	0.0
1999 〃11年	3	66,007	1,749	158	108	1,591	96	0.0

原注：1) その他を含む。　2) 債券発行差金＋債券発行費用。

出所：50

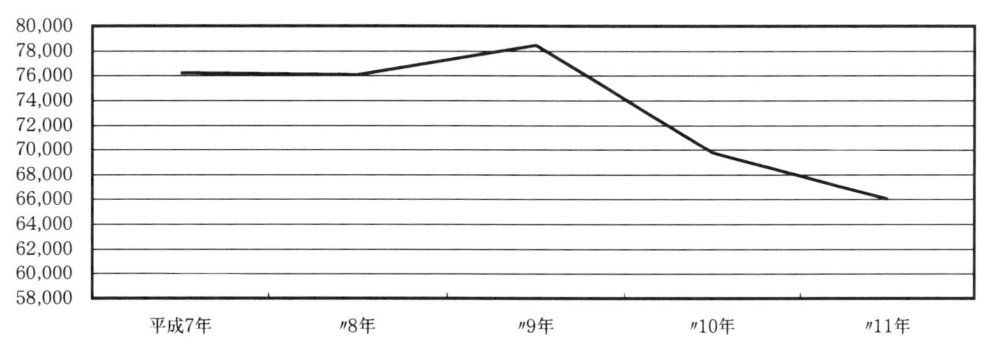

4. 金　融

（単位　金額　10億円）

年　末	資　産							
	買　入 金銭債権	商　品 有価証券	有価証券			貸出金		
				#国債	#社債	計	#輸出 前貸手形	割引手形
1989 平成元年	177	557	14,226	5,016	2,103	41,980	-	308
1990 〃2年	98	514	15,476	5,023	1,915	45,478	-	306
1991 〃3年	227	648	14,193	4,201	1,839	47,252	-	255
1992 〃4年	135	985	14,962	5,095	2,065	47,203	-	235
1993 〃5年	25	510	15,639	5,531	1,854	47,525	-	258
1994 〃6年	277	446	14,173	4,380	1,518	46,806	-	239

（単位　金額　10億円）

年　末	資　産							
	#商　品 有価証券		#有価証券			#貸出金		
		#商品 国債		#国債	#社債	計	#輸出 前貸手形	割引手形
1995 平成7年	287	282	14,345	3,650	1,866	48,345	0.0	220
1996 〃8年	450	443	14,601	4,185	1,008	47,402	0.0	190
1997 〃9年	-	-	14,584	3,570	1,026	45,802	0.0	167
1998 〃10年	-	-	13,583	3,914	552	41,789	0.0	115
1999 〃11年	-	-	10,844	3,030	403	33,862	0.0	97

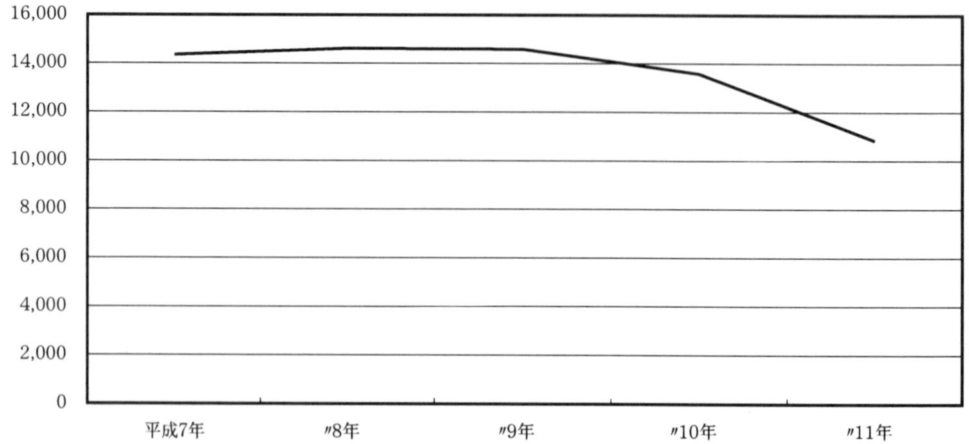

（単位　金額　10億円）

年　末	資　産							
	貸出金	外国為替	未決済為替貨	仮払金	未支店未　達	動　産不動産 3)	債　券繰　延 4)	支払承諾見　返
	貸付金							
1989 平成元年	41,673	213	700	431	143	188	315	4,136
1990 〃2年	45,173	325	597	314	-	213	500	5,139
1991 〃3年	46,996	237	537	321	-	298	747	4,780
1992 〃4年	46,968	248	527	326	8.8	352	767	4,084
1993 〃5年	47,267	163	-	371	-	407	388	2,798
1994 〃6年	46,568	167	-	265	-	341	295	2,588

（単位　金額　10億円）

年　末	資　産							
	# 貸出金	# 外国為替	# 未決済為替借	# 仮払金	# 本支店未達	# 動　産不動産	# 債　券繰　延 2)	# 支払承諾見　返
	貸付金							
1995 平成7年	48,124	213	0.0	258	1,700	332	185	2,549
1996 〃8年	47,212	206	0.0	326	843	321	116	2,652
1997 〃9年	45,635	232	0.0	563	338	302	64	3,214
1998 〃10年	41,674	198	0.0	632	431	422	37	2,362
1999 〃11年	33,765	229	0.0	6,753	0.8	386	20	1,928

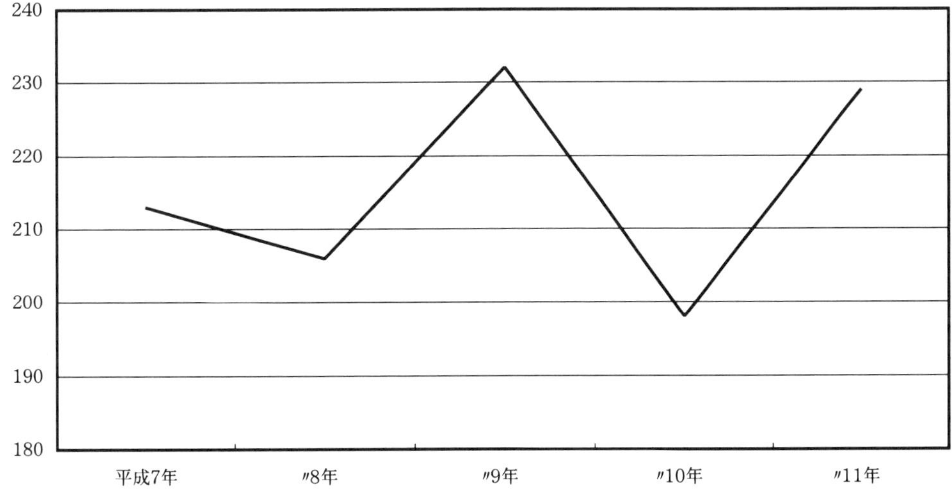

4-11　全国銀行銀行勘定　長期信用銀行（平成元年～6年）負債及び資本

（単位　10 億円）

年　末	負債及び資本							
	預金	#定期	譲渡性預金	債　券 1)	コールマネー	売渡手形	借用金	#日銀借入金
1989 平成元年	7,923	4,210	3,144	40,391	2,922	2,194	594	589
1990 〃2年	7,364	3,109	1,317	47,525	3,081	1,438	1,261	734
1991 〃3年	5,922	2,550	1,796	50,766	2,483	1,231	2,151	1,306
1992 〃4年	5,337	2,396	1,368	53,448	1,921	1,110	2,437	905
1993 〃5年	5,234	2,429	1,306	51,896	1,504	964	2,298	710
1994 〃6年	5,289	2,653	1,105	50,832	3,840	639	2,328	605

原注: 1) 債券発行高＋債券募集金。2) 貸出受入金を含む。3) 新株式受入金を含む。

出所: 42, 44, 45

4-11　国内銀行銀行勘定　長期信用銀行（平成7年～11年）負債及び資本

（単位　10 億円）

年　末	負債及び資本							
	#預金	#定期預金	#譲渡性預金	#債　券 1)	#コールマネー	#売渡手形	#借用金	#日銀借入金
1995 平成7年	10,802	5,810	2,601	47,692	753	907	2,264	2.9
1996 〃8年	9,478	4,517	3,144	46,375	1,401	607	3,444	4.8
1997 〃9年	9,726	4,517	4,590	39,463	1,667	672	3,265	1.0
1998 〃10年	8,087	4,277	2,852	31,260	3,834	971	7,030	269
1999 〃11年	7,347	3,892	3,718	31,074	1,626	295	4,132	1.1

原注: 1) 債券発行高＋債券募集金。2) 総数及び長期信用銀行は貸出受入金を含む。

出所: 50

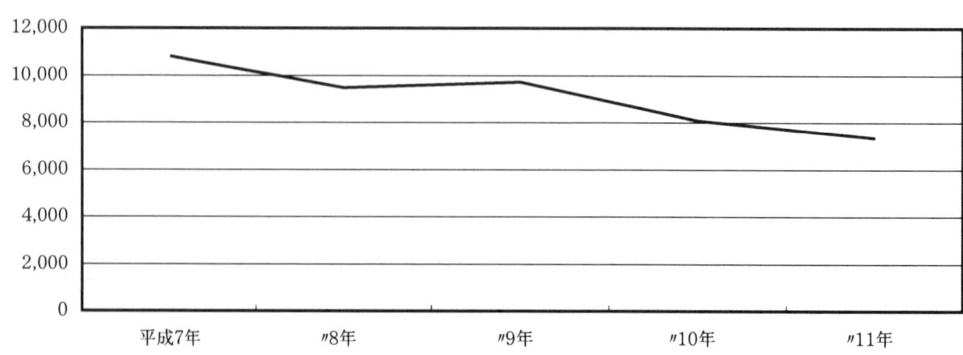

(単位　10億円)

年　末	負債及び資本							
	借用金	外国為替	信託勘定借	未決済為替借	仮受金 2)	本支店未達	貸倒引当金	退職給与引当金
	# 金融機関借入金							
1989 平成元年	3.4	204	-	804	107	2,850	383	58
1990 〃2年	37	117	-	696	99	2,693	357	63
1991 〃3年	88	120	-	710	84	1,168	343	65
1992 〃4年	96	80	-	655	195	2,196	281	67
1993 〃5年	98	12	-	-	197	2,309	350	70
1994 〃6年	104	23	-	-	95	1,046	661	72

(単位　10億円)

年　末	負債及び資本							
	# 外国為替	# 新株予約権付社債	# 信託勘定借	# 未決済為替借	仮受金 2)	# 本支店未達	# 貸倒引当金	# 退職給与引当金
1995 平成7年	17	-	-	0.0	133	0.0	908	75
1996 〃8年	15	-	-	0.0	324	0.0	1,308	77
1997 〃9年	15	-	-	0.0	1,061	19	1,525	79
1998 〃10年	35	-	-	0.0	1,060	35	2,691	88
1999 〃11年	7.6	-	-	0.0	321	680	6,822	82

4. 金　融

（単位　10 億円）

年　末	負債及び資本							
				法定準備金		剰余金		
	特別法上の引当金	支払承諾	資本金 3)	資本準備金	利益準備金	任意積立金	未処分利益金	期中損益
1989 平成元年	37	4,136	813	544	93	970	17	882
1990 〃2年	48	5,139	826	556	103	1,093	16	1,049
1991 〃3年	45	4,780	826	557	113	1,209	16	1,541
1992 〃4年	21	4,084	826	557	123	1,309	16	1,773
1993 〃5年	24	2,798	826	557	133	1,319	16	1,232
1994 〃6年	25	2,588	826	557	143	1,326	17	1,131

（単位　10 億円）

年　末	負債及び資本							
				#法定準備金		#剰余金		
	#特別法上の引当金	#支払承諾	#資本金	資本準備金	利益準備金	任意積立金	未処分利益金	#期中損益
1995 平成7年	28	2,549	827	557	153	1,313	29	162
1996 〃8年	32	2,652	965	696	161	859	24	-69
1997 〃9年	28	3,214	1,110	739	134	810	-56	434
1998 〃10年	0.0	2,362	1,242	809	139	142	35	-200
1999 〃11年	0.0	1,928	1,417	684	84	164	-844	-153

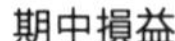

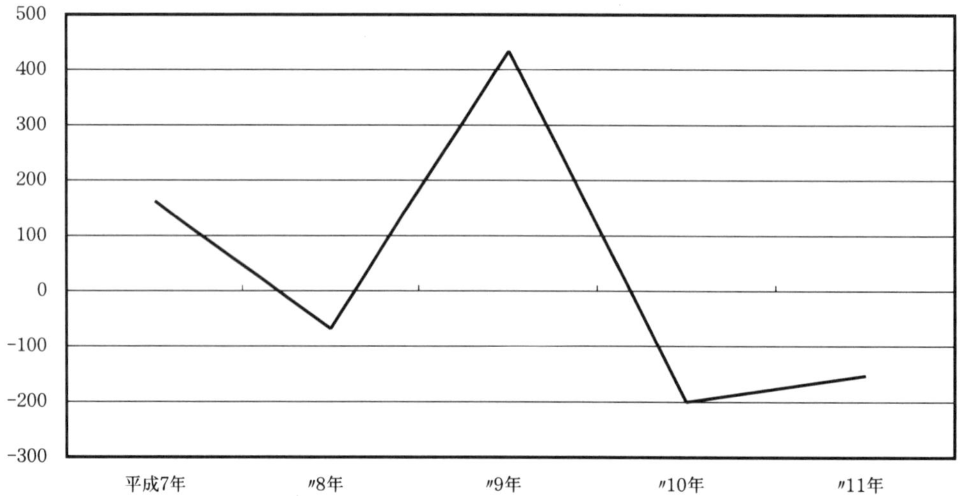

4-12　全国銀行銀行勘定　信託銀行（平成元年～6年）
資産

（単位　金額　10億円）

年　末	銀行数	総額（資産，負債及び資本共通）1)	資産 現金預け金 2)	#現金	#小切手手形	#預け金 2)	コールローン	買入手形
1989 平成元年	7	51,113	4,312	3,090	3,031	1,221	2,027	5.0
1990 〃2年	7	53,189	3,587	2,634	2,563	953	1,816	100
1991 〃3年	7	51,956	2,446	1,761	1,699	684	1,735	4.0
1992 〃4年	7	53,055	1,106	696	643	410	1,713	36
1993 〃5年	7	54,622	1,046	557	505	489	1,396	9.0
1994 〃6年	7	54,474	807	396	342	411	1,321	18

原注：1) その他を含む。　2) 平成元年以降は海外譲渡性預金を含む。　3) 建設仮払金を含む。
4) 債券発行差金＋債券発行費用。

出所：42, 44, 45

4-12　国内銀行銀行勘定　信託銀行（平成7年～11年）
資産

（単位　金額　10億円）

年　末	銀行数	総額（資産，負債及び資本共通）1)	資産 #現金預け金	#現金	#小切手手形	#預け金	#コールローン	#買入手形
1995 平成7年	28	60,576	5,492	361	300	5,131	1,660	0.0
1996 〃8年	33	58,203	3,367	413	335	2,954	882	0.0
1997 〃9年	33	B 61,915	B 3,881	B 335	B 203	B 3,546	B 1,676	B 243
1998 〃10年	34	64,810	4,726	235	130	4,491	2,131	1,547
1999 〃11年	33	65,076	5,110	373	108	4,737	1,956	0.0

原注：1) その他を含む。　2) 債券発行差金＋債券発行費用。

出所：50

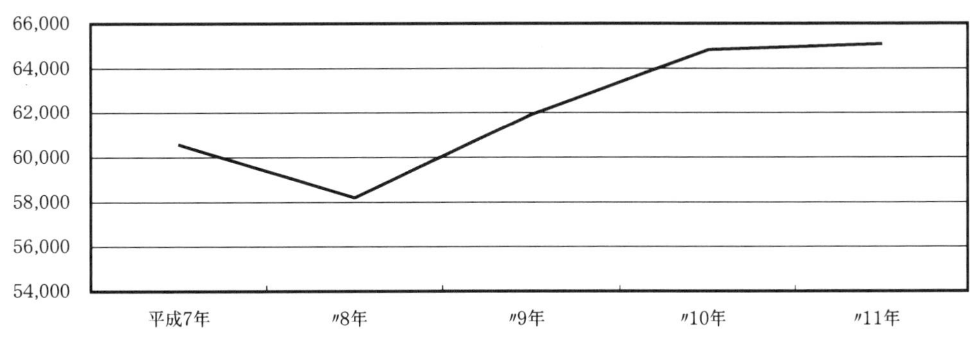

4. 金　融

（単位　金額　10億円）

年末		資産							
		買入金銭債権	商品有価証券	有価証券			貸出金		
					#国債	#社債	計	#輸出前貸手形	割引手形
1989	平成元年	353	323	13,950	3,135	1,120	23,509	14	619
1990	〃2年	410	546	15,806	3,286	1,318	23,335	17	605
1991	〃3年	482	493	15,465	3,149	1,521	22,568	13	593
1992	〃4年	540	417	15,272	2,719	2,094	24,528	9.0	526
1993	〃5年	406	512	16,015	3,015	2,503	25,235	1.6	488
1994	〃6年	344	247	16,412	3,401	2,165	26,696	0.8	422

（単位　金額　10億円）

年末		資産							
		#商品有価証券		有価証券			#貸出金		
			#商品国債		#国債	#社債	計	#輸出前貸手形	割引手形
1995	平成7年	191	191	16,210	3,268	1,782	29,911	0.6	344
1996	〃8年	154	154	15,901	2,897	1,546	31,557	0.5	302
1997	〃9年	B 0.2	B 0.2	B 16,111	B 2,627	B 1,640	B 32,119	B 0.3	B 273
1998	〃10年	0.3	0.3	15,270	2,633	1,749	30,963	0.2	223
1999	〃11年	0.4	0.4	17,099	5,141	1,804	31,083	0.1	204

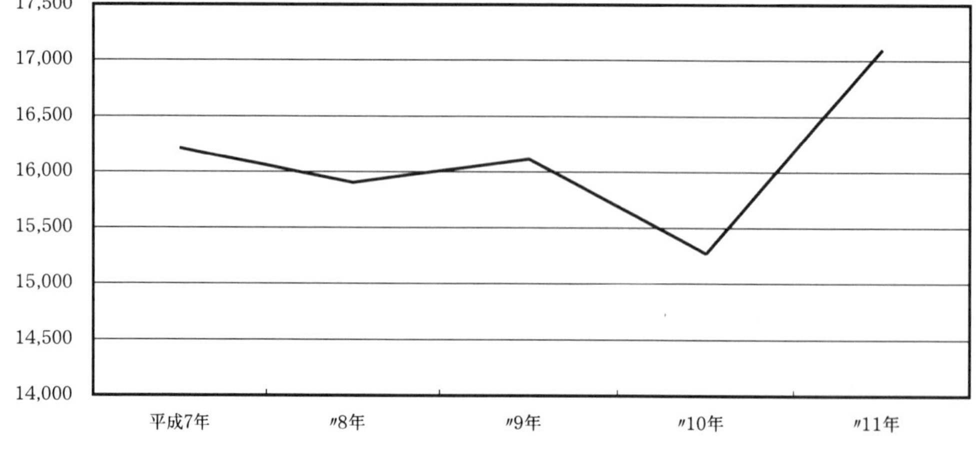

(単位　金額　10億円)

年　末	資　産							
	貸出金 貸付金	外国為替	未決済 為替貸	仮払金	未支店 未　達	動　産 不動産 3)	債　券 繰　延 4)	支払承諾 見　返
1989　平成元年	22,890	196	693	100	14	522	-	3,345
1990　〃2年	22,730	174	568	103	-	693	-	3,808
1991　〃3年	21,975	182	566	114	153	770	-	3,799
1992　〃4年	24,001	237	558	206	86	849	-	3,055
1993　〃5年	24,747	242	0.2	328	113	774	-	2,220
1994　〃6年	26,275	310	0.1	403	21	744	-	1,900

(単位　金額　10億円)

年　末	資　産							
	# 貸出金 貸付金	# 外国為替	# 未決済 為替借	# 仮払金	# 本支店 未達	# 動　産 不動産	# 債　券 繰　延 2)	# 支払 承諾見返
1995　平成7年	29,566	192	0.1	365	2,087	729	-	1,725
1996　〃8年	31,255	101	0.2	262	1,001	718	-	1,961
1997　〃9年	B 31,846	B　48	B 0.1	B 255	B 1,218	B 629	-	B 2,049
1998　〃10年	30,740	129	0.1	336	2,165	688	-	2,369
1999　〃11年	30,879	265	0.1	406	1,005	720	-	1,928

外国為替

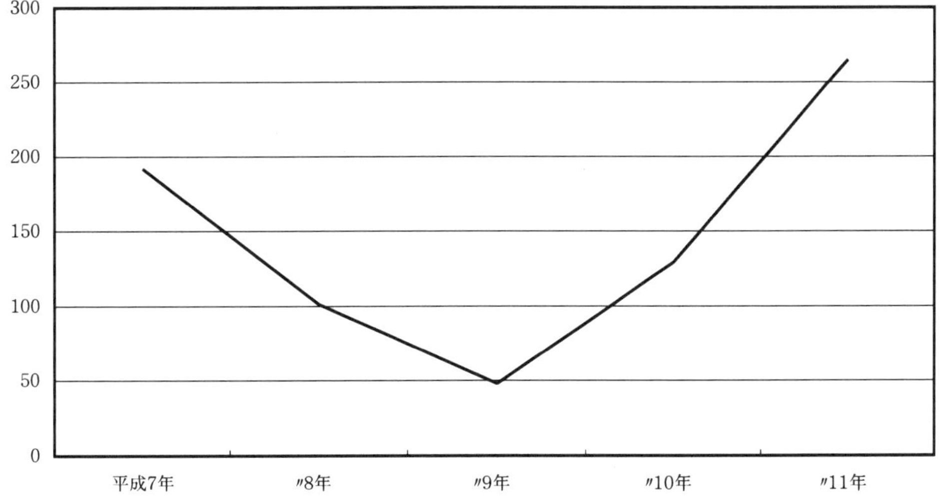

4-13　全国銀行銀行勘定　信託銀行（平成元年～6年）負債及び資本

（単位　10 億円）

年　末	負債及び資本							
	預金	#定期	譲渡性預金	債　券 1)	コール マネー	売渡手形	借用金	#日銀借入金
1989　平成元年	13,599	8,044	1,972	-	7,178	718	28	17
1990　〃2年	14,733	7,753	728	-	5,608	467	151	150
1991　〃3年	12,722	6,620	867	-	5,371	409	1,023	1,022
1992　〃4年	8,807	4,637	660	-	4,258	617	1,125	814
1993　〃5年	9,199	4,718	352	-	3,718	223	1,006	624
1994　〃6年	9,414	5,518	286	-	2,358	171	1,010	516

原注: 1) 債券発行高＋債券募集金。　2) 新株式払込金を含む。

出所: 42, 44, 45

4-13　国内銀行銀行勘定　信託銀行（平成7年～11年）負債及び資本

（単位　10 億円）

年　末	負債及び資本							
	#預金	#定期預金	#譲渡性預金	#債　券 1)	#コール マネー	#売渡手形	#借用金	#日銀借入金
1995　平成7年	16,486	9,135	729	-	2,439	290	903	3.0
1996　〃8年	17,152	10,194	1,448	-	2,547	205	1,209	2.5
1997　〃9年	B 21,160	B 14,605	B 2,302	-	B 2,398	B 211	B 1,542	B 0.4
1998　〃10年	27,083	21,921	2,799	-	2,209	438	1,621	2.0
1999　〃11年	28,027	22,876	1,419	-	1,877	281	1,901	0.0

原注: 1) 債券発行高＋債券募集金。

出所: 50

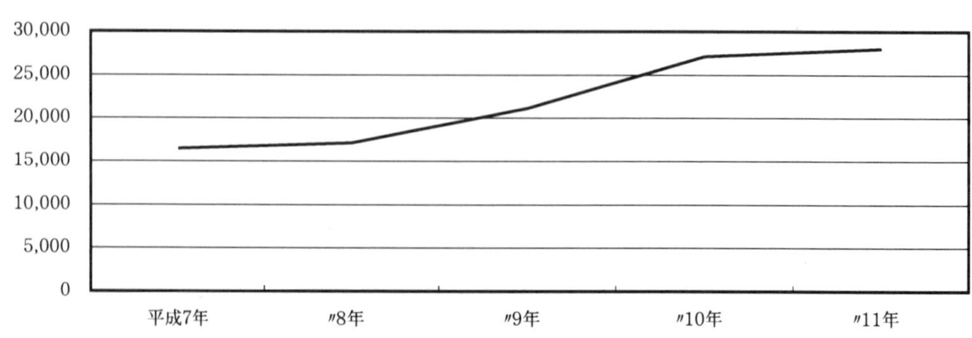

（単位　10億円）

年　末	負債及び資本							
	借用金 #金融機関借入金	外国為替	信託勘定借	未決済為替借	仮受金	本支店未達	貸倒引当金	退職給与引当金
1989 平成元年	0.0	8.1	14,642	639	96	4,668	186	77
1990 〃2年	0.0	2.8	17,972	418	145	4,204	177	79
1991 〃3年	0.0	2.6	20,856	377	176	1,611	187	82
1992 〃4年	310	2.3	28,691	388	258	739	198	82
1993 〃5年	380	3.3	32,430	0.4	335	528	303	82
1994 〃6年	485	2.7	33,704	0.5	413	297	586	81

（単位　10億円）

年　末	負債及び資本							
	#外国為替	#新株予約権付社債	#信託勘定借	#未決済為替借	#仮受金	#本支店未達	#貸倒引当金	#退職給与引当金
1995 平成7年	2.4	149	32,083	0.6	381	0.0	784	81
1996 〃8年	3.6	88	28,058	0.5	255	0.0	2,102	80
1997 〃9年	B　54	B 326	B 22,192	B 0.6	B 246	B 0.0	B 2,020	B 79
1998 〃10年	2.8	154	17,221	0.5	171	110	2,400	75
1999 〃11年	119	87	18,031	0.4	189	0.1	1,715	73

（単位　10 億円）

年　末	負債及び資本							
	特別法上の引当金	支払承諾	資本金 2)	法定準備金		剰余金		期中損益
				資本準備金	利益準備金	任意積立金	未処分利益金	
1989 平成元年	48	3,345	840	614	89	1,299	37	62
1990 〃2年	47	3,808	884	659	99	1,523	38	361
1991 〃3年	38	3,799	885	660	109	1,673	36	219
1992 〃4年	35	3,055	885	660	119	1,749	34	98
1993 〃5年	38	2,220	886	661	128	1,762	31	91
1994 〃6年	50	1,900	986	761	137	1,769	30	61

（単位　10 億円）

年　末	負債及び資本							
	# 特別法上の引当金	# 支払承諾	# 資本金	# 法定準備金		# 剰余金		# 期中損益
				資本準備金	利益準備金	任意積立金	未処分利益金	
1995 平成7年	48	1,725	1,205	646	141	1,735	19	108
1996 〃8年	50	1,961	1,246	648	148	339	-31	-414
1997 〃9年	B 40	B 2,049	B 1,214	B 754	B 155	B 373	B 24	B 335
1998 〃10年	0.0	2369	1357	722	136	255	21	119
1999 〃11年	0.3	1,928	2,149	1,255	144	308	41	273

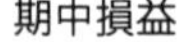
期中損益

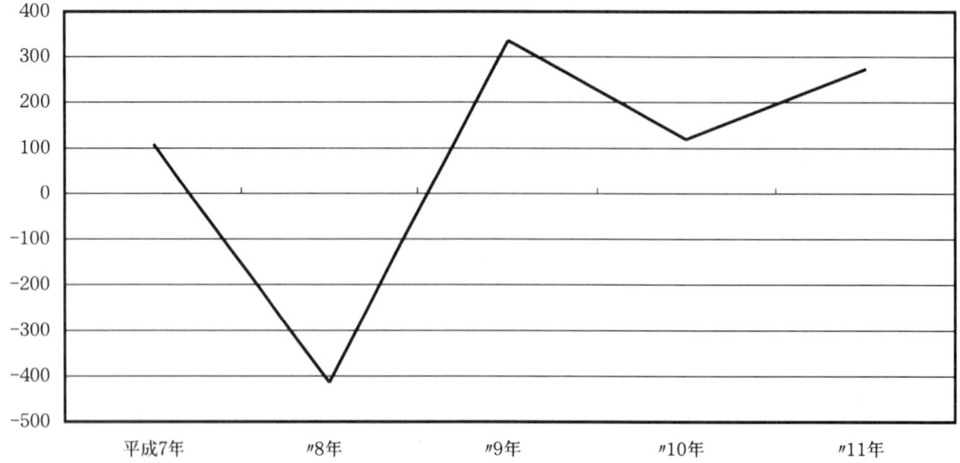

4-14　郵便貯金，郵便貯金貸付金及び郵便振替受払高

（単位　10億円）

年　度	郵便貯金							
	預入高 1)	払戻高	年度末現在高					
			計	＃通常預金	＃積立預金	＃定額貯金	＃割増金付定額貯金	＃財形定額貯金
1989　平成元年	57,693	48,990	134,572	10,112	794	118,561	-	556
1990　〃2年	167,587	165,879	136,280	12,258	785	109,567	-	533
1991　〃3年	117,306	97,986	155,601	12,163	807	133,737	-	555
1992　〃4年	122,360	107,870	170,091	12,483	825	147,446	-	601
1993　〃5年	106,627	93,183	183,535	13,927	873	159,958	-	641
1994　〃6年	125,981	111,925	197,590	15,803	852	172,289	-	680
1995　〃7年	115,782	99,935	213,437	19,110	843	184,774	-	717
1996　〃8年	113,665	102,215	224,887	21,699	801	193,859	-	749
1997　〃9年	119,390	103,731	240,546	25,604	772	202,128	-	786
1998　〃10年	131,362	119,322	252,587	28,408	707	206,467	-	821
1999　〃11年	133,330	125,947	259,970	31,052	641	212,417	-	848
2000　〃12年	252,723	262,760	249,934	40,766	587	192,847	-	865
2001　〃13年	256,824	267,415	239,342	48,037	531	175,024	-	871
2002　〃14年	219,331	225,426	233,247	51,064	476	167,032	-	830
2003　〃15年	185,581	191,445	227,382	53,751	405	159,389	-	800
2004　〃16年	195,001	208,234	214,149	55,706	334	145,650	-	791
2005　〃17年	202,962	217,109	200,002	56,355	283	134,616	-	778
2006　〃18年	223,050	236,083	186,969	56,108	228	120,254	-	741

原注：1) 元加利子を含む。

出所：43, 46, 50, 53, 56, 58

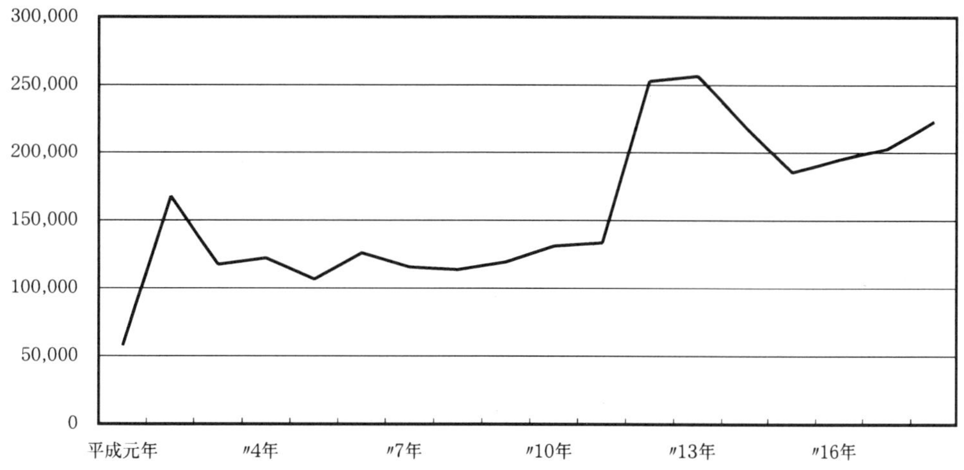

4. 金　融

（単位　10億円）

年　度	郵便貯金 年度末現在高 #財形定額貯金	郵便貯金貸付金年度末残　高	郵便振替 受入高	郵便振替 払出高	郵便振替 年度末現在高
1989 平成元年	4,550	616	15,484	15,709	359
1990 〃2年	13,137	594	19,354	19,320	393
1991 〃3年	8,338	879	19,938	19,424	906
1992 〃4年	8,737	1,089	20,910	20,890	917
1993 〃5年	8,136	1,156	22,111	22,067	961
1994 〃6年	7,966	1,082	23,482	23,323	1,119
1995 〃7年	7,993	1,121	23,043	23,613	-
1996 〃8年	7,770	1,076	24,949	24,287	-
1997 〃9年	11,256	1,001	25,833	25,818	-
1998 〃10年	16,184	978	21,915	21,725	-
1999 〃11年	15,012	978	24,215	23,426	-
2000 〃12年	14,868	819	29,689	26,385	-
2001 〃13年	14,868	701	31,042	28,351	-
2002 〃14年	13,834	638	30,742	28,558	-
2003 〃15年	13,027	575	30,813	30,418	-
2004 〃16年	11,660	481	32,993	31,796	-
2005 〃17年	7,963	409	35,694	34,362	-
2006 〃18年	9,632	328	37,010	35,455	-

郵便振替　受入高

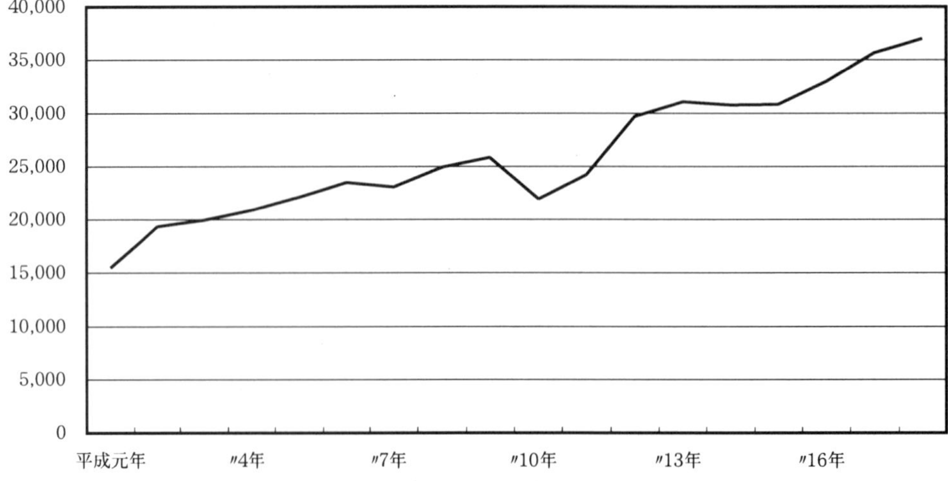

4-15　手形交換

（単位　金額　10億円）

年　次		年末手形交換所数(全国)	手形交換高							
			全　国		# 6大都市 1)		# 東京手形交換所		# 大阪手形交換所	
			枚　数 (1,000) 4)	金額	枚　数 (1,000) 4)	金額	枚　数 (1,000) 4)	金額	枚　数 (1,000) 4)	金額
1989	平成元年	183	382,060	4,468,971	261,285	4,285,562	141,101	3,754,985	61,559	348,718
1990	〃2年	182	382,745	4,797,291	260,749	4,599,203	141,094	4,033,427	61,264	376,445
1991	〃3年	182	367,124	4,037,465	248,155	3,840,834	133,773	3,330,535	58,416	335,064
1992	〃4年	182	350,245	3,563,497	235,504	3,380,326	126,997	2,914,190	55,435	302,539
1993	〃5年	182	327,885	3,262,382	219,791	3,095,808	118,375	2,687,716	51,792	261,708
1994	〃6年	182	318,083	2,769,857	212,117	2,611,429	114,262	2,253,235	50,199	230,752
1995	〃7年	182	305,827	1,845,107	202,725	1,692,172	109,497	1,367,460	48,342	218,214
1996	〃8年	181	296,030	1,745,022	195,885	1,596,320	105,484	1,295,133	46,772	200,077
1997	〃9年	185	283,373	1,584,991	186,778	1,442,605	100,554	1,166,653	44,411	181,972
1998	〃10年	178	260,067	1,296,151	169,698	1,170,188	91,319	947,780	40,216	143,435
1999	〃11年	177	239,320	1,138,553	155,618	1,026,886	83,203	837,237	36,616	119,404
2000	〃12年	174	225,874	1,052,339	146,080	947,887	78,011	781,782	34,066	101,308
2001	〃13年	173	208,900	877,298	134,306	781,413	71,559	637,627	31,401	84,835
2002	〃14年	169	187,085	705,274	118,867	621,513	63,001	500,233	27,667	72,467
2003	〃15年	162	171,986	632,971	108,478	556,984	57,507	444,254	25,101	67,377
2004	〃16年	146	159,175	603,445	100,401	532,440	53,156	427,065	23,213	63,021
2005	〃17年	146	146,466	529,123	92,631	460,404	48,863	363,761	21,542	56,146
2006	〃18年	140	134,235	477,928	85,752	413,395	44,424	326,392	19,522	47,240
2007	〃19年	133	123,570	463,261	78,663	400,386	40,707	317,129	18,003	44,366

原注:　1) 東京手形交換所，横浜手形交換所，名古屋手形交換所，京都手形交換所，大阪手形交換所及び神戸手形交換所の計。
2) 交換日 (不渡発生日) における年中の合計。3) 不渡届出に基づく取引停止処分の年中の合計。4) 行内交換分を除く。

出所：43, 46, 49, 52, 56, 58

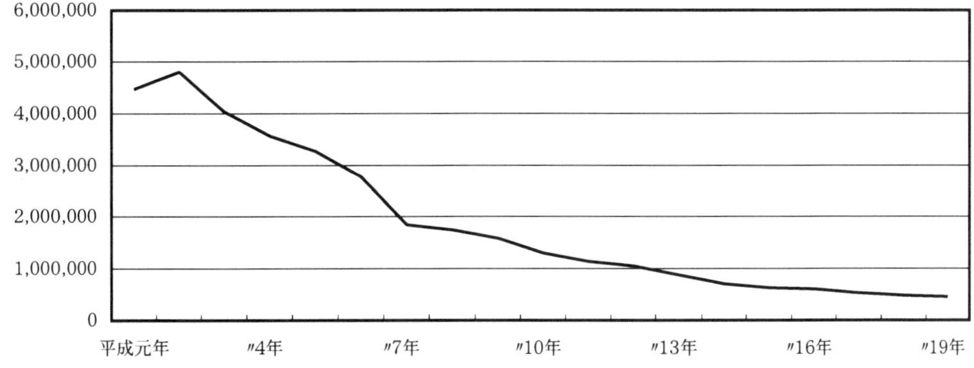

（単位　金額　10億円）

年　次		不渡手形							2)
		全　国		#6大都市 1)		#東京手形交換所		#大阪手形交換所	
		枚　数 (1,000)	金額	枚　数 (1,000)	金額	枚　数 (1,000)	金額	枚　数 (1,000)	金額
1989	平成元年	365	821	204	612	114	440	48	95
1990	〃2年	309	1,188	178	954	110	699	37	174
1991	〃3年	445	2,263	284	1,898	166	1,123	68	479
1992	〃4年	536	1,730	340	1,342	198	873	86	315
1993	〃5年	518	1,340	335	1,014	194	628	87	269
1994	〃6年	492	1,130	313	851	183	574	80	189
1995	〃7年	532	1,127	328	813	189	549	74	164
1996	〃8年	506	973	306	689	167	409	81	182
1997	〃9年	571	1,142	338	790	191	523	84	162
1998	〃10年	648	1,235	377	842	207	514	100	194
1999	〃11年	477	962	266	670	141	331	71	158
2000	〃12年	527	829	284	538	143	299	78	143
2001	〃13年	501	794	286	518	138	282	87	152
2002	〃14年	441	730	249	496	126	282	70	127
2003	〃15年	312	497	165	322	81	184	51	85
2004	〃16年	209	321	108	200	51	113	35	55
2005	〃17年	173	257	85	147	37	72	30	51
2006	〃18年	155	321	73	216	30	130	23	47
2007	〃19年	157	383	74	276	35	214	21	35

不渡手形　全国　金額

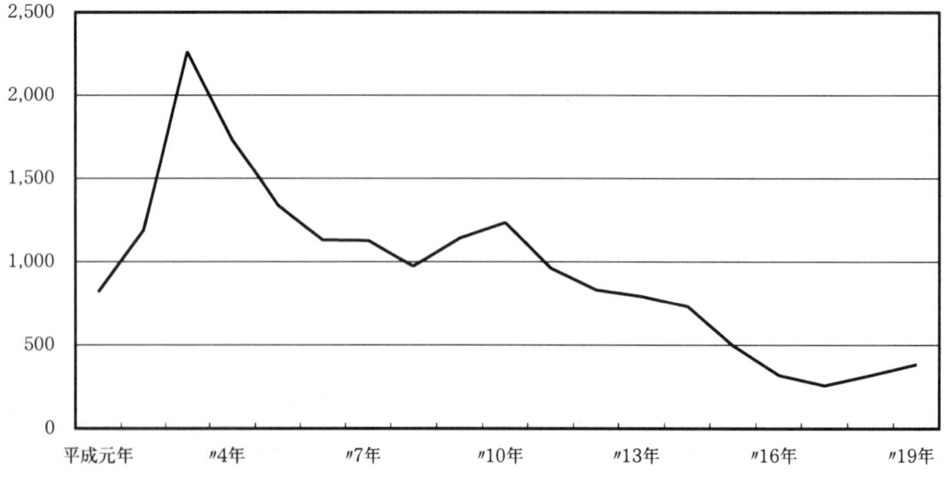

(単位　金額　10億円)

年　次	銀行取引停止処分 3)							
	全　国		# 6大都市 1)		# 東京手形交換所		# 大阪手形交換所	
	件　数 (人)	金額	件　数 (人)	金額	件　数 (人)	金額	件　数 (人)	金額
1989 平成元年	11,600	51	6,415	38	3,839	25	1,196	7
1990 〃2年	10,083	108	5,827	92	3,676	57	1,103	29
1991 〃3年	15,334	158	9,570	130	5,574	62	2,142	54
1992 〃4年	17,967	116	10,800	87	6,235	58	2,493	18
1993 〃5年	16,502	102	10,066	76	5,874	39	2,202	25
1994 〃6年	15,479	85	9,474	64	5,521	40	2,104	11
1995 〃7年	15,776	76	9,283	54	5,403	35	2,042	11
1996 〃8年	15,200	69	9,033	49	4,993	29	2,144	14
1997 〃9年	16,392	79	9,482	55	5,287	33	2,270	13
1998 〃10年	18,325	91	10,453	58	5,653	35	2,583	13
1999 〃11年	14,153	71	7,886	50	4,243	35	1,836	8
2000 〃12年	16,268	60	8,925	37	4,507	21	2,337	8.2
2001 〃13年	15,078	55	8,528	33	4,093	18	2,437	9.5
2002 〃14年	13,566	63	7,536	43	3,695	28	2,023	8.8
2003 〃15年	10,325	38	5,514	22	2,618	13	1,604	5.2
2004 〃16年	7,922	30	4,177	19	1,991	11	1,173	3.6
2005 〃17年	6,712	21	3,385	11	1,612	6.1	960	2.5
2006 〃18年	6,393	22	3,148	12	1,342	4.9	860	3.3
2007 〃19年	6,295	21	3,025	11	1,330	5.5	838	3.0

銀行取引停止処分　全国　金額

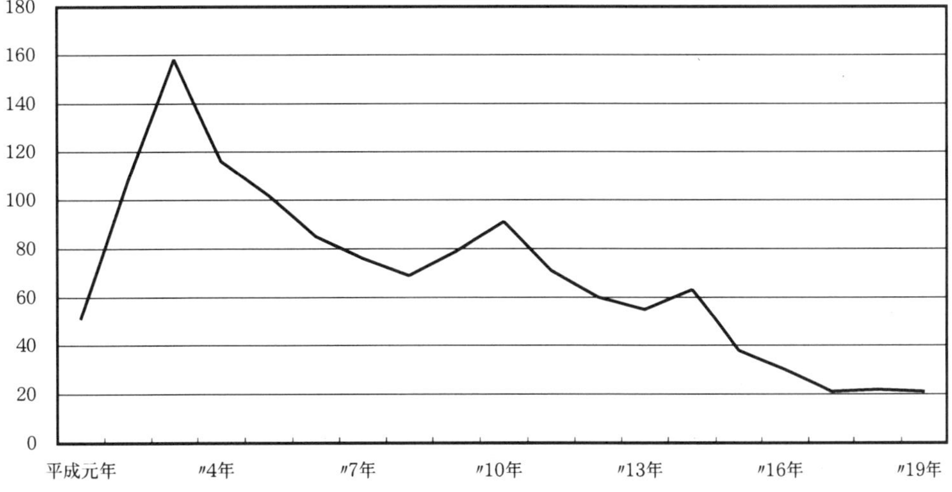

4-16　外国為替相場

年　末	インターバンク相場 (1ドルにつき円) 1)		裁定相場等（各国の1通貨単位当たり円） 2)					
	スポット・レート		基準相場	ユーロ	英ポンド	カナダ・ドル	スイス・フラン	中国・人民元
	終　値	中心相場 期中平均 3)	米ドル 1ドル につき円	1ユーロ につき円	1ポンド につき円	1カナダドル につき円	1フラン につき円 4)	1元 につき円 5)
1989 平成元年	143.40	138.11	130.00	171.02	231.03	123.81	92.95	30.42
1990 〃2年	135.40	144.88	150.00	183.69	259.86	115.89	105.74	25.82
1991 〃3年	125.25	134.59	135.00	167.88	233.81	108.35	92.13	23.17
1992 〃4年	124.65	126.62	130.00	151.06	188.43	98.15	85.07	21.68
1993 〃5年	111.89	111.18	118.00	124.79	165.20	84.62	75.17	12.95
1994 〃6年	99.83	102.23	107.00	122.68	156.24	71.15	76.20	11.80
1995 〃7年	102.91	94.06	93.00	135.14	159.54	75.37	89.15	12.39
1996 〃8年	115.98	108.79	106.00	145.35	198.71	84.61	86.47	13.96
1997 〃9年	129.92	121.00	120.00	143.49	214.09	90.90	88.89	15.72
1998 〃10年	115.20	130.90	130.00	a) 132.80	191.22	75.53	84.13	13.94
1999 〃11年	102.08	113.91	118.00	102.92	165.05	70.78	64.16	12.36
2000 〃12年	114.90	107.77	106.00	107.87	171.83	76.63	70.92	13.91
2001 〃13年	131.47	121.53	119.00	117.32	191.68	82.76	79.41	15.87
2002 〃14年	119.37	125.31	130.00	125.72	192.98	75.89	86.68	14.49
2003 〃15年	106.97	115.93	119.00	134.91	191.09	82.88	86.51	12.94
2004 〃16年	103.78	108.18	108.00	140.96	199.49	86.52	91.24	12.55
2005 〃17年	117.48	110.16	105.00	139.70	202.77	101.21	89.72	14.61
2006 〃18年	118.92	116.31	119.00	156.98	232.98	102.09	97.54	15.24
2007 〃19年	113.12	117.76	117.00	166.47	226.21	115.37	100.63	15.61

原注：1) 東京市場。2) ニューヨーク連邦準備銀行発表のニューヨーク正午時点のビッド（買い値）を東京インターバンク月末中心相場（対ドル）で裁定。平成11年10月以前はニューヨーク市場またはロンドン市場における実勢相場。3) 平成5年以降，計上基準が変更されたため平成4年以前とは接続しない。4) チューリッヒ市場（昭和45年以前）5) 中国人民銀行の人民元/円決済レート。6) 韓国外換銀行のウォン/円公示レート。a) 平成11年とは接続しない。

出所：52, 58

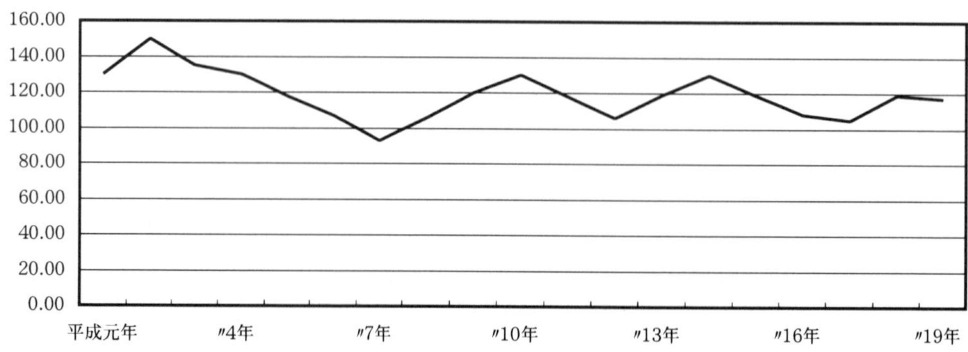

年　末	裁定相場等（各国の1通貨単位当たり円）　2)		
	韓国・ウォン 100ウォンにつき円 6)	シンガポール・ドル 1ドルにつき円	オーストラリア・ドル 1ドルにつき円
1989　平成元年	21.11	75.72	113.29
1990　〃2年	18.76	77.04	103.82
1991　〃3年	16.47	77.29	95.10
1992　〃4年	15.80	76.11	85.95
1993　〃5年	13.82	69.56	75.95
1994　〃6年	12.63	68.48	77.32
1995　〃7年	13.30	72.72	76.38
1996　〃8年	13.76	82.93	92.20
1997　〃9年	8.09	77.35	84.60
1998　〃10年	9.57	70.10	70.81
1999　〃11年	8.98	61.31	67.04
2000　〃12年	9.09	66.36	63.88
2001　〃13年	9.98	71.36	67.44
2002　〃14年	9.97	69.10	67.44
2003　〃15年	8.95	63.04	80.54
2004　〃16年	9.96	63.80	81.27
2005　〃17年	11.71	70.95	86.61
2006　〃18年	12.78	77.55	93.78
2007　〃19年	12.09	79.39	100.05

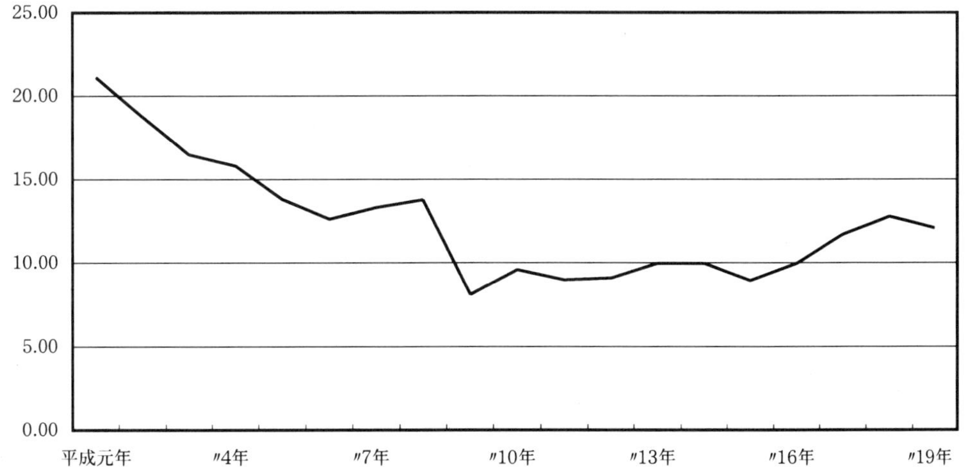

4-17　生命保険会社の契約高及び資産運用状況

（単位　金額 10 億円）

年度末		会社数	資本金又は基金	契約現在高 1)	資産				
					総額	# 運用資金	# 現金,預貯金 2)	# 有価証券	# 国債
1989	平成元年	25	43	1,403,813	116,160	113,562	10,682	54,778	4,581
1990	〃 2年	26	62	1,595,309	130,251	127,663	11,923	57,736	4,796
1991	〃 3年	27	73	1,775,637	141,701	138,903	11,492	61,534	5,743
1992	〃 4年	27	73	1,905,730	154,236	151,651	12,377	67,441	10,780
1993	〃 5年	27	73	2,007,370	167,087	164,617	19,243	69,009	11,802
1994	〃 6年	27	73	2,082,411	175,656	173,072	15,793	77,392	19,004
1995	〃 7年	29	83	2,139,532	184,976	182,345	13,744	87,403	25,877
1996	〃 8年	44	723	2,174,534	188,659	185,675	11,161	95,665	27,050
1997	〃 9年	44	1,087	1,968,842	190,111	187,007	11,946	95,137	25,579
1998	〃 10年	45	1,357	1,909,275	191,768	186,356	10,428	100,139	27,019
1999	〃 11年	46	1,475	1,859,882	190,033	184,958	10,078	104,993	29,767
2000	〃 12年	49	1,717	1,802,075	191,731	186,336	4,549	110,415	31,779
2001	〃 13年	43	2,022	1,734,212	184,371	179,028	2,883	111,021	32,832
2002	〃 14年	42	2,129	1,675,182	179,831	174,063	5,891	110,494	34,809
2003	〃 15年	40	1,975	1,609,273	184,330	180,089	4,662	120,458	35,524
2004	〃 16年	39	1,890	1,568,662	191,523	187,303	4,085	131,835	41,932
2005	〃 17年	38	1,818	1,531,583	209,879	206,098	5,948	150,816	44,783
2006	〃 18年	38	1,915	1,484,905	220,217	216,256	5,646	162,197	48,734

原注： 1) 生命保険会社は個人保険，団体保険及び個人年金保険の計。2) 金銭信託を含む。3) 買入金銭債権を含む。4) 生命保険会社は建設仮勘定を含む。

出所： 43, 46, 47, 50, 53, 56, 58

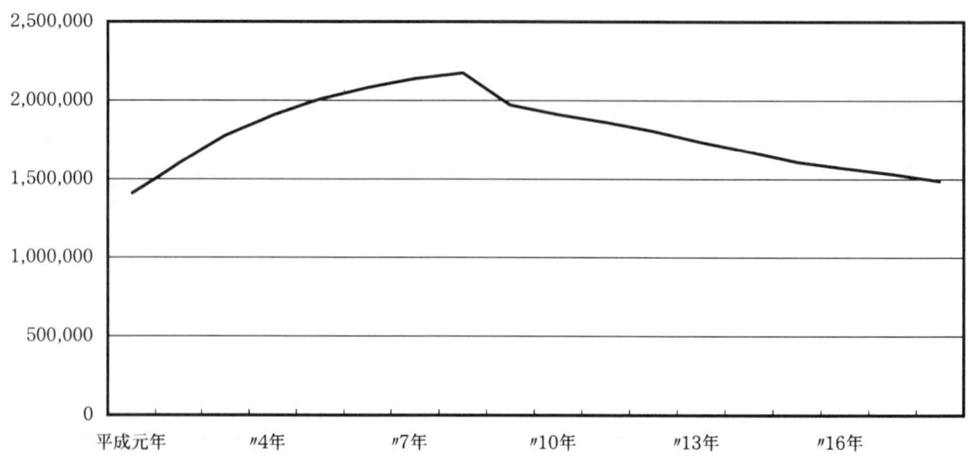

（単位　金額 10 億円）

年度末		資　産				
		#運用資金				
		#有価証券		#貸付金 3)	#コール ローン	#不動産 4)
		#社債	#株式			
1989	平成元年	4,574	25,360	41,068	385	6,552
1990	〃2年	4,757	28,767	49,870	799	7,182
1991	〃3年	5,884	30,692	56,245	1,779	7,753
1992	〃4年	6,615	31,338	61,094	2,367	8,374
1993	〃5年	7,411	32,898	64,160	3,237	8,968
1994	〃6年	8,916	32,974	67,005	3,439	9,443
1995	〃7年	9,914	31,860	67,342	4,121	9,735
1996	〃8年	12,111	31,896	65,295	3,477	9,727
1997	〃9年	13,373	29,913	63,517	5,611	9,860
1998	〃10年	14,174	28,543	59,126	4,974	9,719
1999	〃11年	15,330	28,435	56,017	4,463	9,150
2000	〃12年	17,820	29,467	49,997	5,709	8,159
2001	〃13年	17,926	24,707	47,056	3,420	7,975
2002	〃14年	19,218	17,229	44,468	2,859	7,594
2003	〃15年	18,877	21,362	41,720	2,798	7,599
2004	〃16年	18,275	22,070	38,357	2,214	7,333
2005	〃17年	18,335	30,931	36,728	2,205	6,834
2006	〃18年	19,147	32,368	35,077	2,667	6,597

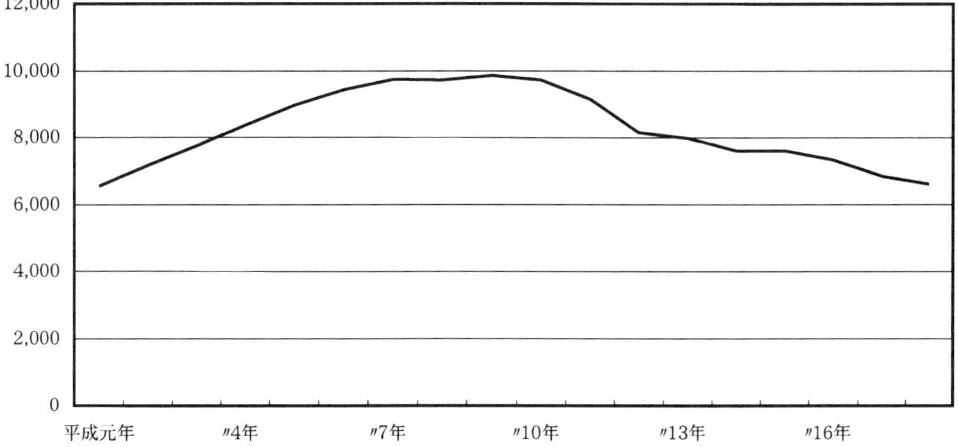

4-18　損害保険会社の契約高及び資産運用状況

（単位　金額 10 億円）

年度末	会社数	資本金又は基金	契約現在高 1)	資産				
				総額	#運用資金	#現金,預貯金 2)	#有価証券 3)	#国債
1989 平成元年	24	610	4,278,597	23,767	21,729	3,561	10,571	725
1990 〃2年	24	614	4,311,932	26,183	23,984	3,586	11,097	520
1991 〃3年	25	621	4,543,066	26,566	24,225	3,389	11,352	524
1992 〃4年	25	622	4,503,806	27,445	25,139	3,110	12,537	817
1993 〃5年	25	622	4,736,073	27,639	25,319	3,073	13,045	911
1994 〃6年	26	626	4,884,883	28,460	26,226	2,796	14,210	843
1995 〃7年	26	630	5,145,661	29,453	27,255	2,797	15,085	658
1996 〃8年	33	814	5,515,715	30,358	28,079	2,809	15,855	704
1997 〃9年	33	842	5,755,007	31,117	28,536	2,325	16,595	627
1998 〃10年	33	883	6,892,626	30,816	28,290	2,132	16,387	833
1999 〃11年	33	900	7,071,451	30,480	26,811	1,991	16,554	885
2000 〃12年	34	861	7,111,473	33,839	30,690	1,707	21,211	1,279
2001 〃13年	32	861	7,051,830	32,140	28,236	1,957	19,798	1,645
2002 〃14年	27	876	7,111,096	29,316	26,219	1,840	18,635	2,648
2003 〃15年	26	882	7,170,360	31,031	28,652	1,672	21,435	3,477
2004 〃16年	25	841	7,892,060	31,422	29,033	1,335	22,664	4,355
2005 〃17年	23	836	8,646,260	35,366	33,263	1,279	26,886	4,456
2006 〃18年	23	854	8,634,908	35,943	33,877	1,152	26,976	4,086

原注：1) 元受契約に関するもの。2) 預金のみ。3) 買入金銭債権を含む。

出所：43, 46, 47, 50, 53, 56, 58

契約現在高

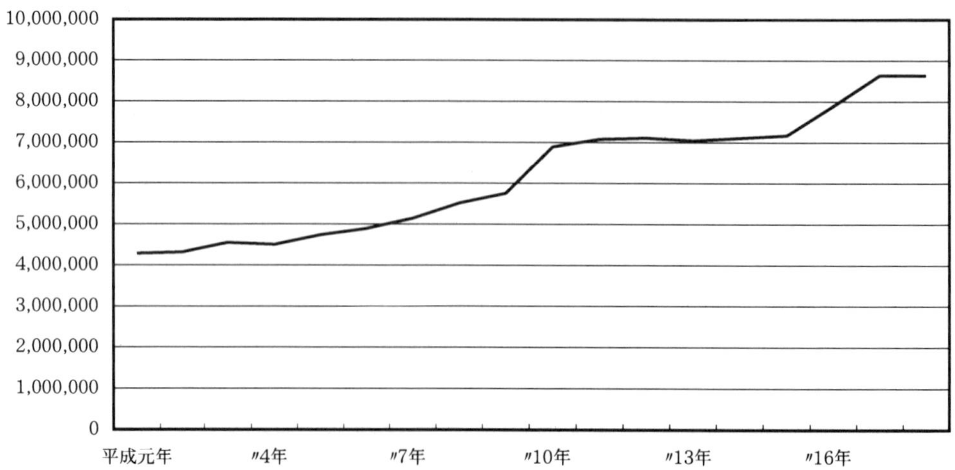

（単位　金額10億円）

年度末		資産				
		#運用資金				
		#有価証券		#貸付金	#コールローン	#不動産
		#社債	#株式			
1989	平成元年	1,865	3,819	6,183	306	1,108
1990	〃2年	1,821	4,320	7,629	415	1,256
1991	〃3年	2,070	4,562	7,557	523	1,404
1992	〃4年	2,317	4,766	7,220	703	1,569
1993	〃5年	2,462	4,961	6,738	833	1,631
1994	〃6年	2,776	5,274	6,575	823	1,822
1995	〃7年	3,268	5,373	6,552	1,003	1,818
1996	〃8年	3,420	5,497	6,559	1,011	1,847
1997	〃9年	3,929	5,428	6,664	1,127	1,826
1998	〃10年	4,026	5,594	6,271	833	1,817
1999	〃11年	4,049	5,596	5,478	1,015	1,774
2000	〃12年	4,289	10,296	4,443	816	1,675
2001	〃13年	4,086	8,725	3,823	538	1,525
2002	〃14年	3,896	6,668	3,402	603	1,478
2003	〃15年	3,699	8,895	3,073	830	1,375
2004	〃16年	3,647	8,930	2,847	314	1,239
2005	〃17年	3,820	12,500	2,721	293	1,182
2006	〃18年	3,895	12,677	2,626	597	1,142

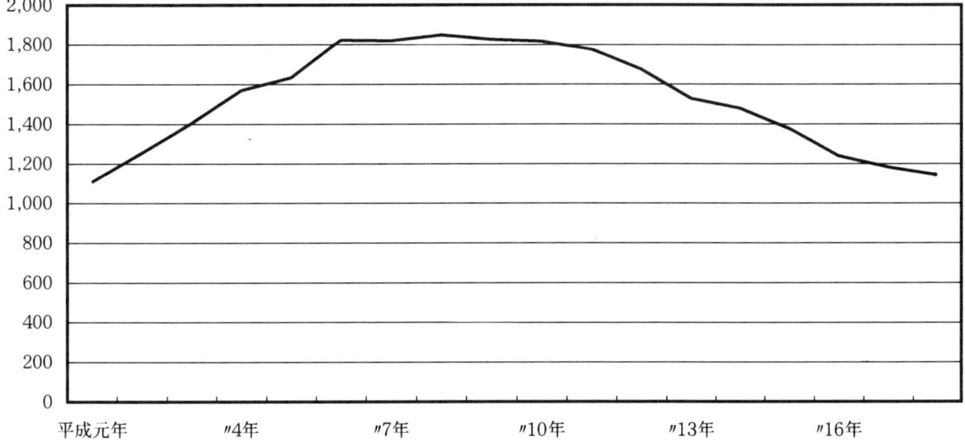

5. 財　政

5-1　税目別国税額

（単位　10億円）

年　次		総　額	直接税 計 3)	所得税	源泉分	申告分	所得税（譲与分）4)	法人税	法人特別税
1989	平成元年	57,136	42,393	21,382	15,309	6,073	-	18,993	-
1990	〃2年	62,780	46,297	25,996	18,779	7,217	-	18,384	-
1991	〃3年	63,211	46,307	26,749	19,571	7,178	-	16,595	-
1992	〃4年	57,396	40,552	23,231	18,473	4,759	-	13,714	318
1993	〃5年	57,114	39,658	23,687	18,906	4,781	-	12,138	286
1994	〃6年	54,001	35,957	20,418	16,714	3,703	-	12,363	18
1995	〃7年	54,963	36,352	19,515	15,726	3,789	-	13,735	4.4
1996	〃8年	55,226	36,048	18,965	15,021	3,944	-	14,483	2.0
1997	〃9年	55,601	35,233	19,183	15,403	3,780	-	13,475	-
1998	〃10年	51,198	30,340	16,996	13,766	3,230	-	11,423	-
1999	〃11年	49,214	28,129	15,447	12,619	2,828	-	10,795	-
2000	〃12年	52,721	32,319	18,789	15,879	2,910	-	11,747	0.1
2001	〃13年	49,968	29,739	17,807	15,030	2,776	-	10,258	-
2002	〃14年	45,844	25,789	14,812	12,249	2,563	-	9,523	-
2003	〃15年	45,369	25,473	13,915	11,393	2,522	-	10,115	-
2004	〃16年	48,103	27,986	14,671	12,185	2,486	425	11,444	-
2005	〃17年	52,291	31,541	15,586	12,956	2,630	1,116	13,274	-
2006 1)	〃18年	55,514	34,874	14,570	11,881	2,689	3,009	15,809	-
2007 2)	〃19年	55,095	34,407	16,545	13,307	3,238	-	16,359	-

原注： 1) 予算額。2) 当初予算額。3) 旧税を含む。4) 特別会計。5) 平成15年9月30日以前は石油税。

出所： 42, 45, 48, 50, 52, 54, 57, 58

総　額

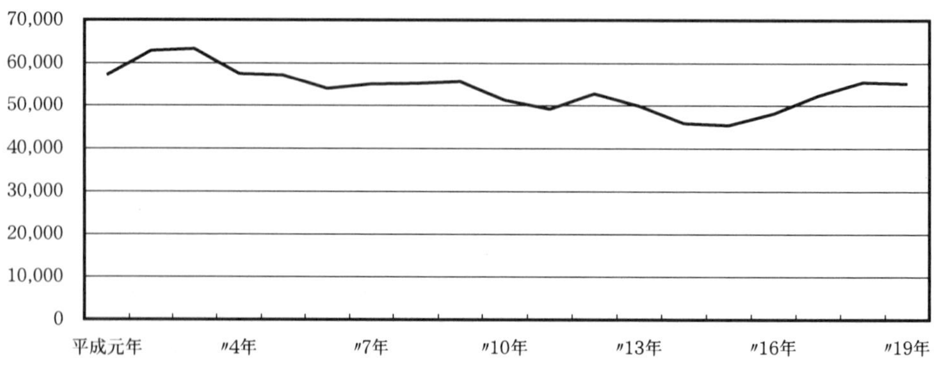

（単位　10億円）

年　次	直　接　税			間　接　税　等				
	法人臨時特別税 4)	相続税	地価税	計	# 消費税	# 消費税（贈与分） 4)	# 酒　税	# たばこ税
1989　平成元年	-	2,018	-	14,744	3,270	818	1,786	961
1990　〃2年	-	1,918	-	16,483	4,623	1,156	1,935	996
1991　〃3年	380	2,583	-	16,904	4,976	1,244	1,974	1,016
1992　〃4年	22	2,746	520	16,844	5,241	1,310	1,961	1,020
1993　〃5年	4.6	2,938	605	17,456	5,587	1,397	1,952	1,030
1994　〃6年	1.4	2,670	487	18,044	5,632	1,408	2,113	1,040
1995　〃7年	0.4	2,690	406	18,611	5,790	1,448	2,061	1,042
1996　〃8年	0.3	2,420	177	19,179	6,057	1,514	2,071	1,080
1997　〃9年	-	2,413	160	20,368	9,305	-	1,962	1,018
1998　〃10年	-	1,916	3.9	20,858	10,074	-	1,898	1,046
1999　〃11年	-	1,805	1.7	21,085	10,447	-	1,872	905
2000　〃12年	-	1,782	0.9	20,402	9,822	-	1,816	876
2001　〃13年	-	1,675	0.8	20,229	9,767	-	1,765	861
2002　〃14年	-	1,453	0.5	20,055	9,812	-	1,680	844
2003　〃15年	-	1,443	0.3	19,897	9,713	-	1,684	903
2004　〃16年	-	1,447	0.2	20,117	9,974	-	1,660	910
2005　〃17年	-	1,566	0.2	20,749	10,583	-	1,585	887
2006 1)　〃18年	-	1,490	-	20,636	10,485	-	1,572	940
2007 2)　〃19年	-	1,503	-	20,688	10,645	-	1,495	926

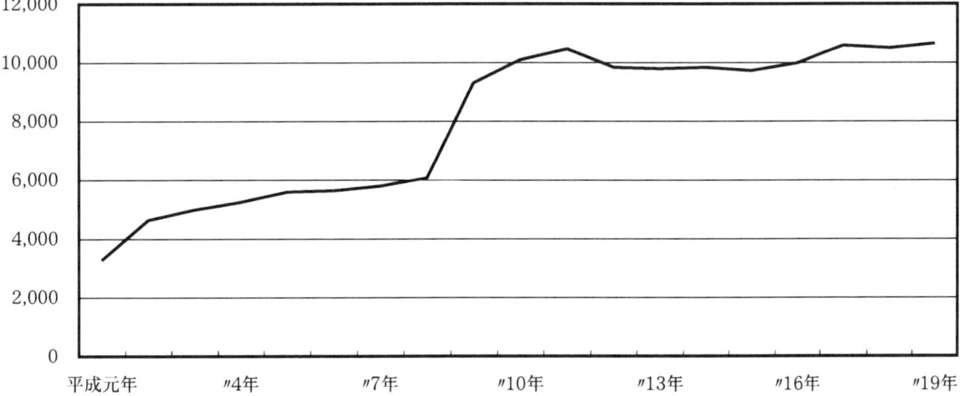

（単位　10億円）

年次		間接税等							
		#揮発油税	#石油ガス税	#航空機燃料税	#石油石炭税　5）	#取引所税	#有価証券取引税	#自動車重量税	#関　税
1989	平成元年	1,465	16	61	473	46	1,233	579	805
1990	〃2年	1,506	16	64	487	41	748	661	825
1991	〃3年	1,538	15	69	488	39	443	652	923
1992	〃4年	1,563	15	73	505	36	313	393	916
1993	〃5年	1,627	15	77	491	44	455	701	881
1994	〃6年	1,813	15	82	524	41	391	754	908
1995	〃7年	1,865	15	86	513	44	479	784	950
1996	〃8年	1,915	15	88	525	42	392	826	1024
1997	〃9年	1,926	15	88	497	40	404	813	953
1998	〃10年	1,998	14	90	477	19	173	817	869
1999	〃11年	2,071	14	87	486	-	-0.2	843	810
2000	〃12年	2,075	14	88	489	-	0.0	851	822
2001	〃13年	2,098	14	88	472	-	-0.0	854	852
2002	〃14年	2,126	14	90	463	-	0.0	848	794
2003	〃15年	2,182	14	91	478	-	-	767	803
2004	〃16年	2,191	14	88	480	-	-	749	818
2005	〃17年	2,168	14	89	493	-	-	757	886
2006 1)	〃18年	2,156	14	87	476	-	-	737	906
2007 2)	〃19年	2,135	14	93	533	-	-	716	929

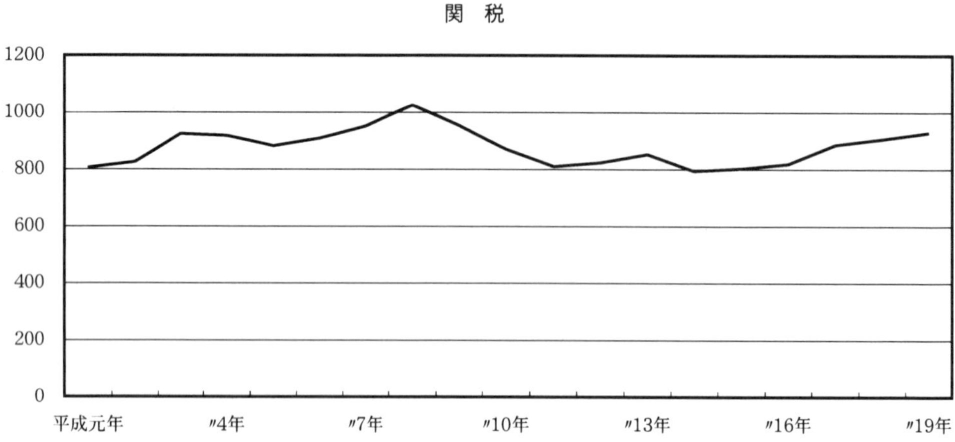

（単位　10億円）

年　次		間接税等							
		# とん税	# 印紙収入	# 地方道路税 4)	# 石油ガス税（贈与分）4)	# 航空機燃料税（贈与分）4)	# 自動車重量税（贈与分）4)	# 特別とん税 4)	# 原油等関税 4)
1989	平成元年	8.8	1,960	345	16	11	193	11	91
1990	〃2年	8.9	1,894	361	16	12	220	11	103
1991	〃3年	9.1	1,749	373	15	13	217	11	97
1992	〃4年	8.9	1,571	381	15	13	231	11	90
1993	〃5年	8.6	1,599	354	15	14	234	11	82
1994	〃6年	8.7	1,752	258	15	15	251	11	87
1995	〃7年	8.7	1,941	264	15	16	261	11	82
1996	〃8年	8.8	1,969	272	15	16	275	11	85
1997	〃9年	9.2	1,681	276	15	16	271	12	59
1998	〃10年	8.6	1,608	285	14	16	272	11	52
1999	〃11年	8.7	1,562	293	14	16	281	11	54
2000	〃12年	8.8	1,532	296	14	16	284	11	55
2001	〃13年	8.6	1,429	301	14	16	285	11	50
2002	〃14年	8.7	1,364	304	14	16	283	11	42
2003	〃15年	8.8	1,165	309	14	17	384	11	42
2004	〃16年	9.0	1,135	310	14	16	374	11	44
2005	〃17年	9.1	1,169	311	14	16	379	11	45
2006 1)	〃18年	9.0	1,217	310	14	16	369	11	0.5
2007 2)	〃19年	9.0	1,219	304	14	17	358	11	-

地方道路税

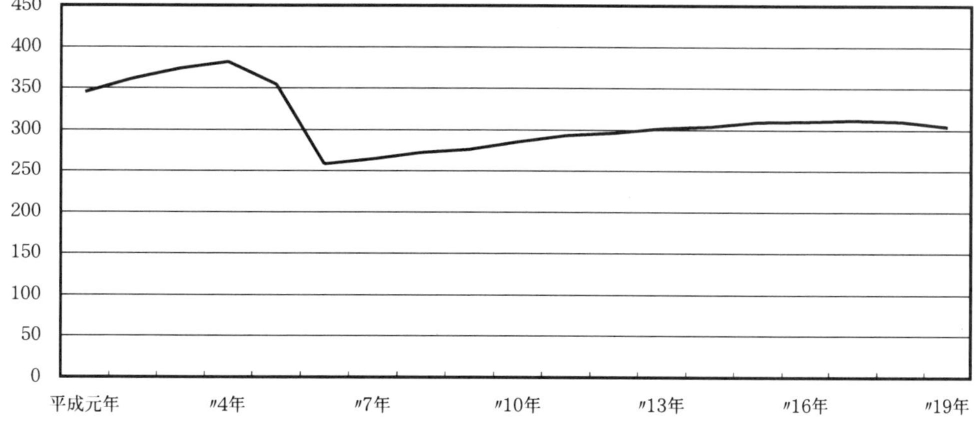

5. 財　政

（単位　10億円）

年　次		間接税等	
		#電源開発促進税 4)	#揮発油税 4)
1989	平成元年	275	455
1990	〃2年	295	501
1991	〃3年	304	534
1992	〃4年	307	553
1993	〃5年	309	573
1994	〃6年	331	595
1995	〃7年	339	598
1996	〃8年	346	630
1997	〃9年	354	657
1998	〃10年	357	665
1999	〃11年	365	672
2000	〃12年	375	693
2001	〃13年	369	716
2002	〃14年	377	710
2003	〃15年	366	703
2004	〃16年	373	707
2005	〃17年	359	741
2006 1)	〃18年	354	739
2007 2)	〃19年	-	710

電源開発促進税

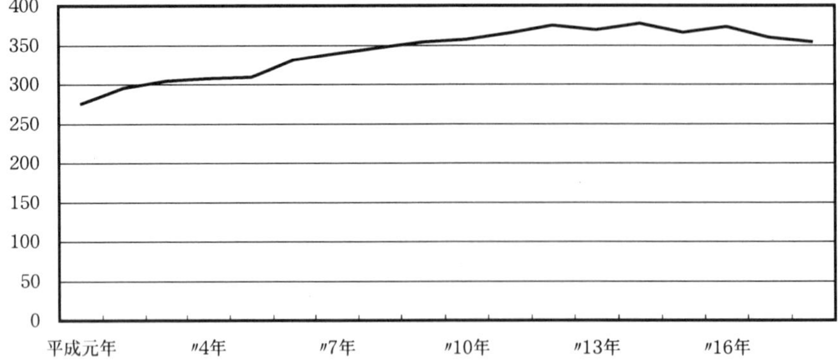

5-2　一般会計
主要科目別歳入額

（単位　10億円）

年　度		総　額	租税, 印紙収入			専売納付金			官業益金, 官業収入
				租　税	印紙収入		日本専売公社	アルコール専売事業特別会計	
1989	平成元年	67,248	54,922	53,097	1,825	9.5	-	9.5	23
1990	〃2年	71,703	60,106	58,212	1,894	11	-	11	22
1991	〃3年	72,991	59,820	58,072	1,749	12	-	12	24
1992	〃4年	71,466	54,445	52,875	1,571	13	-	13	22
1993	〃5年	a) 77,731	54,126	52,527	1,599	14	-	14	25
1994	〃6年	76,339	51,030	49,278	1,752	17	-	17	23
1995	〃7年	80,557	51,931	49,989	1,941	16	-	16	22
1996	〃8年	81,809	52,060	50,091	1,969	17	-	17	24
1997	〃9年	a) 80,170	53,941	52,260	1,681	18	-	18	27
1998	〃10年	89,783	49,432	47,823	1,608	20	-	20	26
1999	〃11年	94,376	47,234	45,673	1,561	25	-	25	25
2000	〃12年	93,361	50,712	49,181	1,532	21	-	21	20
2001	〃13年	86,903	47,948	46,520	1,428	-	-	-	20
2002	〃14年	87,289	43,833	42,469	1,364	-	-	-	20
2003	〃15年	85,623	43,282	42,117	1,165	-	-	-	17
2004	〃16年	88,898	45,589	44,454	1,135	-	-	-	17
2005	〃17年	89,000	49,065	47,897	1,169	-	-	-	16
2006	〃18年	84,413	49,069	47,851	1,218	-	-	-	16

原注：a) 決算調整資金受入を含む。

出所：42, 45, 48, 51, 56, 58

総　額

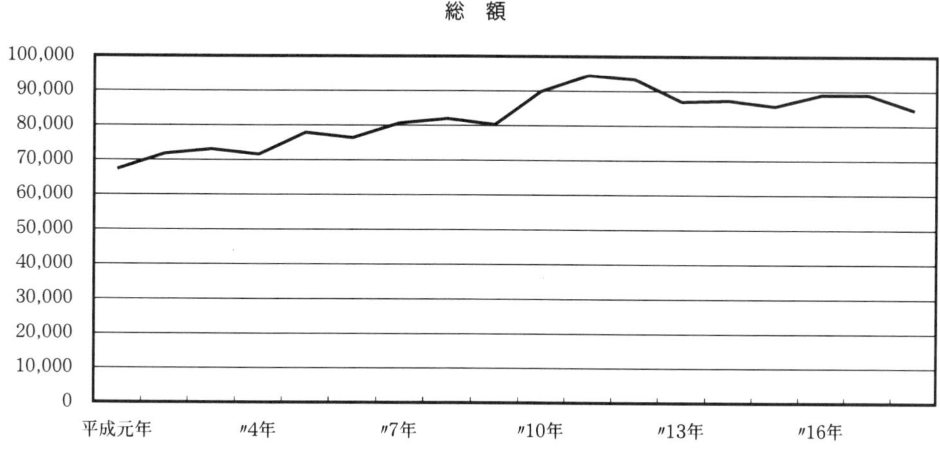

（単位　10億円）

年　度		官業益金，官業収入		政府資産整理収入				雑収入	
		印刷局特別会計受入金	病院，診療所収入		国有財産売払収入	有償管理換収入	回収金等収入		国有財産利用収入
1989	平成元年	11	11	307	294	8.0	4.8	2,212	44
1990	〃2年	11	11	162	147	10	5.0	2,701	46
1991	〃3年	12	11	134	127	2.2	5.2	3,836	48
1992	〃4年	10	12	123	110	8.1	5.5	3,338	54
1993	〃5年	12	13	123	114	5.7	3.5	5,734	58
1994	〃6年	9.2	13	99	95	1.1	3.0	6,052	58
1995	〃7年	7.4	15	274	250	0.7	23	4,341	62
1996	〃8年	9.2	15	325	304	1.6	20	3,016	62
1997	〃9年	11	16	248	241	0.7	5.8	2,900	65
1998	〃10年	9.3	16	364	169	0.7	195	4,241	66
1999	〃11年	8.6	16	247	239	1.1	7.6	3,940	69
2000	〃12年	4.6	16	225	198	2.5	24	4,040	84
2001	〃13年	3.8	16	235	205	0.2	30	4,660	65
2002	〃14年	4.1	16	327	312	0.7	14	6,049	62
2003	〃15年	-	17	441	379	0.1	61	2,923	59
2004	〃16年	-	17	403	383	1.2	18	4,192	60
2005	〃17年	-	16	332	304	0.4	28	4,317	57
2006	〃18年	-	16	275	230	0.1	45	4,102	60

政府資産整理収入

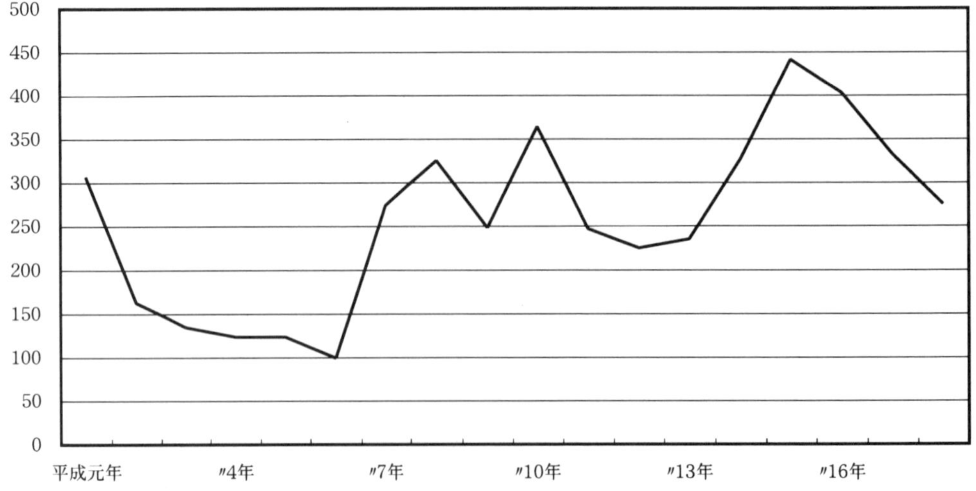

（単位　10億円）

年　度	雑収入		公債金			前年度剰余金受入	決算調整資金受入
	納付金	諸収入		公債金	特別公債金		
1989 平成元年	511	1,657	6,639	6,430	209	3,136	-
1990 〃2年	739	1,916	7,312	6,343	969	1,389	-
1991 〃3年	1,979	1,808	6,730	6,730	-	2,435	-
1992 〃4年	2,570	713	9,536	9,536	-	2,443	-
1993 〃5年	2,117	3,559	16,174	16,174	-	969	-
1994 〃6年	1,452	4,542	16,490	12,346	4,144	2,629	-
1995 〃7年	1,122	3,157	21,247	16,440	4,807	2,725	-
1996 〃8年	1,555	1,398	21,748	10,707	11,041	4,619	-
1997 〃9年	1,216	1,620	18,458	9,940	8,518	2,961	-
1998 〃10年	1,864	2,310	34,000	17,050	16,950	1,700	-
1999 〃11年	1,495	2,376	37,514	13,166	24,348	5,391	-
2000 〃12年	1,621	2,335	33,004	11,138	21,866	5,339	-
2001 〃13年	1,737	2,857	30,000	9,076	20,924	4,040	0.6
2002 〃14年	866	5,121	34,968	9,148	25,820	2,092	-
2003 〃15年	553	2,311	35,345	6,693	28,652	3,615	-
2004 〃16年	583	3,550	35,490	8,704	26,786	3,207	-
2005 〃17年	805	3,455	31,269	7,762	23,507	4,001	-
2006 〃18年	1,282	2,760	27,470	6,415	21,055	3,481	-

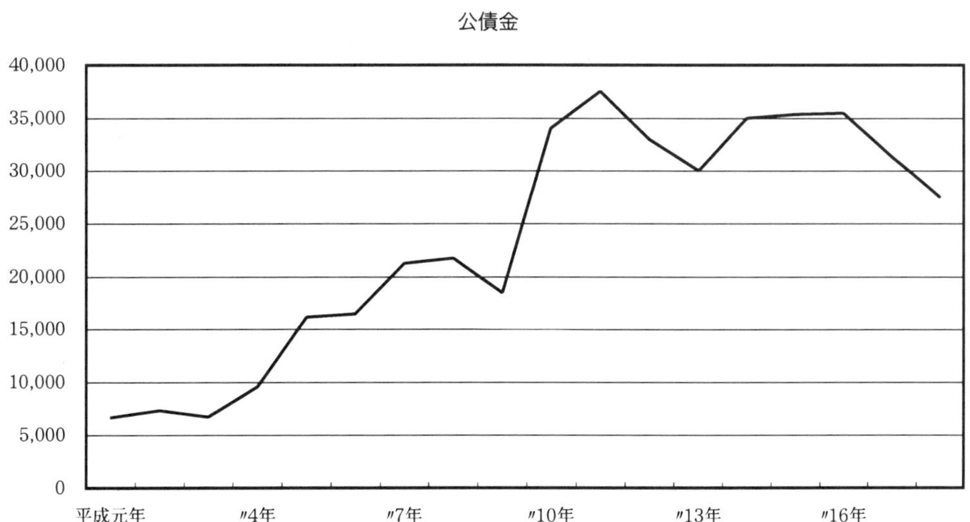

5-3　一般会計
目的別歳出額

（単位　10億円）

年　度	総　額	国家機関費	皇室費	国会費	選挙費	司法，警察及び消防費	外交費	一般行政費
1989 平成元年	65,859	3,056	5.0	90	73	1,020	583	720
1990 〃2年	69,269	4,692	6.5	96	4.6	1,082	2,068	859
1991 〃3年	70,547	3,342	6.1	99	4.7	1,126	687	820
1992 〃4年	70,497	3,495	7.6	102	46	1,174	709	835
1993 〃5年	75,102	3,715	5.3	110	46	1,233	776	900
1994 〃6年	73,614	3,718	5.4	114	5.2	1,239	765	912
1995 〃7年	75,939	4,156	5.6	119	54	1,442	793	1,041
1996 〃8年	78,848	4,224	6.1	119	67	1,317	810	1,162
1997 〃9年	78,470	4,090	6.7	123	3.5	1,319	832	1,055
1998 〃10年	84,392	4,281	6.6	131	57	1,399	862	1,049
1999 〃11年	89,037	4,274	6.8	139	3.3	1,409	889	1,055
2000 〃12年	89,321	4,803	9.4	146	73	1,453	866	1,471
2001 〃13年	84,811	4,846	7.4	154	63	1,410	864	1,542
2002 〃14年	83,674	4,309	7.1	133	5.9	1,387	810	1,168
2003 〃15年	82,416	4,383	6.7	127	72	1,391	844	1,134
2004 〃16年	84,897	4,464	7.0	127	61	1,384	905	1,170
2005 〃17年	85,520	4,460	6.8	123	70	1,411	837	1,209
2006 〃18年	81,445	4,361	6.6	123	1.3	1,432	848	1,143

出所：43, 46, 50, 53, 57, 58

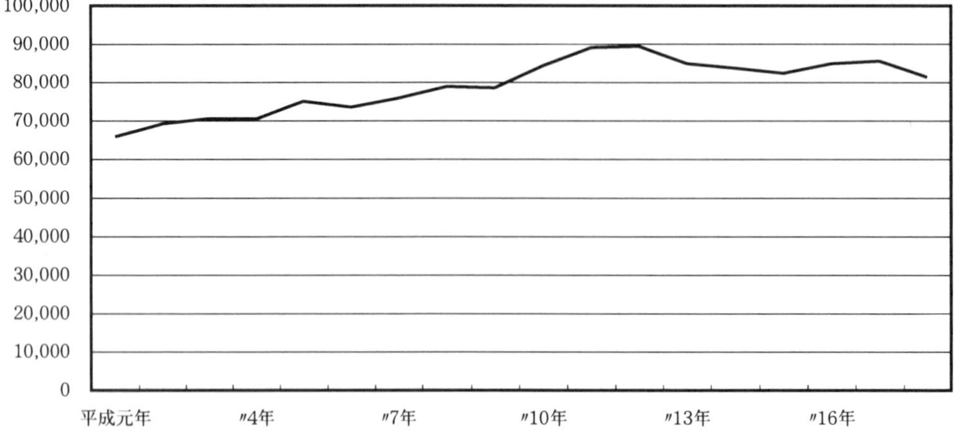

（単位　10億円）

年　度		国家機関費	貨幣製造費	地方財政費	防衛関係費	対外処理費	国土保全及び開発費		
		徴税費						国土保全費	国土開発費
1989	平成元年	565	-	14,996	3,946	-	5,775	1,092	4,050
1990	〃2年	577	-	15,959	4,277	-	5,899	1,089	4,081
1991	〃3年	599	-	15,826	4,465	-	6,297	1,149	4,337
1992	〃4年	623	-	14,230	4,613	-	8,258	1,602	6,021
1993	〃5年	644	-	13,976	4,626	-	11,855	2,324	8,775
1994	〃6年	677	-	12,094	4,662	-	11,351	2,197	8,405
1995	〃7年	702	-	12,327	4,745	-	10,938	1,965	7,837
1996	〃8年	743	-	13,969	4,841	-	10,389	1,852	7,513
1997	〃9年	751	-	15,504	4,976	-	9,210	1,722	6,959
1998	〃10年	775	-	14,326	4,982	-	11,053	2,048	8,357
1999	〃11年	772	-	13,105	4,923	-	11,084	2,007	8,048
2000	〃12年	783	-	15,849	4,931	-	10,236	1,906	7,634
2001	〃13年	805	-	16,726	4,993	-	9,272	1,682	7,073
2002	〃14年	797	-	16,501	4,944	-	7,963	1,492	5,995
2003	〃15年	786	22	17,427	4,951	-	8,248	1,532	6,280
2004	〃16年	788	21	17,703	4,921	-	8,055	1,551	5,929
2005	〃17年	785	19	17,504	4,901	-	7,942	1,372	5,654
2006	〃18年	791	17	16,761	4,839	-	6,938	1,166	5,104

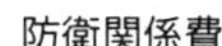

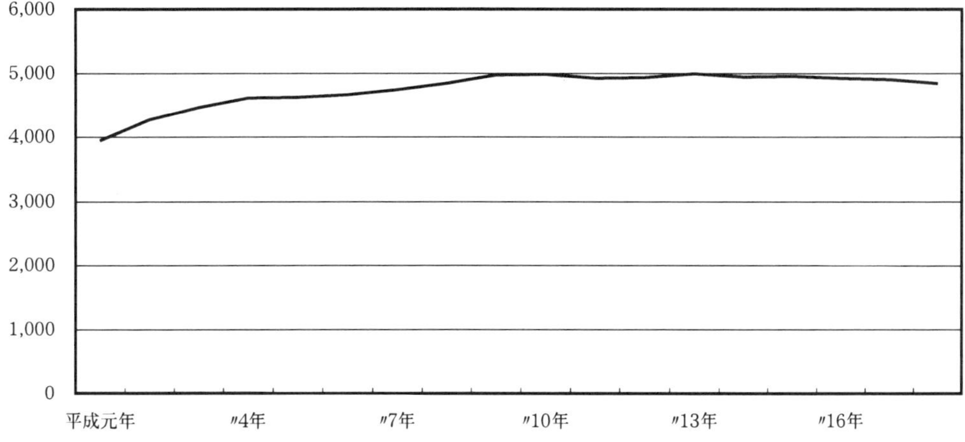

5. 財　政

（単位　10億円）

年　度	国土保全及び開発費			産業経済費				
	災害対策費	試験研究費	その他		農林水産業費	商工鉱業費	運輸通信費	産業投資特別会計へ繰入
1989 平成元年	558	13	63	4,749	1,311	1,015	882	1,229
1990 〃2年	652	15	62	4,090	1,136	1,055	311	1,283
1991 〃3年	730	16	65	4,119	1,109	1,098	287	1,270
1992 〃4年	548	19	69	3,180	1,136	1,186	290	220
1993 〃5年	631	23	102	3,569	1,228	1,437	334	220
1994 〃6年	647	29	72	3,292	1,260	1,282	216	194
1995 〃7年	975	29	132	5,053	1,281	1,879	295	1,256
1996 〃8年	913	31	79	3,313	1,307	1,287	220	161
1997 〃9年	391	31	108	3,240	1,207	1,316	208	165
1998 〃10年	502	24	121	4,910	1,252	2,297	410	541
1999 〃11年	692	31	306	4,012	1,221	1,853	301	223
2000 〃12年	545	39	112	4,112	1,221	1,981	334	159
2001 〃13年	364	34	119	4,026	1,146	1,486	268	664
2002 〃14年	319	32	126	5,421	1,144	1,544	241	2,034
2003 〃15年	280	44	113	3,213	1,122	1,167	321	102
2004 〃16年	386	44	146	3,248	1,179	1,216	342	119
2005 〃17年	714	41	161	2,998	1,137	1,045	269	179
2006 〃18年	465	39	164	2,735	1,075	1,025	245	48

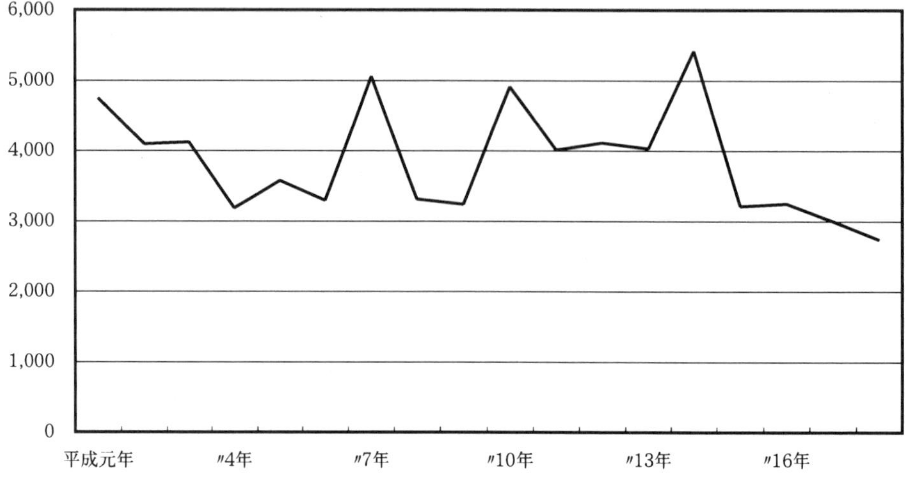

（単位　10億円）

年　度	産業経済費 物資，物価調整費	教育文化費	学校教育費	社会教育及び文化費	科学振興費	災害対策費	社会保障関係費	社会保険費
1989 平成元年	312	5,167	4,559	186	422	0.6	14,167	8,386
1990 〃2年	305	5,412	4,858	120	433	1.4	12,726	7,400
1991 〃3年	354	5,589	5,034	101	449	6.0	13,482	7,857
1992 〃4年	348	5,827	5,222	110	493	1.1	14,383	8,131
1993 〃5年	350	6,351	5,595	159	594	2.8	15,426	8,440
1994 〃6年	340	5,897	5,205	136	552	4.4	15,805	8,577
1995 〃7年	341	6,589	5,663	149	733	44	16,924	8,976
1996 〃8年	338	6,311	5,450	151	676	34	17,279	9,134
1997 〃9年	344	6,260	5,394	156	695	15	17,561	9,270
1998 〃10年	410	7,064	5,923	166	970	4.3	17,969	9,032
1999 〃11年	413	6,675	5,638	155	879	2.2	21,263	10,862
2000 〃12年	416	6,730	5,613	190	925	1.7	19,679	11,380
2001 〃13年	462	6,415	5,481	115	816	2.7	21,240	14,659
2002 〃14年	458	6,452	5,498	122	830	1.8	21,087	14,839
2003 〃15年	501	6,195	5,114	159	920	1.3	21,117	15,146
2004 〃16年	393	5,921	4,852	138	925	5.4	21,795	15,694
2005 〃17年	369	5,783	4,735	138	905	5.0	21,996	16,021
2006 〃18年	342	5,010	3,955	135	918	2.5	21,641	16,155

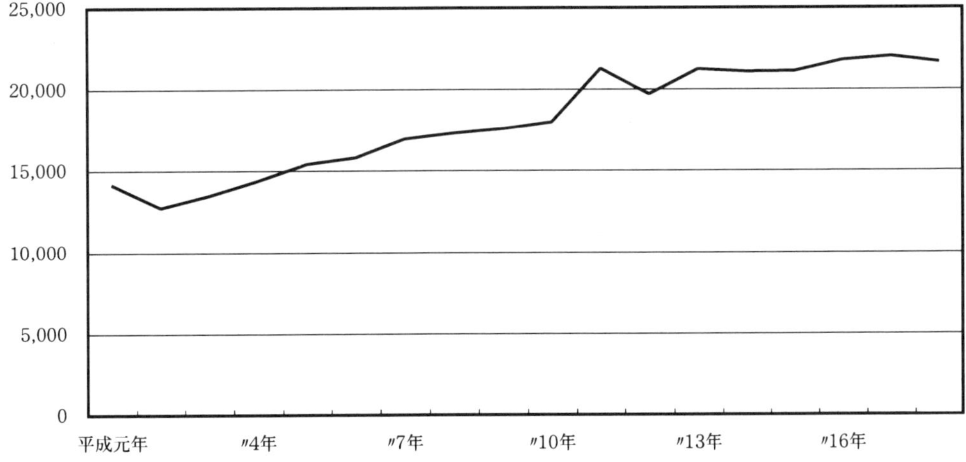

5. 財　政

（単位　10億円）

年度		社会保障関係費							
		生活保護費	社会福祉費	住宅対策費	失業対策費	保険衛生費	試験研究費	災害対策費	その他
1989	平成元年	1,053	2,379	1,507	50	712	36	0.4	42
1990	〃2年	1,016	2,512	921	47	754	39	2.0	35
1991	〃3年	1,011	2,696	982	46	805	42	7.2	35
1992	〃4年	1,018	2,958	1,166	44	965	47	0.3	54
1993	〃5年	1,043	3,149	1,491	42	1,165	49	4.8	42
1994	〃6年	1,074	3,359	1,480	40	1,052	52	142	29
1995	〃7年	1,165	3,784	1,508	39	1,072	56	302	24
1996	〃8年	1,170	4,164	1,601	37	1,021	59	57	35
1997	〃9年	1,249	4,367	1,542	34	976	69	17	37
1998	〃10年	1,298	4,754	1,638	94	1,033	75	9.0	35
1999	〃11年	1,398	5,957	1,549	345	1,027	78	10	37
2000	〃12年	1,484	4,118	1,338	96	1,030	83	7.2	141
2001	〃13年	1,582	2,006	1,201	435	1,041	104	3.4	210
2002	〃14年	1,677	1,863	992	545	860	98	1.3	212
2003	〃15年	1,810	1,978	967	39	848	114	2.6	212
2004	〃16年	1,941	1,843	942	37	880	108	32	319
2005	〃17年	1,974	1,874	827	36	807	103	12	343
2006	〃18年	2,006	1,657	722	38	697	106	4.5	255

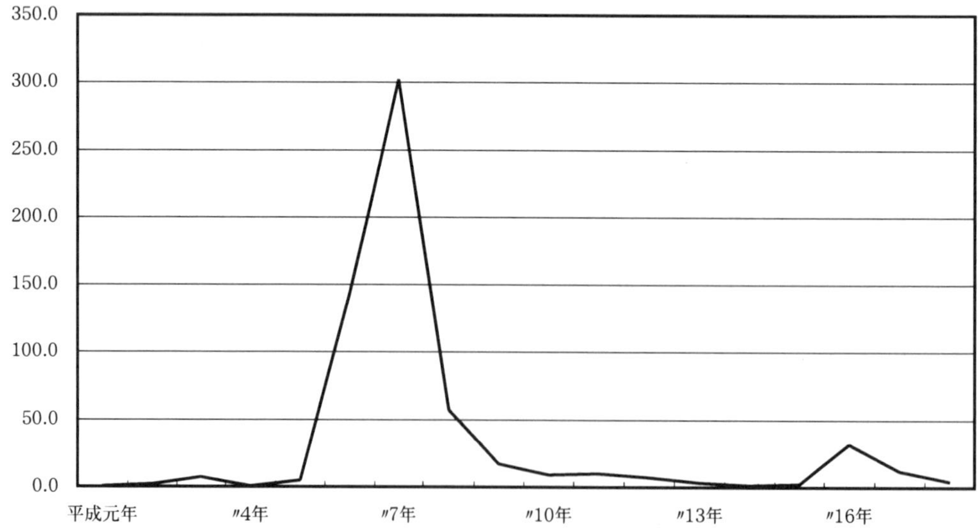

（単位　10億円）

年　度	恩給費	国債費	その他
1989 平成元年	1,846	12,090	67
1990 〃2年	1,831	14,314	69
1991 〃3年	1,815	15,537	75
1992 〃4年	1,807	14,628	75
1993 〃5年	1,789	13,714	82
1994 〃6年	1,752	13,422	1,621
1995 〃7年	1,707	12,820	680
1996 〃8年	1,652	16,084	786
1997 〃9年	1,596	15,926	107
1998 〃10年	1,547	17,699	561
1999 〃11年	1,484	20,272	1,946
2000 〃12年	1,417	21,446	118
2001 〃13年	1,349	15,829	115
2002 〃14年	1,281	15,600	116
2003 〃15年	1,206	15,544	131
2004 〃16年	1,135	17,515	137
2005 〃17年	1,064	18,736	134
2006 〃18年	991	18,037	133

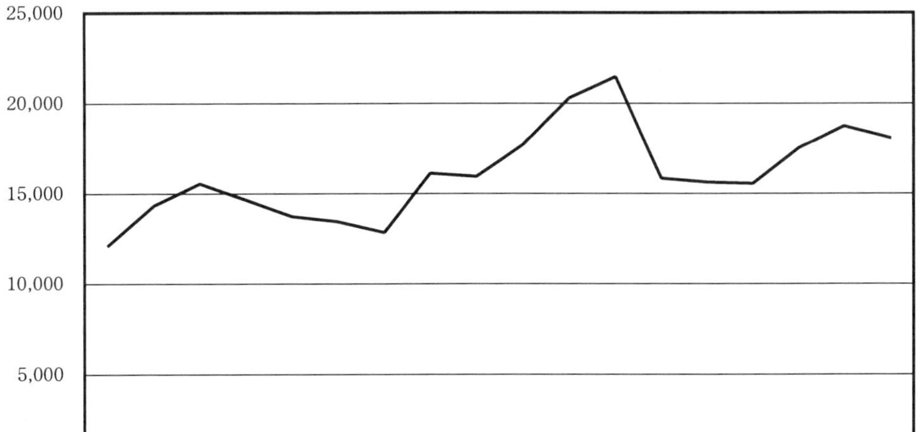

5-4　特別会計

主要会計項別歳入歳出額

（単位　10億円）

項　目	平成元年度決算	平成 2年度決算	平成 3年度決算	平成 4年度決算	平成 5年度決算
交付税及び譲与税配付金特別会計					
歳　入	20,012	19,392	18,638	18,798	20,307
歳　出	19,928	19,197	18,281	18,348	19,828
資金運用部特別会計					
歳　入	13,659	14,233	15,704	17,082	17,864
歳　出	13,650	14,222	15,690	17,011	17,708
国債整理基金特別会計					
歳　入	42,873	45,616	46,487	47,400	49,070
歳　出	38,904	41,517	41,392	41,834	42,884
国民年金特別会計					
歳　入 1)	8,288	9,164	10,037	11,039	11,874
歳　出 1)	6,961	7,733	8,242	9,107	9,888
厚生保険特別会計					
歳　入 1)	25,952	29,949	32,770	34,740	35,885
歳　出 1)	21,096	22,926	25,225	27,533	29,179
食糧管理特別会計					
歳　入 1)	1,974	1,819	1,525	1,425	1,031
歳　出 1)	1,946	1,788	1,509	1,407	921
簡易生命保険特別会計					
歳　入	10,238	11,309	12,702	15,267	16,908
歳　出	5,333	5,941	6,668	7,553	8,094
郵政事業特別会計					
歳　入	5,725	5,992	6,087	6,229	6,628
歳　出	5,728	5,996	6,111	6,229	6,562
郵便貯金特別会計					
歳　入	12,312	13,200	15,367	18,652	18,565
歳　出	11,325	11,531	12,811	16,087	15,971
労働保険特別会計					
歳　入 1)	4,212	4,494	4,800	4,705	4,566
歳　出 1)	2,682	2,597	2,691	2,966	3,387
道路整備特別会計					
歳　入	3,343	3,453	3,615	4,206	6,144
歳　出	3,242	3,328	3,467	4,046	5,883

原注：1) 各勘定間の重複部分を除く。

出所：41, 42, 43, 44, 45

5-5　政府関係機関
機関別収入支出額（平成元年度～8年度）

（単位　10億円）

機　関	平成元年度決算		平成 2年度決算		平成 3年度決算		平成 4年度決算	
	収入	支出	収入	支出	収入	支出	収入	支出
総額	5,946	5,042	5,784	5,165	6,326	5,790	6,682	6,379
国民金融公庫	375	341	441	381	501	463	515	500
住宅金融公庫	2,789	2,217	2,373	2,234	2,614	2,475	2,825	2,752
農林漁業金融公庫	385	377	378	356	378	341	374	365
中小企業金融公庫	345	327	421	379	484	470	514	507
北海道東北開発公庫	56	56	57	56	64	63	72	67
公営企業金融公庫	835	795	863	803	900	825	920	831
中小企業信用保険公庫	212	85	222	62	233	104	218	196
環境衛生金融公庫	39	37	41	39	50	46	56	51
沖縄振興開発金融公庫	60	57	63	56	69	63	72	71
日本開発銀行	528	475	571	480	620	556	660	605
日本輸出入銀行	321	276	354	320	414	384	455	433

出所：41, 42, 43, 44, 45, 46, 47, 48

（単位　10億円）

機　関	平成5年度決算		平成 6年度決算		平成 7年度決算		平成 8年度決算	
	収入	支出	収入	支出	収入	支出	収入	支出
総額	7,090	6,778	7,460	7,192	7,657	7,536	7,478	7,385
国民金融公庫	511	534	514	511	513	500	414	431
住宅金融公庫	3,097	2,928	3,375	3,311	3,562	3,655	3,554	3,669
農林漁業金融公庫	352	356	344	340	325	321	296	293
中小企業金融公庫	523	546	503	522	480	452	352	365
北海道東北開発公庫	78	74	81	77	77	77	72	74
公営企業金融公庫	948	848	982	865	1,002	878	1,025	887
中小企業信用保険公庫	236	239	254	261	252	285	297	299
環境衛生金融公庫	61	61	61	61	62	62	54	57
沖縄振興開発金融公庫	77	73	82	78	82	83	79	81
日本開発銀行	721	669	758	701	766	733	757	713
日本輸出入銀行	486	452	506	463	519	490	579	516

5-5　政府関係機関
機関別収入支出額（平成9年度～12年度）

（単位　10億円）

機　関	平成 9年度決算		平成 10年度決算		平成 11年度決算		平成 12年度決算	
	収入	支出	収入	支出	収入	支出	収入	支出
総　額	7,301	7,256	7,293	7,215	7,209	6,920	7,019	6,988
国民生活金融公庫	390	378	367	326	342	304	332	306
住宅金融公庫	3,499	3,672	3,518	3,602	3,441	3,307	3,236	3,203
農林漁業金融公庫	276	267	250	242	238	218	209	196
中小企業金融公庫	310	311	304	271	276	253	261	225
北海道東北開発公庫	69	72	67	68	24	33	-	-
公営企業金融公庫	1,035	897	1,025	872	1,002	837	976	778
中小企業信用保険公庫	282	338	313	488	73	94	-	-
環境衛生金融公庫	49	50	44	41	18	18	-	-
沖縄振興開発金融公庫	77	78	76	74	72	69	66	64
中小企業総合事業団 信用保険部門	-	-	-	-	256	443	332	786
日本開発銀行	715	672	678	643	331	308	-	-
日本輸出入銀行	598	520	652	589	331	299	-	-
日本政策投資銀行	-	-	-	-	350	336	676	631
国際協力銀行	-	-	-	-	456	402	931	798

出所：49, 50, 51, 52

収入　総額

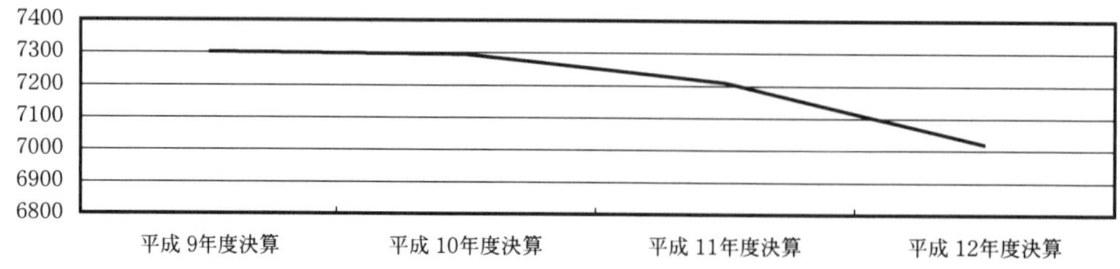

支出　総額

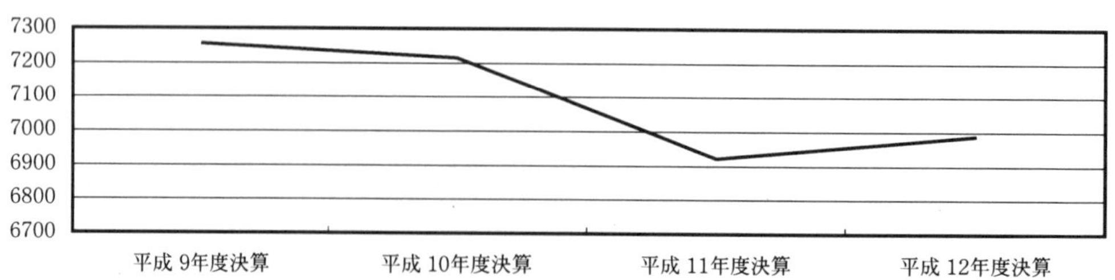

5-5　政府関係機関
機関別収入支出額（平成13年度～17年度）

（単位　10億円）

機　関	平成 13年度決算		平成 14年度決算		平成 15年度決算		平成 16年度決算		平成 17年度決算	
	収入	支出	収入	支出	収入	支出	収入	支出	収入	支出
総額	6,584	6,628	5,864	5,997	5,433	5,206	5,066	4,563	4,710	4,103
国民生活金融公庫	295	271	259	212	210	169	191	142	175	123
住宅金融公庫	3,040	3,028	2,725	2,813	2,448	2,510	2,255	2,242	2,033	2,020
農林漁業金融公庫	193	176	169	156	149	137	142	122	116	110
中小企業金融公庫	237	193	205	162	194	137	454	588	521	644
公営企業金融公庫	943	702	916	635	864	559	825	492	780	432
沖縄振興開発金融公庫	61	58	54	52	49	46	45	40	40	35
中小企業総合事業団信用保険部門	343	926	342	957	401	818	92	172	-	-
日本政策投資銀行	633	584	562	483	504	420	442	369	404	314
国際協力銀行	839	689	631	527	614	409	620	370	642	424

出所：53, 54, 55, 57, 58

収入　総額

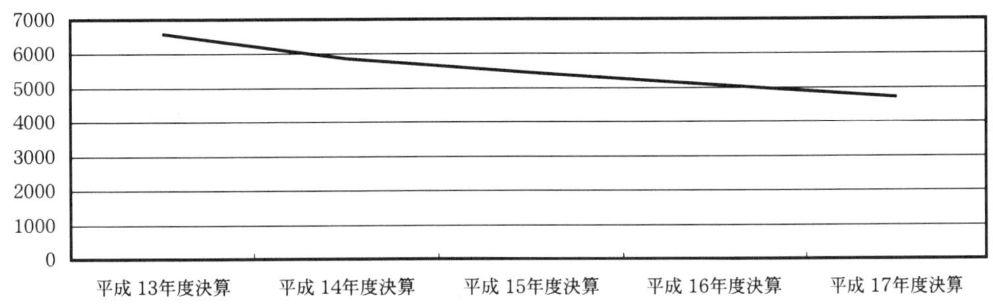

支出　総額

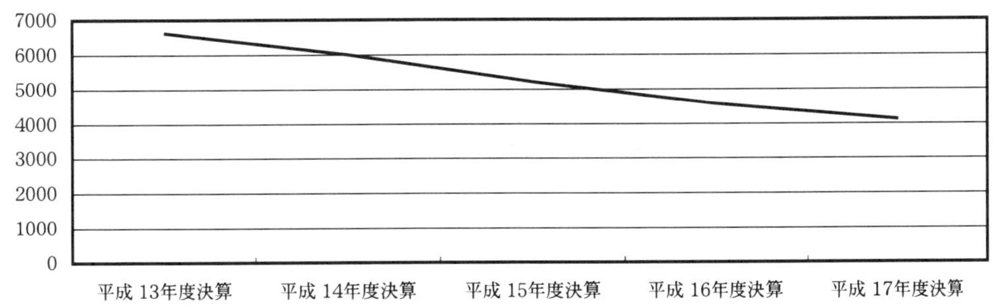

6. 教　育

6-1　幼稚園，保育所（平成元年～13年）

年　次	幼稚園数		学級数	教員数 (本務)		在園者数 (1,000)		入園者数
	本　園	分　園			＃男		＃男	(1,000)
1989 平成元年	14,995	85	73,516	100,407	6,274	2,038	1,037	999
1990 〃2年	14,988	88	73,598	100,932	6,318	2,008	1,021	968
1991 〃3年	14,952	89	73,740	101,493	6,277	1,978	1,005	943
1992 〃4年	14,926	80	73,740	102,279	6,305	1,949	990	912
1993 〃5年	14,883	75	73,572	102,828	6,244	1,907	969	869
1994 〃6年	14,832	69	73,053	103,014	6,213	1,852	940	829
1995 〃7年	14,786	70	72,615	102,992	6,235	1,808	918	818
1996 〃8年	14,724	66	72,646	103,518	6,235	1,798	912	805
1997 〃9年	14,624	66	72,721	103,839	6,215	1,790	908	788
1998 〃10年	14,537	66	72,756	104,687	6,202	1,786	906	790
1999 〃11年	14,462	65	72,812	105,048	6,234	1,778	901	769
2000 〃12年	14,389	62	72,898	106,067	6,282	1,774	899	759
2001 〃13年	14,314	61	73,306	106,703	6,423	1,753	888	747

原注：「学校基本調査」，ただし，保育所は「社会福祉施設調査」による。10月1日現在。1) へき地保育所を除く。2) 専任のみ。無資格者を含む。

出所：42, 44, 46, 49, 51, 53

6-1　幼稚園及び保育所（平成14年～19年）

年　次	幼稚園数 1)	学級数	教員数 (本務)	男	女	在園者数 (1,000)	男	女
2002 平成14年	14,279	73,834	108,051	6,541	101,510	1,769	896	873
2003 〃15年	14,174	73,774	108,822	6,621	102,201	1,760	892	869
2004 〃16年	14,061	73,759	109,806	6,711	103,095	1,753	889	864
2005 〃17年	13,949	73,616	110,393	6,807	103,586	1,739	883	856
2006 〃18年	13,835	73,386	110,807	6,904	103,903	1,727	875	851
2007 〃19年	13,723	73,068	111,239	6,943	104,296	1,705	864	841

原注：「学校基本調査」，ただし，保育所は「社会福祉施設調査」による。10月1日現在。1) 分園を含む。2) へき地保育所を除く。都道府県別は平成15年の数字。3) 無資格者を含む。

出所：55, 56, 58

年　次	前年度修了者数 (1,000)	保育所 1)		
		保育所数	保母数 2)	在所児数 (1,000)
1989 平成元年	967	22,737	179,577	1,745
1990 〃2年	962	22,703	181,345	1,724
1991 〃3年	938	22,668	183,819	1,709
1992 〃4年	904	22,635	187,768	1,699
1993 〃5年	872	22,584	194,409	1,686
1994 〃6年	842	22,526	198,380	1,676
1995 〃7年	822	22,488	203,350	1,679
1996 〃8年	778	22,438	208,424	1,702
1997 〃9年	758	22,387	214,968	1,739
1998 〃10年	758	22,327	222,762	1,790
1999 〃11年	741	22,275	231,923	1,844
2000 〃12年	728	22,199	242,787	1,904
2001 〃13年	747	22,231	252,890	1,950

年　次	入園者数 (1,000)	保育所 2)		
		保育所数	従事者数（常勤換算） 3)	在所児数 (1,000)
2002 平成14年	737	22,288	315,707	2,005
2003 〃15年	718	22,391	267,700	2,048
2004 〃16年	704	22,494	404,912	2,090
2005 〃17年	692	22,624	416,542	2,118
2006 〃18年	672	22,720	426,843	2,118
2007 〃19年	654	…	…	…

6-2　小学校（平成元年～13年）

年　次	学校数		教員数（本務）			学級数		
	本　校	分　校	計	男	女	計	単式学級	複式学級 1)
1989 平成元年	24,018	833	445,450	189,105	256,346	317,259	295,208	7,631
1990 〃2年	24,021	806	444,218	185,030	259,188	315,426	293,557	7,480
1991 〃3年	24,023	775	444,903	181,236	263,667	313,707	291,995	7,309
1992 〃4年	23,979	751	440,769	177,134	263,635	308,587	286,785	7,279
1993 〃5年	23,958	718	438,064	173,444	264,620	304,459	282,713	7,102
1994 〃6年	23,941	694	434,945	170,666	264,279	300,111	278,268	7,008
1995 〃7年	23,893	655	430,958	167,332	263,626	295,244	273,249	6,870
1996 〃8年	23,857	625	425,714	163,477	262,237	288,905	266,496	6,898
1997 〃9年	23,775	601	420,901	159,784	261,117	282,974	260,083	6,909
1998 〃10年	23,715	580	415,680	156,976	258,704	278,228	254,906	6,993
1999 〃11年	23,639	549	411,439	155,221	256,218	274,490	250,252	7,078
2000 〃12年	23,573	533	407,598	153,652	253,946	271,693	246,539	7,145
2001 〃13年	23,450	514	407,829	153,064	254,765	270,979	244,853	7,080

原注：「学校基本調査」による。5月1日現在。1) 全校児童を1学級に編成している「単級」学校を含む。2) 1学年の在籍者数。3) 年度間に通算30日以上（平成2年までは50日以上）欠席した児童数。

出所：42, 44, 46, 49, 50, 52, 53

6-2　小学校（平成14年～19年）

年　次	学校数		教員数（本務）			学級数		
	本　校	分　校	計	男	女	計	単式学級	複式学級
2002 平成14年	23,316	492	410,505	153,555	256,950	271,043	243,883	6,954
2003 〃15年	23,169	464	413,890	154,423	259,467	272,257	244,024	6,849
2004 〃16年	22,989	431	414,908	154,618	260,290	274,062	244,898	6,728
2005 〃17年	22,738	385	416,833	155,274	261,559	276,083	245,910	6,467
2006 〃18年	22,533	345	417,858	155,907	261,951	277,524	246,110	6,420
2007 〃19年	22,366	327	418,246	155,859	262,387	277,562	244,946	6,319

原注：「学校基本調査」による。5月1日現在。1) 1学年の在籍者数。2) 年度間に通算30日以上（平成2年までは50日以上）欠席した児童数。

出所：55, 57, 58

年　次	学級数 75条の学級	児童数 (1,000)	# 男	# 学級編制方式別（公立） 単式学級	複式学級 1)	75条の学級	入学者数 (1,000) 2)
1989 平成元年	14,420	9,607	4,919	9,378	66	52	1,512
1990 〃2年	14,389	9,373	4,798	9,147	65	50	1,502
1991 〃3年	14,403	9,157	4,686	8,934	63	48	1,464
1992 〃4年	14,523	8,947	4,578	8,725	63	47	1,410
1993 〃5年	14,644	8,769	4,486	8,549	60	45	1,366
1994 〃6年	14,835	8,583	4,391	8,366	58	44	1,325
1995 〃7年	15,125	8,370	4,283	8,156	56	44	1,300
1996 〃8年	15,511	8,106	4,148	7,892	55	44	1,238
1997 〃9年	15,982	7,855	4,020	7,641	54	44	1,213
1998 〃10年	16,329	7,664	3,922	7,448	55	45	1,217
1999 〃11年	17,160	7,500	3,839	7,283	55	47	1,203
2000 〃12年	18,009	7,366	3,769	7,146	56	49	1,192
2001 〃13年	19,046	7,297	3,734	7,075	55	52	1,232

年　次	学級数 特別支援学級	児童数 (1,000)	男	女	# 学級編制方式別（公立） 単式学級	複式学級	特別支援学級	入学者数 (1,000) 1)
2002 平成14年	20,206	7,239	3,703	3,536	7,015	55	56	1,182
2003 〃15年	21,384	7,227	3,697	3,530	6,998	54	59	1,201
2004 〃16年	22,436	7,201	3,683	3,518	6,969	53	63	1,192
2005 〃17年	23,706	7,197	3,680	3,517	6,961	51	67	1,200
2006 〃18年	24,994	7,187	3,675	3,512	6,944	51	73	1,182
2007 〃19年	26,297	7,133	3,649	3,484	6,883	50	79	1,176

年　次	#へき地指定学校（公立）			遠距離通学者数（公立）	長期欠席児童数 3)
	学校数	教員数（本務）	児童数		
1989 平成元年	4,516	30,736	263,156	141,873	24,561
1990 〃2年	5,000	37,646	356,757	138,846	25,491
1991 〃3年	4,959	37,721	348,999	136,986	65,234
1992 〃4年	4,898	37,645	337,900	135,514	70,746
1993 〃5年	4,840	37,339	328,968	132,031	67,517
1994 〃6年	4,785	37,108	317,925	129,264	70,598
1995 〃7年	4,726	36,621	305,625	125,386	71,047
1996 〃8年	4,661	36,235	292,442	120,724	78,096
1997 〃9年	4,587	35,556	277,999	114,906	81,173
1998 〃10年	4,515	34,694	264,922	109,772	82,807
1999 〃11年	4,430	33,925	252,099	-	78,428
2000 〃12年	4,364	33,092	240,144	-	78,044
2001 〃13年	4,265	32,312	229,527	-	77,215

年　次	#へき地等指定学校（公立）			長期欠席児童数 2)
	学校数	教員数（本務）	児童数	
2002 平成14年	4,125	31,207	217,510	68,099
2003 〃15年	4,001	30,315	208,266	62,146
2004 〃16年	3,873	29,355	200,286	59,305
2005 〃17年	3,664	28,067	190,400	59,053
2006 〃18年	3,496	26,823	181,516	61,095
2007 〃19年	3,367	25,966	173,416	…

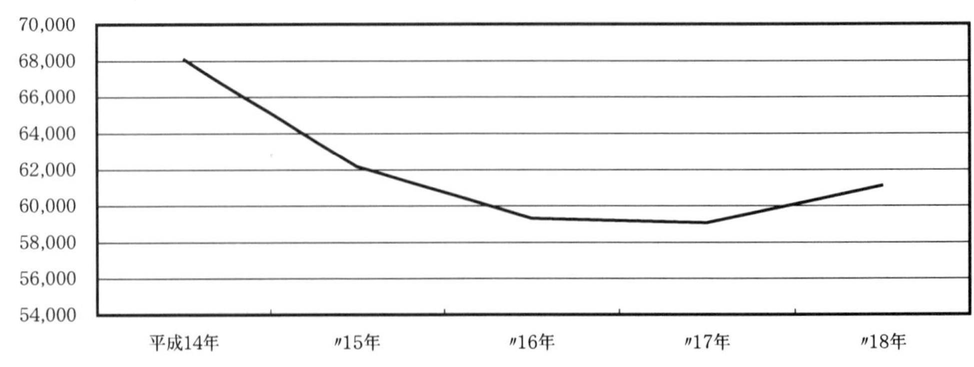

6-3　中学校（平成元年～13年）

年　次		学校数		教員数（本務）			学級数		
		本校	分校	計	男	女	計	単式学級	複式学級 1)
1989	平成元年	11,175	89	286,301	184,173	102,128	154,054	146,858	303
1990	〃2年	11,182	93	286,065	182,058	104,007	152,466	145,267	304
1991	〃3年	11,198	92	286,965	179,934	107,031	152,009	144,838	294
1992	〃4年	11,210	90	282,737	175,587	107,150	148,340	141,113	298
1993	〃5年	11,204	88	278,267	171,467	106,800	143,662	136,401	286
1994	〃6年	11,203	86	273,527	167,504	106,023	139,712	132,436	262
1995	〃7年	11,194	80	271,020	164,683	106,337	137,075	129,674	234
1996	〃8年	11,192	77	270,972	163,204	107,768	136,047	128,549	238
1997	〃9年	11,185	72	270,229	161,485	108,744	134,963	127,307	238
1998	〃10年	11,167	69	266,729	158,757	107,972	132,659	124,846	240
1999	〃11年	11,153	67	262,226	155,865	106,361	129,587	121,441	239
2000	〃12年	11,140	69	257,605	153,290	104,315	126,643	118,162	234
2001	〃13年	11,118	73	255,494	151,714	103,780	124,261	115,348	248

原注：「学校基本調査」による。5月1日現在。1) 全校児童を1学級に編制している「単級」学級を含む。　2) 1学年の在籍者数。　3)就職進学者を含む。高等学校（本科，別科），高等専門学校への進学者を示す。高等学校の通信制課程（本科）への進学者を含む。　4) 年度間に通算30日以上（平成2年までは50日以上）欠席した生徒数。

出所：42, 44, 46, 49, 50, 52, 53

6-3　中学校（平成14年～19年）

年　次		学校数		教員数（本務）			学級数		
		本校	分校	計	男	女	計	単式学級	複式学級
2002	平成14年	11,083	76	253,954	150,490	103,464	122,044	112,659	235
2003	〃15年	11,060	74	252,050	148,949	103,101	119,638	109,867	234
2004	〃16年	11,026	76	249,794	147,380	102,414	118,275	108,157	231
2005	〃17年	10,960	75	248,694	146,603	102,091	118,182	107,649	225
2006	〃18年	10,921	71	248,280	146,036	102,244	118,467	107,297	218
2007	〃19年	10,882	73	249,645	146,282	103,363	119,606	107,756	206

原注：「学校基本調査」による。5月1日現在。1) 1学年の在籍者数。2) 高等学校（本科、別科）及び高等専門学校への進学者で, 就職進学者を含む。3) 年度間に通算30日以上（平成2年までは50日以上）欠席した生徒。

出所：55, 57, 58

年　次	学級数 75条の学級	生徒数 (1,000)	# 男	# 学級編制方式別（公立） 単式学級	複式学級 1)	75条の学級	入学者数 (1,000) 2)
1989　平成元年	6,893	5,619	2,875	5,356	2.0	28	1,775
1990　〃2年	6,895	5,369	2,748	5,102	2.0	27	1,733
1991　〃3年	6,877	5,188	2,656	4,915	1.9	26	1,681
1992　〃4年	6,929	5,037	2,577	4,756	1.9	25	1,623
1993　〃5年	6,975	4,850	2,483	4,563	1.8	23	1,546
1994　〃6年	7,014	4,681	2,396	4,391	1.5	22	1,512
1995　〃7年	7,167	4,570	2,339	4,277	1.3	22	1,513
1996　〃8年	7,260	4,527	2,314	4,232	1.4	22	1,503
1997　〃9年	7,418	4,481	2,290	4,184	1.4	22	1,465
1998　〃10年	7,573	4,381	2,239	4,084	1.6	22	1,412
1999　〃11年	7,907	4,244	2,619	3,948	1.5	22	1,367
2000　〃12年	8,247	4,104	2,100	3,811	1.5	23	1,326
2001　〃13年	8,665	3,992	2,042	3,699	1.5	24	1,300

年　次	学級数 特別支援学級	生徒数 (1,000)	男	女	# 学級編制方式別（公立） 単式学級	複式学級	特別支援学級	入学者数 (1,000) 1)
2002　平成14年	9,150	3,863	1,976	1,887	3,571	1.4	26	1,237
2003　〃15年	9,537	3,748	1,915	1,833	3,454	1.4	26	1,212
2004　〃16年	9,887	3,664	1,873	1,791	3,365	1.3	27	1,214
2005　〃17年	10,308	3,626	1,854	1,772	3,320	1.3	29	1,200
2006　〃18年	10,952	3,602	1,842	1,759	3,288	1.3	31	1,188
2007　〃19年	11,644	3,615	1,848	1,767	3,292	1.2	34	1,227

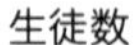

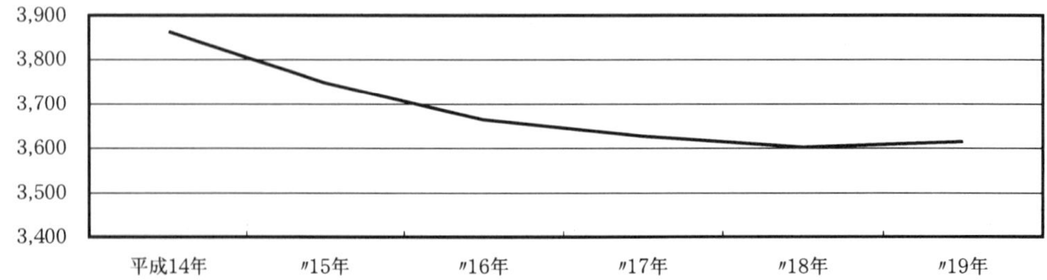

年　次		前年度卒業者数 (1,000)	# 進学者数 3)	# へき地指定学校（公立） 学校数	教員数（本務）	生徒数	遠距離通学者数（公立）	長期欠席生徒数 4)
1989	平成元年	2,049	1,941	1,521	14,350	112,619	128,219	65,885
1990	〃 2年	1,982	1,884	1,810	18,628	164,079	126,158	66,435
1991	〃 3年	1,860	1,774	1,799	19,023	159,807	123,547	103,069
1992	〃 4年	1,774	1,700	1,776	18,840	155,259	121,434	108,375
1993	〃 5年	1,732	1,667	1,755	18,623	149,773	118,835	108,086
1994	〃 6年	1,680	1,622	1,737	18,455	145,657	115,777	112,601
1995	〃 7年	1,622	1,568	1,714	18,271	142,008	114,191	116,778
1996	〃 8年	1,545	1,496	1,703	18,339	142,408	113,752	130,347
1997	〃 9年	1,511	1,462	1,694	18,258	140,102	112,309	142,161
1998	〃 10年	1,512	1,464	1,680	18,032	135,705	109,700	145,184
1999	〃 11年	1,503	1,455	1,654	17,768	129,764	-	142,750
2000	〃 12年	1,465	1,421	1,633	17,519	123,875	-	145,526
2001	〃 13年	1,410	1,367	1,609	17,232	118,001	-	148,547

年　次		前年度卒業者数 (1,000)	# 進学者数 2)	# へき地等指定学校（公立） 学校数	教員数（本務）	生徒数	長期欠席生徒数 3)
2002	平成14年	1,365	1,324	1,565	16,711	109,873	136,013
2003	〃 15年	1,325	1,289	1,531	16,336	103,724	131,181
2004	〃 16年	1,299	1,266	1,496	15,834	98,750	127,658
2005	〃 17年	1,236	1,207	1,444	15,252	94,146	128,596
2006	〃 18年	1,211	1,183	1,417	14,916	90,108	135,472
2007	〃 19年	1,213	1,186	1,382	14,543	86,419	…

進学者数

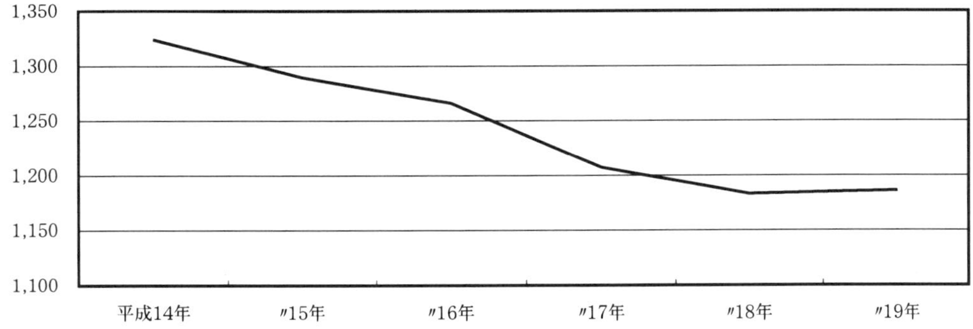

6-4　高等学校（平成元年～14年）

年　次	学校数		教員数			生徒数		
	本校	分校		# 本務	# 男	(1,000)	# 男	# 全日制
1989 平成元年	5,342	169	343,324	284,461	227,276	5,644	2,843	5,492
1990 〃2年	5,342	164	346,278	286,006	227,341	5,623	2,830	5,477
1991 〃3年	5,345	158	558,488	286,092	226,239	5,455	2,744	5,319
1992 〃4年	5,344	157	346,517	284,409	223,875	5,218	2,624	5,093
1993 〃5年	5,346	155	343,954	282,499	220,797	5,010	2,519	4,894
1994 〃6年	5,345	152	343,843	282,085	218,686	4,863	2,445	4,751
1995 〃7年	5,354	147	342,672	281,117	215,792	4,725	2,374	4,618
1996 〃8年	5,353	143	340,822	278,879	212,404	4,547	2,284	4,441
1997 〃9年	5,354	142	338,072	276,108	209,095	4,371	2,194	4,269
1998 〃10年	5,351	142	335,388	273,307	205,684	4,258	2,136	4,156
1999 〃11年	5,346	135	334,192	271,210	202,952	4,212	2,113	4,107
2000 〃12年	5,345	133	331,594	269,027	200,180	4,165	2,091	4,056
2001 〃13年	5,345	134	330,338	266,548	196,945	4,062	2,042	3,950
2002 〃14年	5,344	128	325,611	262,371	192,516	3,929	1,982	3,816

原注：「学校基本調査」による。5月1日現在。1)就職進学者及び高等学校の専攻科を含む。大学・短期大学の通信教育部への進学者を含む。

出所：42, 45, 48, 51, 53

6-4　高等学校（平成15年～19年）

年　次	学校数		教員数				生徒数	
	本校	分校		# 本務	男	女	(1,000)	男
2003 平成15年	5,331	119	322,919	258,537	188,575	69,962	3,810	1,928
2004 〃16年	5,313	116	320,584	255,605	185,435	70,170	3,719	1,885
2005 〃17年	5,304	114	318,784	251,408	181,933	69,475	3,605	1,828
2006 〃18年	5,272	113	315,572	247,804	178,713	69,091	3,495	1,769
2007 〃19年	5,201	112	311,131	243,953	175,360	68,593	3,407	1,725

原注：「学校基本調査」による。5月1日現在。全日制及び定時制の計。1) 大学，短期大学及び高等学校等（専攻科）への進学者で進学し，かつ就職した者も含む。

出所：56, 58

年　次	入学状況（本科）		前年度卒業者数	
	志願者数（延べ数） (1,000)	入学者数 (1,000)	(1,000)	# 進学者数 1)
1989 平成元年	3,817	1,931	1,701	521
1990 〃2年	3,726	1,871	1,767	540
1991 〃3年	3,501	1,761	1,803	571
1992 〃4年	3,348	1,686	1,807	592
1993 〃5年	3,249	1,650	1,755	606
1994 〃6年	3,217	1,606	1,659	599
1995 〃7年	3,131	1,552	1,591	598
1996 〃8年	2,973	1,479	1,555	606
1997 〃9年	2,892	1,446	1,504	611
1998 〃10年	2,881	1,446	1,441	612
1999 〃11年	2,847	1,436	1,363	602
2000 〃12年	2,782	1,400	1,329	600
2001 〃13年	2,669	1,346	1,327	599
2002 〃14年	2,587	1,303	1,315	590

年　次	生徒数	入学者数（本科）	前年度卒業者数	
	女	(1,000)	(1,000)	# 進学者数 1)
2003 平成15年	1,882	1,268	1,281	572
2004 〃16年	1,834	1,243	1,235	560
2005 〃17年	1,778	1,184	1,203	568
2006 〃18年	1,725	1,157	1,172	578
2007 〃19年	1,681	1,158	1,147	587

6-5　高等専門学校

年　次		学校数	教員数	# 男	# 本務	学生数 1)	# 男	入学状況 定員数 1)	入学状況 志願者数 (延べ数)
1989	平成元年	62	6,179	5,969	3,954	51,966	48,213	10,670	23,667
1990	〃2年	62	6,340	6,118	4,003	52,930	48,253	10,750	24,947
1991	〃3年	63	6,417	6,173	4,061	53,698	47,842	10,870	25,246
1992	〃4年	62	6,439	6,169	4,126	54,786	47,726	10,990	23,815
1993	〃5年	62	6,644	6,354	4,184	55,453	47,237	11,102	23,630
1994	〃6年	62	6,727	6,409	4,265	55,938	46,776	11,194	22,750
1995	〃7年	62	6,808	6,472	4,306	56,234	46,268	11,246	23,315
1996	〃8年	62	6,830	6,456	4,345	56,396	46,067	11,378	22,744
1997	〃9年	62	6,986	6,575	4,384	56,294	45,749	11,426	22,950
1998	〃10年	62	7,032	6,596	4,408	56,214	45,603	11,494	23,611
1999	〃11年	62	7,097	6,652	4,433	56,436	45,849	11,546	24,334
2000	〃12年	62	7,079	6,617	4,459	56,714	46,090	11,516	24,315
2001	〃13年	62	7,017	6,540	4,467	57,017	46,525	11,561	22,749
2002	〃14年	62	7,045	6,546	4,465	57,349	46,956	11,644	21,657
2003	〃15年	63	7,000	6,471	4,474	57,875	47,660	…	22,317
2004	〃16年	63	6,846	6,299	4,473	58,698	48,557	12,037	22,471
2005	〃17年	63	6,809	6,207	4,469	59,160	49,325	12,059	20,834
2006	〃18年	64	6,726	6,105	4,471	59,380	49,768	12,011	20,229
2007	〃19年	64	6,521	5,896	4,453	59,386	50,016	12,011	19,512

原注：「学校基本調査」による。5月1日現在。1) 平成7年以降，専攻科の学生を含む。
出所：42, 44, 47, 50, 54, 57, 58

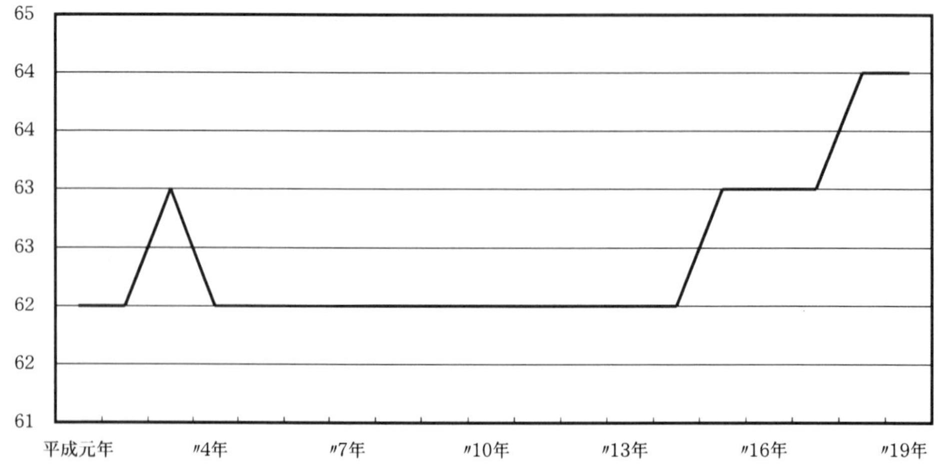

年　次		入学状況 入学者数	前年度 卒業者数
1989	平成元年	10,986	8,706
1990	〃 2年	11,127	9,038
1991	〃 3年	11,191	9,257
1992	〃 4年	11,300	9,280
1993	〃 5年	11,240	9,574
1994	〃 6年	11,175	9,898
1995	〃 7年	11,313	10,189
1996	〃 8年	11,269	10,175
1997	〃 9年	11,277	10,232
1998	〃 10年	11,306	10,077
1999	〃 11年	11,330	9,836
2000	〃 12年	11,225	9,849
2001	〃 13年	11,315	9,833
2002	〃 14年	11,253	9,780
2003	〃 15年	11,335	10,056
2004	〃 16年	11,572	10,011
2005	〃 17年	11,345	10,061
2006	〃 18年	11,330	10,140
2007	〃 19年	11,112	10,207

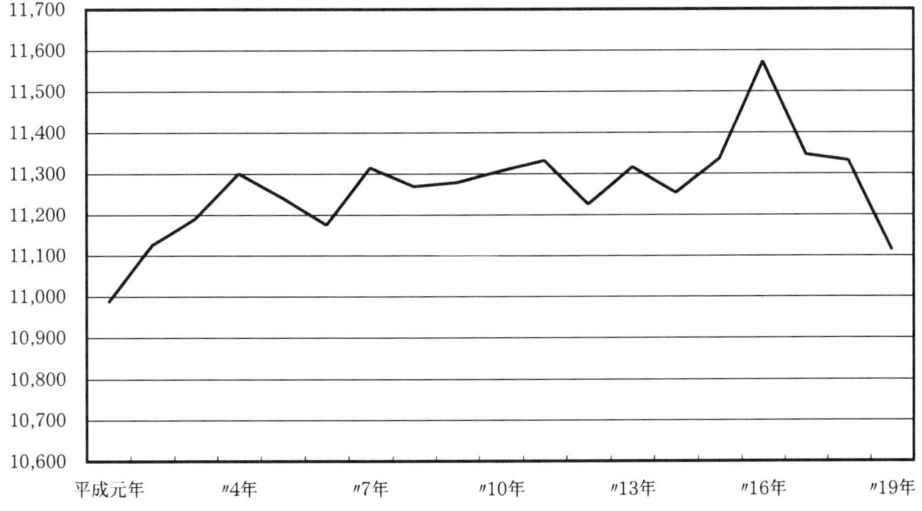

6-6　短期大学（平成元年～12年）

年　次	学校数	教員数	# 男	# 本　務	学生数 (1,000)	# 女	# 本　科	# 専攻科
1989 平成元年	584	52,469	34,368	19,830	462	421	456	3.1
1990 〃2年	593	54,244	35,577	20,489	479	438	473	3.1
1991 〃3年	592	56,500	36,929	20,933	504	462	498	3.5
1992 〃4年	591	56,974	36,857	21,170	525	481	517	4.0
1993 〃5年	595	58,155	37,355	21,111	530	487	523	4.3
1994 〃6年	593	58,843	37,591	20,964	521	478	512	4.8
1995 〃7年	596	58,947	37,362	20,702	499	455	489	5.1
1996 〃8年	598	58,593	36,847	20,294	473	429	464	5.3
1997 〃9年	595	57,891	35,956	19,885	447	403	437	5.7
1998 〃10年	588	56,420	34,738	19,040	417	375	407	5.9
1999 〃11年	585	54,352	33,089	18,206	378	340	368	6.1
2000 〃12年	572	50,604	30,454	16,752	328	294	318	5.8

原注：「学校基本調査」による。5月1日現在。

出所：42, 44, 47, 50, 51

6-6　短期大学（平成13年～19年）

年　次	学校数	教員数	男	女	# 本　務	学生数 (1,000)	男	女
2001 平成13年	559	47,530	28,153	19,377	15,638	289	31	258
2002 〃14年	541	44,585	25,778	18,807	14,491	267	30	237
2003 〃15年	525	42,318	24,099	18,219	13,534	250	30	220
2004 〃16年	508	40,159	22,435	17,724	12,740	234	29	204
2005 〃17年	488	38,044	20,804	17,240	11,960	219	28	191
2006 〃18年	468	36,451	19,461	16,990	11,278	202	25	177
2007 〃19年	434	35,837	19,059	16,778	11,022	187	22	165

原注：「学校基本調査」による。5月1日現在。

出所：54, 57, 58

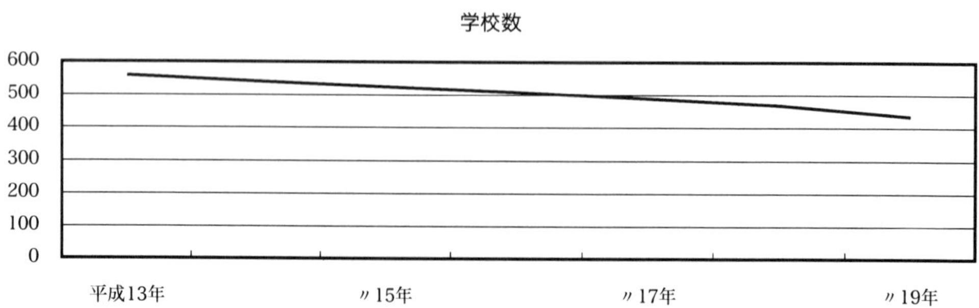

年　次		本科入学状況 定員数 (1,000)	本科入学状況 志願者数（延べ数） (1,000)	本科入学状況 入学者数 (1,000)	前年度本科卒業者数 (1,000)
1989	平成元年	178	751	225	205
1990	〃2年	183	839	235	208
1991	〃3年	198	910	250	216
1992	〃4年	203	932	255	226
1993	〃5年	203	886	255	241
1994	〃6年	200	792	245	247
1995	〃7年	197	696	233	246
1996	〃8年	194	618	221	237
1997	〃9年	191	529	208	221
1998	〃10年	185	449	191	208
1999	〃11年	176	373	169	193
2000	〃12年	152	284	141	178

年　次		学生数 # 本科	学生数 # 専攻科	本科入学状況 定員数 (1,000)	本科入学状況 入学者数 (1,000)	前年度本科卒業者数 (1,000)
2001	平成13年	279	5.5	141	130	157
2002	〃14年	258	5.3	127	121	131
2003	〃15年	241	5.3	116	113	119
2004	〃16年	226	5.0	106	106	112
2005	〃17年	212	4.7	100	99	105
2006	〃18年	195	4.6	96	91	100
2007	〃19年	180	4.5	92	85	92

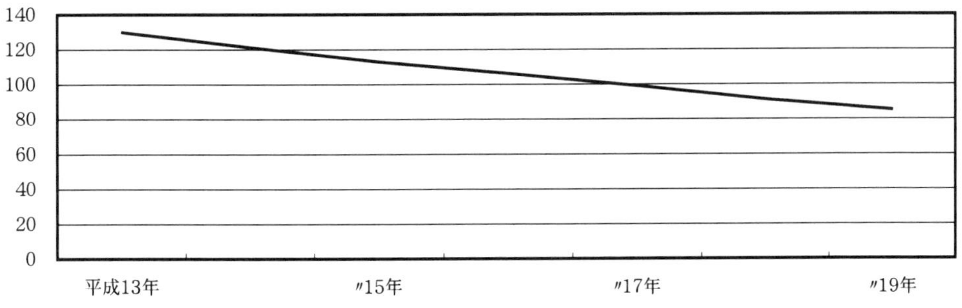

6-7　大学（平成元年～12年）

年　次	学校数	教員数	# 男	# 本　務	学生数 (1,000)	# 男 (1,000)	# 大学院	修士課程
1989　平成元年	499	208,280	185,141	121,140	2,067	1,522	85,263	58,228
1990　〃 2年	507	213,951	189,440	123,838	2,133	1,549	90,238	61,884
1991　〃 3年	514	221,311	195,209	126,445	2,206	1,580	98,650	68,739
							(1,000)	(1,000)
1992　〃 4年	523	227,697	200,058	129,024	2,293	1,621	109	77
1993　〃 5年	534	235,485	205,705	131,833	2,390	1,665	122	87
1994　〃 6年	552	242,537	210,839	134,849	2,482	1,706	139	99
1995　〃 7年	565	250,132	216,205	137,464	2,547	1,725	153	110
1996　〃 8年	576	257,426	221,140	139,608	2,597	1,733	164	116
1997　〃 9年	586	265,698	226,515	141,782	2,634	1,734	172	119
1998　〃 10年	604	272,680	230,755	144,310	2,668	1,737	179	123
1999　〃 11年	622	280,355	235,361	147,579	2,701	1,742	191	132
2000　〃 12年	649	288,131	239,940	150,563	2,740	1,748	205	143

原注：「学校基本調査」による。5月1日現在。1) 所定の年限以上在学し，所定の単位を修得したが，博士の学位を取らずに卒業した者を含む。

出所：42, 45, 47, 50, 51

6-7　大学（平成13年～19年）

年　次	学校数	教員数	男	女	# 本　務	学生数 (1,000)	男	女
2001　平成13年	669	295,619	244,005	51,614	152,572	2,766	1,739	1,026
2002　〃 14年	686	304,438	248,572	55,866	155,050	2,786	1,726	1,060
2003　〃 15年	702	310,825	251,447	59,378	156,155	2,804	1,717	1,087
2004　〃 16年	709	317,445	253,958	63,487	158,770	2,809	1,708	1,101
2005　〃 17年	726	324,083	257,105	66,978	161,690	2,865	1,740	1,125
2006　〃 18年	744	328,238	258,232	70,006	164,473	2,859	1,732	1,127
2007　〃 19年	756	335,854	261,636	74,218	167,636	2,829	1,702	1,127

原注：「学校基本調査」による。5月1日現在。1) 所定の年限以上在学し，所定の単位を修得したが，博士の学位を取らずに卒業した者を含む。2) 平成15年は専門職学位課程を含む。

出所：54, 57, 58

年 次	学生数 # 大学院 博士課程	# 学部 (1,000)	# 男 (1,000)	# 専攻科	入学状況 大学（学部） 定員数	志願者数（延べ数） (1,000)	入学者数	大学院 修士課程 定員数
1989 平成元年	27,035	1,929	1,411	1,101	403,985	4,120	476,786	31,967
1990 〃2年	28,354	1,989	1,434	970	414,680	4,640	492,340	32,143
1991 〃3年	29,911	2,052	1,459	933	450,125	4,938	521,899	33,319
	(1,000)							
1992 〃4年	32	2,128	1,491	0.9	473,268	5,063	541,604	35,343
1993 〃5年	35	2,209	1,526	1.0	478,145	4,963	554,973	38,477
1994 〃6年	39	2,282	1,554	1.2	486,740	4,785	560,815	42,398
1995 〃7年	44	2,331	1,563	1.2	493,135	4,628	568,576	45,276
1996 〃8年	48	2,369	1,564	1.2	498,920	4,489	579,148	48,250
1997 〃9年	52	2,400	1,564	1.1	505,961	4,181	586,688	51,976
1998 〃10年	56	2,428	1,565	1.0	515,735	3,920	590,743	55,407
1999 〃11年	59	2,449	1,562	1.0	524,807	3,592	589,559	58,695
2000 〃12年	62	2,472	1,559	0.9	535,445	3,451	599,655	61,939

年 次	学生数 # 大学院 2)	# 修士課程	# 博士課程	# 学部	男	女	# 専攻科	入学状況 大学（学部） 定員数
2001 平成13年	216	151	66	2,487	1,545	942	0.9	539,370
2002 〃14年	224	155	68	2,499	1,528	971	0.9	543,319
2003 〃15年	231	159	71	2,509	1,515	995	0.9	543,818
2004 〃16年	244	163	73	2,506	1,502	1,004	0.8	545,261
2005 〃17年	254	165	75	2,508	1,499	1,009	0.8	551,775
2006 〃18年	261	166	75	2,505	1,493	1,012	0.8	561,959
2007 〃19年	262	165	75	2,514	1,491	1,024	0.8	567,123

学生数　学部

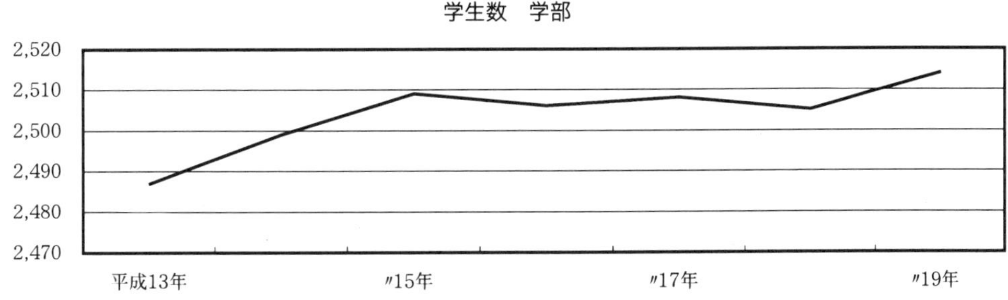

年　次	入学状況					前年度卒業者数		
	大学院							
	修士課程		博士課程			大　学（学部）	大学院	
	志願者数（延べ数）	入学者数	定員数	志願者数（延べ数）	入学者数		修士課程	博士課程　1)
1989 平成元年	50,466	28,177	12,836	9,357	7,478	376,688	25,250	5,576
1990 〃2年	54,666	30,733	13,037	9,804	7,813	400,103	25,804	5,812
1991 〃3年	60,803	34,927	13,268	10,532	8,505	428,079	26,815	6,201
1992 〃4年	67,547	38,709	13,707	11,787	9,481	437,878	29,193	6,484
1993 〃5年	77,842	44,401	14,235	13,282	10,681	445,774	32,847	6,765
1994 〃6年	91,569	50,852	14,584	14,729	11,852	461,898	36,581	7,366
1995 〃7年	100,292	53,842	15,664	16,433	13,074	493,277	41,681	8,019
1996 〃8年	104,297	56,567	17,024	18,074	14,345	512,814	47,747	8,968
1997 〃9年	104,176	57,065	17,459	18,674	14,683	524,512	50,430	9,860
1998 〃10年	106,476	60,241	18,256	19,454	15,491	529,606	53,153	10,974
1999 〃11年	112,553	65,382	19,049	20,461	16,276	532,436	52,850	12,192
2000 〃12年	123,017	70,336	20,169	21,379	17,023	538,683	56,038	12,375

年　次	入学状況					前年度卒業者数		
	大　学（学部）	大学院						
		修士課程		博士課程		大　学（学部）	大学院	
	入学者数	定員数	入学者数	定員数	入学者数		修士課程	博士課程　1)
2001 平成13年	603,953	65,277	72,561	21,063	17,128	545,512	60,635	13,179
2002 〃14年	609,337	68,011	73,636	21,575	17,234	547,711	65,275	13,642
2003 〃15年	604,785	70,579	75,698	22,165	18,232	544,894	67,412	14,512
2004 〃16年	598,331	72,721	76,749	22,564	17,944	548,897	69,073	15,160
2005 〃17年	603,760	74,950	77,557	23,054	17,553	551,016	71,440	15,286
2006 〃18年	603,054	77,188	77,851	23,339	17,131	558,184	72,531	15,973
2007 〃19年	613,613	78,680	77,451	23,410	16,926	559,090	73,993	16,801

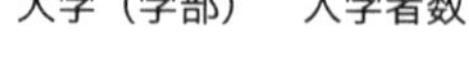

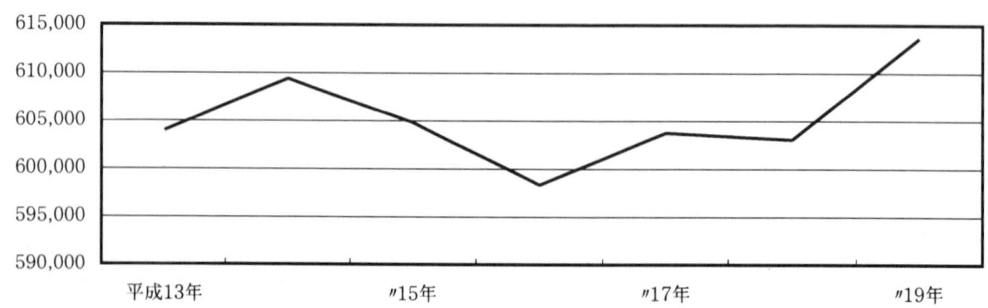

6-8　盲学校

年　次	学校数		教員数			在学者数		
	本校	分校		# 男	# 本務		# 男	幼稚部
1989 平成元年	69	1	3,619	2,166	3,346	6,006	3,824	189
1990 〃2年	69	1	3,666	2,170	3,381	5,599	3,554	193
1991 〃3年	69	1	3,778	2,214	3,841	5,228	3,284	191
1992 〃4年	69	1	3,920	2,251	3,572	4,919	3,097	207
1993 〃5年	69	1	3,893	2,203	3,547	4,773	3,029	219
1994 〃6年	69	1	3,861	2,176	3,517	4,696	3,031	218
1995 〃7年	69	1	3,857	2,162	3,528	4,611	3,004	214
1996 〃8年	70	1	3,878	2,157	3,523	4,442	2,931	196
1997 〃9年	70	1	3,848	2,123	3,500	4,323	2,823	211
1998 〃10年	70	1	3,833	2,092	3,479	4,199	2,704	218
1999 〃11年	70	1	3,810	2,086	3,467	4,172	2,700	238
2000 〃12年	70	1	3,796	2,039	3,459	4,089	2,621	228
2001 〃13年	70	1	3,797	2,008	3,439	4,001	2,581	239
2002 〃14年	70	1	3,800	1,990	3,449	3,926	2,521	265
2003 〃15年	70	1	3,751	1,944	3,401	3,882	2,495	272
2004 〃16年	70	1	3,743	1,907	3,409	3,870	2,499	271
2005 〃17年	70	1	3,742	1,894	3,383	3,809	2,445	260
2006 〃18年	69	2	3,662	1,840	3,323	3,688	2,350	268

原注：「学校基本調査」による。5月1日現在。

出所：42, 45, 48, 51, 54, 57

学校数　本校

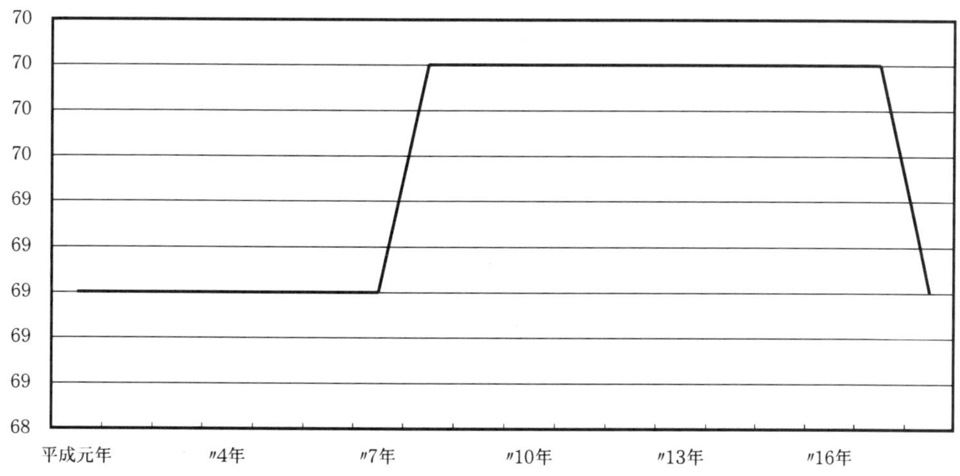

年　次		在学者数			前年度卒業者数	
		小学部	中学部	高等部	中学部	高等部（本科）
1989	平成元年	975	824	4,018	371	599
1990	〃2年	946	768	3,692	303	699
1991	〃3年	920	746	3,371	278	638
1992	〃4年	871	737	3,104	263	643
1993	〃5年	834	678	3,042	262	498
1994	〃6年	805	637	3,036	251	465
1995	〃7年	801	585	3,011	244	465
1996	〃8年	785	596	2,865	195	480
1997	〃9年	738	591	2,783	210	390
1998	〃10年	717	569	2,695	199	375
1999	〃11年	717	517	2,700	206	322
2000	〃12年	693	491	2,677	201	344
2001	〃13年	698	471	2,593	178	334
2002	〃14年	672	510	2,479	161	338
2003	〃15年	639	508	2,463	174	337
2004	〃16年	668	497	2,434	172	302
2005	〃17年	701	463	2,385	191	305
2006	〃18年	678	448	2,294	171	299

前年度卒業者数　高等部（本科）

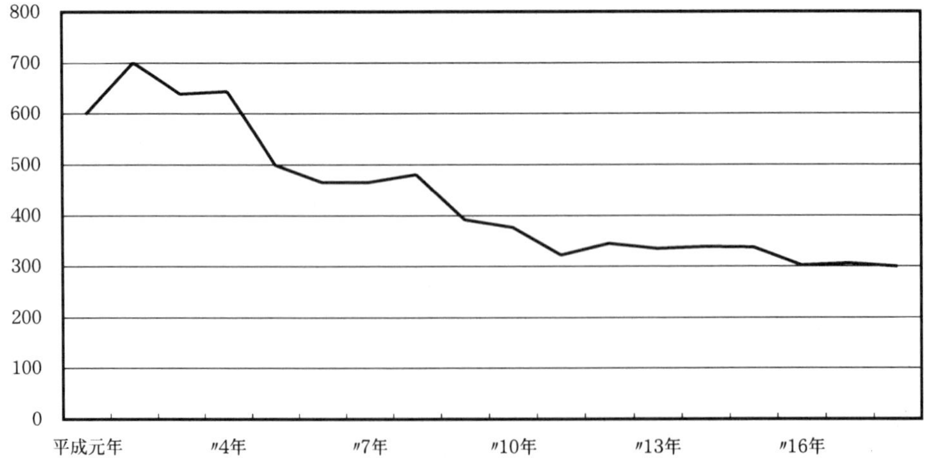

6-9　聾学校

年　次	学校数		教員数			在学者数		
	本校	分校		# 男	# 本務		# 男	幼稚部
1989 平成元年	101	7	4,789	2,388	4,563	8,319	4,644	1,578
1990 〃2年	100	8	4,828	2,364	4,605	8,169	4,555	1,531
1991 〃3年	100	7	5,001	2,394	4,765	8,149	4,528	1,680
1992 〃4年	100	7	5,202	2,424	4,900	7,997	4,434	1,655
1993 〃5年	100	7	5,179	2,402	4,884	7,842	4,309	1,658
1994 〃6年	99	8	5,189	2,374	4,880	7,557	4,143	1,374
1995 〃7年	99	8	5,124	2,332	4,830	7,257	4,012	1,286
1996 〃8年	99	8	5,114	2,279	4,830	6,999	3,895	1,309
1997 〃9年	99	8	5,135	2,270	4,861	6,841	3,839	1,350
1998 〃10年	99	8	5,141	2,246	4,864	6,826	3,825	1,402
1999 〃11年	99	8	5,154	2,210	4,883	6,824	3,801	1,296
2000 〃12年	99	8	5,162	2,199	4,877	6,818	3,799	1,282
2001 〃13年	99	8	5,155	2,156	4,896	6,829	3,824	1,357
2002 〃14年	98	8	5,196	2,114	4,920	6,719	3,751	1,410
2003 〃15年	98	8	5,224	2,110	4,915	6,705	3,714	1,430
2004 〃16年	98	8	5,257	2,095	4,935	6,573	3,644	1,287
2005 〃17年	98	8	5,279	2,102	4,974	6,639	3,668	1,303
2006 〃18年	95	9	5,201	2,019	4,908	6,544	3,577	1,263

原注：「学校基本調査」による。5月1日現在。
出所：42, 45, 48, 51, 54, 57

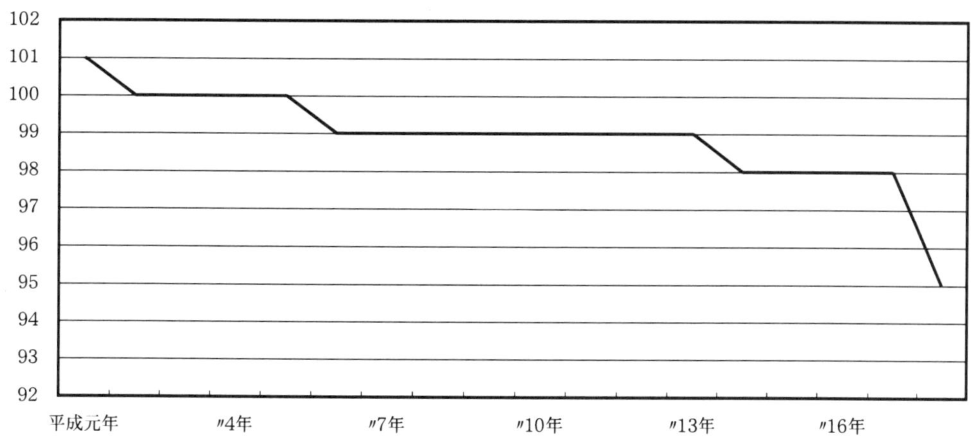

年　次		在学者数			前年度卒業者数	
		小学部	中学部	高等部	中学部	高等部（本科）
1989	平成元年	2,586	1,630	2,525	545	700
1990	〃2年	2,456	1,748	2,434	504	691
1991	〃3年	2,416	1,669	2,384	514	646
1992	〃4年	2,417	1,456	469	630	628
1993	〃5年	2,407	1,236	541	618	617
1994	〃6年	2,488	1,255	440	441	620
1995	〃7年	2,406	1,334	2,231	416	770
1996	〃8年	2,285	1,372	2,033	394	709
1997	〃9年	2,242	1,300	1,949	462	524
1998	〃10年	2,193	1,222	2,009	499	502
1999	〃11年	2,263	1,202	2,063	429	468
2000	〃12年	2,112	1,400	2,024	389	542
2001	〃13年	2,078	1,421	1,973	432	596
2002	〃14年	2,055	1,383	1,871	416	519
2003	〃15年	2,092	1,171	2,012	596	470
2004	〃16年	2,175	1,112	1,999	445	504
2005	〃17年	2,178	1,209	1,949	371	477
2006	〃18年	2,210	1,279	1,792	387	663

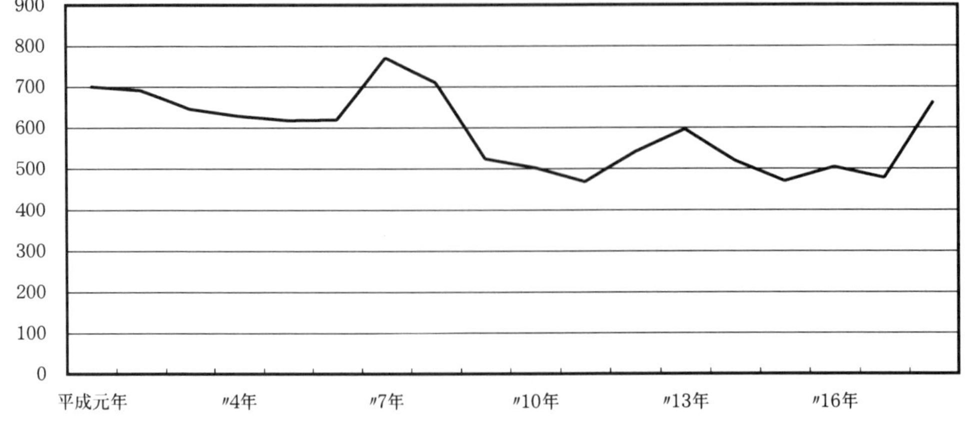

6-10　養護学校

年次		学校数 本校	学校数 分校	教員数	# 男	# 本務	在学者数	# 男	幼稚部
1989	平成元年	675	85	36,080	16,980	35,391	80,683	50,940	175
1990	〃2年	683	86	37,523	17,305	36,812	79,729	50,388	164
1991	〃3年	695	88	39,849	17,894	39,147	78,157	49,377	165
1992	〃4年	701	85	41,912	18,430	40,767	76,668	48,339	157
1993	〃5年	704	83	42,885	18,653	41,786	75,426	47,507	149
1994	〃6年	712	79	43,831	18,968	42,720	74,966	47,196	147
1995	〃7年	713	77	44,623	19,207	43,555	74,966	47,091	139
1996	〃8年	724	73	45,470	19,542	44,370	74,852	46,942	123
1997	〃9年	730	70	46,764	20,023	45,630	75,280	47,202	146
1998	〃10年	733	72	48,041	20,532	46,913	76,420	48,014	126
1999	〃11年	739	71	49,300	20,945	48,143	77,818	49,134	126
2000	〃12年	745	69	50,410	21,295	49,211	79,197	50,212	126
2001	〃13年	749	69	51,489	21,648	50,282	81,242	51,688	127
2002	〃14年	748	68	52,801	22,120	51,497	83,526	53,366	144
2003	〃15年	750	68	54,253	22,563	52,778	85,886	55,152	145
2004	〃16年	753	69	55,621	23,021	53,912	88,353	57,087	130
2005	〃17年	752	73	57,137	23,560	55,275	91,164	59,078	133
2006	〃18年	755	76	58,862	24,234	56,826	94,360	61,503	117

原注：「学校基本調査」による。5月1日現在。

出所：42, 45, 48, 51, 54, 57

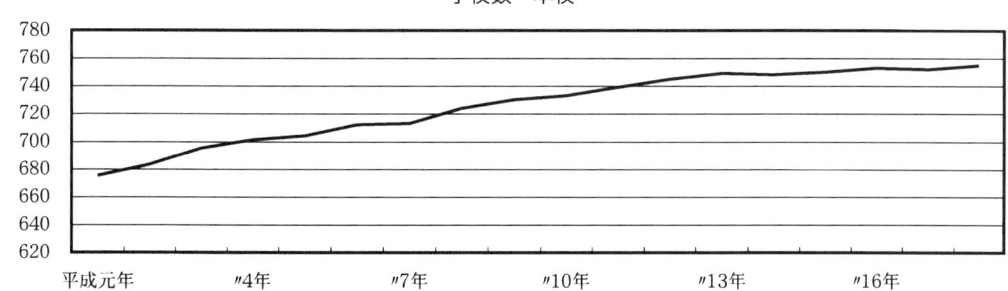

6-11　特別支援学校（平成19年）

年次		学校数 本校	学校数 分校	教員数	# 男	# 本務	在学者数	# 男	幼稚部
2007	平成19年	927	86	69,524	28,651	66,807	108,173	69,882	1,653

原注：「学校基本調査」による。5月1日現在。平成19年度に盲学校・聾学校・養護学校の制度を一本化。

出所：58

年　次	在学者数			前年度卒業者数	
	小学部	中学部	高等部	中学部	高等部（本科）
1989 平成元年	27,710	23,021	29,777	8,449	8,275
1990 〃2年	27,022	21,744	30,799	8,235	8,911
1991 〃3年	26,581	20,731	30,680	7,771	9,654
1992 〃4年	26,185	20,095	30,231	7,212	9,815
1993 〃5年	25,960	19,376	29,941	7,050	9,910
1994 〃6年	25,942	18,966	29,911	6,723	9,713
1995 〃7年	25,708	18,710	30,409	6,647	9,467
1996 〃8年	25,560	18,540	30,629	6,332	9,544
1997 〃9年	25,198	18,680	31,256	6,247	9,707
1998 〃10年	25,429	18,514	32,351	6,416	9,845
1999 〃11年	25,610	18,718	33,364	6,181	9,858
2000 〃12年	25,698	18,798	34,575	6,353	10,337
2001 〃13年	26,170	19,451	35,494	6,225	10,811
2002 〃14年	26,874	19,652	36,856	6,422	10,860
2003 〃15年	27,582	19,963	38,196	6,437	11,480
2004 〃16年	28,078	20,275	39,870	6,848	11,667
2005 〃17年	28,798	20,981	41,252	6,714	12,240
2006 〃18年	29,806	21,894	42,543	6,775	12,891

前年度卒業者数　高等部（本科）

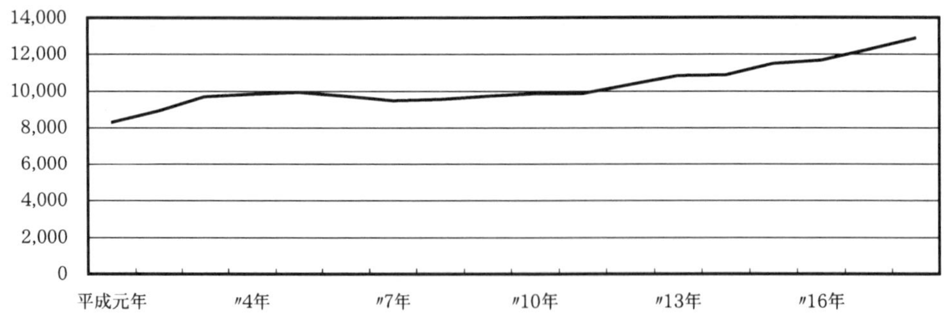

年　次	在学者数			前年度卒業者数	
	小学部	中学部	高等部	中学部	高等部（本科）
2007 平成19年	33,411	24,874	48,235	7,680	14,284

6-12　中学校卒業者の卒業後の状況

年　次		計 (卒業者数)	進学者 1)	# 男	就職者	# 男	就職 進学者	# 男	臨床 研修医
1989	平成元年	2,049,471	1,925,498	972,004	43,065	29,818	15,822	9,969	-
1990	〃2年	1,981,503	1,869,774	944,554	39,895	28,001	14,409	9,269	-
1991	〃3年	1,860,300	1,762,595	890,513	36,011	25,133	11,461	7,466	-
1992	〃4年	1,773,712	1,690,644	855,404	30,553	21,640	9,534	6,126	-
1993	〃5年	1,732,437	1,659,058	840,172	26,939	19,247	7,556	4,719	-
1994	〃6年	1,680,006	1,616,352	819,042	23,272	16,923	5,460	3,652	-
1995	〃7年	1,622,198	1,563,841	792,707	20,342	15,215	4,425	2,782	-
1996	〃8年	1,545,270	1,492,389	756,530	18,061	13,671	3,609	2,410	-
1997	〃9年	1,510,994	1,459,176	739,230	18,299	14,009	3,066	1,949	-
1998	〃10年	1,511,845	1,461,207	740,202	16,962	12,985	2,921	1,907	-
1999	〃11年	1,502,711	1,453,290	735,981	14,654	11,131	2,155	1,406	-
2000	〃12年	1,464,760	1,418,923	719,325	13,047	9,909	1,792	1,153	-
2001	〃13年	1,410,403	1,365,584	693,780	13,168	9,933	1,575	1,074	-
2002	〃14年	1,365,471	1,323,209	673,059	11,088	8,229	1,166	764	-
2003	〃15年	1,325,208	1,287,989	656,588	9,310	6,829	1,019	684	-
2004	〃16年	1,298,718	1,265,092	644,657	8,653	6,201	878	597	-
2005	〃17年	1,236,363	1,206,323	614,995	7,892	5,733	839	592	-
2006	〃18年	1,211,242	1,182,423	601,784	7,573	5,475	831	621	-
2007	〃19年	1,213,709	1,185,112	604,922	7,777	5,559	677	496	-

原注：「学校基本調査」による。3月卒業者に関する5月1日現在の数字。自家自営業についた者は「就職者」に含めてある。1) 高等学校の通信制課程（本科）への進学者を含む。2) 専修学校，各種学校，公共職業訓練施設等への入学（入所）者数を含む。

出所：42, 45, 49, 51, 54, 57, 58

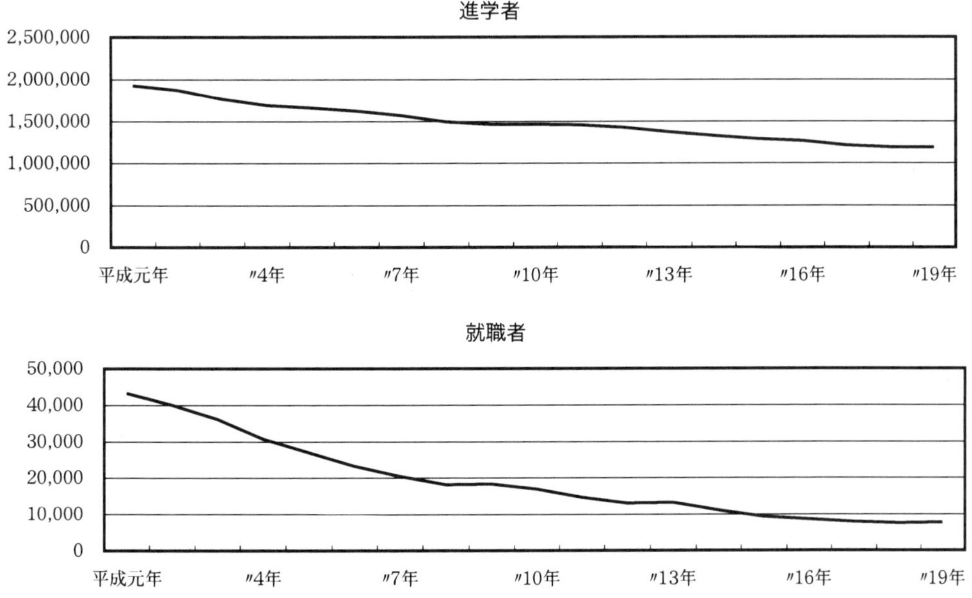

年　次		無業者・その他 2)	# 男
1989	平成元年	65,086	37,126
1990	〃2年	57,425	32,876
1991	〃3年	50,233	28,744
1992	〃4年	42,981	25,218
1993	〃5年	38,884	22,587
1994	〃6年	34,922	20,546
1995	〃7年	33,590	20,042
1996	〃8年	31,211	18,733
1997	〃9年	30,453	17,808
1998	〃10年	30,755	18,207
1999	〃11年	32,612	19,149
2000	〃12年	30,998	17,872
2001	〃13年	30,076	17,047
2002	〃14年	30,008	16,388
2003	〃15年	26,890	14,528
2004	〃16年	24,095	12,560
2005	〃17年	21,309	11,075
2006	〃18年	20,415	10,633
2007	〃19年	20,143	10,382

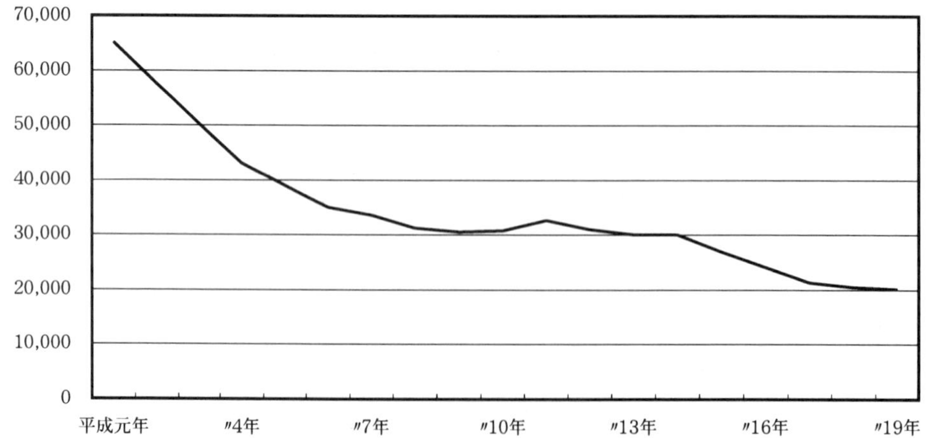

6-13　高等学校卒業者の卒業後の状況

年　次	計 (卒業者数)	進学者 1)	# 男	就職者	# 男	就職進学者	# 男	臨床研修医 (予定者を含む)
1989 平成元年	1,700,789	517,981	206,660	590,991	287,643	3,415	1,478	-
1990 〃2年	1,766,917	536,472	208,446	607,737	299,263	3,481	1,500	-
1991 〃3年	1,803,221	568,294	219,613	607,466	302,849	3,046	1,245	-
1992 〃4年	1,807,175	588,558	225,427	584,479	296,803	2,962	1,216	-
1993 〃5年	1,755,338	603,524	230,857	521,698	271,745	2,780	1,098	-
1994 〃6年	1,658,949	596,807	229,498	446,613	240,698	2,152	818	-
1995 〃7年	1,590,720	596,095	234,741	395,796	219,245	1,891	647	-
1996 〃8年	1,554,549	604,059	245,798	366,858	205,263	1,560	544	-
1997 〃9年	1,503,748	610,000	257,386	343,600	190,862	1,431	508	-
1998 〃10年	1,441,061	610,473	266,518	320,083	178,374	1,368	480	-
1999 〃11年	1,362,682	600,864	271,836	269,154	151,026	1,214	403	-
2000 〃12年	1,328,902	598,977	281,644	241,703	136,019	770	314	-
2001 〃13年	1,326,844	598,238	284,391	240,176	134,529	611	236	-
2002 〃14年	1,314,809	589,191	280,112	221,359	124,852	483	227	-
2003 〃15年	1,281,334	571,625	273,902	210,017	118,357	334	156	-
2004 〃16年	1,235,012	559,442	271,161	206,525	118,146	290	126	-
2005 〃17年	1,202,738	568,094	278,649	206,751	119,630	242	98	-
2006 〃18年	1,171,501	577,912	285,795	208,815	121,396	182	70	-
2007 〃19年	1,147,159	587,233	289,685	211,108	122,556	160	75	-

原注：「学校基本調査」による。3月卒業者に関する5月1日現在の数字。自家自営業についた者は「就職者」に含めてある。1) 大学・短期大学の通信教育部への進学者を含む。2) 専修学校，各種学校，公共職業訓練施設等への入学(入所) 者数を含む。

出所：42, 45, 49, 51, 54, 57, 58

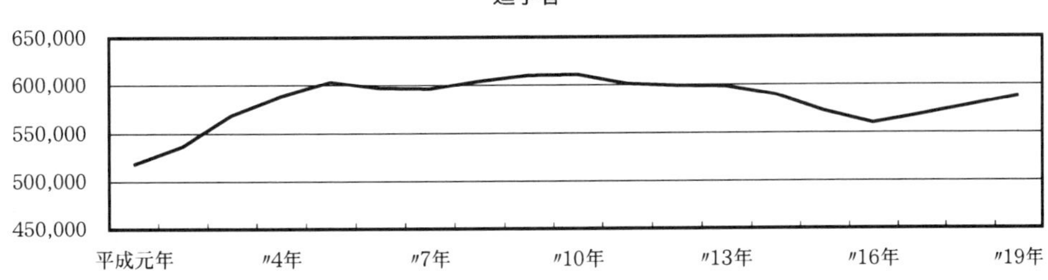

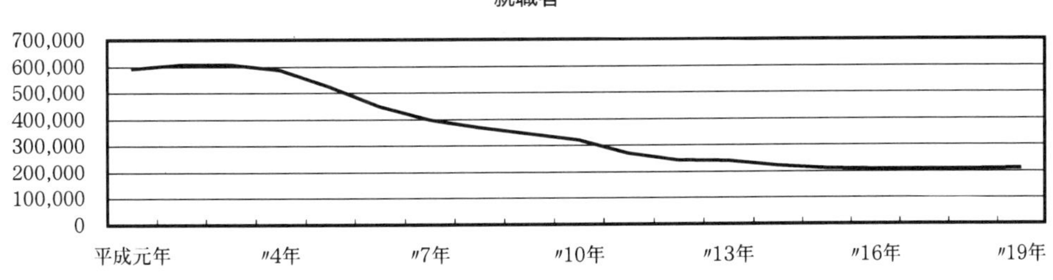

年　次		無業者・その他 2)	# 男
1989	平成元年	588,402	351,372
1990	〃2年	619,227	371,892
1991	〃3年	624,415	373,762
1992	〃4年	631,176	375,747
1993	〃5年	627,336	368,891
1994	〃6年	613,377	353,897
1995	〃7年	596,938	337,573
1996	〃8年	582,072	322,348
1997	〃9年	548,717	299,560
1998	〃10年	509,137	271,839
1999	〃11年	491,450	254,296
2000	〃12年	487,452	243,558
2001	〃13年	487,819	240,851
2002	〃14年	503,776	250,450
2003	〃15年	499,358	249,493
2004	〃16年	468,755	232,952
2005	〃17年	427,651	209,097
2006	〃18年	384,592	186,829
2007	〃19年	348,658	167,734

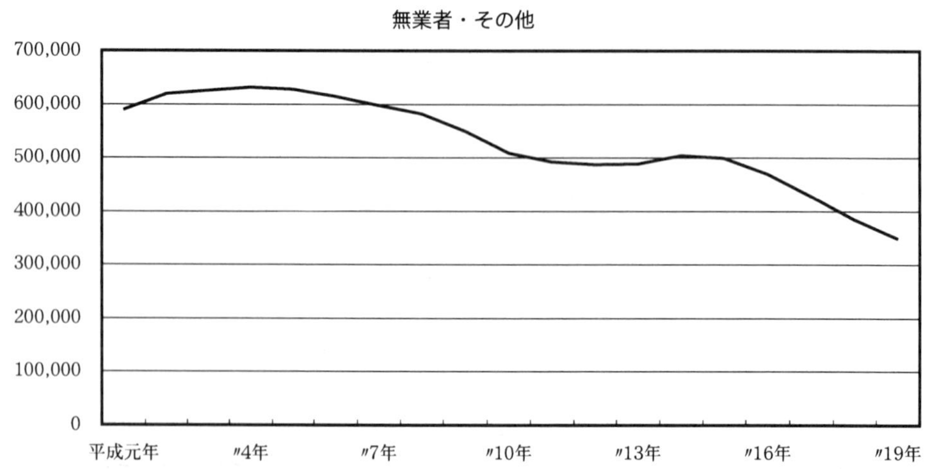

6-14　中等教育学校卒業者の卒業後の状況

年　次		計（卒業者数）	進学者	# 男	就職者	# 男	就職進学者	# 男	臨床研修医（予定者を含む）
		中等教育学校（前期課程）							
2000	平成12年	40	40	23	-	-	-	-	-
2001	〃13年	276	274	138	-	-	-	-	-
2002	〃14年	333	333	176	-	-	-	-	-
2003	〃15年	514	511	290	-	-	-	-	-
2004	〃16年	853	847	521	-	-	-	-	-
2005	〃17年	931	927	557	-	-	-	-	-
2006	〃18年	1,257	1,254	710	-	-	-	-	-
2007	〃19年	2,134	2,125	1,065	1	-	-	-	-
		中等教育学校（後期課程）							
2000	平成12年	38	32	17	1	1	-	-	-
2001	〃13年	265	177	76	1	1	-	-	-
2002	〃14年	270	152	59	2	1	-	-	-
2003	〃15年	322	222	104	1	-	-	-	-
2004	〃16年	470	323	143	4	4	-	-	-
2005	〃17年	513	374	187	1	1	-	-	-
2006	〃18年	586	431	235	3	2	-	-	-
2007	〃19年	949	606	333	34	14	-	-	-

原注：「学校基本調査」による。3月卒業者に関する5月1日現在の数字。自家自営業についた者は「就職者」に含めてある。

出所：54, 57, 58

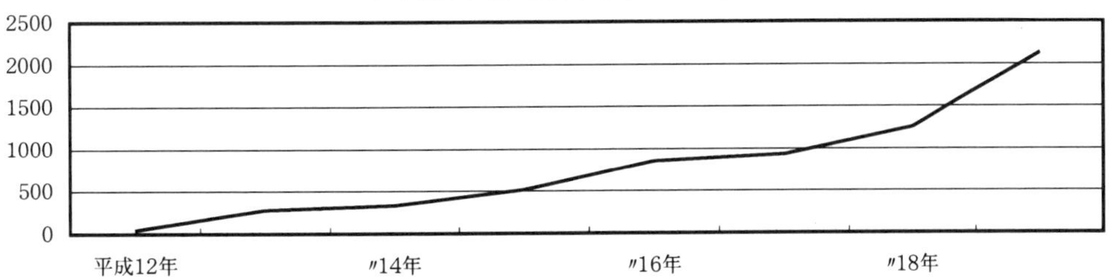

中等教育学校（後期課程）　進学者

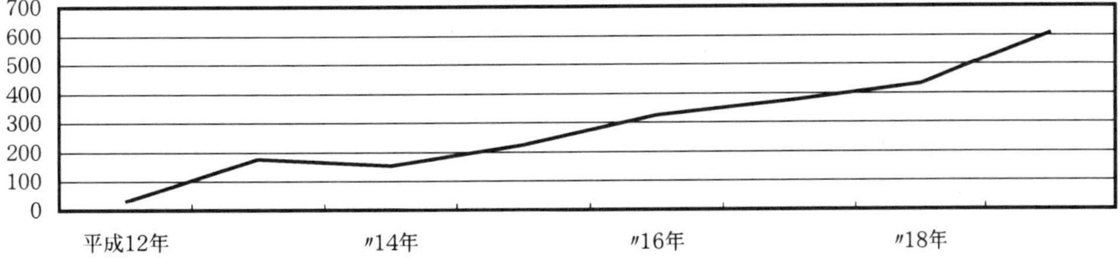

年　次		無業者・その他	# 男
		中等教育学校（前期課程）	
2000	平成12年	-	-
2001	〃13年	2	2
2002	〃14年	-	-
2003	〃15年	3	-
2004	〃16年	6	-
2005	〃17年	4	2
2006	〃18年	3	1
2007	〃19年	8	5
		中等教育学校（後期課程）	
2000	平成12年	5	4
2001	〃13年	87	54
2002	〃14年	116	73
2003	〃15年	99	50
2004	〃16年	143	89
2005	〃17年	138	86
2006	〃18年	152	96
2007	〃19年	309	206

中等教育学校（前期課程）　無業者・その他

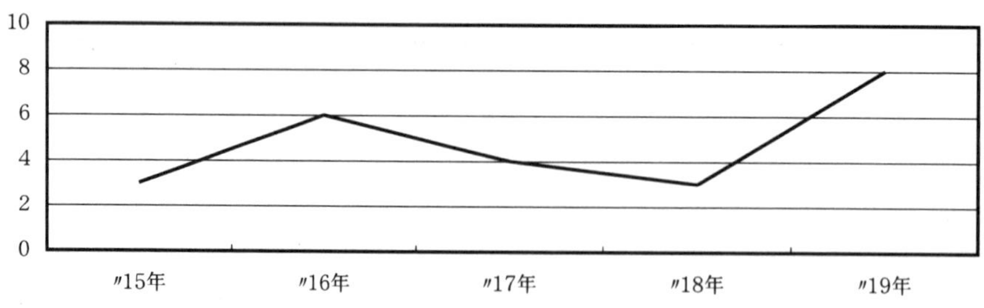

中等教育学校（後期課程）　無業者・その他

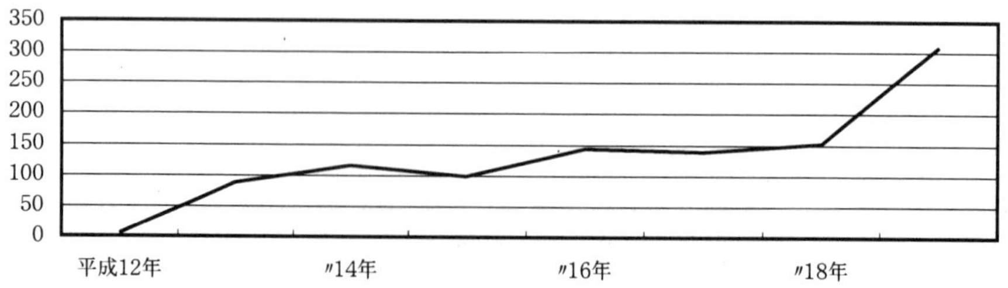

6-15　高等専門学校卒業者の卒業後の状況

年　次		計 (卒業者数)	進学者	# 男	就職者	# 男	就職 進学者	# 男	臨　床 研修医 (予定者を含む)
1989	平成元年	8,706	982	956	7,562	7,219	1	1	-
1990	〃2年	9,038	1,125	1,098	7,759	7,376	1	1	-
1991	〃3年	9,257	1,286	1,226	7,782	7,348	10	9	-
1992	〃4年	9,280	1,363	1,298	7,693	7,134	3	2	-
1993	〃5年	9,574	1,649	1,558	7,682	6,975	3	3	-
1994	〃6年	9,898	1,961	1,796	7,534	6,644	3	3	-
1995	〃7年	10,189	2,183	1,993	7,560	6,548	3	2	-
1996	〃8年	10,175	2,481	2,171	7,302	6,060	1	1	-
1997	〃9年	10,232	2,668	2,318	7,118	5,821	3	2	-
1998	〃10年	10,077	2,926	2,543	6,675	5,352	1	-	-
1999	〃11年	9,836	3,084	2,647	6,194	4,841	1	1	-
2000	〃12年	9,849	3,305	2,853	5,878	4,635	1	1	-
2001	〃13年	9,833	3,436	2,956	5,820	4,560	-	-	-
2002	〃14年	9,780	3,628	3,134	5,479	4,320	-	-	-
2003	〃15年	10,056	3,937	3,393	5,392	4,253	1	1	-
2004	〃16年	10,011	3,929	3,381	5,422	4,314	-	-	-
2005	〃17年	10,061	4,111	3,519	5,413	4,252	2	2	-
2006	〃18年	10,140	4,199	3,646	5,455	4,317	2	2	-
2007	〃19年	10,207	4,252	3,732	5,546	4,426	-	-	-

原注：「学校基本調査」による。3月卒業者に関する5月1日現在の数字。自家自営業についた者は「就職者」に含めてある。
出所：42, 45, 49, 51, 54, 57, 58

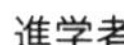

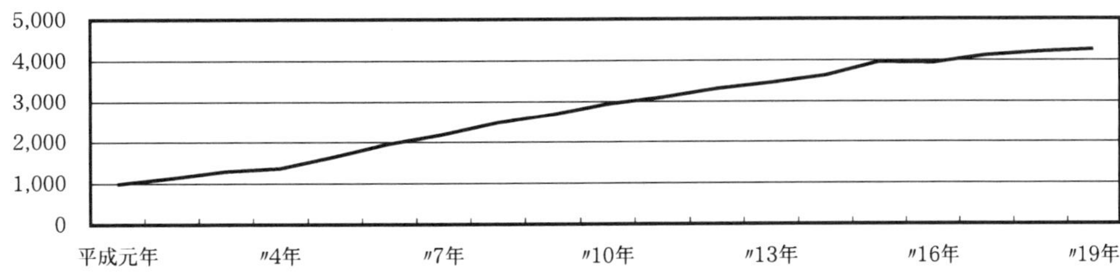

就職者

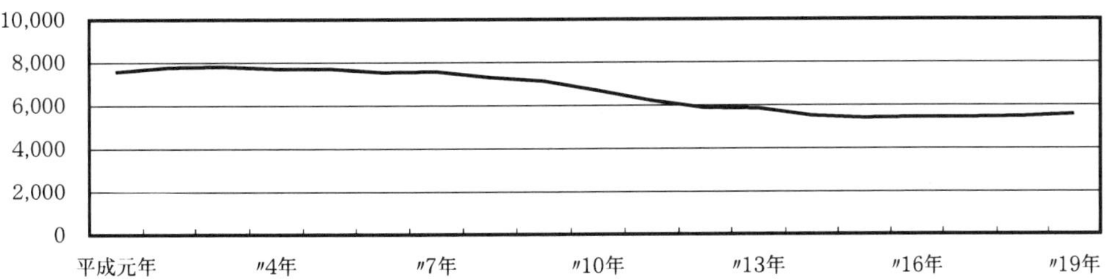

年　次		無業者・その他	# 男
1989	平成元年	161	157
1990	〃2年	153	148
1991	〃3年	179	173
1992	〃4年	221	209
1993	〃5年	240	221
1994	〃6年	400	346
1995	〃7年	443	356
1996	〃8年	391	306
1997	〃9年	443	338
1998	〃10年	475	353
1999	〃11年	557	403
2000	〃12年	665	452
2001	〃13年	577	408
2002	〃14年	673	491
2003	〃15年	726	515
2004	〃16年	660	471
2005	〃17年	535	365
2006	〃18年	484	375
2007	〃19年	409	304

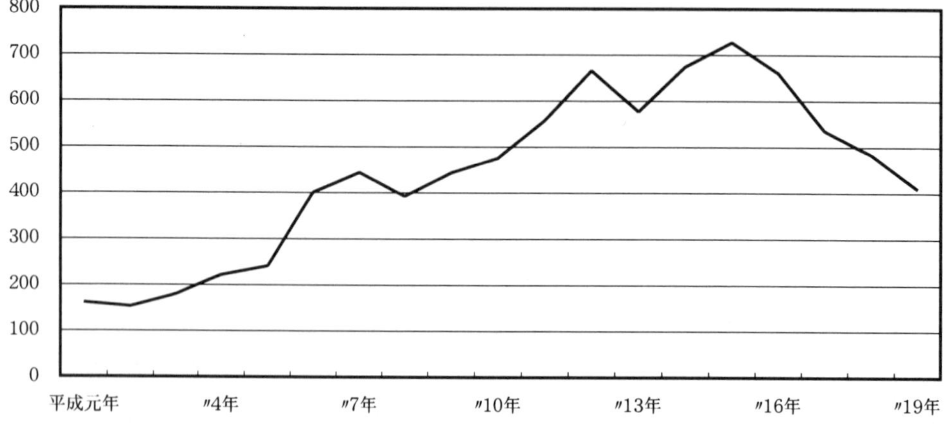

6-16　短期大学卒業者の卒業後の状況

年　次	計 (卒業者数)	進学者	# 男	就職者	# 男	就職進学者	# 男	臨床研修医 (予定者を含む)
1989 平成元年	205,098	6,429	1,608	174,354	10,328	106	69	-
1990 〃2年	208,358	6,900	1,854	181,131	10,865	98	58	-
1991 〃3年	216,267	7,957	1,906	187,980	10,911	154	44	-
1992 〃4年	226,432	9,319	2,080	193,886	11,062	113	67	-
1993 〃5年	240,916	10,795	2,155	192,169	11,123	107	77	-
1994 〃6年	246,596	12,888	2,440	172,713	10,973	62	34	-
1995 〃7年	246,474	14,213	2,512	161,039	10,133	51	31	-
1996 〃8年	236,557	15,209	2,962	155,433	10,087	43	29	-
1997 〃9年	220,934	15,373	3,009	150,015	10,121	49	40	-
1998 〃10年	207,528	16,637	3,717	136,346	9,125	43	27	-
1999 〃11年	193,190	17,067	4,085	114,174	7,429	20	9	-
2000 〃12年	177,909	16,795	3,804	99,641	6,500	12	3	-
2001 〃13年	156,837	15,988	3,690	92,661	6,260	11	5	-
2002 〃14年	130,597	13,312	2,794	78,756	5,645	23	10	-
2003 〃15年	119,151	13,222	2,718	71,130	5,187	16	8	-
2004 〃16年	112,006	12,495	2,750	69,022	5,469	7	5	-
2005 〃17年	104,621	12,031	2,808	68,023	5,791	12	5	-
2006 〃18年	99,611	11,674	2,907	67,476	6,088	4	1	-
2007 〃19年	92,100	11,026	2,720	64,623	5,832	-	-	-

原注：「学校基本調査」による。3月卒業者に関する5月1日現在の数字。自家自営業についた者は「就職者」に含めてある。
出所：42, 45, 49, 51, 54, 57, 58

進学者

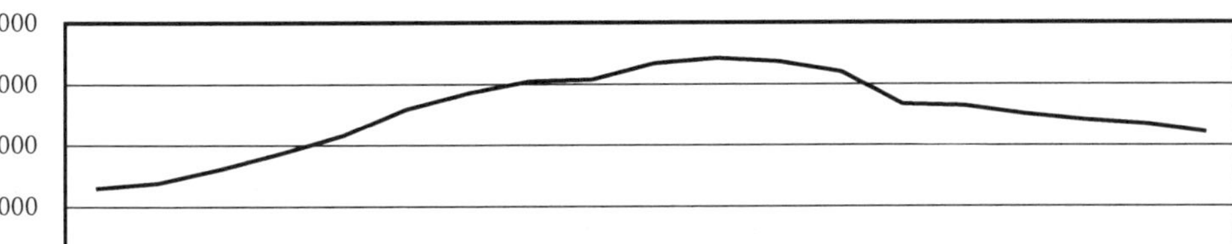

就職者

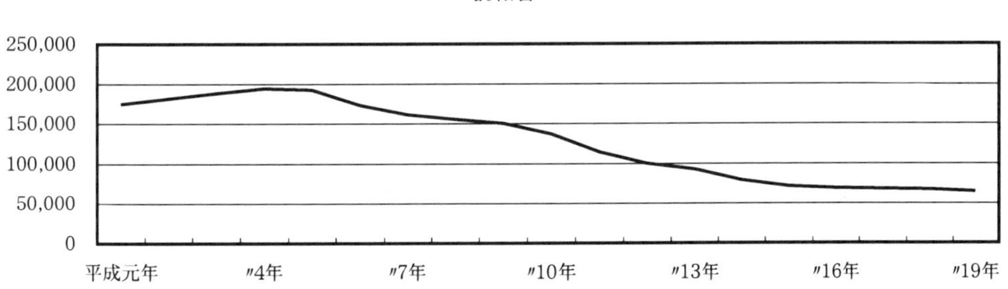

年　次		無業者・その他	# 男
1989	平成元年	24,209	2,507
1990	〃 2年	20,229	2,199
1991	〃 3年	20,176	2,156
1992	〃 4年	23,114	2,552
1993	〃 5年	37,845	3,539
1994	〃 6年	60,933	4,400
1995	〃 7年	71,171	5,052
1996	〃 8年	65,872	4,944
1997	〃 9年	55,497	4,672
1998	〃 10年	54,502	4,825
1999	〃 11年	61,929	5,238
2000	〃 12年	61,461	5,443
2001	〃 13年	48,177	4,147
2002	〃 14年	38,506	3,531
2003	〃 15年	34,783	3,291
2004	〃 16年	30,483	3,240
2005	〃 17年	24,555	2,850
2006	〃 18年	20,457	2,700
2007	〃 19年	16,451	2,254

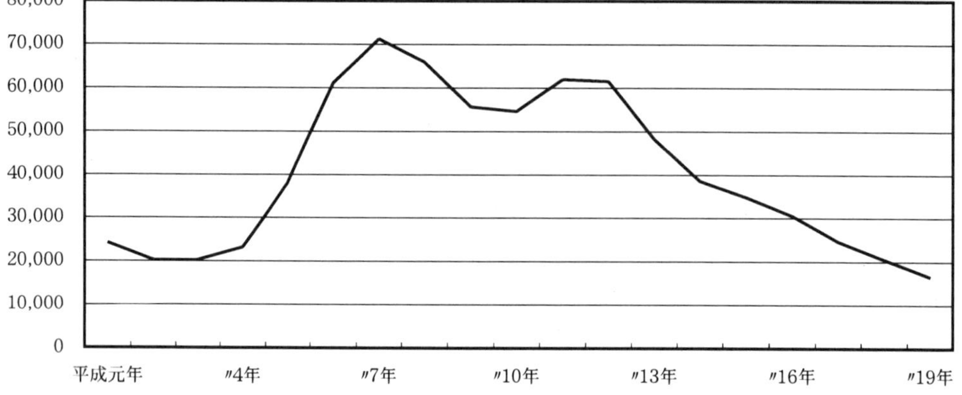

6-17　大学卒業者の卒業後の状況

年　次	計 (卒業者数)	進学者	# 男	就職者	# 男	就職 進学者	# 男	臨　床 研修医 (予定者を含む)
1989　平成元年	376,688	25,157	21,685	299,967	220,991	52	45	7,100
1990　〃2年	400,103	27,045	23,179	324,164	235,285	56	43	7,307
1991　〃3年	428,079	30,005	25,482	347,862	249,286	23	17	7,249
1992　〃4年	437,878	33,354	28,029	350,043	246,970	27	18	7,029
1993　〃5年	445,774	37,901	31,254	339,884	236,864	17	11	7,054
1994　〃6年	461,898	43,890	35,554	325,427	226,571	20	11	6,978
1995　〃7年	493,277	46,316	36,672	330,998	229,725	13	8	6,732
1996　〃8年	512,814	48,203	37,906	337,805	228,770	15	7	6,716
1997　〃9年	524,512	47,876	37,286	349,241	231,353	30	15	6,851
1998　〃10年	529,606	49,693	38,230	347,549	225,211	13	7	6,632
1999　〃11年	532,436	53,976	41,259	320,072	202,485	47	25	6,450
2000　〃12年	538,683	57,632	43,673	300,687	183,646	31	17	5,929
2001　〃13年	545,512	58,641	44,267	312,450	187,569	21	10	6,628
2002　〃14年	547,711	59,652	44,958	311,471	183,001	24	13	6,979
2003　〃15年	544,894	62,189	46,328	299,925	172,141	62	36	8,184
2004　〃16年	548,897	64,534	47,409	306,338	171,457	76	42	8,049
2005　〃17年	551,016	66,028	48,187	329,045	180,115	80	19	7,903
2006　〃18年	558,184	67,256	48,962	355,778	192,828	42	21	9,293
2007　〃19年	559,090	67,133	49,217	377,734	204,973	42	26	9,105

原注：「学校基本調査」による。3月卒業者に関する5月1日現在の数字。自家自営業についた者は「就職者」に含めてある。
出所：42, 45, 49, 51, 54, 57, 58

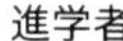

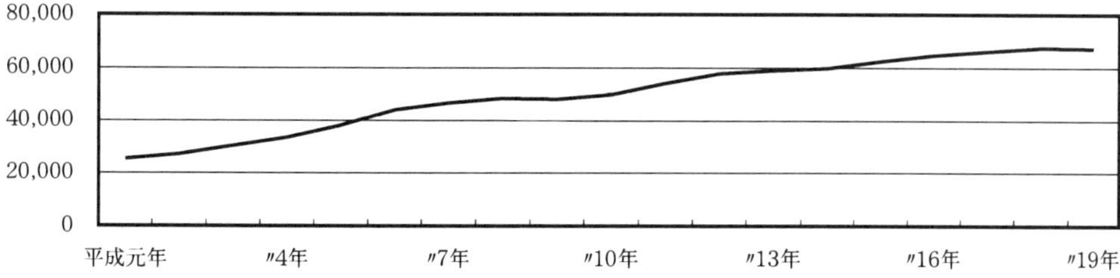

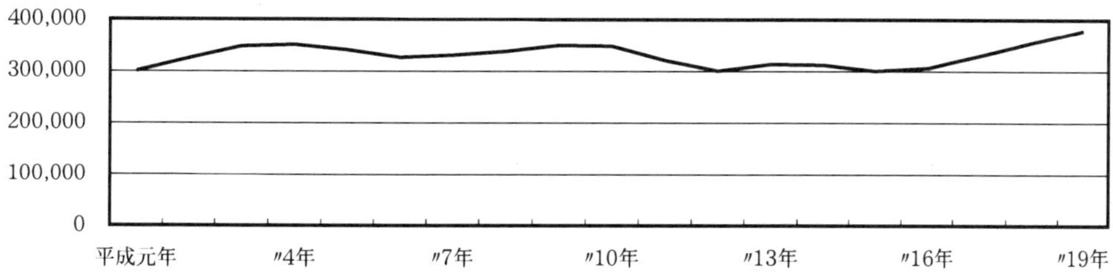

年　次		無業者・その他	# 男
1989	平成元年	44,412	27,543
1990	〃2年	41,531	25,930
1991	〃3年	42,940	27,003
1992	〃4年	47,425	29,149
1993	〃5年	60,918	35,980
1994	〃6年	85,583	48,252
1995	〃7年	109,218	62,787
1996	〃8年	120,075	69,507
1997	〃9年	120,514	69,073
1998	〃10年	125,719	71,776
1999	〃11年	151,891	87,601
2000	〃12年	174,404	102,393
2001	〃13年	167,772	99,610
2002	〃14年	169,585	100,686
2003	〃15年	174,534	103,729
2004	〃16年	169,900	98,940
2005	〃17年	147,960	84,952
2006	〃18年	125,815	70,910
2007	〃19年	105,076	59,872

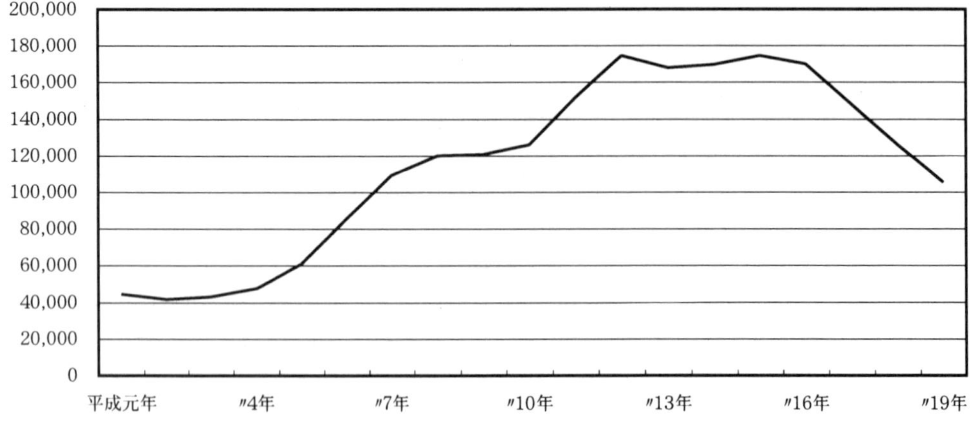

6-18 大学院卒業者の卒業後の状況

年 次	計(卒業者数) 1)	進学者	# 男	就職者	# 男	就職進学者	# 男	臨床研修医(予定者を含む)
1989 平成元年	30,826	3,849	3,250	21,745	19,695	17	9	90
1990 〃2年	31,616	4,053	3,402	22,597	20,488	31	29	81
1991 〃3年	33,016	4,330	3,582	23,588	21,169	29	26	34
1992 〃4年	35,677	4,743	3,864	25,083	22,426	34	28	18
1993 〃5年	39,612	5,535	4,464	27,219	24,240	47	26	18
1994 〃6年	43,947	6,234	4,980	29,760	26,254	72	53	48
1995 〃7年	49,700	7,028	5,578	33,003	28,715	67	54	31
1996 〃8年	56,715	7,956	6,095	37,368	32,181	95	72	63
1997 〃9年	60,290	8,027	6,047	40,286	34,072	138	102	16
1998 〃10年	64,127	8,398	6,170	42,267	35,337	150	112	1
1999 〃11年	65,042	8,400	6,228	41,303	34,371	113	83	21
2000 〃12年	68,413	9,330	6,719	42,015	34,335	123	92	51
2001 〃13年	73,814	9,114	6,537	46,950	37,921	146	116	22
2002 〃14年	78,917	9,091	6,494	50,834	40,528	177	130	8
2003 〃15年	81,924	9,588	6,890	51,197	40,216	165	112	82
2004 〃16年	84,323	9,844	7,019	53,811	41,788	235	152	42
2005 〃17年	87,375	9,331	6,575	57,416	44,224	186	111	43
2006 〃18年	92,028	9,042	6,368	60,918	46,431	193	128	13
2007 〃19年	97,571	8,422	5,857	65,092	49,114	231	146	29

原注：「学校基本調査」による。3月卒業者に関する5月1日現在の数字。自家自営業についた者は「就職者」に含めてある。1) 所定の年限以上在学し，所定の単位を修得したが博士の学位を取らずに卒業した者を含む。

出所：42, 45, 49, 51, 54, 57, 58

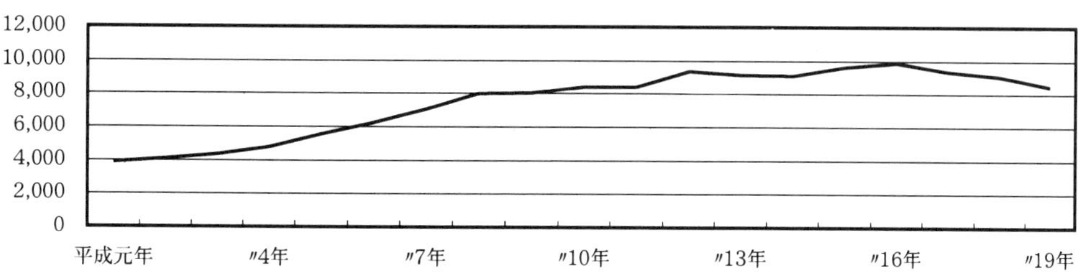

就職者

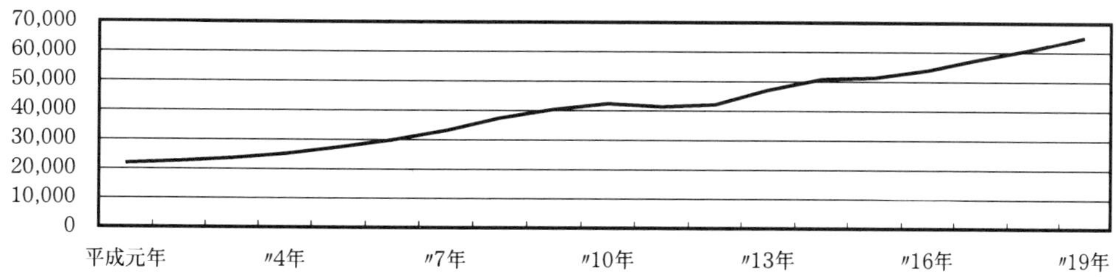

年　次		無業者・その他	# 男
1989	平成元年	5,125	3,572
1990	〃2年	4,854	3,353
1991	〃3年	5,035	3,389
1992	〃4年	5,799	3,957
1993	〃5年	6,793	4,436
1994	〃6年	7,833	5,142
1995	〃7年	9,571	6,189
1996	〃8年	11,233	7,092
1997	〃9年	11,823	7,388
1998	〃10年	13,311	8,171
1999	〃11年	15,205	9,622
2000	〃12年	16,894	10,608
2001	〃13年	17,582	10,875
2002	〃14年	18,807	11,710
2003	〃15年	20,892	12,773
2004	〃16年	20,391	12,336
2005	〃17年	20,399	12,054
2006	〃18年	21,862	12,968
2007	〃19年	23,797	14,359

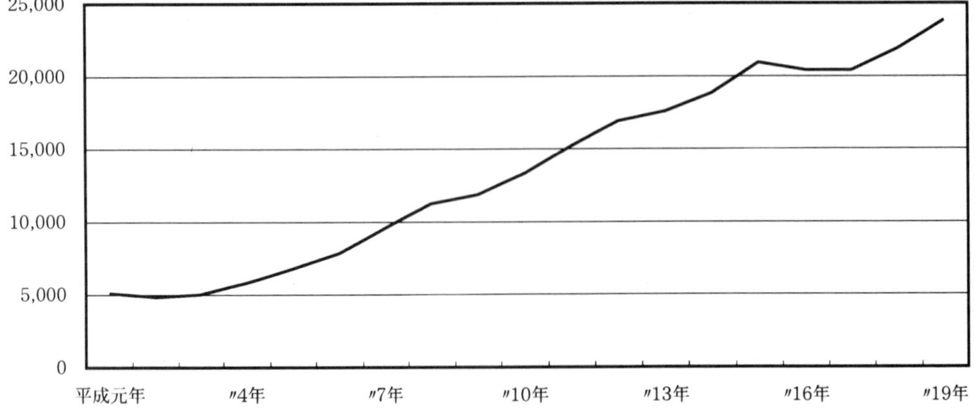

7. 農林水産業

7-1 専業・兼業別・経営耕地規模別農家数

（単位 1,000戸）

年次		総数	専業・兼業別		経営耕地規模別 1)				
			専業	兼業	都府県	0.5 ha未満	0.5〜1.0	1.0〜2.0	2.0 ha以上
1989	平成元年	4,194	603	3,590	4,092	1,675	1,162	881	373
1990	〃2年	3,835	592	3,243	3,739	1,560	1,049	782	348
1991	〃3年	2,936	460	2,476	2,851	632	1,058	797	364
1992	〃4年	2,888	451	2,437	2,806	611	1,046	783	366
1993	〃5年	2,835	447	2,388	2,755	585	1,029	774	368
1994	〃6年	2,787	449	2,338	2,710	588	1,007	755	360
1995	〃7年	2,651	428	2,224	2,578	633	925	682	339
1996	〃8年	2,606	436	2,171	2,534	582	918	681	354
1997	〃9年	2,568	435	2,133	2,497	568	906	670	354
1998	〃10年	2,522	434	2,088	2,454	557	887	654	356
1999	〃11年	2,475	433	2,041	2,408	544	872	637	355
2000	〃12年	2,337	426	1,911	2,274	545	813	592	324
2001	〃13年	2,291	433	1,858	2,230	529	800	578	324
2002	〃14年	2,249	439	1,809	2,189	517	782	566	323
2003	〃15年	2,205	443	1,763	2,146	503	765	556	322
2004	〃16年	2,161	441	1,721	2,103	490	746	546	322
2005 2)	〃17年	1,963	443	1,520	1,911	436	673	498	304
2006 3)	〃18年	1,881	441	1,440	1,831	* 1,042	*	484	306
2007	〃19年	1,813	431	1,382	1,765	* 1,002	*	463	300

原注：「世界農林業センサス」による。2月1日（沖縄県は前年12月1日）現在。ただし，平成元年及び3年は「農業調査」，4年は「農業動態調査」，5, 6年及び8〜11, 13〜16, 18年以降は「農業構造動態調査」（いずれも1月1日現在）による。なお, 平成3年以降は販売農家に関する数値のため，2年以前とは接続しない。1) 平成17年は農業経営体のうち家族経営の数値。2) 東京都三宅島の火山活動の被災地を除く。3) 東京都三宅島の火山活動及び新潟県中越地震の被災地を除く。

出所：55, 58

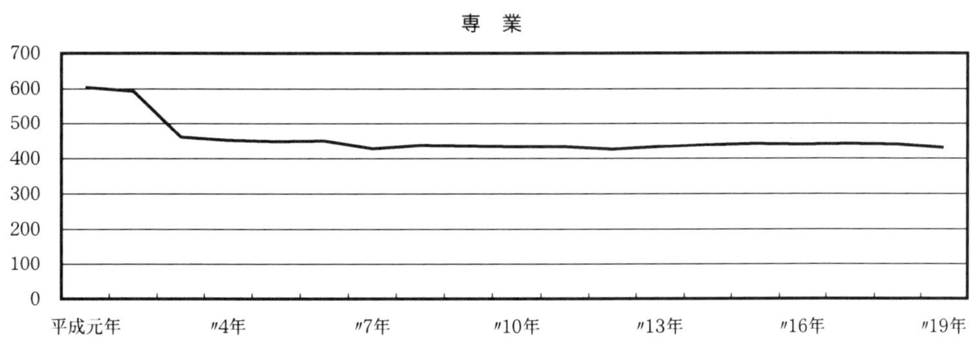

（単位　1000戸）

年次		経営耕地規模別　1)				
		北海道	1.0 ha未満	1.0～5.0	5.0～10.0	10.0 ha 以上
1989	平成元年	102	18	26	25	33
1990	〃2年	95	17	24	22	32
1991	〃3年	85	7.2	21	21	35
1992	〃4年	82	6.8	20	20	36
1993	〃5年	80	6.0	19	19	35
1994	〃6年	77	4.4	19	18	35
1995	〃7年	74	7.0	18	17	32
1996	〃8年	72	3.8	16	18	33
1997	〃9年	71	3.3	16	18	34
1998	〃10年	69	3.2	14	17	34
1999	〃11年	67	3.0	13	17	33
2000	〃12年	63	5.8	14	13	30
2001	〃13年	61	5.6	13	13	29
2002	〃14年	60	5.5	13	12	29
2003	〃15年	59	5.4	12	12	29
2004	〃16年	58	5.3	11	11	30
2005 2)	〃17年	52	4.4	10	9.4	28
2006 3)	〃18年	50	*23	*	*	27
2007	〃19年	48	*22	*	*	25

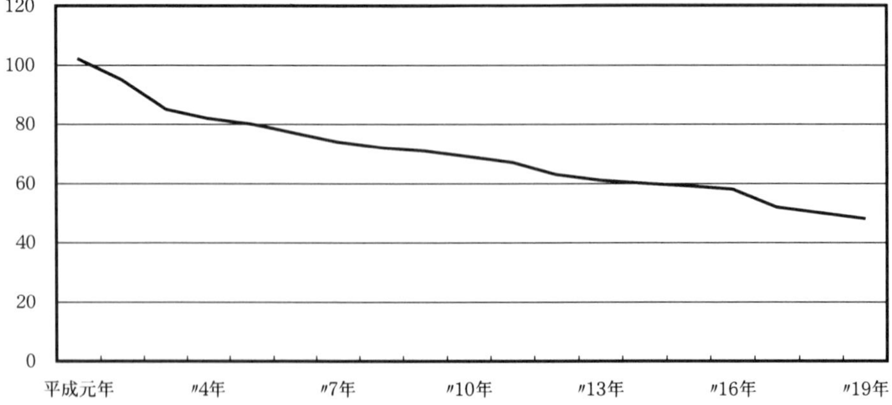

7-2　農家人口

（単位 1,000人）

年　次		農家人口			# 自家農業従事者			# 農業就業人口	
		総　数	男	女	総　数	男	女	総　数	男
1989	昭和64年	18,975	9,213	9,762	11,059	5,782	5,278	5,968	2,371
1990	平成2年	17,296	8,421	8,875	10,366	5,409	4,957	5,653	2,249
1991	〃3年	13,698	6,680	7,018	8,192	4,339	3,854	4,630	1,944
1992	〃4年	13,423	6,550	6,872	8,071	4,273	3,798	4,522	1,897
1993	〃5年	13,106	6,396	6,711	7,863	4,171	3,691	4,403	1,855

原注：「農業調査」による。

出所： 40, 41, 42, 43, 44

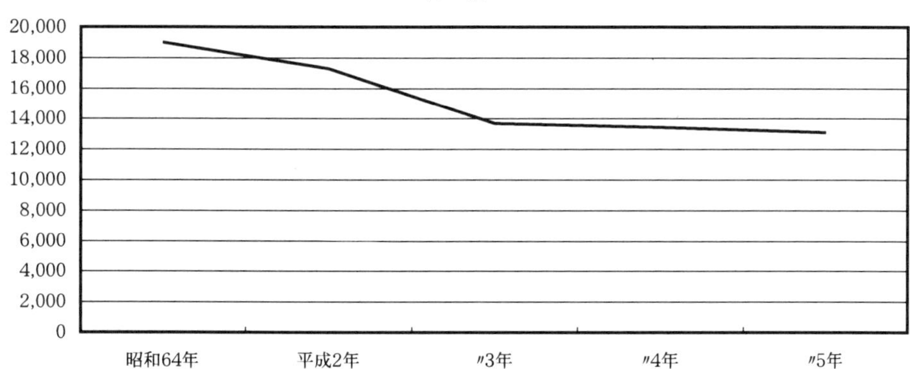

自家農業従事者　総数

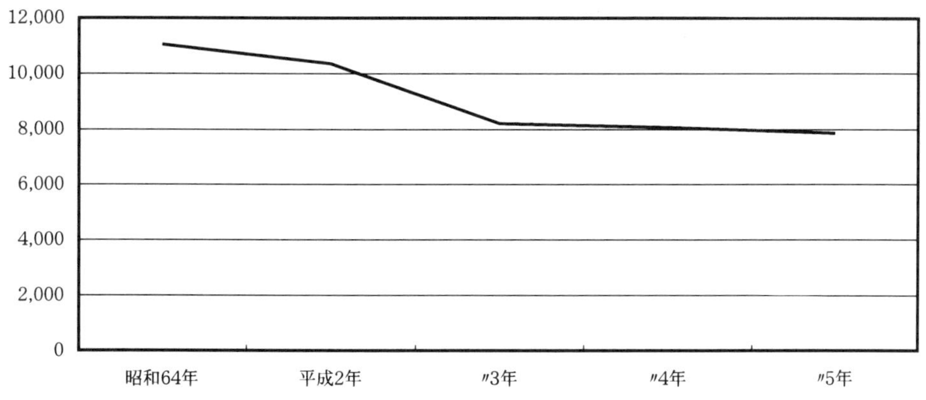

7. 農林水産業（農業）

（単位 1,000人）

年次		農家人口			
		# 農業就業人口			
			# 基幹的農業従事者		
		女	総数	男	女
1989	昭和64年	3,596	3,243	1,620	1,624
1990	平成2年	3,404	3,127	1,622	1,505
1991	〃3年	2,686	2,874	1,468	1,406
1992	〃4年	2,624	2,784	1,419	1,365
1993	〃5年	2,548	2,702	1,379	1,323

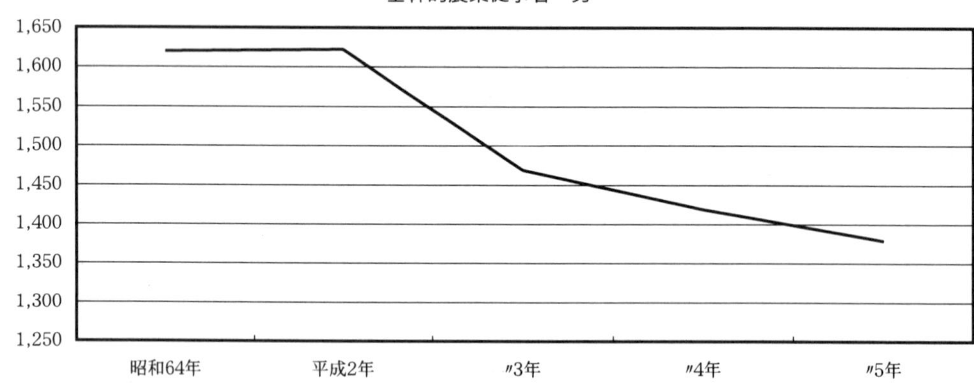

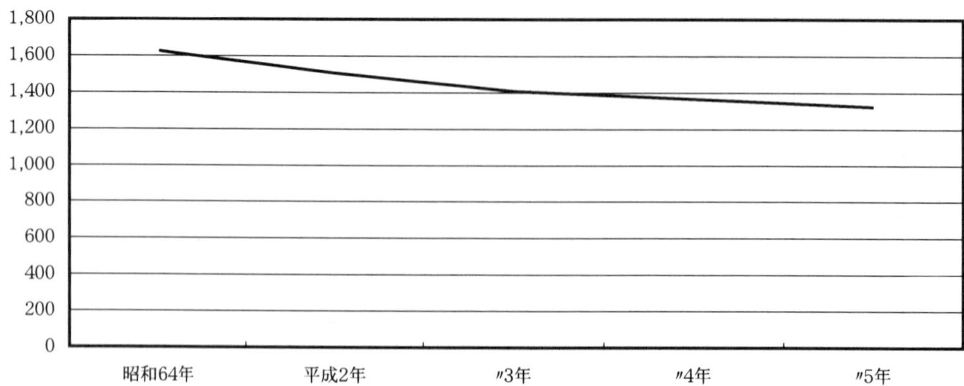

7-3　経営耕地面積及び耕地の拡張・かい廃面積

（単位　1,000ヘクタール）

年次	耕地面積						拡張 1)	
							田	
	総数	本地	けい畔	田	畑	#樹園地	総数	開墾
1989 平成元年	5,279	5,042	237	2,868	2,410	487	0.3	0.1
1990 〃2年	5,243	5,010	234	2,846	2,397	475	0.2	0.0
1991 〃3年	5,204	4,973	231	2,825	2,380	464	0.6	0.0
1992 〃4年	5,165	4,936	229	2,802	2,362	451	0.7	0.1
1993 〃5年	5,124	4,898	226	2,782	2,343	439	1.1	0.1
1994 〃6年	5,083	4,859	224	2,764	2,318	423	2.9	0.3
1995 〃7年	5,038	4,817	221	2,745	2,293	408	1.3	0.0
1996 〃8年	4,994	4,776	218	2,724	2,269	392	0.3	0.0
1997 〃9年	4,949	4,734	215	2,701	2,248	380	0.2	0.0
1998 〃10年	4,905	4,694	212	2,679	2,226	370	0.2	0.0
1999 〃11年	4,866	4,658	209	2,659	2,207	363	2.0	0.0
2000 〃12年	4,830	4,625	206	2,641	2,189	356	1.4	0.0
2001 〃13年	4,794	4,590	203	2,624	2,170	349	0.2	0.0
2002 〃14年	4,762	4,561	201	2,607	2,156	344	0.3	0.0
2003 〃15年	4,736	4,537	200	2,592	2,144	339	0.4	0.0
2004 〃16年	4,714	4,516	198	2,575	2,139	335	0.6	0.0
2005 〃17年	4,692	4,498	194	2,556	2,136	332	0.5	0.0
2006 〃18年	4,671	4,479	192	2,543	2,128	328	1.8	0.0
2007 〃19年	4,650	4,460	190	2,530	2,120	324	0.6	0.0

原注：「作物統計調査」による。7月15日現在，ただし，平成12月以前は8月1日現在。拡張，かい廃面積は調査期日前1年間。「復旧」とは，自然災害耕地を耕地に復旧することをいう。「人為かい廃」とは，耕地を山林，原野，牧野，池沼又は雑種地とした場合及び宅地，工事用地，道路，鉄道用地，農林道，用排水路等とした場合をいう。1) 平成16年，平成17年は，単位区編成時に比べて変化が明らかになった面積を計に含めたため，計とその内訳の要因別面積積上げ値は一致しない場合がある。

出所：42, 45, 49, 52, 55, 58

耕地面積　総数

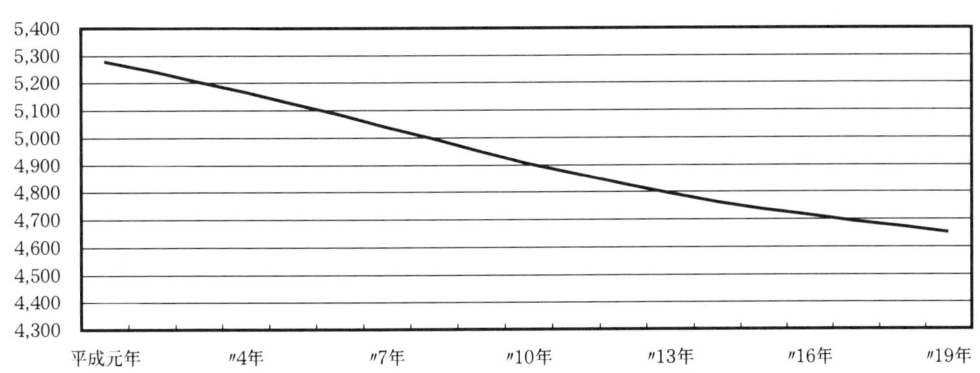

（単位　1,000ヘクタール）

年次		拡張 1)							
		田			畑				
		干拓,埋立て	復旧	田畑転換	総数	開墾	干拓,埋立て	復旧	田畑転換
1989	平成元年	0.0	0.2	0.0	18	14	0.2	0.1	4.0
1990	〃2年	0.0	0.2	0.0	15	11	0.5	0.0	3.4
1991	〃3年	-	0.5	0.0	11	7.5	0.0	0.1	3.2
1992	〃4年	-	0.2	0.4	10	7.2	0.1	0.0	3.0
1993	〃5年	-	0.4	0.6	8.7	6.3	0.0	0.3	2.1
1994	〃6年	-	1.6	0.9	7.1	4.9	0.0	0.3	1.9
1995	〃7年	0.0	1.0	0.2	6.7	4.5	0.0	0.0	2.0
1996	〃8年	0.0	0.1	0.2	5.5	3.3	0.0	0.0	2.2
1997	〃9年	-	0.1	0.1	6.2	3.0	0.0	0.0	3.2
1998	〃10年	0.0	0.1	0.1	5.9	2.4	0.0	0.0	3.5
1999	〃11年	-	1.9	0.1	5.5	2.2	0.0	0.1	3.3
2000	〃12年	-	1.3	0.1	5.8	2.3	0.1	0.0	3.4
2001	〃13年	-	0.1	0.1	4.9	1.7	-	0.0	3.2
2002	〃14年	-	0.1	0.1	5.3	1.7	-	0.1	3.6
2003	〃15年	-	0.1	0.3	5.5	1.7	-	0.0	3.7
2004	〃16年	-	0.5	0.1	9.2	2.2	-	0.6	4.8
2005	〃17年	-	0.3	0.2	11	2.2	-	0.1	5.8
2006	〃18年	-	1.7	0.1	6.9	2.1	-	0.1	4.7
2007	〃19年	-	0.6	0.0	5.3	1.7	-	0.0	3.6

拡張　畑　総数

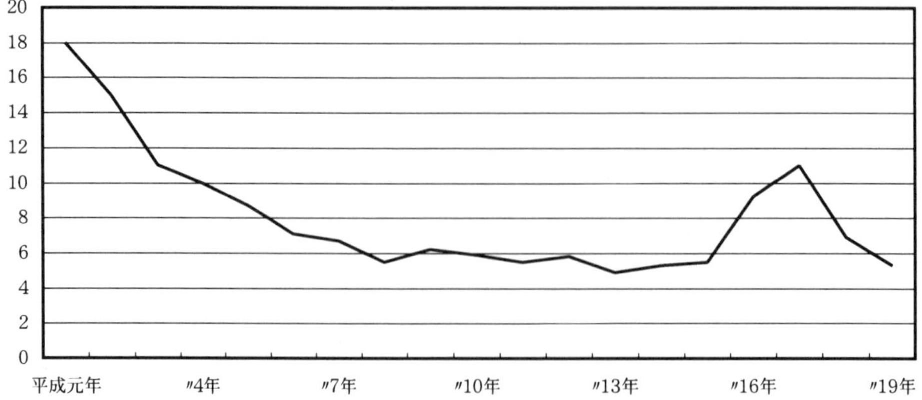

（単位　1,000ヘクタール）

年　次	かい廃 1)							
	田				畑			
	総　数	自然災害	人為かい廃	田畑転換	総　数	自然災害	人為かい廃	田畑転換
1989　平成元年	21	0.1	17	4.0	36	0.1	36	0.0
1990　〃2年	22	0.9	18	3.4	28	0.1	28	0.0
1991　〃3年	22	0.2	19	3.2	28	0.1	28	0.0
1992　〃4年	23	0.1	20	3.0	28	0.0	27	0.4
1993　〃5年	22	1.0	19	2.1	28	0.6	27	0.6
1994　〃6年	20	1.3	17	1.9	31	0.2	30	0.9
1995　〃7年	20	1.1	17	2.0	32	0.0	32	0.2
1996　〃8年	21	0.1	19	2.2	29	0.0	29	0.2
1997　〃9年	23	0.1	20	3.2	28	0.0	28	0.1
1998　〃10年	23	0.0	19	3.5	28	0.0	27	0.1
1999　〃11年	22	2.4	16	3.3	25	0.1	24	0.1
2000　〃12年	19	0.9	15	3.4	24	0.1	24	0.1
2001　〃13年	18	0.1	15	3.2	24	0.3	24	0.1
2002　〃14年	17	0.2	13	3.6	20	0.0	20	0.1
2003　〃15年	15	0.0	11	3.7	17	0.0	17	0.3
2004　〃16年	17	0.7	11	4.8	15	0.7	14	0.1
2005　〃17年	20	2.6	11	5.8	14	0.1	14	0.2
2006　〃18年	15	0.0	10	4.7	14	0.0	14	0.1
2007　〃19年	14	0.0	10	3.6	14	0.0	14	0.0

かい廃　田　総数

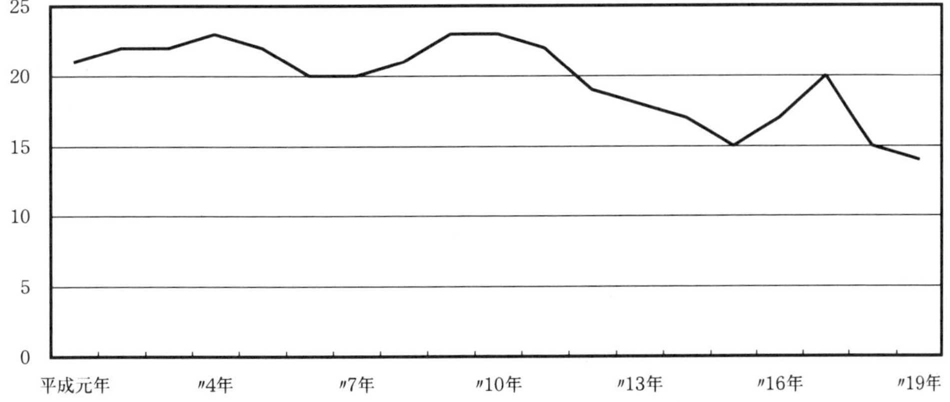

7-4　農作物作付面積及び生産量（平成元年～13年）

（単位　面積 1,000ヘクタール，収穫量 1,000トン）

年　次	稲							麦　類
	計			水　稲		陸　稲		4麦計
	作付面積	収穫量	政府買入量 (1,000 t) 1)	作付面積	収穫量	作付面積	収穫量	作付面積
1989 平成元年	2,097	10,347	1,638	2,076	10,297	22	50	397
1990 〃2年	2,747	10,499	1,766	2,055	10,463	19	36	366
1991 〃3年	2,049	9,604	1,116	2,033	9,565	16	39	334
1992 〃4年	2,106	10,573	1,566	2,092	10,546	14	27	299
1993 〃5年	2,139	7,834	20	2,127	7,811	12	23	261
1994 〃6年	2,212	11,981	2,052	2,200	11,961	12	20	214
1995 〃7年	2,118	10,748	1,657	2,106	10,724	12	24	210
1996 〃8年	1,977	10,344	1,156	1,967	10,328	9.4	16	216
1997 〃9年	1,953	10,025	1,192	1,944	10,004	8.6	21	215
1998 〃10年	1,801	8,960	300	1,793	8,939	8.0	21	217
1999 〃11年	1,788	9,175	449	1,780	9,159	7.5	16	221
2000 〃12年	1,770	9,490	405	1,763	9,472	7.1	18	237
2001 〃13年	1,706	9,057	80	1,700	9,048	6.4	9.2	257

原注：「作物統計調査」，ただし，茶の生産量は「茶生産量調査」による。また，政府買入量は食糧庁の調査，葉たばこは日本たばこ産業株式会社（旧日本専売公社）の調査による。年次は収穫年次である。1) 玄米換算（トン）。2) 玄麦換算（トン）。3) 当年12月から翌年5月にかけて収穫されたもの。4) 北海道のみ。a) 北海道のみ。b) 主産道県のみ。c) 調査県のみ。d) 主産県のみ。e) 福島県を除く。

出所：43, 46, 50, 53

7-4　農作物作付面積及び収穫量（平成14年～18年）

（単位　面積 1,000ヘクタール，収穫量 1,000トン）

年　次	稲							麦　類
	計			水　稲		陸　稲		4麦計
	作付面積	収穫量	政府買入量 (1,000 t) 1)	作付面積	収穫量	作付面積	収穫量	作付面積
2002 平成14年	1,688	8,889	141	1,683	8,876	5.6	13	272
2003 〃15年	1,665	7,792	19	1,660	7,779	5.0	13	276
2004 〃16年	1,701	8,730	371	1,697	8,721	4.7	9.4	272
2005 〃17年	1,706	9,074	395	1,702	9,062	4.5	12	268
2006 〃18年	1,688	8,556	254	1,684	8,546	4.1	10	272

原注：「作物統計調査」，ただし，茶の生産量は「茶生産量調査」による。また，政府買入量は食糧局の調査,葉たばこは日本たばこ産業株式会社（旧日本専売公社）の調査による。年次は収穫年次である。1) 玄米換算（トン）。2) 当年12月から翌年5月にかけて収穫されたものである。a) 主産道県のみ。b) 調査県のみ。

出所：56, 58

（単位　面積 1,000ヘクタール，収穫量 1,000トン）

年　次		麦　類							
		4麦計		小麦		六条大麦		二条大麦	
		収穫量	政府買入量 (1,000 t) 2)	作付面積	収穫量	作付面積	収穫量	作付面積	収穫量
1989	平成元年	1,356	951	284	985	29	86	76	260
1990	〃2年	1,297	905	260	952	25	69	74	254
1991	〃3年	1,042	708	239	759	21	63	68	207
1992	〃4年	1,045	737	215	759	17	49	63	225
1993	〃5年	921	653	184	638	13	44	61	228
1994	〃6年	790	564	152	565	4.0	14	55	200
1995	〃7年	662	491	151	444	3.8	12	51	192
1996	〃8年	711	511	159	478	6.9	26	46	190
1997	〃9年	766	604	158	573	8.7	29	44	148
1998	〃10年	713	647	162	570	10	26	39	107
1999	〃11年	788	625	169	583	10	35	37	151
2000	〃12年	903	35	183	688	11	38	37	154
2001	〃13年	906	3.3	197	700	15	48	40	139

（単位　面積 1,000ヘクタール，収穫量 1,000トン）

年　次		麦　類							
		4麦計		小麦		六条大麦		二条大麦	
		収穫量	政府買入量 (1,000 t)	作付面積	収穫量	作付面積	収穫量	作付面積	収穫量
2002	平成14年	1,047	1.6	207	829	18	61	41	136
2003	〃15年	1,054	1.3	212	856	18	57	40	123
2004	〃16年	1,059	0.1	213	860	18	51	37	132
2005	〃17年	1,058	-	214	875	16	47	35	124
2006	〃18年	1,012	-	218	837	15	43	34	118

（単位　面積 1,000ヘクタール，収穫量 1,000トン）

年　次	麦類				いも類		豆類（乾燥子実）	
	裸　麦		えん麦		かんしょ		大豆	
	作付面積	収穫量	作付面積	収穫量	作付面積	収穫量	作付面積	収穫量
1989 平成元年	8.6	25	2.4	a) 4.6	62	1,431	152	272
1990 〃2年	7.6	23	2.1	4.7	61	1,402	146	220
1991 〃3年	6.1	14	1.8	a) 3.3	59	1,205	141	197
1992 〃4年	4.3	12	b) 1.4	a) 2.2	55	1,295	110	188
1993 〃5年	3.3	12	b) 1.2	a) 2.0	53	1,033	87	101
1994 〃6年	3.2	12	1.2	2.6	51	1,264	61	99
1995 〃7年	3.8	14	d) 1.1	…	49	1,181	69	119
1996 〃8年	4.0	18	d) 1.2	…	48	1,109	82	148
1997 〃9年	5.0	17	1.4	…	47	1,130	83	145
1998 〃10年	5.4	11	d) 1.4	…	46	1,139	109	158
1999 〃11年	5.1	20	d) 1.2	…	45	1,008	108	187
2000 〃12年	5.4	22	0.8	…	43	1,073	123	235
2001 〃13年	5.9	20	d) 0.9	…	42	1,063	144	271

（単位　面積 1,000ヘクタール，収穫量 1,000トン）

年　次	麦類				いも類		豆類（乾燥子実）	
	裸　麦		えん麦		かんしょ		大豆	
	作付面積	収穫量	作付面積	収穫量	作付面積	収穫量	作付面積	収穫量
2002 平成14年	6.2	20	a) 1.1	…	41	1,030	150	270
2003 〃15年	5.9	18	1.0	…	40	941	152	232
2004 〃16年	5.1	16	0.4	…	40	1,009	137	163
2005 〃17年	4.5	12	0.3	…	41	1,053	134	225
2006 〃18年	4.4	13	0.2	…	41	989	142	229

大豆　収穫量

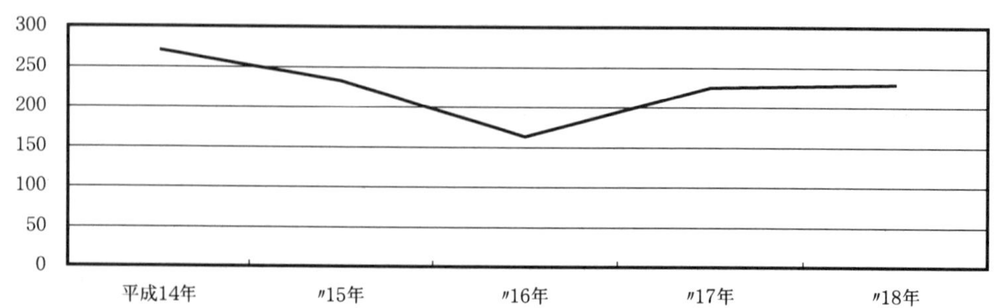

（単位　面積 1,000ヘクタール，収穫量 1,000トン）

年　次	豆類（乾燥子実）						野　菜	
	小豆		いんげん豆		らっかせい（さや付）		だいこん	
	作付面積	収穫量	作付面積	収穫量	作付面積	収穫量	作付面積	収穫量
1989 平成元年	67	106	24	36	19	37	62	2,449
1990 〃2年	66	118	23	32	18	40	61	2,336
1991 〃3年	56	89	20	44	17	30	60	2,317
1992 〃4年	51	69	18	34	16	31	59	2,346
1993 〃5年	53	46	17	26	15	24	57	2,224
1994 〃6年	53	90	20	19	14	35	55	2,154
1995 〃7年	51	94	20	44	14	26	53	2,148
1996 〃8年	49	78	19	33	13	30	52	2,132
1997 〃9年	49	72	16	33	12	30	50	2,020
1998 〃10年	47	78	13	25	12	25	49	1,902
1999 〃11年	45	81	12	21	11	26	48	1,948
2000 〃12年	44	88	13	15	11	27	46	1,876
2001 〃13年	46	71	13	24	10	23	44	1,868

（単位　面積 1,000ヘクタール，収穫量 1,000トン）

年　次	豆類（乾燥子実）						野　菜	
	小豆		いんげん豆		らっかせい（さや付）		だいこん	
	作付面積	収穫量	作付面積	収穫量	作付面積	収穫量	作付面積	収穫量
2002 平成14年	42	66	15	34	10	24	43	1,780
2003 〃15年	42	59	13	23	9.5	22	42	1,752
2004 〃16年	43	91	12	27	9.1	21	40	1,620
2005 〃17年	38	79	11	26	9.0	21	39	1,627
2006 〃18年	32	64	10	19	8.6	20	38	1,650

らっかせい　収穫量

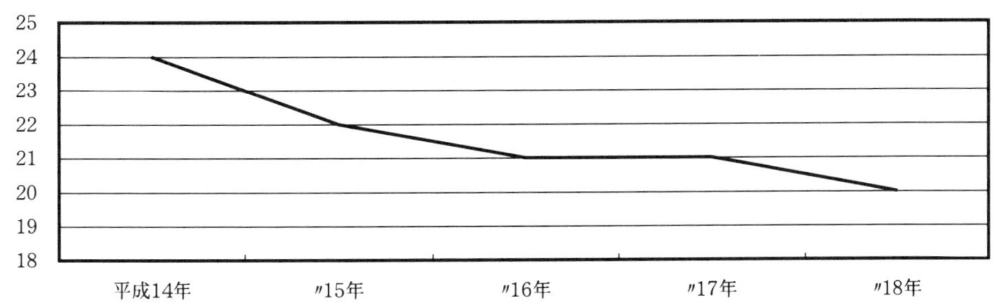

（単位　面積 1,000ヘクタール，収穫量 1,000トン）

年　次	野菜							
	かぶ		にんじん		ごぼう		れんこん	
	作付面積	収穫量	作付面積	収穫量	作付面積	収穫量	作付面積	収穫量
1989 平成元年	7.6	210	24	685	15	274	6.0	85
1990 〃2年	7.5	209	24	655	15	270	5.9	88
1991 〃3年	7.4	201	24	660	14	236	5.8	76
1992 〃4年	7.3	198	24	690	15	269	5.7	76
1993 〃5年	7.2	202	24	709	14	237	5.7	53
1994 〃6年	7.1	201	23	658	13	244	5.5	87
1995 〃7年	6.9	193	25	725	13	232	5.4	81
1996 〃8年	6.8	196	24	736	13	248	5.2	70
1997 〃9年	6.7	195	23	716	12	227	4.9	68
1998 〃10年	6.7	191	22	648	12	188	4.9	72
1999 〃11年	6.5	179	23	677	11	204	4.8	75
2000 〃12年	6.5	187	22	682	11	190	4.7	76
2001 〃13年	6.3	182	22	691	10	178	4.6	75

（単位　面積 1,000ヘクタール，収穫量 1,000トン）

年　次	野菜							
	かぶ		にんじん		ごぼう		れんこん	
	作付面積	収穫量	作付面積	収穫量	作付面積	収穫量	作付面積	収穫量
2002 平成14年	6.2	184	21	644	9.7	167	4.5	73
2003 〃15年	6.1	179	20	659	9.8	171	4.4	60
2004 〃16年	5.7	168	20	616	9.2	172	4.2	61
2005 〃17年	5.5	153	19	615	8.8	162	4.2	64
2006 〃18年	5.4	151	19	624	8.7	159	4.1	58

かぶ　収穫量

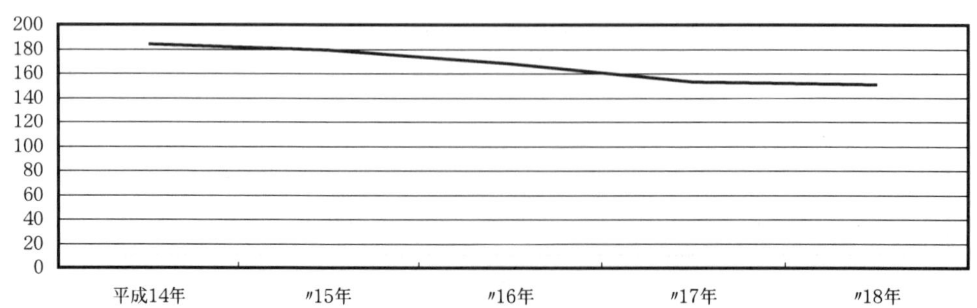

（単位　面積 1,000ヘクタール，収穫量 1,000トン）

年　次	野　菜							
	さといも		やまのいも		はくさい		キャベツ	
	作付面積	収穫量	作付面積	収穫量	作付面積	収穫量	作付面積	収穫量
1989 平成元年	27	364	8.9	166	30	1,334	41	1,623
1990 〃2年	26	315	10	201	29	1,220	40	1,544
1991 〃3年	26	353	10	185	28	1,154	41	1,569
1992 〃4年	25	305	8.8	165	27	1,205	41	1,614
1993 〃5年	24	299	8.7	137	27	1,185	40	1,513
1994 〃6年	23	238	8.7	181	26	1,118	39	1,511
1995 〃7年	22	254	8.7	172	26	1,163	39	1,544
1996 〃8年	22	254	8.8	170	25	1,162	39	1,539
1997 〃9年	21	270	8.7	183	24	1,135	38	1,502
1998 〃10年	21	258	8.9	177	24	990	38	1,407
1999 〃11年	20	248	8.9	193	24	1,079	37	1,476
2000 〃12年	19	231	8.9	201	23	1,036	37	1,449
2001 〃13年	18	218	8.8	182	22	1,038	36	1,435

（単位　面積 1,000ヘクタール，収穫量 1,000トン）

年　次	野　菜							
	さといも		やまのいも		はくさい		キャベツ	
	作付面積	収穫量	作付面積	収穫量	作付面積	収穫量	作付面積	収穫量
2002 平成14年	17	209	8.8	182	21	1,005	35	1,392
2003 〃15年	16	209	8.9	177	21	965	34	1,376
2004 〃16年	16	185	8.6	198	20	888	33	1,279
2005 〃17年	15	185	8.8	204	20	924	34	1,364
2006 〃18年	14	175	8.5	192	19	942	33	1,372

キャベツ　収穫量

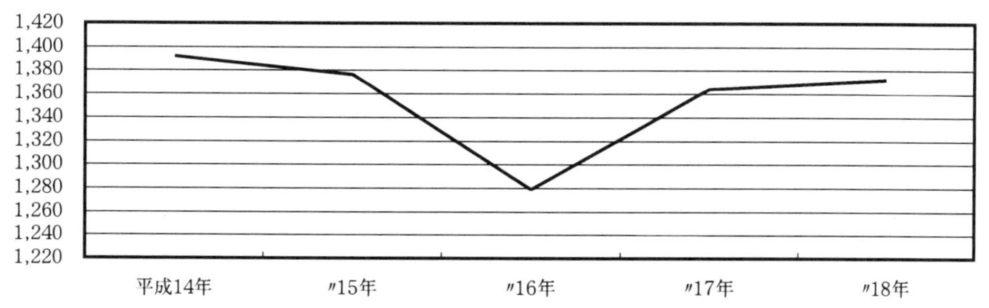

（単位　面積 1,000ヘクタール，収穫量 1,000トン）

年　次	野　菜							
	ほうれんそう		ねぎ		たまねぎ		なす	
	作付面積	収穫量	作付面積	収穫量	作付面積	収穫量	作付面積	収穫量
1989 平成元年	28	378	24	542	28	1,269	18	567
1990 〃2年	27	384	24	558	29	1,317	17	554
1991 〃3年	27	374	24	517	30	1,307	17	514
1992 〃4年	27	365	25	565	30	1,397	16	519
1993 〃5年	27	378	24	506	28	1,367	16	449
1994 〃6年	27	367	24	525	27	1,109	15	510
1995 〃7年	27	360	25	534	27	1,278	15	478
1996 〃8年	27	359	25	547	27	1,262	14	481
1997 〃9年	26	331	25	549	27	1,257	14	475
1998 〃10年	26	322	25	509	27	1,355	14	459
1999 〃11年	26	329	25	532	27	1,205	14	473
2000 〃12年	25	316	25	537	27	1,247	13	477
2001 〃13年	25	319	24	527	26	1,259	13	448

（単位　面積 1,000ヘクタール，収穫量 1,000トン）

年　次	野　菜							
	ほうれんそう		ねぎ		たまねぎ		なす	
	作付面積	収穫量	作付面積	収穫量	作付面積	収穫量	作付面積	収穫量
2002 平成14年	24	312	24	519	25	1,274	12	432
2003 〃15年	24	312	24	515	24	1,172	12	396
2004 〃16年	24	289	24	486	23	1,128	12	390
2005 〃17年	24	298	23	494	23	1,087	11	396
2006 〃18年	23	299	23	492	24	1,161	11	372

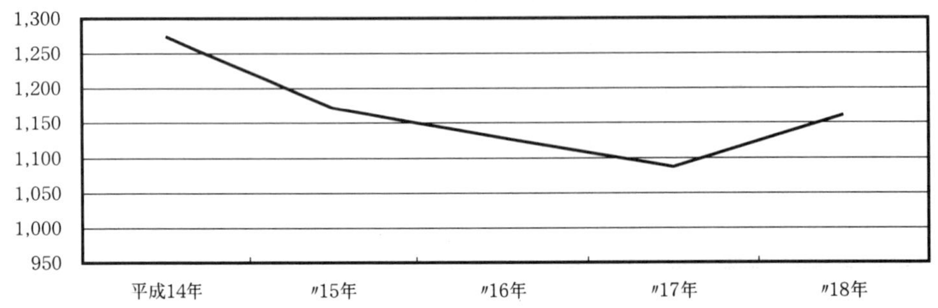

（単位　面積 1,000ヘクタール，収穫量 1,000トン）

年　次	野　菜							
	トマト		きゅうり		かぼちゃ		ピーマン	
	作付面積	収穫量	作付面積	収穫量	作付面積	収穫量	作付面積	収穫量
1989 平成元年	15	773	21	975	19	297	4.8	182
1990 〃2年	14	767	20	931	19	286	4.6	171
1991 〃3年	14	746	20	889	18	269	4.5	156
1992 〃4年	14	772	19	899	18	278	4.5	167
1993 〃5年	14	738	18	836	18	257	4.4	156
1994 〃6年	14	758	18	866	18	265	4.4	165
1995 〃7年	14	753	17	827	16	242	4.4	169
1996 〃8年	14	796	17	823	16	234	4.3	166
1997 〃9年	14	780	16	798	17	247	4.2	169
1998 〃10年	14	764	16	746	18	258	4.2	160
1999 〃11年	14	769	16	766	19	266	4.2	165
2000 〃12年	14	806	15	767	18	254	4.1	171
2001 〃13年	14	798	15	736	16	228	4.0	159

（単位　面積 1,000ヘクタール，収穫量 1,000トン）

年　次	野　菜							
	トマト		きゅうり		かぼちゃ		ピーマン	
	作付面積	収穫量	作付面積	収穫量	作付面積	収穫量	作付面積	収穫量
2002 平成14年	13	785	14	729	16	220	3.9	161
2003 〃15年	13	760	14	684	17	234	3.8	152
2004 〃16年	13	755	14	673	17	226	3.7	153
2005 〃17年	13	759	13	675	17	234	3.6	154
2006 〃18年	13	728	13	629	17	220	3.5	147

トマト　収穫量

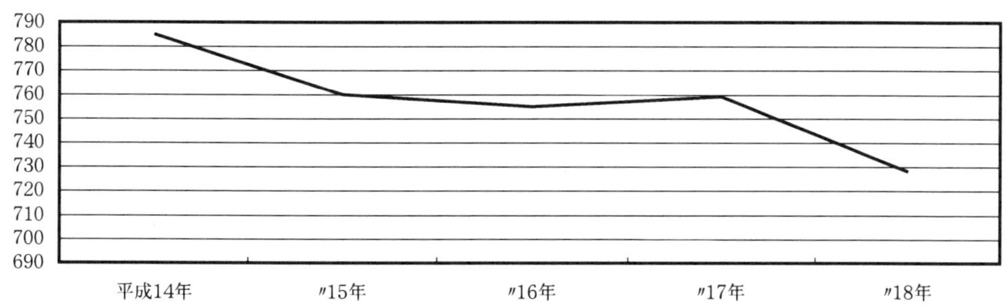

（単位　面積 1,000ヘクタール，収穫量 1,000トン）

年　次	野　菜							
	さやえんどう		えだまめ		さやいんげん		スイートコーン	
	作付面積	収穫量	作付面積	収穫量	作付面積	収穫量	作付面積	収穫量
1989 平成元年	8.8	60	14	104	12	95	39	387
1990 〃2年	8.5	58	14	103	12	90	39	409
1991 〃3年	8.2	52	14	99	11	82	39	394
1992 〃4年	7.8	52	14	100	11	84	38	376
1993 〃5年	7.5	50	13	82	11	75	37	343
1994 〃6年	7.2	47	13	84	10	75	36	369
1995 〃7年	6.8	45	13	79	9.9	75	33	320
1996 〃8年	6.6	42	13	82	9.7	76	31	286
1997 〃9年	6.2	41	13	80	9.4	71	32	302
1998 〃10年	5.9	36	13	79	9.2	66	31	286
1999 〃11年	5.6	36	13	80	8.9	62	30	294
2000 〃12年	5.5	38	13	81	8.7	64	29	289
2001 〃13年	5.1	32	12	78	8.4	62	29	273

（単位　面積 1,000ヘクタール，収穫量 1,000トン）

年　次	野　菜							
	さやえんどう		えだまめ		さやいんげん		スイートコーン	
	作付面積	収穫量	作付面積	収穫量	作付面積	収穫量	作付面積	収穫量
2002 平成14年	5.0	33	12	75	8.1	59	28	278
2003 〃15年	4.8	29	13	77	8.0	57	28	268
2004 〃16年	4.7	29	13	73	7.7	53	27	266
2005 〃17年	4.7	29	13	77	7.4	53	26	251
2006 〃18年	4.5	27	13	71	7.2	49	25	231

さやえんどう　収穫量

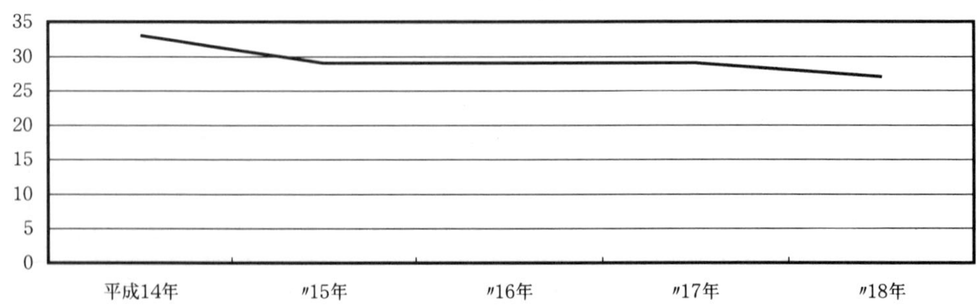

（単位　面積 1,000ヘクタール，収穫量 1,000トン）

年　次	野　菜							
	いちご		すいか		露地メロン		温室メロン	
	作付面積	収穫量	作付面積	収穫量	作付面積	収穫量	作付面積	収穫量
1989 平成元年	10	216	23	764	17	375	1.4	40
1990 〃2年	10	217	23	753	17	380	1.4	41
1991 〃3年	10	213	22	687	17	340	1.4	39
1992 〃4年	9.4	209	21	737	16	358	1.3	40
1993 〃5年	9.0	207	21	632	16	329	1.4	41
1994 〃6年	8.6	198	19	655	16	354	1.4	43
1995 〃7年	8.3	201	19	617	15	325	1.4	41
1996 〃8年	8.1	208	19	633	15	326	1.4	40
1997 〃9年	7.8	200	19	614	14	319	1.4	41
1998 〃10年	7.6	181	18	603	14	299	1.3	37
1999 〃11年	7.5	203	18	595	13	278	1.3	39
2000 〃12年	7.5	205	17	581	…	…	…	…
2001 〃13年	7.4	209	17	573	…	…	…	…

（単位　面積 1,000ヘクタール，収穫量 1,000トン）

年　次	野　菜					
	いちご		すいか		メロン	
	作付面積	収穫量	作付面積	収穫量	作付面積	収穫量
2002 平成14年	7.4	211	16	527	13	287
2003 〃15年	7.2	203	15	487	12	269
2004 〃16年	7.0	198	14	454	11	249
2005 〃17年	6.9	196	13	450	10	242
2006 〃18年	6.8	191	13	419	9.8	217

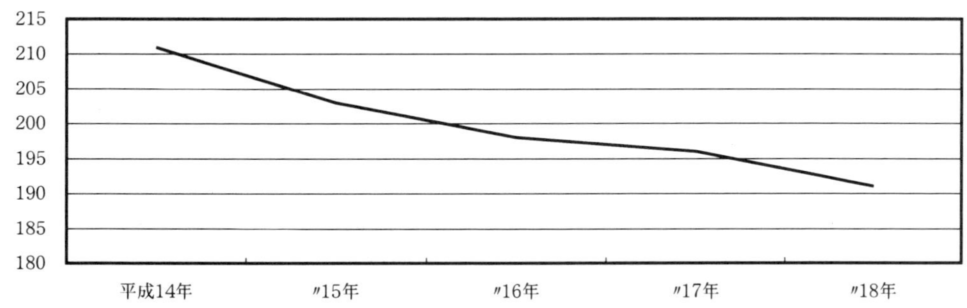

（単位　面積 1,000ヘクタール，収穫量 1,000トン）

年次	野菜							
	レタス		セロリー		カリフラワー		ブロッコリー	
	作付面積	収穫量	作付面積	収穫量	作付面積	収穫量	作付面積	収穫量
1989 平成元年	23	521	0.9	45	2.7	53	8.2	89
1990 〃2年	22	518	0.9	45	2.6	48	8.8	89
1991 〃3年	23	520	0.9	44	2.5	45	9.3	90
1992 〃4年	23	536	0.9	46	2.5	50	9.5	101
1993 〃5年	22	493	0.8	44	2.4	44	9.4	93
1994 〃6年	22	528	0.8	42	2.2	42	8.8	84
1995 〃7年	22	537	0.8	40	2.1	37	8.2	78
1996 〃8年	22	548	0.7	40	2.0	39	8.1	85
1997 〃9年	21	533	0.7	39	2.0	38	7.9	85
1998 〃10年	22	506	0.7	37	1.8	29	7.9	74
1999 〃11年	22	541	0.7	38	1.8	32	8.1	84
2000 〃12年	22	537	0.7	40	1.7	32	8.2	83
2001 〃13年	22	554	0.7	37	1.7	32	8.4	89

（単位　面積 1,000ヘクタール，収穫量 1,000トン）

年次	野菜							
	レタス		セロリー		カリフラワー		ブロッコリー	
	作付面積	収穫量	作付面積	収穫量	作付面積	収穫量	作付面積	収穫量
2002 平成14年	22	562	0.7	37	1.7	30	9.3	94
2003 〃15年	22	549	0.7	36	1.6	29	10	108
2004 〃16年	22	509	0.7	36	1.5	24	10	94
2005 〃17年	22	552	0.7	35	1.4	25	11	105
2006 〃18年	21	545	0.7	35	1.4	27	11	122

レタス　収穫量

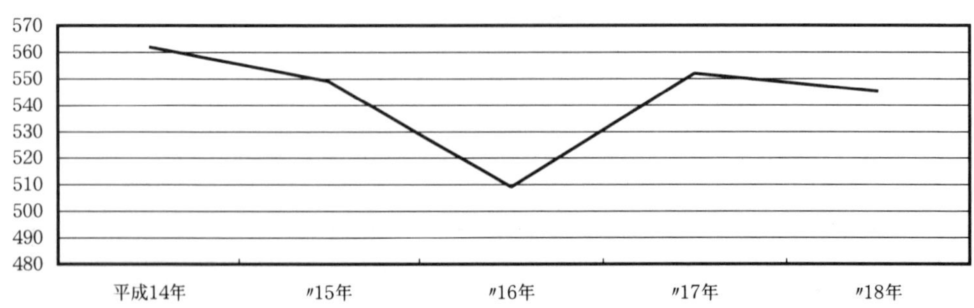

（単位　面積 1,000ヘクタール，収穫量 1,000トン）

年　次	野菜		果樹					
	ばれいしょ		みかん		なつみかん		ネーブルオレンジ	
	作付面積	収穫量	作付面積	収穫量	作付面積	収穫量 3)	作付面積	収穫量
1989 平成元年	120	3,587	86	2,015	9.1	201	4.1	54
1990 〃2年	116	3,552	81	1,653	8.2	170	3.8	50
1991 〃3年	112	3,609	72	1,579	7.3	161	3.4	37
1992 〃4年	111	3,494	77	1,683	7.0	157	3.2	39
1993 〃5年	111	3,390	75	1,490	6.6	129	2.9	33
1994 〃6年	108	3,377	73	1,247	6.1	114	2.6	30
1995 〃7年	104	3,365	71	1,378	5.8	110	2.3	26
1996 〃8年	103	3,087	68	1,153	5.4	99	2.1	25
1997 〃9年	103	3,395	66	1,555	5.1	110	1.9	24
1998 〃10年	100	3,073	64	1,194	4.9	103	1.7	21
1999 〃11年	98	2,963	63	1,447	4.6	90	1.6	21
2000 〃12年	95	2,898	62	1,143	4.4	85	1.5	19
2001 〃13年	93	2,959	60	1,282	4.1	86	1.3	18

（単位　面積 1,000ヘクタール，収穫量 1,000トン）

年　次	野菜		果樹					
	ばれいしょ		みかん		なつみかん		ネーブルオレンジ	
	作付面積	収穫量	作付面積	収穫量	作付面積	収穫量 2)	作付面積	収穫量
2002 平成14年	92	3,074	58	1,131	4.0	82	1.3	16
2003 〃15年	88	2,939	57	1,146	3.9	75	1.2	15
2004 〃16年	87	2,888	56	1,060	3.7	74	1.1	14
2005 〃17年	87	2,752	55	1,132	3.6	62	1.1	13
2006 〃18年	87	2,635	54	842	3.4	58	1.0	10

みかん　収穫量

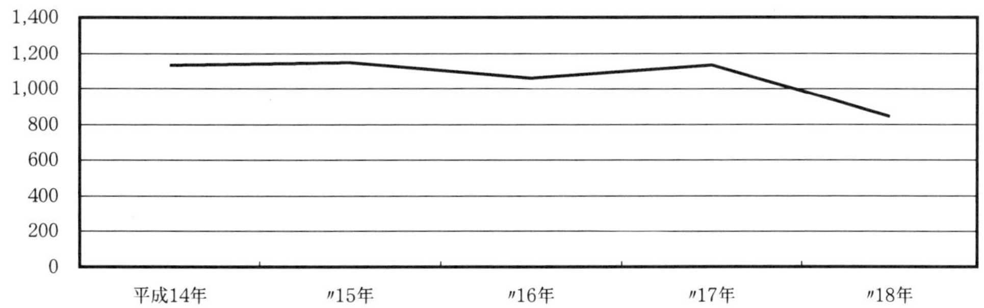

（単位　面積 1,000ヘクタール，収穫量 1,000トン）

年　次	果樹							
	いよかん，はっさく		りんご		ぶどう		日本なし	
	作付面積	収穫量	作付面積	収穫量	作付面積	収穫量	作付面積	収穫量
1989 平成元年	20	360	54	1,045	27	275	21	439
1990 〃2年	19	340	54	1,053	26	276	20	432
1991 〃3年	17	288	49	760	24	271	18	425
1992 〃4年	17	336	53	1,039	26	276	20	418
1993 〃5年	17	261	52	1,011	25	260	20	382
1994 〃6年	16	293	51	989	25	245	19	417
1995 〃7年	15	247	51	963	24	250	19	383
1996 〃8年	15	274	50	899	23	244	19	378
1997 〃9年	14	281	49	993	23	251	19	405
1998 〃10年	13	280	48	879	22	233	18	382
1999 〃11年	13	258	48	928	22	242	18	390
2000 〃12年	12	256	47	800	22	238	18	393
2001 〃13年	12	246	46	931	21	225	17	368

（単位　面積 1,000ヘクタール，収穫量 1,000トン）

年　次	果樹							
	いよかん，はっさく		りんご		ぶどう		日本なし	
	作付面積	収穫量	作付面積	収穫量	作付面積	収穫量	作付面積	収穫量
2002 平成14年	11	202	45	926	21	232	17	376
2003 〃15年	11	182	44	842	21	221	17	332
2004 〃16年	10	189	44	754	20	206	16	328
2005 〃17年	9.6	159	43	819	20	220	16	362
2006 〃18年	9.0	135	43	832	20	211	16	291

りんご　収穫量

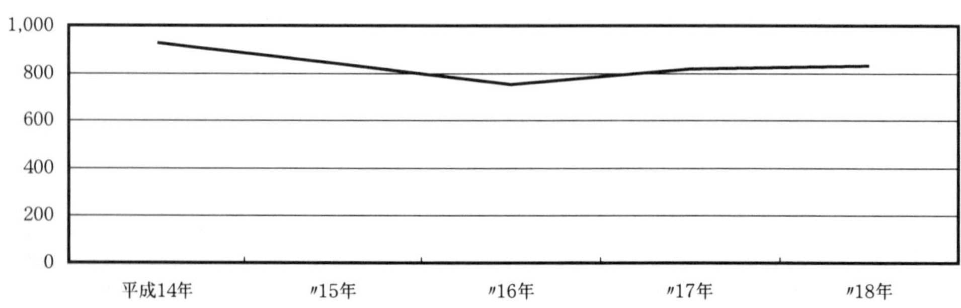

（単位　面積 1,000ヘクタール，収穫量 1,000トン）

年　次	果　樹							
	西洋なし		もも		おうとう		うめ	
	作付面積	収穫量	作付面積	収穫量	作付面積	収穫量	作付面積	収穫量
1989 平成元年	0.9	9.5	14	180	2.9	15	18	66
1990 〃2年	1.1	11	14	190	3.1	16	19	97
1991 〃3年	0.8	11	12	186	2.7	15	16	95
1992 〃4年	1.3	11	13	188	3.4	15	19	82
1993 〃5年	1.5	14	13	173	3.6	18	19	97
1994 〃6年	1.6	15	13	174	3.7	14	19	113
1995 〃7年	1.6	18	12	163	3.9	16	19	121
1996 〃8年	1.7	20	12	169	4.0	13	19	102
1997 〃9年	1.8	24	12	175	4.1	19	19	136
1998 〃10年	1.9	27	12	170	4.2	20	19	96
1999 〃11年	1.9	25	12	158	4.3	17	19	119
2000 〃12年	2.0	31	12	175	4.4	17	19	121
2001 〃13年	2.0	28	12	176	4.5	20	19	124

（単位　面積 1,000ヘクタール，収穫量 1,000トン）

年　次	果　樹							
	西洋なし		もも		おうとう		うめ	
	作付面積	収穫量	作付面積	収穫量	作付面積	収穫量	作付面積	収穫量
2002 平成14年	2.0	31	11	175	4.5	21	19	113
2003 〃15年	1.9	34	11	157	4.6	19	19	88
2004 〃16年	1.9	24	11	152	4.7	16	19	114
2005 〃17年	1.9	32	11	174	4.8	19	19	123
2006 〃18年	1.9	28	11	146	4.9	21	19	120

もも　収穫量

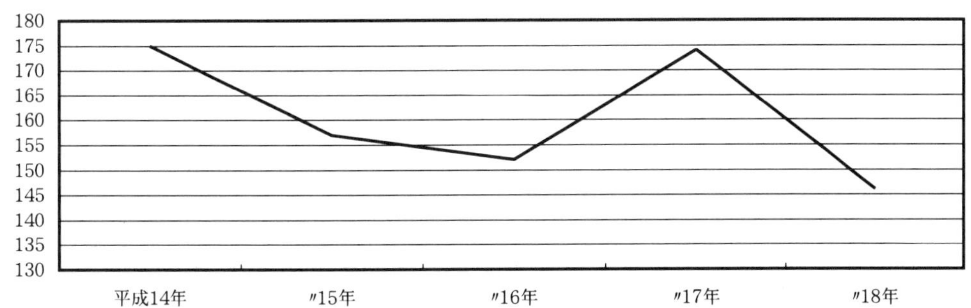

（単位　面積 1,000ヘクタール，収穫量 1,000トン）

年次	果樹						工芸農作物	
	びわ		かき		くり		うめ	
	作付面積	収穫量	作付面積	収穫量	作付面積	収穫量	作付面積	収穫量
1989 平成元年	2.8	13	30	266	38	40	10	1.8
1990 〃2年	2.8	13	30	286	38	40	9.0	1.7
1991 〃3年	2.4	13	26	249	34	32	0.9	1.7
1992 〃4年	2.8	9.0	29	308	36	34	0.8	1.6
1993 〃5年	2.7	12	29	242	34	27	0.8	1.3
1994 〃6年	2.6	6.6	28	302	33	33	0.7	1.5
1995 〃7年	2.6	12	28	254	32	34	d) 0.4	d) 1.0
1996 〃8年	2.5	11	28	241	31	30	0.6	1.1
1997 〃9年	2.5	11	27	302	30	33	d) 0.4	d) 0.9
1998 〃10年	2.4	9.3	27	260	29	26	d) 0.4	d) 1.1
1999 〃11年	2.3	11	26	286	28	30	0.6	0.8
2000 〃12年	2.3	8.2	26	279	28	27	d) 0.3	d) 0.7
2001 〃13年	2.2	9.9	26	282	27	29	d) 0.3	d) 0.7

（単位　面積 1,000ヘクタール，収穫量 1,000トン）

年次	果樹						工芸農作物	
	びわ		かき		くり		なたね	
	作付面積	収穫量	作付面積	収穫量	作付面積	収穫量	作付面積	収穫量
2002 平成14年	2.1	10	26	269	26	30	…	…
2003 〃15年	2.1	9.2	25	265	26	25	…	…
2004 〃16年	2.0	6.5	25	232	25	24	…	…
2005 〃17年	1.9	6.7	25	286	25	22	…	…
2006 〃18年	1.8	6.1	25	233	24	23	…	…

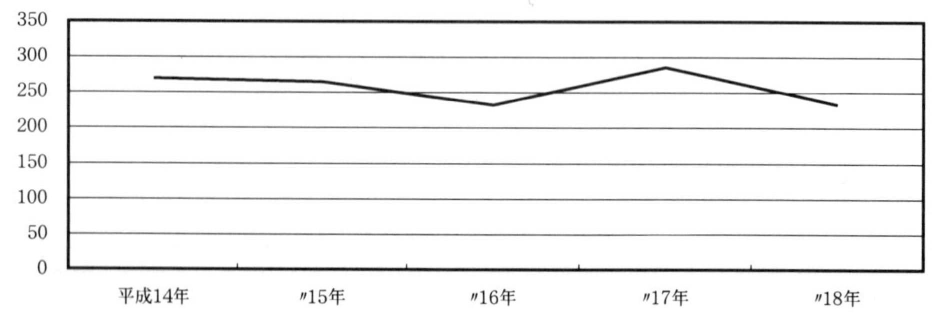

（単位　面積 1,000ヘクタール，収穫量 1,000トン）

年次		工芸農作物							
		茶		葉たばこ		こんにゃくいも		い草	
		作付面積	収穫量	作付面積	収穫量	作付面積	収穫量	作付面積	収穫量
1989	平成元年	59	91	31	74	11	86	8.6	96
1990	〃2年	59	90	30	81	11	89	8.5	90
1991	〃3年	58	88	29	70	10	123	7.1	65
1992	〃4年	57	92	28	79	9.4	104	6.8	79
1993	〃5年	56	92	27	67	8.9	87	6.5	67
1994	〃6年	55	82	27	80	8.8	91	6.1	66
1995	〃7年	54	d) 80	26	70	d) 6.3	d) 69	d) 5.6	d) 65
1996	〃8年	53	89	26	66	d) 6.0	d) 82	d) 5.2	d) 58
1997	〃9年	52	d) 87	26	69	7.2	99	d) 5.0	d) 58
1998	〃10年	51	d) 79	25	64	d) 5.6	d) 86	d) 4.4	d) 47
1999	〃11年	51	89	25	65	d) e) 5.2	d) e) 57	d) 3.5	d) 36
2000	〃12年	50	d) 85	24	61	6.1	73	d) 2.7	d) 29
2001	〃13年	50	d) 85	23	61	d) 4.7	d) 70	d) 1.9	d) 21

（単位　面積 1,000ヘクタール，収穫量 1,000トン）

年次		工芸農作物							
		茶		葉たばこ		こんにゃくいも		い	
		作付面積	収穫量	作付面積	収穫量	作付面積	収穫量	作付面積	収穫量
2002	平成14年	50	84	23	58	a) 4.6	a) 65	a) 1.8	a) 21
2003	〃15年	50	92	23	51	5.4	63	a) 1.9	a) 21
2004	〃16年	49	101	22	53	a) 4.3	a) 67	a) 1.8	a) 21
2005	〃17年	49	100	19	47	a) 4.2	a) 67	a) 1.7	a) 22
2006	〃18年	49	92	19	38	4.7	69	a) 1.4	a) 15

葉たばこ　収穫量

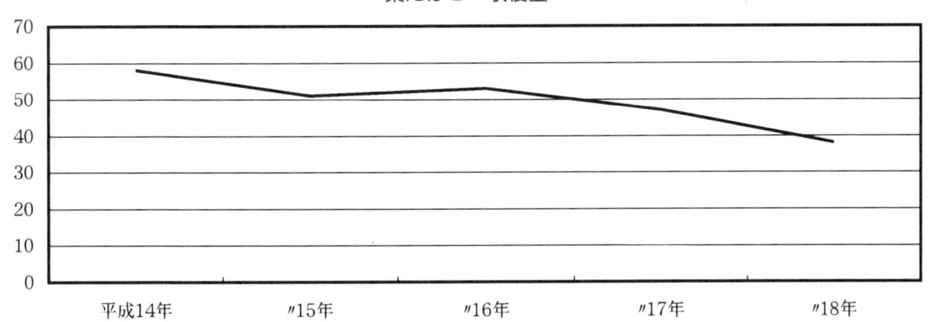

（単位　面積 1,000ヘクタール，収穫量 1,000トン）

年　次	工芸農作物				飼料作物			
	てんさい　4)		さとうきび		牧草		青刈りとうもろこし	
	作付面積	収穫量	作付面積	収穫量	作付面積	収穫量	作付面積	収穫量
1989 平成元年	72	3,664	34	2,684	835	32,389	126	6,495
1990 〃2年	72	3,994	33	1,983	838	34,060	126	6,845
1991 〃3年	72	4,115	30	1,894	842	32,962	124	6,078
1992 〃4年	71	3,581	28	1,779	840	33,316	122	6,446
1993 〃5年	70	3,388	26	1,640	838	30,970	118	4,903
1994 〃6年	70	3,853	25	1,602	830	32,080	111	5,984
1995 〃7年	70	3,813	24	1,622	827	32,744	107	5,701
1996 〃8年	70	3,295	24	1,284	826	31,472	105	5,368
1997 〃9年	69	3,685	23	1,445	821	31,782	103	5,487
1998 〃10年	70	4,164	22	1,666	825	31,636	101	5,184
1999 〃11年	70	3,787	23	1,571	820	31,154	99	4,795
2000 〃12年	69	3,673	23	1,395	809	31,945	96	5,287
2001 〃13年	66	3,796	23	1,499	805	30,545	93	5,114

（単位　面積 1,000ヘクタール，収穫量 1,000トン）

年　次	工芸農作物				飼料作物			
	てんさい		さとうきび		牧草		青刈りとうもろこし	
	作付面積	収穫量	作付面積	収穫量	作付面積	収穫量	作付面積	収穫量
2002 平成14年	67	4,098	24	1,328	801	30,305	91	4,867
2003 〃15年	68	4,161	24	1,389	798	28,700	90	4,563
2004 〃16年	68	4,656	23	1,187	788	30,723	87	4,659
2005 〃17年	68	4,201	21	1,214	782	29,682	85	4,640
2006 〃18年	67	3,923	22	1,310	777	29,128	84	4,290

さとうきび　収穫量

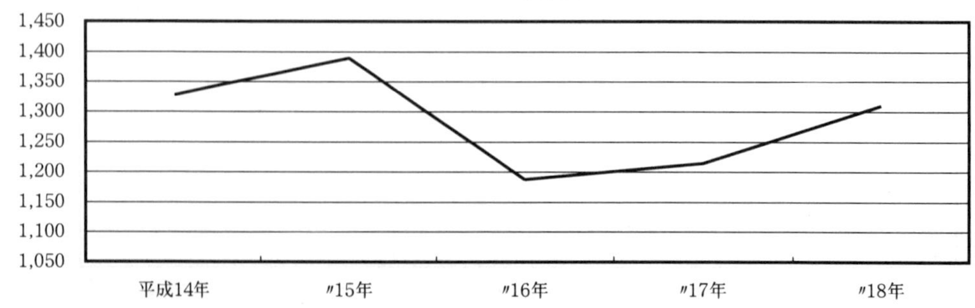

（単位　面積 1,000ヘクタール，収穫量 1,000トン）

年　次	飼料作物							
	ソルゴー		青刈りえん麦		家畜用ビート		飼料用かぶ	
	作付面積	収穫量	作付面積	収穫量	作付面積	収穫量	作付面積	収穫量
1989 平成元年	37	2,353	14	474	0.4	22	5.2	267
1990 〃2年	36	2,323	13	477	0.3	17	4.4	222
1991 〃3年	36	2,072	13	433	0.3	16	3.8	184
1992 〃4年	34	2,290	c) 8.8	c) 315	0.2	…	3.4	…
1993 〃5年	32	1,671	c) 8.4	c) 304	0.1	…	2.6	…
1994 〃6年	29	1,863	c) 8.1	c) 295	0.1	…	2.2	…
1995 〃7年	28	1,844	c) 7.6	c) 273	0.0	…	1.8	…
1996 〃8年	27	1,732	c) 7.1	c) 256	0.1	…	1.5	…
1997 〃9年	26	1,692	9.2	335	0.0	…	1.3	…
1998 〃10年	27	1,706	c) 6.9	c) 246	0.0	…	1.1	…
1999 〃11年	26	1,500	c) 6.6	c) 249	0.0	…	1.0	…
2000 〃12年	25	1,625	c) 6.6	c) 250	0.0	…	0.9	…
2001 〃13年	24	1,599	c) 6.6	c) 248	0.0	…	0.8	…

（単位　面積 1,000ヘクタール，収穫量 1,000トン）

年　次	飼料作物					
	ソルゴー		青刈りえん麦		飼料用かぶ	
	作付面積	収穫量	作付面積	収穫量	作付面積	収穫量
2002 平成14年	23	1,501	b) 6.1	b) 229	0.7	…
2003 〃15年	22	1,312	b) 6.3	b) 230	0.6	…
2004 〃16年	21	1,194	b) 6.5	b) 240	0.5	…
2005 〃17年	20	1,275	b) 5.9	b) 221	0.4	…
2006 〃18年	19	1,124	b) 5.5	b) 195	0.3	…

ソルゴー　収穫量

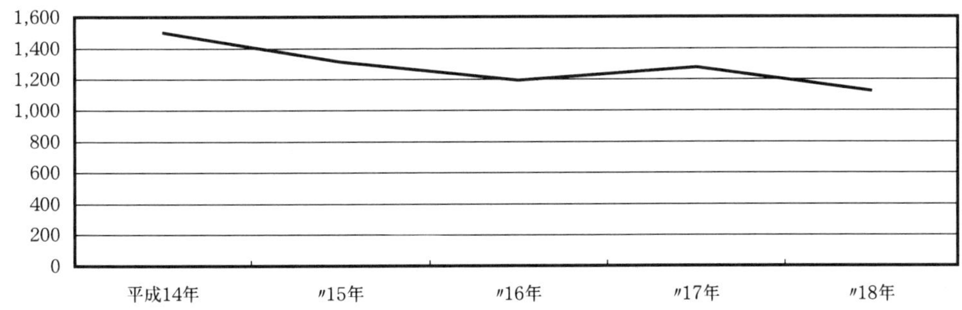

7-5 家畜・鶏飼養戸数，飼養頭羽数及び生乳，鶏卵生産量

年次		乳用牛		肉用牛		豚		鶏	
								採卵鶏 1)	
		飼養戸数	頭数 (1,000)	飼養戸数	頭数 (1,000)	飼養戸数	頭数 (1,000)	飼養戸数	羽数 (1,000)
1989	平成元年	66,700	2,031	246,100	2,651	50,200	11,866	95,200 1)	190,616 1)
1990	〃2年	63,300	2,058	232,200	2,702	43,400	11,817	87,200 1)	187,412 1)
1991	〃3年	59,800	2,068	221,100	2,805	36,000	11,335	10,700 1)	188,786 1)
1992	〃4年	55,100	2,082	210,100	2,898	29,900	10,966	9,775 1)	197,639 1)
1993	〃5年	50,900	2,068	199,000	2,956	25,300	10,783	9,070 1)	198,443 1)
1994	〃6年	47,600	2,018	184,400	2,971	22,100	10,621	8,420 1)	196,371 1)
1995	〃7年	44,300	1,951	169,700	2,965	18,800	10,250	7,860	193,854
1996	〃8年	41,600	1,927	154,900	2,901	16,000	9,900	7,310	190,634
1997	〃9年	39,400	1,899	142,800	2,851	14,400	9,823	7,020	193,037
1998	〃10年	37,400	1,860	133,400	2,848	13,400	9,904	5,840	191,363
1999	〃11年	35,400	1,816	124,600	2,842	12,500	9,879	5,520	188,892
2000	〃12年	33,600	1,764	116,500	2,823	11,700	9,806	5,330	187,382
2001	〃13年	32,200	1,725	110,100	2,806	10,800	9,788	5,150	186,202
2002	〃14年	31,000	1,726	104,200	2,838	10,000	9,612	4,760	181,746
2003	〃15年	29,800	1,719	98,100	2,805	9,430	9,725	4,530	180,213
2004	〃16年	28,800	1,690	93,900	2,788	8,880	9,724	4,280 2)	178,755 2)
2005	〃17年	27,700	1,655	89,600	2,747	6,588 3)	8,088 3)	6,787 3)	145,704 3)
2006	〃18年	26,600	1,636	85,600	2,755	7,800	9,620	3,740	180,697
2007	〃19年	25,400	1,592	82,300	2,806	7,550	9,759	3,460 4)	183,244

原注：「畜産基本調査」。ただし,ブロイラーは「食鳥流通統計調査」，生乳は「牛乳乳製品統計調査」，鶏卵は「鶏卵流通統計調査」による。2月1日現在，ただし生乳及び鶏卵生産量は年間。1) 種鶏を含む。2) 成鶏めす羽数1,000羽未満の飼養者を除く。3) 既数値。4) 成鶏めす羽数1,000羽未満及び種鶏のみの飼養者を除く。

出所： 40, 41, 42, 43, 44, 45, 46, 47, 48, 49, 50, 51, 52, 53, 54, 55, 56, 57, 58

乳用牛　頭数

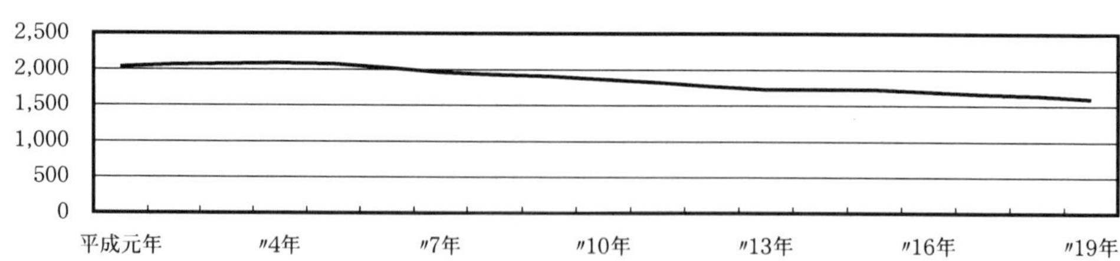

採卵鶏　羽数

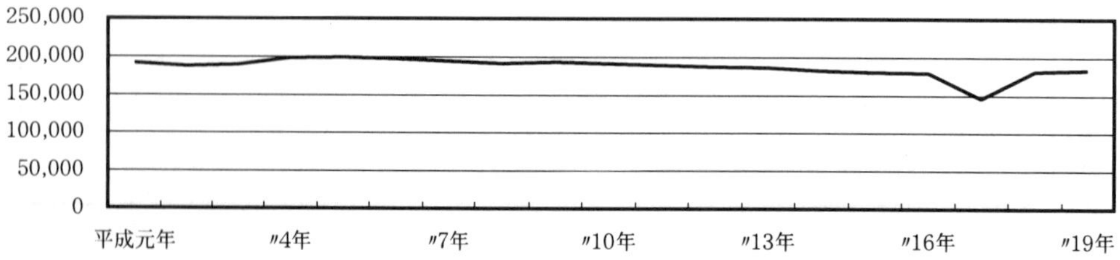

年　次	鶏 ブロイラー羽数 (1,000)	生　乳 生産量 (1,000 t)	鶏　卵 生産量 (1,000 t)
1989　平成元年	153,006	8,059	2,421
1990　〃2年	150,445	8,189	2,419
1991　〃3年	142,740	8,259	2,498
1992　〃4年	137,019	8,576	2,571
1993　〃5年	135,221	8,626	2,598
1994　〃6年	127,289	8,389	2,569
1995　〃7年	119,682	8,382	2,551
1996　〃8年	118,123	8,657	2,567
1997　〃9年	114,314	8,645	2,566
1998　〃10年	111,659	8,572	2,542
1999　〃11年	107,358	8,460	2,536
2000　〃12年	108,410	8,497	2,540
2001　〃13年	106,311	8,300	2,527
2002　〃14年	105,658	8,385	2,529
2003　〃15年	103,729	8,400	2,529
2004　〃16年	104,950	8,329	2,491
2005　〃17年	102,520	8,285	2,481
2006　〃18年	103,687	8,138	2,488
2007　〃19年	105,287	…	…

生乳生産量

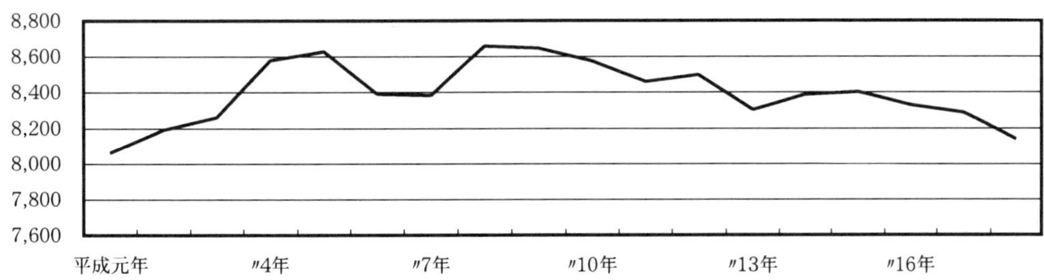

鶏卵生産量

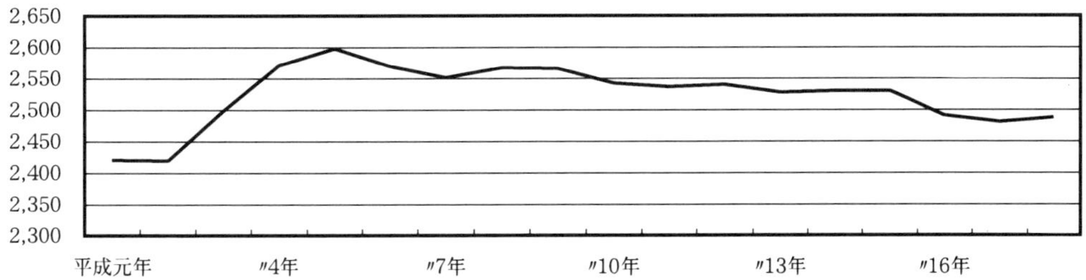

7-6　林業経営体数，保有山林面積及び所有形態別現況森林面積

（単位 1,000ヘクタール）

年　次		林　業		林　業 経営体数 1)	所有形態別現況森林面積				
							民有		
									公有
		林家数	保有山林 面積		総数	国有	計	緑資源 機構 2)	都道府県
1990	平成2年	1,056,350	6,752	354,318	24,621	7,301	17,320	438	1,197
2000	〃 12年	1,018,752	5,715	153,036	24,490	7,240	17,251	517	1,197
2005 3)	〃 17年	919,833	5,187	200,224	24,473	7,211	17,262	542	1,214

原注：「農林業センサス（農林業経営体調査）（農山村地域調査）」による。2月1日（沖縄県は前年12月1日）現在。1) 平成12年以前は林業事業体数。2) 平成2年以前は森林開発公団。平成12年は緑資源公団。3) 東京都三宅島の火山活動の被災地を除く。

出所：58

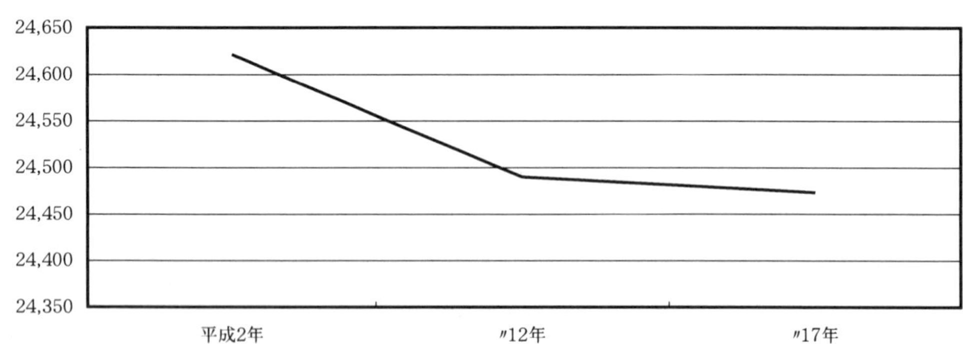

国　有

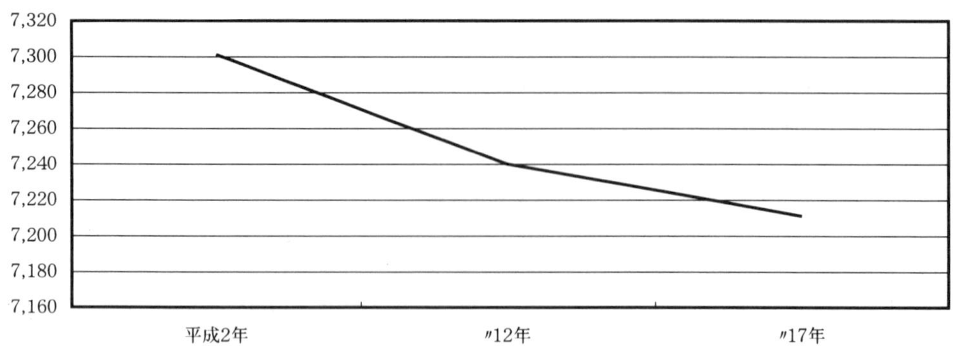

（単位 1,000ヘクタール）

年次		所有形態別現況森林面積			
		民有			
		公有			私有
		森林整備法人（林業・造林公社）	市区町村	財産区	
1990	平成2年	406	1,189	295	13,794
2000	〃12年	477	1,295	284	13,482
2005 3)	〃17年	468	1,319	284	13,434

公有　森林整備法人

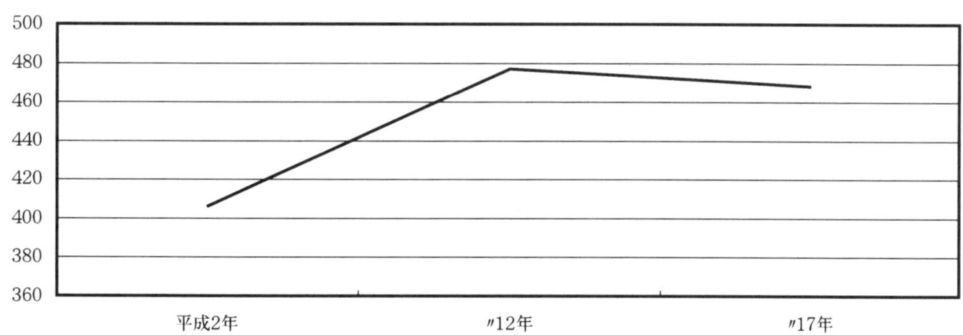

私　有

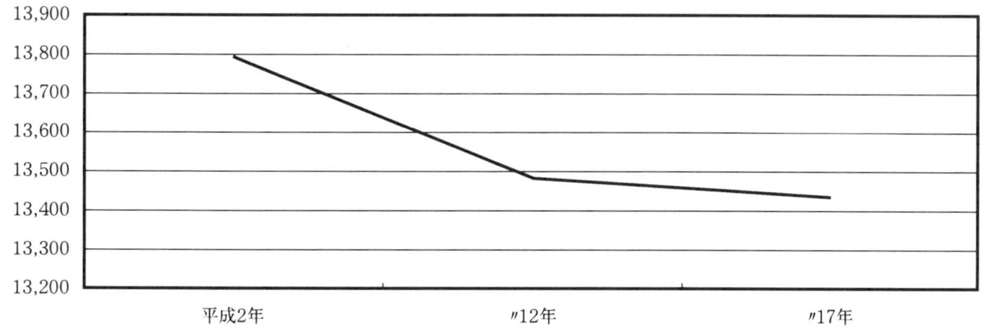

7-7　樹種別人工造林面積（平成元年度～11年度）

（単位　ヘクタール）

年度	総数				国有林　1)			民有林
	計	針葉樹		広葉樹	計	# すぎ	# ひのき	計
		# すぎ	# ひのき					
1989　平成元年	71,331	22,519	30,145	4,785	11,629	4,087	4,705	52,535
1990　〃2年	65,361	21,037	27,391	4,456	9,961	3,538	4,215	48,368
1991　〃3年	56,395	18,294	24,080	3,740	8,037	3,159	3,546	41,760
1992　〃4年	52,732	17,032	22,508	3,569	6,797	2,601	2,998	39,407
1993　〃5年	53,656	16,845	24,170	3,741	6,202	2,424	2,930	40,611
1994　〃6年	48,414	15,810	21,267	3,129	7,447	3,127	3,391	34,870
1995　〃7年	50,022	15,179	22,936	3,733	4,781	1,983	2,028	38,387
1996　〃8年	40,464	12,236	17,469	3,468	2,994	1,453	1,127	30,911
1997　〃9年	37,702	11,801	15,787	2,938	3,132	1,683	1,213	28,863
1998　〃10年	39,673	12,258	15,857	3,559	4,210	2,158	1,617	28,290
1999　〃11年	33,767	10,230	12,754	3,744	3,860	2,030	1,453	23,479

原注：林野庁調査の結果による。1) 林野庁所管以外の国有林を除く。

出所：43, 46, 49, 52

7-7　樹種別人工造林面積（平成12年度～17年度）

（単位　ヘクタール）

年度	総数					民有林		
	計	針葉樹			広葉樹	計	# 針葉樹	
		# すぎ	# ひのき	# からまつ			# すぎ	# ひのき
2000　平成12年	31,316	8,223	11,574	2,524	3,808	24,673	6,192	7,702
2001 1)　〃13年	28,428	7,037	10,005	2,439	3,657	23,112	5,409	7,076
2002　〃14年	27,259	6,190	9,110	2,439	4,001	21,897	4,741	6,421
2003　〃15年	24,974	5,363	7,571	2,516	3,971	20,309	4,208	5,345
2004　〃16年	24,964	5,203	6,957	3,281	3,751	20,362	4,063	4,812
2005　〃17年	25,584	5,216	7,096	3,534	3,784	20,382	4,120	4,465

原注：林野庁調査の結果による。総数には国有林を含まない。1) 平成12年度以降は樹下植栽面積を含む。

出所：56, 58

総数　計

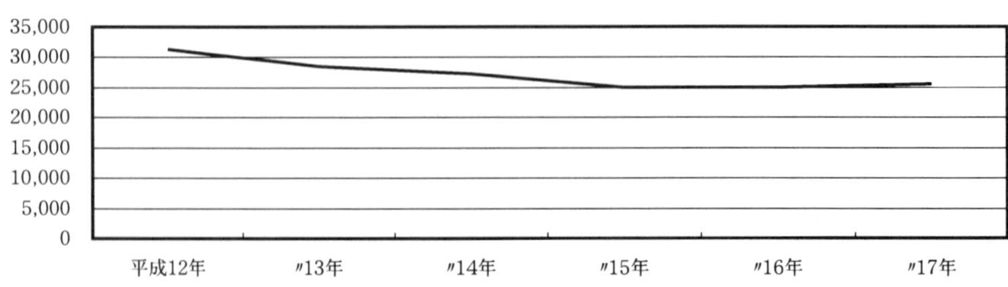

（単位　ヘクタール）

年度		民有林		緑資源公団		
		# すぎ	# ひのき	計	# すぎ	# ひのき
1989	平成元年	16,094	21,705	7,167	2,338	3,738
1990	〃2年	15,172	19,379	7,032	2,327	3,797
1991	〃3年	12,901	17,064	6,597	2,234	3,470
1992	〃4年	12,294	15,956	6,530	2,136	3,553
1993	〃5年	12,224	17,600	6,843	2,197	3,640
1994	〃6年	10,810	14,537	6,097	1,873	3,339
1995	〃7年	11,166	17,102	6,854	2,030	3,806
1996	〃8年	8,894	12,490	6,558	1,889	3,852
1997	〃9年	8,477	11,292	5,707	1,641	3,282
1998	〃10年	8,087	10,173	7,172	2,013	4,067
1999	〃11年	6,334	7,562	6,428	1,866	3,739

（単位　ヘクタール）

年度		民有林	緑資源機構			
		# 針葉樹	計	# 針葉樹		
		# からまつ		# すぎ	# ひのき	# からまつ
2000	平成12年	2,290	6,643	2,031	3,872	234
2001 1)	〃13年	2,217	5,316	1,628	2,929	222
2002	〃14年	2,256	5,362	1,449	2,689	183
2003	〃15年	2,358	4,665	1,155	2,226	158
2004	〃16年	3,184	4,602	1,140	2,145	97
2005	〃17年	3,375	5,202	1,096	2,631	159

緑資源機構　計

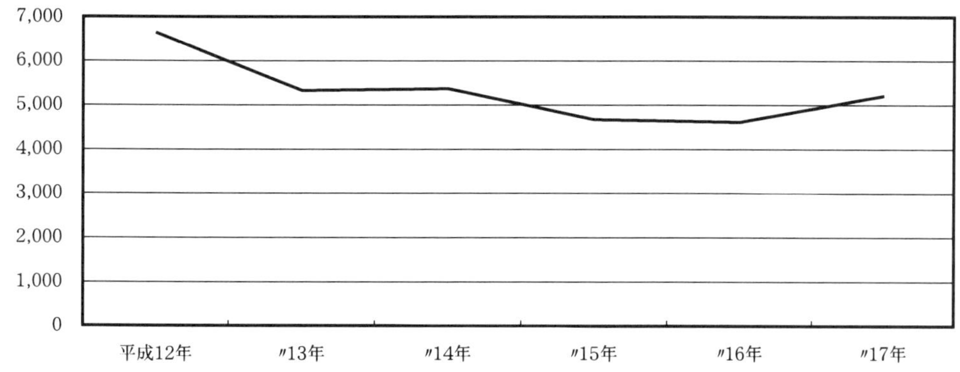

7-8　素材生産量

（単位　1,000立方メートル）

年　次	総　数	# 製材用	# パルプ用	# 木材チップ用	針葉樹	# あかまつ・くろまつ	# すぎ	# ひのき
1989　平成元年	30,515	18,553	1,608	9,286	20,078	2,993	8,536	3,328
1990　〃 2年	29,300	18,023	1,538	8,768	19,549	2,772	8,594	3,182
1991　〃 3年	27,938	17,332	1,464	8,257	19,037	2,591	8,443	3,081
1992　〃 4年	27,114	17,240	1,240	7,810	18,900	2,446	8,819	3,074

原注：「木材生産流通調査」及び「通商産業省生産動態統計調査」による。

出所：43, 44

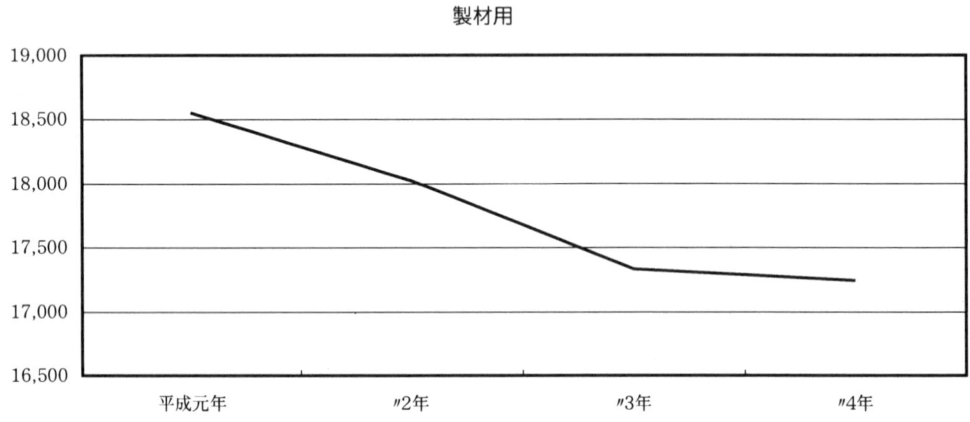

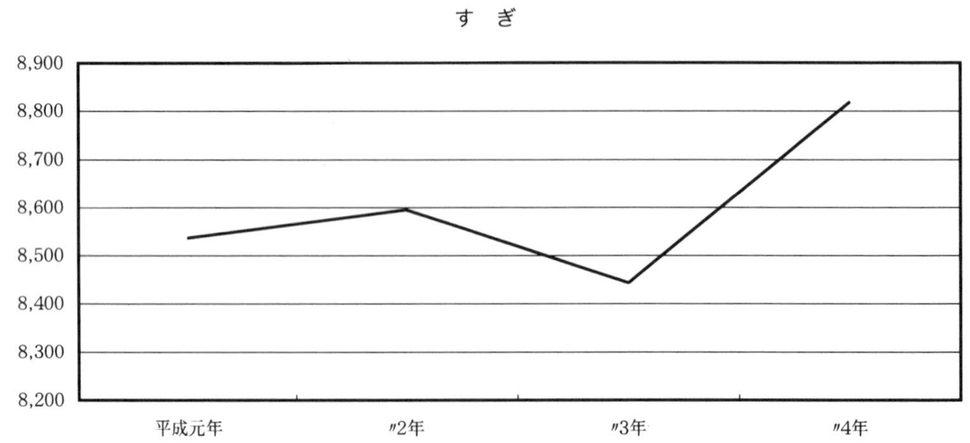

（単位 1,000立方メートル）

年　次	針葉樹 # からまつ・とどまつ・えぞまつ	広葉樹	# なら	# ぶな
1989 平成元年	4,300	10,437	586	572
1990 〃2年	4,234	9,751	543	509
1991 〃3年	4,189	8,901	512	462
1992 〃4年	3,820	8,214	496	433

な　ら

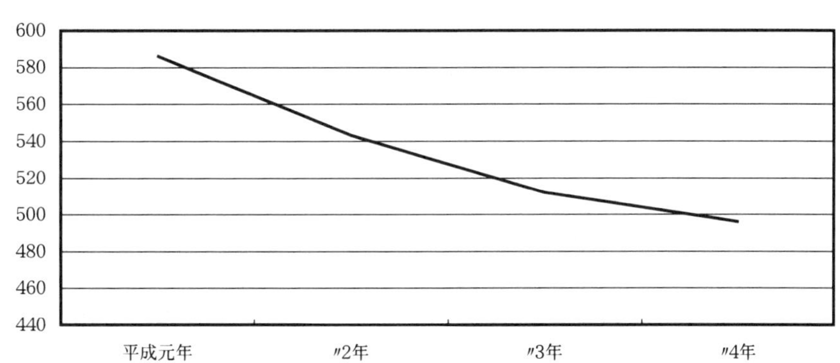

ぶ　な

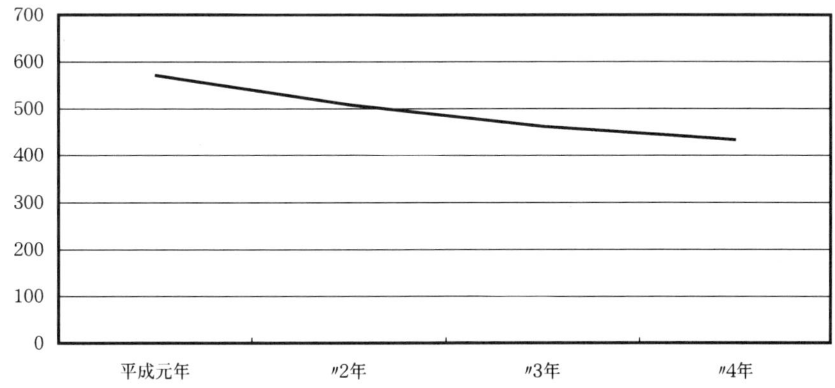

7-9　特用林産物生産量（平成元年～4年）

<table>
<tr><th rowspan="2">年　次</th><th rowspan="2">竹　材
(1,000束)</th><th rowspan="2">木　炭
(t)
1)</th><th rowspan="2">薪
(1,000
層積 m³)</th><th rowspan="2">く　り
(t)</th><th colspan="2">しいたけ (t)</th><th rowspan="2">なめこ
(t)</th><th rowspan="2">えのき
たけ
(t)</th></tr>
<tr><th>乾燥</th><th>生</th></tr>
<tr><td>1989　平成元年</td><td>6,862</td><td>36,284</td><td>166</td><td>32,345</td><td>11,066</td><td>82,395</td><td>21,125</td><td>83,200</td></tr>
<tr><td>1990　〃2年</td><td>6,822</td><td>35,399</td><td>165</td><td>30,081</td><td>11,238</td><td>79,134</td><td>22,083</td><td>92,255</td></tr>
<tr><td>1991　〃3年</td><td>6,568</td><td>66,588</td><td>168</td><td>24,194</td><td>10,168</td><td>78,047</td><td>21,738</td><td>95,123</td></tr>
<tr><td>1992　〃4年</td><td>5,799</td><td>71,619</td><td>162</td><td>23,473</td><td>10,036</td><td>76,804</td><td>22,104</td><td>102,834</td></tr>
</table>

原注：林野庁が都道府県から提出された資料を集計したもの。木炭，薪及びしいたけは生産量，その他の品目は販売に供された量である。1) 平成3年は粉炭を含む。

出所：43, 44

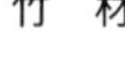

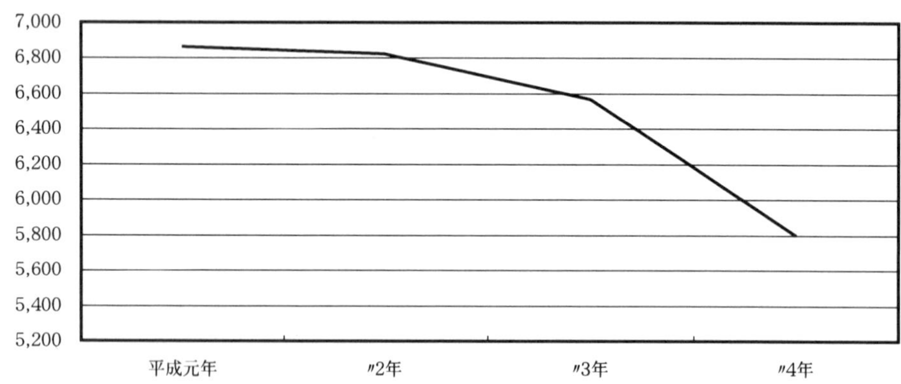

木　炭

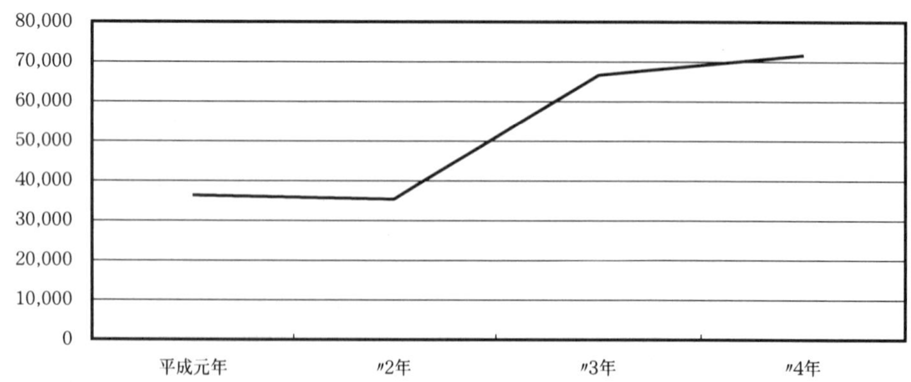

年　次	生うるし (kg)	桐　材 (m³)	わさび (t)
1989 平成元年	5,019	14,294	4,046
1990 〃2年	4,802	13,691	3,716
1991 〃3年	4,982	13,016	3,764
1992 〃4年	4,786	8,516	4,680

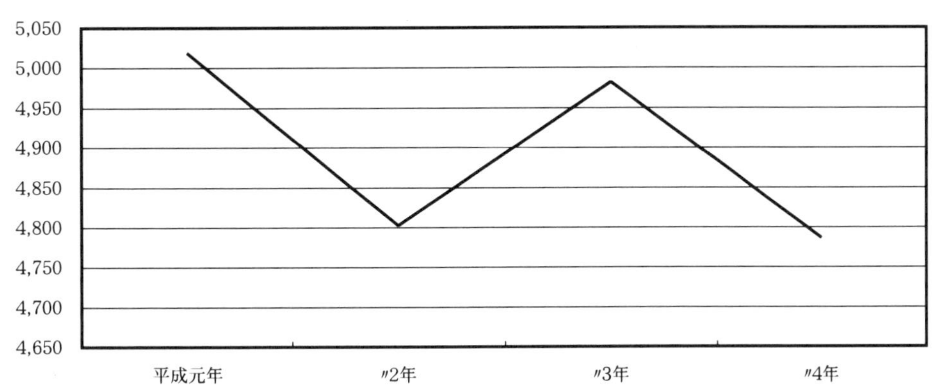

桐　材

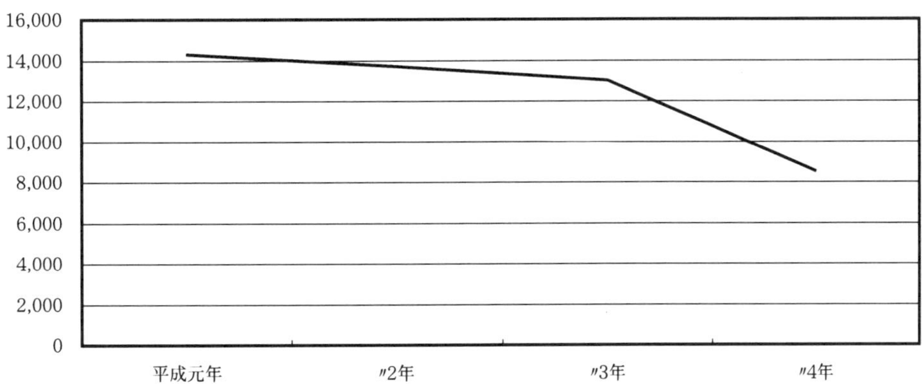

7-9 素材・特用林産物生産量（平成5年～18年）

年次	素材生産量（1,000m³） 1)							
	総数（国産材）	需要部門別					樹種別	
		製材用	合板用	木材チップ用 3)	パルプ用 3)	その他	針葉樹	あかまつ，くろまつ
1993 平成5年	25,570	17,293	274	6,367	1,130	506	18,772	2,255
1994 〃6年	24,456	17,440	253	5,094	1,188	481	19,090	2,119
1995 〃7年	22,897	16,252	228	4,762	1,209	446	18,067	2,036
1996 〃8年	22,469	16,154	228	4,558	1,100	429	17,993	1,918
1997 〃9年	21,551	15,436	201	4,502	1,015	397	17,322	1,800
1998 〃10年	19,316	13,400	156	4,502	919	339	15,214	1,581
1999 〃11年	17,600	13,246	156	4,198	…	…	14,017	1,105
2000 〃12年	17,034	12,798	138	4,098	…	…	13,707	1,034
2001 〃13年	15,774	11,766	182	3,826	…	…	12,846	925
2002 〃14年	15,092	11,142	279	3,671	…	…	12,420	889
2003 〃15年	15,171	11,214	360	3,597	…	…	12,605	864
2004 〃16年	15,615	11,469	546	3,600	…	…	13,167	816
2005 〃17年	16,166	11,571	863	3,732	…	…	13,695	783
2006 〃18年	16,609	11,645	1,144	3,820	…	…	14,017	811

原注：「木材生産流通調査」による。ただし，特用林産物生産量は林野庁が都道府県から提出された資料を集計したもの。木炭，薪及びしいたけは生産量，その他の品目は販売に供された量である。1) パルプ用及びその他用の項目が調査廃止のため，平成7年以前とは接続しない。2) 竹炭を含む。平成5年以降は粉炭を含む。3) 工場に入荷した原料のうち素材の入荷量のみを計上。

出所：47, 50, 53, 56, 58

総　数

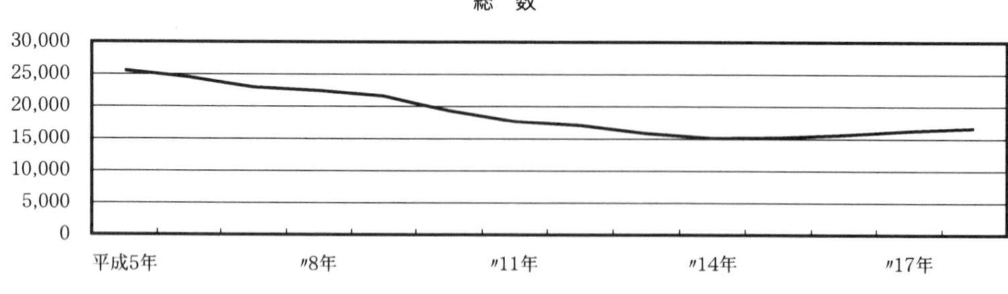

パルプ用

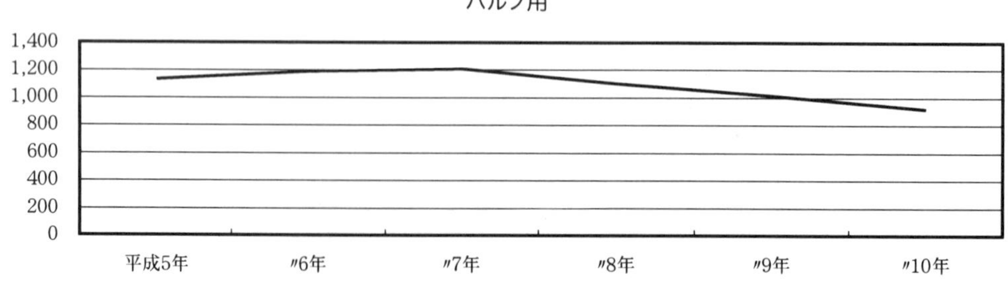

年次	素材生産量（1,000m³） 1)							
	樹種別							
	針葉樹						広葉樹	
	すぎ	ひのき	もみ，つが	からまつ	とどまつ，えぞまつ	その他		なら
1993 平成5年	8,995	3,051	168	1,543	2,194	566	6,798	423
1994 〃6年	9,451	3,125	146	1,537	2,170	542	5,366	338
1995 〃7年	8,948	2,924	141	1,503	2,072	443	4,830	292
1996 〃8年	9,078	2,907	126	1,577	1,969	418	4,476	285
1997 〃9年	8,798	2,661	89	1,700	1,922	352	4,229	241
1998 〃10年	7,788	2,338	76	1,526	1,609	296	4,102	213
1999 〃11年	7,790	2,323	…	1,491	995	313	3,583	202
2000 〃12年	7,671	2,273	…	1,536	874	319	3,327	193
2001 〃13年	7,203	2,133	…	1,483	821	281	2,928	154
2002 〃14年	6,860	2,080	…	1,525	809	257	2,672	131
2003 〃15年	6,989	2,027	…	1,677	839	209	2,566	118
2004 〃16年	7,491	2,004	…	1,849	819	188	2,488	…
2005 〃17年	7,756	2,014	…	1,910	1,000	232	2,471	…
2006 〃18年	8,059	1,991	…	1,944	1,008	204	2,592	…

すぎ

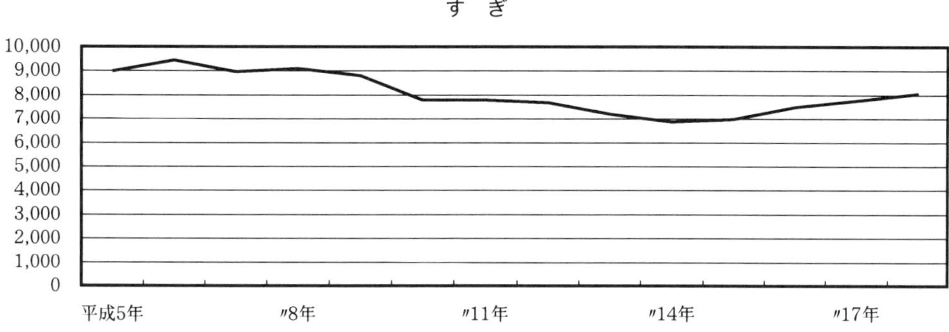

なら

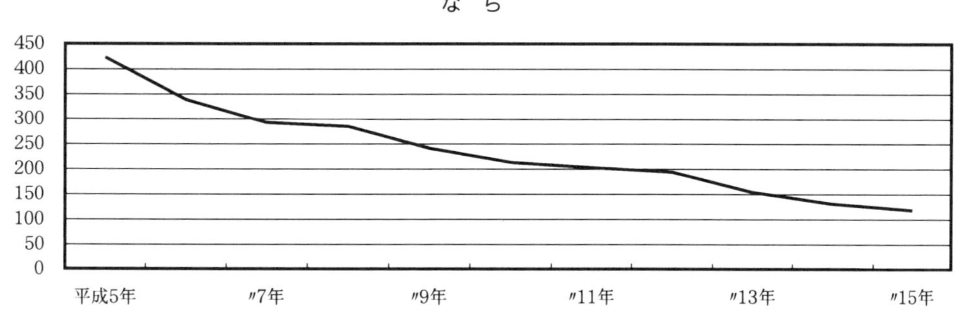

年　次	素材生産量 (1,000m³) 1) 樹種別 広葉樹 ぶな	素材生産量 (1,000m³) 1) 樹種別 広葉樹 その他	特用林産物生産量 竹材 (1,000束)	特用林産物生産量 桐　材 (m³)	特用林産物生産量 木炭 (t) 2)	特用林産物生産量 薪 (1,000層積 m³)	特用林産物生産量 しいたけ (t) 乾燥	特用林産物生産量 しいたけ (t) 生
1993 平成5年	390	5,985	5,066	7,362	72,662	151	9,299	77,394
1994 〃6年	326	4,702	4,511	7,791	72,475	141	8,312	74,294
1995 〃7年	281	4,257	3,941	7,888	69,896	161	8,070	74,495
1996 〃8年	249	3,942	3,424	5,118	66,611	141	6,886	75,157
1997 〃9年	193	3,795	2,686	5,256	61,170	111	5,786	74,782
1998 〃10年	153	3,736	2,367	4,825	58,955	104	5,552	74,217
1999 〃11年	117	3,264	2,263	3,440	66,946	174	5,582	70,511
2000 〃12年	100	3,034	2,008	3,213	56,456	80	5,236	67,224
2001 〃13年	67	2,707	1,860	2,717	23,070	67	4,965	66,128
2002 〃14年	47	2,494	1,477	2,434	42,250	60	4,449	64,442
2003 〃15年	32	2,416	1,527	1,973	39,715	37	4,108	65,363
2004 〃16年	…	…	1,372	1,888	37,486	37	4,135	66,204
2005 〃17年	…	…	1,290	1,757	35,029	37	4,091	65,186
2006 〃18年	…	…	1,191	1,502	32,671	36	3,861	66,349

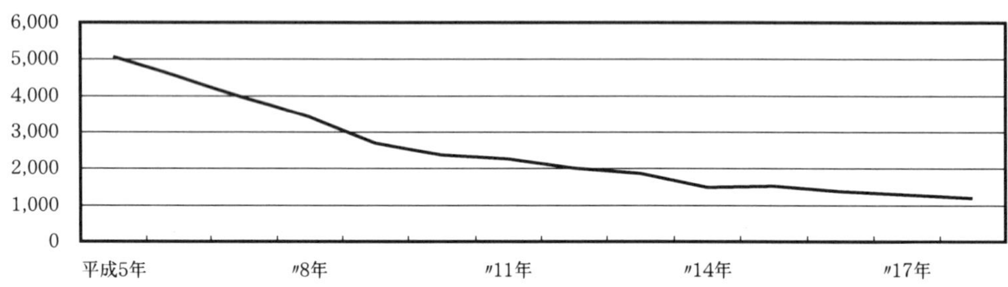

木　炭

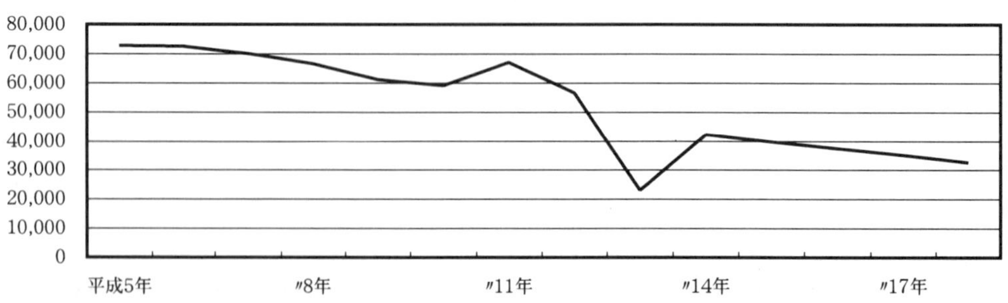

年次		特用林産物生産量						
		なめこ (t)	えのきたけ (t)	ひらたけ (t)	ぶなしめじ (t)	まいたけ (t)	くり (t)	たけのこ (t)
1993	平成5年	22,614	103,537	23,608	48,480	9,618	21,004	90,164
1994	〃6年	22,638	106,806	20,441	54,436	14,103	21,223	74,617
1995	〃7年	22,858	105,752	17,166	59,760	22,757	22,851	57,083
1996	〃8年	22,823	108,118	14,369	66,657	27,307	20,360	53,083
1997	〃9年	24,522	109,324	13,243	72,024	31,135	20,784	48,593
1998	〃10年	27,193	112,164	11,731	78,655	36,850	19,158	41,176
1999	〃11年	25,771	113,713	9,944	84,330	39,996	18,473	38,053
2000	〃12年	24,942	109,510	8,546	82,414	38,998	17,488	35,596
2001	〃13年	23,775	108,444	6,796	86,550	44,042	18,994	36,114
2002	〃14年	24,818	110,444	5,800	83,790	46,843	17,774	35,178
2003	〃15年	25,068	110,185	5,210	84,356	45,805	16,858	31,712
2004	〃16年	25,815	112,997	4,655	85,284	43,001	13,908	30,800
2005	〃17年	24,801	114,542	4,074	99,787	45,111	12,370	23,201
2006	〃18年	25,615	114,630	3,384	103,249	45,985	14,048	26,900

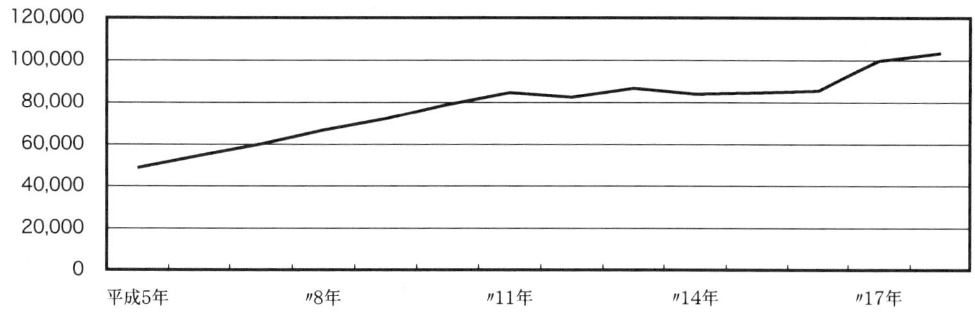

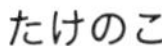

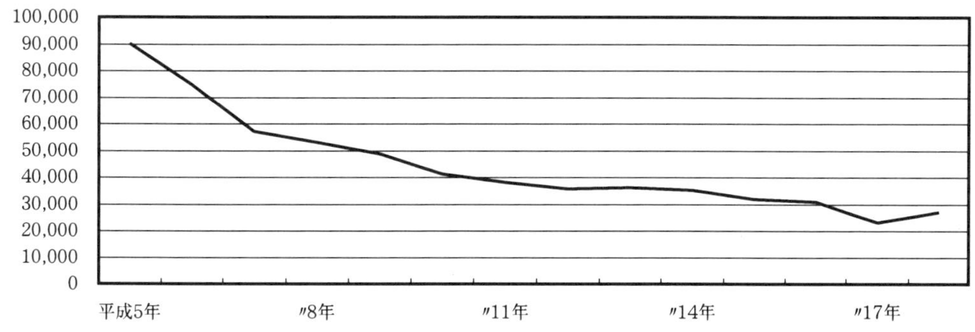

年　次		特用林産物生産量	
		わさび (t)	生うるし (kg)
1993	平成5年	4,453	3,965
1994	〃6年	3,734	3,860
1995	〃7年	3,336	3,427
1996	〃8年	3,662	3,190
1997	〃9年	3,821	2,561
1998	〃10年	4,101	2,371
1999	〃11年	3,699	2,085
2000	〃12年	4,507	1,808
2001	〃13年	4,134	1,729
2002	〃14年	4,479	1,553
2003	〃15年	4,658	1,388
2004	〃16年	4,550	1,402
2005	〃17年	4,615	1,340
2006	〃18年	4,585	1,326

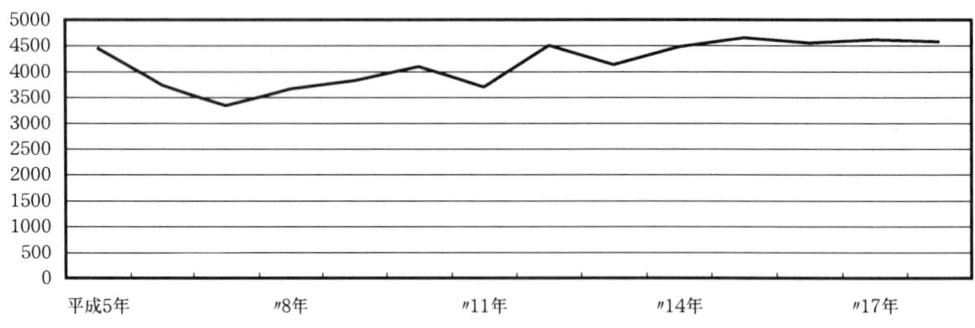

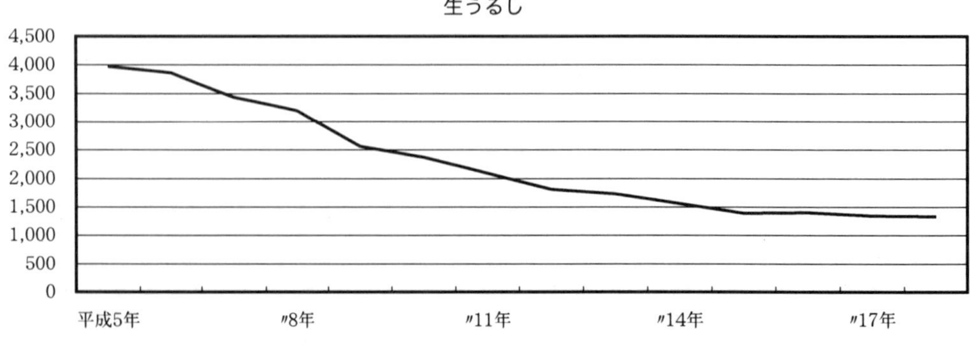

7-10 海面漁業世帯数及び世帯人員（平成元年～5年）

（単位　1,000）

年次	総数		個人経営世帯				
	世帯数	世帯人員	世帯数	世帯人員			
				計	14歳以下	15歳以上	# 60歳以上
1989 平成元年	268	1,074	180	739	119	619	182
1990 〃2年	258	1,033	177	721	114	608	186
1991 〃3年	247	982	172	701	109	591	191
1992 〃4年	237	937	167	677	104	573	194
1993 〃5年	234	886	164	634	95	539	190

原注：「漁業動態調査(漁業世帯員就業調査）」による。ただし，平成5年は「漁業センサス」による。11月1日現在。

出所：43, 45

7-10 海面漁業世帯数及び世帯人員（平成6年～18年）

（単位　1,000）

年次	総数		個人漁業世帯					
			世帯数				世帯人員	
					兼業			
	世帯数	世帯人員	計	専業	自営漁業が主	自営漁業が従	計	# 15歳以上
1994 平成6年	224	853	159	50	60	49	617	526
1995 〃7年	215	815	154	47	62	45	593	507
1996 〃8年	205	775	149	46	60	43	569	486
1997 〃9年	198	747	146	45	59	41	554	475
1998 〃10年	204	732	143	50	50	43	524	453
1999 〃11年	197	712	142	48	51	43	521	450
2000 〃12年	190	685	138	47	49	42	504	437
2001 〃13年	184	662	134	46	47	41	489	424
2002 〃14年	178	635	130	45	47	37	469	407
2003 〃15年	176	603	126	49	43	34	439	387
2004 〃16年	171	583	124	51	42	31	428	388
2005 〃17年	164	558	119	49	40	29	409	371
2006 〃18年	158	535	116	47	39	29	396	358

原注：「漁業動態調査（漁業就業動向等調査）」による。11月1日現在。

出所：48, 51, 54, 56, 58

個人漁業世帯　世帯数　計

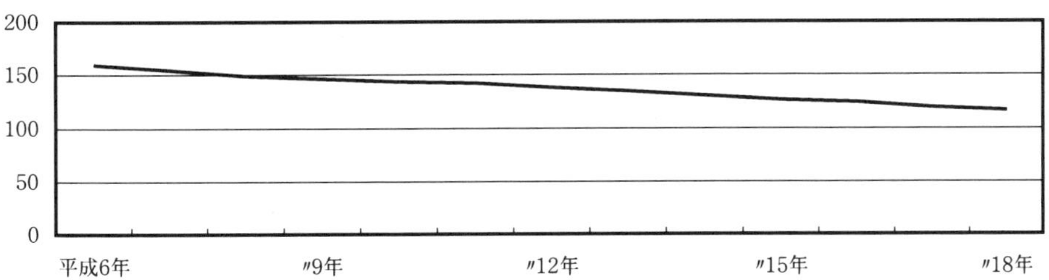

7. 農林水産業（漁業）

（単位　1,000）

年次	漁業従事者世帯				
	世帯数	世帯人員			
		計	14歳以下	15歳以上	#60歳以上
1989 平成元年	88	335	69	266	46
1990 〃2年	82	312	63	249	46
1991 〃3年	74	281	54	227	43
1992 〃4年	69	260	48	212	43
1993 〃5年	70	252	46	205	41

（単位　1,000）

年次	個人漁業世帯	漁業従事者世帯			
	世帯人員	世帯数	世帯人員		
	#15歳以上		計	#15歳以上	
	#60歳以上				#60歳以上
1994 平成6年	192	65	236	194	42
1995 〃7年	193	61	221	183	41
1996 〃8年	191	56	206	170	40
1997 〃9年	193	53	193	160	40
1998 〃10年	190	61	209	175	43
1999 〃11年	192	56	192	162	41
2000 〃12年	190	53	181	153	40
2001 〃13年	188	50	173	146	41
2002 〃14年	185	48	166	140	40
2003 〃15年	177	50	164	139	37
2004 〃16年	174	47	155	136	39
2005 〃17年	168	45	148	130	37
2006 〃18年	162	42	139	122	35

漁業従事者世帯　世帯数

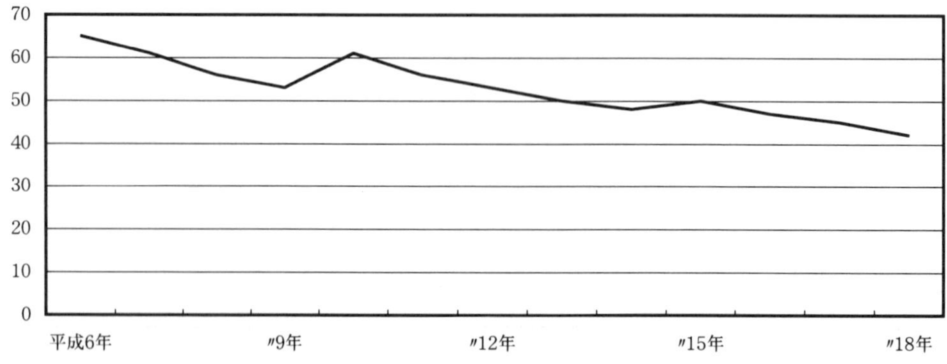

7-11　海面漁業就業者数

（単位　1,000）

年次		総数	男	# 60歳以上	女	自営漁業 計	自営漁業 男	自営漁業 # 60歳以上	自営漁業 女
1989	平成元年	383	314	81	68	268	202	67	65
1990	〃2年	371	303	86	67	262	198	71	64
1991	〃3年	355	290	89	65	259	193	74	62
1992	〃4年	342	279	93	63	248	188	77	60
1993	〃5年	325	268	91	57	237	183	77	54
1994	〃6年	313	257	94	55	230	177	79	52
1995	〃7年	301	247	95	54	224	172	80	51
1996	〃8年	287	235	95	52	215	166	81	49
1997	〃9年	278	227	96	51	210	162	82	48
1998	〃10年	277	231	97	46	202	159	81	43
1999	〃11年	270	224	99	46	199	157	81	43
2000	〃12年	260	216	98	44	194	152	81	42
2001	〃13年	252	210	97	42	188	148	80	40
2002	〃14年	243	203	96	40	180	143	78	38
2003	〃15年	238	199	91	39	176	140	76	36
2004	〃16年	231	193	90	38	172	137	74	35
2005	〃17年	222	186	87	36	166	132	72	34
2006	〃18年	212	178	83	34	160	127	69	32

原注：「漁業動態調査(漁業世帯員就業調査)」による。ただし，平成5年以降は「漁業センサス」による。11月1日現在。

出所：43, 46, 49, 54, 56, 58

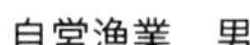

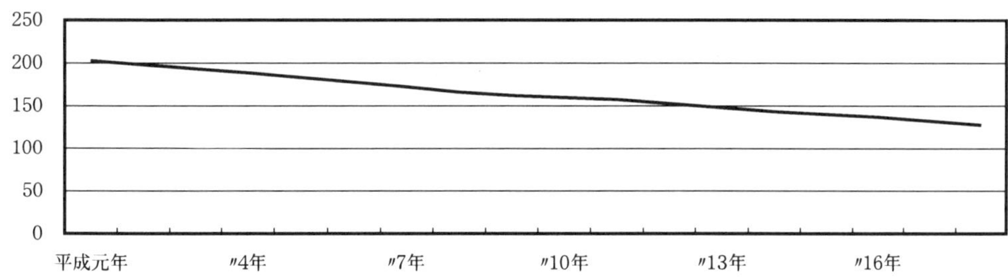

自営漁業　女

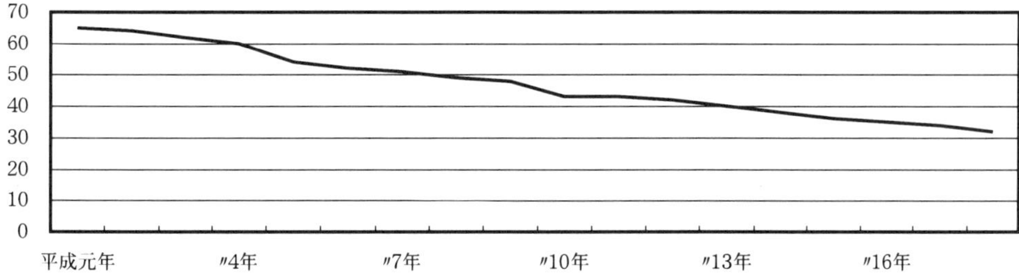

7. 農林水産業（漁業）

（単位　1,000）

年　次	雇われ漁業			
	計	男	# 60歳以上	女
1989 平成元年	115	112	14	3.1
1990 〃2年	108	105	15	3.1
1991 〃3年	101	97	15	3.1
1992 〃4年	95	92	16	2.9
1993 〃5年	88	85	14	3.5
1994 〃6年	83	80	15	3.2
1995 〃7年	78	75	15	3.2
1996 〃8年	72	69	15	3.1
1997 〃9年	68	65	15	3.1
1998 〃10年	75	72	17	3.7
1999 〃11年	71	68	18	2.9
2000 〃12年	66	64	17	2.5
2001 〃13年	64	62	17	2.5
2002 〃14年	63	60	18	2.5
2003 〃15年	63	59	15	3.2
2004 〃16年	59	57	16	2.5
2005 〃17年	56	54	16	2.3
2006 〃18年	53	51	14	2.0

雇われ漁業　男

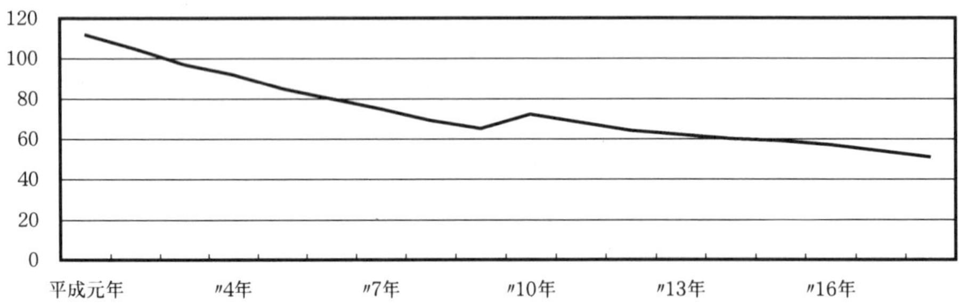

雇われ漁業　女

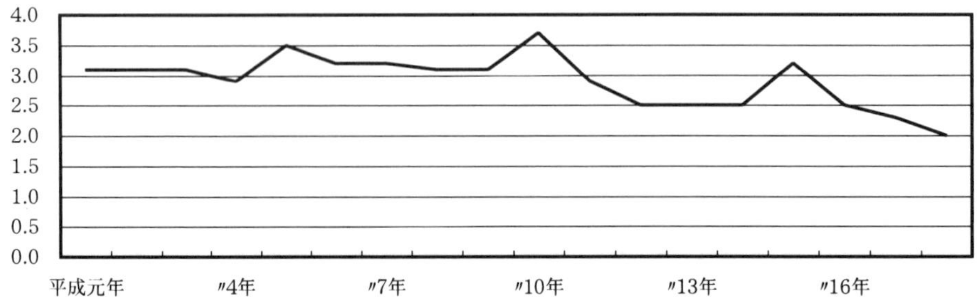

7-12　登録漁船隻数

年　末		総　数	海水動力漁船						
			計	総トン数 (1,000)	トン数階級別				
					5 t 未満	5～10	10～30	30～100	100～200
1989	平成元年	422,696	389,674	2,456	354,208	17,902	11,598	2,576	1,534
1990	〃2年	416,067	384,330	2,357	348,945	18,106	11,609	2,401	1,441
1991	〃3年	409,417	380,026	2,122	345,032	18,196	11,575	2,175	1,289
1992	〃4年	401,983	375,326	1,967	340,823	18,195	11,432	1,975	1,243
1993	〃5年	394,450	368,756	1,810	334,879	18,134	11,419	1,736	1,162
1994	〃6年	389,989	365,184	1,728	331,715	18,103	11,408	1,529	1,081
1995	〃7年	386,067	361,950	1,661	328,777	18,168	11,321	1,378	1,037
1996	〃8年	378,431	354,689	1,610	321,972	18,119	11,151	1,271	965
1997	〃9年	372,643	349,957	1,563	317,508	18,117	11,041	1,166	937
1998	〃10年	366,874	344,994	1,539	312,585	18,261	11,003	1,079	906
1999	〃11年	361,845	340,100	1,482	307,764	18,476	10,927	1,041	852
2000	〃12年	358,687	337,600	1,448	305,262	18,606	10,945	982	801
2001	〃13年	350,444	331,571	1,407	299,467	18,619	10,905	892	737
2002	〃14年	343,411	325,229	1,377	293,452	18,508	10,810	854	684
2003	〃15年	335,938	320,010	1,342	288,509	18,386	10,791	791	649
2004	〃16年	330,807	313,870	1,304	282,430	18,524	10,721	729	611
2005	〃17年	325,450	308,810	1,269	278,056	18,025	10,668	656	582
2006	〃18年	321,017	303,842	1,226	273,593	17,802	10,512	614	559

原注：「漁船法」に基づく登録漁船と登録を要しない総トン数1トン未満の無動力漁船の計である。
出所：43, 46, 51, 53, 56, 58

総　数

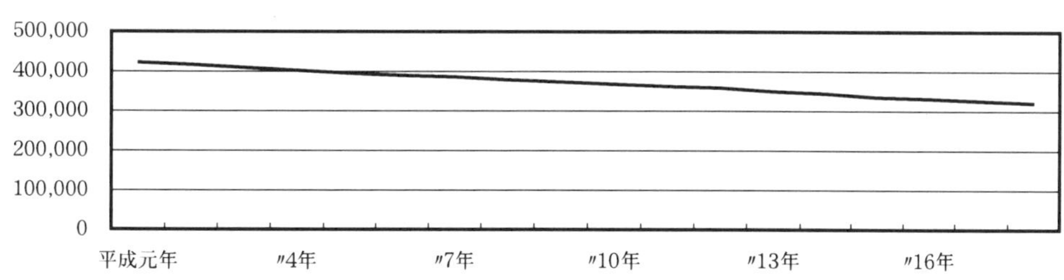

海水動力漁船　計

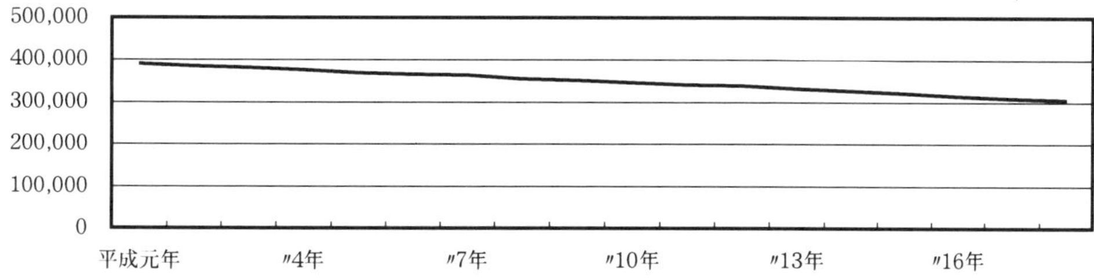

年　末	海水動力漁船							
	トン数階級別	漁業種類別						
	200 t 以上	採介藻	定置網	一本釣り,はえなわ	刺し網	まき網,同附属船	敷網	底びき網
1989 平成元年	1,856	114,134	12,551	131,481	58,102	6,029	2,327	22,198
1990 〃2年	1,828	113,526	12,550	128,239	57,532	5,747	2,272	21,552
1991 〃3年	1,759	112,264	12,453	127,467	57,248	5,528	2,235	20,910
1992 〃4年	1,658	111,049	12,440	126,029	56,541	5,269	2,217	20,447
1993 〃5年	1,426	109,013	12,444	123,372	55,879	5,028	2,214	19,960
1994 〃6年	1,348	108,550	12,299	121,603	55,261	4,774	2,119	19,537
1995 〃7年	1,269	107,328	12,247	120,894	54,809	4,586	2,103	19,004
1996 〃8年	1,211	104,044	12,043	119,159	54,111	4,316	2,092	18,782
1997 〃9年	1,188	102,115	11,911	118,016	53,629	4,190	2,116	18,454
1998 〃10年	1,160	100,039	11,821	116,778	53,037	4,071	2,106	18,159
1999 〃11年	1,040	93,408	11,418	117,789	55,438	4,056	2,047	17,714
2000 〃12年	1,004	92,658	11,484	117,816	54,113	4,301	2,051	17,310
2001 〃13年	951	91,006	11,283	115,935	53,714	3,820	1,929	16,700
2002 〃14年	921	89,250	11,100	114,301	52,380	3,726	2,008	16,208
2003 〃15年	884	88,995	10,812	113,100	50,616	3,616	1,863	15,848
2004 〃16年	855	88,139	10,613	111,379	48,641	3,517	1,853	15,182
2005 〃17年	823	85,455	10,420	109,959	48,856	3,450	1,820	14,805
2006 〃18年	762	84,870	10,321	108,035	47,510	3,330	1,780	14,543

定置網

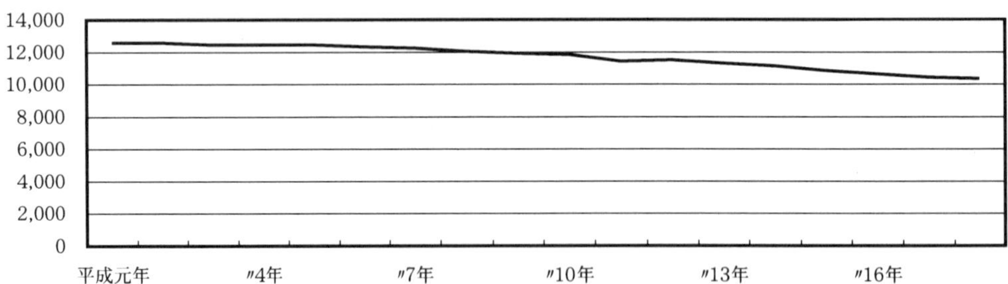

底びき網

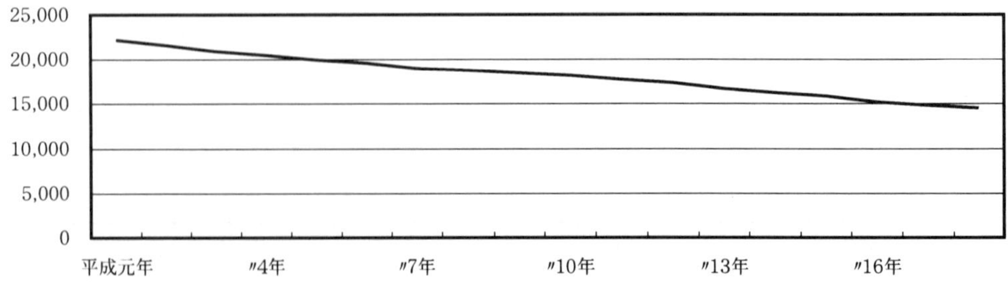

年　末	海水動力漁船			海水無動力漁船	淡水動力漁船	淡水無動力漁船
	漁業種類別					
	ひき網	かつお,まぐろ	その他			
1989　平成元年	9,476	1,943	31,433	15,214	11,566	6,242
1990　〃2年	9,435	1,946	31,531	14,304	11,151	6,282
1991　〃3年	9,278	1,946	30,697	13,606	10,853	4,932
1992　〃4年	9,158	1,912	30,264	11,107	10,939	4,611
1993　〃5年	9,095	1,852	29,899	11,047	10,415	4,232
1994　〃6年	8,883	1,805	30,353	10,585	10,388	3,832
1995　〃7年	9,004	1,763	30,212	9,466	10,140	4,511
1996　〃8年	8,620	1,694	29,828	9,365	10,036	4,341
1997　〃9年	8,565	1,652	29,309	8,276	9,927	4,483
1998　〃10年	8,461	1,610	28,912	7,600	9,697	4,583
1999　〃11年	8,299	1,509	28,422	7,521	9,606	4,618
2000　〃12年	8,279	1,473	28,115	7,115	9,542	4,430
2001　〃13年	8,060	1,444	27,680	6,396	9,200	3,277
2002　〃14年	7,805	1,431	27,020	6,083	8,988	3,111
2003　〃15年	7,576	1,356	26,228	5,400	7,598	2,930
2004　〃16年	7,371	1,309	25,866	5,184	8,663	3,090
2005　〃17年	7,230	1,250	25,565	5,205	8,522	2,913
2006　〃18年	7,184	1,186	25,083	5,035	8,688	3,452

海水無動力漁船

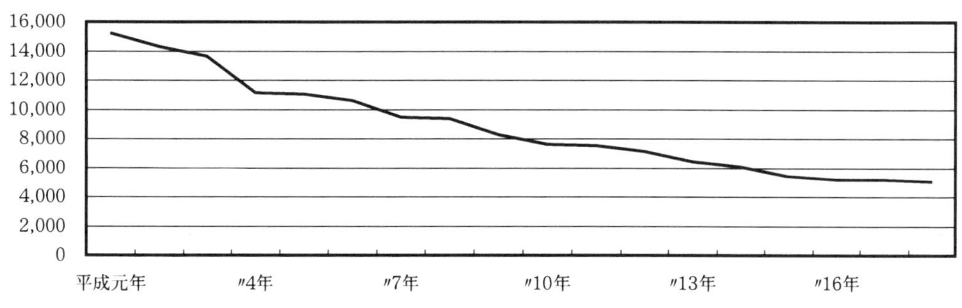

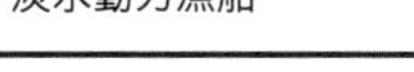

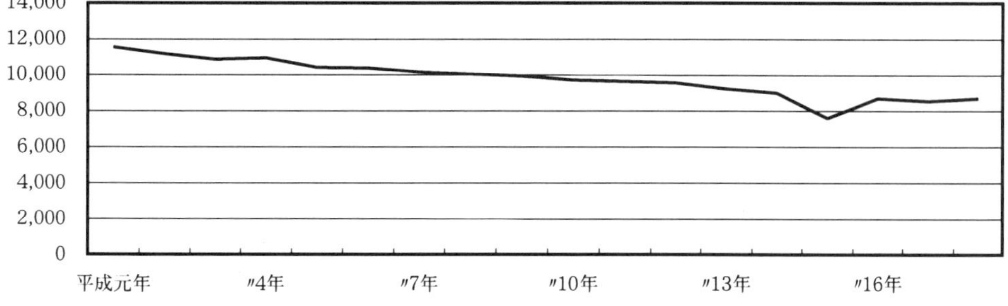

7-13　漁業部門別漁獲高（平成元年～14年）
漁獲量

（単位　1,000トン）

年次		総数	漁業，養殖業 1)	海面漁業・養殖業					
					漁業				養殖業
						遠洋 2)	沖合	沿岸	
1989	平成元年	-	11,913	11,712	10,440	1,976	6,340	2,123	1,272
1990	〃2年	-	11,052	10,843	9,570	1,496	6,081	1,992	1,273
1991	〃3年	-	9,978	9,773	8,511	1,179	5,438	1,894	1,262
1992	〃4年	-	9,266	9,078	7,772	1,270	4,534	1,968	1,306
1993	〃5年	-	8,707	8,530	7,256	1,139	4,256	1,861	1,274
1994	〃6年	-	8,103	7,934	6,590	1,063	3,720	1,807	1,344
1995	〃7年	-	7,489	7,322	6,007	917	3,260	1,831	1,315
1996	〃8年	-	7,417	7,250	5,974	817	3,256	1,901	1,276
1997	〃9年	-	7,411	7,258	5,985	863	3,343	1,779	1,273
1998	〃10年	-	6,684	6,542	5,315	809	2,924	1,582	1,227
1999	〃11年	-	6,626	6,492	5,239	834	2,800	1,605	1,253
2000	〃12年	-	6,384	6,252	5,022	855	2,591	1,576	1,231
2001	〃13年	-	6,126	6,009	4,753	749	2,459	1,545	1,256
2002	〃14年	-	5,880	5,767	4,434	686	2,258	1,489	1,333

原注：「海面漁業生産統計調査」及び「内水面漁業生産統計調査」による。1) 平成13年から内水面漁業及び内水面養殖業の調査対象を変更したため，平成12年以前とは接続しない。2) 大中型まき網1そうまき（かつお・まぐろ）のうち太平洋中央海区で操業するもの，平成4年以降はインド洋で操業するものを含む。3) 南氷洋のみんくくじらの調査捕獲を除く。

出所：43, 46, 50, 54, 55

7-13　漁業部門別漁獲高（平成15年～17年）
漁獲量

（単位　1,000トン）

年次		総数	海面漁業・養殖業					
				漁業				養殖業 3)
					遠洋 4)	沖合	沿岸	
2003	平成15年	6,083	5,973	4,722	602	2,543	1,577	1,251
2004	〃16年	5,776	5,670	4,455	535	2,406	1,514	1,215
2005	〃17年	5,765	5,669	4,457	548	2,444	1,465	1,212

原注：「海面漁業生産統計調査」及び「内水面漁業生産統計調査」による。1) 調査対象変更のため，平成12年以前とは接続しない。2) 南氷洋のみんくくじらの調査捕獲を除く。3) 種苗養殖業を除く。4) 大中型まき網1そうまき（かつお・まぐろ）のうち太平洋中央海区で操業するもの，インド洋で操業するものを含む。

出所：57, 58

（単位　1,000トン）

年次	内水面漁業・養殖業 1)	漁業	養殖業	捕鯨業（捕獲高） 3)
1989 平成元年	202	103	99	126
1990 〃2年	209	112	97	91
1991 〃3年	205	107	97	210
1992 〃4年	188	97	91	164
1993 〃5年	177	91	86	175
1994 〃6年	169	93	77	126
1995 〃7年	167	92	75	174
1996 〃8年	167	94	73	174
1997 〃9年	153	86	67	151
1998 〃10年	143	79	64	158
1999 〃11年	134	71	63	178
2000 〃12年	132	71	61	188
2001 〃13年	117	62	56	166
2002 〃14年	113	61	52	157

（単位　1,000トン）

年次	内水面漁業・養殖業 1)	漁業	養殖業	捕鯨業（捕獲高） 2)
2003 平成15年	110	60	50	150
2004 〃16年	106	60	46	111
2005 〃17年	96	54	42	121

7-14　漁業部門別漁獲高（平成元年～14年）
生産額

（単位　金額　10億円）

年次		総数	漁業，養殖業 1)	海面漁業・養殖業	漁業	遠洋 2)	沖合	沿岸	養殖業
1989	平成元年	2,692	2,692	2,521	1,954	512	656	786	567
1990	〃2年	2,723	2,722	2,560	1,951	442	704	805	609
1991	〃3年	2,716	2,715	2,551	1,911	427	704	780	641
1992	〃4年	2,607	2,606	2,440	1,827	450	611	766	613
1993	〃5年	2,489	2,488	2,323	1,716	414	566	736	607
1994	〃6年	2,374	2,373	2,209	1,582	347	550	684	627
1995	〃7年	2,250	2,250	2,085	1,511	277	556	678	574
1996	〃8年	2,195	2,195	2,028	1,463	262	530	671	565
1997	〃9年	2,223	2,223	2,066	1,467	263	538	666	599
1998	〃10年	2,029	2,029	1,884	1,338	240	491	607	546
1999	〃11年	1,987	1,987	1,857	1,316	248	479	589	541
2000	〃12年	1,875	1,875	1,761	1,234	212	446	576	527
2001	〃13年	1,780	1,780	1,668	1,165	201	421	544	503
2002	〃14年	1,719	1,719	1,615	1,136	181	413	542	479

原注：「海面漁業生産統計調査」及び「内水面漁業生産統計調査」による。1) 平成13年から内水面漁業及び内水面養殖業の調査対象を変更したため，平成12年以前とは接続しない。2) 大中型まき網１そうまき（かつお・まぐろ）のうち太平洋中央海区で操業するもの，平成4年以降はインド洋で操業するものを含む。3) 南氷洋のみんくくじらの調査捕獲を除く。

出所：43, 46, 50, 54, 55

7-14　漁業部門別漁獲高（平成15年～17年）
生産額

（単位　金額　10億円）

年次		総数	海面漁業・養殖業	漁業	遠洋 4)	沖合	沿岸	養殖業 3)
2003	平成15年	1,591	1,485	1,037	167	369	501	448
2004	〃16年	1,604	1,500	1,066	169	396	500	434
2005	〃17年	1,601	1,499	1,059	162	388	509	439

原注：「海面漁業生産統計調査」及び「内水面漁業生産統計調査」による。1) 調査対象変更のため，平成12年以前とは接続しない。2) 南氷洋のみんくくじらの調査捕獲を除く。3) 種苗養殖業を除く。4) 大中型まき網１そうまき（かつお・まぐろ）のうち太平洋中央海区で操業するもの，平成7年以降はインド洋で操業するものを含む。a) 種苗用を含む。

出所：57, 58

（単位　金額　10億円）

年　次	内水面漁業・養殖業 1)	漁業	養殖業	捕鯨業（捕獲高） 3)
1989　平成元年	171	65	106	0.5
1990　〃2年	162	65	97	0.5
1991　〃3年	164	68	96	0.6
1992　〃4年	167	68	98	0.6
1993　〃5年	165	63	102	0.7
1994　〃6年	164	72	92	0.6
1995　〃7年	164	70	93	0.7
1996　〃8年	166	73	93	0.7
1997　〃9年	156	74	82	0.7
1998　〃10年	144	66	78	0.7
1999　〃11年	129	62	67	0.8
2000　〃12年	113	62	51	0.7
2001　〃13年	112	64	47	0.6
2002　〃14年	104	60	44	0.5

（単位　金額　10億円）

年　次	内水面漁業・養殖業 1)	漁業	養殖業	捕鯨業（捕獲高） 2)
2003　平成15年	106	56	a) 50	0.4
2004　〃16年	103	51	a) 52	0.4
2005　〃17年	102	50	a) 52	0.4

8. 鉱工・建設業

8-1 鉱物生産量及び在庫量（平成元年～7年）

年次		金属鉱物							
		金鉱 (kg) 1)		銀鉱 (kg) 1)		銅鉱 (t) 1)		鉛鉱 (t) 1)	
		生産量	在庫量	生産量	在庫量	生産量	在庫量	生産量	在庫量
1989	平成元年	6,097	113	155,792	6,277	14,650	375	18,595	632
1990	〃2年	7,303	206	149,920	9,080	12,927	542	18,727	1,153
1991	〃3年	8,299	124	170,676	15,054	12,414	1,004	18,329	1,241
1992	〃4年	8,893	371	178,330	18,078	12,074	817	18,839	1,906
1993	〃5年	9,352	274	136,886	13,366	10,277	896	16,470	646
1994	〃6年	9,551	408	133,713	13,143	6,043	948	9,946	936
1995	〃7年	9,185	195	100,078	12,595	2,376	256	9,659	1,796

原注：「通商産業省生産動態統計調査」による。「生産量」は精鉱量，「在庫量」は採掘事業所の年末手持量である。1) 精含量。
出所：43, 45, 46

8-1 鉱物生産量及び在庫量（平成8年～12年）

年次		金属鉱物							
		金鉱 (kg) 1)		銀鉱 (kg) 1)		銅鉱 (t) 1) 2)		鉛鉱 (t) 1)	
		生産量	在庫量	生産量	在庫量	生産量	在庫量	生産量	在庫量
1996	平成8年	8,627	208	85,115	8,565	1,145	215	7,753	1,381
1997	〃9年	8,384	365	87,180	13,442	932	285	5,227	1,443
1998	〃10年	8,601	450	94,472	13,366	1,070	374	6,198	1,471
1999	〃11年	9,405	649	94,004	11,801	1,038	140	6,074	1,768
2000	〃12年	8,400	349	103,781	20,111	1,211	373	8,835	3,761

原注：「通商産業省生産動態統計調査」による。「生産量」は精鉱量，「在庫量」は採掘事業所の年末手持量である。1) 精含量。
2) 平成10年以前は沈澱銅を含む。3) 平成10年以前は精鉱量。 a) 調査対象等変更のため平成9年以前とは接続しない。
出所：49, 52

金鉱　生産量

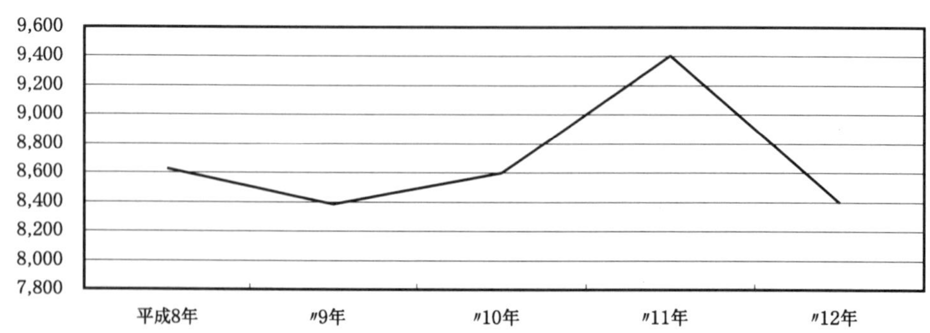

年　次	金属鉱物							
	亜鉛鉱　(t)　1)		硫化鉱　(1,000 t)		すず鉱　(t)　1)		鉄鉱　(t)	
	生産量	在庫量	生産量	在庫量	生産量	在庫量	生産量	在庫量
1989 平成元年	131,794	1,259	301	28	-	-	41,425	30,830
1990 〃2年	127,273	2,016	281	42	-	-	34,092	23,948
1991 〃3年	133,004	3,119	244	41	-	-	31,444	9,339
1992 〃4年	134,510	4,949	244	33	-	-	39,791	17,928
1993 〃5年	118,599	5,053	219	24	-	-	10,621	14,498
1994 〃6年	100,653	4,018	181	15	-	-	3,058	6,365
1995 〃7年	95,274	2,474	171	16	-	-	2,959	5,923

年　次	金属鉱物							
	亜鉛鉱　(t)　1)		硫化鉱　(1,000 t)		鉄鉱　(t)　1) 3)		硫酸焼鉱 (Fe 50%～) (t)	
	生産量	在庫量	生産量	在庫量	生産量	在庫量	生産量	在庫量
1996 平成8年	79,709	1,066	120	6.1	3,563	5,798	…	…
1997 〃9年	71,569	1,007	40	2.9	3,595	5,972	…	…
1998 〃10年	67,670	941	40	1.8	1,720	5,346	…	…
1999 〃11年	64,263	976	…	…	589	1,781	…	…
2000 〃12年	63,601	596	…	…	523	158	…	…

鉄鉱　生産量

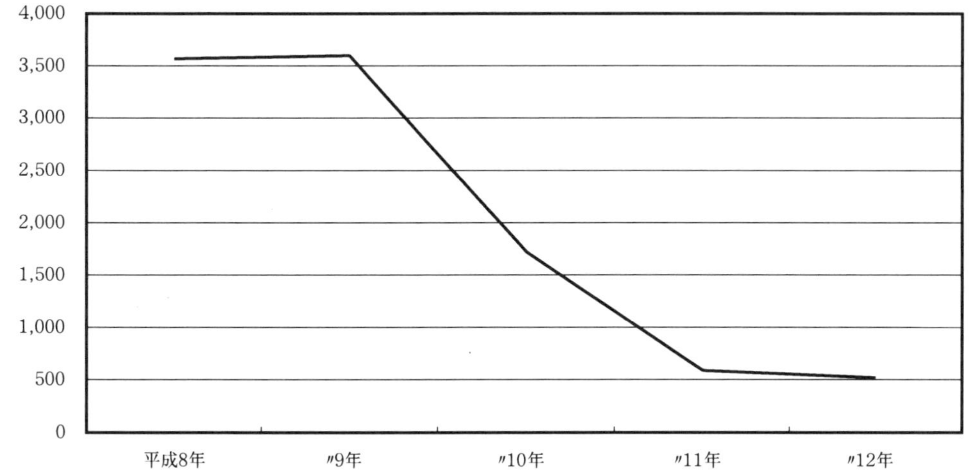

年　次	金属鉱物							
	硫酸焼鉱 (Fe 50%～) (t)		金属マンガン鉱 (t)		クロム鉄鉱 (t)		タングステン鉱(t)	
	生産量	在庫量	生産量	在庫量	生産量	在庫量	生産量	在庫量
1989 平成元年	210,829	760	-	-	11,674	22,749	488	119
1990 〃2年	209,675	3,409	-	-	8,075	25,246	422	125
1991 〃3年	224,062	1,626	-	-	x	x	465	169
1992 〃4年	225,117	1,615	-	-	x	x	578	345
1993 〃5年	x	x	-	-	-	-	109	x
1994 〃6年	x	x	-	-	-	-	-	x
1995 〃7年	-	-	-	-	-	-	-	-

年　次	非金属鉱物							
	タングステン鉱 (t)		白けい石 (1,000 t)		炉材けい石 (1,000 t)		軟けい石 (1,000 t)	
	生産量	在庫量	生産量	在庫量	生産量	在庫量	生産量	在庫量
1996 平成8年	…	…	1,908	136	668	34	16,450	466
1997 〃9年	…	…	* 3,186	* 213	*	*	14,888	723
1998 〃10年	…	…	*3,179	*203	*	*	13,056	626
1999 〃11年	…	…	*3,247	*218	*	*	12,301	478
2000 〃12年	…	…	*2,916	*240	*	*	12,662	643

軟けい石　生産量

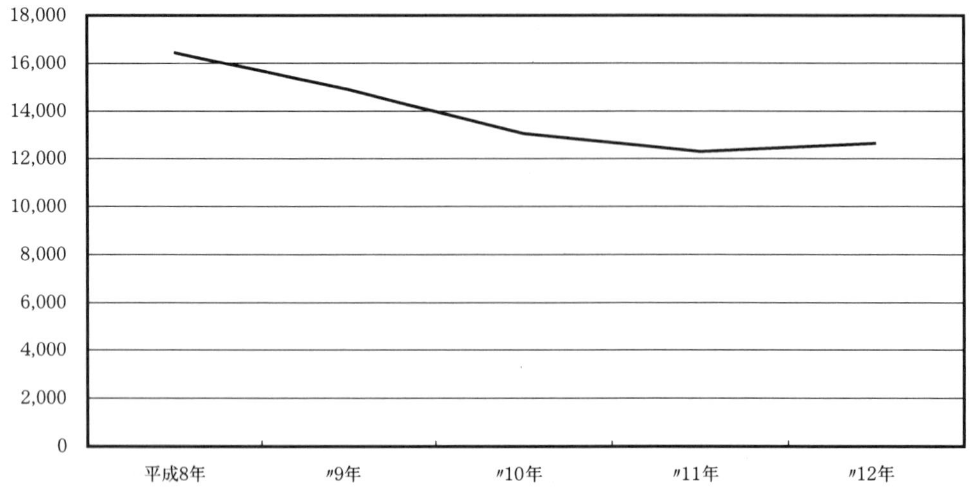

年　次	金属鉱物		非金属鉱物					
	モリブデン鉱 (t)		かんらん岩 (1,000 t)		ろう石 (1,000 t)		ろう石クレー (t)	
	生産量	在庫量	生産量	在庫量	生産量	在庫量	生産量	在庫量
1989 平成元年	-	-	6,075	397	922	158	311,387	18,663
1990 〃2年	-	-	5,846	502	890	151	322,868	13,665
1991 〃3年	-	-	5,965	694	904	146	325,073	18,832
1992 〃4年	-	-	5,679	636	771	137	284,819	19,103
1993 〃5年	-	-	5,049	461	732	140	296,668	16,027
1994 〃6年	-	-	5,166	624	660	150	274,194	15,887
1995 〃7年	-	-	4,943	603	649	143	298,601	17,924

年　次	非金属鉱物							
	天然けい砂 (1,000 t)		人造けい砂 (1,000 t)		石灰石 (1,000 t)		ドロマイト (1,000 t)	
	生産量	在庫量	生産量	在庫量	生産量	在庫量	生産量	在庫量
1996 平成8年	2,774	143	783	20	202,894	12,622	3,905	149
1997 〃9年	2,559	155	747	23	201,399	11,703	4,013	124
1998 〃10年	a)2,394	164	655	33	183,955	11,583	3,873	149
1999 〃11年	a)2,274	146	490	26	180,193	11,185	3,648	208
2000 〃12年	a)2,301	144	445	32	185,569	10,885	3,539	210

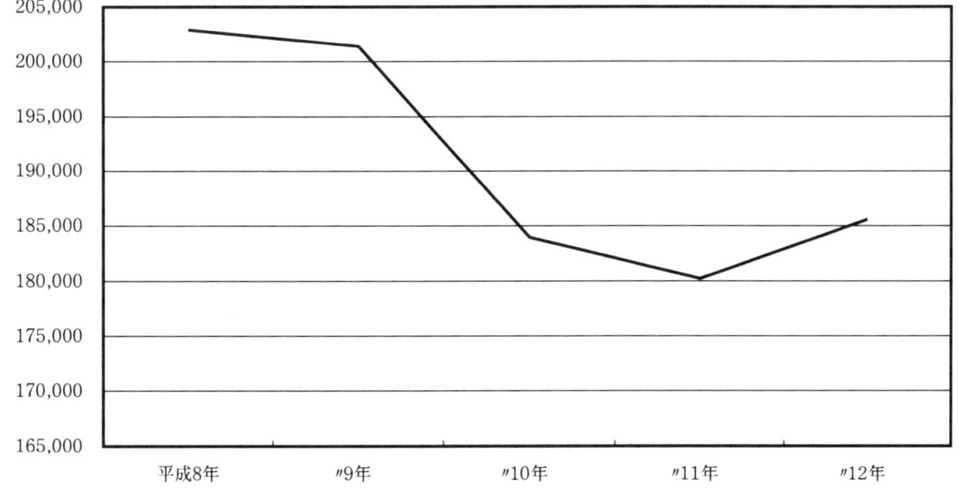

年　次	非金属鉱物							
	ダイアスポア (t)		木節粘土 (t)		頁岩粘土 (t)		半花こう岩 (t)	
	生産量	在庫量	生産量	在庫量	生産量	在庫量	生産量	在庫量
1989 平成元年	x	x	31,868	268	106,196	1,455	504,947	6,569
1990 〃2年	x	x	30,381	243	124,958	892	470,324	5,063
1991 〃3年	x	x	26,669	42	135,373	695	448,117	5,020
1992 〃4年	x	x	25,282	135	104,227	442	361,851	5,525
1993 〃5年	x	x	22,206	38	82,166	1,170	348,843	6,520
1994 〃6年	-	-	23,511	62	55,155	597	317,372	5,605
1995 〃7年	-	-	23,446	115	44,264	328	280,762	5,507

年　次	非金属鉱物							
	ろう石 (1,000 t)		ろう石クレー (t)		木節粘土 (t)		頁岩粘土 (t)	
	生産量	在庫量	生産量	在庫量	生産量	在庫量	生産量	在庫量
1996 平成8年	618	148	296,006	17,288	9,855	55	44,743	633
1997 〃9年	620	129	293,478	19,199	*186,716	*9,203	*	*
1998 〃10年	497	101	267,494	17,091	* 134,135	*8,495	*	*
1999 〃11年	438	100	256,483	16,767	* 121,225	*7,930	*	*
2000 〃12年	433	72	259,587	17,140	* 131,226	*8,760	*	*

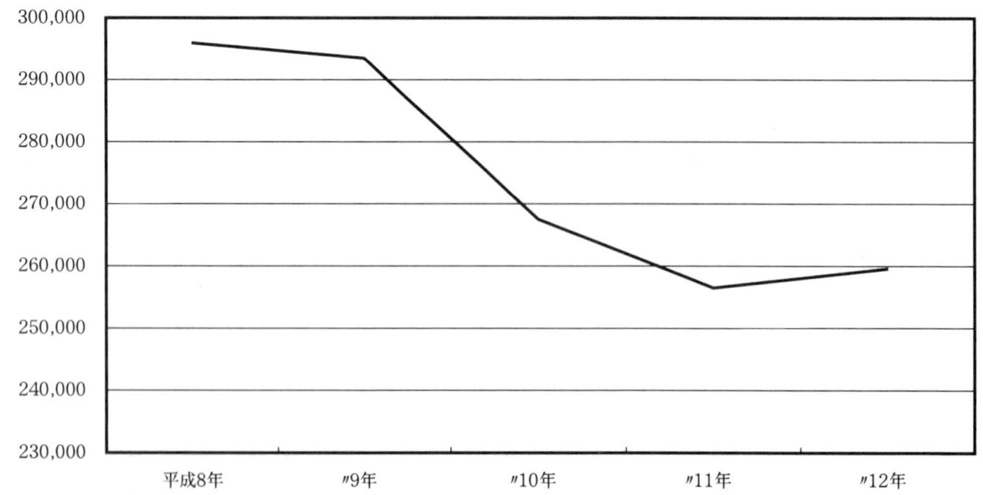

年　次		非金属鉱物							
		陶石 (t)		カオリン (t)		がいろ目粘土 (t)		風化花こう岩 (t)	
		生産量	在庫量	生産量	在庫量	生産量	在庫量	生産量	在庫量
1989	平成元年	210,236	43,579	115,073	12,698	214,103	7,676	509,254	13,371
1990	〃2年	204,206	37,213	164,802	11,645	211,989	7,115	578,654	5,930
1991	〃3年	211,809	33,954	129,942	8,264	195,803	7,752	619,993	12,354
1992	〃4年	195,628	42,544	122,948	7,809	180,941	11,720	704,103	6,169
1993	〃5年	202,007	49,416	110,318	8,027	167,728	14,028	700,957	21,293
1994	〃6年	167,097	47,499	138,412	7,489	148,000	10,170	819,616	9,817
1995	〃7年	129,224	46,932	182,122	3,533	125,901	8,776	823,089	6,442

年　次		非金属鉱物							
		がいろ目粘土 (t)		長石 (t)		半花こう岩 (t)		風化花こう岩 (t)	
		生産量	在庫量	生産量	在庫量	生産量	在庫量	生産量	在庫量
1996	平成8年	117,289	8,978	55,122	7,139	257,403	4,291	851,017	5,454
1997	〃9年	*	*	*	*	* 991,815	*8741	*	*
1998	〃10年	*	*	…	…	* 818,317	* 11,665	*	*
1999	〃11年	*	*	…	…	* 922,566	* 12,683	*	*
2000	〃12年	*	*	…	…	* 968,734	*9,797	*	*

半花こう岩　生産量

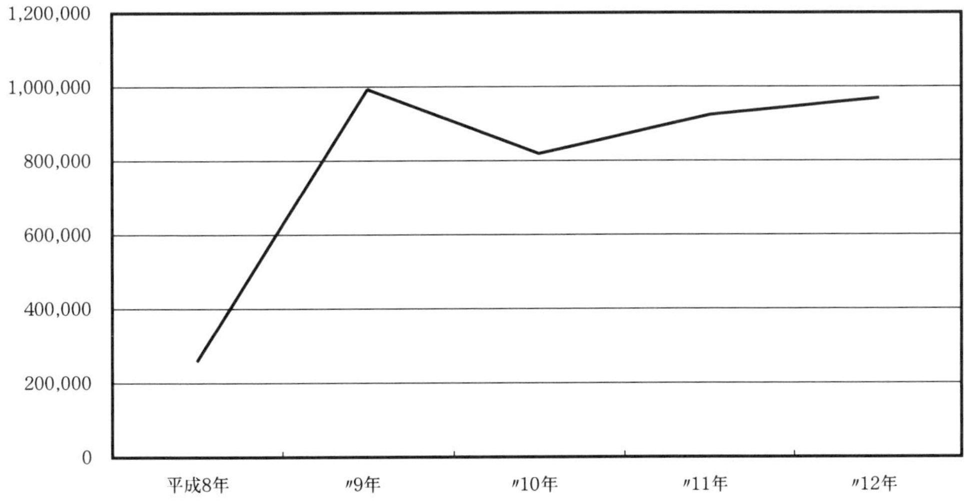

年　次	非金属鉱物							
	滑石 (t)		酸性白土 (t)		けい石 (1,000 t)		けい砂 (1,000 t)	
	生産量	在庫量	生産量	在庫量	生産量	在庫量	生産量	在庫量
1989 平成元年	55,665	12,058	76,052	3,588	17,230	431	4,377	108
1990 〃2年	61,550	10,022	65,718	3,182	17,925	625	4,434	81
1991 〃3年	65,633	7,861	61,547	2,679	18,477	557	4,343	109
1992 〃4年	61,120	8,375	62,068	3,253	19,275	542	3,843	105
1993 〃5年	57,229	7,977	70,301	3,408	18,849	598	3,883	122
1994 〃6年	56,120	7,692	93,489	3,083	18,479	729	3,942	137
1995 〃7年	57,269	7,305	86,864	3,346	18,349	849	3,734	161

年　次	非金属鉱物							
	陶石 (t)		カオリン (t)		滑石 (t)		かんらん岩 (1,000 t)	
	生産量	在庫量	生産量	在庫量	生産量	在庫量	生産量	在庫量
1996 平成8年	146,156	44,109	141,230	2,690	56,153	8,011	4,716	476
1997 〃9年	112,741	41,423	110,915	3,775	…	…	4,727	471
1998 〃10年	93,127	39,817	83,257	2,944	…	…	4,180	583
1999 〃11年	78,062	36,605	53,092	2,872	…	…	3,644	512
2000 〃12年	81,448	34,099	25,739	745	…	…	3,632	470

カオリン　生産量

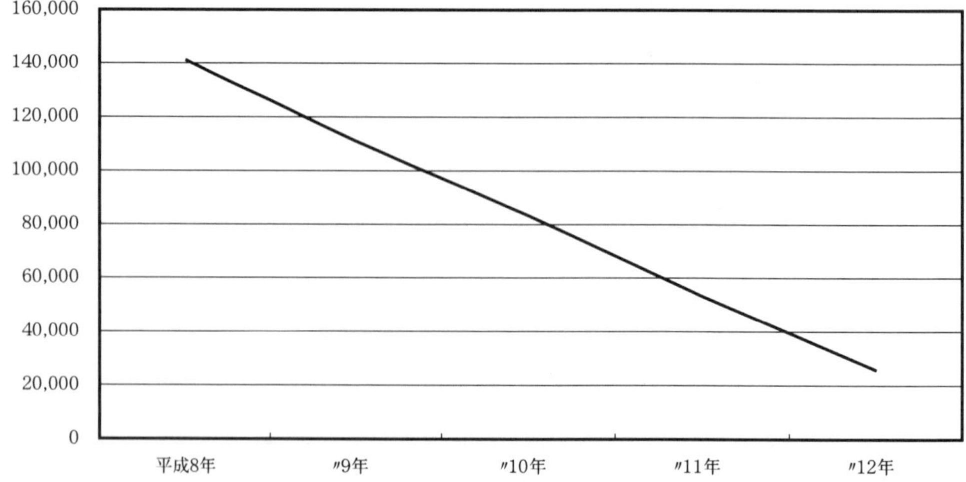

年　次	非金属鉱物						石炭	
	石灰石 (1,000 t)		ドロマイト (1,000 t)		長石 (t)		(1,000 t)	
	生産量	在庫量	生産量	在庫量	生産量	在庫量	生産量	年末在庫
1989 平成元年	190,854	7,014	5,465	177	43,137	7,864	10,187	4,285
1990 〃2年	198,224	7,349	5,371	212	57,877	8,087	8,263	3,075
1991 〃3年	206,839	8,491	5,318	246	88,471	7,850	8,053	2,540
1992 〃4年	203,854	9,735	4,854	207	72,285	7,439	7,598	2,422
1993 〃5年	200,455	10,389	4,755	234	71,568	22,596	7,217	2,153
1994 〃6年	202,481	11,191	3,831	176	56,007	12,842	6,932	1,905
1995 〃7年	201,096	12,526	3,773	178	65,086	10,311	6,263	1,649

年　次	非金属鉱物						石炭	
	けいそう土 (t)		ベントナイト (t)		酸性白土 (t)		(1,000 t)	
	生産量	在庫量	生産量	在庫量	生産量	在庫量	生産量	年末在庫
1996 平成8年	194,115	5,620	468,728	36,363	89,885	3,110	6,480	1,677
1997 〃9年	…	…	495,646	47,483	…	…	4,274	590
1998 〃10年	…	…	443,566	37,680	…	…	3,663	316
1999 〃11年	…	…	428,247	32,866	…	…	3,906	66
2000 〃12年	…	…	415,115	25,354	…	…	3,126	21

石炭　生産量

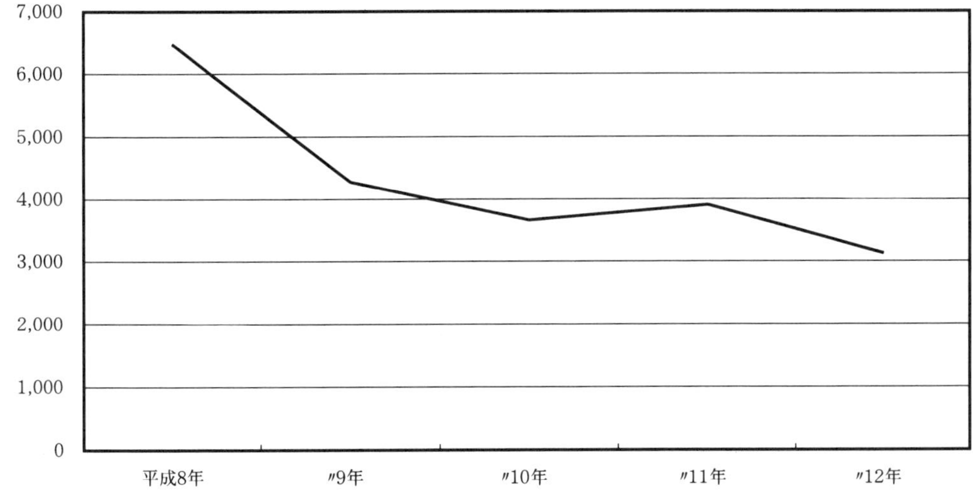

年　次	原油 (kl)		天然ガス (100万 m³)	
	生産量	年末在庫	生産量	年末在庫
1989 平成元年	640,589	19,713	2,009	135
1990 〃2年	632,216	23,743	2,044	144
1991 〃3年	877,614	23,727	2,135	144
1992 〃4年	1,002,083	25,575	2,159	144
1993 〃5年	910,589	21,317	2,204	144
1994 〃6年	869,591	20,898	2,274	144
1995 〃7年	861,213	23,264	7,209	144

年　次	原油 (kl)		天然ガス (100万 m³)	
	生産量	年末在庫	生産量	年末在庫
1996 平成8年	837,162	20,770	2,230	148
1997 〃9年	841,519	22,734	2,279	149
1998 〃10年	791,942	20,652	2,301	149
1999 〃11年	730,178	51,145	2,280	151
2000 〃12年	740,297	45,656	2,453	152

原油　生産量

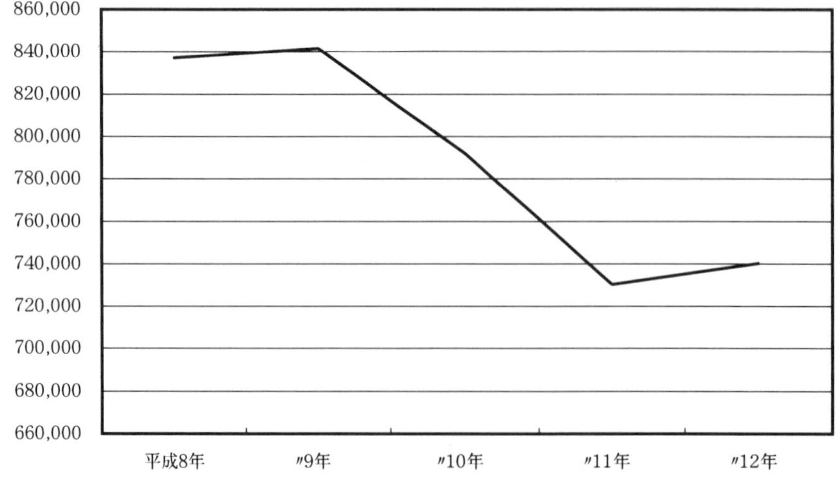

8-1　鉱物生産量及び在庫量（平成13年～15年）

年　次	金属鉱物（精鉱，含有量）							
	金鉱　(kg)		銀鉱　(kg)		銅鉱 (t)		鉛鉱 (t)	
	生産量	在庫量	生産量	在庫量	生産量	在庫量	生産量	在庫量
2001 平成13年	7,815	246	80,397	8,034	744	147	4,626	781
2002 〃14年	8,615	450	81,416	6,286	-	-	5,723	873
2003 〃15年	8,143	509	78,862	8,278	-	-	5,660	1,339

原注：「経済産業省生産動態統計調査」による。「在庫量」は採掘事業所の年末手持量である。a) 調査対象等変更のため平成7年以前とは接続しない。
出所：55

8-1　鉱物生産・出荷及び在庫量（平成16年～18年）

年　次	金属鉱物（精鉱，含有量）					
	金　(kg)			銀　(kg)		
	生産	出荷	在庫	生産	出荷	在庫
2004 平成16年	8,021	7,976	551	75,689	76,818	7,148
2005 〃17年	8,319	8,478	387	54,098	53,620	7,585
2006 〃18年	8,904	8,820	424	11,463	18,751	297

原注：「通商産業省生産動態統計調査」による。在庫量は採掘事業所の年末手持量である。
1) 販売のみ。
出所：58

金　生産

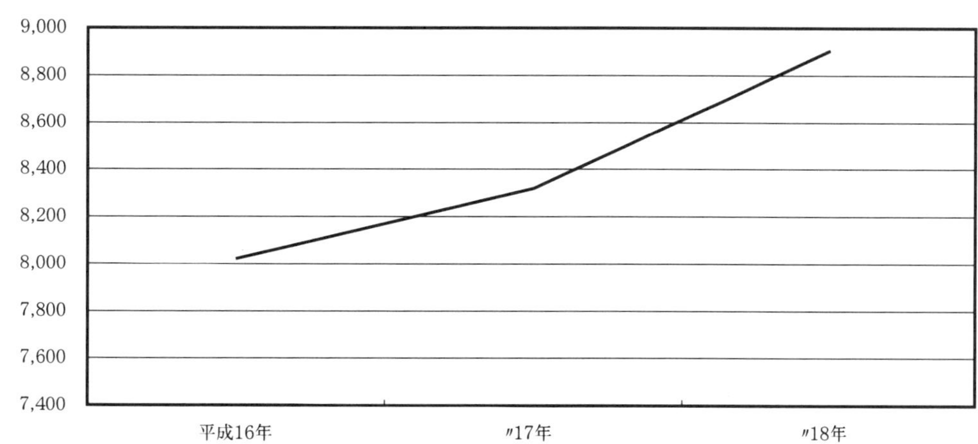

年　次	金属鉱物（精鉱，含有量）				非金属鉱物			
	亜鉛鉱　(t)		鉄鉱　(t)		けい石　(1,000 t)		軟けい石	
	生産量	在庫量	生産量	在庫量	生産量	在庫量	生産量	在庫量
2001　平成13年	44,519	1,325	258	128	14,213	899	11,719	611
2002　〃14年	42,851	1,818	…	…	13,568	880	…	…
2003　〃15年	44,574	1,600	…	…	12,838	770	…	…

年　次	金属鉱物（精鉱，含有量）					
	鉛　(t)			亜鉛　(t)		
	生産	出荷	在庫	生産	出荷	在庫
2004　平成16年	5,512	5,558	1,293	47,781	47,402	1,979
2005　〃17年	3,437	3,797	933	41,452	40,869	2,562
2006　〃18年	777	1,710	-	7,169	9,699	31

亜鉛　生産

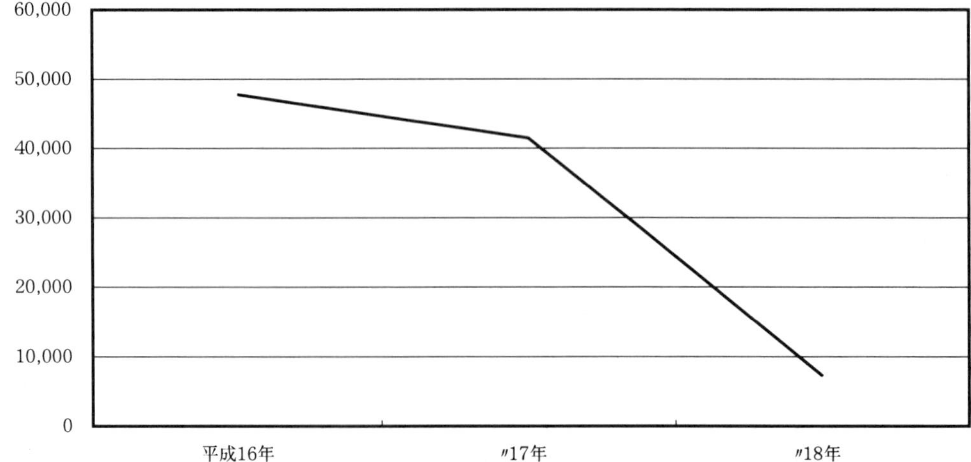

年　次	非金属鉱物							
	けい石 (1,000 t) その他のけい石		石灰石 (1,000 t)		ドロマイト (1,000 t)		かんらん岩 (1,000 t)	
	生産量	在庫量	生産量	在庫量	生産量	在庫量	生産量	在庫量
2001 平成13年	2,494	288	182,255	10,171	3,389	188	4,491	392
2002 〃14年	…	…	170,166	9,663	3,450	204	…	…
2003 〃15年	…	…	163,565	8,436	3,579	200	…	…

年　次	非金属鉱物					
	けい石 (1,000 t)			石炭石 (1,000 t)		
	生産	出荷 1)	在庫	生産	出荷	在庫
2004 平成16年	12,218	10,635	663	161,858	153,569	8,122
2005 〃17年	12,600	11,163	602	165,240	156,630	8,402
2006 〃18年	12,936	11,390	605	166,621	157,247	8,626

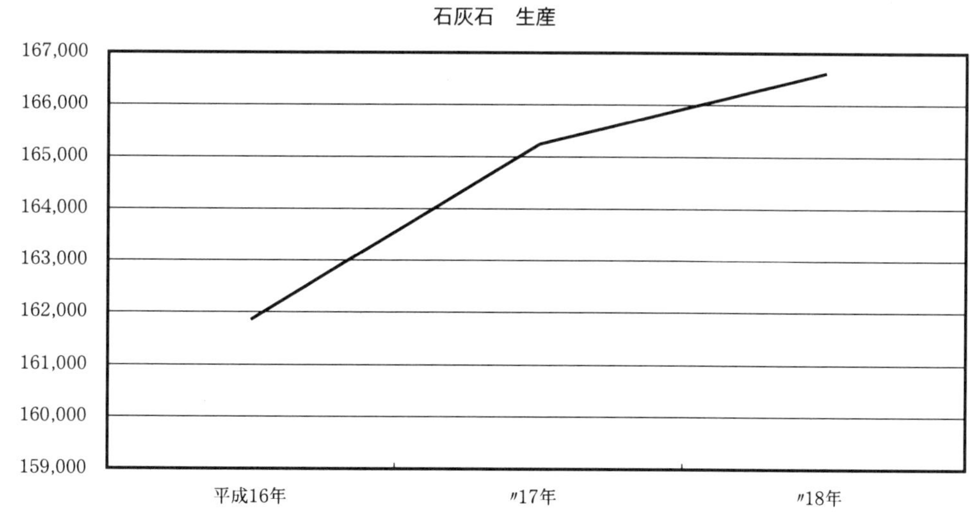

年　次	非金属鉱物							
	けい砂 (1,000 t)		ろう石 (1,000 t)		ろう石クレー (1,000 t)		耐火粘土 (t)	
	生産量	在庫量	生産量	在庫量	生産量	在庫量	生産量	在庫量
2001 平成13年	5,768	390	403	65	220	16	144,461	10,603
2002 〃14年	4,893	353	…	…	…	…	…	…
2003 〃15年	4,700	315	…	…	…	…	…	…

年　次	非金属鉱物					
	ドロマイト　(1,000 t)			けい砂　(1,000 t)		
	生産	出荷	在庫	生産	出荷	在庫
2004 平成16年	3,727	3,811	211	4,705	4,530	306
2005 〃17年	3,534	3,595	207	4,549	4,396	299
2006 〃18年	3,695	3,742	214	4,593	4,424	320

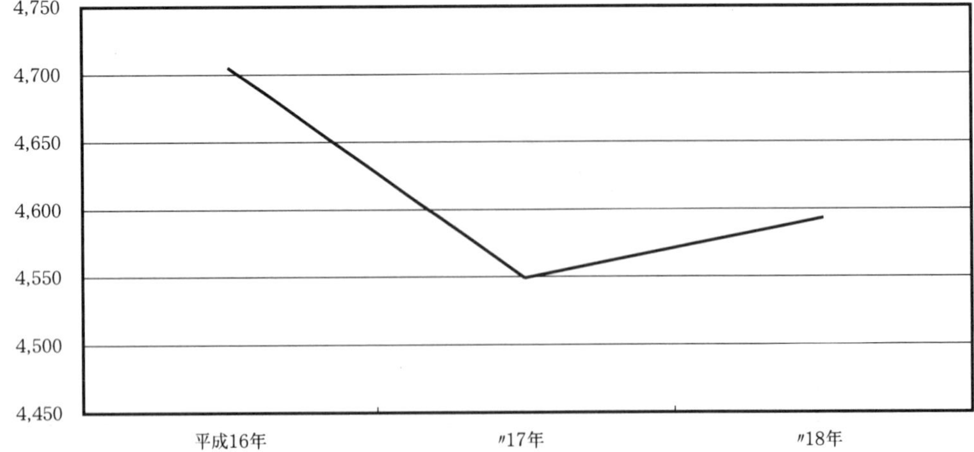

年　次	非金属鉱物							
	半・風化花こう岩 (t)		陶石 (t)		カオリン (t)		ベントナイト (t)	
	生産量	在庫量	生産量	在庫量	生産量	在庫量	生産量	在庫量
2001 平成13年	945,801	10,016	66,635	35,371	19,976	534	405,738	29,083
2002 〃14年	…	…	…	…	…	…	…	…
2003 〃15年	…	…	…	…	…	…	…	…

年　次	原油 (kl)			天然ガス (1,000 m³)		
	生産	出荷	在庫	生産	出荷	在庫
2004 平成16年	834,130	955,020	36,483	2,883	3,494	167
2005 〃17年	917,725	1,032,369	38,618	3,120	3,742	181
2006 〃18年	897,238	995,049	42,366	3,302	3,954	210

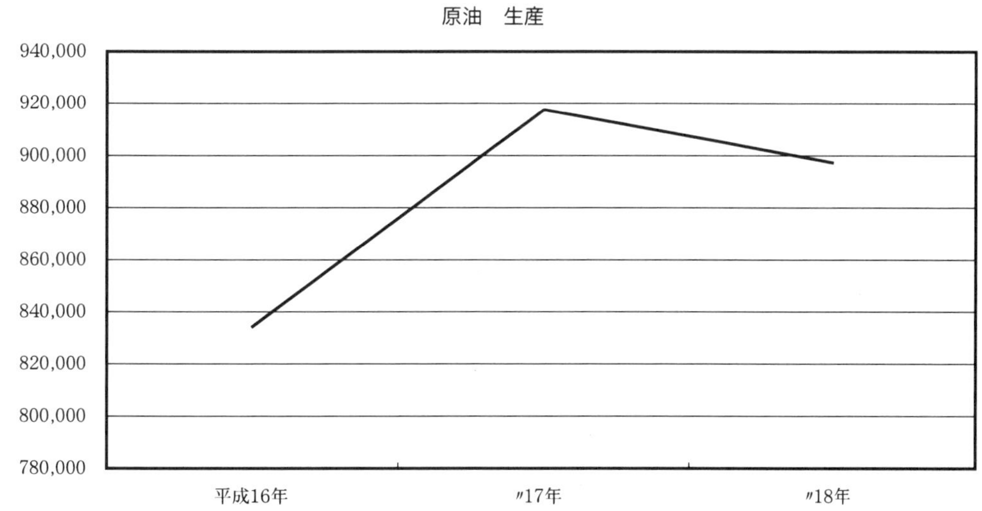

年　次	石炭（1,000 t）		原油 (kl)		天然ガス（100万 m³）	
	生産量	年末在庫	生産量	年末在庫	生産量	年末在庫
2001　平成13年	3,208	a)203	760,329	43,203	2,521	150
2002　〃14年	…	…	723,110	68,740	2,571	163
2003　〃15年	…	…	820,488	50,597	2,844	165

天然ガス　生産量

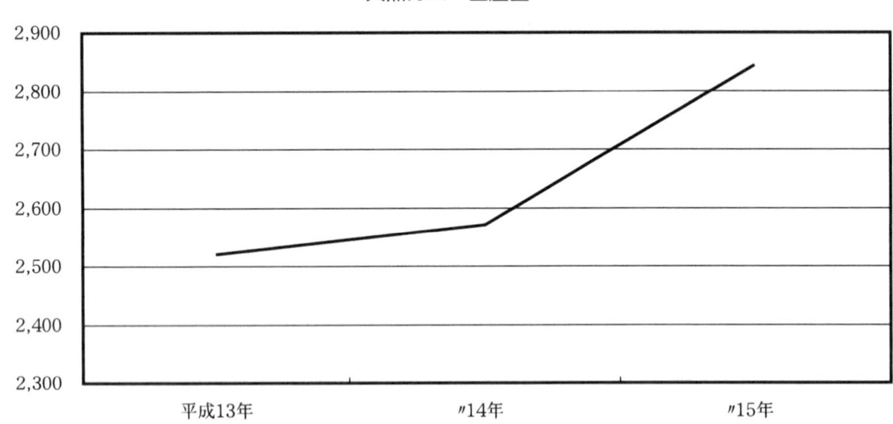

天然ガス　生産

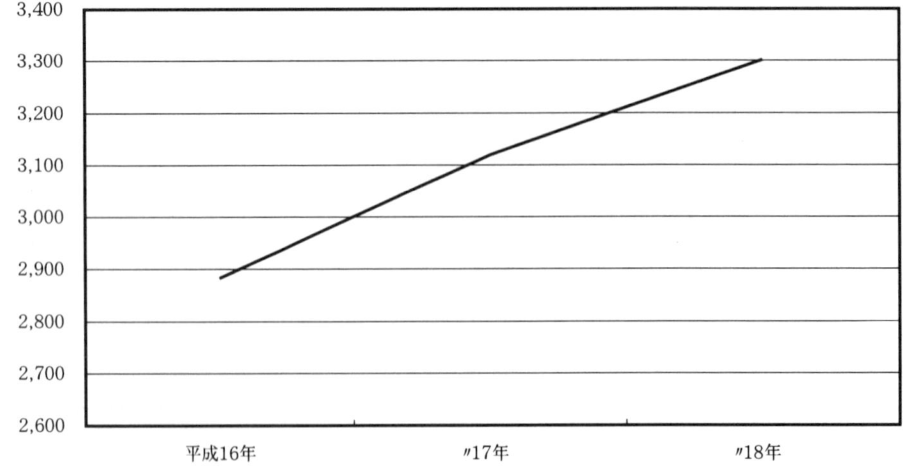

8-2 石油製品の消費者向け総販売量（平成元年～12年）

（単位 1,000キロリットル）

年次		燃料油	揮発油	ナフサ	ジェット燃料油	灯油	軽油	重油	#A, B重油
1989	平成元年	208,877	41,987	31,173	3,466	26,600	34,111	71,540	26,980
1990	〃2年	217,171	44,446	31,110	3,637	26,324	37,178	74,475	27,579
1991	〃3年	220,342	45,801	32,698	3,787	27,075	39,321	71,659	28,145
1992	〃4年	227,709	47,061	35,957	3,942	27,525	40,616	72,609	27,900
1993	〃5年	225,501	47,816	36,093	4,181	28,038	41,386	67,986	27,870
1994	〃6年	237,416	50,130	39,069	4,315	28,035	43,881	71,987	27,886
1995	〃7年	242,870	50,955	44,377	4,784	29,152	44,982	68,530	28,536
1996	〃8年	246,812	52,818	44,390	4,815	30,466	45,934	68,388	29,155
1997	〃9年	245,265	54,220	47,007	4,845	28,804	45,613	64,775	28,562
1998	〃10年	238,905	55,362	43,689	4,927	28,290	43,948	62,689	27,921
1999	〃11年	244,838	56,841	47,386	4,500	29,434	43,611	63,067	28,945
2000	〃12年	244,450	58,201	48,238	4,576	29,876	42,275	61,283	29,524

原注：「通商産業省生産動態統計調査」及び「石油製品需給動態統計調査」による。

出所：43, 45, 48, 52

燃料油

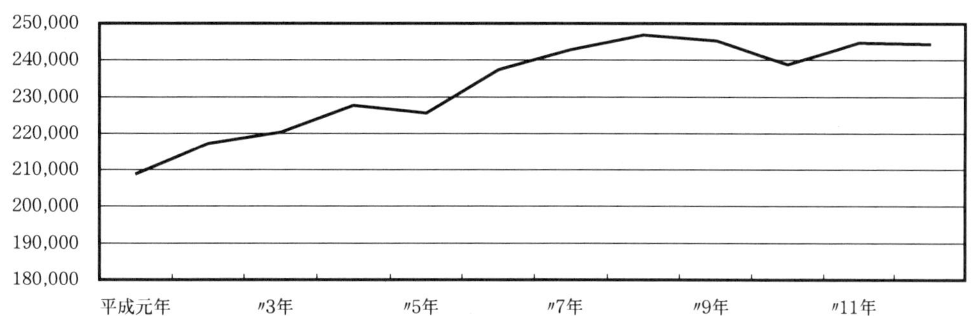

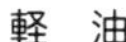

軽 油

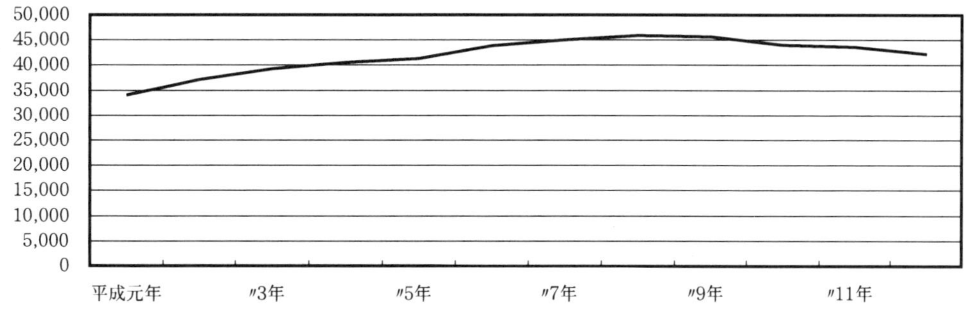

（単位　1,000キロリットル）

年　次		潤滑油	パラフィン (t)	アスファルト (1,000 t)	液化石油ガス (1,000 t)
1989	平成元年	2,286	82,480	6,010	18,191
1990	〃2年	2,428	82,563	6,219	18,746
1991	〃3年	2,402	78,942	5,957	19,373
1992	〃4年	2,375	76,129	6,022	19,752
1993	〃5年	2,269	74,404	6,047	19,956
1994	〃6年	2,338	72,265	5,927	19,426
1995	〃7年	2,367	65,330	5,681	19,783
1996	〃8年	2,385	55,553	5,763	20,214
1997	〃9年	2,429	62,884	5,639	19,788
1998	〃10年	2,334	64,821	5,340	18,803
1999	〃11年	2,265	62,017	5,034	18,840
2000	〃12年	2,222	62,414	4,892	18,878

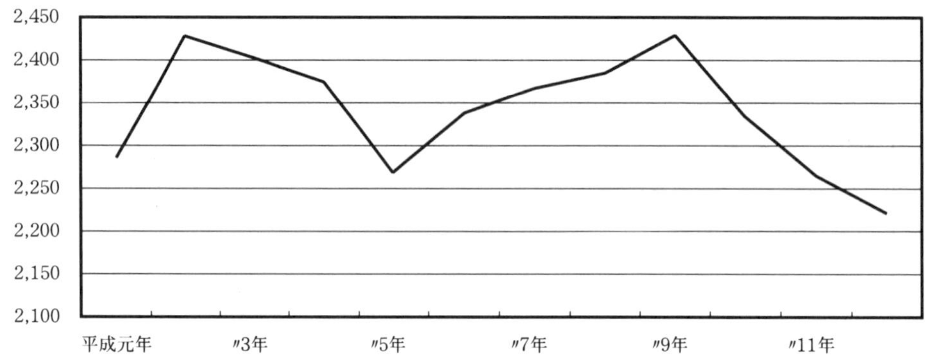

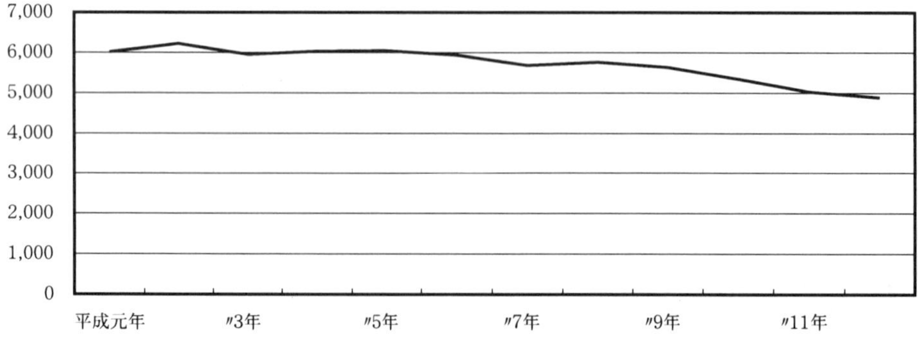

8-2 石油製品需給（平成13年度～18年度）

年度	燃料油 (1,000 kl)							
	計					ガソリン		
	生産	輸入	販売	輸出	年度末在庫	生産	輸入	販売
2001 平成13年	219,469	34,530	236,488	14,427	12,131	58,216	1,215	58,821
2002 〃14年	221,254	37,719	242,884	13,827	10,953	58,048	1,602	59,917
2003 〃15年	221,055	37,643	240,858	14,243	10,570	58,642	1,858	60,565
2004 〃16年	217,454	37,525	237,245	15,637	10,276	58,058	2,905	61,476
2005 〃17年	223,931	36,741	236,109	21,715	11,363	58,797	2,227	61,421
2006 〃18年	214,318	35,269	223,843	23,251	11,725	57,678	2,261	60,552

原注：「石油製品需給動態統計調査」による。1) 平成2年度以降は石油化学工場分を除く。

出所： 55, 58

年度	燃料油 (1,000 kl)							
	ガソリン		重油計					A重油
	輸出	年度末在庫	生産	輸入	販売	輸出	年度末在庫	生産
2001 平成13年	388	2,520	63,326	1,756	56,940	5,872	2,967	28,377
2002 〃14年	284	2,167	66,207	2,073	59,654	5,806	2,964	29,407
2003 〃15年	267	2,146	67,589	2,825	59,946	7,081	2,901	29,494
2004 〃16年	112	2,207	63,864	2,756	55,658	7,931	2,717	29,260
2005 〃17年	521	2,283	63,428	4,443	54,790	10,035	2,792	28,026
2006 〃18年	317	2,262	56,203	3,248	46,657	9,575	3,075	24,327

年度	燃料油 (1,000 kl)							
	A重油				ナフサ			
	輸入	販売	輸出	年度末在庫	生産	輸入	販売	輸出
2001 平成13年	973	29,303	96	1,354	18,556	28,144	46,273	106
2002 〃14年	874	30,137	128	1,213	19,124	30,216	48,585	102
2003 〃15年	845	29,752	156	1,181	19,368	29,844	48,655	41
2004 〃16年	313	29,100	161	1,026	19,975	29,545	49,026	26
2005 〃17年	299	27,780	168	1,181	21,932	27,964	49,388	-
2006 〃18年	79	23,961	165	1,208	21,827	28,855	50,078	23

年度	燃料油 (1,000 kl)							
	ナフサ	ジェット燃料油					B・C重油	
	年度末在庫	生産	輸入	販売	輸出	年度末在庫	生産	輸入
2001 平成13年	1,945	10,402	79	4,995	5,802	685	34,949	783
2002 〃14年	2,111	10,452	78	4,605	6,015	558	36,799	1,198
2003 〃15年	1,850	9,792	127	4,502	5,366	635	38,094	1,980
2004 〃16年	1,892	10,087	444	4,906	5,888	645	34,604	2,443
2005 〃17年	1,872	11,356	466	5,129	6,689	743	35,403	4,144
2006 〃18年	1,881	13,318	99	5,453	7,887	901	31,876	3,169

年度	燃料油			液化石油ガス (1,000 t) 1)				
	B・C重油							
	販売	輸出	年度末在庫	生産	輸入	販売	輸出	年度末在庫
2001 平成13年	27,638	5,775	1,613	4,999	14,336	18,038	76	2,824
2002 〃14年	29,517	5,678	1,752	4,615	13,924	18,070	29	2,375
2003 〃15年	30,195	6,925	1,721	4,440	14,029	16,975	4.0	2,328
2004 〃16年	26,556	7,770	1,691	4,442	13,681	16,213	0.7	2,082
2005 〃17年	27,009	9,867	1,611	4,910	14,120	15,810	3.4	2,392
2006 〃18年	22,696	9,409	1,867	4,781	13,493	16,867	104	2,320

年度	燃料油							
	灯油					軽油		
	生産	輸入	販売	輸出	年度末在庫	生産	輸入	販売
2001 平成13年	27,395	2,030	28,500	246	2,208	41,575	1,306	40,957
2002 〃14年	28,091	2,838	30,626	247	1,741	39,333	912	39,498
2003 〃15年	27,065	2,327	29,053	183	1,587	38,598	662	38,137
2004 〃16年	27,045	1,292	27,977	155	1,565	38,425	584	38,203
2005 〃17年	27,997	1,123	28,265	383	2,102	40,420	519	37,116
2006 〃18年	24,718	560	24,498	499	2,102	40,574	247	36,606

年　度	燃料油 軽　油		潤滑油　(1,000 kl)					アスファルト (1,000 t)
	輸出	年度末在　庫	生産	輸入	販売	輸出	年度末在　庫	生産
2001 平成13年	2,012	1,806	2,614	31	2,089	517	333	5,425
2002 〃14年	1,374	1,412	2,665	31	2,110	514	324	5,248
2003 〃15年	1,307	1,452	2,595	51	2,073	472	334	5,529
2004 〃16年	1,525	1,249	2,611	52	2,045	513	340	5,671
2005 〃17年	4,087	1,571	2,633	58	2,047	559	332	5,395
2006 〃18年	4,950	1,503	2,669	83	2,055	587	364	5,435

年　度	アスファルト (1,000 t)			
	輸入	販売	輸出	年度末在　庫
2001 平成13年	32	4,717	284	214
2002 〃14年	7.7	4,475	218	226
2003 〃15年	0.0	3,890	282	262
2004 〃16年	1.0	3,693	299	250
2005 〃17年	0.0	3,342	411	231
2006 〃18年	26	3,373	281	242

8-3　着工新設住宅

年　次	計		利用関係別住宅戸数				資金別住宅戸数	
	戸数	床面積の合計 (1,000 m²)	持家	貸家	給与住宅	分譲住宅	民間資金	公営住宅
1989 平成元年	1,662,612	135,029	504,228	817,186	29,193	312,005	1,145,886	42,316
1990 〃2年	1,707,109	137,490	486,527	806,097	34,885	379,600	1,201,936	40,978
1991 〃3年	1,370,126	117,219	440,058	583,924	41,665	304,479	910,525	38,247
1992 〃4年	1,402,590	120,318	477,611	671,989	35,863	217,127	853,510	43,340
1993 〃5年	1,485,684	131,683	531,034	663,608	31,661	259,381	801,868	37,971
1994 〃6年	1,570,252	145,581	573,173	595,812	27,631	373,636	796,286	44,429
1995 〃7年	1,470,330	136,524	537,680	553,946	26,053	352,651	837,959	39,436
1996 〃8年	1,643,266	157,899	643,546	622,719	26,997	350,004	922,911	55,482
1997 〃9年	1,387,014	129,181	478,741	531,220	23,617	353,436	850,416	39,892
1998 〃10年	1,198,295	111,762	430,952	457,003	17,313	293,027	746,588	32,472
1999 〃11年	1,214,601	117,934	475,002	424,250	12,632	302,717	677,037	31,196
2000 〃12年	1,229,843	119,879	451,522	421,332	11,698	345,291	752,205	28,293
2001 〃13年	1,173,858	109,836	386,814	438,312	9,767	338,965	805,502	26,876
2002 〃14年	1,151,016	104,763	367,974	450,092	9,008	323,942	876,671	25,646
2003 〃15年	1,160,083	104,038	372,652	451,629	9,163	326,639	917,384	22,922
2004 〃16年	1,189,049	105,540	369,852	464,976	8,720	345,501	952,839	18,745
2005 〃17年	1,236,175	106,593	353,267	504,294	9,547	369,067	1,044,946	17,082
2006 〃18年	1,290,391	108,815	358,519	543,463	9,228	379,181	1,146,888	16,824

原注：「建設着工統計調査」による。

出所：41, 42, 43, 44, 45, 46, 47, 48, 49, 50, 51, 52, 53, 54, 55, 56, 57, 58

持　家

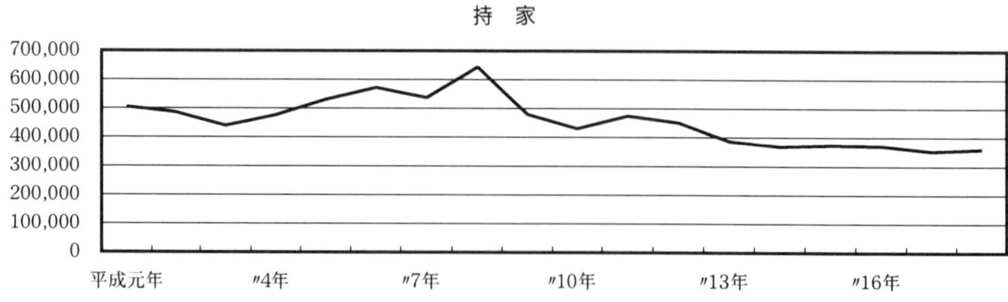

貸　家

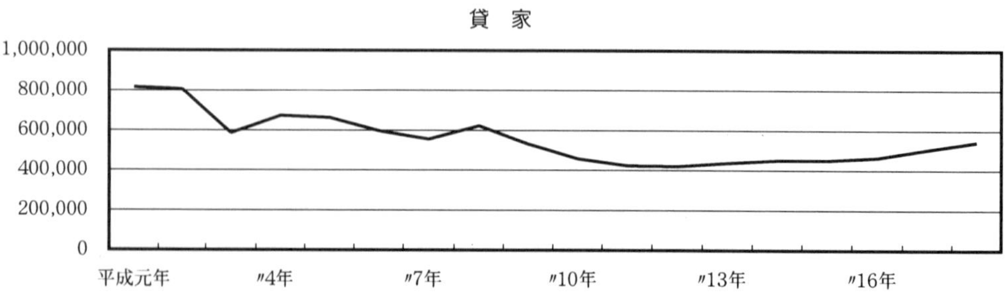

年　次	資金別住宅戸数		
	住　宅 金融公庫	都市再生 機　構	その他
1989 平成元年	421,716	15,646	37,048
1990 〃2年	409,292	17,657	37,246
1991 〃3年	336,492	17,434	37,428
1992 〃4年	449,678	18,839	37,223
1993 〃5年	589,957	18,991	36,897
1994 〃6年	667,118	20,901	41,518
1995 〃7年	531,661	16,762	44,512
1996 〃8年	591,138	19,241	54,494
1997 〃9年	430,689	17,595	48,422
1998 〃10年	357,685	14,452	47,098
1999 〃11年	454,981	10,960	40,427
2000 〃12年	388,706	14,872	45,767
2001 〃13年	279,628	11,460	50,392
2002 〃14年	188,734	9,717	50,248
2003 〃15年	163,392	7,888	48,497
2004 〃16年	161,182	5,843	50,440
2005 〃17年	114,691	5,766	53,690
2006 〃18年	67,389	3,021	56,269

住宅金融公庫

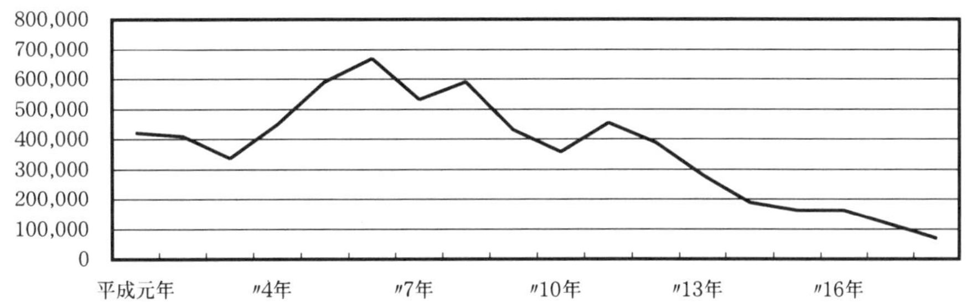

都市再生機構

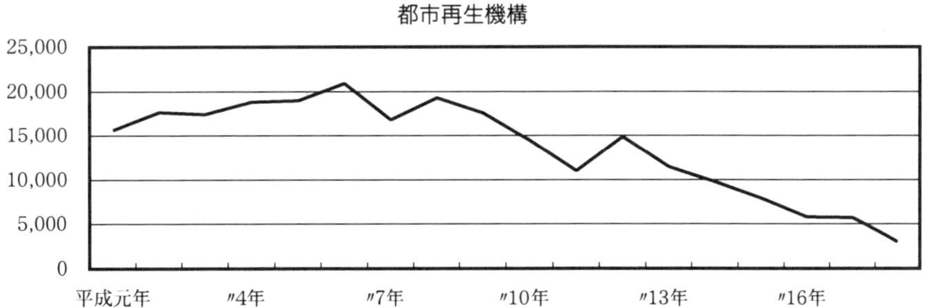

9.　運輸・通信

9-1　輸送機関別輸送量（平成元年度～9年度）

年度		貨物					旅客		
		計	自動車 1)	鉄道	内航海運 2)	国内航空 3)	計	自動車 1)	
								バス	乗用
		輸送トン数（100万トン）					輸送人員（100万人）		
1989	平成元年	6,510	5,888	83	538	0.8	65,500	8,572	35,498
1990	〃2年	6,776	6,114	87	575	0.9	66,928	8,558	36,204
1991	〃3年	6,919	6,261	86	572	0.9	69,110	8,582	37,738
1992	〃4年	6,725	6,102	82	540	0.9	81,763	8,445	39,196
1993	〃5年	6,430	5,822	79	529	0.9	82,271	8,225	40,121
1994	〃6年	6,446	a) 5,810	79	556	0.9	82,758	b) 7,836	b) 41,468
1995	〃7年	6,643	6,017	77	549	1.0	84,129	7,619	43,055
1996	〃8年	6,799	6,177	74	547	1.0	84,366	7,492	43,736
1997	〃9年	6,677	6,065	69	541	1.0	84,628	7,351	45,117

原注：　運輸省調べによる。1) 軽自動車を含む。2) 自家用を含む。3) 超過手荷物・郵便物を含む。a) 平成7年 1 ～3月の兵庫県を除く。b) 平成7年1～3月の兵庫県を除く(営業用バス等を除く)。

出所：　43, 46, 49

9-1　輸送機関別輸送量（平成10年度～18年度）

年度		貨物					旅客		
		計	自動車 1)	鉄道	内航海運 2)	国内航空 3)	計	自動車 1)	#バス
		輸送トン数（100万トン）					輸送人員（100万人）		
1998	平成10年	6,398	5,820	60	517	1.0	84,068	61,839	7,047
1999	〃11年	6,446	5,863	59	523	1.1	84,009	62,047	6,864
2000	〃12年	6,371	5,774	59	537	1.1	84,691	62,841	6,635
2001	〃13年	6,158	5,578	59	520	1.0	86,516	64,590	6,490
2002	〃14年	5,894	5,339	57	497	1.0	87,247	65,481	6,286
2003	〃15年	5,734	5,234	54	446	1.0	87,894	65,933	6,191
2004	〃16年	5,569	5,076	52	440	1.1	87,872	65,991	5,995
2005	〃17年	5,446	4,966	52	426	1.1	88,098	65,947	5,889
2006	〃18年	5,431	4,961	52	417	1.1	88,383	65,943	6,747

原注：　国土交通省調べによる。1) 貨物には軽自動車を，旅客には軽自動車と自家用貨物車を含む。2) 自家用を含む。3) 定期便のみ。貨物輸送には超過手荷物・郵便物を含む。

出所：　52, 55, 58

年　度		旅客			
		鉄道		内航海運	国内航空
		JR	JR以外		
		輸送人員（100万人）			
1989	平成元年	7,980	13,230	160	60
1990	〃2年	8,358	13,581	163	65
1991	〃3年	8,676	13,884	162	69
1992	〃4年	8,818	13,876	158	70
1993	〃5年	8,906	13,853	157	70
1994	〃6年	8,884	13,714	151	75
1995	〃7年	8,982	13,648	149	78
1996	〃8年	8,997	13,596	148	82
1997	〃9年	8,859	13,339	145	86

年　度		旅客				
		自動車1)	鉄道		旅客船	国内航空
		# 乗用	JR	JR以外		
		輸送人員（100万人）				
1998	平成10年	45,772	8,764	13,249	128	88
1999	〃11年	46,513	8,718	13,033	120	92
2000	〃12年	47,937	8,671	12,976	110	93
2001	〃13年	50,006	8,650	13,070	111	95
2002	〃14年	51,268	8,585	12,976	109	97
2003	〃15年	51,802	8,642	13,116	107	95
2004	〃16年	52,311	8,618	13,068	101	94
2005	〃17年	52,722	8,683	13,280	103	94
2006	〃18年	52,765	8,778	13,465	99	97

9-2　車種別保有自動車数

（単位　1,000両）

年度末	保有車両	登録車両						
		計	トラック					
			計	普通車	#自家用車	小型車	#自家用車	トレーラー
1989 平成元年	57,994	40,974	8,695	2,069	1,374	6,544	6,449	82
1990 〃2年	60,499	42,730	8,835	2,206	1,474	6,540	6,446	89
1991 〃3年	62,713	44,391	8,921	2,324	1,560	6,501	6,408	95
1992 〃4年	64,498	45,723	8,920	2,395	1,613	6,427	6,335	99
1993 〃5年	66,279	47,003	8,879	2,432	1,640	6,347	6,257	100
1994 〃6年	68,104	48,308	8,879	2,519	1,697	6,249	6,162	111
1995 〃7年	70,107	49,728	8,858	2,584	1,735	6,153	6,067	121
1996 〃8年	71,776	50,967	8,819	2,642	1,765	6,051	5,967	125
1997 〃9年	72,857	51,737	8,693	2,656	1,764	5,909	5,825	128
1998 〃10年	73,688	52,121	8,476	2,626	1,740	5,721	5,639	130
1999 〃11年	74,583	52,264	8,266	2,595	1,705	5,540	5,460	131
2000 〃12年	75,525	52,461	8,106	2,582	1,680	5,391	5,311	134
2001 〃13年	76,271	52,423	7,907	2,554	1,657	5,218	5,139	135
2002 〃14年	76,893	52,274	7,666	2,513	1,621	5,017	4,941	136
2003 〃15年	77,390	51,944	7,414	2,471	1,579	4,805	4,729	138
2004 〃16年	78,279	51,931	7,280	2,472	1,567	4,665	4,589	143
2005 〃17年	78,992	51,757	7,160	2,468	1,559	4,543	4,466	149
2006 〃18年	79,236	51,075	7,014	2,464	1,551	4,398	4,321	152
2007 〃19年	79,081	50,162	6,884	2,445	1,534	4,283	4,205	156

出所：43, 45, 47, 50, 54, 57, 58

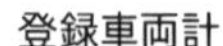

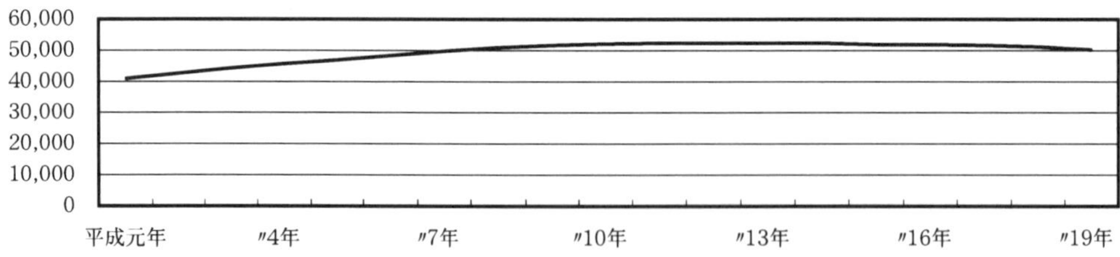

登録車両　トラック計

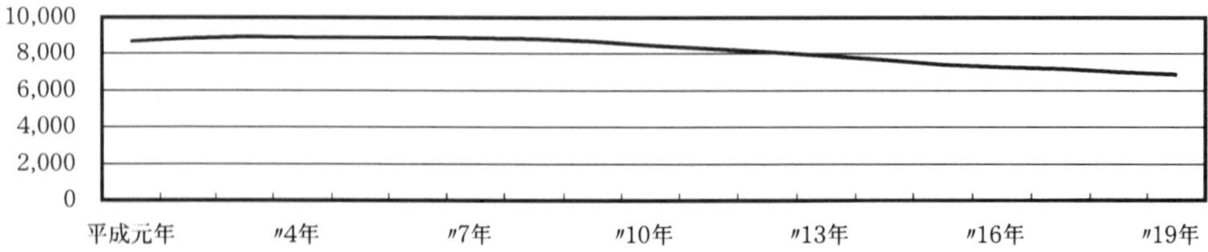

（単位　1,000両）

年度末		登録車両							
		バス	乗用車					特種用途車	大型特殊車
			計	普通車	#自家用	小型車	#自家用		
1989	平成元年	242	30,882	1,350	1,345	29,531	29,280	750	404
1990	〃2年	246	32,436	1,934	1,926	30,503	30,251	791	423
1991	〃3年	248	33,951	2,817	2,807	31,134	30,883	834	438
1992	〃4年	248	35,234	3,949	3,935	31,286	31,039	867	453
1993	〃5年	247	36,509	5,252	5,237	31,256	31,013	904	464
1994	〃6年	245	37,755	6,715	6,698	31,040	30,800	952	478
1995	〃7年	243	39,103	8,303	8,283	30,799	30,563	1,033	491
1996	〃8年	242	40,477	9,973	9,950	30,504	30,270	1,120	310
1997	〃9年	240	41,283	11,306	11,280	29,977	29,745	1,206	315
1998	〃10年	237	41,783	12,327	12,299	29,456	29,226	1,306	319
1999	〃11年	236	42,056	13,234	13,204	28,822	28,594	1,386	321
2000	〃12年	236	42,365	14,163	14,132	28,202	27,976	1,431	323
2001	〃13年	234	42,528	14,939	14,906	27,589	27,363	1,430	325
2002	〃14年	233	42,655	15,434	15,399	27,221	26,993	1,396	324
2003	〃15年	232	42,624	15,953	15,917	26,671	26,441	1,350	324
2004	〃16年	232	42,776	16,396	16,358	26,380	26,148	1,318	325
2005	〃17年	232	42,747	16,637	16,597	26,111	25,878	1,293	325
2006	〃18年	232	42,229	16,713	16,671	25,516	25,284	1,273	327
2007	〃19年	231	41,469	16,758	16,714	24,711	24,481	1,251	327

乗用車計

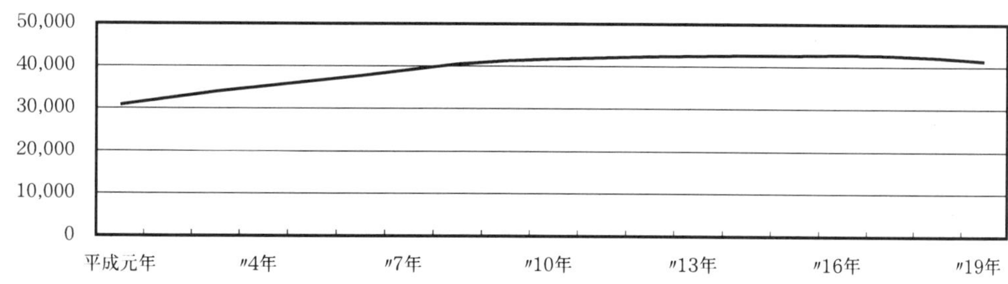

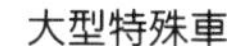

大型特殊車

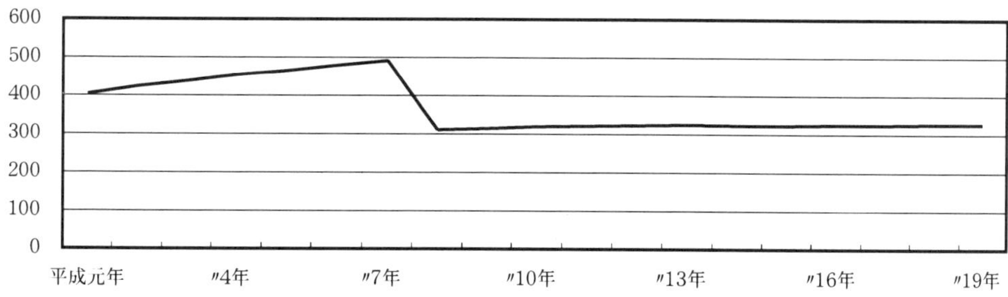

（単位　1000両）

年度末		小型二輪車	軽自動車
1989	平成元年	1,046	15,975
1990	〃2年	1,000	16,769
1991	〃3年	1,023	17,300
1992	〃4年	1,070	17,706
1993	〃5年	1,128	18,148
1994	〃6年	1,177	18,618
1995	〃7年	1,209	19,170
1996	〃8年	1,225	19,584
1997	〃9年	1,243	19,876
1998	〃10年	1,269	20,298
1999	〃11年	1,288	21,030
2000	〃12年	1,308	21,755
2001	〃13年	1,334	22,513
2002	〃14年	1,352	23,266
2003	〃15年	1,370	24,075
2004	〃16年	1,397	24,950
2005	〃17年	1,428	25,807
2006	〃18年	1,453	26,708
2007	〃19年	1,479	27,440

小型二輪車

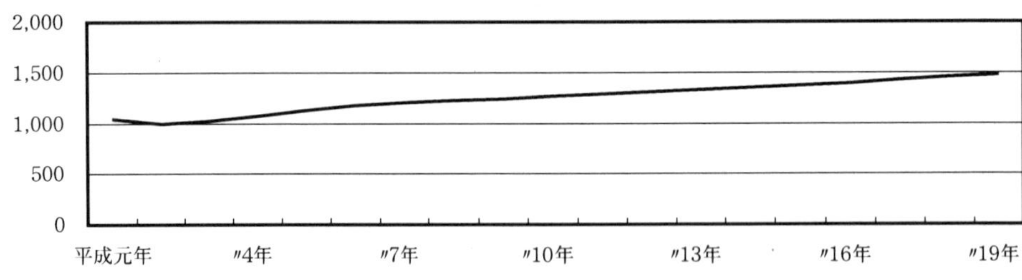

軽自動車

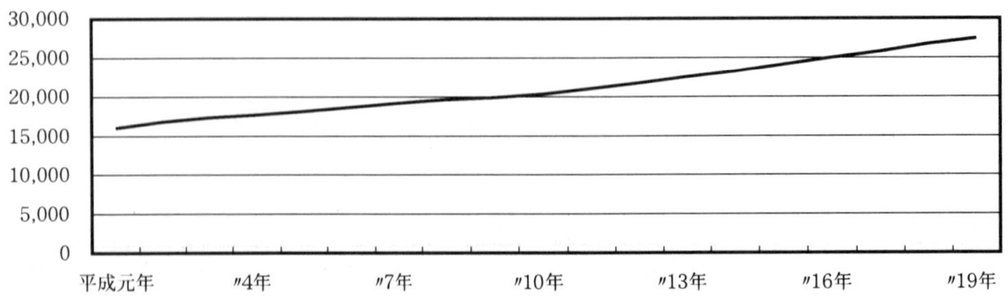

9-3 外航旅客輸送（平成元年度～9年度）

年度		総計	定期船	不定期船	出国	定期船	不定期船	入国
		輸送人員						
1989	平成元年	181,327	111,176	70,151	94,492	59,053	35,439	86,835
1990	〃2年	210,987	138,965	72,022	114,557	78,246	36,311	96,430
1991	〃3年	259,141	189,777	69,364	134,468	99,674	34,794	123,514
1992	〃4年	254,770	176,803	77,967	130,867	92,685	38,182	123,365
1993	〃5年	241,507	172,136	69,371	127,289	93,430	33,859	113,871
1994	〃6年	277,034	207,035	69,999	144,918	109,695	35,223	132,116
1995	〃7年	286,685	215,960	70,725	150,485	115,102	35,383	136,200
1996	〃8年	323,486	264,426	59,060	165,580	136,172	29,408	157,906
1997	〃9年	318,153	260,820	57,333	165,104	136,331	28,773	153,049
		運賃収入（100万円）						
1989	平成元年	6,196	997	5,198	3,166	558	2,608	3,029
1990	〃2年	8,075	1,426	6,648	4,220	891	3,329	3,855
1991	〃3年	9,754	1,789	7,965	4,840	943	3,897	4,730
1992	〃4年	9,336	1,536	7,800	4,476	836	3,640	4,726
1993	〃5年	9,610	1,520	8,090	4,844	856	3,988	4,762
1994	〃6年	9,575	1,733	7,842	4,861	942	3,919	4,714
1995	〃7年	8,780	1,537	7,243	4,459	841	3,618	4,321
1996	〃8年	10,304	1,956	8,347	5,143	1,022	4,121	5,161
1997	〃9年	10,421	2,017	8,404	2,286	1,069	4,218	5,135

出所：43, 46, 49

9-3 外航旅客輸送（平成10年～18年）

年次		総数	定期船	不定期船	出国	定期船	不定期船	入国
		輸送人員						
1998	平成10年	318,386	272,835	45,551	163,211	142,116	21,095	155,175
1999	〃11年	406,022	365,668	40,354	207,983	187,342	20,641	198,039
2000	〃12年	468,534	431,954	36,580	238,630	219,883	18,747	229,904
2001 1)	〃13年	502,683	464,033	38,650	263,687	236,115	27,572	238,996
2002 1)	〃14年	516,471	491,764	24,707	262,399	250,147	12,252	254,072
2003	〃15年	507,913	485,174	21,390	257,668	245,769	11,899	249,857
2004	〃16年	547,813	532,952	14,861	275,059	267,124	7,935	272,754
2005	〃17年	579,580	548,217	31,363	294,456	278,892	15,564	285,124
2006	〃18年	632,550	608,085	24,465	315,720	303,350	12,370	316,830
		運賃収入（100万円）						
1998	平成10年	8,773	2,229	6,544	4,269	1,168	3,101	4,504
1999	〃11年	8,886	2,838	6,048	4,727	1,457	3,270	4,158
2000	〃12年	9,006	3,257	5,749	4,596	1,656	2,941	4,410
2001 1)	〃13年	10,367	4,249	6,118	5,269	2,164	3,105	5,097
2002 1)	〃14年	11,877	4,635	7,242	5,825	2,353	3,472	6,052
2003	〃15年	6,509	4,070	2,439	3,300	2,062	1,239	3,171
2004	〃16年	9,346	4,210	5,136	4,920	2,110	2,810	4,425
2005	〃17年	8,658	3,727	4,931	4,356	1,894	2,462	4,303
2006	〃18年	14,642	4,645	9,997	7,353	2,342	5,011	7,289

原注：1) 日本籍船のみ。

出所：52, 55, 57, 58

年　度		入国		三国間
		定期船	不定期船	
		輸送人員		
1989	平成元年	52,123	34,712	-
1990	〃2年	60,719	35,711	-
1991	〃3年	90,103	33,411	1,159
1992	〃4年	84,118	39,247	538
1993	〃5年	78,706	35,165	347
1994	〃6年	97,340	34,776	-
1995	〃7年	100,858	35,342	-
1996	〃8年	128,254	29,652	-
1997	〃9年	124,489	28,560	-
		運賃収入（100万円）		
1989	平成元年	439	2,591	-
1990	〃2年	535	3,320	-
1991	〃3年	846	3,884	184
1992	〃4年	700	4,025	135
1993	〃5年	664	4,098	4.3
1994	〃6年	791	3,923	-
1995	〃7年	695	3,625	-
1996	〃8年	934	4,226	-
1997	〃9年	949	4,186	-

年　次		入国		三国間
		定期船	不定期船	
		輸送人員		
1998	平成10年	130,719	24,456	-
1999	〃11年	178,326	19,713	-
2000	〃12年	212,071	17,833	-
2001 1)	〃13年	227,918	11,078	-
2002 1)	〃14年	241,617	12,455	-
2003	〃15年	239,405	10,452	388
2004	〃16年	265,828	6,926	-
2005	〃17年	269,325	15,799	-
2006	〃18年	304,735	12,095	-
		運賃収入（100万円）		
1998	平成10年	1,061	3,443	-
1999	〃11年	1,381	2,778	-
2000	〃12年	1,602	2,808	-
2001 1)	〃13年	2,084	3,013	-
2002 1)	〃14年	2,282	3,770	-
2003	〃15年	2,009	1,163	37
2004	〃16年	2,099	2,326	-
2005	〃17年	1,833	2,469	-
2006	〃18年	2,303	4,986	-

9-4　外航貨物輸送（平成元年度～10年度）

年　度	貨物輸送量（1,000 t）							
	総数	輸出			輸入			
		計	#貨物船		計	貨物船		油送船
			定期	不定期		定期	不定期	
1989 平成元年	592,795	33,081	9,482	20,610	462,453	11,348	262,159	188,946
1990 〃2年	609,227	33,277	10,385	19,665	479,365	11,926	269,254	198,186
1991 〃3年	646,923	35,980	11,485	20,678	501,608	13,081	278,531	208,991
1992 〃4年	646,934	39,471	11,396	23,703	499,052	11,551	264,756	222,744
1993 〃5年	669,597	39,635	11,008	23,475	506,715	13,387	273,757	219,571
1994 〃6年	677,656	40,093	10,543	23,860	519,668	13,275	287,353	219,040
1995 〃7年	704,610	38,386	11,473	20,849	532,793	13,361	302,754	216,678
1996 〃8年	689,896	38,550	12,489	20,057	529,788	13,513	297,520	218,755
1997 〃9年	735,424	40,280	12,514	22,025	548,749	13,145	321,778	213,825
1998 〃10年	720,499	42,975	10,822	26,098	523,054	12,309	304,962	205,783

出所：43, 46, 50

9-4　外航貨物輸送（平成11年～18年）

年　次	貨物輸送量（1,000 t）							
	総数				乾貨物			
	総数	輸出	輸入	三国間	総数	輸出	輸入	三国間
1999 平成11年	739,323	39,163	530,412	169,748	475,877	33,328	329,436	113,113
2000 〃12年	739,377	34,960	538,875	165,542	492,122	30,814	348,551	112,757
2001 〃13年	706,463	33,764	514,583	158,116	475,561	29,397	335,852	110,312
2002 〃14年	701,092	36,356	506,015	158,721	471,543	32,042	329,766	109,734
2003 〃15年	772,057	38,869	554,937	178,251	528,222	33,438	371,912	122,872
2004 〃16年	776,099	41,971	547,602	186,526	532,494	36,961	364,262	131,272
2005 〃17年	777,869	45,403	529,239	203,225	543,199	38,032	355,376	149,790
2006 〃18年	803,051	54,697	503,152	245,203	589,510	48,256	352,228	189,026

出所：53, 55, 58

貨物輸送量　総数

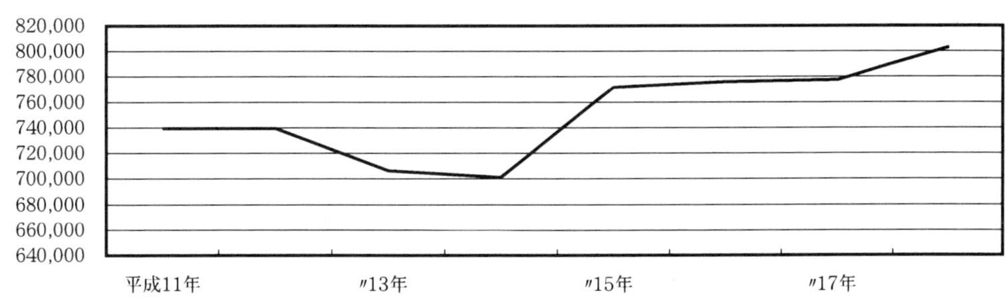

年　度	貨物輸送量（1,000 t）							
	三国間			邦船				外国用船
	計	# 貨物船		計	輸出	輸入	三国間	計
		定期	不定期					
1989 平成元年	97,261	12,022	60,596	247,468	5,629	219,507	22,332	345,328
1990 〃2年	96,585	13,275	61,662	222,811	4,704	196,039	22,067	386,416
1991 〃3年	109,336	16,313	65,086	220,374	5,272	192,367	22,736	426,549
1992 〃4年	108,412	16,113	63,656	217,081	4,929	190,238	21,915	429,853
1993 〃5年	123,246	17,469	71,797	206,648	4,040	179,059	23,549	462,948
1994 〃6年	117,895	18,153	70,966	188,959	3,600	167,164	18,195	488,697
1995 〃7年	133,431	19,927	81,828	163,639	2,632	148,674	12,334	540,971
1996 〃8年	121,558	19,252	75,754	150,425	1,961	138,963	9,500	539,471
1997 〃9年	146,395	20,260	90,886	141,736	1,953	127,784	11,998	593,688
1998 〃10年	154,470	22,204	90,168	130,809	1,619	119,511	9,678	589,690

年　次	貨物輸送量（1,000 t）				貨物運賃収入（10億円）			
	タンカー				総数			
	総数	輸出	輸入	三国間	総数	輸出	輸入	三国間
1999 平成11年	263,445	5,834	200,975	56,636	1,563	413	709	441
2000 〃12年	247,254	4,146	190,324	52,785	1,598	377	741	480
2001 〃13年	230,903	4,366	178,731	47,805	1,619	385	722	512
2002 〃14年	229,549	4,313	176,249	48,987	1,585	418	640	526
2003 〃15年	243,835	5,431	183,025	55,379	1,828	412	734	683
2004 〃16年	243,605	5,010	183,340	55,255	2,031	434	818	780
2005 〃17年	234,670	7,371	173,863	53,435	2,209	496	785	929
2006 〃18年	213,541	6,440	150,924	56,177	2,616	623	808	1,186

貨物運賃収入　総数

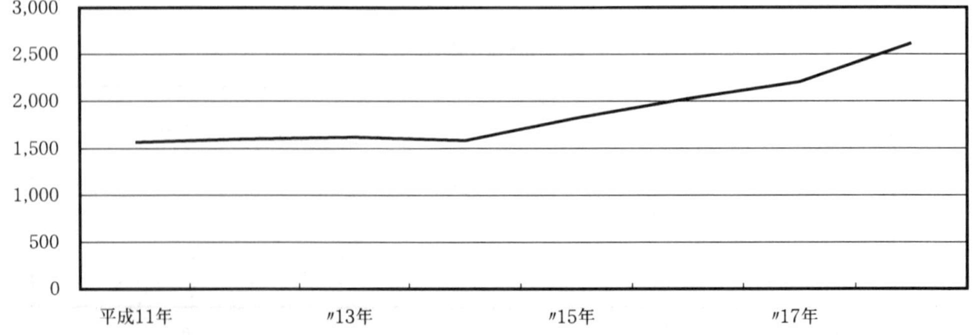

年　度	貨物輸送量（1,000 t）	貨物運賃収入（10億円）				
	外国用船	邦船			外国用船	
	# 輸入	計	# 輸出	# 輸入	計	# 輸入
1989 平成元年	242,946	622	119	417	1,323	603
1990 〃2年	283,326	582	110	387	1,483	666
1991 〃3年	309,241	573	108	371	1,532	696
1992 〃4年	308,814	542	103	347	1,379	609
1993 〃5年	327,656	446	75	301	1,254	585
1994 〃6年	352,504	391	59	270	1,216	588
1995 〃7年	384,119	322	43	231	1,307	651
1996 〃8年	390,825	290	43	210	1,443	702
1997 〃9年	420,964	266	51	185	1,587	733
1998 〃10年	403,543	235	43	162	1,527	642

年　次	貨物運賃収入（10億円）							
	乾貨物				タンカー			
	総数	輸出	輸入	三国間	総数	輸出	輸入	三国間
1999 平成11年	1,259	396	488	376	304	17	222	65
2000 〃12年	1,286	364	514	408	312	13	227	72
2001 〃13年	1,303	371	501	431	316	14	221	81
2002 〃14年	1,305	405	445	455	280	14	195	71
2003 〃15年	1,490	395	507	587	339	16	227	95
2004 〃16年	1,661	420	577	664	371	14	241	116
2005 〃17年	1,837	473	551	813	372	23	234	115
2006 〃18年	2,223	601	571	1,052	393	22	237	133

貨物運賃収入　タンカー　総数

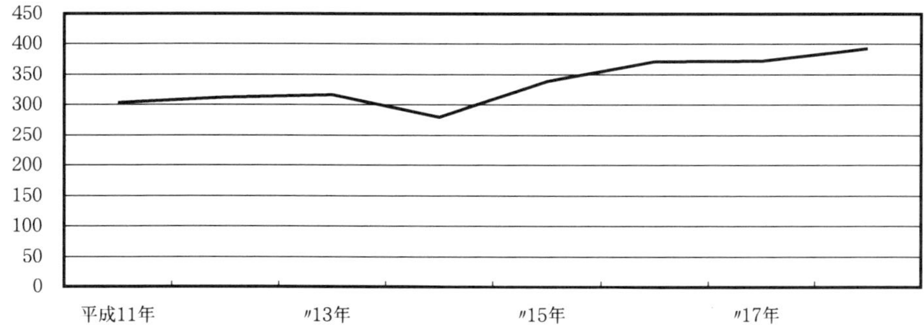

9-5 内航貨物輸送

（単位 輸送量 1,000トン，100万トンキロ）

年 度	総 数		営業用 1)		# 大型鋼船		# 小型鋼船	
	輸送量	トンキロ	輸送量	トンキロ	輸送量	トンキロ	輸送量	トンキロ
1989 平成元年	538,029	224,693	524,435	220,063	225,230	125,825	265,977	87,914
1990 〃2年	575,199	244,546	562,721	239,739	251,169	142,960	280,355	90,560
1991 〃3年	571,891	248,203	560,027	243,747	251,378	141,991	274,885	96,116
1992 〃4年	540,410	248,002	529,237	244,086	263,536	155,918	233,293	81,908
1993 〃5年	528,841	233,526	516,548	229,919	264,556	149,736	220,040	74,684
1994 〃6年	555,764	238,540	545,630	234,927	280,971	154,569	225,498	74,842
1995 〃7年	548,542	238,330	541,000	235,204	273,471	151,004	232,551	78,315
1996 〃8年	546,909	241,756	540,264	239,348	274,502	149,168	230,354	84,864
1997 〃9年	541,437	237,018	534,908	234,890	260,228	142,978	239,949	86,064
1998 〃10年	516,647	226,980	508,983	224,586	254,935	141,474	218,218	77,307
1999 〃11年	522,602	229,432	515,731	227,491	253,666	141,059	225,369	80,414
2000 〃12年	537,021	241,671	527,367	239,224	263,078	150,693	230,094	82,329
2001 〃13年	520,067	244,451	511,268	242,507	277,878	163,488	199,813	72,637
2002 〃14年	497,251	235,582	490,880	233,905	275,267	162,332	182,370	65,770
2003 〃15年	445,544	218,191	438,146	217,703	242,051	143,210	168,753	69,197
2004 〃16年	440,252	218,833	433,249	218,437	247,410	150,213	158,790	63,863
2005 〃17年	426,145	211,576	423,348	211,265	242,220	146,552	154,563	59,976
2006 〃18年	416,644	207,849	413,747	207,530	241,067	143,561	147,140	59,172

原注：「内航船舶輸送統計調査」による。1) プッシャーバージ・台船分を含む。

出所：43, 46, 49, 52, 55, 58

総数 輸送量

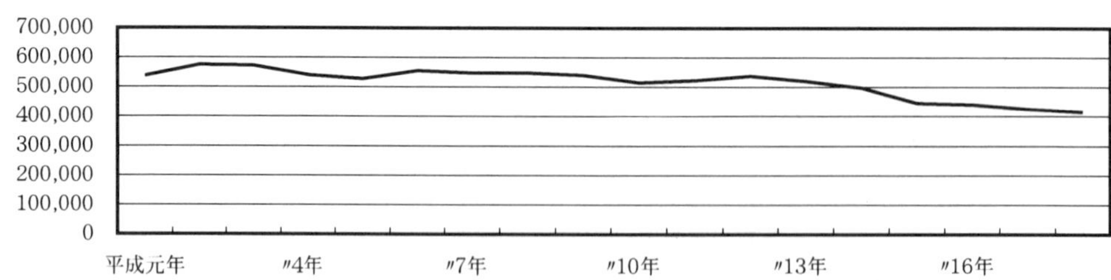

総数 トンキロ

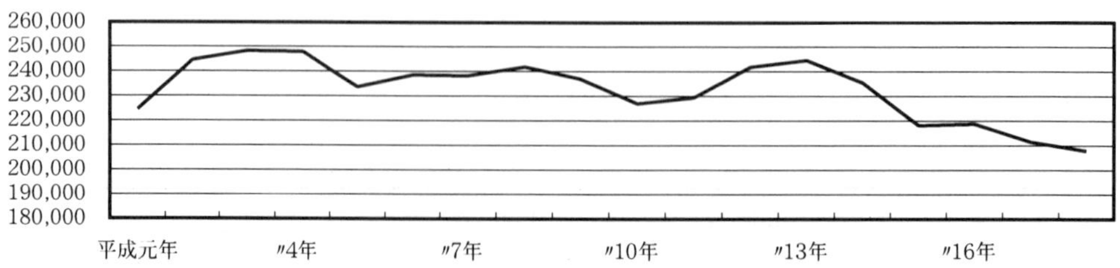

（単位　輸送量　1,000トン，100万トンキロ）

年　度	営業用　1)		自家用	
	＃木　船			
	輸送量	トンキロ	輸送量	トンキロ
1989 平成元年	3,959	587	13,594	4,630
1990 〃2年	3,609	430	12,478	4,807
1991 〃3年	3,271	395	11,864	4,456
1992 〃4年	1,667	227	11,173	3,916
1993 〃5年	1,661	219	12,293	3,607
1994 〃6年	977	123	10,134	3,613
1995 〃7年	839	92	7,542	3,126
1996 〃8年	834	103	6,645	2,408
1997 〃9年	519	54	6,529	2,127
1998 〃10年	331	32	7,664	2,394
1999 〃11年	214	13	6,871	1,941
2000 〃12年	77	6	9,654	2,447
2001 〃13年	103	10	8,799	1,944
2002 〃14年	91	11	6,371	1,677
2003 〃15年	83	11	7,398	487
2004 〃16年	83	12	7,003	396
2005 〃17年	79	12	2,797	311
2006 〃18年	-	-	2,897	320

自家用　輸送量

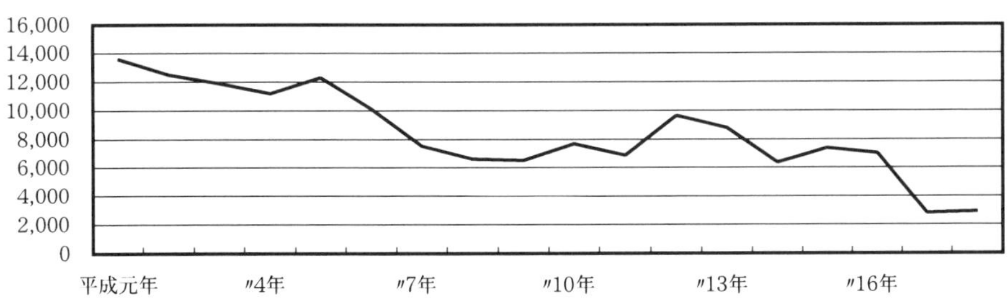

自家用　トンキロ

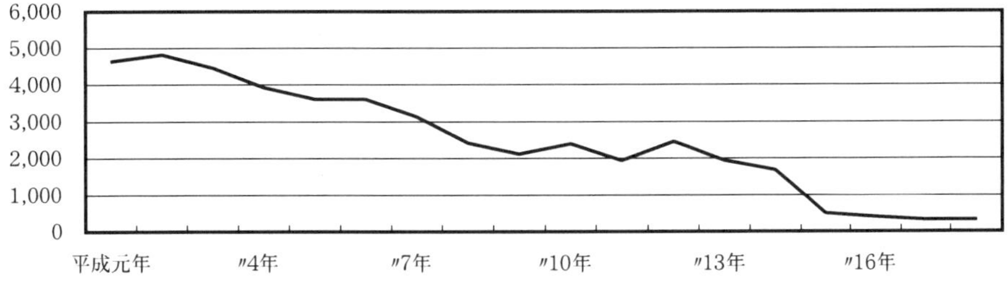

9-6　航空輸送量
国内定期

年　次		運　航		旅　客			貨　物 2)	
		キロ (1,000)	時間 1)	旅客数 (1,000)	人キロ (100万)	座席キロ (100万)	重量 (t)	トンキロ (1,000)
1989	平成元年	263,827	503,173	58,408	45,671	66,266	652,628	598,251
1990	〃2年	267,189	510,972	64,466	50,909	69,509	685,196	629,753
1991	〃3年	288,741	540,198	67,728	54,359	75,963	693,698	644,358
1992	〃4年	307,418	566,508	69,791	56,615	83,548	668,528	628,474
1993	〃5年	326,886	591,088	69,105	56,617	91,749	686,759	654,261
1994	〃6年	343,777	621,193	71,715	59,246	97,169	720,599	691,912
1995	〃7年	380,930	682,509	78,811	65,033	106,251	788,916	758,461
1996	〃8年	397,119	704,776	81,151	68,058	110,196	820,580	789,031
1997	〃9年	420,868	737,931	85,237	72,626	114,680	856,594	826,068
1998	〃10年	449,715	785,391	86,790	74,843	121,211	847,906	823,486
1999	〃11年	459,942	798,872	90,588	78,573	123,728	884,291	864,536
2000	〃12年	480,696	848,514	92,928	79,799	125,709	928,367	906,103
2001	〃13年	489,782	863,909	94,209	80,986	126,787	858,369	837,772
2002	〃14年	498,481	874,738	95,655	83,010	128,190	831,548	818,752
2003	〃15年	519,276	906,690	96,685	84,307	132,540	851,203	841,566
2004	〃16年	517,052	904,614	93,767	81,767	129,282	881,599	871,772
2005	〃17年	527,104	927,585	94,420	86,063	129,061	886,763	875,504
2006	〃18年	552,990	971,978	96,336	85,161	132,219	901,235	888,782

原注：「航空輸送統計調査」による。1) 30分以上は切り上げ。　2) 超過手荷物を含む。
出所：43, 46, 50, 53, 56, 58

運航　キロ

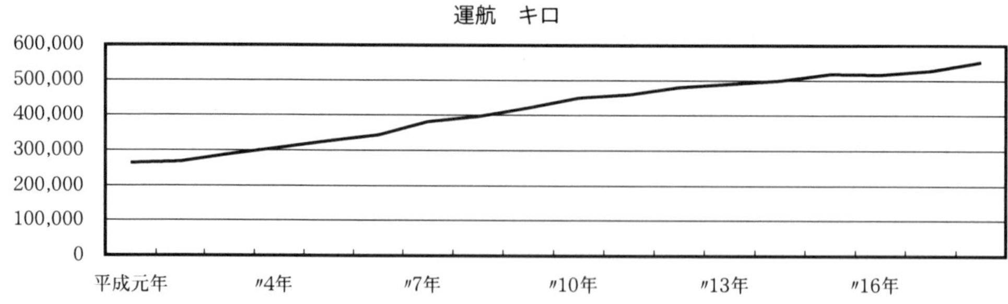

旅客数

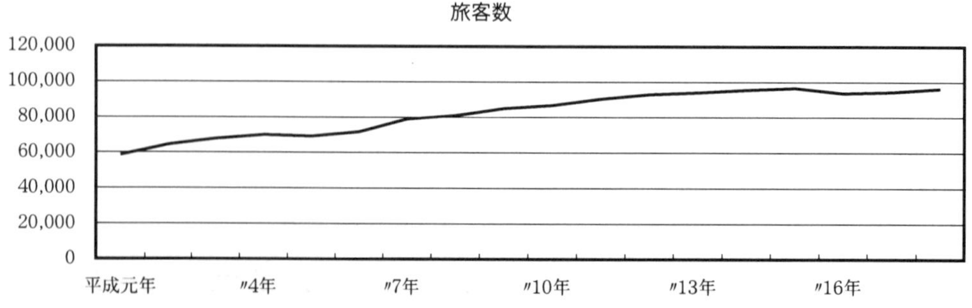

年　次	郵　便　物	
	重量 (t)	トンキロ (1,000)
1989 平成元年	163,166	143,002
1990 〃2年	179,448	160,023
1991 〃3年	189,485	173,095
1992 〃4年	182,936	170,308
1993 〃5年	167,825	157,411
1994 〃6年	161,815	153,320
1995 〃7年	168,284	160,343
1996 〃8年	169,571	163,243
1997 〃9年	165,642	159,876
1998 〃10年	159,327	153,944
1999 〃11年	165,067	160,837
2000 〃12年	170,087	166,372
2001 〃13年	176,726	173,626
2002 〃14年	172,928	173,135
2003 〃15年	166,978	170,092
2004 〃16年	183,034	186,546
2005 〃17年	189,662	194,583
2006 〃18年	193,493	198,614

郵便物　重量

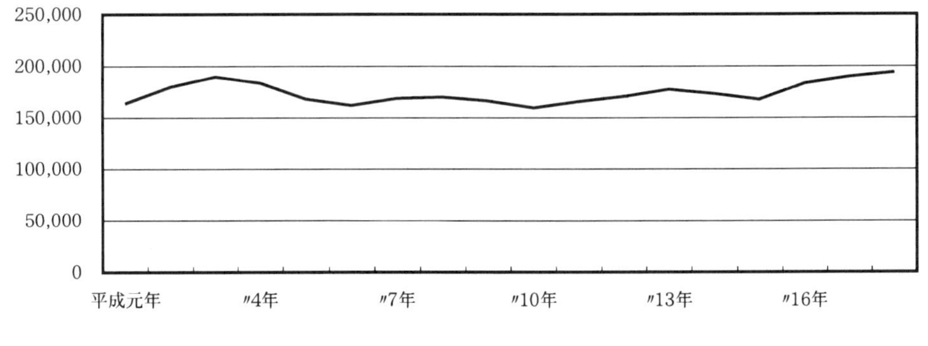

郵便物　トンキロ

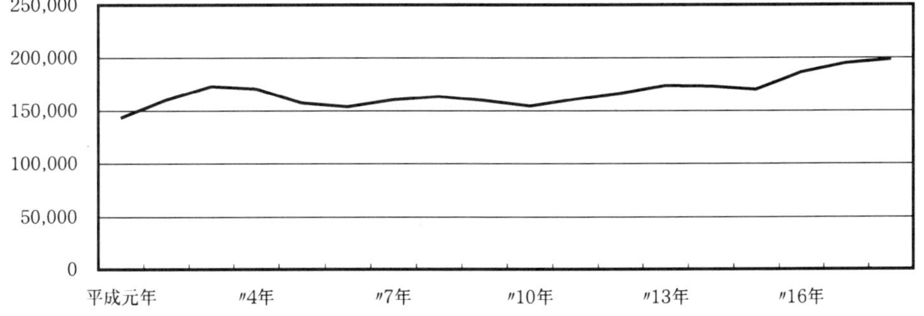

9-7　航空輸送量
国際定期

年　次	運　航		旅　客			貨　物 2)	
	キロ (1,000)	時間 1)	旅客数 (1,000)	人キロ (100万)	座席キロ (100万)	重量 (t)	トンキロ (1,000)
1989 平成元年	249,972	326,324	10,329	49,048	65,497	630,569	4,414,460
1990 〃2年	254,792	333,467	10,884	50,695	66,166	625,460	4,314,081
1991 〃3年	268,671	351,636	10,348	47,356	67,924	646,400	4,443,980
1992 〃4年	288,427	376,900	11,244	52,889	75,540	653,591	4,451,465
1993 〃5年	288,197	376,794	11,029	52,316	79,791	706,700	4,708,198
1994 〃6年	308,648	404,259	12,564	61,920	87,376	782,826	5,185,927
1995 〃7年	349,028	458,136	13,797	68,883	98,615	862,098	5,618,417
1996 〃8年	374,000	492,228	15,344	77,054	106,848	878,951	5,806,946
1997 〃9年	402,772	528,073	15,820	81,196	113,673	978,101	6,405,418
1998 〃10年	427,947	562,191	15,959	82,462	119,536	974,131	6,359,555
1999 〃11年	446,321	584,181	17,523	87,851	125,377	1,119,951	6,988,041
2000 〃12年	461,077	601,242	19,249	96,829	130,758	1,192,122	7,406,272
2001 〃13年	439,350	577,239	17,481	84,632	123,072	1,034,198	6,366,112
2002 〃14年	438,431	583,199	17,878	85,729	119,663	1,188,891	7,014,162
2003 〃15年	430,648	573,031	14,593	72,817	112,604	1,215,924	7,116,252
2004 〃16年	456,499	614,022	17,704	83,209	119,200	1,336,018	7,630,152
2005 〃17年	469,375	637,017	17,909	83,127	119,414	1,321,797	7,724,042
2006 〃18年	453,761	616,778	17,391	80,293	110,992	1,311,791	8,106,791

原注：「航空輸送統計調査」による。1) 30分以上は切り上げ。 2) 超過手荷物を含む。
出所：43, 46, 50, 53, 56, 58

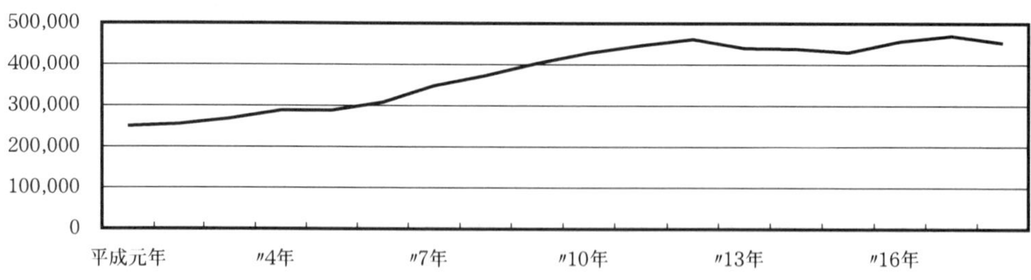

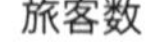

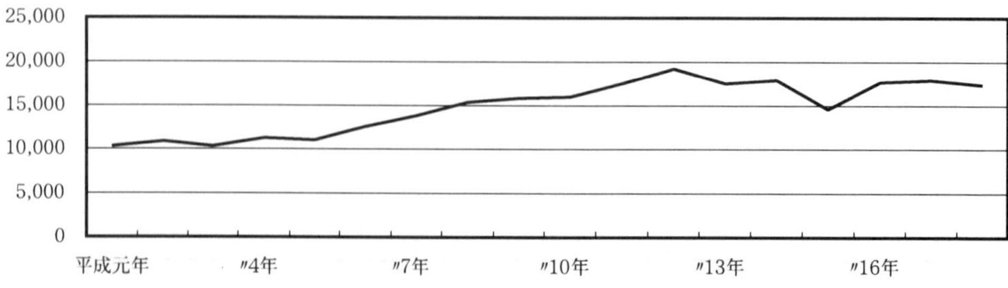

年次		郵便物	
		重量 (t)	トンキロ (1,000)
1989	平成元年	18,583	134,446
1990	〃2年	20,609	147,742
1991	〃3年	22,442	160,295
1992	〃4年	24,630	173,540
1993	〃5年	26,428	179,780
1994	〃6年	28,363	183,234
1995	〃7年	29,233	183,341
1996	〃8年	30,860	192,528
1997	〃9年	32,637	206,644
1998	〃10年	32,977	208,539
1999	〃11年	35,739	224,315
2000	〃12年	39,089	248,819
2001	〃13年	40,211	252,513
2002	〃14年	43,369	261,049
2003	〃15年	46,032	277,804
2004	〃16年	46,091	273,554
2005	〃17年	49,440	281,071
2006	〃18年	50,202	272,960

郵便物　重量

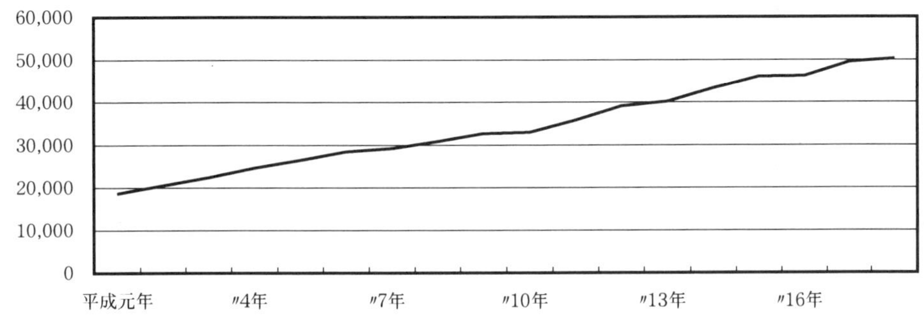

郵便物　トンキロ

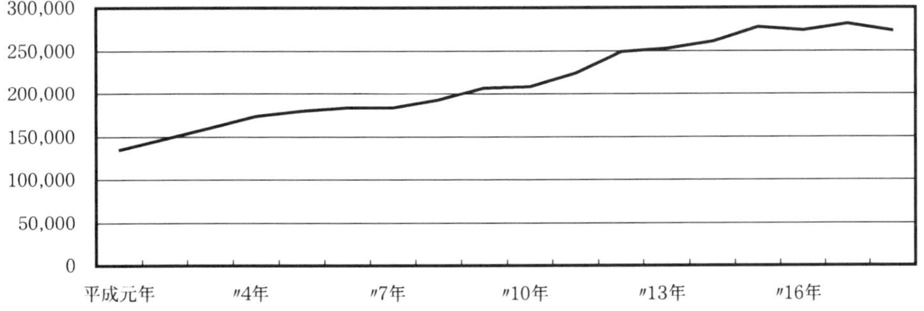

9-8 電気通信の現況（平成元年度～5年度）

年 度	電話加入数 (1,000)			移動体通信サービス (加入数)			公衆電話 (1,000)	
	計	一般加入電話	事業所集団電話	無線呼出し(契約数)	携帯・自動車電話(契約数)	船舶電話(契約数)	計 1)	#街頭電話 2)
1989 平成元年	a) 52,454	a) 52,038	415	a) 4,246,612	a) 489,558	19,620	829	679
1990 〃2年	a) 54,528	a) 54,132	396	a) 5,082,452	a) 868,078	21,194	833	726
1991 〃3年	a) 56,260	a) 55,888	372	a) 5,911,377	a) 1,378,108	22,082	831	748
1992 〃4年	a) 57,652	a) 57,302	350	a) 6,688,634	a) 1,712,545	26,524	827	769
1993 〃5年	a) 58,829	a) 58,512	317	a) 8,063,827	a) 2,131,367	23,067	821	785

原注：1) 日本テレコム（株）及び日本高速通信（株）の分を含む。2) ボックス型及び卓上型を含む。3) 100円型及び10円型を含む。4) 平成元年8月からは国際オートメックスサービスを含む。a) NCC（新電気通信事業者）分を含む。

出所：44, 45

9-8 電気通信の現況（平成6年度～10年度）

年 度	電話加入数 (1,000)			移動体通信サービス (加入数)			公衆電話 (1,000)	
	計	# 一般加入電話	# 事業所集団電話	# 無線呼出し(契約数)	# 携帯・自動車電話(契約数)	# 船舶電話(契約数)	計 1)	# 街頭電話 2)
1994 平成6年	59,936	59,640	286	9,353,249	4,331,369	22,681	802	801
1995 〃7年	61,106	60,838	250	10,610,549	10,204,023	22,326	801	799
1996 〃8年	61,526	61,291	214	10,074,304	20,876,820	22,391	795	794
1997 〃9年	61,526	60,252	165	7,115,702	31,526,870	21,996	778	777
1998 〃10年	58,474	58,277	137	3,744,925	41,530,002	20,307	755	754

原注：1) 日本テレコム（株）及び日本高速通信（株）の分を含む。2) ボックス型及び卓上型を含む。3) 100円型及び10円型を含む。4) 年度末。5) 昭和60年度は国際オートメックスサービスのみ。

出所：49, 50

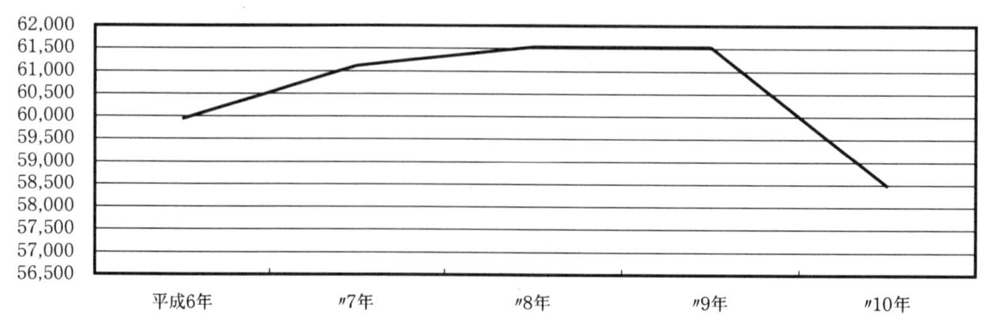

年　度	公衆電話　(1,000)		テレホンカード		国内発信電報通数 (万通)			加入電信(契約数)
	# 店頭電話(赤電話) 3)	公衆電話普及率(人口1,000人当たり)	販売枚数(万枚)	販売額(億円)	計	一般通数	慶弔通数	
1989 平成元年	150	6.7	29,992	2,076	4,338	367	3,971	29,910
1990 〃2年	106	6.7	34,495	2,466	4,449	370	4,080	27,378
1991 〃3年	82	6.7	38,709	2,741	4,696	407	4,290	24,835
1992 〃4年	57	6.7	39,281	2,666	4,673	397	4,276	22,186
1993 〃5年	35	6.6	38,143	2,612	4,500	360	4,140	19,574

年　度	公衆電話　(1,000)		テレホンカード		国内発信電報通数 (万通)			加入電信(契約数)
	# 店頭電話(赤電話) 3)	公衆電話普及率(人口1,000人当たり)	販売枚数(万枚)	販売額(億円)	計	一般通数	慶弔通数	
1994 平成6年	0.0	6.4	40,209	2,793	4,329	313	4,016	17,522
1995 〃7年	-	6.4	40,353	2,784	4,139	326	3,813	14,626
1996 〃8年	-	6.3	37,993	2,574	4,020	361	3,659	12,428
1997 〃9年	-	6.2	31,098	2,077	3,756	395	3,361	10,299
1998 〃10年	-	6.0	20,544	1,410	3,618	404	3,215	8,265

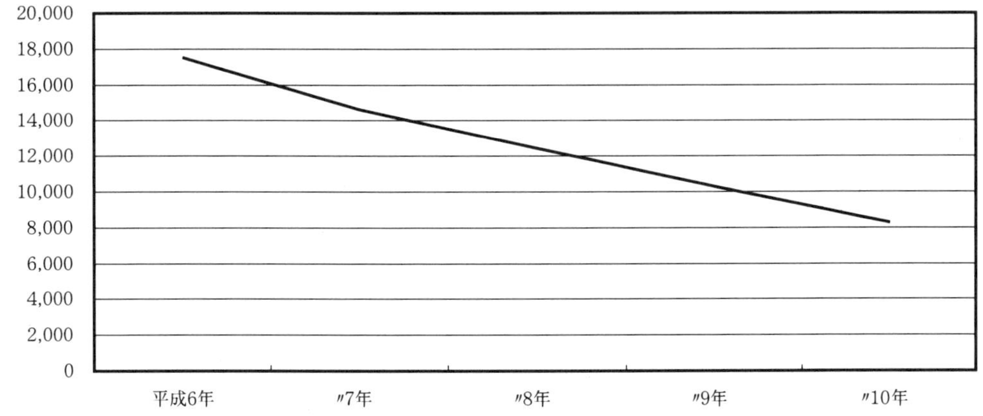

年度	国内専用サービス回線数					ファクシミリ通信網(契約数)	デジタル伝送サービス	
	一般専用サービス		高速デジタル伝送サービス	衛星デジタル伝送サービス	映像伝送サービス		回線交換サービス(利用回線数)	パケット交換サービス(利用回線数)
	帯域品目	符号品目						
1989 平成元年	a) 579,665	a) 249,025	a) 8,559	7	a) 1,398	369,320	9,461	181,024
1990 〃2年	a) 632,693	a) 273,878	a) 11,283	8	a) 1,729	435,012	8,858	238,687
1991 〃3年	a) 667,777	a) 302,047	a) 15,075	10	a) 2,064	481,755	8,448	335,699
1992 〃4年	a) 684,005	a) 324,291	a) 20,012	6	a) 2,473	-	7,527	383,077
1993 〃5年	a) 691,802	a) 344,161	a) 26,438	4	a) 2,779	601,214	6,292	410,272

年度	国内専用サービス回線数					ファクシミリ通信網(契約数)	デジタル伝送サービス	
	一般専用サービス		高速デジタル伝送サービス	衛星デジタル伝送サービス	映像伝送サービス		回線交換サービス(利用回線数)	パケット交換サービス(利用回線数)
	帯域品目	符号品目						
1994 平成6年	696,953	347,710	40,256	4	2,930	677,696	4,948	447,479
1995 〃7年	702,428	319,454	71,111	6	3,321	812,262	4,447	465,881
1996 〃8年	690,262	293,460	127,755	6	3,680	1,015,010	3,865	476,609
1997 〃9年	656,648	259,747	193,108	4	3,780	1,127,293	3,479	477,147
1998 〃10年	617,407	217,141	254,384	0	3,907	1,212,493	3,346	463,070

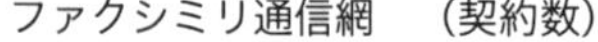

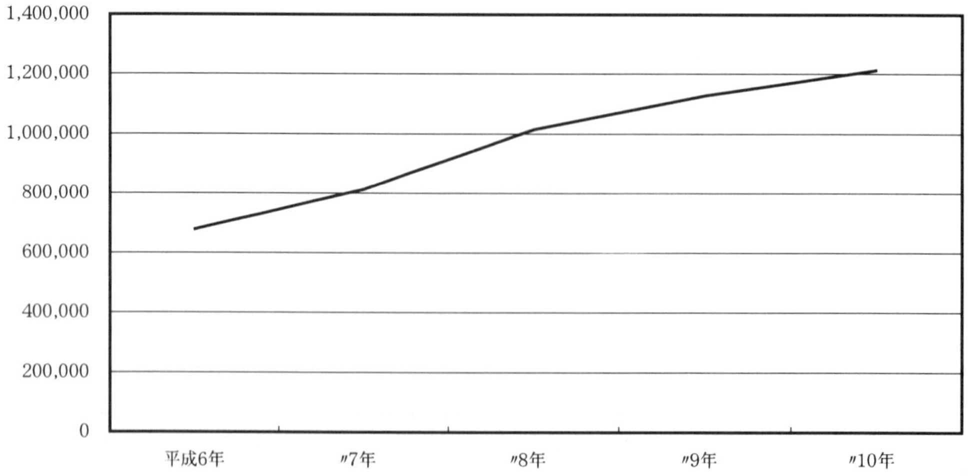

年度		ビデオテックス通信サービス(キャプテン)(契約数)	ISDNサービス回線数	国際直通回線数					
				計	国際電話回線	国際電報回線	国際テレックス回線	電信級専用回線	音声級専用回線
1989	平成元年	90,383	6,754	15,955	12,679	66	1,567	393	767
1990	〃2年	100,354	27,873	20,397	16,894	62	1,440	364	647
1991	〃3年	112,481	85,890	23,259	20,054	58	1,413	300	539
1992	〃4年	128,787	159,920	27,187	23,911	58	1,293	268	435
1993	〃5年	148,666	239,431	27,961	24,706	56	1,183	245	328

年度		ビデオテックス通信サービス(キャプテン)(契約数)	ISDNサービス回線数	国際通信回線数 4)					
				計	# 電話回線	# 電信回線	# 電報回線	# 専用回線	# データ通信回線
1994	平成6年	166,042	343,622	32,246	28,855	978	54	1,690	159
1995	〃7年	238,564	530,053	34,486	30,998	896	48	1,739	151
1996	〃8年	305,420	1,106,506	37,560	33,987	752	48	1,776	149
1997	〃9年	319,380	2,398,151	38,819	35,063	742	44	1,807	120
1998	〃10年	300,915	4,067,686	…	…	…	…	…	…

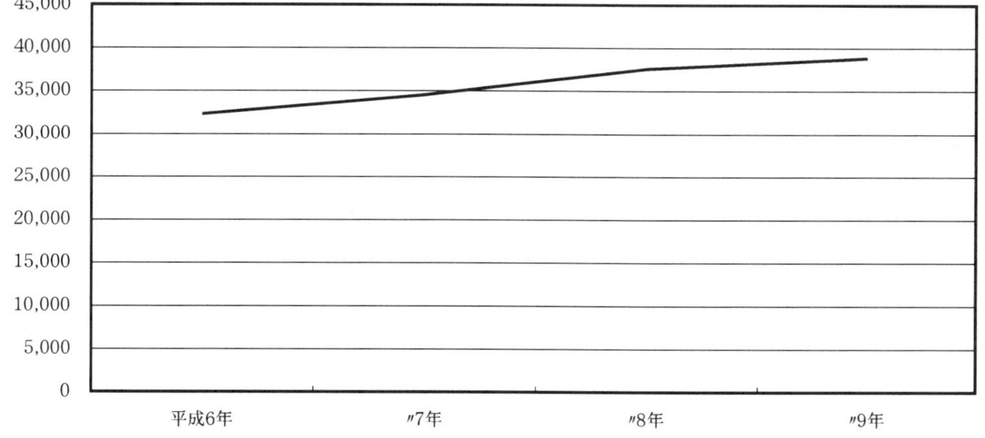

年　度		国際直通回線数	国際専用回線数					国際電気通信サービス	
		その他	計	音声級回　線	電信級回　線	中速符号伝送用回線	高速符号伝送用回線	国際電話(取扱数)(100万回)	国際電報(取扱数)(万通)
1989	平成元年	483	1,552	767	393	22	370	a) 320	70
1990	〃2年	990	a) 1,653	647	364	a) 36	a) 606	a) 383	61
1991	〃3年	895	a) 1,665	539	300	a) 39	a) 787	a) 445	55
1992	〃4年	1,222	a) 1,646	435	268	a) 33	a) 910	a) 481	40
1993	〃5年	1,443	a) 1,666	a) 328	245	a) 35	a) 1,058	a) 527	33

年　度		国際通信回線数 4)	国際専用回線数					国際電気通信サービス	
		# デジタルデータ伝送回線	計	音声級回　線	電信級回　線	中速符号伝送用回線	高速符号伝送用回線	国際電話(取扱数)(100万回)	国際電報(取扱数)(万通)
1994	平成6年	25	1,644	285	212	24	1,123	599	27
1995	〃7年	34	1,691	189	185	19	1,298	683	22
1996	〃8年	87	1,766	185	81	14	1,486	761	17
1997	〃9年	149	1,766	155	78	8	1,430	799	12
1998	〃10年	…	1,696	147	105	10	1,434	773	11

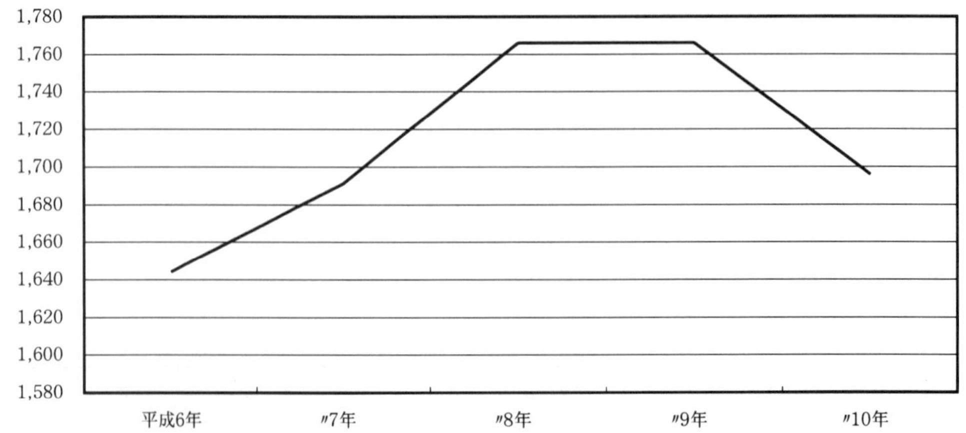

年　度	国際電気通信サービス				
	国際テレックス(取扱数)(万回)	国際テレビ伝送(取扱数)	国際データ伝送 4)(企業通信ネットワークサービス)		国際公衆データ伝送(契約数)
			利用者数	回線数	
1989 平成元年	2,131	11,197	22	176	16,802
1990 〃2年	1,720	16,355	30	187	17,489
1991 〃3年	1,425	12,056	30	182	17,516
1992 〃4年	1,113	11,773	28	-	17,434
1993 〃5年	898	11,193	24	-	17,456

年　度	国際電気通信サービス				
	国際テレックス(取扱数)(万回)	国際テレビ伝送(取扱数)	国際データ伝送 5)(企業通信ネットワークサービス)		国際公衆データ伝送(契約数)
			利用者数	回線数	
1994 平成6年	707	12,520	22	-	17,443
1995 〃7年	583	…	15	-	2,793
1996 〃8年	498	…	12	-	1,528
1997 〃9年	402	…	11	-	1,275
1998 〃10年	304	…	6	-	1,069

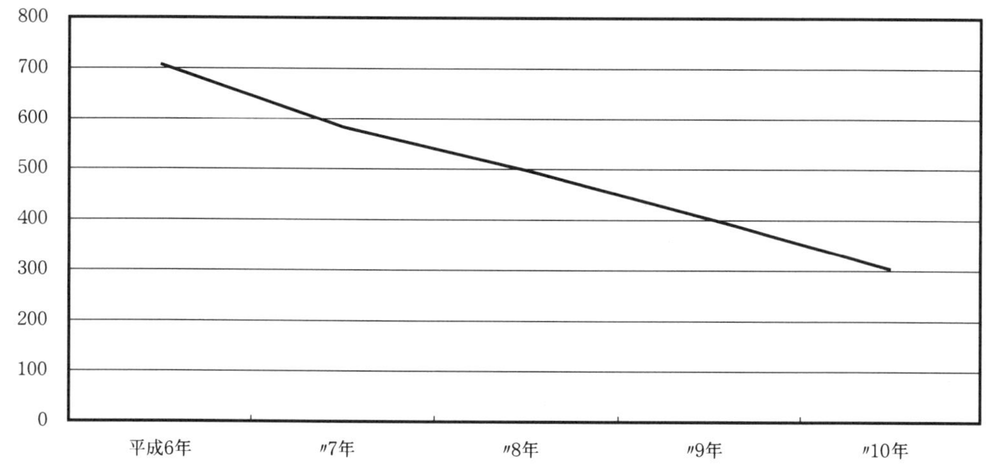

9-9　情報通信サービスの加入者数・契約者数（平成7年度～13年度）

（単位　万）

年　度		加入電話	ISDN	携帯電話	PHS	無線呼出し	モバイルインターネット	公衆電話	一般専用線
1995	平成7年	6,111	53	1,020	151	1,061	-	80	102
1996	〃8年	6,153	111	2,088	603	1,007	-	80	98
1997	〃9年	6,045	240	3,153	673	712	-	78	92
1998	〃10年	5,847	407	4,153	578	374	5	76	83
1999	〃11年	5,555	668	5,114	571	207	750	74	88
2000	〃12年	5,226	970	6,094	584	144	3,457	71	77
2001	〃13年	5,100	1,033	6,912	570	114	5,193	68	68

出所：53

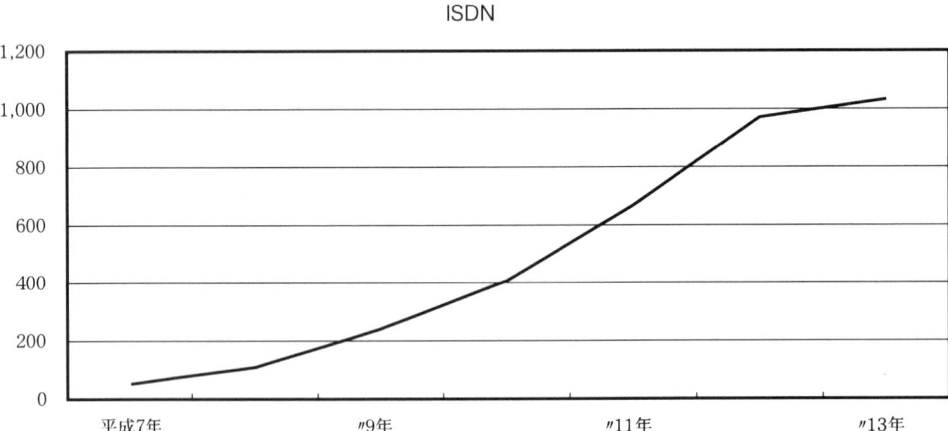

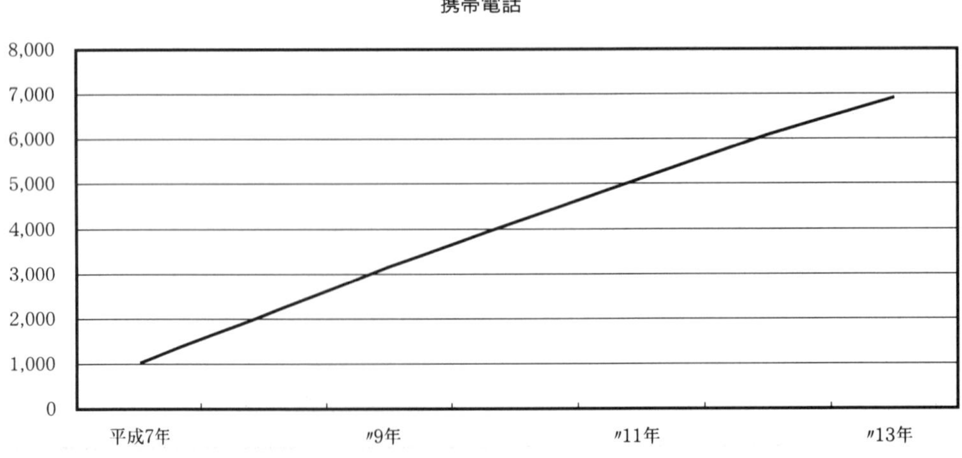

9-9 情報通信サービスの加入・契約状況（平成14年度～18年度）

（単位 万）

年度末	加入電話加入数	ISDN契約数	モバイルインターネット加入者数 1)	ブロードバンド加入者数	CATVインターネット	DSL	FTTH 2)
2002 平成14年	5,116	961	6,246	940	207	702	31
2003 〃15年	5,159	863	6,973	1,492	258	1,120	114
2004 〃16年	5,163	798	7,515	1,953	296	1,368	290
2005 〃17年	5,056	749	7,976	2,329	331	1,452	546
2006 〃18年	4,816	700	8,437	2,643	361	1,401	880

原注：1) iモード，EZweb，Yahoo!ケータイ（平成17年度以前はボーダフォンライブ）加入数合計。2) 光ファイバーを用いた一般家庭等向けのインターネットアクセスサービスの開通済み回線数。3) 平成12年度以前はプリペイドを除く。

出所：58

モバイルインターネット加入者数

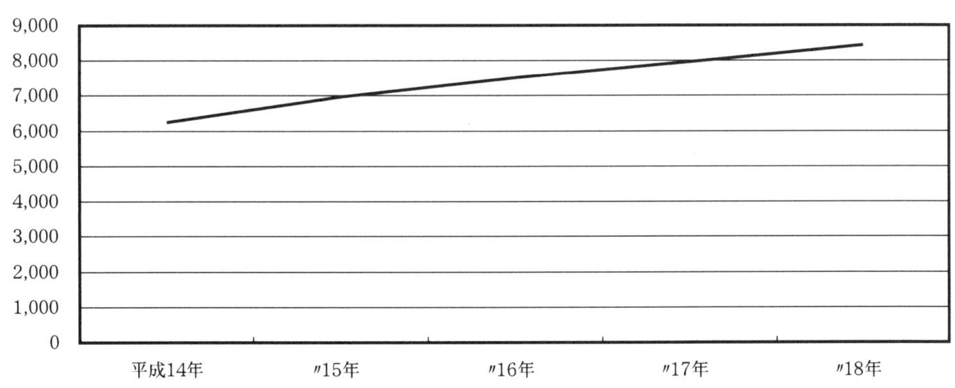

ブロードバンド加入者数

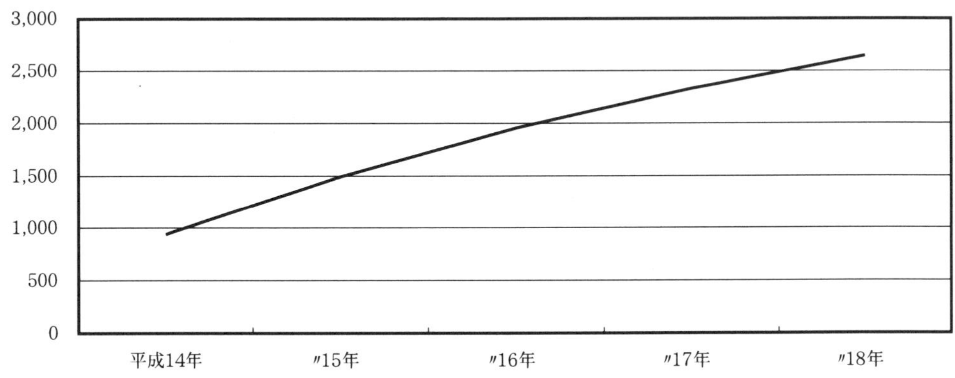

（単位　万）

年度末		CATV受信契約者数	#自主放送を行う施設	携帯電話契約数 3)	PHS契約数	公衆電話	一般専用線
2002	平成14年	2,333	1,517	7,566	546	58	60
2003	〃15年	2,468	1,656	8,152	514	50	53
2004	〃16年	2,605	1,791	8,700	448	44	48
2005	〃17年	2,744	1,915	9,179	469	39	43
2006	〃18年	2,875	2,063	9,672	498	…	…

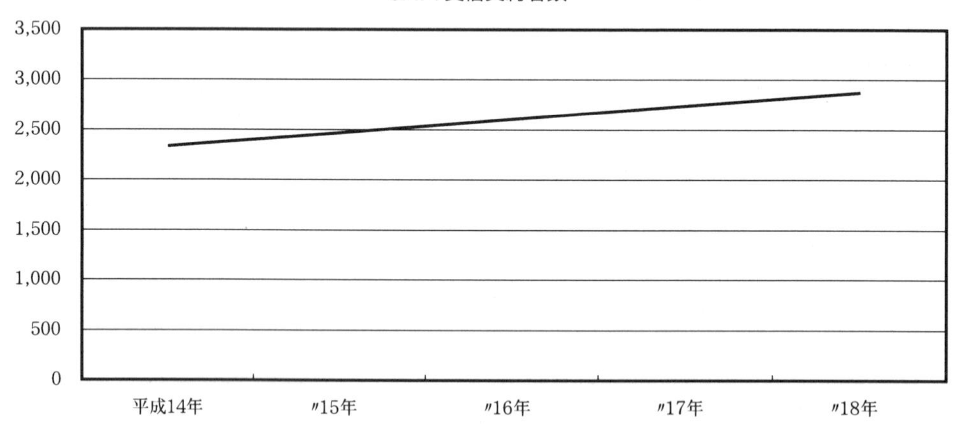

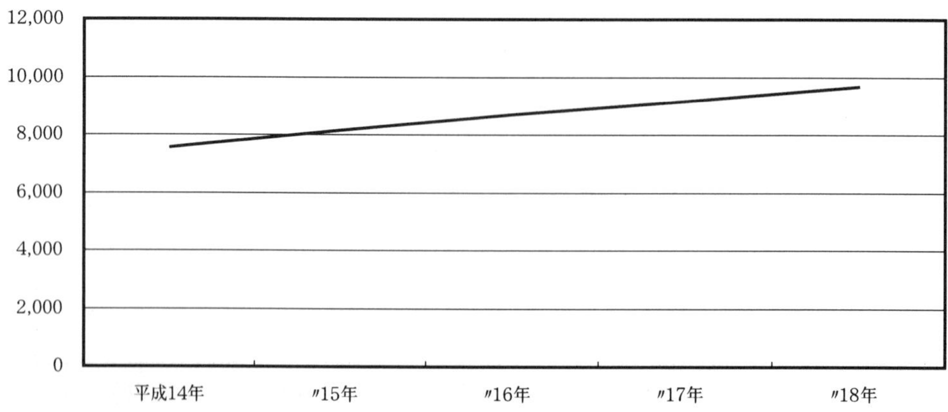

9-10　世帯における情報通信機器の保有状況

（単位　パーセント）

年次		回答世帯数(実数)	世帯保有率						
			携帯電話	うちインターネット対応型	PHS	携帯情報端末	ワープロ	パソコン	ファクシミリ
1995	平成7年	4,544	10.6	…	0.3	…	42.6	16.3	16.1
1998	〃10年	4,098	57.7	…	13.1	3.3	46.9	32.6	31.9
1999	〃11年	3,657	64.2	8.9	11.5	4.9	44.2	37.7	34.2
2000	〃12年	4,278	75.4	26.7	13.0	10.3	44.7	50.5	40.4
2001	〃13年	3,845	75.6	44.6	9.1	4.1	33.7	58.0	41.4
2002	〃14年	3,673	86.1	50.8	7.6	3.3	31.8	71.7	50.8
2003	〃15年	3,354	93.9	56.5	6.1	3.8	26.7	78.2	53.9
2004	〃16年	3,695	91.1	54.7	5.7	4.9	…	77.5	52.9
2005	〃17年	3,982	89.6	…	3.4	2.7	…	80.5	50.4
2006	〃18年	4,999	* 86.8	…	*	2.6	…	74.1	50.0

原注：「通信利用動向調査」による。

出所：53, 55, 58

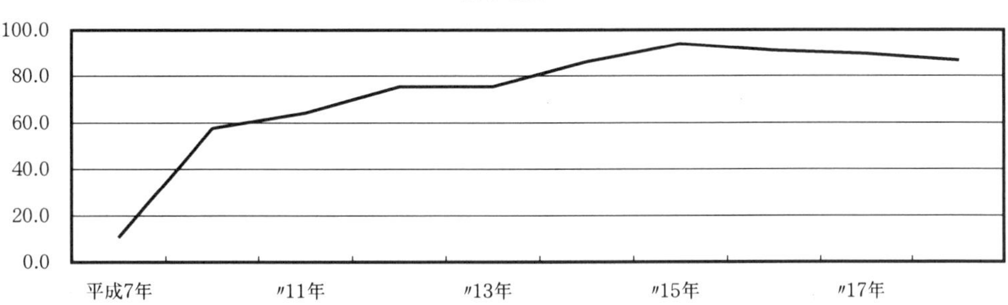

パソコン

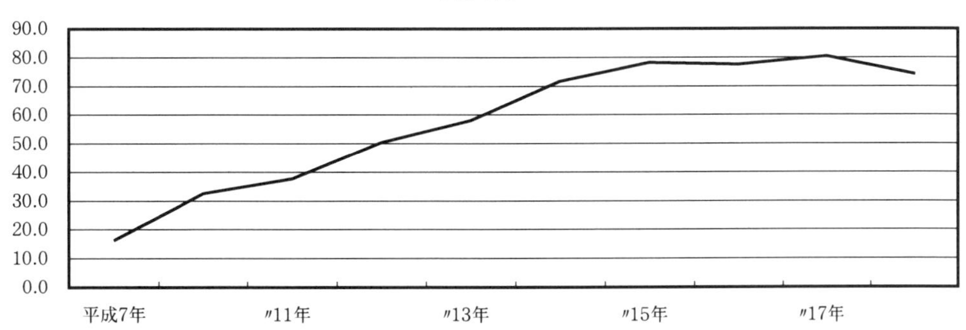

（単位　パーセント）

年　次		世帯保有率	
		カーナビゲーションシステム	インターネット世帯利用率
1995	平成7年	2.0	…
1998	〃10年	9.3	11.0
1999	〃11年	11.6	19.1
2000	〃12年	16.0	34.0
2001	〃13年	17.5	60.5
2002	〃14年	23.8	81.4
2003	〃15年	30.6	88.1
2004	〃16年	33.5	86.8
2005	〃17年	33.8	87.0
2006	〃18年	34.0	79.3

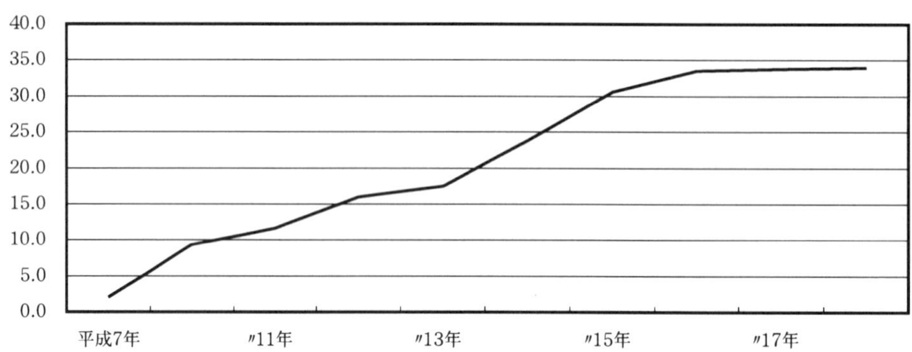

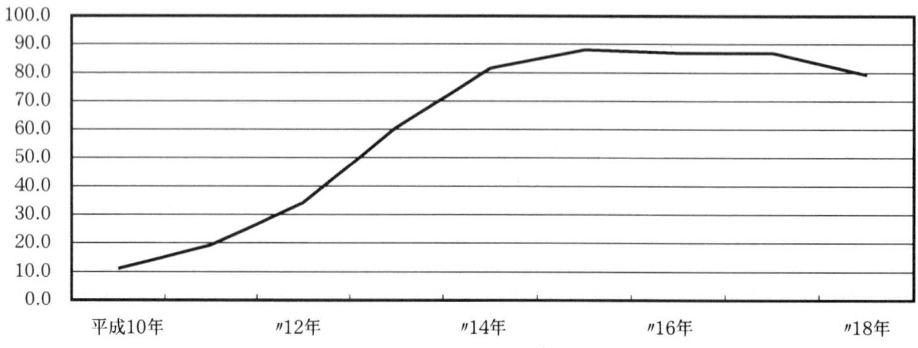

9−11 インターネットの利用状況（平成13年）

（単位　パーセント）

年　次	10歳以上人　口(1,000)	行動者率	インターネット利用形態				商品やサービスの予約，購入，支払い等の利用
			情報交換	情報発信	情報収集	その他	
2001　平成13年	113,095	46.4	39.5	5.6	32.4	14.0	10.1

原注：「社会生活基準調査（調査票A）」による。調査期日（10月20日）前の1年間。「行動者率」とは，人口に対する行動者の割合をいう。

出所：56

9−11 インターネットの利用状況（平成18年）

（単位　パーセント）

年　次	10歳以上推定人口(1,000)	行動者率	電子メール	掲示板・チャット	ホームページ,ブログの開設・更新	情報検索及びニュース等の情報入手	画像・動画・音楽データ，ソフトウェアの入手
2006　平成18年	113,604	59.4	49.1	11.7	6.9	43.0	26.7

原注：「社会生活基準調査（調査票A）」による。調査期日（10月20日）前の1年間。「行動者率」とは，人口に対する行動者の割合をいう。

出所：58

（単位　パーセント）

年　次	行動者率	
	商品やサービスの予約・購入，支払い等の利用	その他
2006　平成18年	23.5	17.3

9-12 情報サービス業の事業所数，従業者数及び年間売上高（平成7年～17年）

年　次	総数			ソフトウェア業			情報処理サービス業	
	事業所数	従業者数 1)	年間売上高 (100万円)	事業所数	従業者数 1)	年間売上高 (100万円)	事業所数	従業者数 1)
1995 平成7年	5,812	407,396	6,362,183	3,310	235,704	3,741,009	1,474	110,587
1999 2) 〃11年	7,957	534,751	10,151,890	4,925	340,642	6,692,482	1,709	109,714
2000 〃12年	7,554	515,462	10,722,844	4,483	339,810	7,421,121	1,896	117,603
2001 3) 〃13年	7,830	526,318	13,703,868	4,615	329,504	9,471,820	2,031	144,371
2002 〃14年	7,644	534,731	13,973,141	4,527	348,248	9,685,925	2,045	138,808
2003 〃15年	7,380	535,892	14,170,633	4,289	342,918	8,805,141	2,043	143,822
2004 3) 〃16年	7,110	533,062	14,527,056	4,100	339,776	9,243,642	1,995	139,891
2005 〃17年	6,880	536,994	14,556,004	3,931	343,103	9,273,371	1,998	146,359

原注：「特定サービス産業実態調査」による。11月1日現在。ただし，年間売上高は過去1年間。1) 平成7年は，臨時雇用者を除く。2) 集計対象の改正により平成7年とは接続しない。3) 集計対象の改正により平成12年以前とは接続しない。

出所：53, 55, 57

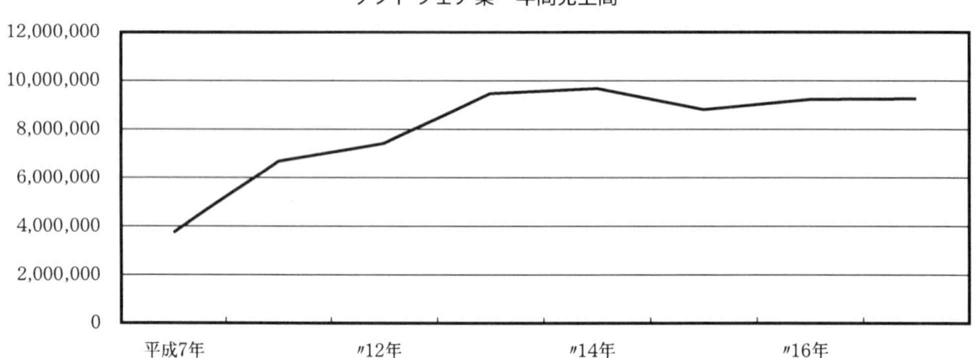

9-12 情報サービス業の事業所数，従業者数，従業者数及び年間売上高（平成18年）

年　次	ソフトウェア業					情報処理・提供サービス業		
	事業所数	従業者数	ソフトウェア業務従業者数 1)	年間売上高 (100万円)	#ソフトウェア業務	事業所数	従業者数	情報処理・提供サービス業務従業者数
2006 〃18年	10,789	567,498	521,063	13,751,730	10,476,004	5,473	253,225	217,490

原注：「特定サービス産業実態調査」による。11月1日現在。ただし，年間売上高は過去1年間。1) 従業者数とは，事業所の従業者数から別経営の事業所へ派遣している人を除き，別経営の事業所から派遣されている人を加えた実際に従事している者をいう。

出所：58

年　次		情報処理サービス業	情報提供サービス業			その他の情報提供サービス業		
		年間売上高(100万円)	事業所数	従業者数 1)	年間売上高(100万円)	事業所数	従業者数 1)	年間売上高(100万円)
1995	平成7年	1,656,446	118	5,066	168,982	910	56,039	795,747
1999 2)	〃11年	1,882,524	187	10,822	230,229	1,136	73,573	1,346,656
2000	〃12年	2,121,428	156	5,952	211,102	1,019	52,097	969,193
2001 3)	〃13年	3,079,979	168	6,228	208,966	1,016	46,215	943,105
2002	〃14年	3,189,288	156	5,326	210,538	916	42,349	887,390
2003	〃15年	3,899,210	160	4,999	209,526	888	44,153	1,256,757
2004 3)	〃16年	3,713,479	162	6,159	227,232	853	47,236	1,342,703
2005	〃17年	3,981,741	137	6,096	243,800	814	41,436	1,057,092

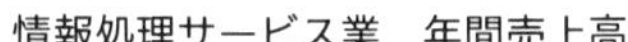

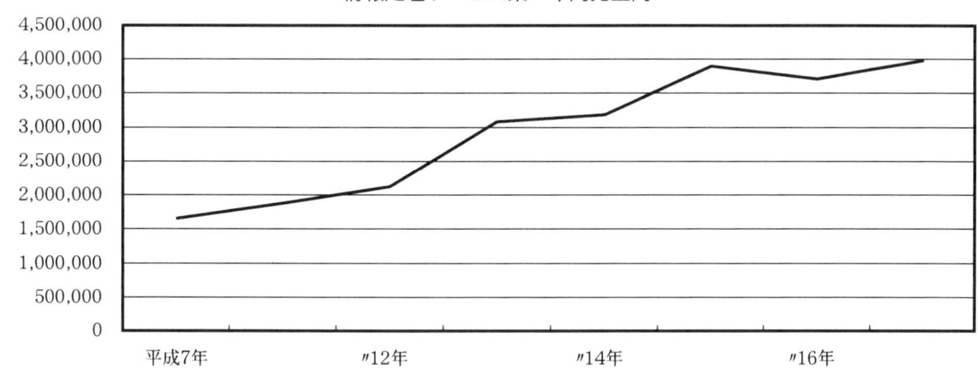

年　次		情報処理・提供サービス業	
		年間売上高(100万円)	#情報処理・提供サービス業務
2006	〃18年	5,143,461	4,058,359

10. 企　業

10-1　経営組織別事業所数及び従業者数（平成3年，8年）

（単位　従業者数　1,000人）

年　次	総　数			民　営			個　人	
	事業所数	従業者数	# 男	事業所数	従業者数	# 男	事業所数	従業者数
1991　平成3年	6,753,858	60,019	35,758	6,559,377	55,014	32,484	3,749,344	11,020
1996　〃8年	6,717,025	62,781	37,042	6,521,837	57,583	33,776	3,489,209	10,113

原注：「事業所統計調査」による。7月1日現在。

出所：47, 52

10-1　経営組織別事業所数及び従業者数（平成13年）

（単位　従業者数　1,000人）

年　次	総　数				民　営			
	事業所数	従業者数	男	女	事業所数	従業者数	男	女
2001　平成13年	6,350,101	60,158	34,882	25,276	6,138,312	54,913	31,686	23,227

原注：「事業所・企業統計調査」による。10月1日現在。

出所：55

（単位　従業者数　1,000人）

年　次	民営							
	個人	法人						
		総数			株式会社			有限会社
	従業者数 # 男	事業所数	従業者数	# 男	事業所数	従業者数	# 男	事業所数
1991　平成3年	5,117	2,771,477	43,793	27,268	1,563,501	32,181	21,151	883,848
1996　〃8年	4,598	2,994,096	47,280	29,088	1,643,017	34,326	22,440	1,009,626

（単位　従業者数　1,000人）

年　次	民営							
	個人			法人				
				総数			株式会社	
	事業所数	従業者数	# 男	事業所数	従業者数	# 男	事業所数	従業者数
2001　平成13年	3,132,119	9,007	4,071	2,971,593	45,761	27,552	1,594,743	32,605

（単位　従業者数　1,000人）

年　次	民　営							
	法　人							
	有限会社		その他の会社			会社以外の法人		
	従業者数	# 男	事業所数	従業者数	# 男	事業所数	従業者数	# 男
1991　平成3年	6,858	3,976	52,906	898	279	271,222	3,856	1,863
1996　〃8年	7,517	4,313	48,874	791	247	292,579	4,646	2,088

（単位　従業者数　1,000人）

年　次	民　営							
	法　人							
	株式会社	有限会社			その他の会社			会社以外の法人
	従業者数 # 男	事業所数	従業者数	# 男	事業所数	従業者数	# 男	事業所数
2001　平成13年	21,009	1,030,138	7,416	4,220	40,469	599	198	306,243

（単位　従業者数　1,000人）

年　次		民　営			国・地方公共団体		
		法人でない団体					
		事業所数	従業者数	# 男	事業所数	従業者数	# 男
1991	平成3年	38,556	200	100	194,481	5,005	3,274
1996	〃8年	38,532	190	89	195,188	5,198	3,265

（単位　従業者数　1,000人）

年　次		民　営					国・地方公共団体		
		法　人		法人でない団体					
		会社以外の法人							
		従業者数	# 男	事業所数	従業者数	# 男	事業所数	従業者数	# 男
2001	平成13年	5,141	2,125	34,600	145	64	211,789	5,245	3,196

10-1　経営組織別民営事業所数及び従業者数（平成16年）

（単位　従業者数　1,000人）

年　次	総　数				個　人			
	事業所数	従業者数	男	女	事業所数	従業者数	男	女
2004　平成16年	5,728,492	52,067	29,932	22,136	2,859,301	8,064	3,725	4,369

原注：「事業所・企業統計調査」による。6月1日現在。

出所：56

10-1　経営組織別事業所数及び従業者数（平成18年）

（単位　従業者数　1,000人）

年　次	総　数				民　営			
	事業所数	従業者数	男	女	事業所数	従業者数	男	女
2006　平成18年	5,911,038	58,634	33,731	24,903	5,722,559	54,184	31,097	23,087

原注：「事業所・企業統計調査」による。10月1日現在。1) 有限会社を含む。

出所：58

（単位　従業者数　1,000人）

年　次	法　人				会　社			
	事業所数	従業者数	男	女	事業所数	従業者数	男	女
2004 平成16年	2,836,717	43,843	26,149	17,694	2,527,882	38,422	23,994	14,427

（単位　従業者数　1,000人）

年　次	民　営							
	個　人			法　人			株式会社　1)	
	事業所数	従業者数	# 男	事業所数	従業者数	# 男	事業所数	従業者数
2006 平成18年	2,735,107	7,559	3,465	2,955,123	46,495	27,574	2,571,304	39,539

10. 企　業

（単位　従業者数　1,000人）

年　次	法　人							
	会　社							
	株式会社				有限会社			
	事業所数	従業者数	男	女	事業所数	従業者数	男	女
2004 平成16年	1,507,245	30,893	19,804	11,090	986,194	7,065	4,032	3,032

（単位　従業者数　1,000人）

年　次	民　営							
	法　人							
	株式会社 1)	その他の会社			独立行政法人等			その他の法人
	従業者数 # 男	事業所数	従業者数	# 男	事業所数	従業者数	# 男	事業所数
2006 平成18年	24,693	33,637	424	157	23,784	794	497	326,398

（単位　従業者数　1,000人）

年　次	法　人							
	会　社				会社以外の法人			
	その他の会社							
	事業所数	従業者数	男	女	事業所数	従業者数	男	女
2004 平成16年	34,443	464	158	305	308,835	5,422	2,155	3,267

（単位　従業者数　1,000人）

年　次	民　営					国，地方公共団体		
	法　人		法人でない団体					
	その他の法人							
	従業者数	# 男	事業所数	従業者数	# 男	事業所数	従業者数	男
2006 平成18年	5,738	2,228	32,329	130	58	188,479	4,450	2,634

10. 企　業

（単位　従業者数　1,000人）

年　次	法人でない団体			
	事業所数	従業者数	男	女
2004 平成16年	32,474	130	58	73

（単位　従業者数　1,000人）

年　次	国，地方公共団体
	従業者数
	女
2006 平成18年	1,816

10-2　会社経理（平成元年度～3年度）

（単位　金額　10億円）

年　度	推計社数	総　額（総資産,総資本共通）	総資産					
			流動資産	# 現金,預金	# 受取手形, 売掛金	# 棚卸資産	固定資産	有形固定資産
1989 平成元年	1,937,322	1,061,353	626,391	163,782	227,914	126,646	432,604	317,708
1990 〃2年	2,020,455	1,142,107	666,701	159,560	251,048	143,978	473,649	341,906
1991 〃3年	2,106,584	1,206,153	679,237	151,423	244,646	159,999	523,937	381,476

原注：「法人企業統計調査」による。当該年度間における決算の対象事業年度（最近1年間）の計数による。1) 福利厚生費を含む。

出所：43

10-2　会社経理（平成4年度～18年度）

（単位　金額　10億円）

年　度	法人数	総　額（総資産,総資本共通）	総資産					
			流動資産	# 現金,預金	# 受取手形, 売掛金	# 棚卸資産	固定資産	有形固定資産
1992 平成4年	2,237,566	1,243,653	663,204	149,717	233,306	158,099	577,674	427,369
1993 〃5年	2,335,355	1,273,227	664,726	147,489	238,106	149,001	606,172	445,884
1994 〃6年	2,407,278	1,300,532	658,007	146,945	239,704	146,089	639,585	469,860
1995 〃7年	2,449,248	1,344,872	688,975	143,354	265,680	149,463	652,924	482,100
1996 〃8年	2,467,846	1,308,082	650,020	129,716	246,120	141,029	655,346	479,207
1997 〃9年	2,433,951	1,314,265	646,438	134,535	241,694	146,668	664,848	486,383
1998 〃10年	2,470,470	1,312,799	631,868	133,415	225,886	134,470	678,391	498,514
1999 〃11年	2,509,912	1,284,914	588,125	134,657	224,076	115,793	694,139	495,943
2000 〃12年	2,548,399	1,309,508	601,194	141,541	237,570	111,514	704,528	481,615
2001 〃13年	2,607,923	1,243,110	548,296	130,930	216,163	103,896	689,694	472,619
2002 〃14年	2,626,954	1,234,821	541,917	133,489	205,358	100,408	690,221	466,516
2003 〃15年	2,638,798	1,230,696	537,097	129,060	206,677	96,080	691,145	456,469
2004 〃16年	2,701,573	1,285,530	564,761	137,071	218,415	99,487	718,200	465,867
2005 〃17年	2,718,777	1,343,557	595,557	140,381	232,009	107,499	744,914	465,174
2006 〃18年	2,735,630	1,390,247	624,381	147,106	242,799	112,578	762,904	464,839

原注：「法人企業統計調査」による。当該年度間における決算の対象事業年度（最近1年間）の計数による。1) 平成15年度以前は，その他及び自己株式を含む。

出所：46, 49, 52, 55, 58

（単位　金額　10億円）

年　度	総資産				総資本			
	固定資産			繰延資産	流動負債			固定負債
	有形固定資産	無形固定資産	投資，その他			#支払手形，買掛金	#金融機関短期借入金	
	#土地							
1989 平成元年	96,174	6,528	108,368	2,358	536,764	210,151	176,428	323,116
1990 〃2年	102,524	7,944	123,800	1,756	569,894	227,669	184,561	353,449
1991 〃3年	114,122	8,537	133,924	2,980	584,150	215,031	200,789	389,694

（単位　金額　10億円）

年　度	総資産				総資本			
	固定資産			繰延資産	流動負債			固定負債
	有形固定資産	無形固定資産	投資，その他			#支払手形，買掛金	#金融機関短期借入金	
	#土地							
1992 平成4年	133,174	10,002	140,303	2,775	577,613	203,127	200,213	426,554
1993 〃5年	145,188	10,118	150,170	2,239	602,142	199,636	220,019	425,540
1994 〃6年	154,229	12,014	157,711	2,941	590,011	204,002	212,552	463,335
1995 〃7年	152,324	11,444	159,381	2,973	626,772	217,486	218,100	464,362
1996 〃8年	156,516	11,648	164,490	2,716	603,201	208,571	212,962	444,259
1997 〃9年	162,065	12,399	166,065	2,979	595,591	205,024	200,422	457,113
1998 〃10年	162,374	17,923	161,954	2,540	576,471	204,494	189,511	483,757
1999 〃11年	170,314	15,158	183,039	2,650	534,948	182,315	180,978	462,730
2000 〃12年	171,909	16,561	206,351	3,786	544,358	199,060	161,690	428,539
2001 〃13年	158,136	15,448	201,627	5,120	509,111	175,005	155,535	420,288
2002 〃14年	166,365	15,229	208,476	2,683	486,301	169,782	146,062	410,190
2003 〃15年	165,216	17,399	217,278	2,454	480,299	173,534	127,336	402,031
2004 〃16年	163,618	18,447	233,887	2,568	489,467	179,745	121,412	412,127
2005 〃17年	164,314	17,500	262,241	3,085	527,194	191,003	114,397	412,295
2006 〃18年	163,587	18,005	280,060	2,962	517,184	198,679	109,951	417,345

流動負債

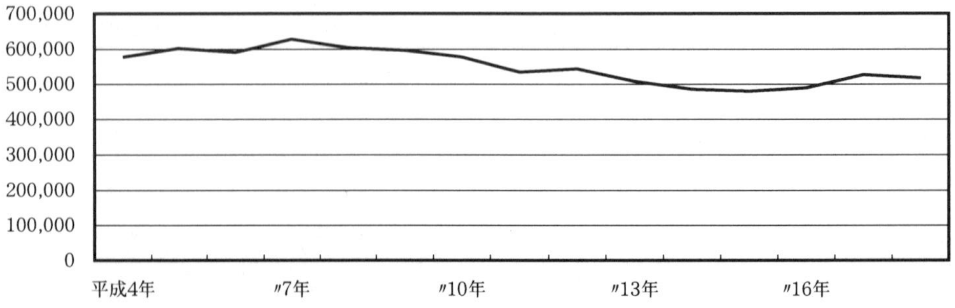

（単位　金額　10億円）

年　度	総資本							損益
	固定負債		特別法上の準備金	資本				売上高
	#社債	#金融機関長期借入金			資本金	資本準備金	利益準備金,その他の剰余金	
1989 平成元年	47,281	203,656	110	201,362	52,630	31,211	117,521	1,307,850
1990 〃2年	50,845	225,686	122	218,643	56,620	33,648	128,374	1,428,181
1991 〃3年	55,623	236,989	178	232,131	59,690	36,962	135,479	1,474,775

（単位　金額　10億円）

年　度	総資本							損益
	固定負債		特別法上の準備金	資本				売上高
	#社債	#金融機関長期借入金			#資本金	#資本剰余金 1)	#利益剰余金	
1992 平成4年	55,765	260,393	198	239,289	62,014	36,301	140,974	1,465,059
1993 〃5年	58,348	266,320	226	245,319	65,219	38,165	141,934	1,439,112
1994 〃6年	58,622	292,194	184	247,002	68,356	39,023	139,624	1,438,985
1995 〃7年	56,708	291,383	202	253,535	71,106	39,443	142,985	1,484,698
1996 〃8年	56,237	275,402	210	260,412	71,659	42,151	146,602	1,448,383
1997 〃9年	56,271	280,411	245	261,316	75,836	41,293	144,187	1,467,424
1998 〃10年	59,128	309,918	253	252,319	78,131	42,581	131,606	1,381,338
1999 〃11年	58,160	264,358	257	286,980	81,482	47,594	157,903	1,383,464
2000 〃12年	54,570	242,571	272	336,339	84,342	49,667	202,330	1,435,028
2001 〃13年	52,438	231,373	231	313,480	85,840	51,147	176,494	1,338,207
2002 〃14年	50,345	224,296	236	338,094	86,881	52,713	198,500	1,326,802
2003 〃15年	51,425	215,722	273	348,093	87,512	53,900	206,681	1,334,674
2004 〃16年	51,274	202,812	280	383,656	89,352	84,276	203,923	1,420,356
2005 〃17年	50,683	203,882	283	403,785	89,854	94,077	202,240	1,508,121
2006 〃18年	50,934	206,274	291	455,428	90,466	94,947	252,352	1,566,433

資本金

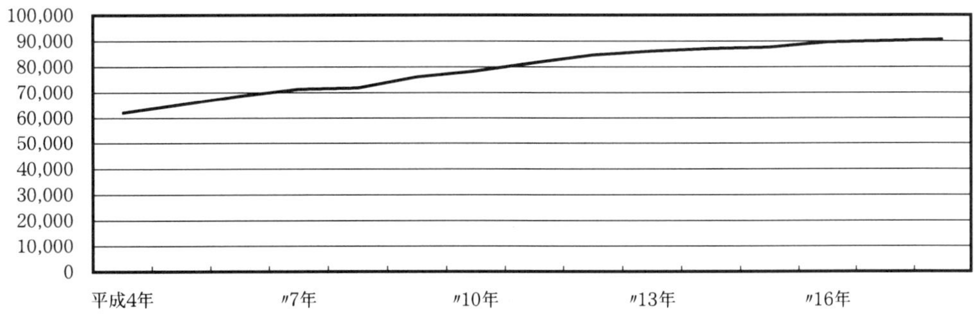

（単位　金額　10億円）

年　度	損　益							
	営業経費							売上高
	計	役　員 給　与	従業員 給与 1)	減　価 償却費	動産, 不動 産賃借料	租　税 公　課	その他	
1989 平成元年	1,261,918	21,909	133,810	31,439	17,523	11,169	1,046,069	45,932
1990 〃2年	1,378,518	24,018	142,216	33,506	18,921	12,154	1,147,704	49,662
1991 〃3年	1,425,766	26,724	155,624	36,502	21,196	13,036	1,172,686	49,009

（単位　金額　10億円）

年　度	損　益							
	売上原価	販売費, 一 般管理費	営業利益	営業外収益	営業外費用	経常利益	特別損益	税引前 当期純利益
1992 平成4年	1,161,593	262,460	41,006	25,622	40,574	26,054	-1,967	24,087
1993 〃5年	1,141,404	265,679	32,029	24,165	35,657	20,537	-2,286	18,251
1994 〃6年	1,135,309	270,801	32,875	21,883	32,902	21,856	-3,020	18,836
1995 〃7年	1,174,187	275,030	35,481	20,859	30,071	26,269	-3,198	23,071
1996 〃8年	1,141,772	272,201	34,411	19,240	25,863	27,788	-3,690	24,098
1997 〃9年	1,151,670	282,680	33,074	19,337	24,605	27,806	-5,127	22,679
1998 〃10年	1,078,839	277,176	25,323	19,128	23,287	21,164	-9,293	11,871
1999 〃11年	1,076,441	277,753	29,270	19,432	21,778	26,923	-14,281	12,643
2000 〃12年	1,111,274	286,089	37,665	18,741	20,539	35,866	-15,182	20,684
2001 〃13年	1,034,217	274,429	29,561	17,195	18,509	28,247	-21,169	7,078
2002 〃14年	1,022,520	272,239	32,042	17,017	18,054	31,005	-11,768	19,237
2003 〃15年	1,029,784	268,169	36,720	15,847	16,368	36,199	-8,656	27,542
2004 〃16年	1,089,373	287,408	43,575	16,984	15,856	44,703	-11,672	33,031
2005 〃17年	1,165,783	294,634	47,703	19,539	15,549	51,693	-8,287	43,406
2006 〃18年	1,219,551	297,597	49,285	20,195	15,102	54,379	-5,412	48,967

営業利益

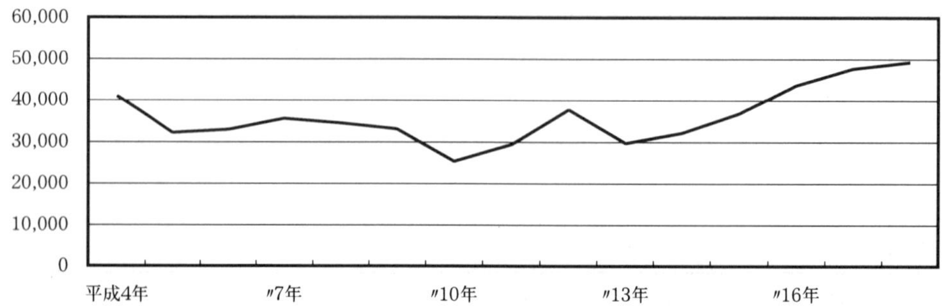

（単位　金額　10億円）

年　度	損　益							利益金処分
	営業外収支		経常利益	特別損益	税引前当期純利益	法人税及び住民税	当期純利益	役員賞与
	営業外収益	営業外費用						
1989 平成元年	24,803	31,819	38,915	20	38,935	20,953	17,982	826
1990 〃2年	28,438	39,975	38,126	-41	38,085	20,514	17,570	895
1991 〃3年	28,888	44,249	33,648	-884	32,764	18,679	14,085	943

（単位　金額　10億円）

年　度	損　益		利益金処分			付加価値額		
	法人税及び住民税	当期純利益	役員賞与	配当金	内部留保		# 役員給与	# 従業員給与
1992 平成4年	16,287	7,800	838	4,008	2,954	268,033	28,870	138,376
1993 〃5年	14,506	3,745	733	3,771	-759	266,605	29,999	142,809
1994 〃6年	14,321	4,514	890	3,833	-209	272,477	30,733	145,765
1995 〃7年	15,390	7,682	855	4,125	2,702	277,273	30,558	146,830
1996 〃8年	15,239	8,859	836	5,458	2,565	269,721	29,033	142,890
1997 〃9年	14,403	8,276	749	4,231	3,296	275,661	30,379	146,855
1998 〃10年	12,405	-533	769	4,381	-5,684	270,413	30,322	146,876
1999 〃11年	10,475	2,168	627	4,221	-2,680	267,732	30,204	146,037
2000 〃12年	12,266	8,417	926	5,191	2,300	276,629	30,520	146,637
2001 〃13年	7,544	-466	565	4,496	-5,526	256,892	29,583	138,578
2002 〃14年	13,014	6,223	897	6,509	-1,183	257,869	28,866	136,128
2003 〃15年	14,382	13,160	968	7,233	4,959	257,461	27,626	133,324
2004 〃16年	16,210	16,821	1,231	8,585	7,005	274,200	28,679	139,709
2005 〃17年	20,249	23,157	1,522	12,529	9,106	281,227	28,146	146,217
2006 〃18年	20,802	28,165	0.0	16,217	11,948	290,776	29,127	149,178

付加価値額

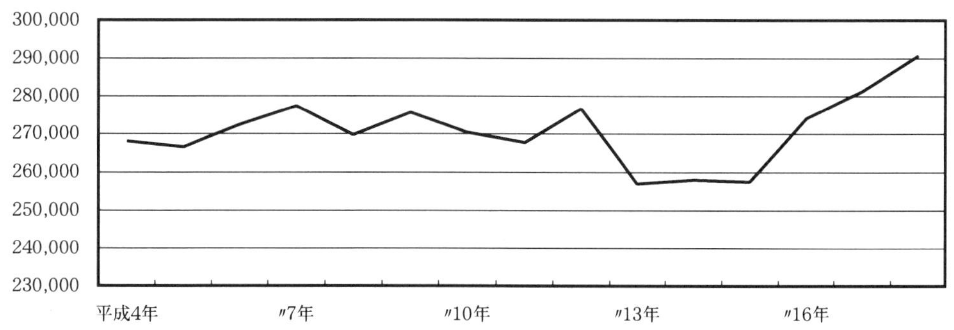

10. 企　業

（単位　金額　10億円）

年　度	利益金処分		付加価値額	役員数 (1,000)	従業員数 (1,000)
	配当金	内部留保			
1989 平成元年	4,169	12,987	230,342	4,644	34,261
1990 〃2年	4,227	12,449	246,971	4,849	34,537
1991 〃3年	4,530	8,611	265,588	5,104	37,665

（単位　金額　10億円）

年　度	付加価値額		役員数 (1,000)	従業員数 (1,000)
	# 福利厚生費	# 営業純益		
1992 平成4年	23,120	6,070	5,323	37,262
1993 〃5年	23,833	2,456	5,532	38,050
1994 〃6年	24,249	5,099	5,688	38,462
1995 〃7年	24,863	12,192	5,716	37,891
1996 〃8年	24,657	15,202	5,589	36,757
1997 〃9年	25,887	16,059	5,632	37,571
1998 〃10年	26,157	7,113	5,772	37,983
1999 〃11年	25,905	14,827	5,782	38,562
2000 〃12年	25,380	24,109	5,957	39,412
2001 〃13年	24,699	17,909	5,888	36,950
2002 〃14年	24,925	21,130	5,845	36,241
2003 〃15年	23,353	26,524	5,920	36,627
2004 〃16年	23,130	33,938	6,094	39,508
2005 〃17年	22,484	36,684	6,118	41,584
2006 〃18年	23,051	39,638	5,954	41,889

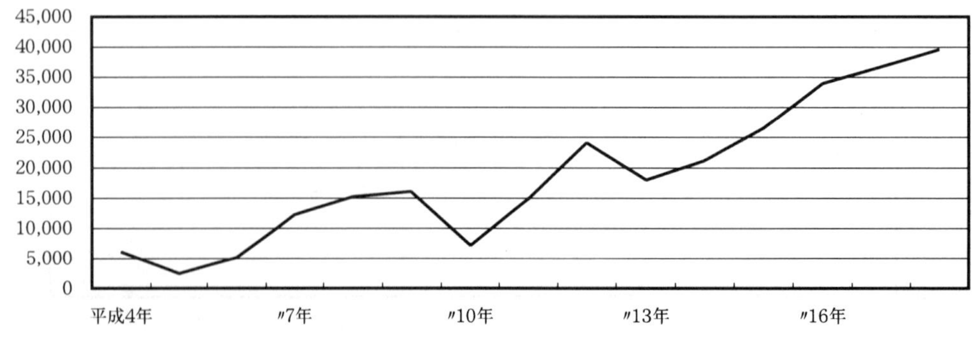

11. 環　境

11-1　国内温室効果ガス排出量

（単位　100万トンCO_2換算）

年　度		計	二酸化炭素 (CO_2)	メタン (CH_4)	一酸化二窒素 (N_2O)	ハイドロフルオロカーボン類 (HFC s)	パーフルオロカーボン類 (PFC s)	六ふっ化硫黄 (SF_6)
1990	平成2年	1,210.2	1,144.2	33.4	32.6	-	-	-
1995	〃7年	1,343.9	1,228.1	31.0	33.4	20.2	14.3	16.9
1996	〃8年	1,358.2	1,241.1	30.3	34.5	19.8	14.9	17.5
1997	〃9年	1,351.9	1,236.8	29.2	35.2	19.8	16.1	14.8
1998	〃10年	1,308.5	1,200.5	28.3	33.7	19.3	13.2	13.4
1999	〃11年	1,330.2	1,235.8	27.7	27.3	19.8	10.5	9.1
2000	〃12年	1,348.3	1,256.7	27.0	29.9	18.6	9.3	6.9
2001	〃13年	1,322.7	1,240.7	26.2	26.4	15.8	7.8	5.7
2002	〃14年	1,355.5	1,278.6	25.2	26.1	13.1	7.1	5.4
2003	〃15年	1,361.0	1,286.2	24.7	25.9	12.5	6.8	4.8
2004	〃16年	1,354.7	1,284.4	24.4	26.0	8.3	7.0	4.6
2005	〃17年	1,358.1	1,290.6	23.9	25.6	7.3	6.5	4.2
2006	〃18年	1,340.1	1,273.6	23.6	25.6	6.6	6.3	4.3

出所： 58

計

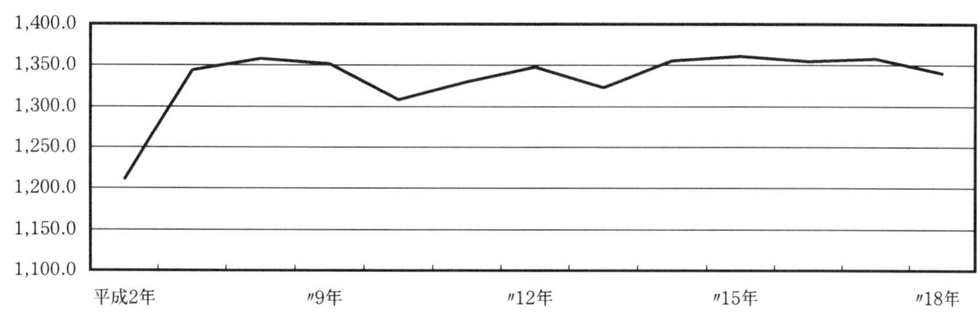

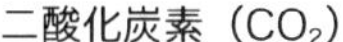

二酸化炭素（CO_2）

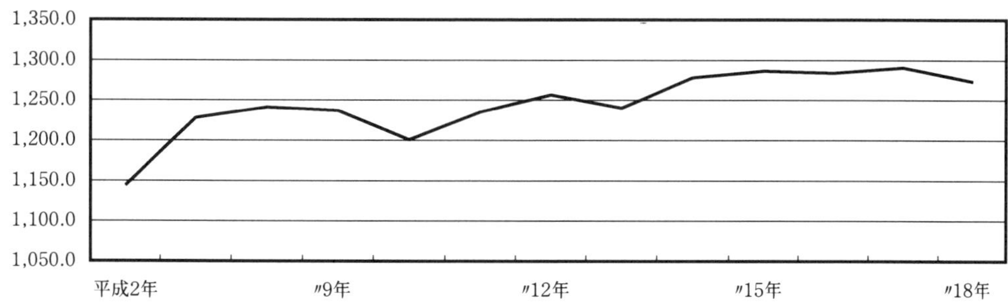

11-2　国内二酸化炭素の部門別排出量

（単位　100万トンCO_2）

年　度		計 1)	エネルギー転換 2)	産　業 2)	家　庭 2)	業　務その他 2) 3)	運　輸 2)	工　業プロセス	廃棄物
1990	平成2年	1,144.2	67.8	482.2	127.5	164.3	217.4	62.3	22.7
1995	〃7年	1,228.1	73.0	471.5	148.1	185.1	257.6	64.3	28.5
1996	〃8年	1,241.1	71.5	480.1	147.8	184.7	263.0	64.0	29.9
1997	〃9年	1,236.8	72.3	480.4	144.3	181.6	264.8	62.3	31.0
1998	〃10年	1,200.5	73.1	444.8	143.9	187.4	263.7	56.2	31.1
1999	〃11年	1,235.8	72.1	456.4	151.9	201.3	266.2	56.2	31.6
2000	〃12年	1,256.7	70.8	467.3	157.5	205.9	265.4	56.9	32.9
2001	〃13年	1,240.7	68.9	450.1	153.7	212.5	268.0	54.7	32.6
2002	〃14年	1,278.6	76.7	462.0	165.4	225.6	263.4	52.6	33.0
2003	〃15年	1,286.2	73.8	466.4	167.5	228.9	261.7	52.3	35.6
2004	〃16年	1,284.4	73.9	466.7	167.6	229.0	261.5	52.6	33.1
2005	〃17年	1,290.6	79.3	454.8	174.3	237.9	256.8	53.9	33.5
2006	〃18年	1,273.6	77.3	460.0	165.7	229.1	253.7	53.9	33.8

原注：1) 燃料の漏出による排出，電気・熱配分時の誤差を含む。2) 発電・熱発生に伴う二酸化炭素排出量を各最終需要部門に配分した排出量を基に作成。3) 事務所，商業施設等，通常の概念でいう業務に加え，産業部門から中小製造業（工場）の一部と運輸部門から移動発生源の一部を含む。

出所：58

産　業

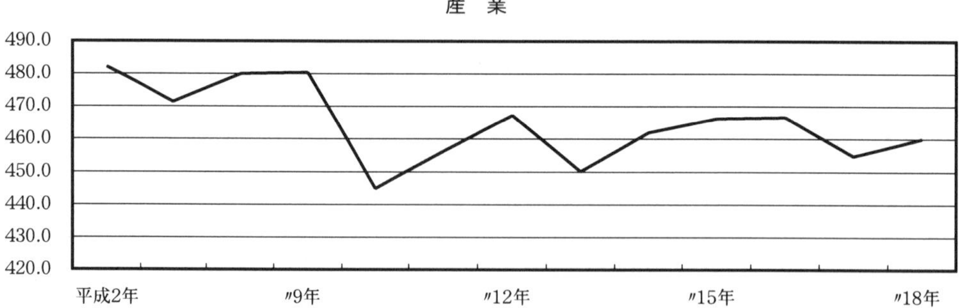

家　庭

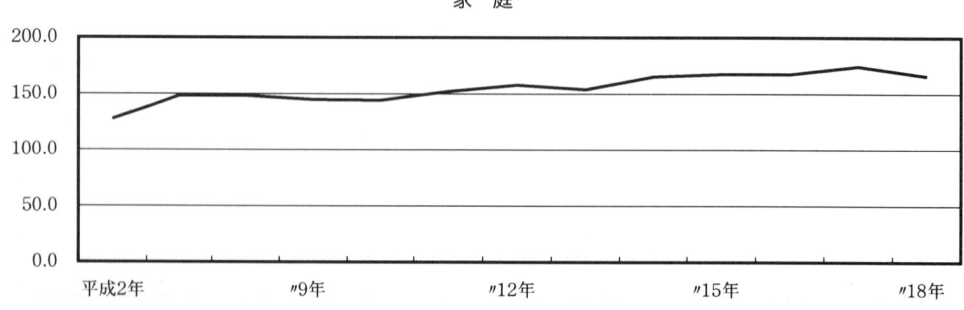

11-3　産業廃棄物の処理状況

（単位　1,000トン）

年　度		排出量 (A)	直接再生利用量 (B)	直接最終処分量 (C)	中間処理 中間処理量 (D)	中間処理 処理残渣量 (E)	中間処理 再生利用量 (F)	中間処理 最終処分 (G)	再生利用量計 (B+F)
1990	平成2年	394,736	87,677	60,386	246,673	92,230	62,891	29,339	150,568
1995	〃7年	393,812	51,404	34,392	308,021	130,080	95,216	34,865	146,620
1997	〃9年	414,854	80,021	33,596	301,238	122,209	88,705	33,505	168,726
1998	〃10年	408,490	78,439	29,085	300,965	122,164	93,350	28,814	171,789
1999	〃11年	399,799	78,223	23,804	297,772	118,522	92,658	25,864	170,881
2000	〃12年	406,037	80,444	22,690	302,903	125,970	103,792	22,178	184,237
2001	〃13年	400,243	81,939	21,012	297,293	121,993	101,264	20,729	183,202
2002	〃14年	393,234	82,231	20,088	290,915	119,119	99,646	19,473	181,876
2003	〃15年	411,623	88,304	15,354	307,965	128,111	113,025	15,086	201,329
2004	〃16年	417,156	90,515	12,607	314,034	136,568	123,347	13,221	213,862
2005	〃17年	421,677	91,991	12,181	317,505	138,945	126,897	12,048	218,888

原注：「産業廃棄物排出・処理状況調査」による。日本標準産業分類を基に抽出した大分類11業種の排出する「廃棄物の処理及び清掃に関する法律」に規定する産業廃棄物18種類を対象。

出所：54, 58

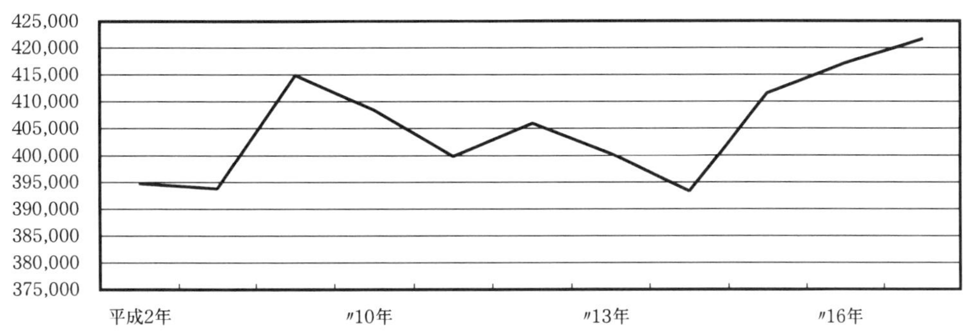

直接最終処分量

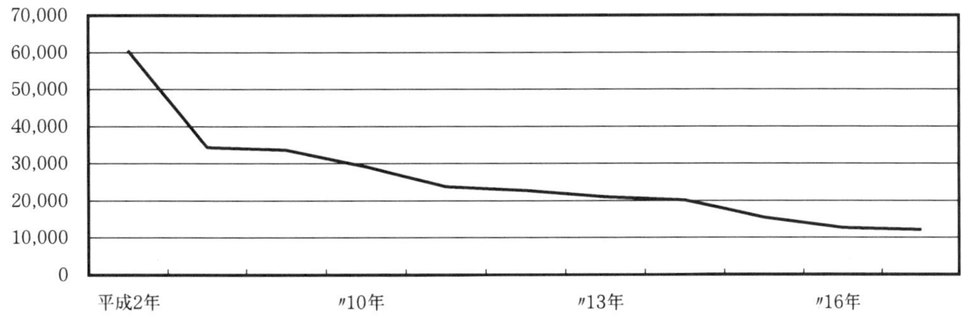

11. 環　境

（単位　1,000トン）

年　度		減量化量 (D-E)	最　終 処分量計 (C+G)
1990	平成2年	154,443	89,725
1995	〃7年	177,941	69,257
1997	〃9年	179,028	67,100
1998	〃10年	178,801	57,899
1999	〃11年	179,250	49,668
2000	〃12年	176,933	44,868
2001	〃13年	175,300	41,741
2002	〃14年	171,796	39,561
2003	〃15年	179,854	30,440
2004	〃16年	177,466	25,827
2005	〃17年	178,560	24,229

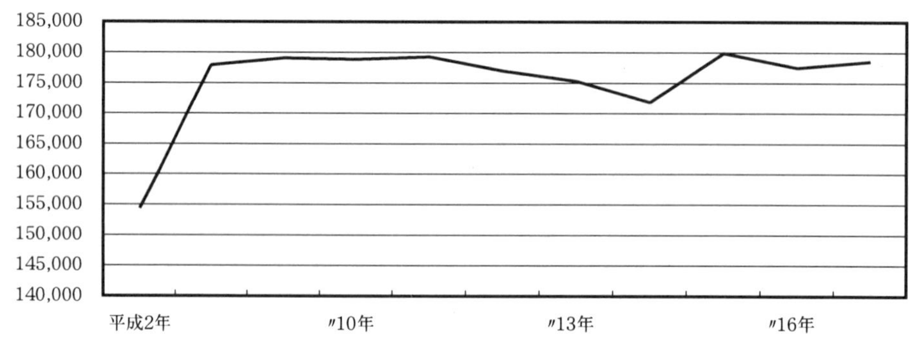

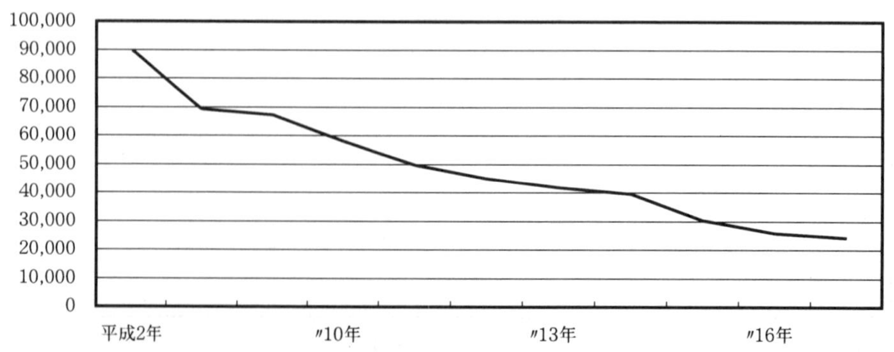

11-4　一般廃棄物（ごみ及びし尿）処理状況
し尿処理

年　度		総人口 (1,000)	水洗化人口 (1,000)	#公共下水道	水洗化率 (%)	#浄化槽 1)	非水洗化人口 (1,000)	計画収集人口	くみ取りし尿量 (1,000 kl)
1990	平成2年	123,529	81,396	47,800	38.7	33,101	…	…	36,208
1995	〃7年	125,351	94,501	59,484	47.5	34,620	…	…	34,398
1997	〃9年	126,136	99,528	64,429	51.1	34,717	…	…	33,802
1998	〃10年	126,428	101,748	66,743	52.8	34,588	24,680	23,760	33,217
1999	〃11年	126,538	103,682	68,745	54.3	34,521	22,856	22,078	32,382
2000	〃12年	126,734	105,731	71,222	56.2	34,095	21,002	20,358	31,518
2001	〃13年	127,007	107,625	73,575	57.9	34,051	19,381	18,818	30,932
2002	〃14年	127,299	109,475	76,004	59.7	33,471	17,824	17,348	29,462
2003	〃15年	127,507	111,052	78,174	61.3	32,879	16,455	16,049	28,827
2004	〃16年	127,606	112,390	80,061	62.7	32,330	15,215	14,877	27,422
2005	〃17年	127,712	113,539	81,881	64.1	31,658	14,173	13,907	26,546

原注： 1) コミュニティ・プラント（小規模な汚水処理施設）を含む。
出所： 53, 57, 58

水洗化人口

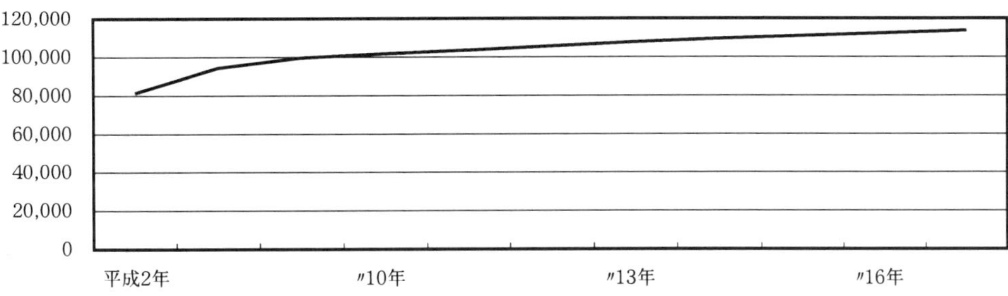

非水洗化人口

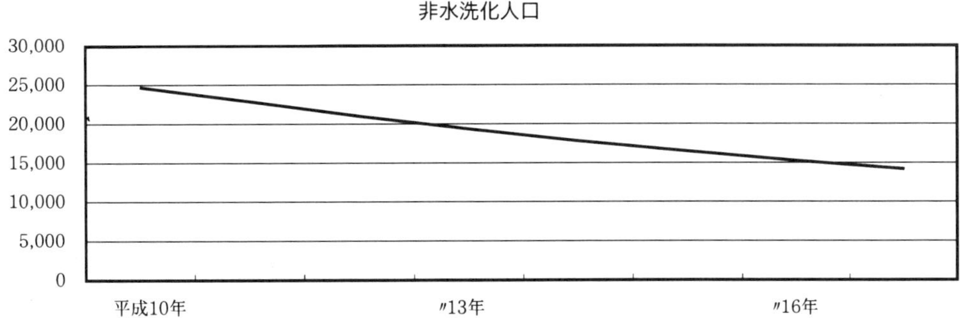

年度		くみ取りし尿量			
		計画処理量	#し尿処理施設	#下水道投入	自家処理
1990	平成2年	34,494	29,630	1,496	1,714
1995	〃7年	33,541	29,594	1,567	856
1997	〃9年	33,138	29,344	1,513	664
1998	〃10年	32,633	29,145	1,490	583
1999	〃11年	31,852	28,489	1,573	530
2000	〃12年	31,095	27,907	1,545	423
2001	〃13年	30,524	27,697	1,445	407
2002	〃14年	29,123	26,406	1,513	340
2003	〃15年	28,531	26,187	1,377	296
2004	〃16年	27,165	25,013	1,293	257
2005	〃17年	26,349	24,175	1,385	197

計画処理量

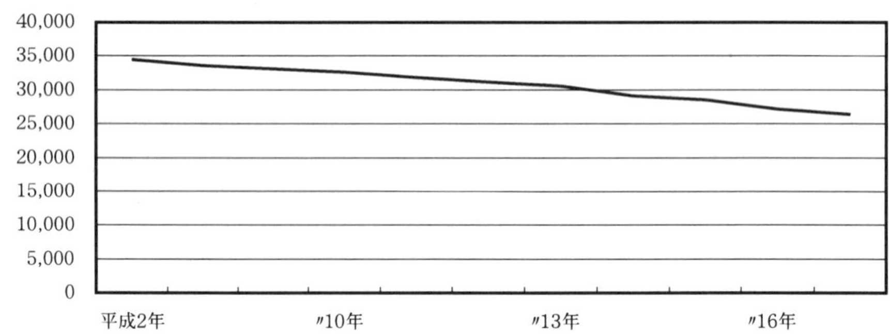

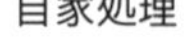

自家処理

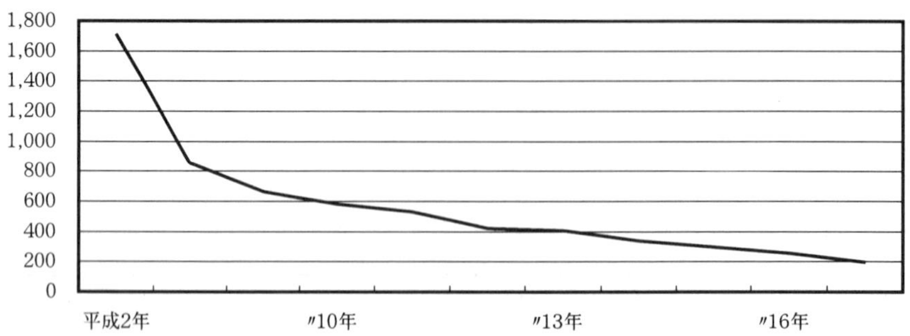

11-5　一般廃棄物（ごみ及びし尿）処理状況
ごみ処理

年　度		計画収集人口 (1,000)	ごみ総排出量 (1,000 t)	#自家処理	1人1日当たりの排出量 (g)	焼却施設における1日当たりのごみ処理能力 (1,000 t)	集団回収量 (1,000 t)	ごみ処理量 (1,000 t)	#直接焼却
1990	平成2年	122,692	50,441	1,171	1,120	173	986	49,281	36,676
1995	〃7年	124,537	50,694	788	1,105	189	2,403	49,899	38,048
1997	〃9年	125,509	51,200	617	1,112	-	2,515	50,631	39,490
1998	〃10年	125,870	51,595	511	1,118	193	2,521	51,107	39,810
1999	〃11年	126,148	51,446	352	1,114	195	2,604	51,191	39,992
2000	〃12年	126,425	52,362	293	1,132	202	2,765	52,090	40,304
2001	〃13年	126,794	52,097	253	1,124	203	2,837	51,961	40,633
2002	〃14年	127,136	51,610	218	1,111	199	2,807	51,445	40,313
2003	〃15年	127,365	51,607	165	1,106	194	2,829	51,538	40,237
2004	〃16年	127,526	50,587	130	1,086	196	2,919	50,513	39,142
2005	〃17年	127,658	52,730	92	1,131	189	2,996	49,765	38,495

原注：減量処理率とは，ごみ処理量から直接最終処分量を除いたものの割合をいう。中間処理後再生利用量とは，資源ごみ，粗大ごみ等を処理した後，鉄，アルミ等を回収し資源化した量をいう。1) (集団回収量+ごみ処理量のうちの直接資源化量+中間処理後再生利用量)÷(集団回収量+ごみ処理量)×100。

出所：54, 57, 58

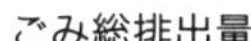
ごみ総排出量

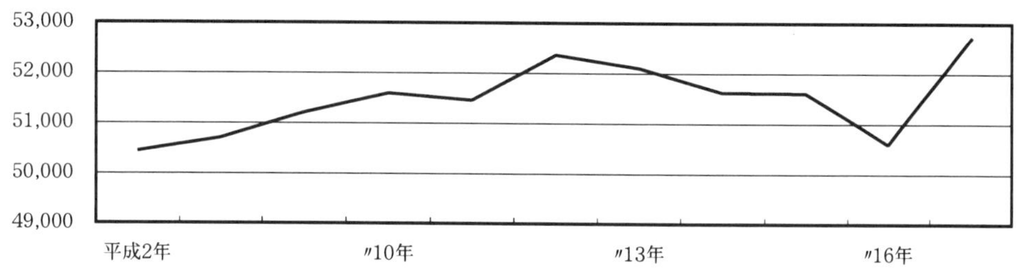

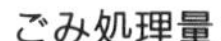
ごみ処理量

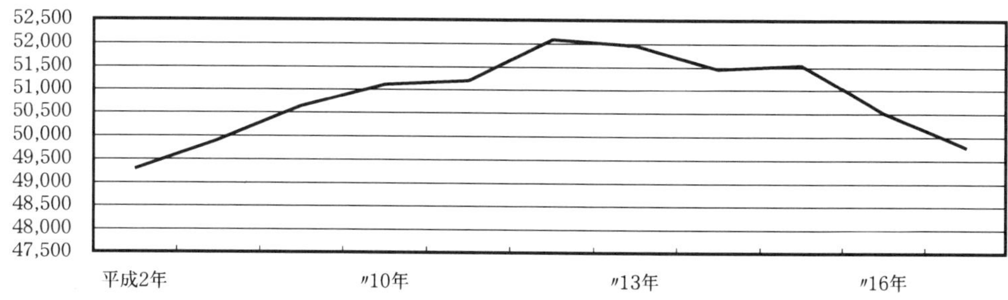

年　度		減　量 処理率 (g)	中　間 処理後 再　生 利用量 (1,000 t)	リサイ クル率 (%)　1)	最　終 処分量 (1,000 t)
1990	平成2年	79.6	1,366	…	16,810
1995	〃7年	88.5	2,782	9.9	13,602
1997	〃9年	91.4	3,345	11.0	12,008
1998	〃10年	92.5	2,360	12.1	11,350
1999	〃11年	93.3	2,595	13.1	10,869
2000	〃12年	94.1	2,871	14.3	10,514
2001	〃13年	94.7	3,116	15.0	9,949
2002	〃14年	95.7	3,503	15.9	9,030
2003	〃15年	96.4	4,056	16.8	8,452
2004	〃16年	96.5	4,154	17.6	8,093
2005	〃17年	97.1	4,489	19.0	7,332

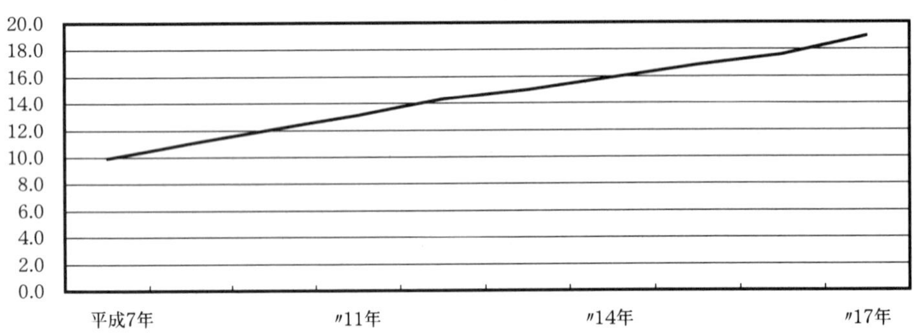

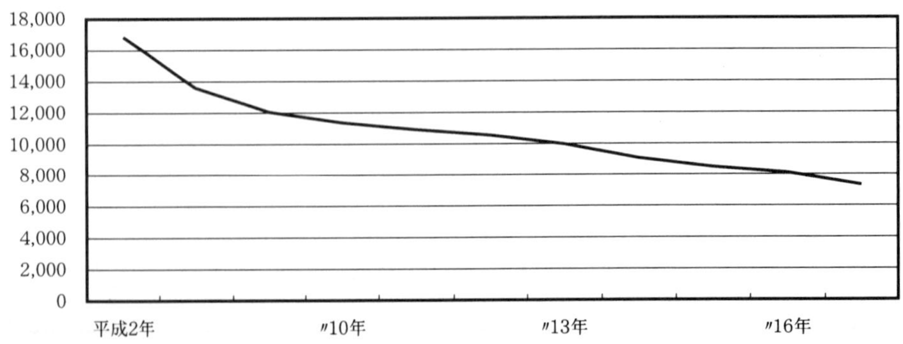

11-6　大気汚染（5物質）に関する環境基準達成率及び年平均濃度

年　度		有効測定局数					環境基準達成率 (%)		
		二酸化窒素	浮遊粒子状物質	光化学オキシダント	二酸化硫黄	一酸化炭素	二酸化窒素	浮遊粒子状物質	光化学オキシダント
					一般環境大気測定局				
1990	平成2年	1,367	1,282	1,056	1,602	186	93.6	43.1	…
1995	〃7年	1,453	1,511	1,134	1,608	185	97.5	63.5	…
1997	〃9年	1,457	1,526	1,139	1,595	150	95.3	61.9	0.1
1998	〃10年	1,466	1,528	1,150	1,579	145	94.3	67.3	0.3
1999	〃11年	1,460	1,529	1,149	1,551	138	98.9	90.1	0.1
2000	〃12年	1,466	1,531	1,158	1,501	134	99.2	84.4	0.5
2001	〃13年	1,465	1,539	1,160	1,489	131	99.0	66.6	0.5
2002	〃14年	1,460	1,538	1,168	1,468	126	99.1	52.5	0.3
2003	〃15年	1,454	1,520	1,166	1,395	99	99.9	92.8	a) 0.3
2004	〃16年	1,444	1,508	1,162	1,361	96	100.0	98.5	a) 0.2
2005	〃17年	1,424	1,480	1,157	1,319	91	99.9	96.4	0.3
2006	〃18年	1,397	1,465	1,145	1,265	86	100.0	93.0	0.1
					自動車排出ガス測定局				
1990	平成2年	314	156	39	68	311	64.3	21.2	…
1995	〃7年	369	216	38	94	343	70.5	35.2	…
1997	〃9年	385	250	38	104	329	65.7	34.0	0.0
1998	〃10年	392	269	35	103	327	68.1	35.7	11.4
1999	〃11年	394	282	34	101	319	78.7	76.2	5.9
2000	〃12年	395	301	30	96	313	80.0	66.1	3.3
2001	〃13年	399	319	29	95	312	79.4	47.0	3.4
2002	〃14年	413	359	27	97	309	83.5	34.3	11.1
2003	〃15年	426	390	27	92	302	85.7	77.2	…
2004	〃16年	434	409	28	89	306	89.2	96.1	…
2005	〃17年	437	411	27	85	304	91.3	93.7	0.0
2006	〃18年	441	418	27	86	294	90.7	92.8	3.7

原注：有効選定局数とは，年間測定時間が6,000時間以上の測定局で，環境基準適用除外局を除く局数をいう。環境基準達成率とは，有効選定局数のうち環境基準を達成した局数の割合をいう。a) 一般環境大気測定局と自動車排出ガス測定局を合わせた達成率。

出所：53, 56, 58

環境基準達成率　二酸化窒素　一般環境大気測定局

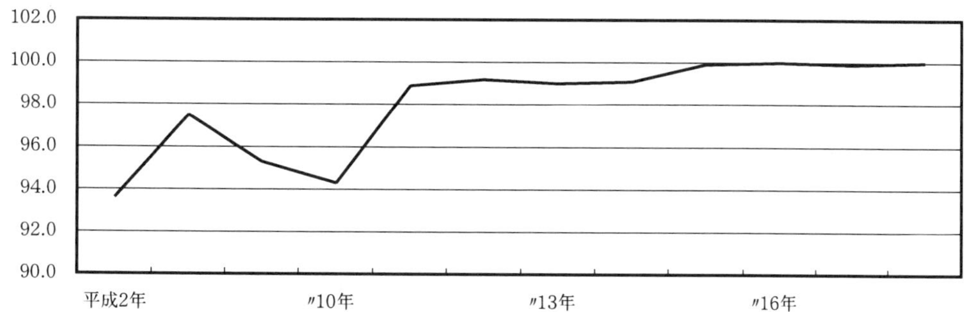

年　度	環境基準達成率 (%)		年平均濃度　(PPM)			
	二酸化硫　黄	一酸化炭　素	二酸化窒　素	浮　遊粒子状物　質	二酸化硫　黄	一酸化炭　素
			一般環境大気測定局			
1990　平成2年	99.8	100.0	0.016	0.037	0.006	0.7
1995　〃7年	99.7	100.0	0.017	0.034	0.005	0.6
1997　〃9年	99.7	100.0	0.017	0.033	0.005	0.6
1998　〃10年	99.7	100.0	0.017	0.032	0.044	0.5
1999　〃11年	99.7	100.0	0.016	0.028	0.044	0.5
2000　〃12年	94.3	100.0	0.017	0.031	0.005	0.5
2001　〃13年	99.6	100.0	0.016	0.030	0.005	0.5
2002　〃14年	99.8	100.0	0.016	0.027	0.004	0.4
2003　〃15年	99.7	100.0	0.016	0.026	0.004	0.4
2004　〃16年	99.9	100.0	0.015	0.025	0.004	0.4
2005　〃17年	99.7	100.0	0.015	0.027	0.004	0.4
2006　〃18年	99.8	100.0	0.015	0.026	0.003	0.4
			自動車排出ガス測定局			
1990　平成2年	95.6	100.0	0.032	0.050	0.012	1.4
1995　〃7年	100.0	100.0	0.032	0.047	0.008	1.1
1997　〃9年	100.0	100.0	0.032	0.046	0.006	1.0
1998　〃10年	100.0	100.0	0.031	0.043	0.006	0.9
1999　〃11年	100.0	100.0	0.030	0.037	0.005	0.9
2000　〃12年	93.8	100.0	0.030	0.040	0.006	0.8
2001　〃13年	100.0	100.0	0.030	0.038	0.006	0.8
2002　〃14年	99.0	100.0	0.029	0.035	0.005	0.7
2003　〃15年	100.0	100.0	0.029	0.033	0.004	0.7
2004　〃16年	100.0	100.0	0.028	0.031	0.004	0.6
2005　〃17年	100.0	100.0	0.027	0.031	0.004	0.6
2006　〃18年	100.0	100.0	0.027	0.030	0.004	0.6

年平均濃度　二酸化窒素　一般環境大気測定局

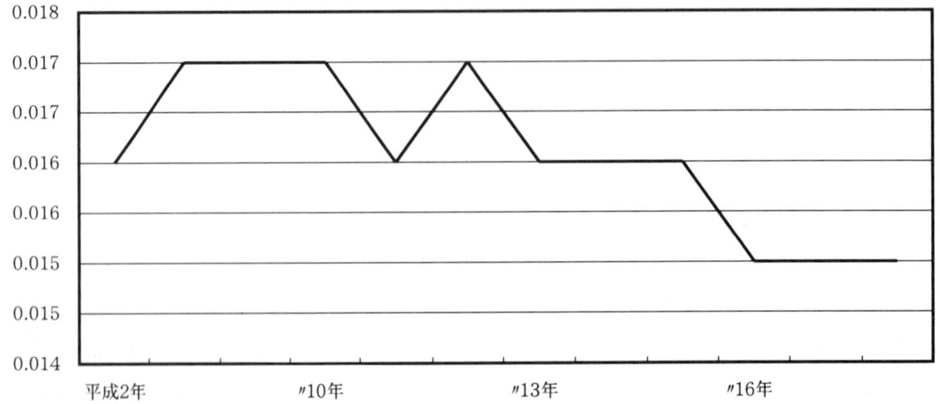

11-7　公共用水域水質に関する環境基準達成率

年　度		類型指定水域数	河川	湖沼	海域	達　成水域数	河川 2)	湖沼 3)	海域 3)
1990	平成2年	3,103	2,389	129	585	2,269	1,758	57	454
1995	〃7年	3,181	2,468	129	584	2,294	1,784	51	459
1998	〃10年	3,258	2,527	137	594	2,539	2,046	56	437
1999	〃11年	3,270	2,531	142	597	2,573	2,064	64	445
2000	〃12年	3,274	2,537	142	595	2,599	2,091	60	448
2001	〃13年	3,291	2,544	153	594	2,615	2,074	70	471
2002	〃14年	3,300	2,550	153	597	2,697	2,171	67	459
2003	〃15年	3,301	2,539	165	597	2,765	2,219	91	455
2004	〃16年	3,313	2,552	169	592	2,824	2,291	86	447
2005	〃17年	3,319	2,554	174	591	2,769	2,227	93	449
2006	〃18年	3,334	2,563	180	591	2,877	2,337	100	440

原注： 1) 環境基準達成率＝（達成水域数÷類型指定水域数）×100。2) 生物化学的酸素要求量(BOD)。3) 化学的酸素要求量(COD)。

出所： 53, 57, 58

類型指定水域数

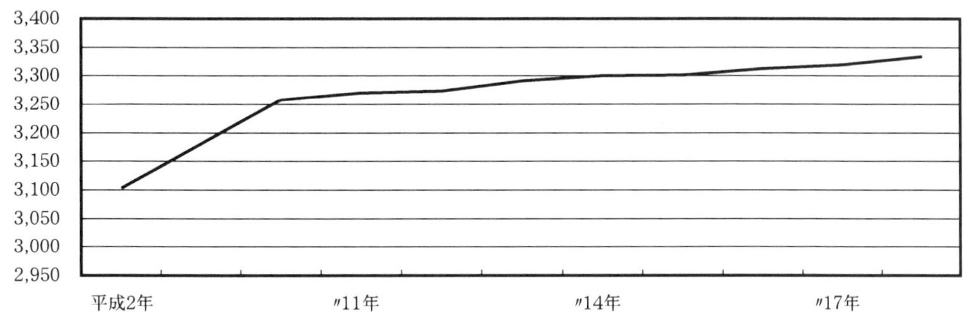

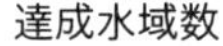

達成水域数

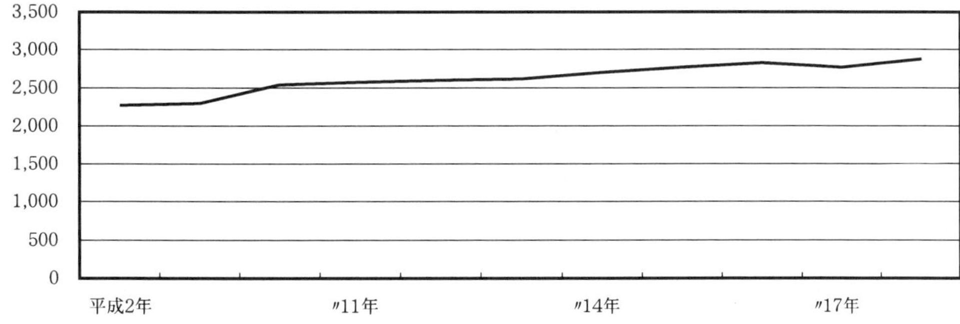

年　度	環境基準達成率　(%)　1)			
	水域	河川 2)	湖沼 3)	海域 3)
1990　平成2年	73.1	73.6	44.2	77.6
1995　〃7年	72.1	72.3	39.5	78.6
1998　〃10年	77.9	81.0	40.9	73.6
1999　〃11年	78.7	81.5	45.1	74.5
2000　〃12年	79.4	82.4	42.3	75.3
2001　〃13年	79.5	81.5	45.8	79.3
2002　〃14年	81.7	85.1	43.8	76.9
2003　〃15年	83.8	87.4	55.2	76.2
2004　〃16年	85.2	89.8	50.9	75.5
2005　〃17年	83.4	87.2	53.4	76.0
2006　〃18年	86.3	91.2	55.6	74.5

環境基準達成率　河川

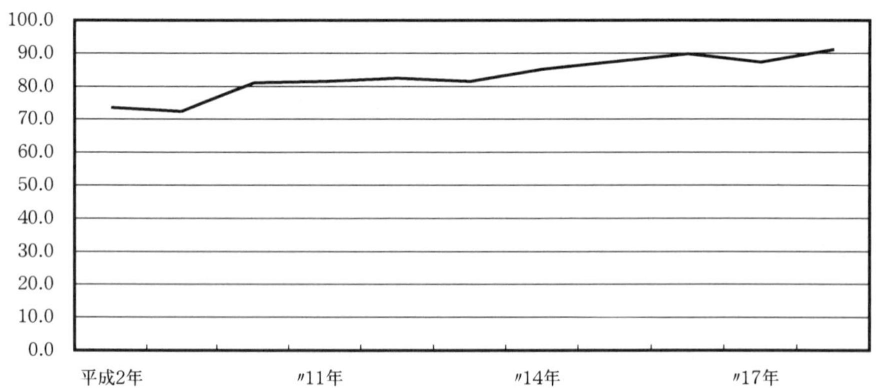

環境基準達成率　湖沼

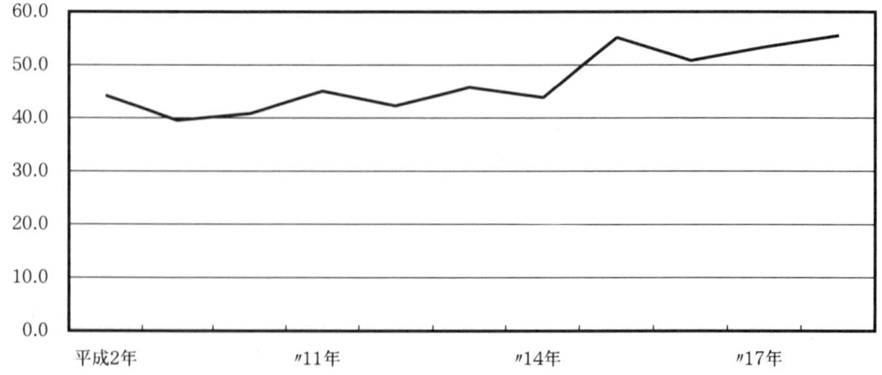

12. 国民生活

12-1 宗教団体数, 教師数及び信者数

年末	総数			神道系				
	宗教団体	教師数 (1,000)	信者数 (1,000)	宗教法人		宗教法人以外の団体	教師数 (1,000)	信者数 (1,000)
				社寺	教会, その他			
1989 平成元年	230,267	655	210,924	81,394	4,379	5,179	103	107,068
1990 〃2年	230,704	665	217,230	81,402	4,371	5,191	104	109,000
1991 〃3年	231,022	666	214,730	81,405	4,376	5,188	90	106,644
1992 〃4年	230,900	671	220,079	81,374	4,373	5,135	92	118,384
1993 〃5年	231,019	681	219,723	81,311	4,376	5,097	92	116,932
1994 〃6年	231,428	685	219,839	81,307	4,361	5,031	90	117,378
1995 〃7年	229,969	682	215,984	81,326	4,342	4,595	90	116,922
1996 〃8年	227,558	650	207,759	81,262	4,339	3,720	83	102,214
1997 〃9年	227,110	631	212,647	81,297	4,239	3,628	88	104,553
1998 〃10年	226,984	631	215,063	81,302	4,252	4,014	87	106,152
1999 〃11年	226,597	676	214,028	81,186	4,177	4,041	80	106,242
2000 〃12年	226,117	681	215,366	81,167	4,031	3,985	82	107,953
2001 〃13年	225,885	655	214,755	81,157	3,942	3,983	81	106,787
2002 〃14年	225,501	650	215,964	81,146	3,921	3,908	84	107,778
2003 〃15年	226,060	658	213,827	81,118	3,878	3,881	80	107,559
2004 〃16年	224,540	647	213,827	81,115	3,825	3,774	81	108,580
2005 〃17年	223,871	651	211,021	81,143	4,285	3,157	87	107,248
2006 〃18年	223,970	648	208,845	81,248	4,136	3,404	79	106,818

原注：「信者総数」が日本の総人口より上回っているのは寺院の檀徒と神社の氏子などの重複による。「宗教団体数」は被包括宗教団体と単位宗教法人の計で包括宗教団体は含まれていない。
出所：43, 46, 50, 53, 56, 58

宗教団体

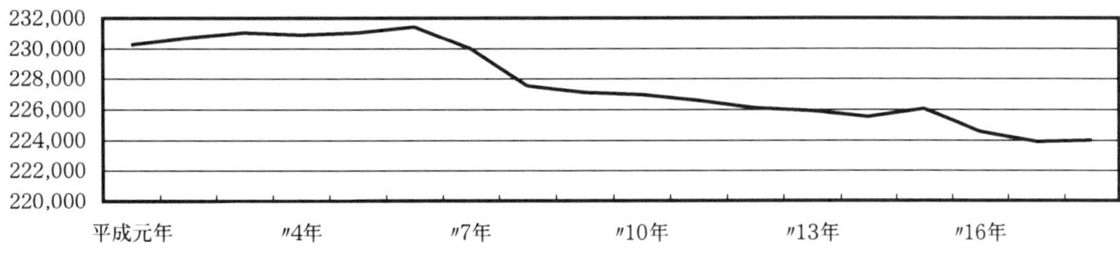

信者数

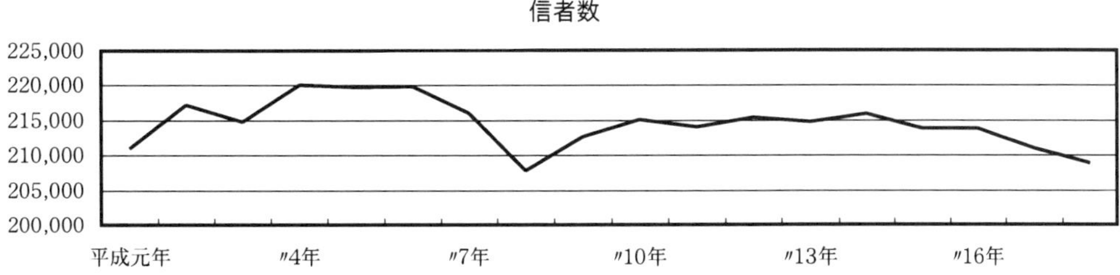

年　末	仏教系					キリスト教系		
	宗教法人		宗教法人以外の団体	教師数(1,000)	信者数(1,000)	宗教法人(教会,その他)	宗教法人以外の団体	教師数(1,000)
	社寺	教会,その他						
1989 平成元年	75,757	1,858	10,525	279	91,048	3,889	5,002	16
1990 〃2年	75,800	1,845	10,711	286	96,255	3,937	5,118	17
1991 〃3年	75,673	1,895	10,995	288	95,766	3,922	5,425	17
1992 〃4年	75,685	1,907	11,042	290	89,034	3,936	5,282	18
1993 〃5年	75,795	1,941	11,058	292	89,944	3,928	5,347	18
1994 〃6年	76,085	1,917	11,216	297	89,829	3,972	5,363	17
1995 〃7年	75,900	1,877	10,660	299	87,481	4,000	5,189	17
1996 〃8年	75,916	1,896	9,617	236	91,584	3,960	5,204	56
1997 〃9年	75,885	1,873	9,409	258	95,118	3,962	5,229	28
1998 〃10年	75,785	1,840	9,126	259	96,130	4,027	5,197	28
1999 〃11年	75,744	1,828	9,088	311	95,787	4,055	5,207	28
2000 〃12年	75,725	1,789	9,072	305	95,420	4,110	5,218	29
2001 〃13年	75,733	1,759	9,155	312	95,493	4,337	4,993	28
2002 〃14年	75,735	1,737	9,061	304	95,555	4,378	5,022	28
2003 〃15年	76,752	1,717	8,896	313	93,986	4,222	5,217	31
2004 〃16年	75,829	1,690	8,895	306	93,485	4,522	4,831	31
2005 〃17年	75,924	1,830	8,614	309	91,260	4,275	5,101	30
2006 〃18年	75,885	1,781	8,328	314	89,178	4,298	5,032	32

仏教系　宗教法人　社寺

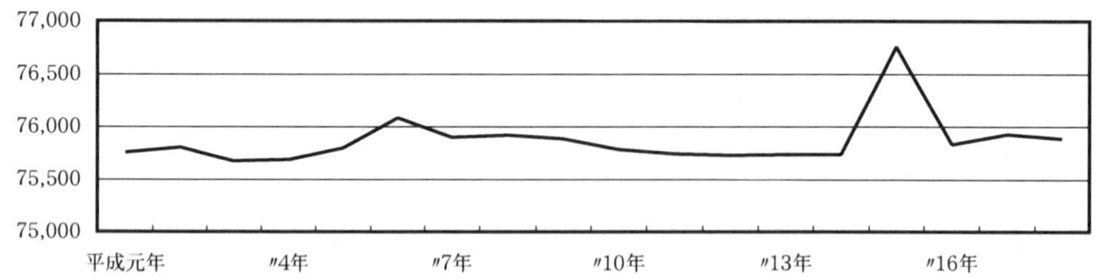

仏教系　信者数

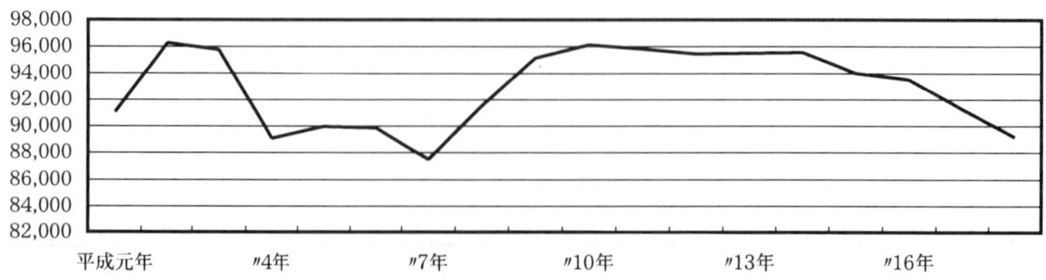

年　末	キリスト教系		諸教				
	教師数（1,000） ＃外人教師・宣教師	信者数（1,000）	宗教法人 社寺	宗教法人 教会，その他	宗教法人以外の団体	教師数（1,000）	信者数（1,000）
1989 平成元年	3.8	1,467	39	16,166	26,079	256	11,340
1990 〃2年	3.7	1,464	40	16,159	26,130	258	10,511
1991 〃3年	3.8	1,487	40	16,168	25,935	270	10,834
1992 〃4年	3.7	1,511	38	16,169	25,959	271	11,150
1993 〃5年	3.6	1,538	41	16,189	25,936	279	11,309
1994 〃6年	3.4	1,519	45	16,186	25,945	281	11,113
1995 〃7年	3.1	1,450	46	16,115	25,919	276	10,131
1996 〃8年	6.9	3,169	82	16,016	25,546	275	10,793
1997 〃9年	3.4	1,762	122	15,824	25,632	256	11,214
1998 〃10年	3.5	1,762	77	15,645	25,719	257	11,019
1999 〃11年	3.4	1,757	78	15,456	25,737	257	10,243
2000 〃12年	3.5	1,772	79	15,348	25,593	265	10,221
2001 〃13年	3.2	1,822	80	15,269	25,477	235	10,654
2002 〃14年	3.2	1,917	88	15,218	25,287	234	10,713
2003 〃15年	3.1	2,157	87	15,211	25,081	234	10,124
2004 〃16年	3.1	2,162	87	15,169	24,803	230	9,599
2005 〃17年	2.9	2,595	81	15,258	24,203	225	9,918
2006 〃18年	2.7	3,032	78	15,042	24,738	224	9,818

キリスト教系　信者数

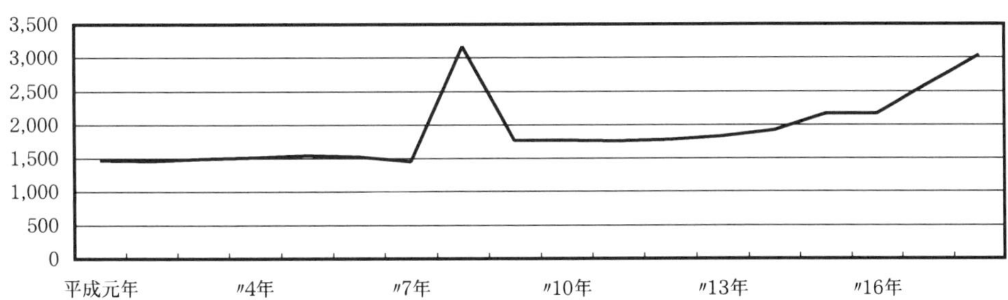

諸教　信者数

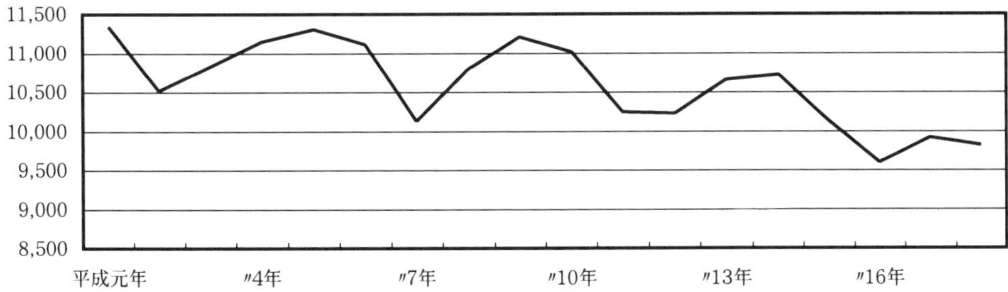

12-2a　刑法犯の罪名別認知件数，検挙件数

年次		刑法犯	一般刑法犯						
			総数	凶悪犯				粗暴犯	
				殺人	強盗	放火	強姦	凶器準備集合	暴行
		認知件数							
1989	平成元年	2,261,076	1,673,268	1,308	1,586	1,449	1,556	55	8,182
1990	〃2年	2,217,559	1,636,628	1,238	1,653	1,491	1,548	65	7,362
1991	〃3年	2,284,401	1,707,877	1,215	1,848	1,348	1,603	40	6,703
1992	〃4年	2,355,504	1,742,366	1,227	2,189	1,418	1,504	32	6,773
1993	〃5年	2,437,252	1,801,150	1,233	2,466	1,754	1,611	38	6,576
1994	〃6年	2,426,694	1,784,432	1,279	2,684	1,741	1,616	21	6,112
1995	〃7年	2,435,983	1,782,944	1,281	2,277	1,710	1,500	38	6,190
1996	〃8年	2,465,503	1,812,119	1,218	2,463	1,846	1,483	31	6,469
1997	〃9年	2,518,074	1,899,564	1,282	2,809	1,936	1,657	41	7,254
1998	〃10年	2,690,267	2,033,546	1,388	3,426	1,566	1,873	37	7,367
1999	〃11年	2,904,051	2,165,626	1,265	4,237	1,728	1,857	34	7,792
2000	〃12年	3,256,109	2,443,470	1,391	5,173	1,743	2,260	36	13,225
2001	〃13年	3,581,521	2,735,612	1,340	6,393	2,006	2,228	42	16,928
2002	〃14年	3,693,928	2,853,739	1,396	6,984	1,830	2,357	30	19,442
2003	〃15年	3,646,253	2,790,136	1,452	7,664	2,070	2,472	34	21,937
2004	〃16年	3,427,606	2,562,767	1,419	7,295	2,174	2,176	27	23,691
2005	〃17年	3,125,216	2,269,293	1,392	5,988	1,904	2,076	16	25,815
2006	〃18年	2,877,027	2,050,850	1,309	5,108	1,759	1,948	20	31,002
		検挙件数							
1989	平成元年	1,360,128	772,320	1,255	1,204	1,230	1,301	56	7,033
1990	〃2年	1,273,524	692,593	1,197	1,272	1,229	1,274	65	6,302
1991	〃3年	1,231,062	654,538	1,166	1,328	1,140	1,354	40	5,532
1992	〃4年	1,249,428	636,290	1,185	1,525	1,157	1,243	32	5,378
1993	〃5年	1,359,712	723,610	1,190	1,970	1,655	1,492	38	5,419
1994	〃6年	1,410,106	767,844	1,225	2,100	1,606	1,480	20	4,956
1995	〃7年	1,406,213	753,174	1,236	1,882	1,645	1,410	40	5,034
1996	〃8年	1,389,265	735,881	1,197	1,974	1,749	1,317	31	4,993
1997	〃9年	1,378,119	759,609	1,225	2,232	1,804	1,472	41	5,274
1998	〃10年	1,429,003	772,282	1,356	2,614	1,369	1,652	36	5,035
1999	〃11年	1,469,709	731,284	1,219	2,813	1,458	1,369	33	4,751
2000	〃12年	1,389,410	576,771	1,322	2,941	1,372	1,540	36	7,195
2001	〃13年	1,388,024	542,115	1,261	3,115	1,540	1,404	43	7,852
2002	〃14年	1,432,548	592,359	1,336	3,566	1,234	1,468	30	8,348
2003	〃15年	1,504,436	648,319	1,366	3,855	1,448	1,569	29	9,539
2004	〃16年	1,532,459	667,620	1,342	3,666	1,513	1,403	28	10,666
2005	〃17年	1,505,426	649,503	1,345	3,269	1,361	1,443	16	13,703
2006	〃18年	1,466,834	640,657	1,267	3,061	1,337	1,460	20	19,405

原注：「犯罪統計」による。「一般刑法犯」とは，刑法犯総数から業務上等過失致死傷（交通関係）を除いたものをいう。
出所：43, 46, 50, 53, 56, 58

年次		一般刑法犯							
		粗暴犯			窃盗犯	知能犯			
		傷害	脅迫	恐喝		詐欺	横領	偽造	汚職
		認知件数							
1989	平成元年	19,802	1,041	10,861	1,483,590	53,605	1,949	10,403	197
1990	〃2年	19,436	943	10,093	1,444,067	50,919	1,723	11,517	194
1991	〃3年	18,634	865	9,582	1,504,257	46,427	1,610	11,917	164
1992	〃4年	18,854	923	10,048	1,525,863	48,900	1,736	12,269	170
1993	〃5年	18,306	940	11,225	1,583,993	47,341	1,679	10,029	210
1994	〃6年	18,097	1,019	11,266	1,557,738	52,047	1,875	9,615	185
1995	〃7年	17,482	943	11,207	1,570,492	45,923	1,632	9,159	176
1996	〃8年	17,876	904	12,226	1,588,698	49,394	1,621	9,973	147
1997	〃9年	19,288	1,040	12,947	1,665,543	49,426	1,569	10,100	173
1998	〃10年	19,476	971	13,900	1,789,049	48,279	1,355	9,458	147
1999	〃11年	20,233	995	14,768	1,910,393	43,431	1,229	8,737	100
2000	〃12年	30,184	2,047	18,926	2,131,164	44,384	1,553	9,091	115
2001	〃13年	33,965	2,300	19,566	2,340,511	43,104	1,995	7,671	171
2002	〃14年	36,324	2,374	18,403	2,377,488	49,482	2,151	10,883	178
2003	〃15年	36,568	2,625	17,595	2,235,844	60,298	2,183	12,103	130
2004	〃16年	35,937	2,537	14,424	1,981,574	83,015	2,543	13,547	111
2005	〃17年	34,484	2,479	10,978	1,725,072	85,596	2,347	9,410	112
2006	〃18年	33,987	2,658	8,636	1,534,528	74,632	2,408	7,010	158
		検挙件数							
1989	平成元年	17,770	1,004	8,229	619,214	51,315	1,849	10,304	195
1990	〃2年	17,294	880	7,332	537,300	48,926	1,658	11,247	194
1991	〃3年	16,181	804	6,708	493,902	44,084	1,522	11,950	162
1992	〃4年	15,967	879	6,809	468,479	46,097	1,622	12,072	171
1993	〃5年	15,764	886	7,661	553,319	44,523	1,598	9,865	211
1994	〃6年	15,733	960	7,601	587,119	48,881	1,777	9,409	185
1995	〃7年	15,209	908	7,295	587,266	42,940	1,533	9,054	177
1996	〃8年	15,078	852	7,092	566,207	46,582	1,518	9,879	147
1997	〃9年	16,098	943	7,611	586,648	46,233	1,483	9,873	172
1998	〃10年	15,892	910	7,765	597,283	44,405	1,242	9,293	146
1999	〃11年	15,644	869	7,191	561,148	38,340	1,112	8,245	99
2000	〃12年	21,731	1,524	8,725	407,246	35,255	1,229	7,690	112
2001	〃13年	22,544	1,590	7,895	367,643	30,017	1,505	6,050	170
2002	〃14年	23,453	1,572	7,022	403,872	31,547	1,503	6,608	174
2003	〃15年	23,659	1,567	7,502	433,918	30,364	1,375	8,675	127
2004	〃16年	22,938	1,581	5,915	447,950	26,617	1,517	8,032	107
2005	〃17年	23,304	1,638	5,376	429,038	29,384	1,453	7,175	111
2006	〃18年	23,331	1,812	4,841	416,281	30,127	1,545	5,433	152

年次	一般刑法犯					業務上（重）過失致死傷・危険運転致死傷（交通業過）
	知能犯		風俗犯		その他	
	あっせん利得処罰法	背任	賭博	猥褻		
	認知件数					
1989 平成元年	-	71	1,559	4,878	71,176	587,808
1990 〃2年	-	66	1,413	4,411	78,489	580,931
1991 〃3年	-	48	1,201	4,864	95,551	576,524
1992 〃4年	-	46	1,081	5,120	104,213	613,138
1993 〃5年	-	67	1,014	5,070	107,598	636,102
1994 〃6年	-	58	774	5,338	112,967	642,262
1995 〃7年	-	38	702	5,455	106,739	653,039
1996 〃8年	-	52	590	5,849	111,279	653,384
1997 〃9年	-	48	604	6,159	117,688	618,510
1998 〃10年	-	32	515	6,171	128,536	656,721
1999 〃11年	-	31	293	7,155	141,348	738,425
2000 〃12年	-	41	278	9,523	172,336	812,639
2001 〃13年	-	66	290	11,551	245,485	845,909
2002 〃14年	1	56	300	11,920	312,140	840,189
2003 〃15年	-	40	208	12,826	374,087	856,117
2004 〃16年	1	41	249	12,097	379,909	864,839
2005 〃17年	1	34	221	11,864	349,504	855,923
2006 〃18年	2	61	209	11,723	333,692	826,177
	検挙件数					
1989 平成元年	-	70	1,567	4,017	44,707	587,808
1990 〃2年	-	66	1,413	3,588	51,356	580,931
1991 〃3年	-	47	1,202	3,878	63,538	576,524
1992 〃4年	-	47	1,080	4,190	68,357	613,138
1993 〃5年	-	64	1,018	4,575	72,362	636,102
1994 〃6年	-	56	776	5,024	78,936	642,262
1995 〃7年	-	38	703	5,014	71,790	653,039
1996 〃8年	-	52	588	5,253	71,372	653,384
1997 〃9年	-	50	604	5,520	72,326	618,510
1998 〃10年	-	32	515	5,384	77,353	656,721
1999 〃11年	-	31	291	5,147	81,524	738,425
2000 〃12年	-	36	278	5,531	73,008	812,639
2001 〃13年	-	58	290	5,776	83,362	845,909
2002 〃14年	1	51	300	5,333	94,941	840,189
2003 〃15年	-	33	202	5,963	117,128	856,117
2004 〃16年	1	25	243	5,827	128,249	864,839
2005 〃17年	1	27	213	6,209	124,437	855,923
2006 〃18年	2	37	204	6,548	123,794	826,177

12-2b　刑法犯の検挙人員

年　次	刑法犯	一般刑法犯							
		総数	凶悪犯				粗暴犯	
			殺人	強盗	放火	強姦	凶器準備集合	暴行
1989 平成元年	934,194	312,992	1,323	1,444	640	1,329	520	8,993
1990 〃2年	899,650	293,264	1,238	1,582	614	1,289	385	8,058
1991 〃3年	899,023	296,158	1,159	1,660	593	1,275	402	6,918
1992 〃4年	922,953	284,908	1,175	1,780	566	1,188	295	6,882
1993 〃5年	958,475	297,725	1,218	2,089	721	1,162	271	6,570
1994 〃6年	974,158	307,965	1,275	2,372	718	1,161	214	5,831
1995 〃7年	970,179	293,252	1,295	2,169	685	1,160	394	5,976
1996 〃8年	979,275	295,584	1,242	2,390	710	1,117	259	5,877
1997 〃9年	957,460	313,573	1,284	3,152	749	1,448	384	6,492
1998 〃10年	1,006,804	324,263	1,365	3,379	693	1,512	193	5,885
1999 〃11年	1,080,107	315,355	1,313	3,762	750	1,392	180	5,505
2000 〃12年	1,160,142	309,649	1,416	3,797	789	1,486	222	8,119
2001 〃13年	1,195,897	325,292	1,334	4,096	783	1,277	497	8,636
2002 〃14年	1,219,564	347,558	1,405	4,151	815	1,355	283	9,132
2003 〃15年	1,269,785	379,602	1,456	4,698	866	1,342	419	10,124
2004 〃16年	1,289,416	389,027	1,391	4,154	867	1,107	279	11,002
2005 〃17年	1,278,479	386,955	1,338	3,844	791	1,074	95	13,970
2006 〃18年	1,241,358	384,250	1,241	3,335	825	1,058	155	19,802

原注：「犯罪統計」による。「一般刑法犯」とは，刑法犯総数から業務上等過失致死傷（交通関係）を除いたものをいう。
出所：43, 46, 50, 53, 56, 58

刑法犯

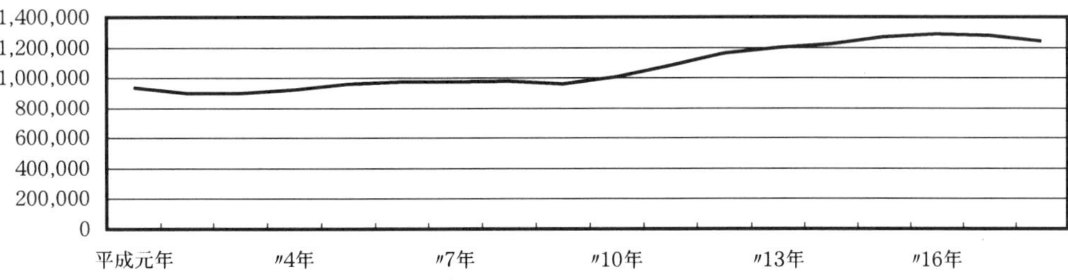

放　火

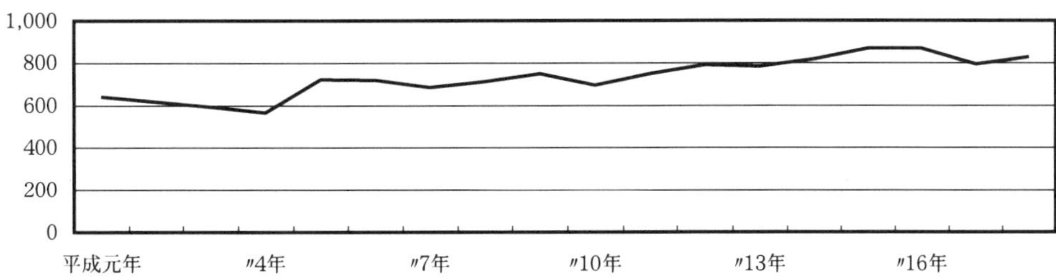

年　次	一般刑法犯							
	粗暴犯			窃盗犯	知能犯			
	傷害	脅迫	恐喝		詐欺	横領	偽造	汚職
1989 平成元年	25,066	939	9,467	195,380	9,169	1,100	1,286	287
1990 〃2年	24,174	772	8,653	175,559	7,756	927	1,341	246
1991 〃3年	22,754	724	7,894	169,981	8,348	915	1,310	236
1992 〃4年	22,322	944	8,232	153,444	8,742	935	2,021	230
1993 〃5年	22,235	980	8,529	162,111	8,939	1,097	1,438	208
1994 〃6年	21,674	1,038	9,382	164,913	10,338	1,110	1,247	256
1995 〃7年	20,972	892	9,136	159,453	8,846	878	1,702	259
1996 〃8年	21,076	844	9,054	162,675	8,256	913	1,999	240
1997 〃9年	22,826	974	9,756	175,632	8,748	930	1,598	282
1998 〃10年	22,795	961	9,921	181,329	8,651	882	1,474	228
1999 〃11年	21,952	896	9,341	172,147	8,178	759	1,388	172
2000 〃12年	29,359	1,458	11,261	162,610	8,492	971	1,631	188
2001 〃13年	29,584	1,525	10,186	168,919	8,495	1,067	1,634	255
2002 〃14年	29,862	1,527	8,811	180,725	9,507	1,184	2,112	283
2003 〃15年	28,999	1,457	8,531	191,403	10,194	1,088	2,124	195
2004 〃16年	27,069	1,388	7,063	195,151	11,238	1,210	2,236	139
2005 〃17年	27,130	1,522	6,439	194,119	11,648	1,111	2,033	230
2006 〃18年	27,075	1,693	5,780	187,654	12,406	1,252	1,847	194

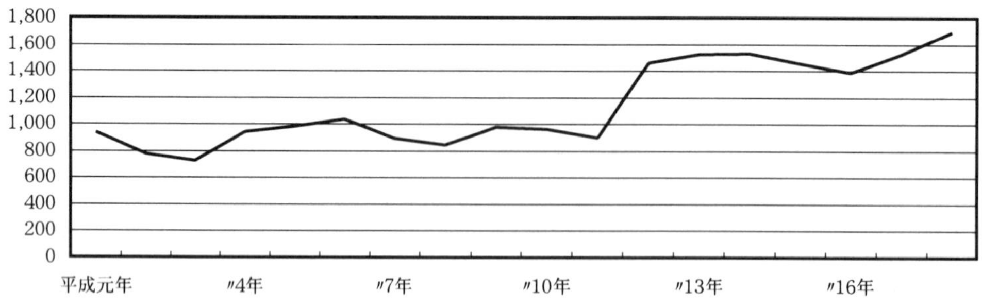

詐　欺

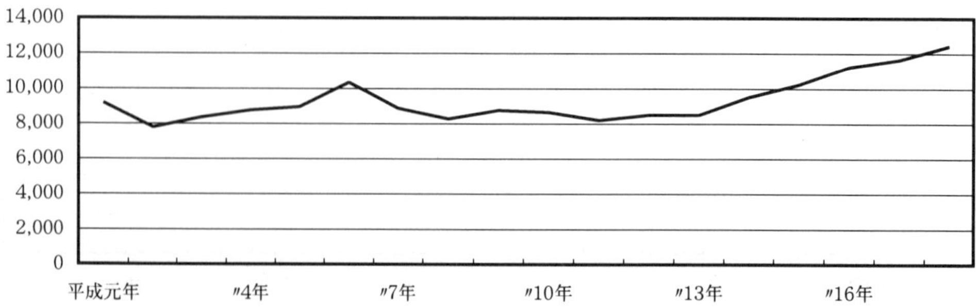

年 次	一般刑法犯					業務上（重）過失致死傷・危険運転致死傷（交通業過）
	知能犯		風俗犯		その他	
	あっせん利得処罰法	背任	賭博	猥褻		
1989 平成元年	-	60	8,072	2,861	45,056	621,202
1990 〃2年	-	69	6,875	2,706	51,020	606,386
1991 〃3年	-	49	5,634	2,910	63,396	602,865
1992 〃4年	-	53	5,592	2,883	67,624	638,045
1993 〃5年	-	71	6,344	2,808	70,934	660,750
1994 〃6年	-	78	4,917	3,229	78,212	666,193
1995 〃7年	-	53	5,270	3,203	70,909	676,927
1996 〃8年	-	70	4,100	3,555	71,207	683,691
1997 〃9年	-	81	3,253	3,670	72,314	643,887
1998 〃10年	-	51	3,372	3,867	77,705	682,541
1999 〃11年	-	65	2,327	3,783	81,445	764,752
2000 〃12年	-	59	1,905	4,207	71,679	850,493
2001 〃13年	-	88	2,077	4,089	80,750	870,605
2002 〃14年	2	85	1,928	3,984	90,407	872,006
2003 〃15年	-	52	1,725	4,161	110,768	890,183
2004 〃16年	-	27	1,422	4,266	119,018	900,389
2005 〃17年	-	31	1,771	4,602	115,207	891,524
2006 〃18年	7	54	1,379	4,882	113,611	857,108

猥 褻

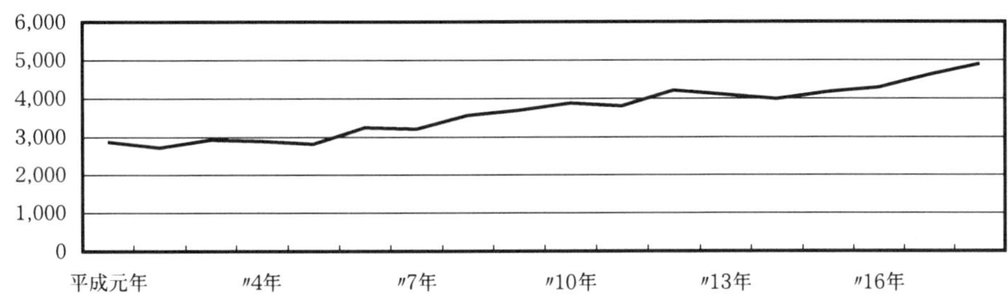

業務上（重）過失致死傷・危険運転致死傷（交通業過）

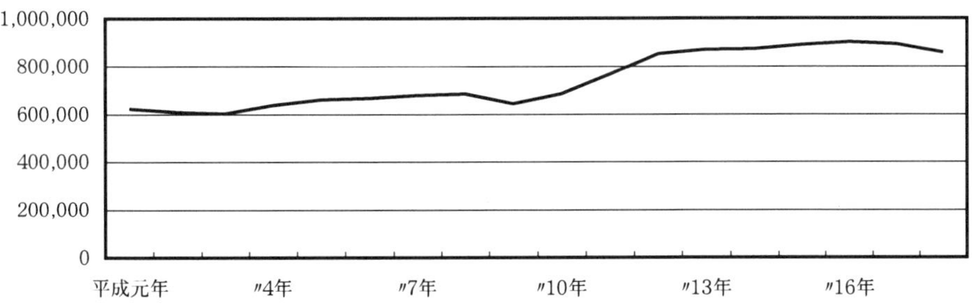

12-3 道路交通事故

年 次	事故件数 1)			死亡者数	負傷者数	自動車台数 (年末) (1,000)	自動車1万台当たり	
		死亡事故	負傷事故				死亡者数	負傷者数
1989 平成元年	661,363	10,570	650,793	11,086	814,832	57,937	1.9	140.6
1990 〃2年	643,097	10,651	632,446	11,227	790,295	60,651	1.9	130.3
1991 〃3年	662,388	10,547	651,841	11,105	810,245	62,891	1.8	128.8
1992 〃4年	695,345	10,891	684,454	11,451	844,003	64,709	1.8	130.4
1993 〃5年	724,675	10,395	714,280	10,942	878,633	66,377	1.6	132.4
1994 〃6年	729,457	10,154	719,303	10,649	881,723	68,185	1.6	129.3
1995 〃7年	761,789	10,227	751,562	10,679	922,677	70,074	1.5	131.7
1996 〃8年	771,084	9,517	761,567	9,942	942,203	72,030	1.4	130.8
1997 〃9年	780,399	9,220	771,179	9,640	958,925	73,219	1.3	131.0
1998 〃10年	803,878	8,797	795,081	9,211	990,675	74,009	1.2	133.9
1999 〃11年	850,363	8,681	841,682	9,006	1,050,397	74,915	1.2	140.2
2000 〃12年	931,934	8,707	923,227	9,066	1,155,697	-	1.0	129.5
2001 〃13年	947,169	8,414	938,755	8,747	1,180,955	-	1.0	131.6
2002 〃14年	936,721	7,993	928,728	8,326	1,167,855	-	0.9	129.6
2003 〃15年	947,993	7,456	940,537	7,702	1,181,431	-	0.9	131.1
2004 〃16年	952,191	7,084	945,107	7,358	1,183,120	-	0.8	130.8
2005 〃17年	933,828	6,625	927,203	6,871	1,156,633	-	0.8	126.6
2006 〃18年	886,864	6,147	880,717	6,352	1,098,199	-	0.7	120.1
2007 〃19年	832,454	5,587	826,867	5,744	1,034,445	-	0.6	113.5

原注：1) 物損事故を除く。 2) 算出の基礎に用いた人口は，総務省統計局の「国勢調査人口（10月1日現在）」又は「人口推計年報（10月1日現在）」による。

出所：45, 50, 52, 58

死亡事故

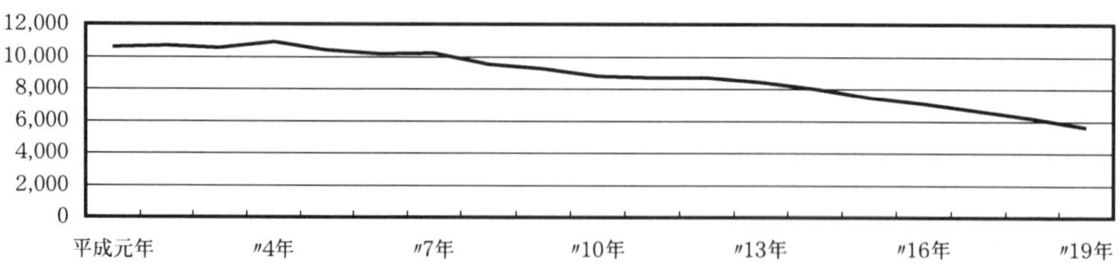

負傷事故

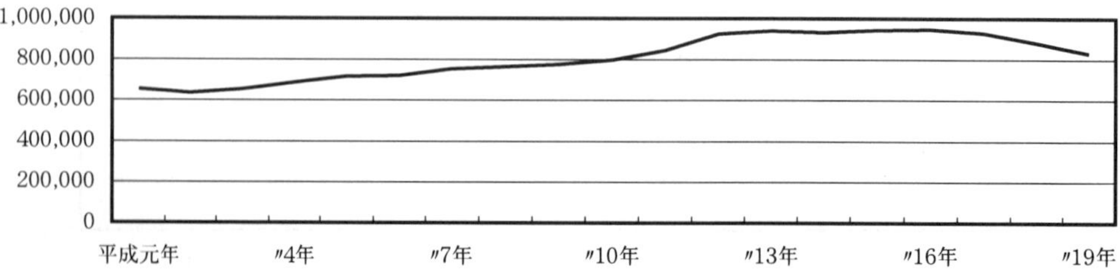

年　次	人口10万人当たり　2)	
	死亡者数	負傷者数
1989 平成元年	9.0	661.1
1990 〃2年	9.1	639.3
1991 〃3年	9.0	653.2
1992 〃4年	9.2	678.2
1993 〃5年	8.8	704.2
1994 〃6年	8.5	706.7
1995 〃7年	8.5	734.8
1996 〃8年	7.9	750.3
1997 〃9年	7.7	761.9
1998 〃10年	7.3	785.2
1999 〃11年	7.1	830.5
2000 〃12年	7.1	910.5
2001 〃13年	6.9	930.4
2002 〃14年	6.5	916.4
2003 〃15年	6.0	925.7
2004 〃16年	5.8	926.6
2005 〃17年	5.4	905.3
2006 〃18年	5.0	859.5
2007 〃19年	4.5	809.6

人口10万人当たり　死亡者数

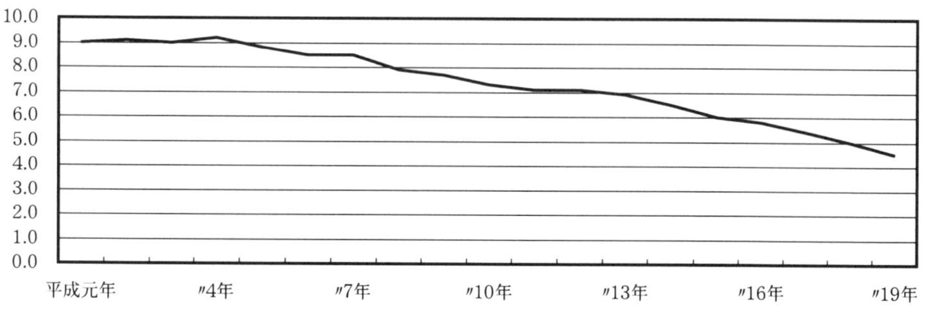

人口10万人当たり　負傷者数

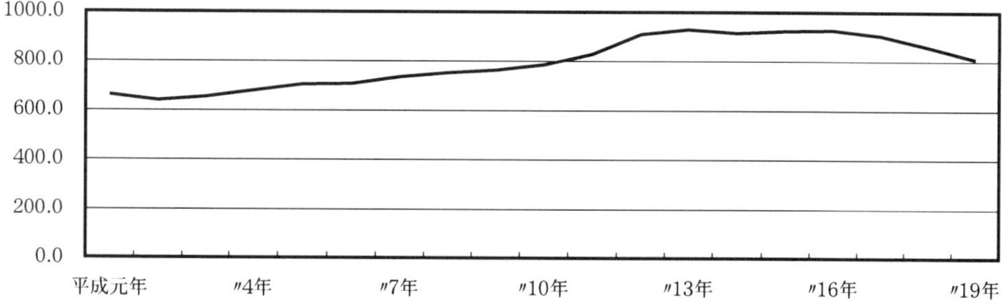

12-4 鉄道運転事故
JR

年 度		運転事故件数	列車事故	衝突	脱線	火災	踏切障害	人身障害	物損
1989	平成元年	893	33	3	20	10	551	307	2
1990	〃2年	800	19	1	12	6	494	286	1
1991	〃3年	760	22	-	18	4	433	304	1
1992	〃4年	706	22	2	14	6	387	296	1
1993	〃5年	688	15	1	12	2	381	292	-
1994	〃6年	612	22	1	21	-	310	279	1
1995	〃7年	587	18	-	12	6	303	265	1
1996	〃8年	558	19	1	16	2	282	256	1
1997	〃9年	548	12	2	10	-	275	260	1
1998	〃10年	497	12	-	8	4	255	230	-
1999	〃11年	531	14	-	11	3	270	247	-
2000	〃12年	489	19	-	15	4	267	199	4
2001	〃13年	482	6	1	4	1	258	216	2
2002	〃14年	468	7	-	6	1	235	226	-
2003	〃15年	438	8	-	6	2	226	201	3
2004	〃16年	445	18	1	17	-	218	207	2
2005	〃17年	455	9	2	7	-	229	213	4

出所：43, 45, 48, 51, 56, 58

列車事故

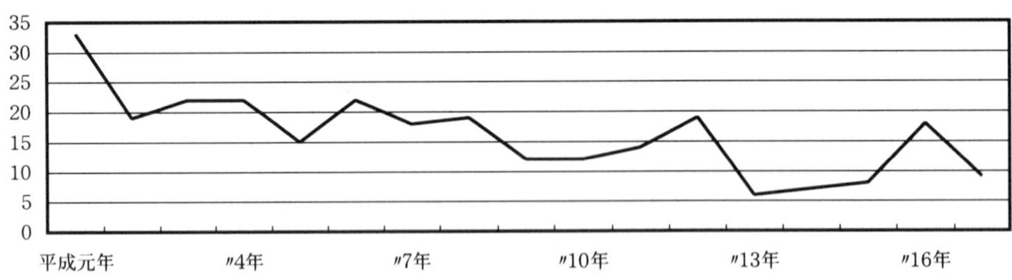

人身障害

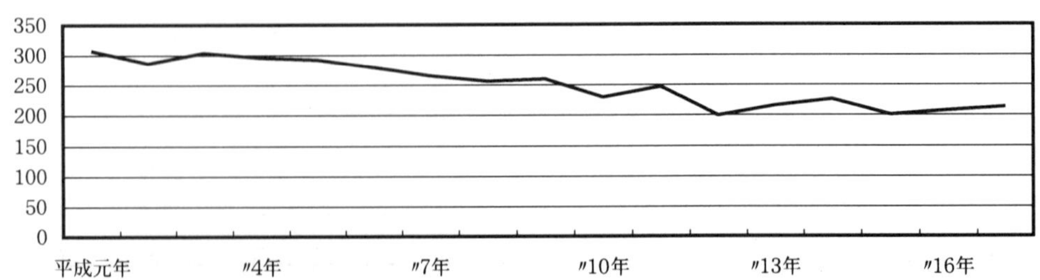

年度		死傷者数	死亡	負傷者
1989	平成元年	901	318	583
1990	〃2年	685	282	403
1991	〃3年	879	286	593
1992	〃4年	636	312	324
1993	〃5年	552	271	281
1994	〃6年	504	259	245
1995	〃7年	510	229	281
1996	〃8年	474	243	231
1997	〃9年	588	220	368
1998	〃10年	390	232	158
1999	〃11年	410	227	183
2000	〃12年	373	196	177
2001	〃13年	523	216	307
2002	〃14年	399	230	169
2003	〃15年	381	206	175
2004	〃16年	384	192	192
2005	〃17年	1,074	313	761

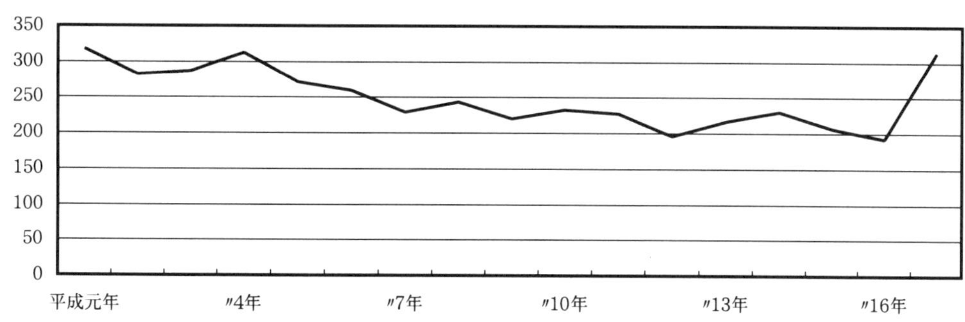

負傷者

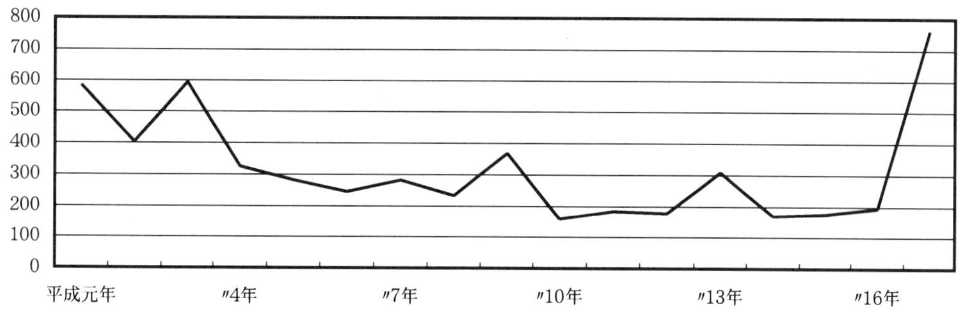

12-5　鉄道運転事故
民営鉄道（JR以外）

年　度	運転事故件数							
	計			列車事故				踏切障害
		鉄道	軌道		衝突	脱線	火災	
1989 平成元年	586	421	165	28	8	19	1	297
1990 〃2年	508	362	146	25	2	20	3	250
1991 〃3年	481	376	105	26	6	20	-	260
1992 〃4年	448	357	91	21	7	13	1	243
1993 〃5年	492	373	119	16	6	9	1	269
1994 〃6年	461	342	119	29	2	26	1	221
1995 〃7年	459	351	108	21	4	16	1	246
1996 〃8年	445	355	90	16	1	15	-	230
1997 〃9年	416	332	84	20	7	13	-	220
1998 〃10年	442	339	103	19	5	12	2	219
1999 〃11年	396	298	98	18	7	10	1	190
2000 〃12年	442	312	130	16	7	8	1	195
2001 〃13年	397	286	111	17	5	10	2	184
2002 〃14年	375	311	64	16	3	13	-	202
2003 〃15年	395	327	68	16	3	13	-	183
2004 〃16年	402	321	81	21	6	15	-	186
2005 〃17年	402	343	59	19	4	15	-	185

出所：43, 45, 48, 51, 56, 58

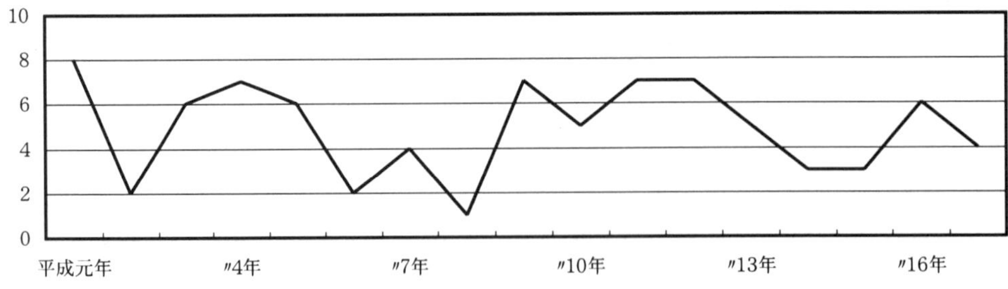

踏切障害

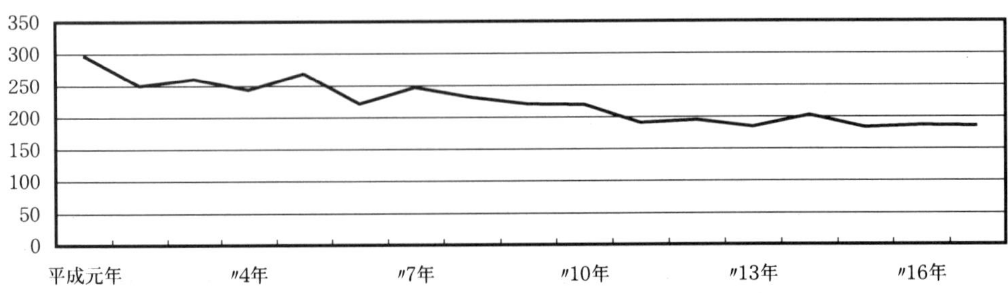

年 度	運転事故件数			死傷者数				
	道路障害	人身障害	物損	計			鉄道	
					死亡	負傷者		死亡
1989 平成元年	139	122	-	373	118	255	297	112
1990 〃2年	134	98	1	344	141	203	290	130
1991 〃3年	89	105	1	995	165	830	940	162
1992 〃4年	72	110	2	687	118	569	598	114
1993 〃5年	102	105	-	549	121	428	502	114
1994 〃6年	97	113	1	354	107	247	323	105
1995 〃7年	90	98	4	322	114	208	281	108
1996 〃8年	73	126	-	330	117	213	293	114
1997 〃9年	65	109	2	359	108	251	318	103
1998 〃10年	88	116	-	324	117	207	287	116
1999 〃11年	78	109	1	338	109	229	307	107
2000 〃12年	96	133	2	311	116	195	261	108
2001 〃13年	95	100	1	299	97	202	240	93
2002 〃14年	47	106	4	326	120	206	292	119
2003 〃15年	55	139	2	312	124	188	265	122
2004 〃16年	59	135	1	338	132	206	275	129
2005 〃17年	41	155	2	323	131	192	266	129

死傷者数計

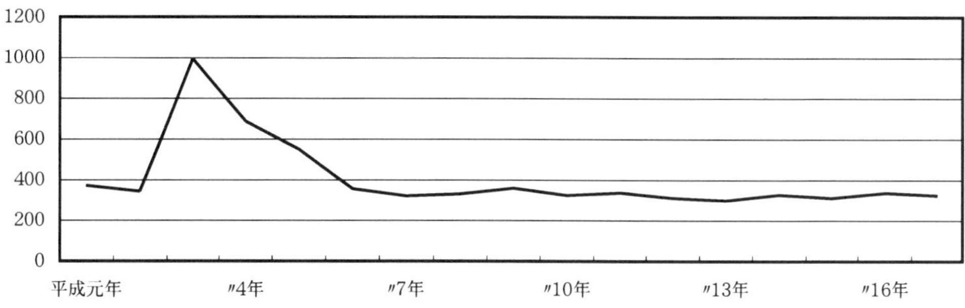

鉄道　死亡

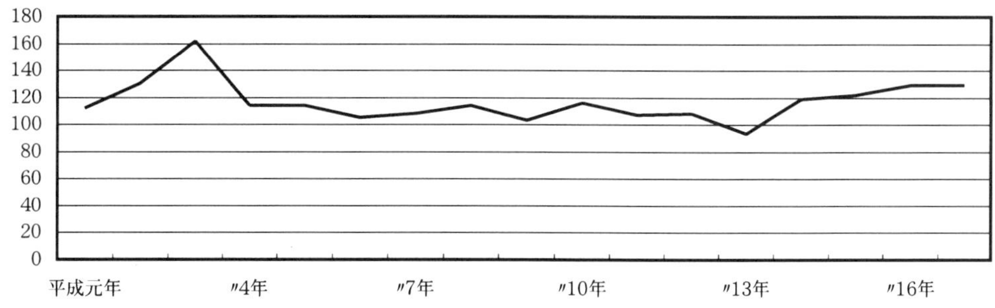

年　度		死傷者数			
		鉄道	軌道		
		負傷者		死亡	負傷者
1989	平成元年	185	76	6	70
1990	〃2年	160	54	11	43
1991	〃3年	778	55	3	52
1992	〃4年	484	89	4	85
1993	〃5年	388	47	7	40
1994	〃6年	218	31	2	29
1995	〃7年	173	41	6	35
1996	〃8年	179	37	3	34
1997	〃9年	215	41	5	36
1998	〃10年	171	37	1	36
1999	〃11年	200	31	2	29
2000	〃12年	153	50	8	42
2001	〃13年	147	59	4	55
2002	〃14年	173	34	1	33
2003	〃15年	143	47	2	45
2004	〃16年	146	63	3	60
2005	〃17年	137	57	2	55

鉄道　負傷者

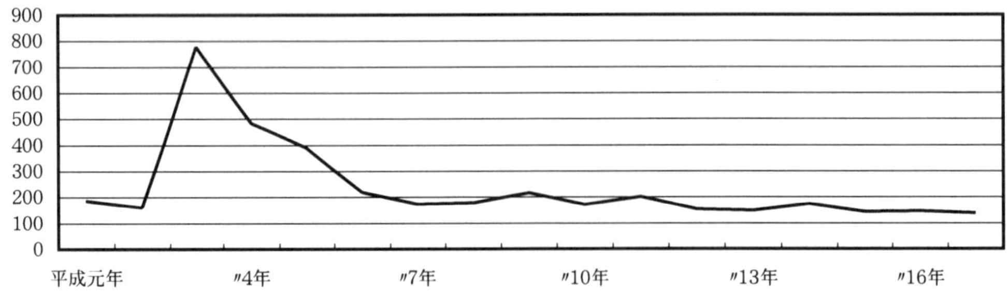

軌道　死亡

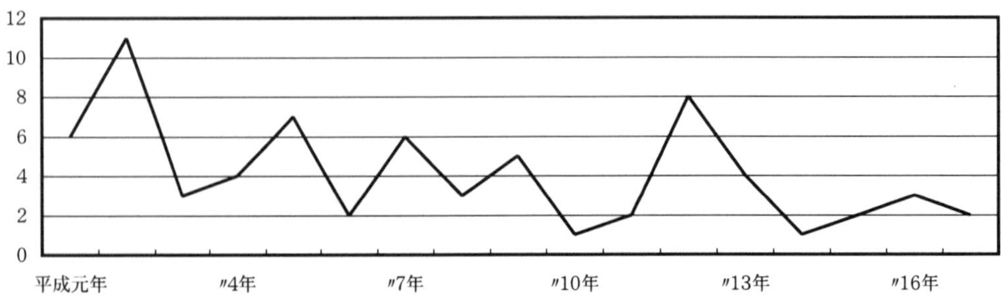

12-6 海難（平成元年～平成16年）

年次	総数							
	隻数					死傷者数		
	計	全損	重大損傷	軽微損傷	死傷等	死亡	負傷	行方不明
1989 平成元年	10,346	118	559	9,455	214	145	345	119
1990 〃2年	10,057	114	603	9,182	158	106	273	86
1991 〃3年	9,630	110	612	8,760	148	125	290	69
1992 〃4年	9,288	104	602	8,453	129	91	278	104
1993 〃5年	9,206	82	515	8,459	150	127	307	103
1994 〃6年	8,091	97	545	7,303	146	103	253	84
1995 〃7年	8,051	97	557	7,279	118	100	297	58
1996 〃8年	7,674	84	538	6,923	129	110	244	59
1997 〃9年	7,162	80	455	6,523	104	84	240	54
1998 〃10年	6,567	63	443	5,947	114	103	233	55
1999 〃11年	6,041	78	412	5,442	109	93	221	64
2000 〃12年	5,849	84	523	5,115	127	104	247	61
2001 〃13年	a) 5,553	69	458	4,874	151	99	229	75
2002 1) 〃14年	a) 7,205	130	431	6,426	216	169	399	68
2003 1) 〃15年	a) 6,477	136	410	5,722	206	149	342	75
2004 1) 〃16年	a) 6,422	95	306	5,827	192	185	434	69

原注:「海難統計」による。「全損」とは，沈没，行方不明又は船舶が全く運航に耐えなくなったもの，「重大損傷」とは，大修理を加えなければ自力で運行できなくなったものをいう。1) はしけ，曳船，ボート等を含む。a) 行方不明を含む。

出所: 43, 46, 50, 53, 56

総数　隻数計

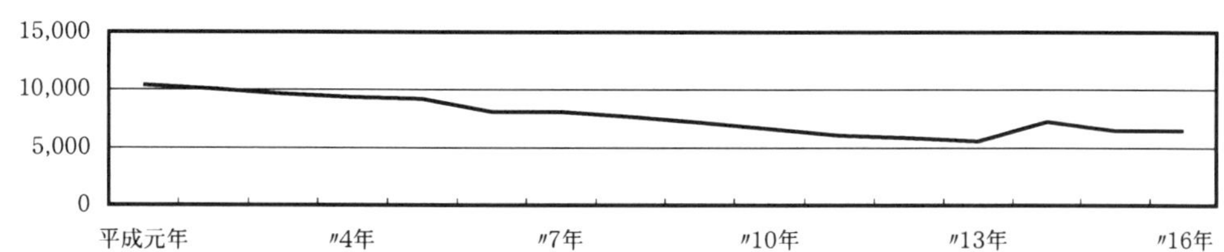

12-6 海難（平成17年，18年）

年次	海難隻数							
	総数 1)	海難種類別						
		衝突	乗揚	遭難	沈没，転覆，行方不明	火災	機関損傷	その他
2005 平成17年	5,631	1,670	1,155	1,651	108	67	448	532
2006 〃18年	5,081	1,527	1,001	1,450	103	49	442	509

原注: 海難とは，海難審判法第2条の海難として認知されたものをいう。また，海難の範囲は，日本国領海（河川・湖を含む）で発生した海難（外国船を含む）と公海上及び外国領海で発生した日本船舶の海難である。1) 総トン数の不詳及び船種の不詳を含む。2) モーターボート，水上オートバイ，ヨット，ボート及びカヌー。3) はしけ，台船，交通船等。

出所: 58

年　次	鋼船（隻数）							
	総数					# 全損・重大損傷		
	計	全損	重大損傷	軽微損傷	死傷等	衝突	乗揚	遭難・沈没・転覆・行方不明
1989 平成元年	9,191	45	299	8,690	157	102	53	42
1990 〃2年	8,942	54	329	8,455	104	97	70	64
1991 〃3年	8,508	37	335	8,023	113	132	55	44
1992 〃4年	8,124	30	300	7,702	92	83	54	43
1993 〃5年	8,075	22	248	7,693	112	69	23	30
1994 〃6年	7,008	16	254	6,647	91	85	32	25
1995 〃7年	7,070	35	294	6,661	80	118	46	24
1996 〃8年	6,720	25	282	6,338	75	87	41	20
1997 〃9年	6,242	25	222	5,935	60	82	42	28
1998 〃10年	5,669	22	198	5,383	66	53	34	28
1999 〃11年	5,154	15	181	4,891	67	46	33	20
2000 〃12年	4,863	18	266	4,527	52	77	46	27
2001 〃13年	4,431	13	204	4,137	77	49	33	19
2002 1) 〃14年	5,617	35	168	5,342	72	55	26	46
2003 1) 〃15年	5,048	37	179	4,770	62	68	48	46
2004 1) 〃16年	5,073	27	123	4,857	66	29	54	32

鋼船　総数計

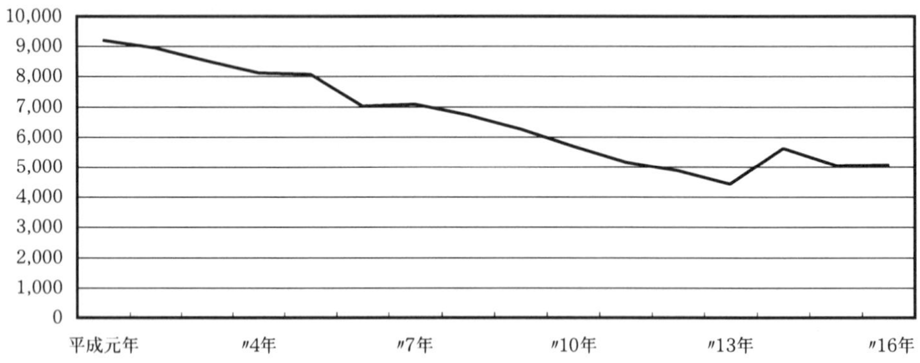

年　次	海難隻数							
	総トン数階級別					船種別		
	20G/T未満	20～100	100～200	200～500	500G/T以上	旅客船	貨物船	油送船
2005 平成17年	1,154	423	1,207	1,279	931	524	1,918	532
2006 〃18年	1,114	372	1,066	1,113	847	464	1,685	471

年　次	鋼船（隻数）			木船（隻数）				
	#全損・重大損傷			総数				
	火災	機関損傷	その他	計	全損	重大損傷	軽微損傷	死傷等
1989 平成元年	18	126	3	1,155	73	260	765	57
1990 〃2年	20	129	3	1,115	60	274	727	54
1991 〃3年	17	123	1	1,122	73	277	737	35
1992 〃4年	12	137	1	1,164	74	302	751	37
1993 〃5年	18	127	3	1,131	60	267	766	38
1994 〃6年	9	117	2	1,083	81	291	656	55
1995 〃7年	14	127	-	981	62	263	618	38
1996 〃8年	16	141	2	954	59	256	585	54
1997 〃9年	10	85	-	920	55	233	588	44
1998 〃10年	16	88	1	898	41	245	564	48
1999 〃11年	11	85	1	887	63	231	551	42
2000 〃12年	17	115	2	986	66	257	588	75
2001 〃13年	11	105	-	a) 1,122	56	254	737	74
2002 1) 〃14年	8	66	2	a) 1,588	95	263	1,084	144
2003 1) 〃15年	6	45	3	a) 1,429	99	231	952	144
2004 1) 〃16年	5	29	1	a) 1,349	68	183	970	126

木船　総数計

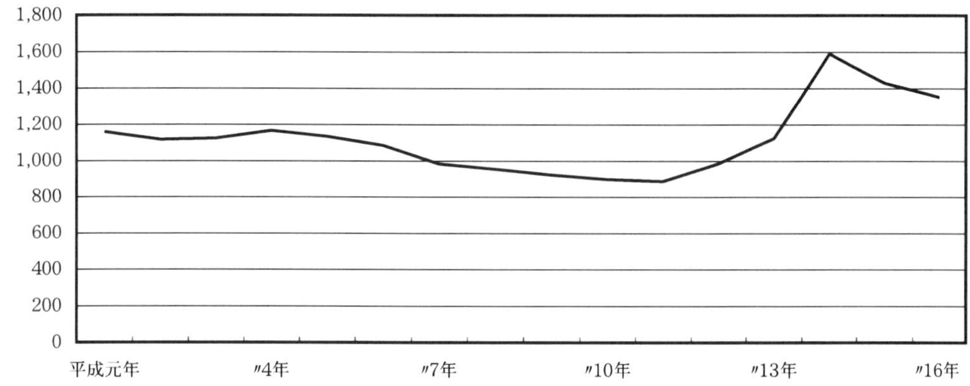

年　次	海難隻数						死傷者数	
	船種別						総数	死亡
	漁船	引船	押船	作業船	プレジャーボート 2)	その他 3)		
2005 平成17年	1,023	487	244	142	319	404	551	135
2006 〃18年	931	440	232	119	322	405	667	144

年　次	木船（隻数）					
	# 全損・重大損傷					
	衝突	乗揚	遭難・沈没・転覆・行方不明	火災	機関損傷	その他
1989 平成元年	130	41	56	32	70	4
1990 〃2年	136	35	57	29	75	2
1991 〃3年	147	39	62	18	84	-
1992 〃4年	157	39	58	34	87	1
1993 〃5年	151	48	42	23	63	-
1994 〃6年	180	54	52	33	53	-
1995 〃7年	170	41	39	23	52	-
1996 〃8年	158	31	37	26	62	-
1997 〃9年	149	44	41	23	31	-
1998 〃10年	140	37	42	24	42	1
1999 〃11年	157	36	39	30	32	-
2000 〃12年	172	35	34	29	53	-
2001 〃13年	148	31	33	37	60	1
2002 1) 〃14年	165	58	60	31	43	1
2003 1) 〃15年	147	33	80	43	26	1
2004 1) 〃16年	137	31	48	23	10	2

全損・重損傷　衝突

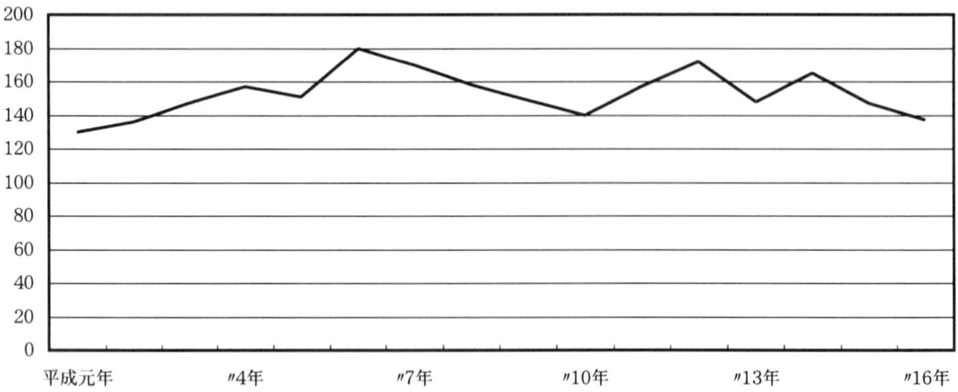

年　次	死傷者数	
	行方不明	負傷
2005 平成17年	49	367
2006 〃18年	58	465

12-7　電気事故（平成元年度～14年度）

年　度		総件数	#供給支障（有）	#電気火災	#需要設備	#感電死傷 件数	死亡者数 作業者	死亡者数 公衆	負傷者数 作業者
1989	平成元年	7,678	7,508	16	15	67	9	26	14
1990	〃2年	10,225	10,014	23	20	74	6	21	16
1991	〃3年	15,914	15,685	17	14	53	7	7	13
1992	〃4年	7,973	7,809	22	17	50	7	8	9
1993	〃5年	9,701	9,550	12	8	46	8	8	11
1994	〃6年	8,879	8,520	25	18	46	9	7	10
1995	〃7年	8,134	7,966	24	21	37	3	11	13
1996	〃8年	8,235	8,080	10	7	39	4	7	16
1997	〃9年	8,058	7,899	24	13	25	2	9	4
1998	〃10年	10,382	10,251	10	5	37	3	3	19
1999	〃11年	10,040	9,861	21	14	33	6	7	12
2000	〃12年	8,810	8,616	25	20	38	3	4	16
2001	〃13年	7,940	7,785	32	31	36	3	6	8
2002	〃14年	9,461	9,279	27	17	43	2	7	7

原注: 一般電気事業（10電力会社），電源開発株式会社及び日本原子力発電株式会社分。ただし，平成7年度以前は日本原子力発電株式会社を除く。1件の事故が2以上の事故種類に該当する場合は，各項にそれぞれ計上しているが，「総件数」には重複して計上していない。

出所：43, 46, 48, 51, 55

感電死傷　件数

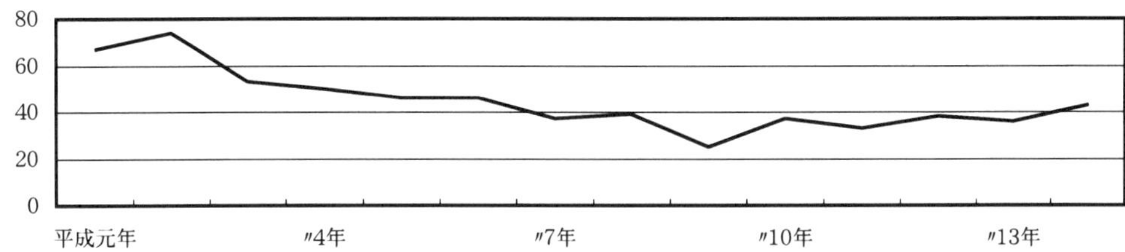

12-7　電気事故（平成15年度～18年度）

年　度		総件数	#供給支障（有）	#電気火災	#需要設備	#感電死傷	#高圧配電線路	#電気工作物損壊 1)	#供給支障のみ
2003	平成15年	8,840	8,606	43	29	19	10	5,862	2,886
2004	〃16年	22,294	22,002	29	21	26	11	20,263	4,632
2005	〃17年	10,975	10,785	10	8	25	11	7,825	3,086
2006	〃18年	11,000	10,782	4	3	12	4	7,859	3,081

原注: 一般電気事業（10電力会社），電源開発株式会社及び日本原子力発電株式会社分。ただし，平成7年度以前は日本原子力発電株式会社を除く。1件の事故が2以上の事故種類に該当する場合は，各項にそれぞれ計上しているが，「総件数」には重複して計上していない。　1) 平成15年度より，主要電気工作物の定義が変更となった。

出所：57, 58

年度		#感電死傷 負傷者数 公衆	#電気工作物被害	#供給支障のみ
1989	平成元年	24	4,706	2,893
1990	〃2年	33	6,592	3,520
1991	〃3年	33	10,955	4,879
1992	〃4年	26	5,190	2,693
1993	〃5年	19	6,973	2,667
1994	〃6年	21	5,933	2,865
1995	〃7年	12	5,431	2,637
1996	〃8年	15	5,888	2,293
1997	〃9年	10	5,857	2,149
1998	〃10年	14	7,512	2,813
1999	〃11年	8	7,426	2,531
2000	〃12年	16	5,742	3,012
2001	〃13年	19	5,148	2,714
2002	〃14年	28	6,358	3,016

電気工作物被害

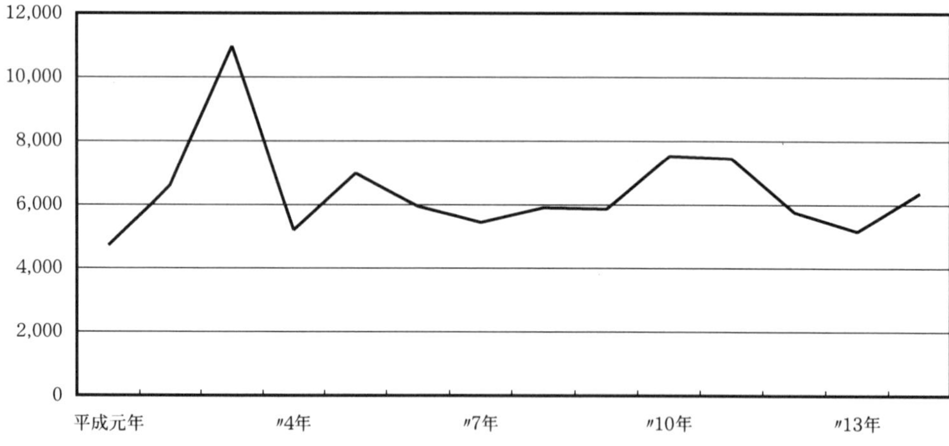

年度		#発電支障
2003	平成15年	84
2004	〃16年	97
2005	〃17年	65
2006	〃18年	69

12-8　ガス事故

年　次		製造部門事故件数	供給部門事故件数		消費先における事故				
					器具別ガス事故				
				#中毒者数	件数	湯沸器	風呂釜	ストーブ	ガス栓
1989	平成元年	1	22	8	51	13	3	4	6
1990	〃2年	3	21	5	45	9	5	2	6
1991	〃3年	2	21	7	29	7	3	3	-
1992	〃4年	-	22	10	34	12	5	3	1
1993	〃5年	2	23	42	20	8	4	3	-
1994	〃6年	1	20	-	19	9	2	1	1
1995	〃7年	1	34	17	18	3	2	-	4
1996	〃8年	3	48	14	23	8	2	2	4
1997	〃9年	2	52	-	38	13	1	2	6
1998	〃10年	4	53	3	16	6	2	1	1
1999	〃11年	3	111	-	23	5	3	1	1
2000	〃12年	3	96	7	19	2	4	-	-
2001	〃13年	4	60	11	21	7	2	1	2
2002	〃14年	3	103	18	34	10	3	-	3
2003	〃15年	2	91	6	50	10	7	1	10
2004	〃16年	2	108	9	46	9	4	3	5
2005	〃17年	1	84	1	43	8	5	-	4

出所：43, 46, 50, 53, 58

製造部門事故件数

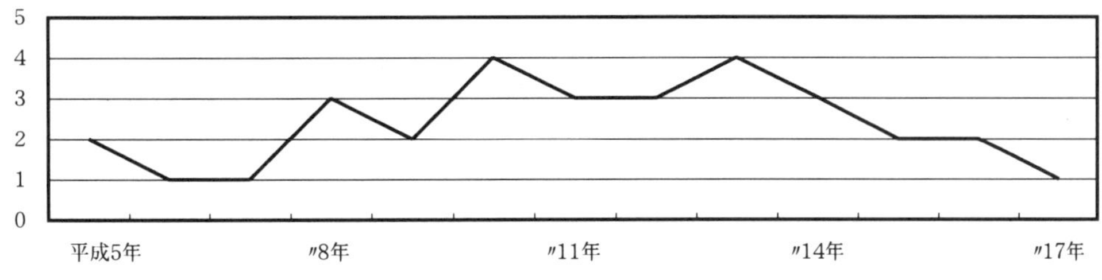

供給部門事故件数

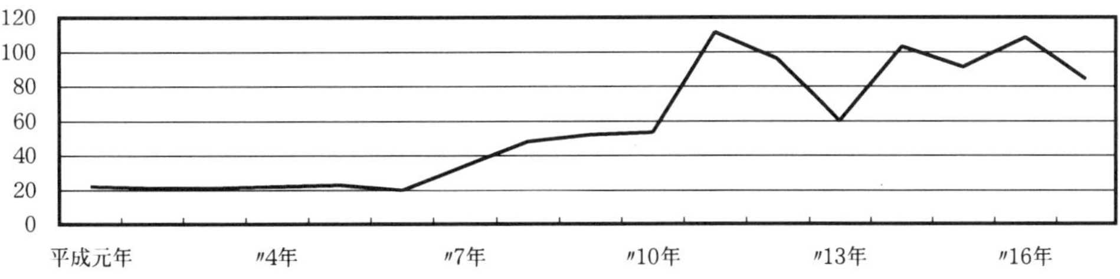

年次		消費先における事故				
		器具別ガス事故				
		件数		死亡者数	中毒者数	負傷者数
		コンロ	その他			
1989	平成元年	13	12	26	33	14
1990	〃2年	7	16	20	28	17
1991	〃3年	5	11	12	17	9
1992	〃4年	1	12	31	14	13
1993	〃5年	2	3	14	10	3
1994	〃6年	2	4	18	11	6
1995	〃7年	3	6	5	15	16
1996	〃8年	4	3	4	34	6
1997	〃9年	4	12	7	32	14
1998	〃10年	1	5	4	52	4
1999	〃11年	5	8	6	53	1
2000	〃12年	3	10	4	20	7
2001	〃13年	3	6	4	29	2
2002	〃14年	8	10	6	23	14
2003	〃15年	1	21	4	41	8
2004	〃16年	-	25	3	58	18
2005	〃17年	3	23	3	42	3

死亡者数

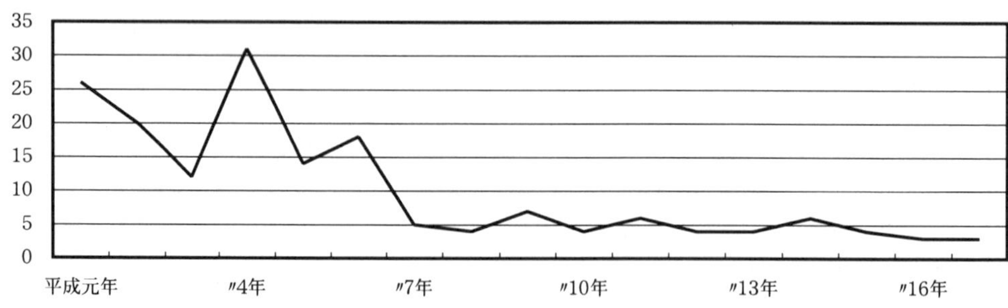

中毒者数

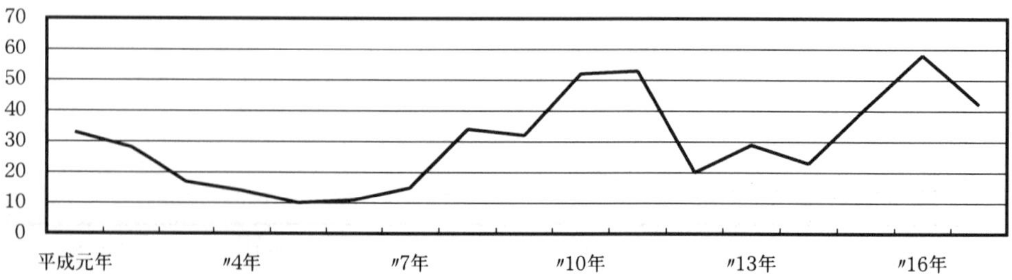

12-9 自然災害発生状況

年次		り災世帯数	り災者数 1)	人的被害			建物被害（棟）		
				死者	行方不明者	負傷者	全壊	半壊	流失
1989	平成元年	9,881	30,626	86	2	181	71	138	13
1990	〃2年	28,420	95,907	95	2	425	447	931	19
1991	〃3年	20,866	72,838	153	7	1,541	560	3,223	14
1992	〃4年	1,310	4,173	6	-	122	62	168	-
1993	〃5年	30,382	61,368	391	33	1,840	1,288	1,331	303
1994	〃6年	8,081	25,918	11	-	1,046	50	270	-
1995 2)	〃7年	24,120	73,028	6,449	6	43,950	93,312	108,654	15
1996	〃8年	3,117	9,764	19	-	248	26	135	-
1997	〃9年	5,739	16,991	49	1	312	103	83	-
1998	〃10年	28,622	88,661	74	3	809	209	1,186	15
1999	〃11年	13,290	38,841	106	4	1,043	330	2,354	7
2000	〃12年	31,888	80,467	15	-	351	537	3,343	3
2001	〃13年	2,964	7,266	21	2	344	62	382	1
2002	〃14年	3,627	10,923	18	1	214	47	110	3
2003	〃15年	7,587	20,251	50	4	1,948	1,427	3,989	11
2004 3)	〃16年	83,645	200,770	269	11	7,775	4,418	29,042	20
2005	〃17年	12,236	33,835	44	1	1,543	1,334	4,001	1
2006	〃18年	6,344	15,102	55	3	676	453	1,851	-
2007	〃19年	5,056	12,216	27	3	3,074	2,096	7,815	-

原注：1) 概数。2) 阪神・淡路大震災関係の統計については，確定数ではない。（人的被害については，平成9年12月24日現在で更新した数値で，災害関連死910人を含む。） 3) 新潟県中越地震関係の統計については，確定数ではない。
出所：43, 46, 49, 52, 55, 57, 58

り災世帯数

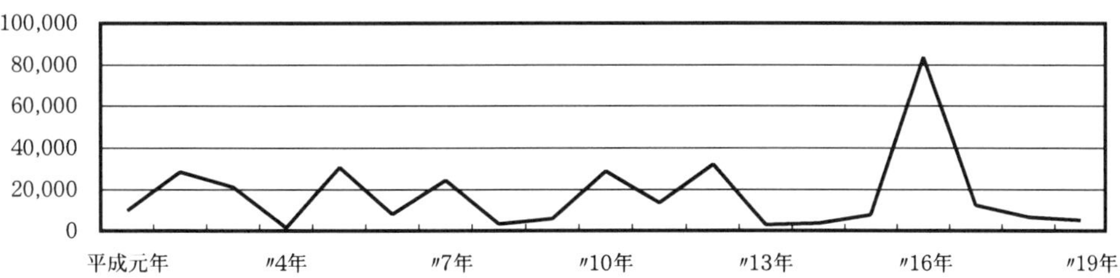

人的被害　死者

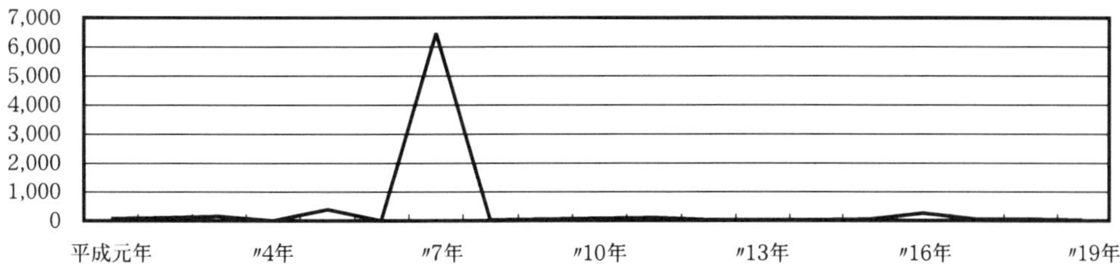

年　次		建物被害（棟）		耕地被害（ha）				道路損壊（箇所）	橋梁流失（箇所）
		浸水		水田		水田以外			
		床上	床下	流失，埋没	冠水	流失，埋没	冠水		
1989	平成元年	8,449	61,650	356	10,692	191	3,217	2,466	102
1990	〃2年	26,972	75,466	5,146	35,392	2,236	6,134	2,565	107
1991	〃3年	15,796	58,759	130	7,377	42	3,035	2,614	48
1992	〃4年	1,149	6,330	-	438	-	33	279	8
1993	〃5年	18,234	44,218	263	4,641	6	618	2,031	152
1994	〃6年	6,479	24,556	31	6,637	170	1,083	1,005	9
1995 2)	〃7年	3,147	16,764	355	5,876	147	971	2,070	44
1996	〃8年	2,959	12,445	7	1,571	3.2	141	846	17
1997	〃9年	5,463	37,960	14	9,518	3.5	918	685	21
1998	〃10年	26,723	65,660	2,315	31,134	516	7,032	1,518	114
1999	〃11年	10,081	46,237	163	5,802	87	1,970	1,170	27
2000	〃12年	24,357	56,116	83	5,677	281	1,437	2,989	36
2001	〃13年	2,404	10,376	70	1,210	17	4,297	891	15
2002	〃14年	3,383	12,706	11	5,260	6	1,716	618	18
2003	〃15年	6,017	12,914	842	1,580	1,660	8,518	911	60
2004 3)	〃16年	42,897	124,816	4,074	11,448	2,057	2,487	11,716	67
2005	〃17年	6,570	19,543	7,292	6,329	57	19	2,253	30
2006	〃18年	2,803	13,047	1,767	30,347	222	35,781	1,197	20
2007	〃19年	2,027	9,792	758	8,636	91	8,237	1,573	17

浸水　床上

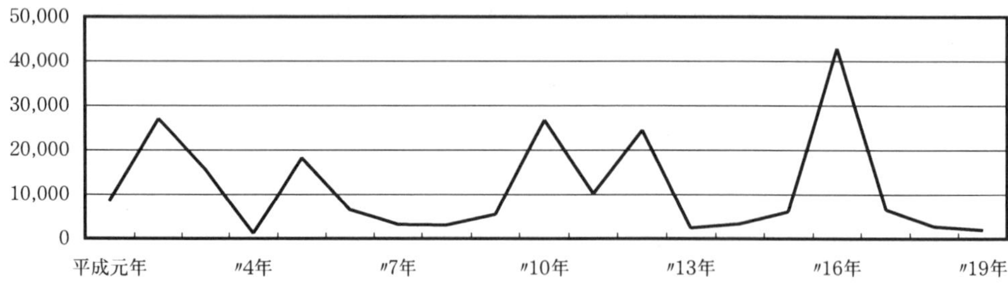

道路損壊

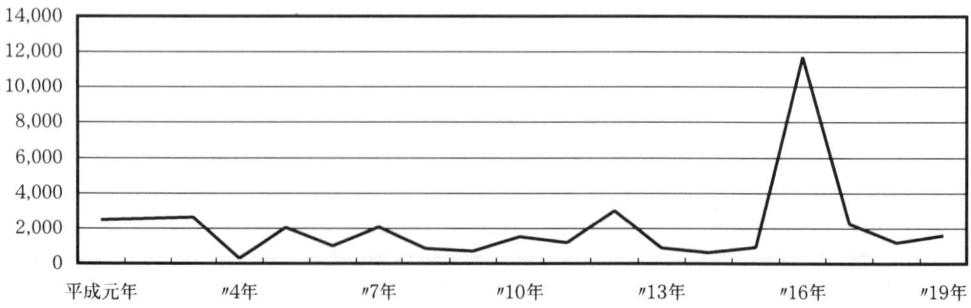

年　次		堤防決壊(箇所)	山崖崩れ(箇所)	鉄軌道被害(箇所)	通信施設被害(回線)	船舶被害(隻)			
						沈没	流失	損壊	ろ，かい等による舟
1989	平成元年	77	3,366	144	711	28	13	80	13
1990	〃2年	97	3,128	141	107,993	275	51	174	73
1991	〃3年	223	3,597	115	25,985	212	72	767	11
1992	〃4年	8	717	36	436	22	1	19	-
1993	〃5年	56	6,495	765	5,594	1,255	32	246	1
1994	〃6年	11	551	46	3,816	65	11	312	39
1995 2)	〃7年	257	2,254	140	290,843	28	17	31	5
1996	〃8年	1	1,103	39	14	25	9	36	7
1997	〃9年	27	2,261	29	691	12	9	20	50
1998	〃10年	134	3,946	116	160,382	29	44	29	36
1999	〃11年	37	3,340	57	4,109	29	5	16	13
2000	〃12年	45	1,798	53	3,428	7	-	9	-
2001	〃13年	14	1,647	35	1,869	21	8	13	2
2002	〃14年	31	1,285	41	1,547	14	1	149	46
2003	〃15年	733	1,520	458	550	34	6	212	5
2004 3)	〃16年	358	6,959	177	661	242	185	859	291
2005	〃17年	42	1,458	155	3,383	7	-	94	-
2006	〃18年	59	4,741	21	486	290	47	1,604	1
2007	〃19年	40	1,517	17	70	32	-	22	-

堤防決壊

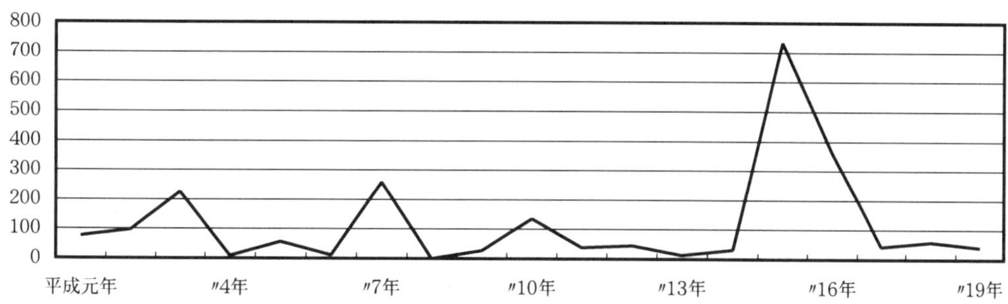

山崖崩れ

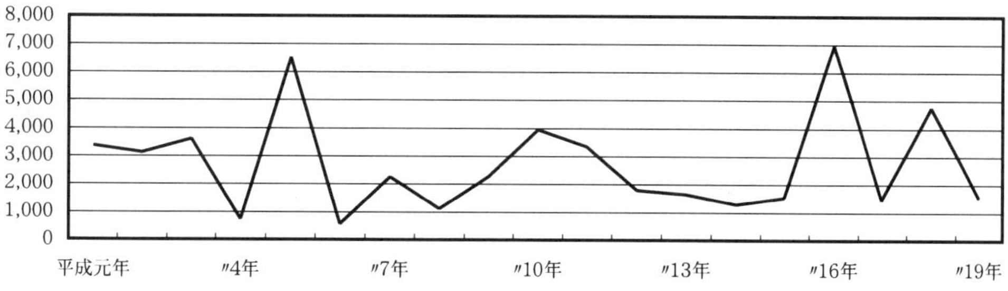

12-10　火災件数及び損害

（単位　金額　100万円）

年　次	総数						#建物火災	
	件数	損害額	り災世帯数	り災人員	死者数	負傷者数	件数	焼損棟数
1989 平成元年	55,763	140,494	33,564	102,147	1,747	7,292	35,186	47,437
1990 〃2年	56,505	148,458	32,853	98,878	1,828	7,097	34,768	47,536
1991 〃3年	54,879	161,420	32,317	96,882	1,817	6,948	34,263	46,043
1992 〃4年	54,762	156,874	32,171	93,513	1,882	6,896	33,532	45,783
1993 〃5年	56,700	163,494	32,045	91,825	1,841	6,895	33,608	46,124
1994 〃6年	63,015	172,692	32,560	92,768	1,898	7,007	34,315	47,980
1995 〃7年	62,913	193,759	40,372	105,335	2,356	7,279	34,539	57,957
1996 〃8年	64,066	171,300	32,300	91,303	1,978	8,044	34,756	51,046
1997 〃9年	61,889	176,855	31,956	88,815	2,095	7,618	34,519	51,476
1998 〃10年	54,514	146,049	29,558	80,745	2,062	7,309	32,519	43,782
1999 〃11年	58,526	151,159	31,172	83,563	2,122	7,576	33,330	45,405
2000 〃12年	62,454	150,426	30,999	83,209	2,034	8,281	34,028	46,516
2001 〃13年	63,591	147,355	30,775	81,372	2,195	8,244	34,130	46,186
2002 〃14年	63,651	167,373	31,268	81,460	2,235	8,786	34,171	47,460
2003 〃15年	56,333	133,099	29,564	76,925	2,248	8,605	32,534	44,031
2004 〃16年	60,387	135,327	29,793	76,960	2,004	8,641	33,325	46,018
2005 〃17年	57,460	130,099	29,952	76,633	2,195	8,850	33,049	46,188
2006 〃18年	53,276	114,229	29,144	73,898	2,067	8,541	31,506	42,612

出所：43, 47, 50, 53, 56, 58

総数　件数

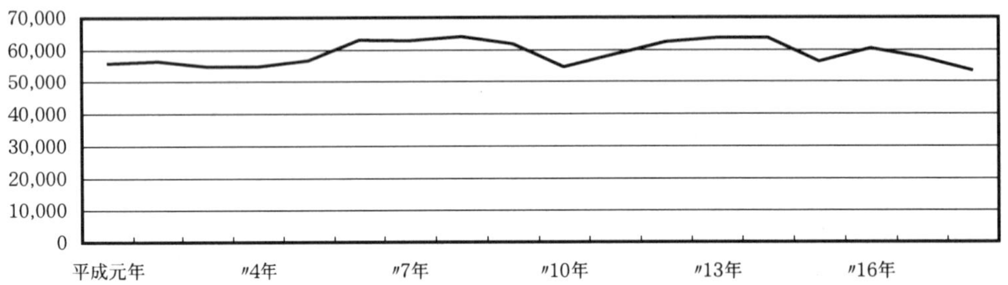

総数　損害額

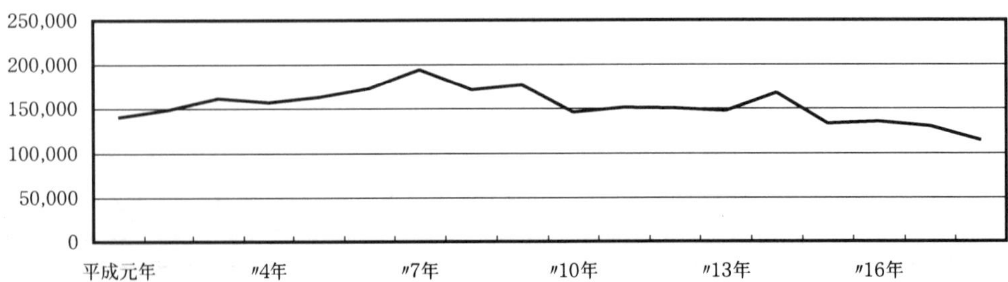

（単位　金額　100万円）

年　次		# 建物火災 焼損床面積 (1,000 m²)	# 建物火災 損害額	# 林野火災 件数	# 林野火災 焼損面積 (1,000 m²)	# 林野火災 損害額
1989	平成元年	1,734	134,577	2,894	21,170	521
1990	〃2年	1,674	142,088	2,858	13,333	467
1991	〃3年	1,656	149,928	2,535	27,389	635
1992	〃4年	1,691	149,629	2,262	23,232	321
1993	〃5年	1,668	154,334	3,191	32,600	2,864
1994	〃6年	1,795	162,849	4,534	27,758	1,595
1995	〃7年	2,574	184,763	4,072	20,161	677
1996	〃8年	1,710	151,543	4,339	24,199	1,515
1997	〃9年	1,813	162,207	3,766	31,237	3,568
1998	〃10年	1,553	136,973	1,913	8,082	493
1999	〃11年	1,612	143,620	2,661	100,875	521
2000	〃12年	1,594	139,988	2,805	145,451	708
2001	〃13年	1,599	138,087	3,007	177,288	1,120
2002	〃14年	1,650	136,474	3,343	263,353	1,447
2003	〃15年	1,572	124,543	1,810	72,565	292
2004	〃16年	1,575	126,529	2,592	156,779	809
2005	〃17年	1,503	122,375	2,215	111,585	868
2006	〃18年	1,386	107,699	1,576	82,925	134

建物火災　焼損床面積

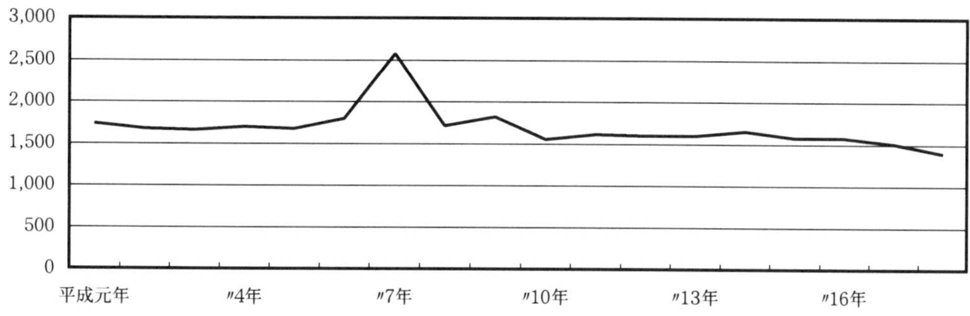

林野火災　焼損面積

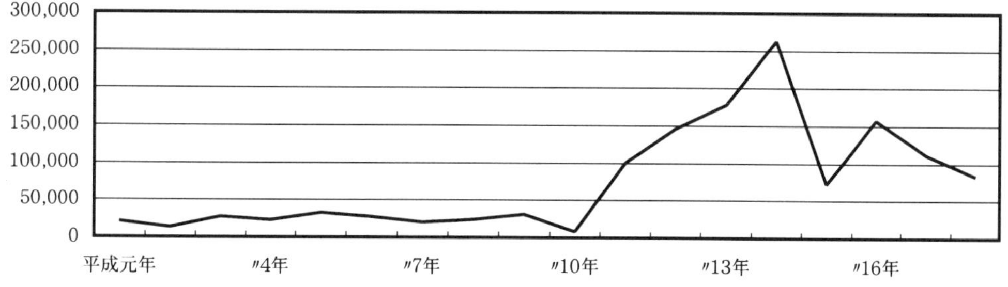

12-11　衆議院議員及び参議院議員選挙の推移

選挙年月	定数	立候補者数	選挙当日有権者数（1,000）			投票者数（1,000）		
			計	男	女	計	男	女
			衆議院議員選挙					
1990 平成2年2月	512	953	90,323	43,768	46,555	66,216	31,482	34,734
1993 〃5年7月	511	955	94,478	45,828	48,650	63,548	30,424	33,124
1996 〃8年10月								
小選挙区	300	1,261	97,681	47,385	50,296	58,263	27,970	30,293
比例代表	200	a) 808(566)				58,239	27,960	30,279
2000 平成12年6月								
小選挙区	300	1,199	100,434	48,698	51,736	62,764	30,202	32,562
比例代表 1)	180	a) 904(699)	100,492	48,731	51,761	62,758	30,200	32,558
2003 平成15年11月								
小選挙区	300	1,026	102,233	49,506	52,727	61,196	29,545	31,652
比例代表 1)	180	a) 745(612)	102,307	49,545	52,762	61,193	29,544	31,649
2005 平成17年9月								
小選挙区	300	989	102,985	49,831	53,154	69,527	33,289	36,238
比例代表 1)	180	a) 778(636)	103,068	49,874	53,194	69,532	33,292	36,240
			参議院議員選挙					
1989 平成元年7月								
比例代表	50	385	89,891	43,557	46,334	58,434	28,029	30,405
選挙区	76	285				58,446	28,035	30,411
1992 平成4年7月								
比例代表	50	329	93,254	45,225	48,029	47,284	22,864	24,419
選挙区	76	311				47,297	22,870	24,427
1995 平成7年7月								
比例代表	50	181	96,759	46,957	49,802	43,060	20,969	22,091
選挙区	76	386				43,075	20,976	22,099
1998 平成10年7月								
比例代表	50	158	99,049	48,039	51,010	58,269	28,037	30,232
選挙区	76	316				58,280	28,043	30,237
2001 平成13年7月								
比例代表 1)	48	204	101,310	49,125	52,185	57,158	27,485	29,673
選挙区	73	292	101,236	49,085	52,151	57,139	27,476	29,663
2004 平成16年7月								
比例代表 1)	48	128	102,588	49,667	52,922	58,006	28,099	29,907
選挙区	73	192	102,508	49,625	52,883	57,991	28,092	29,899
2007 平成19年7月								
比例代表 1)	48	159	103,710	50,166	53,544	60,807	29,527	31,279
選挙区 1)	73	218				60,814	29,531	31,283

原注： 1) 有権者数，投票者数及び投票率には，在外邦人を含む。　a) （　）内は重複立候補者数で内数である。

出所： 57

選挙年月	投票率 (%)		
	計	男	女
	衆議院議員選挙		
1990 平成2年2月	73.3	71.9	74.6
1993 〃5年7月	67.3	66.4	68.1
1996 〃8年10月			
小選挙区	59.7	59.0	60.2
比例代表	59.6	59.0	60.2
2000 平成12年6月			
小選挙区	62.5	62.0	62.9
比例代表 1)	62.5	62.0	62.9
2003 平成15年11月			
小選挙区	59.9	59.7	60.0
比例代表 1)	59.8	59.6	60.0
2005 平成17年9月			
小選挙区	67.5	66.8	68.2
比例代表 1)	67.5	66.8	68.1
	参議院議員選挙		
1989 平成元年7月			
比例代表	65.0	64.4	65.6
選挙区	65.0	64.4	65.6
1992 平成4年7月			
比例代表	50.7	50.6	50.8
選挙区	50.7	50.6	50.9
1995 平成7年7月			
比例代表	44.5	44.7	44.4
選挙区	44.5	44.7	44.4
1998 平成10年7月			
比例代表	58.8	58.4	59.3
選挙区	58.8	58.4	59.3
2001 平成13年7月			
比例代表 1)	56.4	56.0	56.9
選挙区	56.4	56.0	56.9
2004 平成16年7月			
比例代表 1)	56.5	56.6	56.5
選挙区	56.6	56.6	56.5
2007 平成19年7月			
比例代表 1)	58.6	58.9	58.4
選挙区 1)	58.6	58.9	58.4

12-12　厚生年金保険（平成元年度～3年度）

（単位　金額　10億円）

年　度	年度末現在適用状況							
	事業所数 (1,000)		被保険者数 (1,000)					
	基金加入	基金非加入	基金加入	基金非加入	任意継続以外	任意継続	船員 強制適用	船員 任意継続適用
1989 平成元年	119	1,191	9,039	20,882	29,744	45	131	0.1
1990 〃2年	135	1,274	9,860	21,137	30,839	32	126	0.0
1991 〃3年	153	1,335	10,677	21,282	31,818	22	120	0.0

原注: 昭和61年4月以降船員保険の職務外年金部門が統合された。　1) 在職中の支給停止額を控除しない額。
2) 特例老齢年金を含む。

出所: 43

事業所数　基金加入

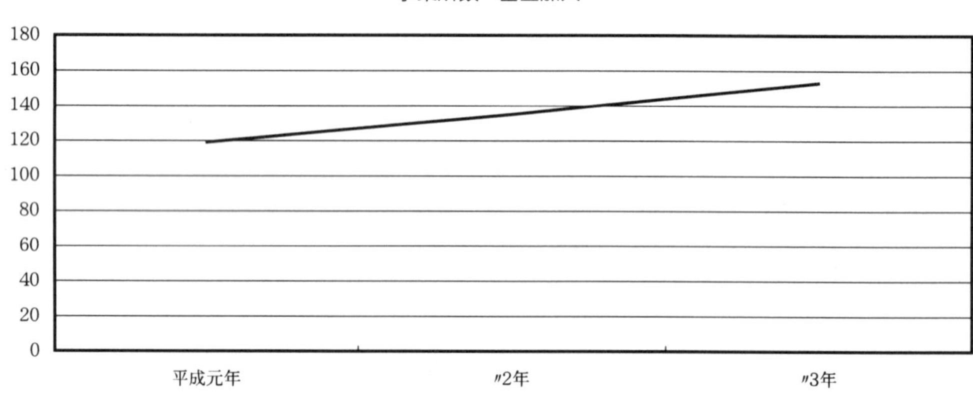

被保険者数　基金加入

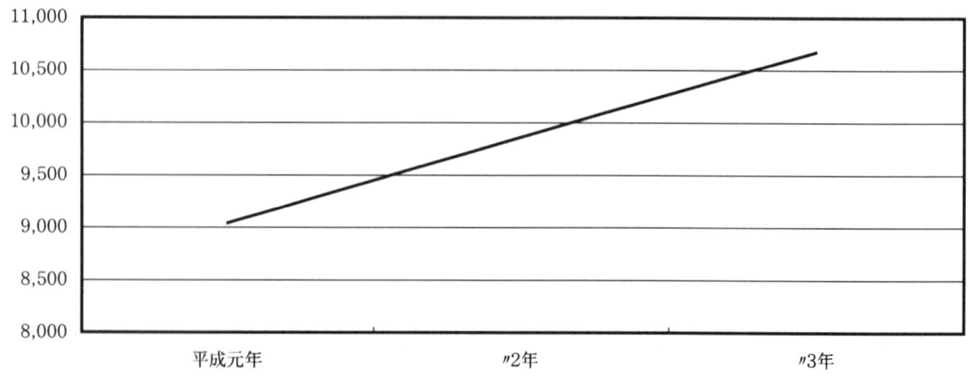

（単位　金額　10億円）

年度	年度末現在適用状況				年度末現在年金受給者状況			
	平均標準報酬月額（円）				計		老齢年金	
	任意継続以外	任意継続	船員		件数(1,000)	金額	件数(1,000)	金額　1)
			強制適用	任意継続適用				
1989　平成元年	261,829	154,339	301,435	149,655	9,474	10,225	4,465	7,405
1990　〃2年	273,618	161,061	318,666	157,212	10,023	11,083	4,711	8,042
1991　〃3年	284,257	168,119	333,511	153,400	10,558	11,814	4,933	8,547

年度末現在年金受給者状況　件数計

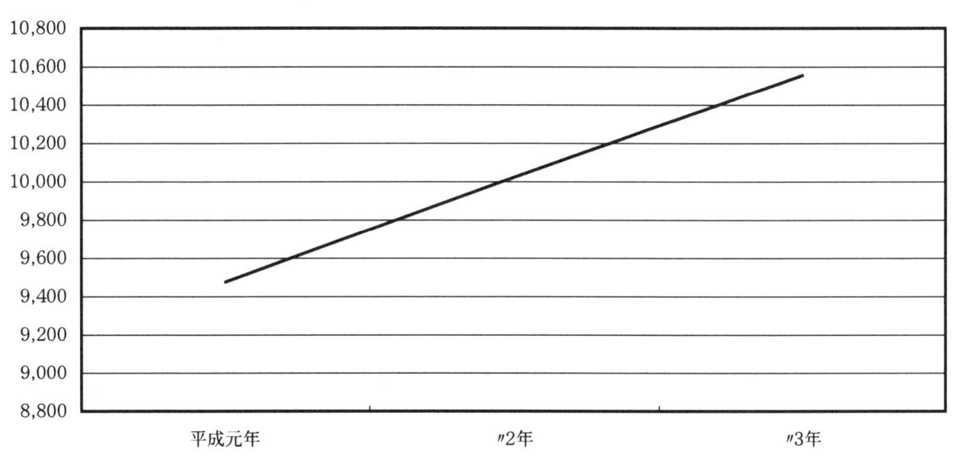

年度末現在年金受給者状況　金額計

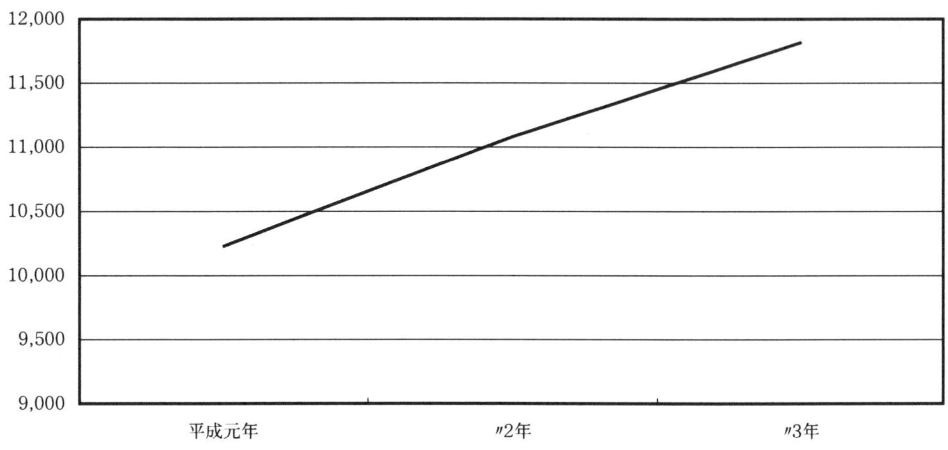

(単位　金額　10億円)

年　度	年度末現在年金受給者状況							
	通算老齢年金　2)		障害年金		遺族年金		通算遺族年金	
	件数 (1,000)	金額　1)	件数 (1,000)	金額	件数 (1,000)	金額	件数 (1,000)	金額
1989　平成元年	2,844	1,017	263	258	1,765	1,515	136	30
1990　〃2年	3,044	1,108	266	261	1,869	1,643	132	30
1991　〃3年	3,247	1,178	271	266	1,978	1,793	129	30

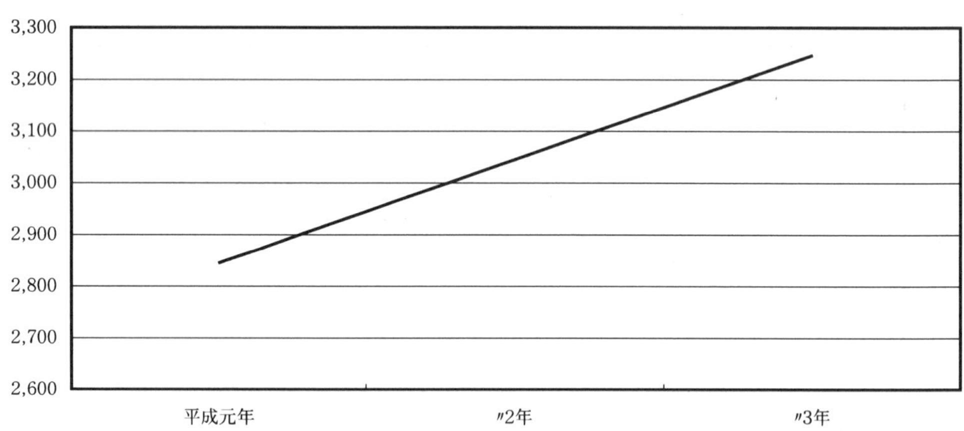

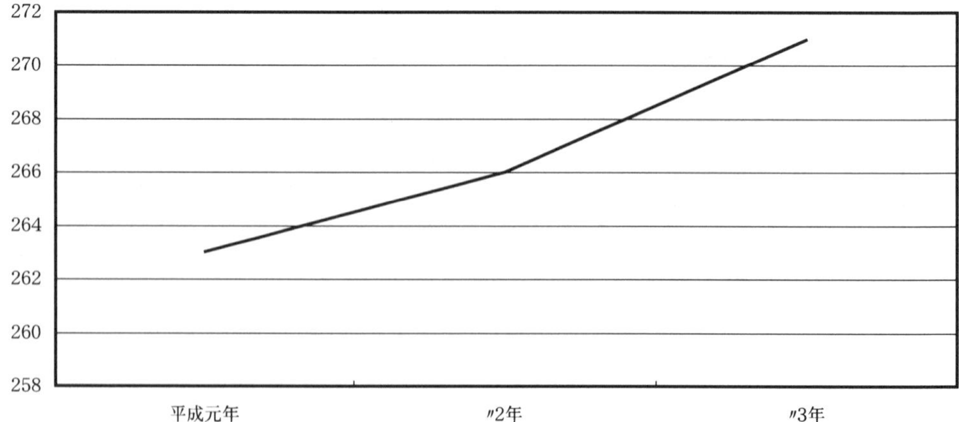

（単位　金額　10億円）

年　度	年度末現在厚生年金基金年金受給者状況		一時金裁定状況 厚生年金保険 計		障害手当金		脱退手当金	
	件数（1,000）	金額	件数（1,000）	金額	件数（1,000）	金額	件数（1,000）	金額
1989　平成元年	1,474	292	4.7	1.0	0.2	0.3	4.5	0.8
1990　〃2年	1,613	346	5.0	1.1	0.2	0.3	4.8	0.8
1991　〃3年	1,767	408	5.1	1.1	0.2	0.2	4.9	0.9

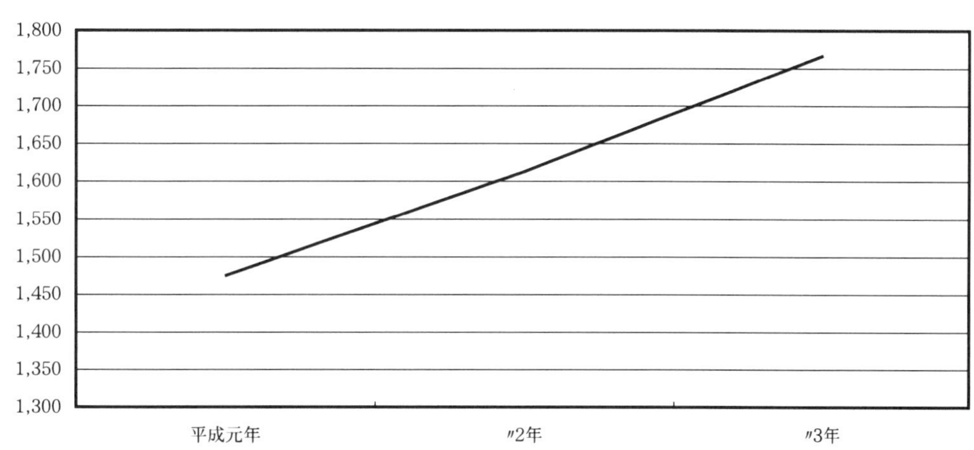

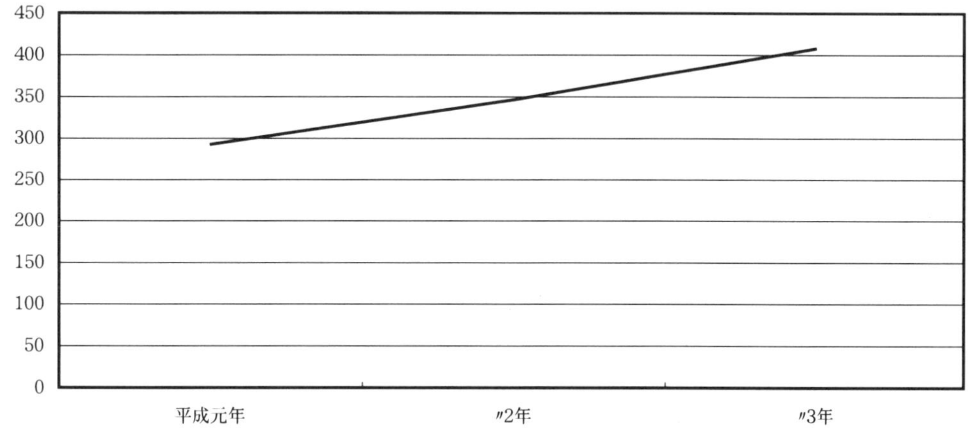

（単位　金額　10億円）

年　度		一時金裁定状況	
		厚生年金基金	
		件数（1,000）	金額
1989	平成元年	214	133
1990	〃2年	244	174
1991	〃3年	265	215

厚生年金基金　件数

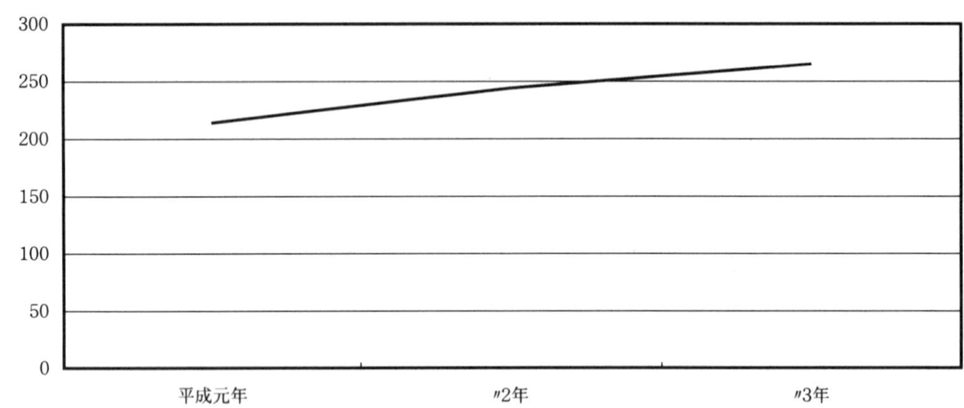

厚生年金基金　金額

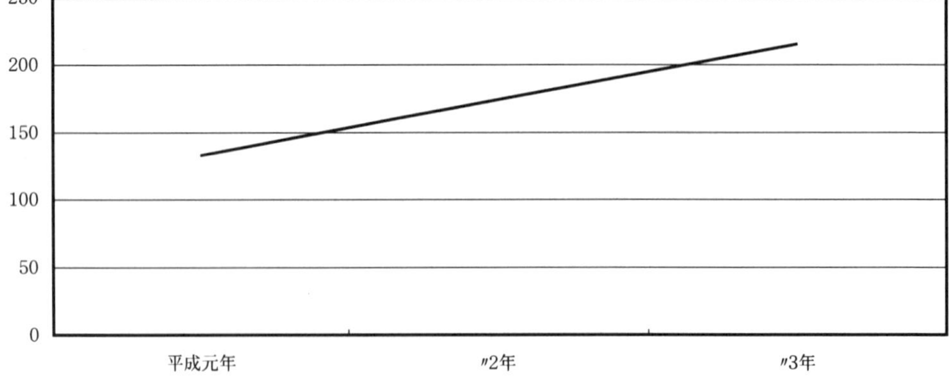

12-12 厚生年金保険（平成4年度～12年度）

（単位　金額　10億円）

年度		適用状況							
		事業所数（1,000）			船舶所有者数（1,000）	被保険者数（1,000）			
		総数	基金非加入	基金加入		総数	船員	基金非加入	基金加入
1992	平成4年	1,536	1,363	173	8.0	32,493	115	20,908	11,585
1993	〃5年	1,564	1,380	185	7.8	32,651	109	20,724	11,926
1994	〃6年	1,587	1,397	190	7.6	32,740	104	20,678	12,062
1995	〃7年	1,606	1,411	195	7.4	32,808	99	20,663	12,146
1996	〃8年	1,652	1,458	194	7.3	32,999	94	20,894	12,106
1997	〃9年	1,703	1,513	190	7.1	33,468	89	21,197	12,267
1998	〃10年	1,691	1,506	186	6.8	32,957	82	20,939	12,017
1999	〃11年	1,683	1,502	181	6.5	32,481	78	20,776	11,705
2000	〃12年	1,674	1,498	176	6.3	32,192	74	20,787	11,405

原注: 昭和61年度4月以降船員保険の職務外年金部分が統合された。年度末現在。　1) 年金額には基礎年金分を含まない。また，平成4年度以前は基金代行支給分を含まない。　2) 特例老齢年金を含む。　3) 寡婦年金，かん夫年金，遺児年金を含む。　4) 在職中の資金停止額を控除しない額。

出所：46, 50, 53

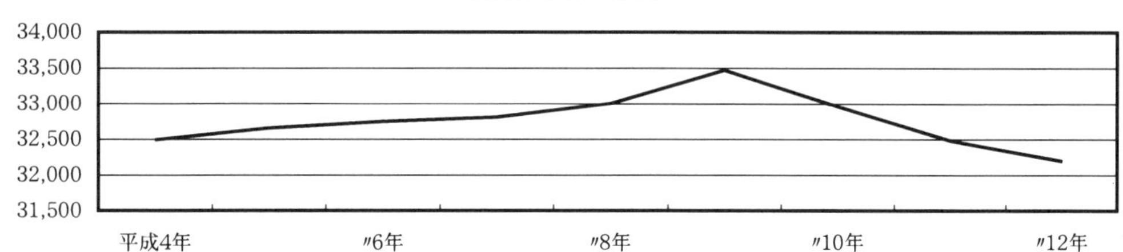

12-12 厚生年金保険（平成13年度～17年度）

(単位　金額　10億円)

年度		適用状況							平均標準報酬月額（円）
		事業所数（1,000）			船舶所有者数（1,000）	被保険者数（1,000）			
		総数	基金非加入	基金加入		総数	基金非加入	基金加入	総数
2001	平成13年	1,651	1,482	170	6.1	31,576	20,698	10,878	318,679
2002	〃14年	1,629	1,472	157	5.9	32,144	24,275	7,870	314,489
2003	〃15年	1,618	1,476	142	5.7	32,121	26,315	5,806	313,893
2004	〃16年	1,626	1,492	134	5.5	32,491	27,264	5,227	313,679
2005	〃17年	1,643	1,515	128	5.4	33,022	28,034	4,988	313,204

原注: 昭和61年度4月以降船員保険の職務外年金部分が統合された。年度末現在。　1) 年金額は基礎年金分を除く。　2) 特例老齢年金を含む。　3) 寡婦年金，かん夫年金，遺児年金を含む。　4) 在職中の支給停止額を控除しない額。　5) 時価ベース。旧年金福祉事業団からの承継資産の損益を含む。

出所：56, 58

（単位　金額　10億円）

年　度		適用状況 平均標準報酬月額（円） 総数	船員	基金非加入	基金加入	年金受給者状況 1) 計 件数（1,000）	金額	老齢年金 件数（1,000）	金額 4)
1992	平成4年	291,145	345,656	281,806	307,999	11,223	12,729	5,221	9,189
1993	〃5年	295,125	353,236	285,443	311,948	11,911	13,828	5,514	10,034
1994	〃6年	303,611	363,925	292,595	322,497	12,601	15,174	5,823	11,008
1995	〃7年	307,530	367,371	295,276	328,376	13,621	16,396	6,400	11,993
1996	〃8年	311,344	371,453	298,065	334,261	14,324	16,973	6,705	12,389
1997	〃9年	316,881	373,917	302,353	341,995	15,778	18,965	7,543	13,954
1998	〃10年	316,186	371,121	301,200	342,303	16,503	19,813	7,854	14,511
1999	〃11年	315,353	370,737	299,492	343,510	17,233	20,463	8,142	14,912
2000	〃12年	318,688	366,382	301,614	349,806	18,074	21,102	8,519	15,343

年金受給者状況　件数計

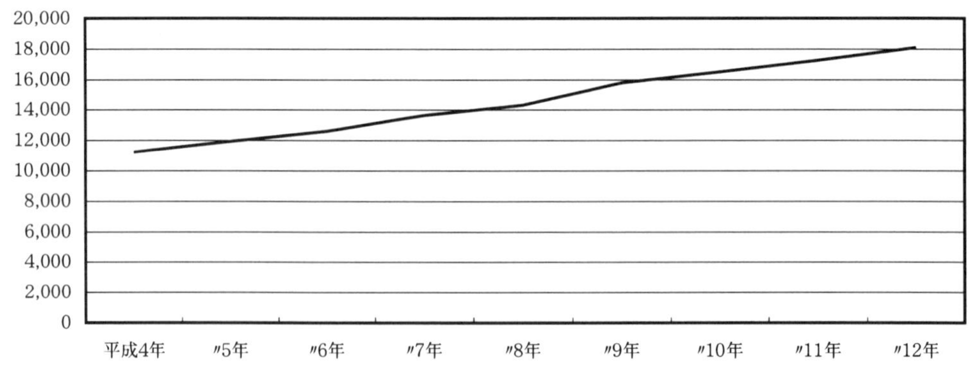

年　度		適用状況 平均標準報酬月額（円） 基金非加入	基金加入	年金受給者状況 1) 計 件数（1,000）	金額	老齢年金 件数（1,000）	金額 4)	通算老齢年金 2) 件数（1,000）	金額 4)
2001	平成13年	301,493	351,379	19,005	21,643	8,951	15,683	6,201	1,961
2002	〃14年	306,248	339,910	20,315	22,749	9,571	16,476	6,677	2,057
2003	〃15年	310,353	329,940	21,369	23,397	10,074	16,964	7,086	2,104
2004	〃16年	311,184	326,695	22,334	23,620	10,490	17,017	7,492	2,137
2005	〃17年	310,751	326,993	23,156	24,093	10,852	17,326	7,805	2,151

（単位　金額　10億円）

年　度		年金受給者状況　1)							
		通算老齢年金　2)		障害年金		遺族年金　3)		通算遺族年金	
		件数 (1,000)	金額 4)	件数 (1,000)	金額	件数 (1,000)	金額	件数 (1,000)	金額
1992	平成4年	3,505	1,269	275	272	2,098	1,968	125	30
1993	〃5年	3,778	1,371	280	274	2,218	2,119	121	30
1994	〃6年	4,040	1,496	285	287	2,336	2,354	118	30
1995	〃7年	4,353	1,580	288	286	2,466	2,508	113	29
1996	〃8年	4,628	1,633	291	283	2,590	2,639	109	28
1997	〃9年	4,954	1,701	299	287	2,877	2,996	105	27
1998	〃10年	5,226	1,781	306	293	3,016	3,201	101	27
1999	〃11年	5,517	1,848	313	296	3,164	3,382	97	26
2000	〃12年	5,840	1,907	319	297	3,302	3,531	93	25

年金受給者状況　通算老齢年金　件数

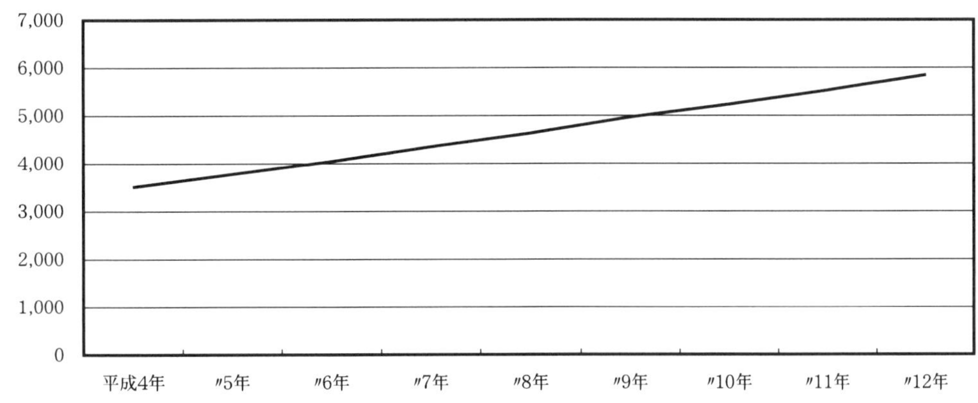

年　度		年金受給者状況　1)						年度末積立金 5)
		障害年金		遺族年金　3)		通算遺族年金		
		件数 (1,000)	金額	件数 (1,000)	金額	件数 (1,000)	金額	
2001	平成13年	325	298	3,439	3,678	88	23	134,597
2002	〃14年	336	303	3,645	3,890	86	23	132,072
2003	〃15年	341	300	3,786	4,007	82	21	135,915
2004	〃16年	348	301	3,926	4,144	77	20	138,247
2005	〃17年	355	302	4,072	4,296	73	19	140,347

12-13 国民年金（平成元年度～11年度）

（単位　金額　10億円）

年　度	年度末現在被保険者数（1,000）			拠出制年金年度末現在受給者状況			
				計		老齢・通算老齢年金	
	総数	第1号,任意加入	第3号	件数(1,000)	金額	件数(1,000)	金額
1989 平成元年	29,943	18,155	11,788	9,049	3,097	8,692	2,830
1990 〃2年	29,535	17,579	11,956	9,096	3,196	8,764	2,944
1991 〃3年	30,586	18,536	12,050	8,923	3,223	8,614	2,982
1992 〃4年	30,620	18,508	12,112	8,671	3,225	8,383	2,993
1993 〃5年	30,777	18,614	12,163	8,415	3,172	8,143	2,951
1994 〃6年	30,956	18,761	12,195	8,137	3,235	7,882	3,017
1995 〃7年	31,305	19,104	12,201	7,853	3,136	7,612	2,931
1996 〃8年	31,371	19,356	12,015	7,543	3,008	7,316	2,815
1997 〃9年	31,538	19,589	11,949	7,228	2,879	7,013	2,697
1998 〃10年	32,244	20,426	11,818	6,892	2,791	6,689	2,618
1999 〃11年	32,861	21,175	11,686	6,554	2,668	6,362	2,503

原注：平成3年4月から従来任意適用だった学生が第1号被保険者として強制適用の対象となった。

出所：43, 46, 50, 52

年度末現在被保険者数　総数

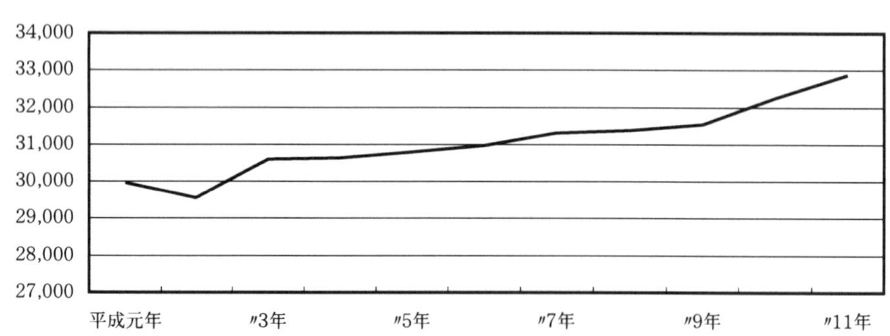

拠出制年金年度末現在受給者状況　件数計

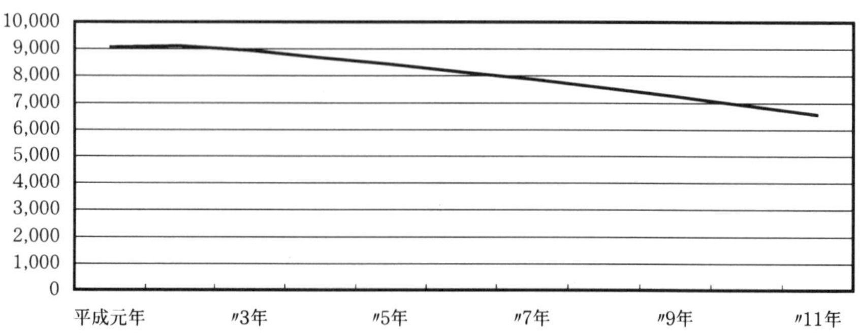

（単位　金額　10億円）

年　度	拠出制年金年度末現在受給者状況							
	障害年金		母子・準母子年金		遺児年金		寡婦年金	
	件数（1,000）	金額	件数（1,000）	金額	件数（1,000）	金額	件数（1,000）	金額
1989 平成元年	276	211	53	45	2.2	1.2	25	10
1990 〃2年	263	205	43	36	1.6	0.9	25	10
1991 〃3年	250	200	33	29	1.1	0.7	25	11
1992 〃4年	237	196	26	23	0.8	0.5	25	12
1993 〃5年	226	189	20	18	0.5	0.3	26	13
1994 〃6年	214	189	15	14	0.3	0.2	27	14
1995 〃7年	202	180	11	11	0.2	0.2	27	14
1996 〃8年	192	170	8.1	7.7	0.1	0.1	28	15
1997 〃9年	181	161	5.6	5.3	0.1	0.1	28	15
1998 〃10年	171	155	3.7	3.5	0.1	0.0	28	15
1999 〃11年	162	147	3.7	3.5	0.0	0.0	27	14

障害年金　件数

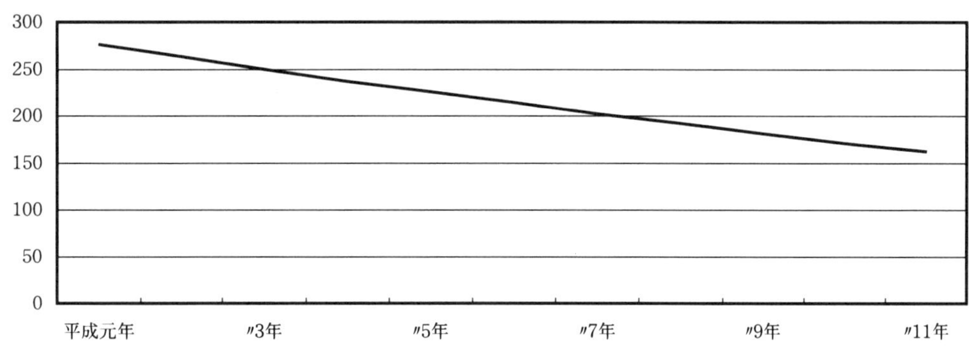

母子・準母子年金　件数

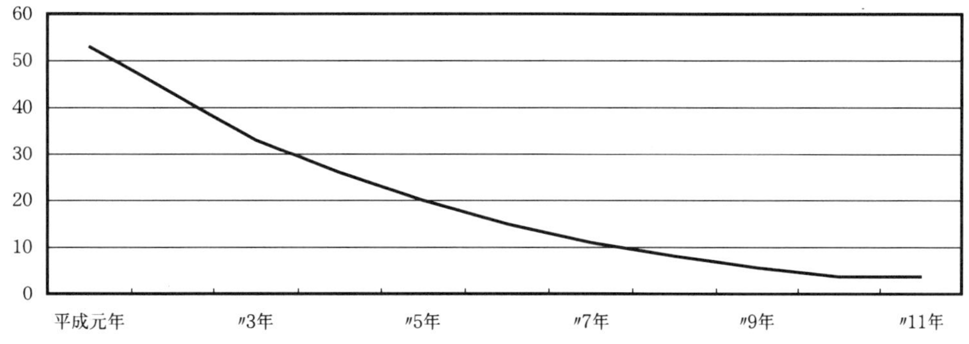

（単位　金額　10億円）

年　度	新規裁定 死亡一時金給付		年度末現在受給者状況					
			福祉年金		＃老齢福祉年金		基礎年金	
	件数 (1,000)	金額	件数 (1,000)	金額	件数 (1,000)	金額	件数 (1,000)	金額
1989 平成元年	43	4.5	1,126	384	1,126	384	1,651	1,000
1990 〃2年	45	4.8	964	336	963	336	1,905	1,140
1991 〃3年	46	4.9	816	293	816	293	2,729	1,650
1992 〃4年	47	5.1	683	253	683	253	3,700	2,288
1993 〃5年	48	5.2	580	219	580	219	4,751	2,975
1994 〃6年	47	5.6	482	192	482	192	5,776	3,824
1995 〃7年	48	7.3	400	161	400	161	6,898	4,609
1996 〃8年	47	7.2	329	133	329	133	8,067	5,395
1997 〃9年	47	7.2	268	108	268	108	9,357	6,264
1998 〃10年	48	7.3	215	88	215	88	10,576	7,221
1999 〃11年	47	7.2	171	71	171	71	11,808	8,139

福祉年金　件数

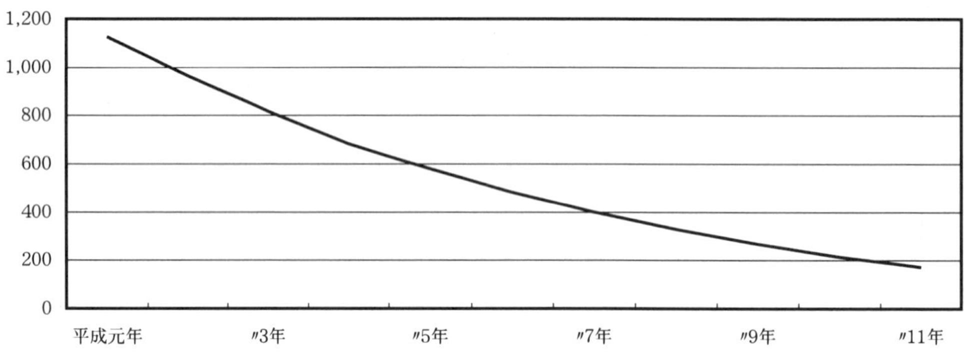

基礎年金　件数

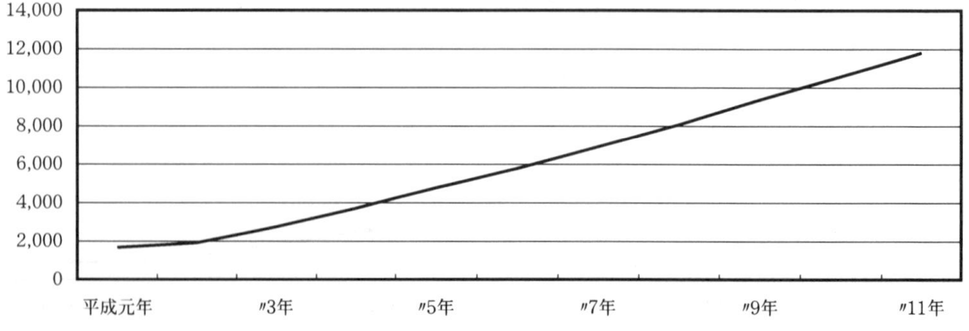

（単位　金額　10億円）

年　度		年度末現在受給者状況 基礎年金 # 老齢基礎年金 件数（1,000）	金額
1989	平成元年	754	279
1990	〃2年	963	369
1991	〃3年	1,748	825
1992	〃4年	2,680	1,405
1993	〃5年	3,692	2,047
1994	〃6年	4,682	2,813
1995	〃7年	5,763	3,556
1996	〃8年	6,896	4,312
1997	〃9年	8,149	5,151
1998	〃10年	9,331	6,056
1999	〃11年	10,505	6,913

老齢基礎年金　件数

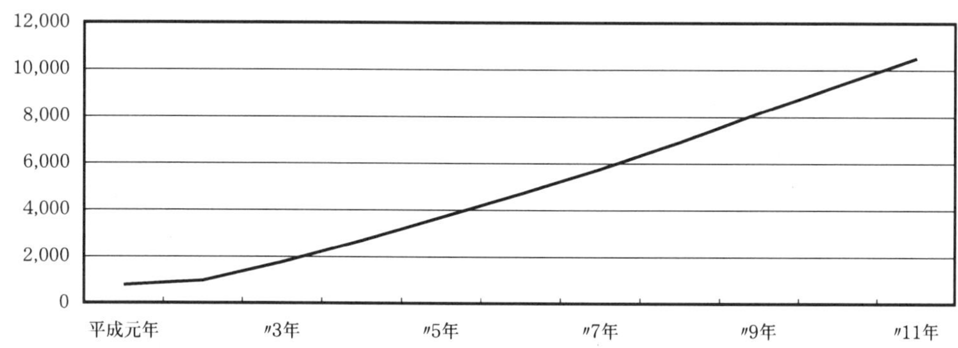

老齢基礎年金　金額

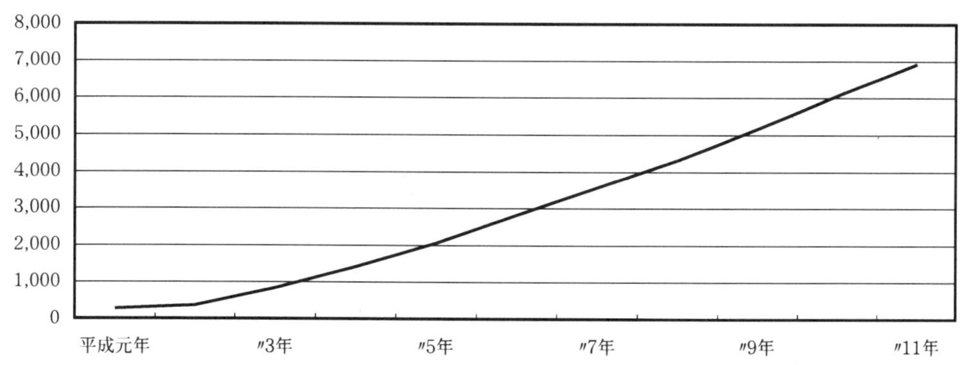

12-13　国民年金（平成12年度～14年度）

（単位　金額　10億円）

年　度	年度末現在被保険者数（1,000）			納付率（%）1)	旧法拠出制年金年度末現在受給者状況		年度末現在受給者状況 福祉年金	
	総数	第1号，任意加入	第3号		件数（1,000）	金額	件数（1,000）	金額
2000　平成12年	33,068	21,537	11,531	73.0	6,234	2,536	137	56
2001　〃13年	33,408	22,074	11,334	70.9	5,907	2,402	107	44
2002　〃14年	33,604	22,368	11,236	62.8	5,578	2,268	82	34

原注: 平成3年4月から従来任意適用だった学生が第1号被保険者として強制適用の対象となった。　1) 納付率＝（納付月数÷納付対象月数）×100。　2) 時価ベース。旧年金福祉事業団からの承継資産の損益を含む。

出所: 55

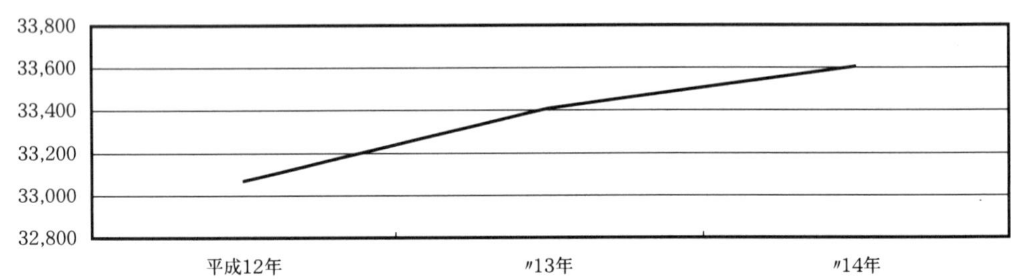

12-13　国民年金（平成15年度～17年度）

（単位　金額　10億円）

年　度	年度末現在被保険者数（1,000）			納付率（%）1)	年度末現在受給者状況 旧法拠出制年金		年度末現在受給者状況 基礎年金	
	総数	第1号，任意加入	第3号		件数（1,000）	金額	件数（1,000）	金額
2003　平成15年	33,494	22,400	11,094	63.4	5,246	2,113	16,865	11,557
2004　〃16年	33,163	22,170	10,993	63.6	4,917	1,975	18,080	12,341
2005　〃17年	32,826	21,903	10,922	67.1	4,577	1,838	19,377	13,230

原注: 平成3年4月から従来任意適用だった学生が第1号被保険者として強制適用の対象となった。1) 納付率＝（到来済納付月数÷納付対象月数）×100。　2) 時価ベース。旧年金福祉事業団からの承継資産の損益を含む。

出所: 58

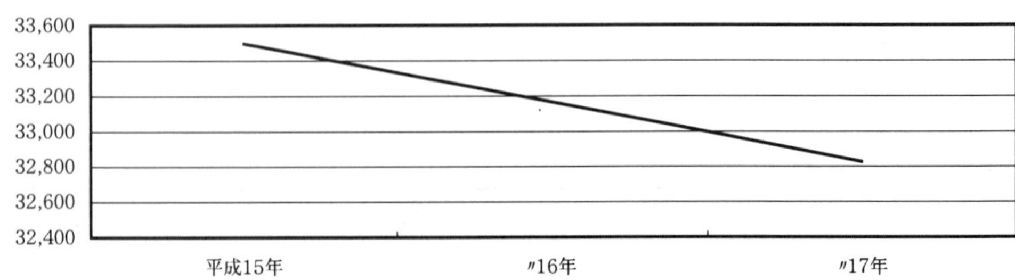

（単位　金額　10億円）

年　度	年度末現在受給者状況						新規裁定 死亡一時金給付	
	基礎年金		# 老齢基礎年金		# 障害基礎年金			
	件数 (1,000)	金額	件数 (1,000)	金額	件数 (1,000)	金額	件数 (1,000)	金額
2000　平成12年	13,070	9,034	11,729	7,776	1,222	1,125	46	7.0
2001　〃13年	14,332	9,914	12,954	8,625	1,259	1,156	44	6.7
2002　〃14年	15,643	10,821	14,231	9,505	1,295	1,186	42	6.4

老齢基礎年金　件数

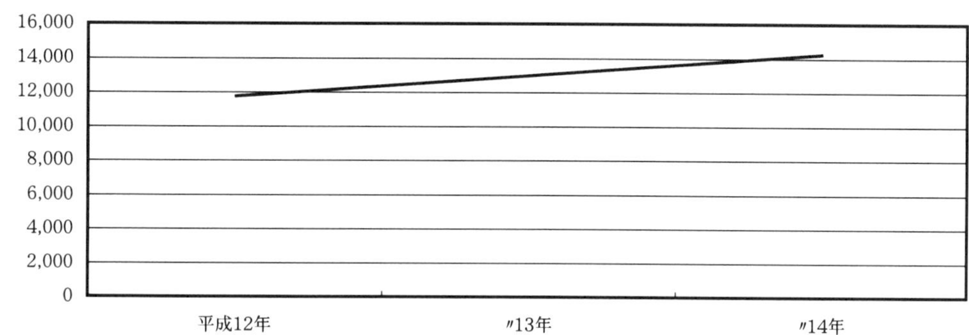

（単位　金額　10億円）

年　度	年度末現在受給者状況						新規裁定 死亡一時金給付	
	基礎年金				老齢福祉年金			
	# 老齢基礎年金		# 障害基礎年金					
	件数 (1,000)	金額	件数 (1,000)	金額	件数 (1,000)	金額	件数 (1,000)	金額
2003　平成15年	15,418	10,225	1,331	1,205	62	25	42	6.3
2004　〃16年	16,595	10,983	1,370	1,233	47	19	42	6.3
2005　〃17年	17,860	11,847	1,405	1,261	34	14	42	6.3

老齢基礎年金　件数

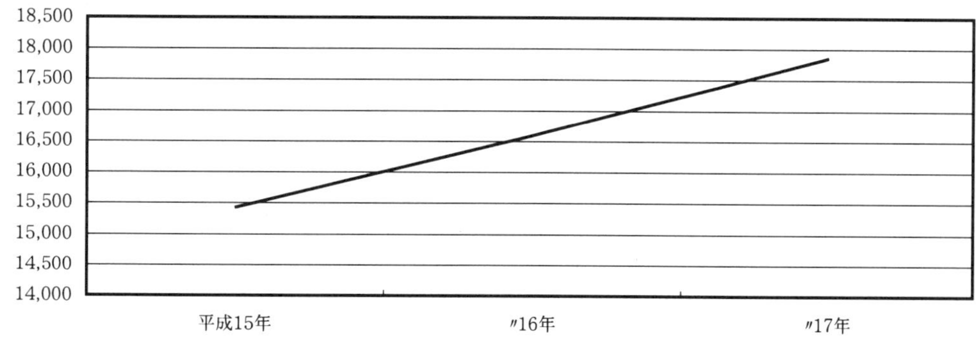

（単位　金額　10億円）

年　度		年度末積立金　2)
2000	平成12年	9,700
2001	〃 13年	9,700
2002	〃 14年	9,500

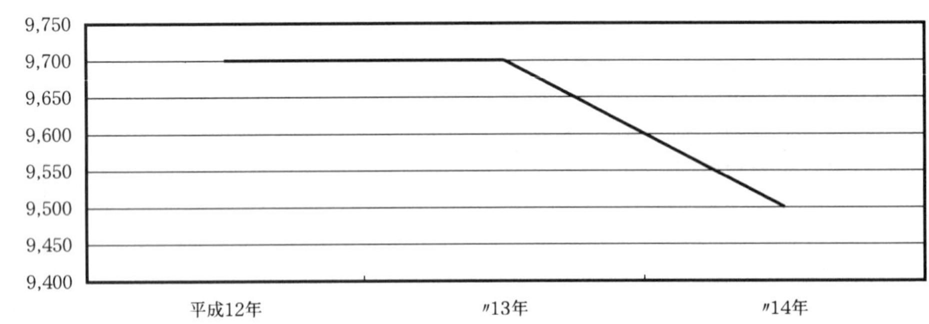

（単位　金額　10億円）

年　度		年度末積立金　2)
2003	平成15年	9,716
2004	〃 16年	9,715
2005	〃 17年	9,677

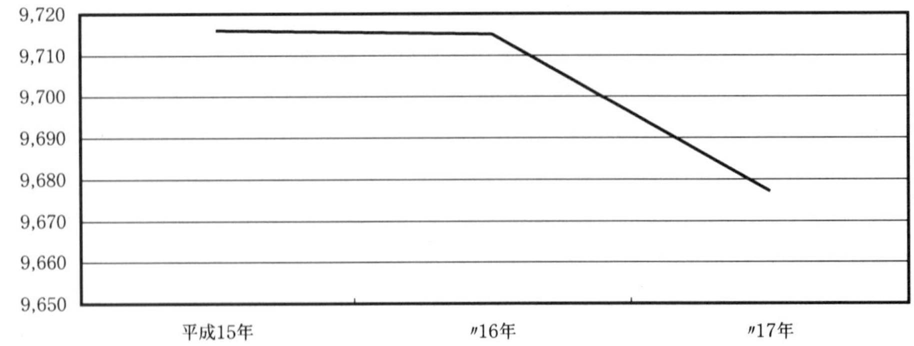

12-14 農業者年金基金（平成元年度～3年度）

（単位　金額　100万円）

年度		年度末現在被保険者数 (1,000)		経営移譲年金受給者状況 1)		一時金給付状況 2)		離農給付金支給決定件数 3)
		当然加入	任意加入	人員	金額	件数	金額	
1989	平成元年	374	252	556,544	198,128	10,399	3,624	1,281
1990	〃2年	331	244	629,855	195,677	9,313	3,362	1,145
1991	〃3年	291	234	652,645	181,682	8,151	2,983	702

原注: 1) 年度末現在。　2) 戻し分及び未支給脱退一時金を含む。　3) 当初支給件数であり，その後の修正及び返還等は差し引いていない。

出所：43

12-14 農業者年金基金（平成4年度～6年度）

（単位　金額　100万円）

年度		年度末現在被保険者数 (1,000)	経営移譲年金受給者状況 1)		農業者老齢年金受給者状況 1)		一時金給付状況 2)		離農給付金支給決定件数 3)
			人員	金額	人員	金額	件数	金額	
1992	平成4年	480	660,559	147,476	536,673	68,562	7,840	2,900	748
1993	〃5年	442	669,347	130,346	573,243	76,229	6,961	2,756	650
1994	〃6年	406	671,125	111,596	607,549	83,911	6,804	2,856	580

原注: 1) 年度末現在。　2) 戻し分及び未支給脱退一時金を含む。　3) 当初支給件数であり，その後の修正及び返還等は差し引いていない。

出所: 46

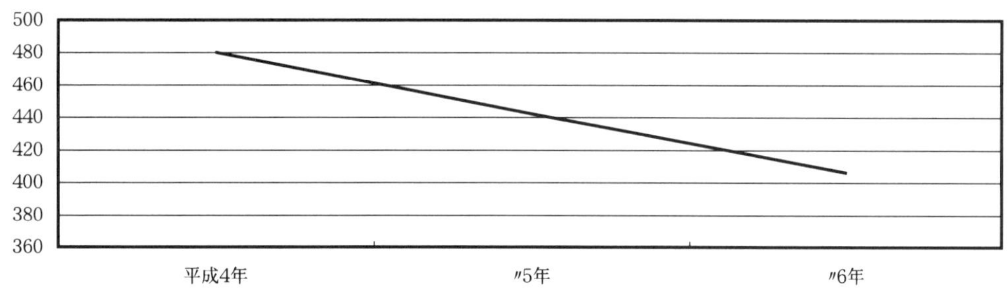

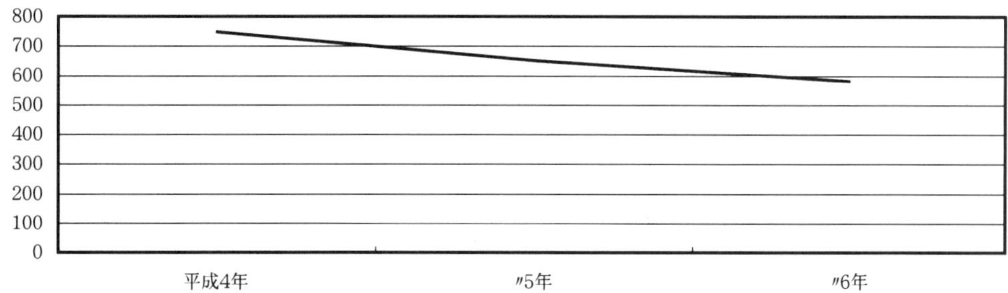

（単位　金額　100万円）

年　度	農地等買入資金貸付決定状況		農地等買入，売渡し状況			
			買入		売渡し	
	件数	金額	件数	金額	件数	金額
1989　平成元年	36	692	8	238	-	-
1990　〃2年	32	512	6	275	9	238
1991　〃3年	46	835	8	308	7	335

（単位　金額　100万円）

年　度	農地等買入資金貸付決定状況	
	件数	金額
1992　平成4年	22	416
1993　〃5年	33	751
1994　〃6年	18	330

農地等買入資金貸付決定状況　件数

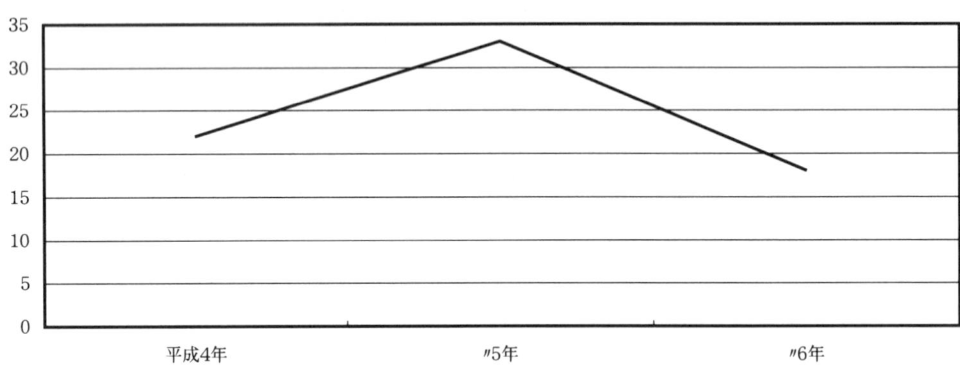

農地等買入金貸付決定状況　金額

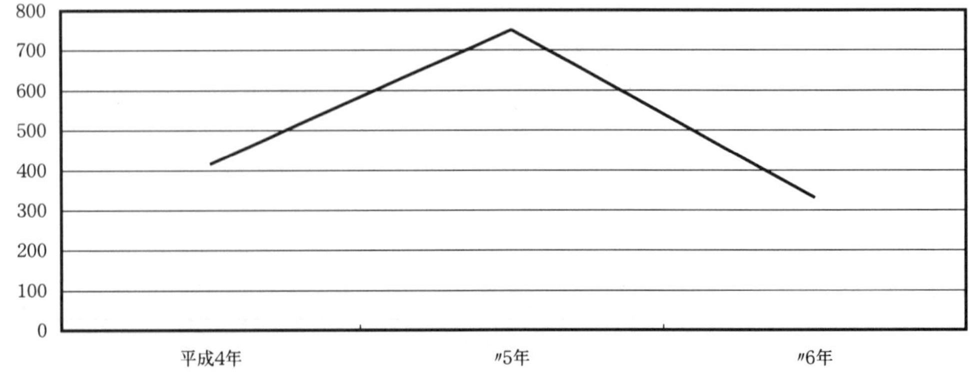

12-14 農業者年金基金（平成7年度～13年度）

（単位　金額　100万円）

年　度		年度末現在被保険者数	経営移譲年金受給者状況 1)		農業者老齢年金受給者状況 1)		一時金給付状況 2)		離農給付金支給決定件数 3)
			人員	金額	人員	金額	件数	金額	
1995	平成7年	371,632	674,181	96,633	635,353	90,713	6,299	2,833	494
1996	〃8年	340,477	671,091	87,943	633,740	92,342	6,123	2,847	646
1997	〃9年	313,796	669,283	83,092	624,143	91,929	6,268	3,045	499
1998	〃10年	293,867	664,892	82,846	611,726	91,902	5,471	2,854	575
1999	〃11年	275,745	659,442	85,026	597,875	91,180	5,071	2,880	550
2000	〃12年	258,452	653,767	88,137	583,695	90,213	4,404	2,472	530
2001	〃13年	a) 247,518	644,467	74,257	567,646	89,163	2,268	1,499	-

原注: 1) 年度末現在。　2) 戻し分及び未支給脱退一時金を含む。　3) 当初支給件数であり，その後の修正及び返還等は差し引いていない。

出所: 50, 54

12-14 農業者年金（平成14年度～18年度）

（単位　金額　100万円）

年　度		新制度				旧制度		
		年度末現在加入者数	被保険者	受給権者	60歳到達者等 1)	年度末現在被保険者数	経営移譲年金受給権者状況 2)	
							人員	年金額
2002	平成14年	77,031	71,570	-	5,461	-	631,603	76,755
2003	〃15年	78,558	68,320	15	10,223	-	613,592	77,813
2004	〃16年	80,114	64,905	72	15,137	-	593,728	78,306
2005	〃17年	81,713	63,382	122	18,209	-	571,507	78,338
2006	〃18年	83,972	61,038	282	22,652	-	548,103	78,069

原注: 平成14年1月1日に制度が改正された。 1) 60歳到達者，国民年金2号・3号・保険料免除，任意脱退，死亡などにより農業者年金の被保険者でなくなった者。 2) 年度末現在。 3) 戻し分及び未支給脱退一時金を含む。特例脱退一時金を含む。

出所：55, 58

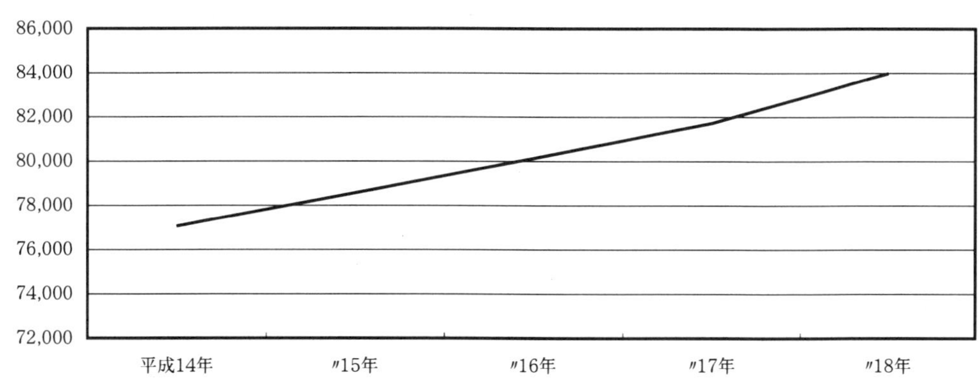

(単位　金額　100万円)

年　度		農地等買入資金貸付決定状況	
		件数	金額
1995	平成7年	-	-
1996	〃8年	-	-
1997	〃9年	-	-
1998	〃10年	-	-
1999	〃11年	-	-
2000	〃12年	-	-
2001	〃13年	-	-

(単位　金額　100万円)

年　度		旧制度			
		農業者老齢年金受給権者状況　2)		一時金給付状況　3)	
		人員	年金額	件数	金額
2002	平成14年	551,412	87,927	144,391	249,971
2003	〃15年	531,711	86,001	14,744	24,422
2004	〃16年	510,433	83,733	7,456	11,760
2005	〃17年	487,252	81,159	4,908	7,190
2006	〃18年	463,395	78,450	10,685	14,510

農業者老齢年金受給権者状況　人員

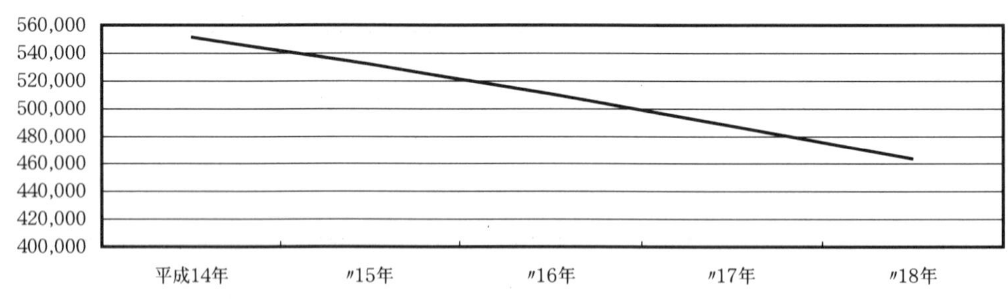

一時金給付状況　件数

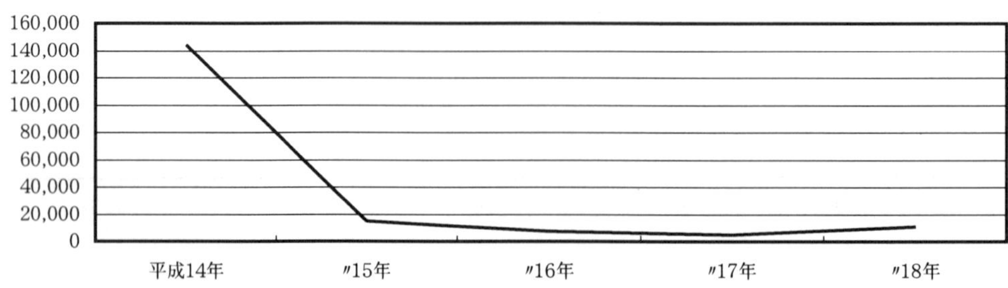

12-15 国家公務員等共済組合 各省各庁組合（平成元年度～15年度）

（単位 金額 100万円）

年 度		年度末現在適用状況							
		組合数	組合員数（1,000）					被扶養者数（1,000）	平均標準報酬月額（円）
			計	短期，長期給付	短期給付	継続長期給付	任意継続		
1989	平成元年	24	1,181	891	0.1	252	38	1,675	314,964
1990	〃2年	24	1,162	888	0.1	238	35	1,647	339,463
1991	〃3年	24	1,165	887	0.1	245	33	1,621	346,749
1992	〃4年	24	1,162	1,127	0.1	3.4	32	1,596	362,242
1993	〃5年	24	1,156	1,123	0.1	3.4	29	1,571	372,809
1994	〃6年	24	1,156	1,124	0.1	3.5	28	1,562	378,593
1995	〃7年	24	1,153	1,121	0.1	3.4	29	1,548	386,520
1996	〃8年	24	1,151	1,120	0.1	3.5	27	1,532	393,799
1997	〃9年	24	1,148	1,118	0.1	3.7	26	1,520	398,709
1998	〃10年	24	1,137	1,107	0.1	3.7	26	1,511	406,067
1999	〃11年	24	1,131	1,103	0.1	3.7	25	1,499	411,952
2000	〃12年	23	1,145	1,116	0.1	3.7	26	1,507	417,562
2001	〃13年	23	1,138	1,107	0.1	3.5	28	1,490	420,055
2002	〃14年	23	1,130	1,099	0.1	3.4	28	1,469	413,288
2003	〃15年	21	1,123	1,088	0.1	3.2	32	1,448	…

原注：昭和58年12月法律第82号（統合法）の公布により，59年4月以降公共企業体職員等共済組合法は廃止され，国家公務員共済組合法に統合された。これにより「国家公務員等共済組合（各省各庁組合）」と「同（適用法人組合）」の区分となった。平成9年4月，国家公務員共済組合（適用法人組合）の医療保険部門では健康保険組合が設立され，年金保険部門は厚生年金保険に統合された。平成10年法律第103号「中央省庁等改革基本法」の制定により，国の行政機関の再編成が行われることになり，これに伴い平成13年1月6日から各省各庁ごとに設けらてきた共済組合も統合・分割された。 1) 老人保健にかかる給付分を除く。 2) 平成元年度以降共済年金を含む。

出所：43, 46, 49, 52, 55

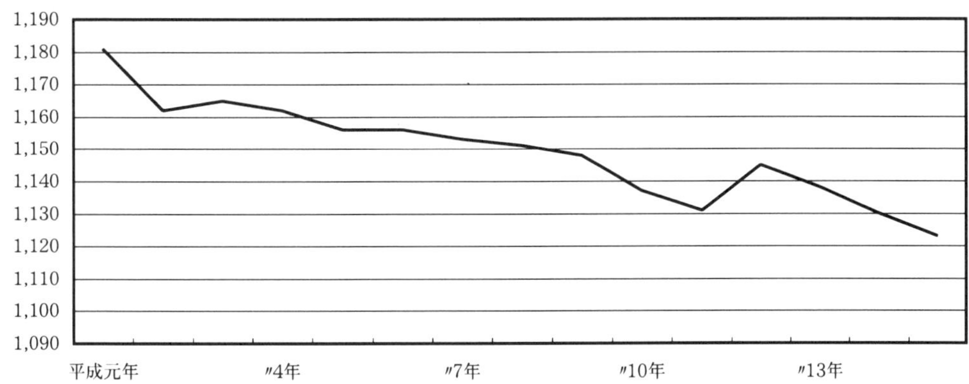

（単位　金額　100万円）

年　度	短期給付決定状況　1)							
	計		保健給付					
			組合員分		医療費		出産費	
	件数 (1,000)	金額	件数 (1,000)	金額	件数 (1,000)	金額	件数 (1,000)	金額
1989 平成元年	18,893	211,431	6,820	96,267	6,774	94,036	6.5	1,476
1990 〃2年	19,028	214,724	6,882	97,169	6,837	94,884	6.3	1,526
1991 〃3年	19,258	221,249	6,972	99,773	6,926	97,362	6.5	1,650
1992 〃4年	19,361	231,978	7,001	104,998	6,956	102,431	6.7	1,796
1993 〃5年	19,442	237,141	7,041	106,622	6,998	104,029	6.7	1,829
1994 〃6年	19,570	238,483	7,105	105,344	7,075	102,561	7.1	2,057
1995 〃7年	20,000	250,624	7,222	109,284	7,213	106,432	7.0	2,193
1996 〃8年	20,156	255,196	7,277	111,836	7,268	108,865	7.4	2,300
1997 〃9年	20,288	246,639	7,377	104,266	7,368	101,224	7.5	2,374
1998 〃10年	20,363	240,363	7,188	92,614	7,179	89,556	7.6	2,413
1999 〃11年	20,538	240,766	7,274	93,416	7,264	90,220	7.9	2,515
2000 〃12年	21,139	246,863	7,528	95,522	7,519	92,304	8.0	2,584
2001 〃13年	21,786	250,871	7,809	97,121	7,800	93,857	8.2	2,647
2002 〃14年	22,137	249,052	7,922	95,972	7,912	92,680	8.2	2,660
2003 〃15年	22,085	243,946	7,760	86,370	7,750	83,122	8.2	2,648

組合員分　医療費　金額

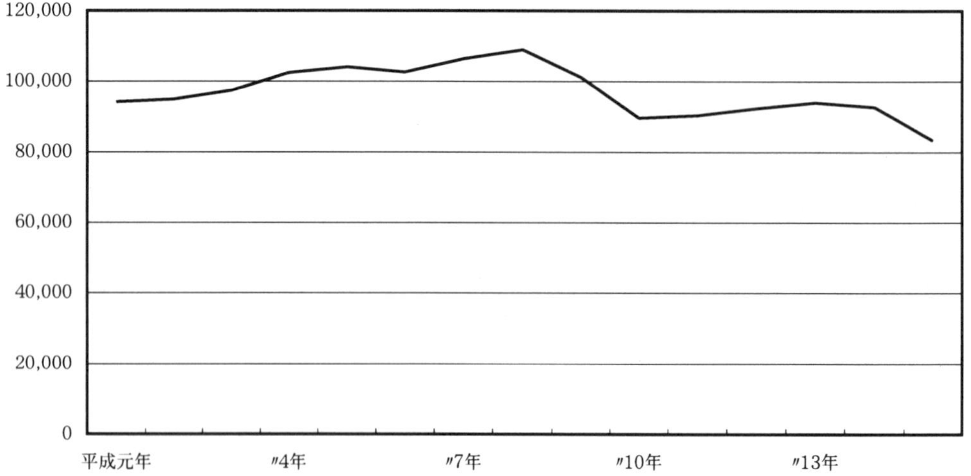

（単位　金額　100万円）

年　度		短期給付決定状況　1)							
		保健給付							
		組合員分				被扶養者分			
		育児手当金		埋葬料				医療費	
		件数 (1,000)	金額	件数 (1,000)	金額	件数 (1,000)	金額	件数 (1,000)	金額
1989	平成元年	37	88	2.0	666	11,465	107,283	11,427	98,907
1990	〃2年	36	87	1.9	673	11,529	109,455	11,492	101,002
1991	〃3年	36	87	1.8	674	11,625	112,484	11,588	103,771
1992	〃4年	36	87	1.8	684	11,662	117,505	11,626	108,130
1993	〃5年	35	85	1.7	679	11,660	120,345	11,625	110,993
1994	〃6年	21	52	1.7	674	11,727	121,539	11,691	111,316
1995	〃7年	0.0	0.3	1.6	659	12,016	125,987	11,982	115,398
1996	〃8年	0.0	0.0	1.6	671	12,097	130,609	12,063	120,088
1997	〃9年	-	-	1.5	668	12,077	129,096	12,044	118,753
1998	〃10年	0.0	0.0	1.5	644	12,539	133,496	12,507	123,271
1999	〃11年	0.0	0.0	1.5	681	12,755	133,530	12,723	123,323
2000	〃12年	-	-	1.4	635	13,109	136,733	13,077	126,636
2001	〃13年	-	-	1.4	617	13,586	137,763	13,555	127,807
2002	〃14年	-	-	1.4	632	13,891	136,923	13,860	127,180
2003	〃15年	-	-	1.3	600	13,973	139,883	13,943	130,344

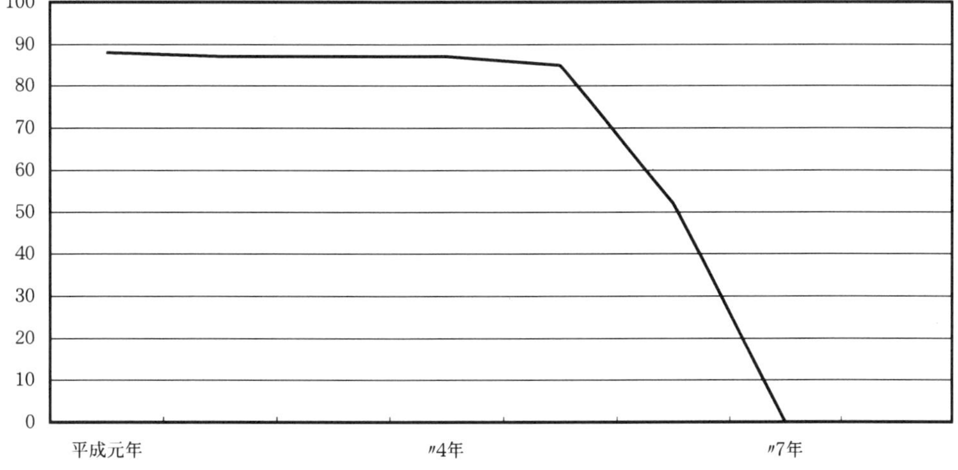

（単位　金額　100万円）

年　度	短期給付決定状況　1)							
	保健給付				災害給付		休業給付	
	被扶養者分							
	配偶者出産費		家族埋葬料					
	件数 (1,000)	金額	件数 (1,000)	金額	件数 (1,000)	金額	件数 (1,000)	金額
1989　平成元年	31	6,651	6.8	1,725	0.3	155	14	1,118
1990　〃2年	30	6,721	6.4	1,732	0.5	215	13	1,143
1991　〃3年	31	6,898	6.4	1,815	0.4	226	13	1,191
1992　〃4年	30	7,539	6.2	1,836	0.2	141	12	1,067
1993　〃5年	29	7,529	5.9	1,823	0.5	267	9.2	880
1994　〃6年	30	8,377	5.9	1,847	1.7	1,048	9.0	923
1995　〃7年	28	8,777	5.6	1,812	4.0	2,399	43	2,664
1996　〃8年	28	8,726	5.5	1,796	0.3	204	55	3,476
1997　〃9年	28	8,615	5.2	1,729	0.2	156	60	3,782
1998　〃10年	27	8,489	5.2	1,736	0.4	204	64	4,020
1999　〃11年	27	8,472	5.1	1,735	0.3	168	74	4,305
2000　〃12年	27	8,522	4.7	1,576	0.4	217	75	5,082
2001　〃13年	27	8,347	4.6	1,609	0.2	134	80	6,868
2002　〃14年	26	8,206	4.4	1,538	0.2	117	83	7,774
2003　〃15年	26	8,078	4.3	1,461	0.2	132	86	8,015

休業給付　金額

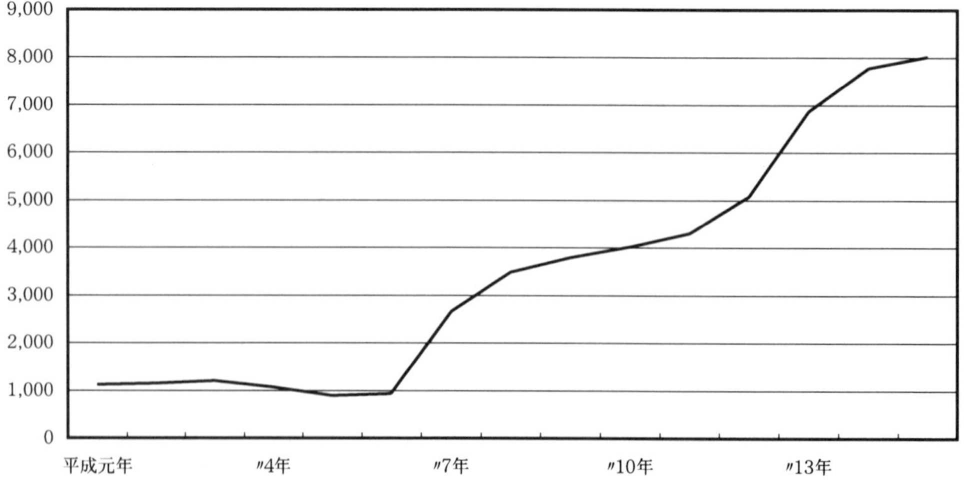

（単位　金額　100万円）

年度	短期給付決定状況 1) 附加給付 件数(1,000)	金額	長期給付 年金受給権者状況（年度末現在） 計 人員	金額	退職年金 2) 人員	金額	減額退職年金 人員	金額
1989 平成元年	594	6,608	635,770	1,244,855	398,827	920,533	87,063	149,925
1990 〃2年	604	6,741	662,708	1,323,842	419,205	984,919	86,217	150,669
1991 〃3年	649	7,575	685,451	1,396,548	434,876	1,039,219	85,290	152,460
1992 〃4年	687	8,266	706,818	1,470,981	450,056	1,094,224	84,204	154,828
1993 〃5年	731	9,027	726,219	1,517,873	462,725	1,125,750	83,045	155,019
1994 〃6年	727	9,629	745,621	1,620,140	475,428	1,198,451	81,809	160,341
1995 〃7年	715	10,289	777,691	1,684,473	501,082	1,250,332	80,614	159,133
1996 〃8年	726	9,072	793,556	1,693,491	510,381	1,249,947	79,234	156,448
1997 〃9年	773	9,339	810,117	1,701,343	520,478	1,248,798	77,861	153,766
1998 〃10年	572	10,029	823,336	1,729,012	527,517	1,260,080	76,284	153,273
1999 〃11年	435	9,348	835,416	1,733,052	533,346	1,252,815	74,722	151,005
2000 〃12年	427	9,309	861,585	1,755,700	550,754	1,263,458	73,299	148,197
2001 〃13年	311	8,986	883,146	1,753,438	566,465	1,253,760	71,492	144,553
2002 〃14年	241	8,266	906,490	1,765,593	583,594	1,257,724	69,714	141,049
2003 〃15年	265	9,546	933,166	1,769,015	604,278	1,258,200	67,787	135,938

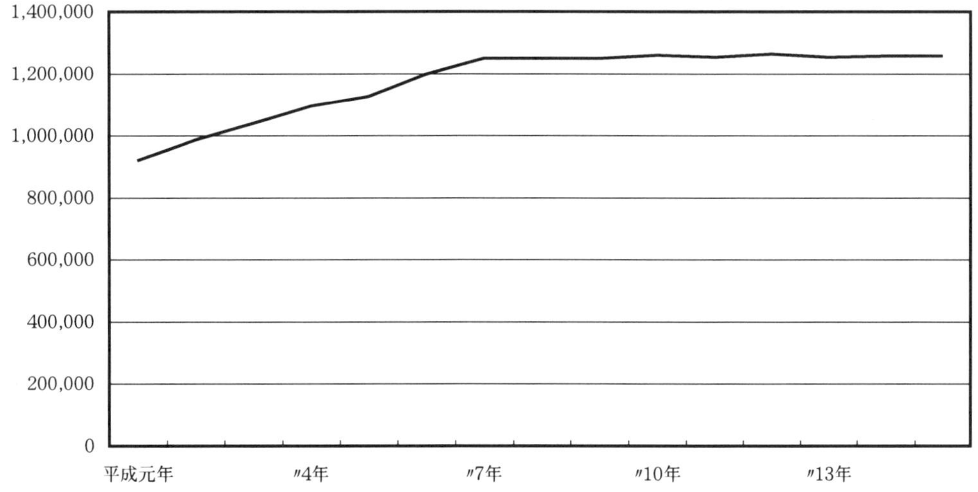

（単位　金額　100万円）

年度	長期給付 年金受給権者状況（年度末現在） 通算退職年金 人員	通算退職年金 金額	障害年金 2) 人員	障害年金 2) 金額	遺族年金 2) 人員	遺族年金 2) 金額	通算遺族年金 人員	通算遺族年金 金額
1989 平成元年	9,861	6,721	8,619	15,411	130,263	151,030	626	193
1990 〃2年	9,686	6,748	9,172	16,208	137,307	164,053	620	195
1991 〃3年	9,479	6,801	9,773	17,123	144,942	179,702	608	197
1992 〃4年	9,225	6,832	10,011	17,469	152,260	196,376	593	198
1993 〃5年	8,956	6,741	10,209	17,513	160,247	211,617	585	197
1994 〃6年	8,705	6,911	10,441	18,258	168,236	234,931	569	201
1995 〃7年	8,418	6,730	10,708	18,256	175,909	248,831	548	195
1996 〃8年	8,109	6,494	10,947	18,093	183,947	261,352	540	191
1997 〃9年	7,810	6,256	11,222	17,985	191,834	273,418	527	186
1998 〃10年	7,502	6,110	11,426	18,081	199,722	290,372	516	185
1999 〃11年	7,161	5,858	11,622	17,953	207,711	304,358	499	179
2000 〃12年	6,877	5,638	12,147	18,259	217,678	319,131	491	176
2001 〃13年	6,576	5,393	12,553	18,390	225,260	330,367	476	171
2002 〃14年	6,228	5,114	12,998	18,535	233,186	342,234	457	163
2003 〃15年	5,920	4,804	13,424	18,600	241,015	350,591	446	158

障害年金　金額

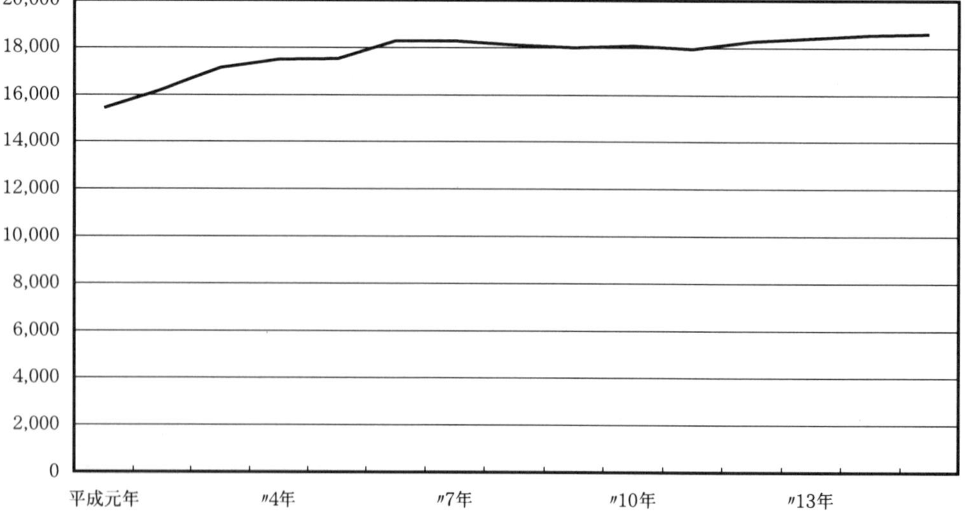

（単位　金額　100万円）

年　度	長期給付							
	年金受給権者状況（年度末現在）				一時金給付決定		公務災害給付決定	
	船員年金		公務災害年金					
	人員	金額	人員	金額	件数	金額	件数	金額
1989 平成元年	412	879	99	164	49	62	402	170
1990 〃2年	406	887	95	163	42	47	575	165
1991 〃3年	397	892	86	154	51	74	539	160
1992 〃4年	387	899	82	154	43	67	498	153
1993 〃5年	378	896	74	141	38	54	450	143
1994 〃6年	366	916	67	132	28	23	414	135
1995 〃7年	350	872	62	124	73	82	-	-
1996 〃8年	342	855	56	112	211	174	-	-
1997 〃9年	330	823	55	111	156	156	-	-
1998 〃10年	319	811	50	100	291	253	-	-
1999 〃11年	309	791	46	93	254	238	-	-
2000 〃12年	295	751	44	90	247	224	-	-
2001 〃13年	283	721	41	85	250	249	-	-
2002 〃14年	273	691	40	83	216	257	-	-
2003 〃15年	259	649	37	76	203	194	-	-

一時金給付決定　件数

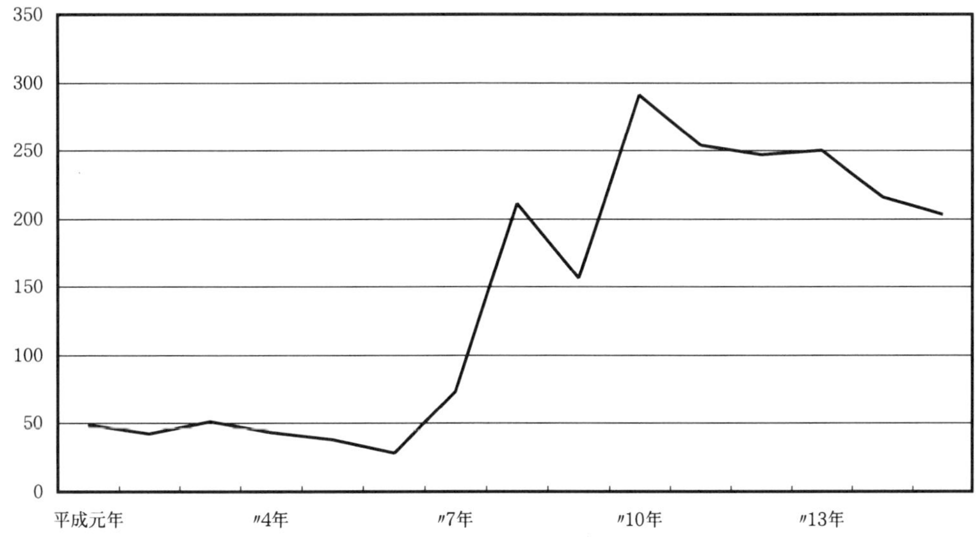

12-15　国家公務員等共済組合　各省各庁組合（平成16年度～18年度）

（単位　金額　100万円）

年度	年度末現在適用状況　1)						
	組合数	組合員数（1,000）			被扶養者数（1,000）	1人当たり平均標準報酬月額（円）	
			#短期適用	#長期適用		短期適用	長期適用
2004　平成16年	21	1,116	1,113	1,086	1,419	412,154	406,543
2005　〃17年	21	1,109	1,105	1,082	1,387	414,625	408,832
2006　〃18年	21	1,104	1,101	1,076	1,354	415,421	409,598

原注：昭和58年12月法律第82号（統合法）の公布により，59年4月以降公共企業体職員等共済組合法は廃止され，国家公務員共済組合法に統合された。これにより「国家公務員等共済組合（各省各庁組合）」と「同（適用法人組合）」の区分となった。平成9年4月，国家公務員共済組合（適用法人組合）の医療保険部門では健康保険組合が設立され，年金保険部門は厚生年金保険に統合された。平成10年法律第103号「中央省庁等改革基本法」の制定により，国の行政機関の再編成が行われることになり，これに伴い平成13年1月6日から各省各庁ごとに設けられてきた共済組合も統合・分割された。　1) 老人保健に係る給付分を除く。　2) 共済年金を含む。　a) 配偶者出産費。

出所：58

組合員数

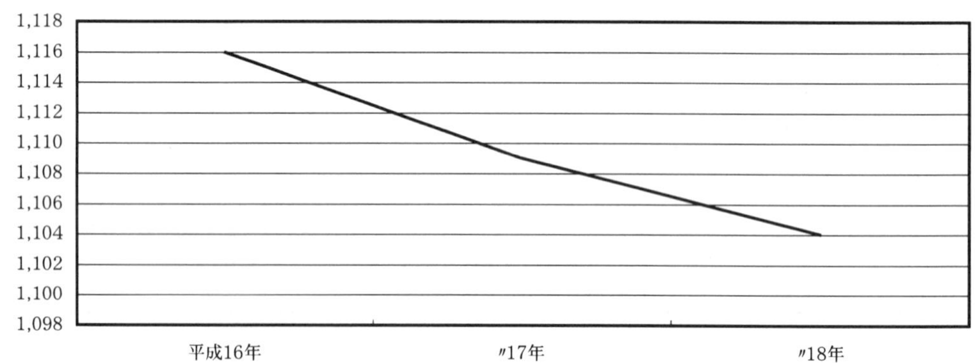

被扶養者数

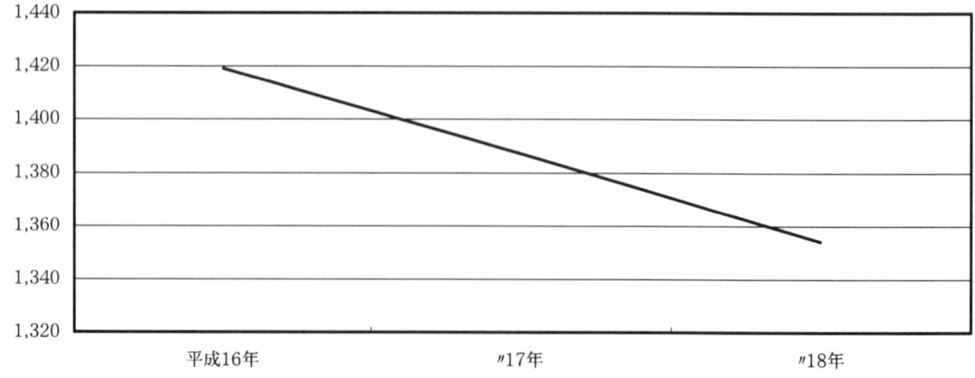

（単位　金額　100万円）

年　度	短期給付決定状況　1)							
	計		保健給付					
			組合員分		医療費		出産費	
	件数 (1,000)	金額	件数 (1,000)	金額	件数 (1,000)	金額	件数 (1,000)	金額
2004　平成16年	22,146	241,169	7,772	83,204	7,762	79,982	8.2	2,672
2005　〃17年	23,015	245,357	8,059	85,005	8,050	81,786	8.1	2,667
2006　〃18年	22,679	239,755	7,879	80,923	7,869	77,687	8.6	2,882

保健給付　組合員分　金額

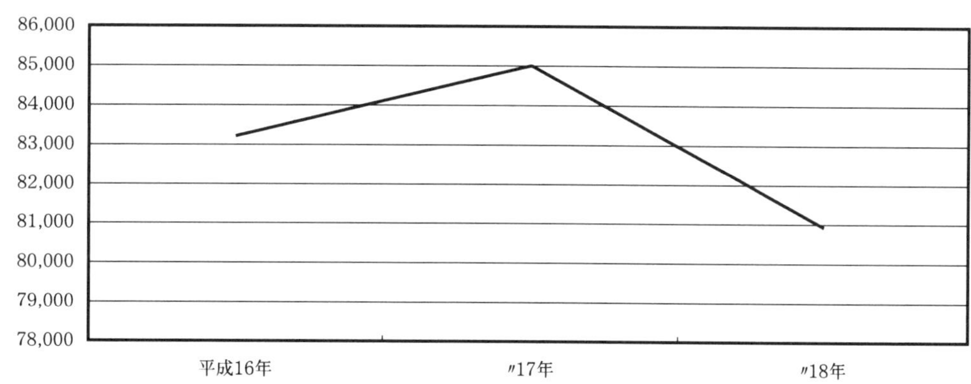

出産費　金額

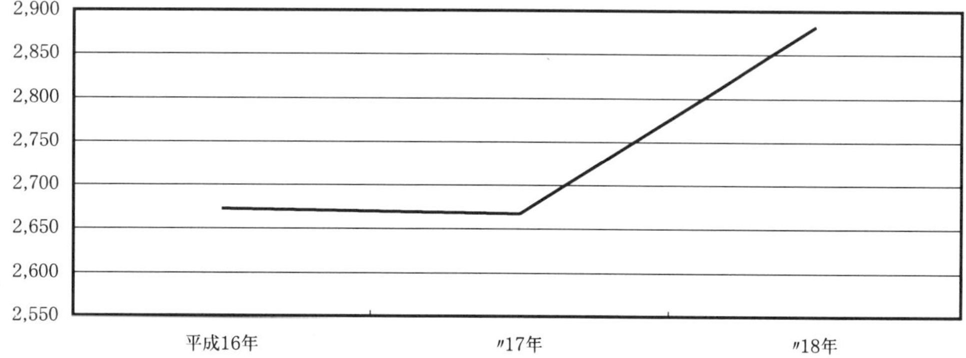

（単位　金額　100万円）

年　度	短期給付決定状況　1)							
	保健給付							
	組合員分				被扶養者分			
	育児手当金		埋葬料				医療費	
	件数 (1,000)	金額	件数 (1,000)	金額	件数 (1,000)	金額	件数 (1,000)	金額
2004 平成16年	-	-	1.2	550	14,038	140,292	14,010	131,082
2005 〃17年	-	-	1.2	552	14,630	142,772	14,603	133,881
2006 〃18年	-	-	1.2	354	14,477	140,816	14,449	132,145

被扶養者分　件数

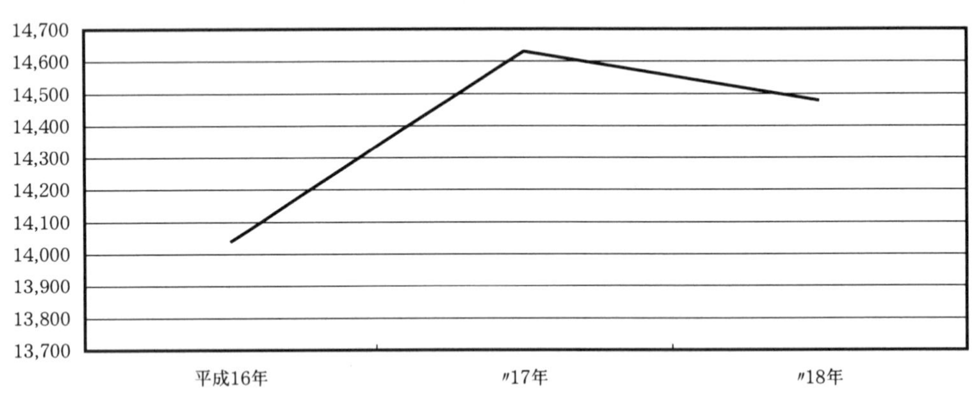

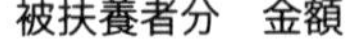

被扶養者分　金額

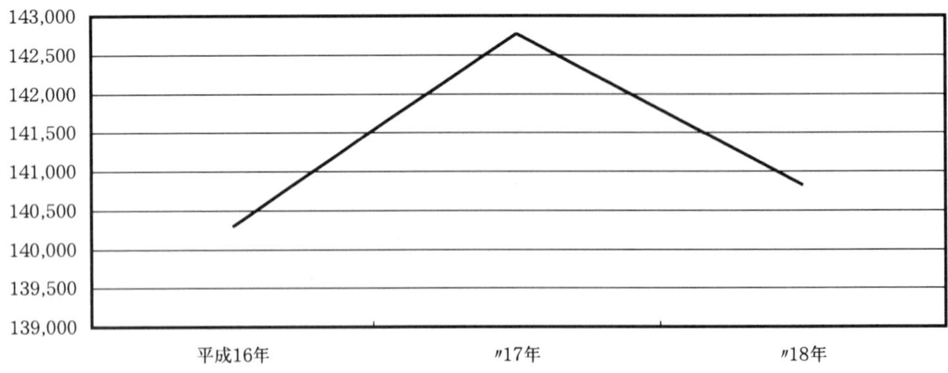

（単位　金額　100万円）

年　度	短期給付決定状況　1)							
	保健給付				災害給付		休業給付	
	被扶養者分							
	家族出産費		家族埋葬料					
	件数 (1,000)	金額	件数 (1,000)	金額	件数 (1,000)	金額	件数 (1,000)	金額
2004　平成16年	a) 25	a) 7,810	4.1	1,400	0.7	366	89	8,297
2005　〃17年	a) 25	a) 7,490	4.1	1,402	0.3	210	89	8,504
2006　〃18年	24	7,813	3.8	858	0.2	108	90	8,571

災害給付　金額

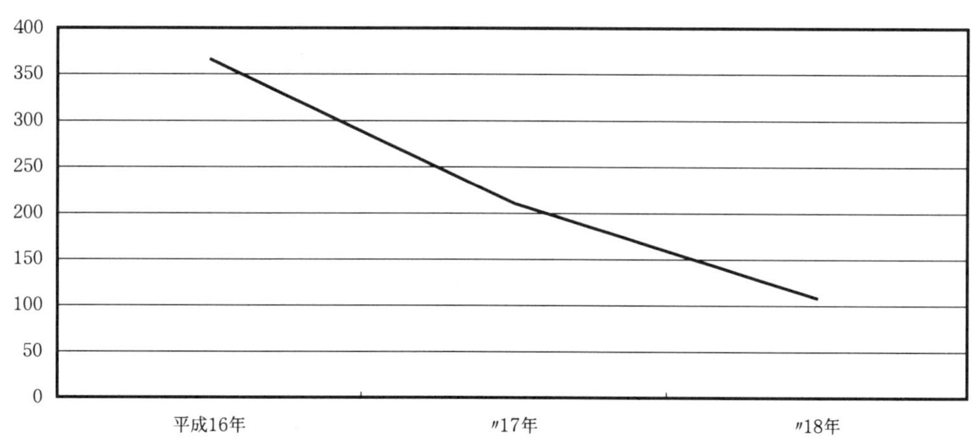

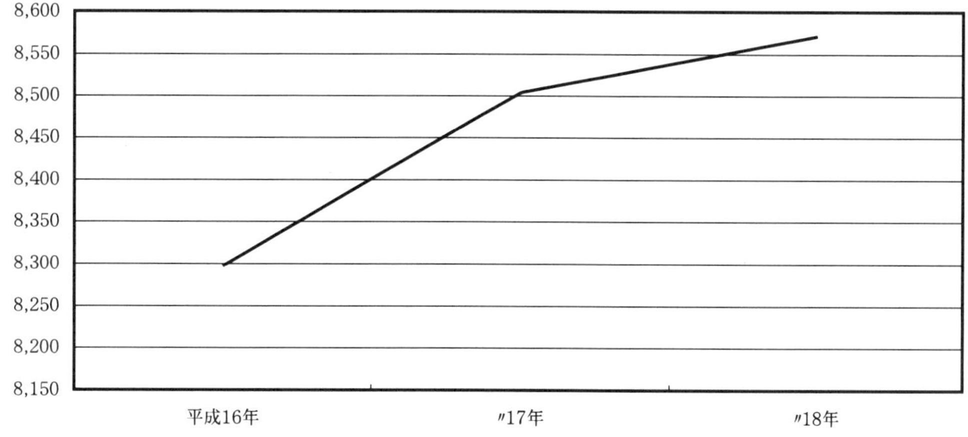

（単位　金額　100万円）

年　度	短期給付決定状況　1)		長期給付					
	附加給付		年金受給権者状況（年度末現在）					
			計		退職年金　2)		減額退職年金	
	件数 (1,000)	金額	人員	金額	人員	金額	人員	金額
2004　平成16年	246	9,010	962,259	1,758,837	627,646	1,242,866	65,793	131,593
2005　〃17年	237	8,866	984,127	1,762,072	644,030	1,239,945	63,597	127,298
2006　〃18年	233	9,337	1,008,953	1,763,409	663,989	1,237,973	61,421	122,618

年金受給権者状況　金額計

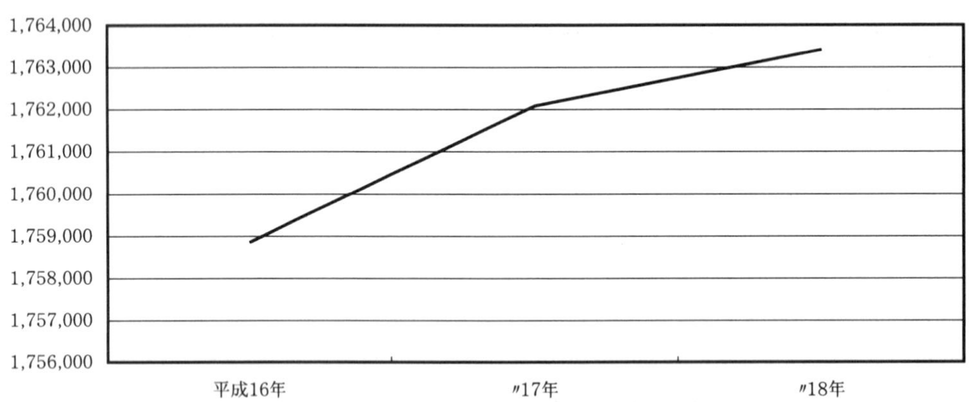

退職年金　金額

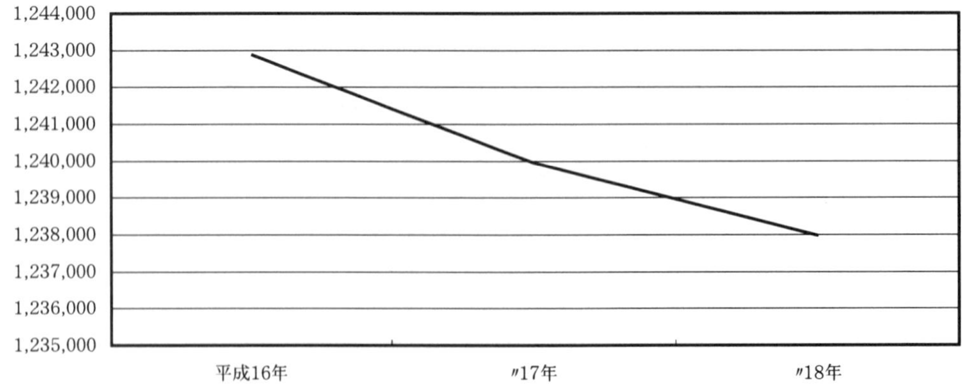

（単位　金額　100万円）

年　度	長期給付							
	年金受給権者状況（年度末現在）							
	通算退職年金		障害年金 2)		遺族年金 2)		通算遺族年金	
	人員	金額	人員	金額	人員	金額	人員	金額
2004 平成16年	5,590	4,535	13,843	18,625	248,682	360,383	425	150
2005 〃17年	5,236	4,252	14,242	18,717	256,348	371,048	402	143
2006 〃18年	4,879	3,945	14,623	18,778	263,405	379,338	382	134

障害年金　金額

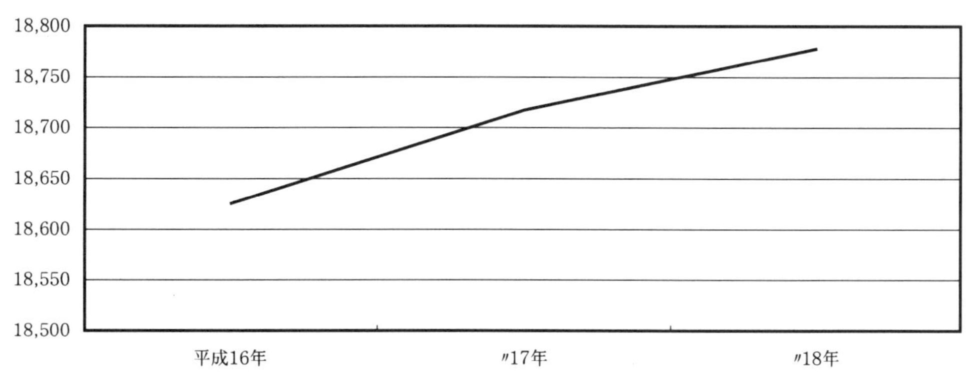

遺族年金　金額

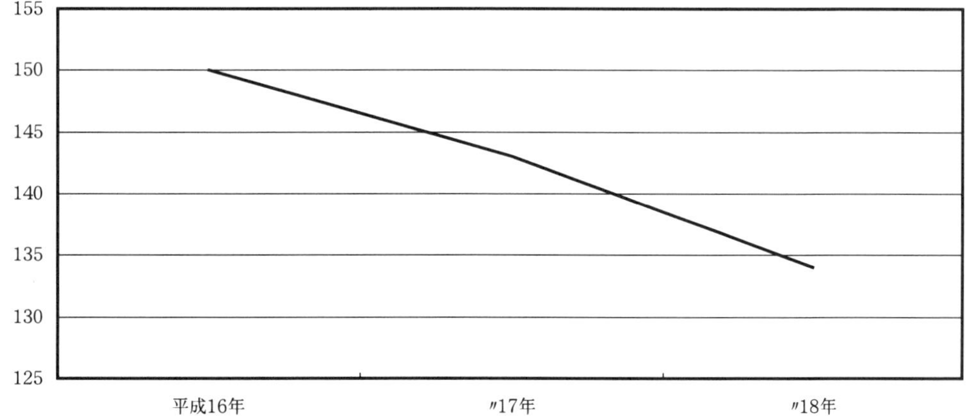

（単位　金額　100万円）

年　度	長期給付					
	年金受給権者状況（年度末現在）				一時金給付決定	
	船員年金		公務災害給付			
	人員	金額	人員	金額	件数	金額
2004　平成16年	246	615	34	71	230	292
2005　〃17年	241	604	31	65	205	176
2006　〃18年	226	564	28	59	286	296

公務災害給付　金額

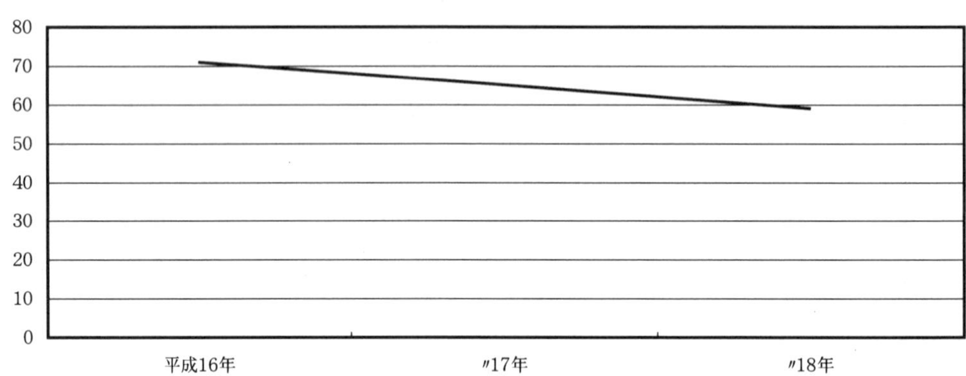

一時金給付決定　件数

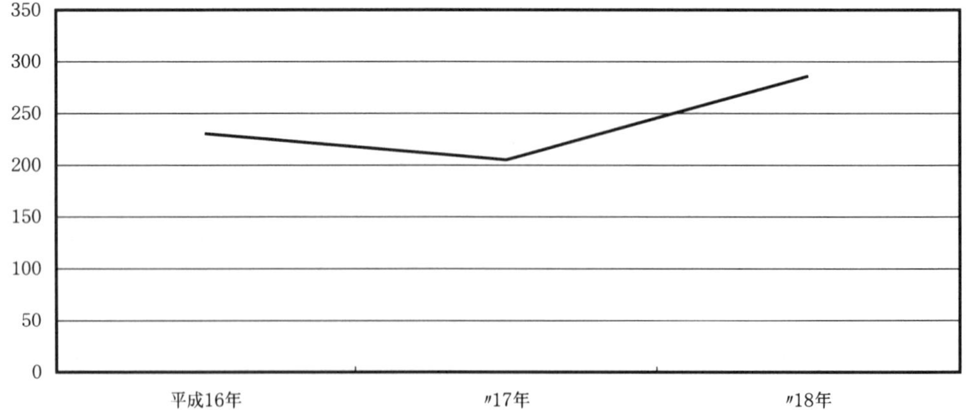

12-16 国家公務員等共済組合　適用法人組合

（単位　金額　100万円）

年　度	年度末現在適用状況							
	組合数	組合員数（1,000）					被扶養者数（1,000）	平均標準報酬月額（円）
		計	短期，長期給付	短期給付	継続長期給付	任意継続		
1989 平成元年	3	529	512	0.0	0.0	17	980	336,164
1990 〃2年	3	513	496	0.0	0.0	17	962	358,471
1991 〃3年	3	504	492	0.0	0.0	12	944	…
1992 〃4年	3	498	487	0.0	0.0	11	924	392,303
1993 〃5年	3	494	482	0.0	0.0	12	909	403,197
1994 〃6年	3	487	471	0.0	0.0	16	889	…
1995 〃7年	3	479	467	0.0	0.0	12	861	427,381
1996 〃8年	3	471	463	0.0	0.0	7.5	835	435,937

原注：昭和58年12月法律82号（統合法）の公布により，59年4月以降公共企業体職員共済組合法は廃止され，国家公務員共済組合法に統合された。なお，これにより「国家公務員共済組合法」は「国家公務員等共済組合法」に名称が変更され，「国家公務員等共済組合（各省各庁組合）」と「同（適用法人組合）」の区分となった。　1) 老人保健にかかる給付分を除く。　2) 平成元年度以降共済年金を含む。

出所：43, 46, 49

組合員数計

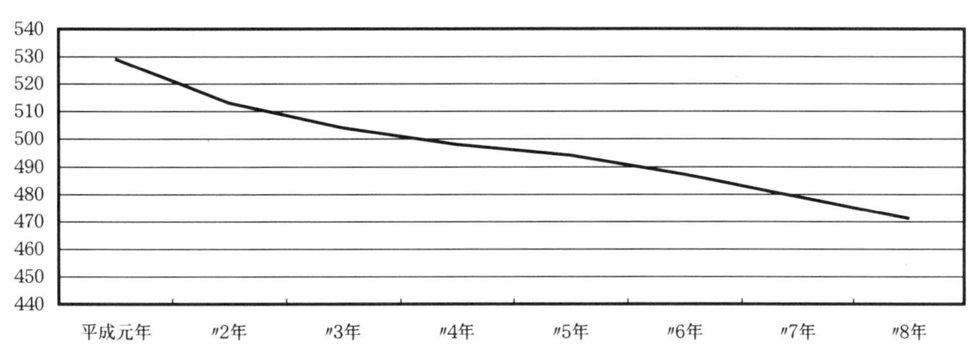

被扶養者数

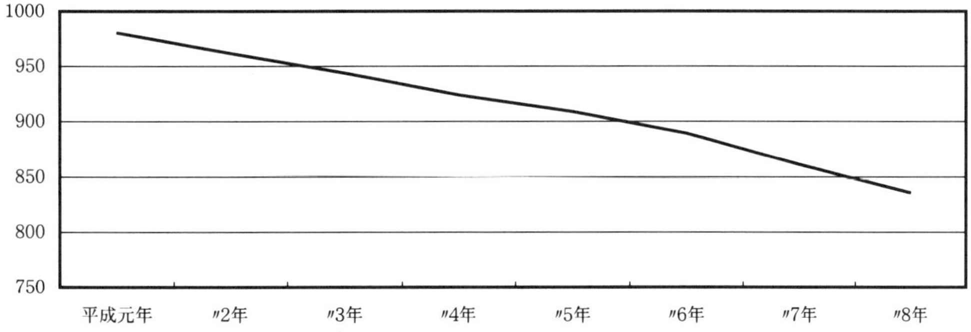

（単位　金額　100万円）

年　度		短期給付決定状況　1)							
		計		保健給付					
				組合員分		医療費		出産費	
		件数 (1,000)	金額	件数 (1,000)	金額	件数 (1,000)	金額	件数 (1,000)	金額
1989	平成元年	10,114	105,422	3,250	45,490	3,231	44,941	1.2	280
1990	〃2年	10,344	108,448	3,304	46,361	3,286	45,845	1.1	263
1991	〃3年	10,342	111,985	3,329	48,057	3,313	47,532	1.0	234
1992	〃4年	10,369	116,735	3,407	51,042	3,392	50,532	0.9	227
1993	〃5年	10,234	119,390	3,464	53,594	3,451	53,087	0.8	207
1994	〃6年	10,284	124,015	3,549	55,762	3,541	55,238	0.8	232
1995	〃7年	10,230	127,105	3,526	57,382	3,525	56,858	0.8	245
1996	〃8年	10,222	130,178	3,674	59,893	3,673	59,331	0.8	256

短期給付決定状況　金額計

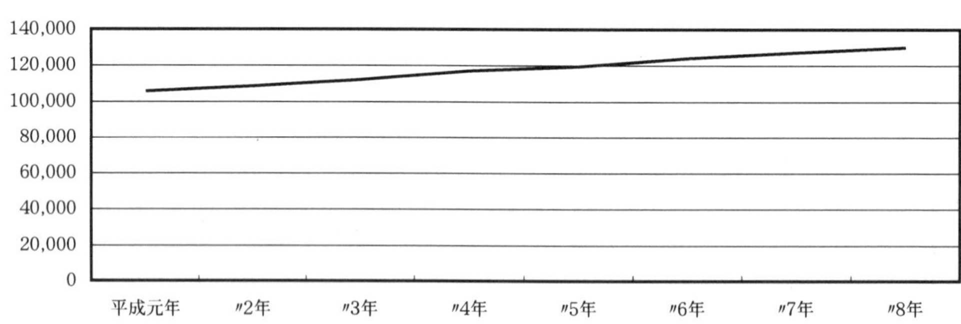

組合員分　医療費　金額

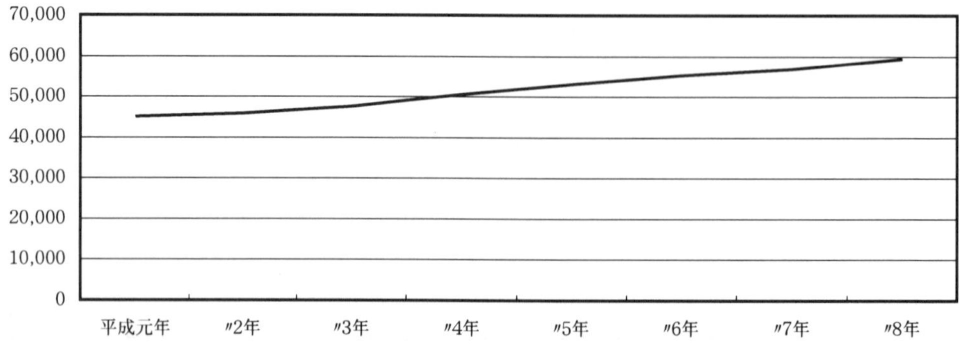

(単位　金額　100万円)

年度	短期給付決定状況 1)							
	保健給付							
	組合員分				被扶養者分			
	育児手当金		埋葬料				医療費	
	件数(1,000)	金額	件数(1,000)	金額	件数(1,000)	金額	件数(1,000)	金額
1989 平成元年	17	40	0.7	229	6,477	55,468	6,458	51,424
1990 〃2年	16	37	0.6	216	6,669	57,550	6,651	53,571
1991 〃3年	15	35	0.7	257	6,645	58,956	6,628	54,972
1992 〃4年	13	32	0.6	252	6,587	60,566	6,572	56,554
1993 〃5年	12	28	0.7	272	6,436	60,188	6,378	56,424
1994 〃6年	7.2	17	0.6	274	6,332	61,780	6,318	57,710
1995 〃7年	0.0	0.0	0.7	278	6,298	62,202	6,286	58,367
1996 〃8年	0.0	0.0	0.7	305	6,139	64,002	6,127	60,220

育児手当金　金額

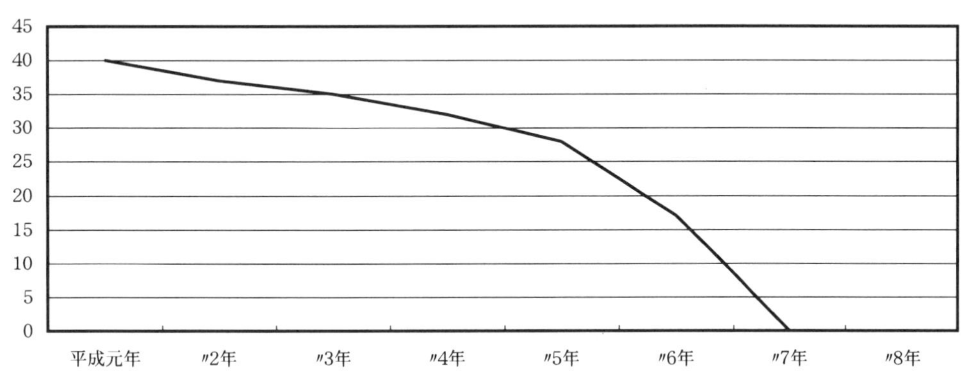

被扶養者分　金額

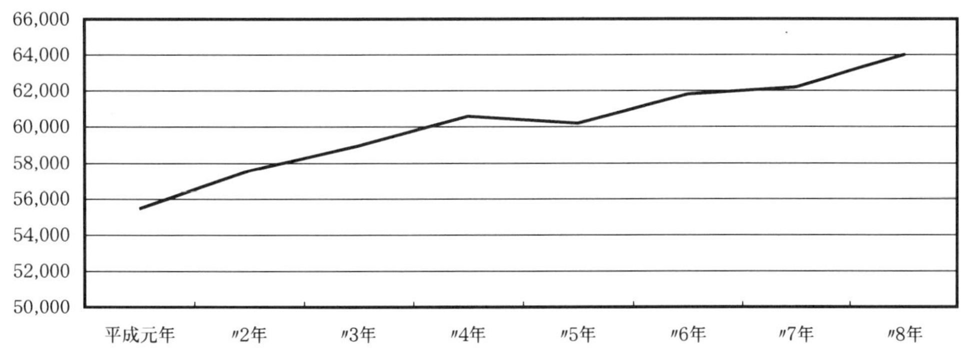

（単位　金額　100万円）

年　度	短期給付決定状況　1)							
	保健給付				災害給付		休業給付	
	被扶養者分							
	配偶者出産費		家族埋葬料					
	件数(1,000)	金額	件数(1,000)	金額	件数(1,000)	金額	件数(1,000)	金額
1989　平成元年	16	3,324	2.9	720	0.1	76	13	1,285
1990　〃2年	15	3,231	2.8	749	0.2	81	13	1,337
1991　〃3年	14	3,138	3.0	847	0.2	83	13	1,468
1992　〃4年	12	3,142	2.9	870	0.1	47	14	1,597
1993　〃5年	11	2,877	2.9	886	0.2	116	13	1,625
1994　〃6年	11	3,048	3.2	1,023	0.9	488	13	1,777
1995　〃7年	9.4	2,907	2.9	927	2.0	955	13	1,988
1996　〃8年	9.0	2,787	3.0	995	0.1	81	13	2,063

災害給付　金額

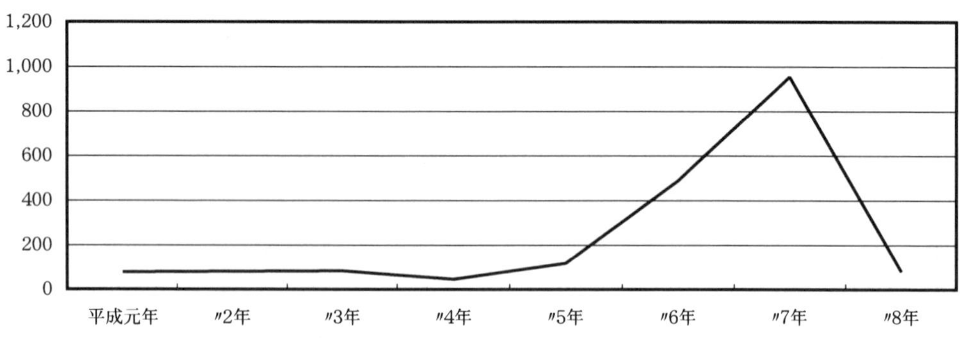

休業給付　金額

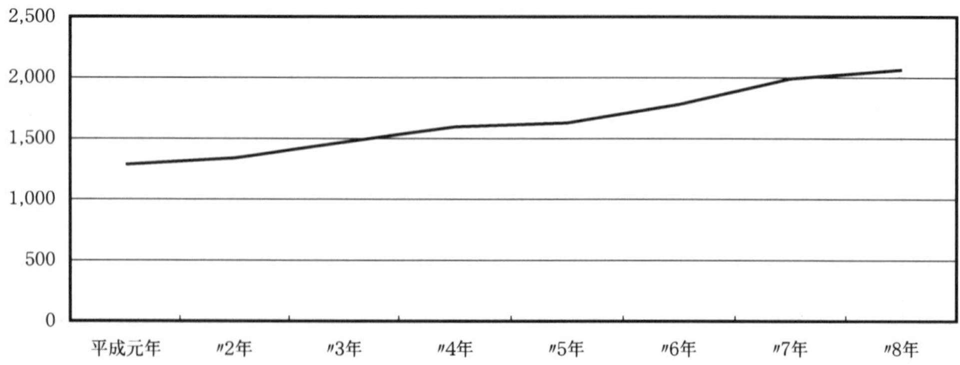

（単位　金額　100万円）

年　度	短期給付決定状況　1)		長期給付					
	附加給付		年金受給権者状況（年度末現在）					
			計		退職年金　2)		減額退職年金	
	件数(1,000)	金額	人員	金額	人員	金額	人員	金額
1989　平成元年	375	3,103	619,755	1,174,442	391,805	853,018	81,301	156,790
1990　〃2年	359	3,120	628,949	1,199,000	397,253	868,412	80,633	156,204
1991　〃3年	357	3,421	630,260	1,224,427	394,558	880,590	79,901	156,991
1992　〃4年	361	3,482	631,914	1,256,467	392,167	897,235	79,148	159,181
1993　〃5年	365	3,867	632,207	1,267,592	388,165	896,660	78,240	159,560
1994　〃6年	388	4,209	634,501	1,324,141	386,166	929,220	77,315	165,357
1995　〃7年	391	4,578	637,600	1,325,185	385,288	922,090	76,255	164,186
1996　〃8年	396	4,140	636,171	1,308,724	380,046	900,360	75,138	161,766

長期給付　金額計

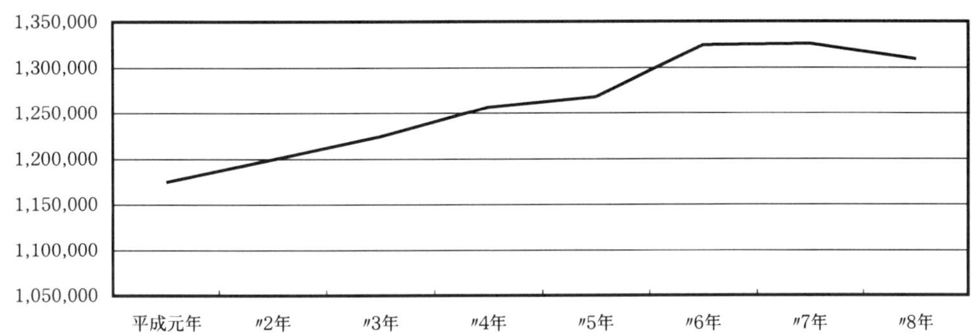

退職年金　金額

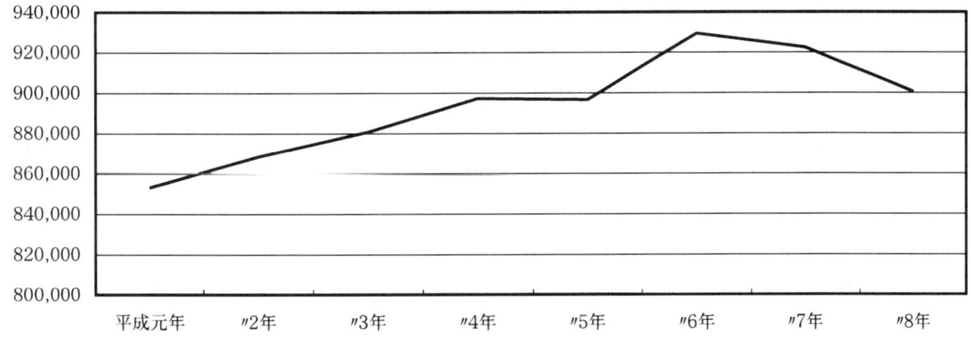

（単位　金額　100万円）

年　度	長期給付							
	年金受給権者状況（年度末現在）							
	通算退職年金		障害年金　2)		遺族年金　2)		通算遺族年金	
	人員	金額	人員	金額	人員	金額	人員	金額
1989　平成元年	900	512	5,101	7,302	135,095	145,167	104	23
1990　〃2年	871	503	5,105	7,332	139,798	155,102	103	23
1991　〃3年	853	508	5,125	7,403	144,753	167,551	102	23
1992　〃4年	828	514	5,134	7,503	149,799	180,789	100	24
1993　〃5年	806	508	5,206	7,603	155,124	192,196	100	24
1994　〃6年	782	518	5,281	7,864	160,498	210,291	99	25
1995　〃7年	757	505	5,360	7,865	165,680	220,010	97	25
1996　〃8年	734	490	5,407	7,777	170,760	228,192	95	25

障害年金　金額

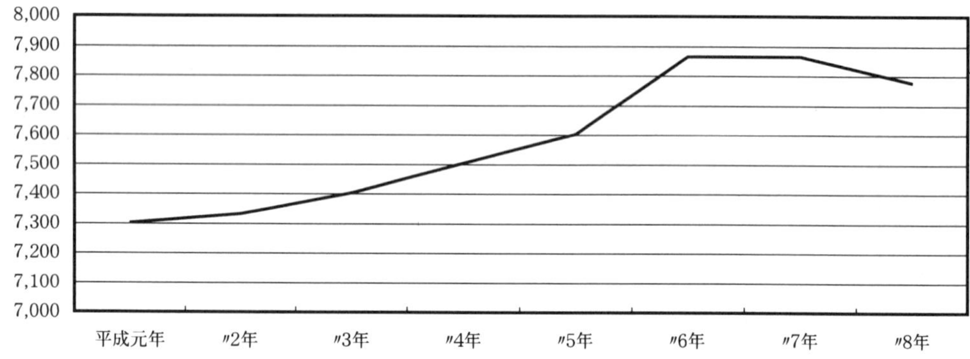

遺族年金　金額

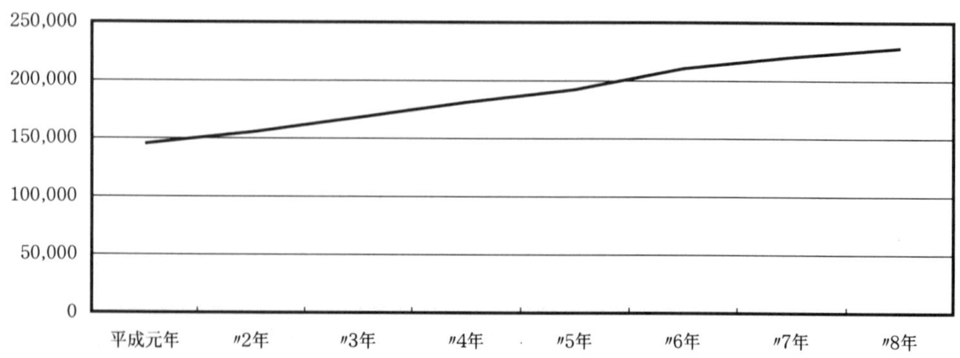

（単位　金額　100万円）

年　度	長期給付							
	年金受給権者状況（年度末現在）				一時金給付決定		公務災害給付決定	
	船員年金		公務災害年金					
	人員	金額	人員	金額	件数	金額	件数	金額
1989 平成元年	1,195	2,986	4,254	8,643	4	6.2	16,851	8,536
1990 〃2年	1,149	2,945	4,037	8,479	6	15	23,855	8,351
1991 〃3年	1,124	2,963	3,844	8,399	16	24	22,586	8,220
1992 〃4年	1,088	2,962	3,650	8,261	10	23	21,488	8,129
1993 〃5年	1,059	2,932	3,507	8,109	12	22	20,404	7,911
1994 〃6年	1,031	3,016	3,329	7,850	17	44	19,425	7,678
1995 〃7年	998	2,943	3,165	7,560	9	20	-	-
1996 〃8年	970	2,856	3,021	7,258	17	36	-	-

公務員災害年金　金額

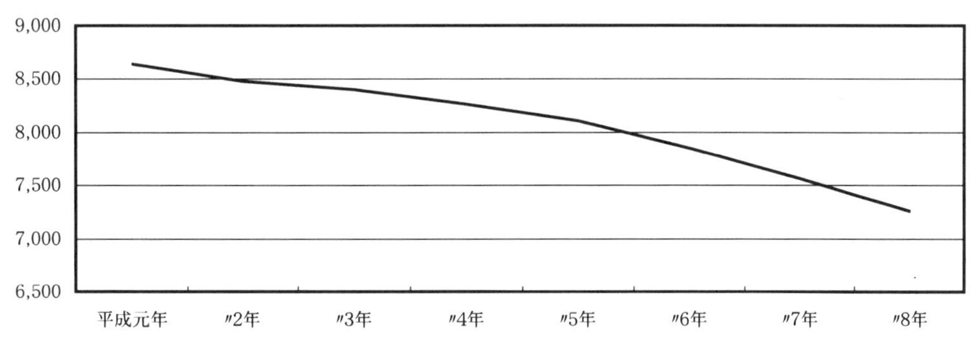

一時金給付決定　件数

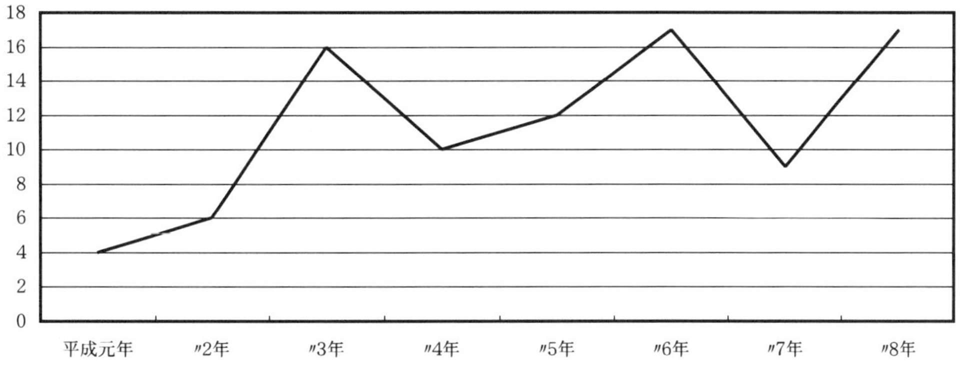

12-17 地方公務員等共済組合（平成元年度～15年度）

（単位　金額　100万円）

年度	年度末現在適用状況							
	組合数	組合員数					被扶養者数 (1,000)	平均標準報酬月額 (円)
		計	短期，長期給付	短期給付	継続長期給付	任意継続		
1989 平成元年	90	3,352	2,882	0.1	395	75	3,974	278,645
1990 〃2年	90	3,359	2,890	0.1	397	73	3,939	292,405
1991 〃3年	90	3,372	2,902	0.0	399	71	3,907	…
1992 〃4年	90	3,387	2,915	0.0	402	70	3,869	312,249
1993 〃5年	90	3,401	2,929	0.0	406	66	3,860	319,904
1994 〃6年	90	3,406	2,936	0.0	408	62	3,840	…
1995 〃7年	90	3,402	2,932	0.0	408	62	3,817	338,876
1996 〃8年	90	3,397	2,929	0.0	408	61	3,781	345,662
1997 〃9年	90	3,384	2,919	0.0	407	58	3,750	…
1998 〃10年	90	3,363	2,903	0.0	403	57	3,710	357,957
1999 〃11年	89	3,342	2,892	0.0	396	54	3,691	362,306
2000 〃12年	85	3,287	2,856	0.0	383	49	3,634	…
2001 〃13年	84	3,264	2,832	0.0	375	56	3,599	368,639
2002 〃14年	83	3,238	2,795	-	386	58	3,514	364,899
2003 〃15年	79	3,214	2,787	-	364	63	3,487	…

原注: 昭和58年12月法律第82号（統合法）の公布により，59年4月以降公共企業体職員等共済組合法は廃止され，国家公務員共済組合法に統合された。これにより「国家公務員等共済組合（各省各庁組合）」と「同（適用法人組合）」の区分となった。平成9年4月，国家公務員共済組合（適用法人組合）の医療保険部門では健康保険組合が設立され，年金保険部門は厚生年金保険に統合された。平成10年法律第103号「中央省庁等改革基本法」の制定により，国の行政機関の再編成が行われることになり，これに伴い平成13年1月6日から各省各庁ごとに設けられてきた共済組合も統合・分割された。

1) 昭和60年以降老人保健にかかる給付分を除く。 2) 平成元年度以降共済年金を含む。 a) 退職者医療制度による退職者給付分を除く。

出所: 43, 46, 49, 52, 55

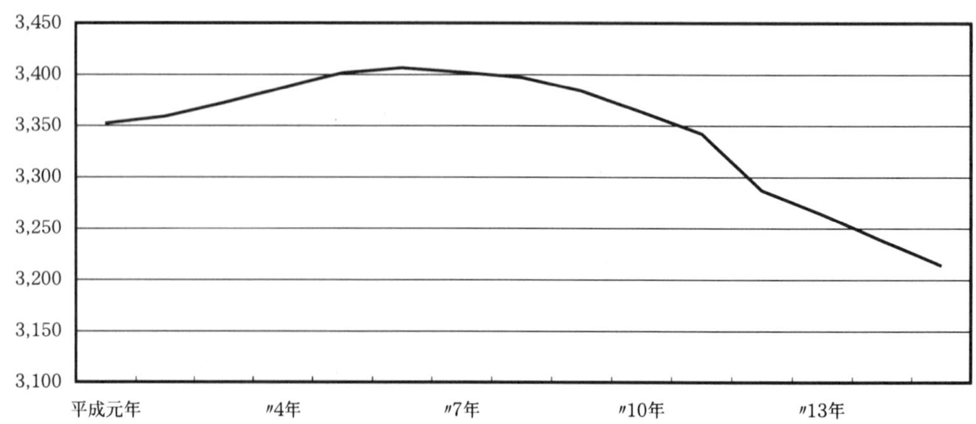

（単位　金額　100万円）

年　度	短期給付決定状況　1)							
	計		保健給付					
			組合員分		医療費		出産費	
	件数（1,000）	金額	件数（1,000）	金額	件数（1,000）	金額	件数（1,000）	金額
1989 平成元年	59,241	a) 613,471	22,028	307,807	21,863	292,305	52	13,578
1990 〃2年	59,832	a) 631,157	22,518	316,431	22,363	301,170	49	13,230
1991 〃3年	61,183	a) 654,502	23,182	328,851	23,032	313,277	47	13,547
1992 〃4年	62,346	a) 691,571	23,701	348,797	23,557	333,226	46	13,563
1993 〃5年	62,623	a) 708,933	24,135	360,361	23,996	344,754	44	13,583
1994 〃6年	63,312	a) 726,281	24,540	366,404	24,434	350,415	* 102	* 14,189
1995 〃7年	65,135	a) 767,997	25,319	376,679	25,273	361,017	42	13,825
1996 〃8年	65,435	a) 781,377	25,601	384,551	25,555	368,608	42	14,160
1997 〃9年	66,527	a) 763,812	25,932	364,518	25,888	348,631	41	14,094
1998 〃10年	66,479	a) 741,659	26,278	332,408	26,234	316,357	41	14,213
1999 〃11年	64,086	a) 735,897	26,917	335,499	26,872	319,601	40	14,063
2000 〃12年	64,623	a) 742,064	27,600	339,417	27,557	323,849	39	13,768
2001 〃13年	65,868	a) 757,531	28,529	344,789	28,487	329,318	38	13,681
2002 〃14年	63,631	a) 741,300	28,920	340,050	28,879	324,685	38	13,634
2003 〃15年	63,381	a) 723,573	26,873	308,044	28,832	293,024	37	13,343

組合員分　医療費　件数

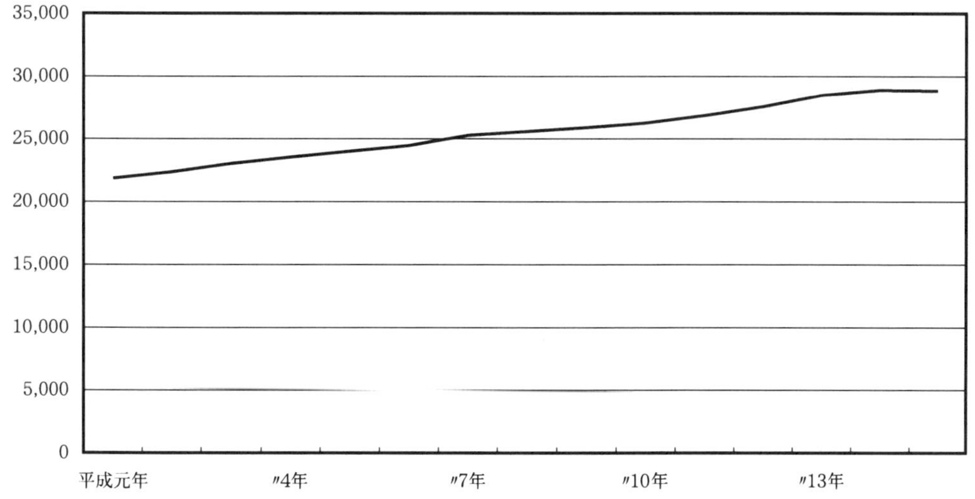

（単位　金額　100万円）

年　度		短期給付決定状況　1)							
		保健給付							
		組合員分				被扶養者分			
		育児手当金		埋葬料				医療費	
		件数 (1,000)	金額	件数 (1,000)	金額	件数 (1,000)	金額	件数 (1,000)	金額
1989	平成元年	108	258	4.3	1,665	28,348	263,218	28,271	245,812
1990	〃2年	102	244	4.3	1,787	28,600	269,343	28,526	251,926
1991	〃3年	98	236	4.2	1,791	28,993	277,696	28,921	260,188
1992	〃4年	95	227	4.1	1,780	29,307	292,622	29,236	274,002
1993	〃5年	92	220	4.0	1,805	29,057	296,763	28,989	278,401
1994	〃6年	*	*	3.9	1,800	29,345	305,135	29,276	285,211
1995	〃7年	-	-	3.9	1,838	30,166	309,787	30,103	289,904
1996	〃8年	-	-	3.7	1,783	29,662	317,800	29,599	297,814
1997	〃9年	-	-	3.7	1,794	29,537	315,267	29,476	296,026
1998	〃10年	-	-	3.7	1,838	30,527	323,463	30,466	304,080
1999	〃11年	-	-	5.0	1,834	30,934	322,876	30,876	304,029
2000	〃12年	-	-	3.6	1,799	31,110	323,228	31,054	305,004
2001	〃13年	-	-	3.6	1,790	31,765	321,516	31,710	303,649
2002	〃14年	-	-	3.4	1,731	32,114	315,265	32,062	297,924
2003	〃15年	-	-	3.4	1,677	32,432	326,806	32,379	309,762

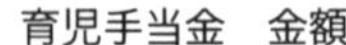

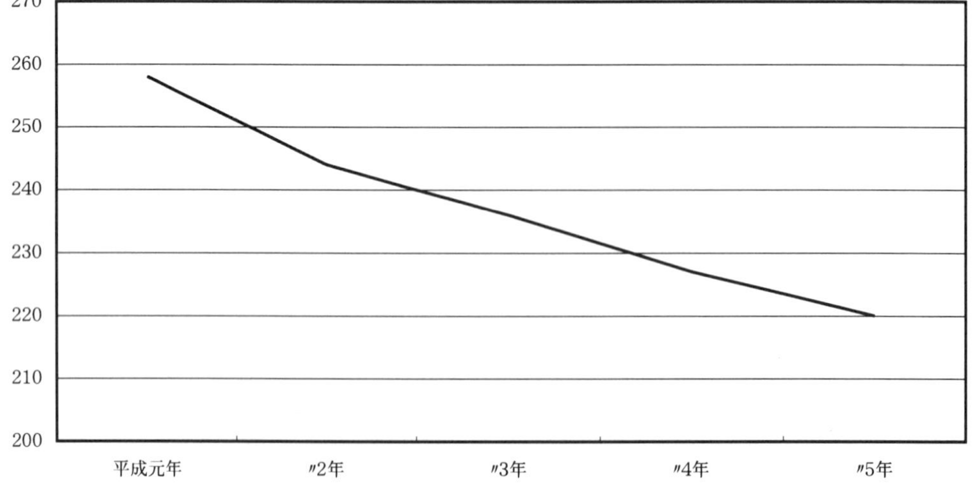

（単位　金額　100万円）

年度	短期給付決定状況　1)							
	保健給付				災害給付		休業給付	
	被扶養者分							
	配偶者出産費		家族埋葬料					
	件数 (1,000)	金額	件数 (1,000)	金額	件数 (1,000)	金額	件数 (1,000)	金額
1989 平成元年	57	12,155	19	5,251	0.9	533	24	4,318
1990 〃2年	55	11,892	19	5,525	1.7	775	25	4,559
1991 〃3年	53	11,867	18	5,641	1.5	803	26	5,029
1992 〃4年	51	12,736	19	5,884	0.8	537	26	5,085
1993 〃5年	49	12,499	18	5,863	1.6	891	26	4,883
1994 〃6年	50	13,760	19	6,164	3.2	2,762	26	4,906
1995 〃7年	46	13,905	18	5,978	11	7,129	348	24,205
1996 〃8年	46	14,018	17	5,968	1.9	1,161	431	31,392
1997 〃9年	44	13,484	17	5,757	9.0	638	440	33,433
1998 〃10年	43	13,225	17	6,158	1.4	806	433	34,661
1999 〃11年	42	12,987	17	5,861	0.9	613	439	35,914
2000 〃12年	40	12,537	16	5,687	1.3	781	439	39,226
2001 〃13年	40	12,293	15	5,575	0.7	503	452	50,989
2002 〃14年	b) 38	b)11,762	15	5,558	0.8	556	453	55,592
2003 〃15年	b) 38	b)11,736	15	5,307	1.0	621	466	56,773

休業給付　金額

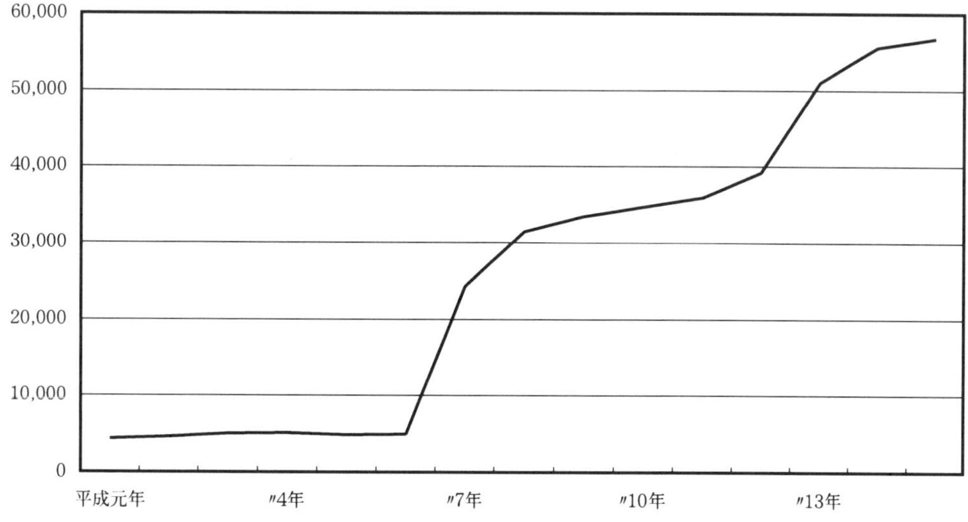

（単位　金額　100万円）

年度	短期給付決定状況　1)		長期給付					
	附加給付		年金受給権者状況（年度末現在）					
			計		退職年金　2)		減額退職年金	
	件数(1,000)	金額	人員	金額	人員	金額	人員	金額
1989 平成元年	8,794	39,985	1,350,982	2,806,146	997,098	2,388,667	24,616	41,118
1990 〃2年	8,687	40,049	1,414,652	2,991,766	1,042,824	2,541,032	24,575	41,819
1991 〃3年	8,982	42,122	1,479,975	3,192,925	1,090,556	2,704,646	24,497	42,797
1992 〃4年	9,311	44,530	1,542,003	3,399,701	1,135,652	2,871,140	24,424	43,986
1993 〃5年	9,403	46,035	1,600,137	3,544,273	1,177,404	2,982,468	24,331	44,480
1994 〃6年	9,398	47,075	1,654,245	3,804,816	1,214,566	3,187,435	24,129	46,361
1995 〃7年	9,655	50,197	1,747,074	4,005,269	1,289,597	3,355,001	23,900	46,210
1996 〃8年	9,739	46,473	1,792,994	4,043,723	1,318,493	3,365,460	23,645	45,681
1997 〃9年	10,618	49,956	1,847,915	4,105,903	1,355,704	3,398,949	23,371	45,544
1998 〃10年	9,240	50,321	1,897,501	4,228,717	1,387,468	3,481,093	23,046	45,280
1999 〃11年	5,794	40,995	1,941,584	4,290,138	1,414,682	3,510,291	22,708	44,839
2000 〃12年	5,462	39,413	1,984,185	4,325,747	1,442,956	3,521,211	22,039	43,496
2001 〃13年	5,121	39,734	2,048,583	4,378,882	1,491,924	3,547,412	21,631	42,676
2002 〃14年	2,142	29,838	2,109,455	4,443,519	1,536,329	3,584,674	21,224	41,888
2003 〃15年	1,609	31,329	2,174,278	4,489,242	1,584,262	3,609,566	20,818	40,672

退職年金　金額

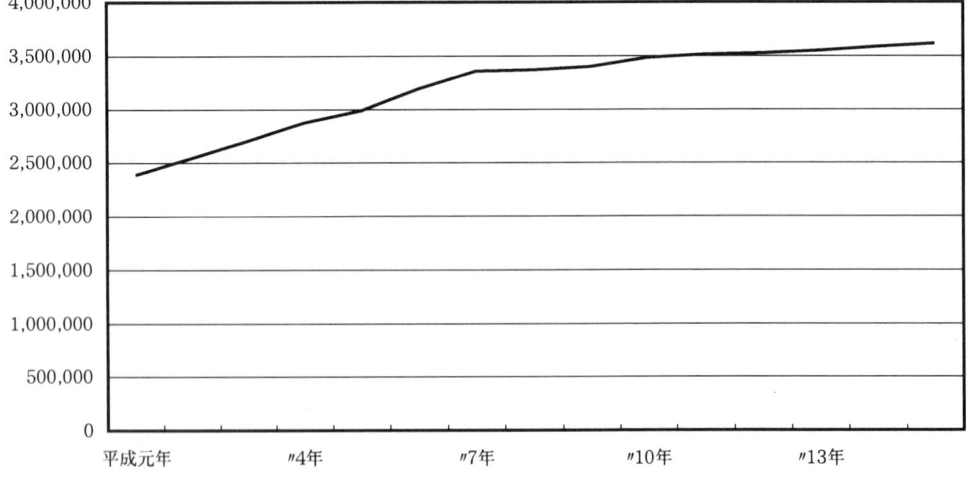

（単位　金額　100万円）

年　度	長期給付							
	年金受給権者状況（年度末現在）							
	通算退職年金		障害年金　2)		遺族年金　2)		通算遺族年金	
	人員	金額	人員	金額	人員	金額	人員	金額
1989 平成元年	48,630	32,890	24,509	48,028	252,772	294,443	3,357	1,000
1990 〃2年	47,554	32,908	25,680	49,857	270,760	325,154	3,259	996
1991 〃3年	46,389	33,100	26,842	51,709	288,502	359,670	3,189	1,003
1992 〃4年	45,135	33,305	27,544	52,888	306,162	397,383	3,086	999
1993 〃5年	43,842	32,882	27,575	52,150	323,999	431,309	2,986	984
1994 〃6年	42,463	33,593	27,878	53,459	342,303	482,961	2,906	1,007
1995 〃7年	41,044	32,733	28,401	53,368	361,322	516,983	2,810	973
1996 〃8年	39,551	31,598	29,055	53,086	379,555	546,966	2,695	931
1997 〃9年	38,203	30,559	29,689	52,818	398,355	577,136	2,593	897
1998 〃10年	36,679	29,912	30,368	53,448	417,445	618,111	2,495	873
1999 〃11年	35,170	28,833	30,993	53,559	435,626	651,769	2,405	846
2000 〃12年	33,683	27,634	31,540	53,214	451,656	679,380	2,311	813
2001 〃13年	32,226	26,424	32,442	53,488	468,165	708,111	2,195	771
2002 〃14年	30,624	25,145	33,621	54,090	485,553	736,982	2,104	738
2003 〃15年	29,023	23,677	35,124	54,626	503,043	760,006	2,008	695

障害年金　金額

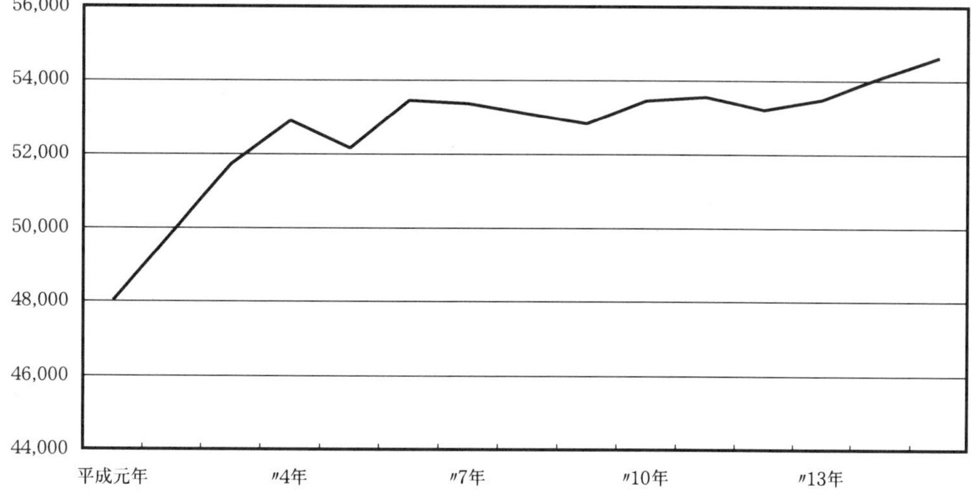

（単位　金額　100万円）

年度		長期給付					
		年金受給権者状況（年度末現在）				一時金給付決定	
		船員年金		公務災害年金			
		人員	金額	人員	金額	件数	金額
1989	平成元年	-	-	-	-	156	231
1990	〃2年	-	-	-	-	172	222
1991	〃3年	-	-	-	-	157	241
1992	〃4年	-	-	-	-	165	279
1993	〃5年	-	-	-	-	159	288
1994	〃6年	-	-	-	-	166	268
1995	〃7年	-	-	-	-	150	240
1996	〃8年	-	-	-	-	188	334
1997	〃9年	-	-	-	-	174	377
1998	〃10年	-	-	-	-	174	314
1999	〃11年	-	-	-	-	151	283
2000	〃12年	-	-	-	-	173	325
2001	〃13年	-	-	-	-	153	315
2002	〃14年	-	-	-	-	125	257
2003	〃15年	-	-	-	-	168	354

一時金給付決定　金額

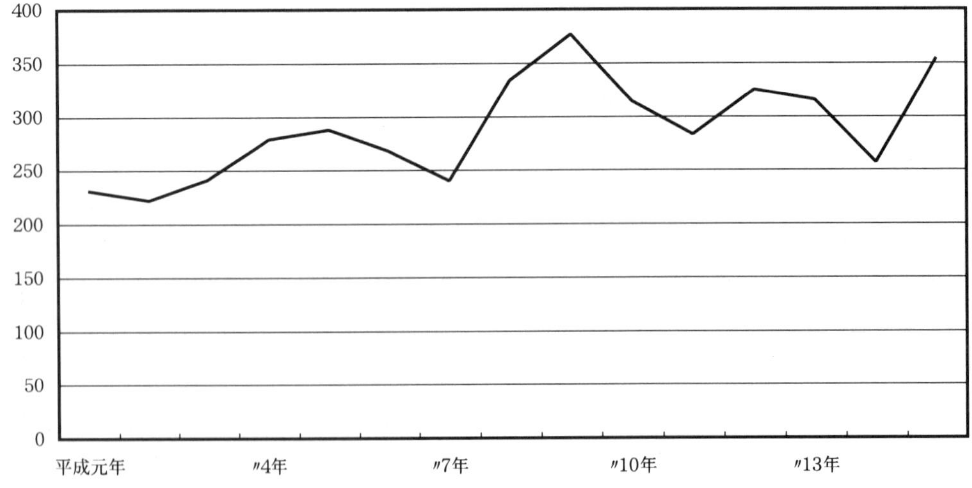

12-17 地方公務員等共済組合（平成16年度～18年度）

（単位　金額　100万円）

年度	年度末現在適用状況						
	組合数	組合員数 (1,000)			被扶養者数 (1,000)	1人当たり平均標準報酬月額（円）	
			# 短期適用	# 長期適用		短期適用	長期適用
2004　平成16年	73	3,179	2,868	3,111	3,471	365,242	363,684
2005　〃17年	69	3,137	2,844	3,069	3,407	365,184	363,644
2006　〃18年	68	3,097	2,814	3,035	3,318	361,818	360,654

原注：昭和58年12月法律第82号（統合法）の公布により，59年4月以降公共企業体職員等共済組合法は廃止され，国家公務員共済組合法に統合された。これにより「国家公務員等共済組合（各省各庁組合）」と「同（適用法人組合）」の区分となった。平成9年4月，国家公務員共済組合（適用法人組合）の医療保険部門では健康保険組合が設立され，年金保険部門は厚生年金保険に統合された。平成10年法律第103号「中央省庁等改革基本法」の制定により，国の行政機関の再編成が行われることになり，これに伴い平成13年1月6日から各省各庁ごとに設けられてきた共済組合も統合・分割された。

1) 老人保健に係る給付分を除く。 2) 共済年金を含む。 a) 退職者医療制度による退職者給付分を除く。

出所：58

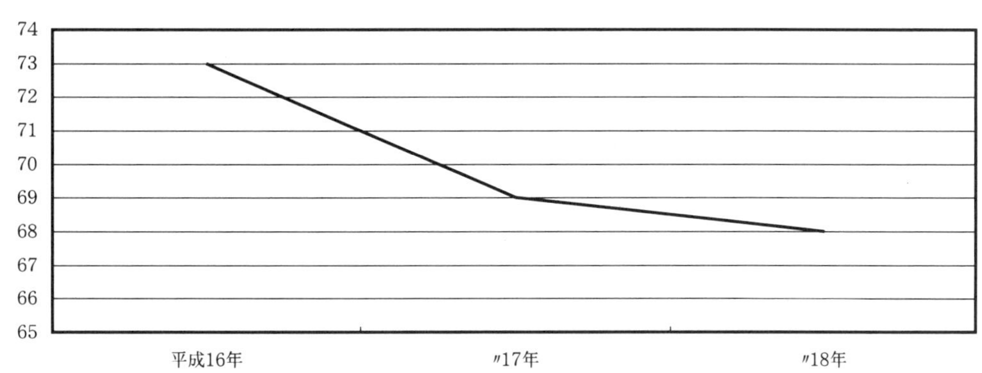

組合員数

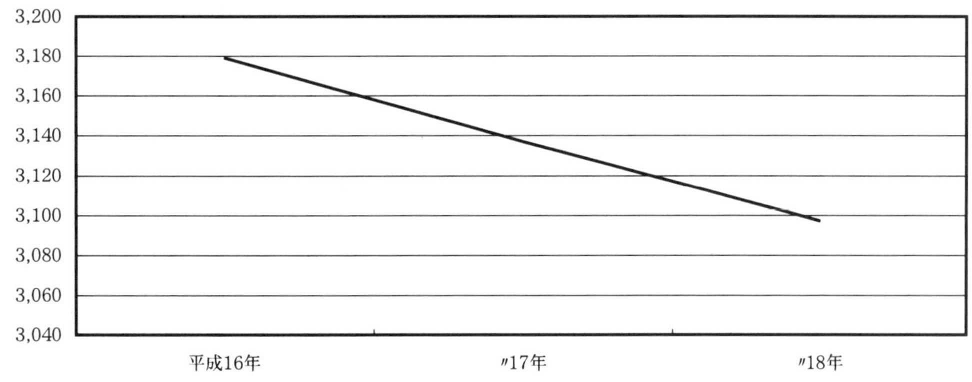

（単位　金額　100万円）

年　度	短期給付決定状況　1)							
	計		保健給付					
			組合員分		医療費		出産費	
	件数（1,000）	金額	件数（1,000）	金額	件数（1,000）	金額	件数（1,000）	金額
2004　平成16年	63,300	a) 719,444	28,988	299,049	28,948	284,396	37	13,019
2005　〃17年	66,203	a) 739,685	30,309	310,198	30,269	295,792	36	12,751
2006　〃18年	65,526	a) 724,792	30,302	302,192	30,262	288,118	37	13,070

保健給付　組合員分　金額

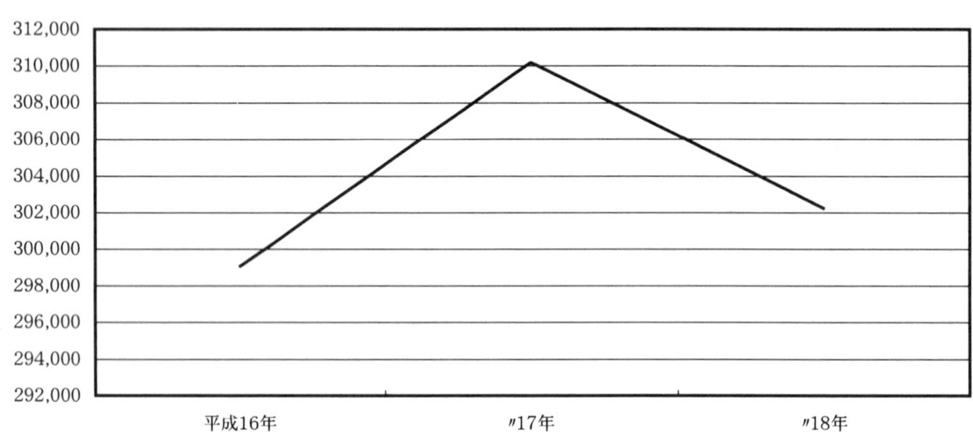

出産費　金額

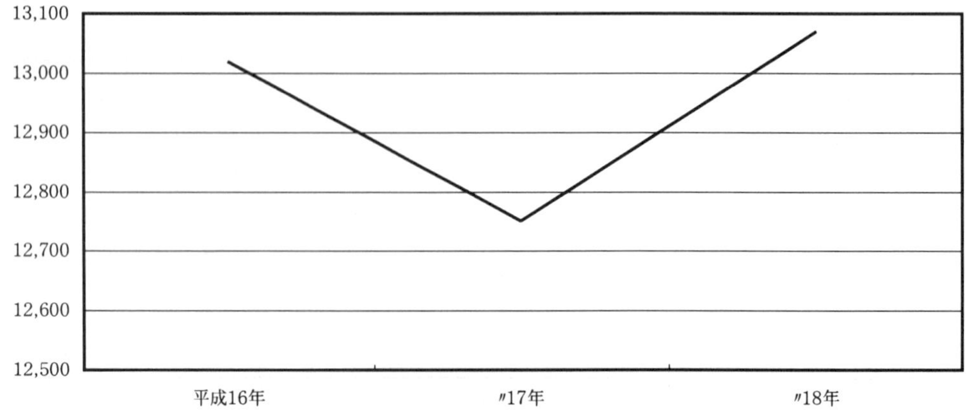

（単位　金額　100万円）

年　度	短期給付決定状況　1)							
	保健給付							
	組合員分				被扶養者分			
	育児手当金		埋葬料				医療費	
	件数 (1,000)	金額	件数 (1,000)	金額	件数 (1,000)	金額	件数 (1,000)	金額
2004　平成16年	-	-	3.3	1,634	32,566	331,373	32,514	314,602
2005　〃17年	-	-	3.4	1,654	34,322	343,848	34,272	327,460
2006　〃18年	-	-	3.2	1,003	33,829	337,187	33,778	321,983

被扶養者分　件数

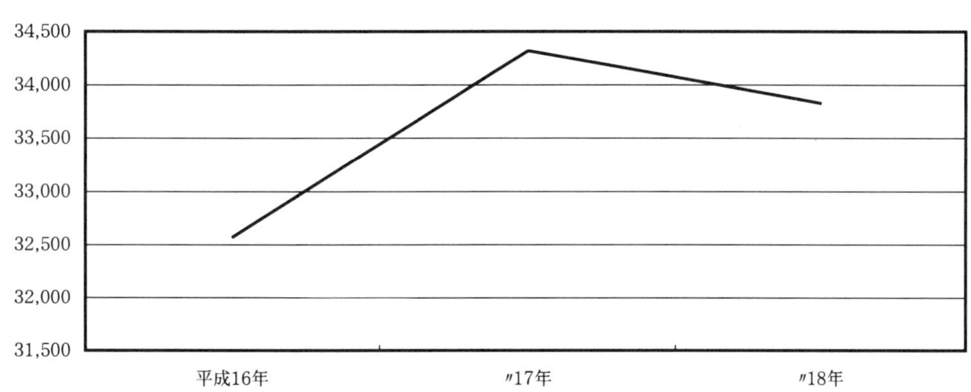

被扶養者分　金額

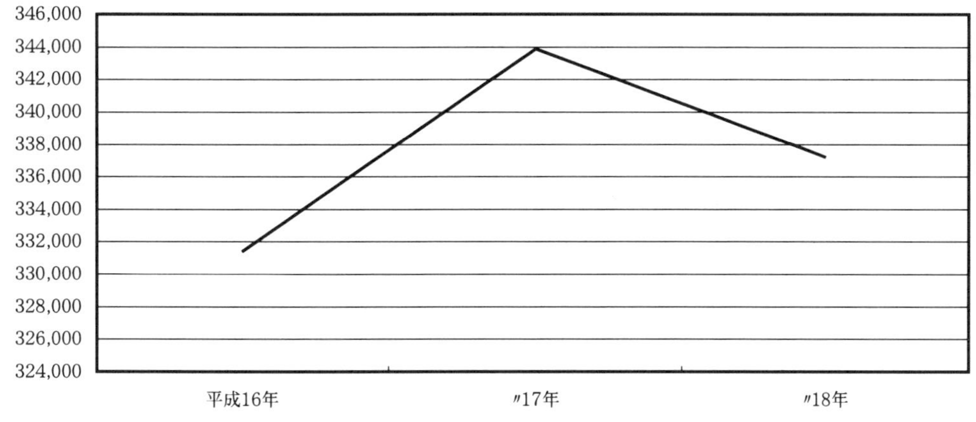

（単位　金額　100万円）

年　度	短期給付決定状況　1)							
	保健給付				災害給付		休業給付	
	被扶養者分							
	家族出産費		家族埋葬料					
	件数（1,000）	金額	件数（1,000）	金額	件数（1,000）	金額	件数（1,000）	金額
2004　平成16年	37	11,392	15	5,378	3.9	2,062	466	57,284
2005　〃17年	35	10,930	15	5,458	1.4	942	464	57,100
2006　〃18年	36	11,772	15	3,432	0.7	470	475	58,298

災害給付　金額

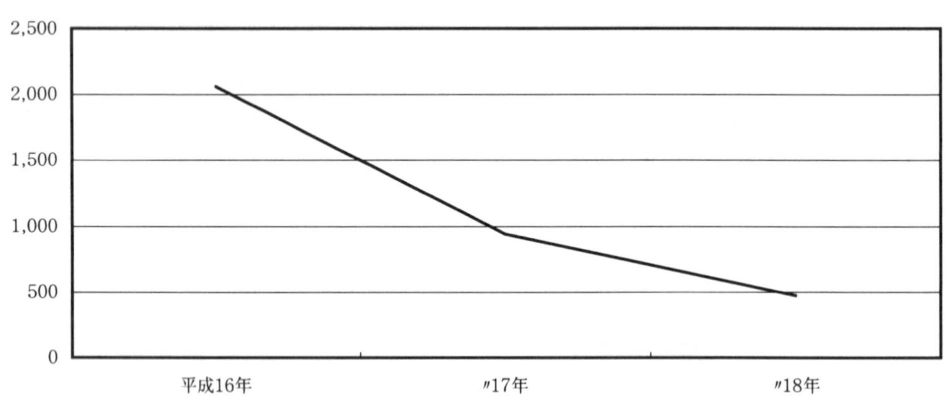

休業給付　金額

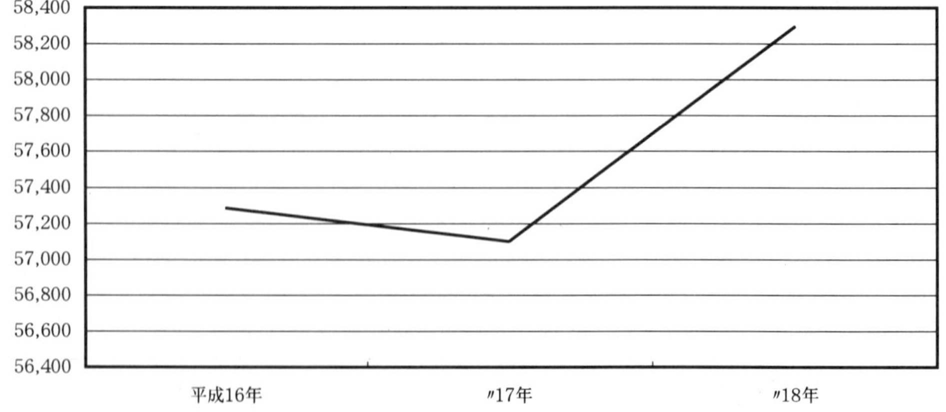

（単位　金額　100万円）

年度	短期給付決定状況 1)		長期給付					
	附加給付		年金受給権者状況（年度末現在）					
			計		退職年金　2)		減額退職年金	
	件数 (1,000)	金額	人員	金額	人員	金額	人員	金額
2004　平成16年	1,276	29,676	2,239,631	4,500,639	1,633,570	3,597,084	20,346	39,589
2005　〃17年	1,107	27,597	2,289,298	4,547,134	1,667,120	3,616,065	19,870	38,699
2006　〃18年	919	26,646	2,345,195	4,578,535	1,708,730	3,627,288	19,346	37,565

年金受給権者状況　金額計

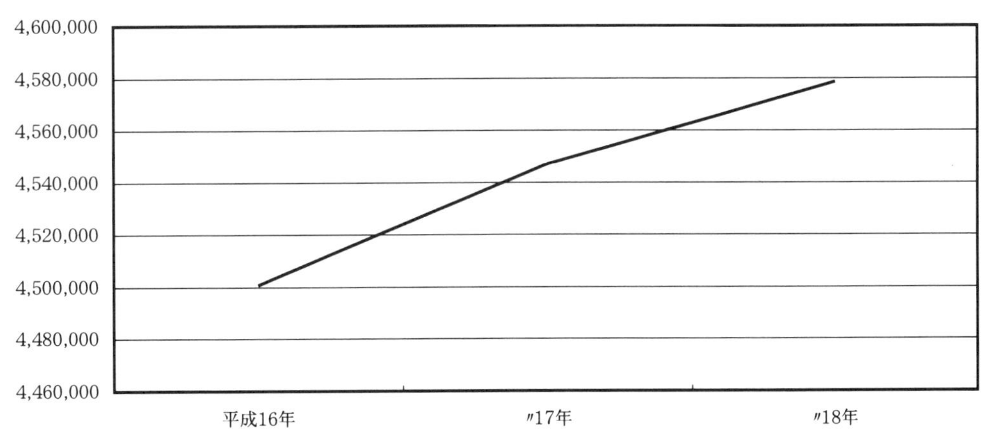

退職年金　金額

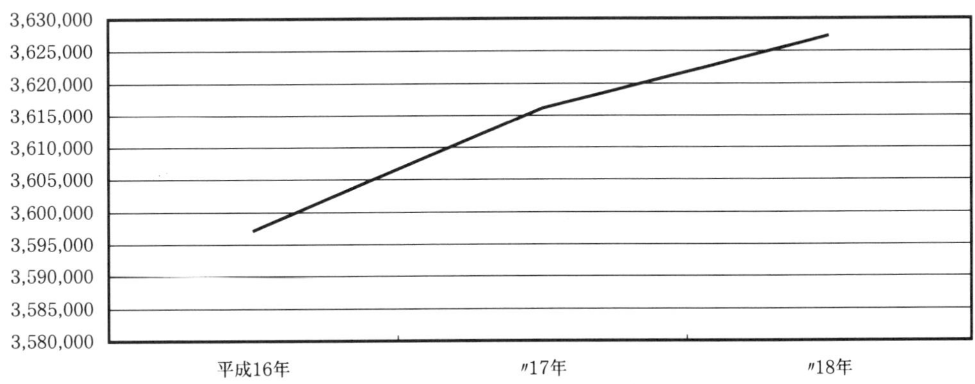

（単位　金額　100万円）

年　度	長期給付							
	年金受給権者状況（年度末現在）							
	通算退職年金		障害年金　2)		遺族年金　2)		通算遺族年金	
	人員	金額	人員	金額	人員	金額	人員	金額
2004　平成16年	27,414	22,316	36,649	55,540	519,740	785,451	1,912	659
2005　〃17年	25,690	20,935	38,191	56,577	536,631	814,242	1,796	616
2006　〃18年	24,043	19,535	39,693	57,480	551,699	836,092	1,684	575

障害年金　金額

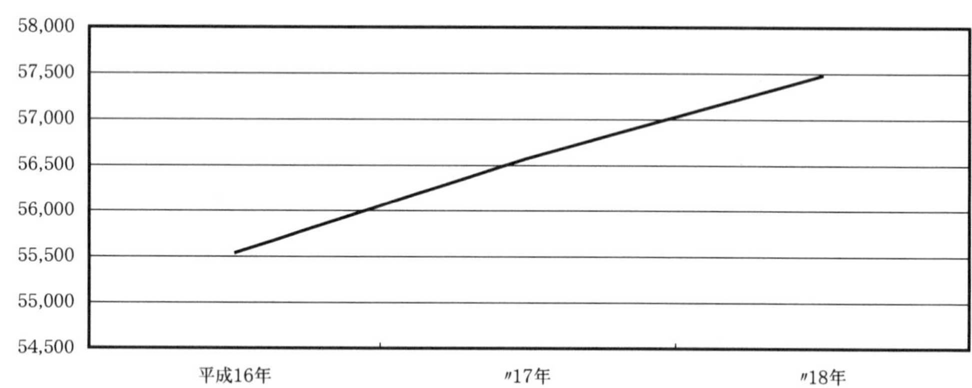

遺族年金　金額

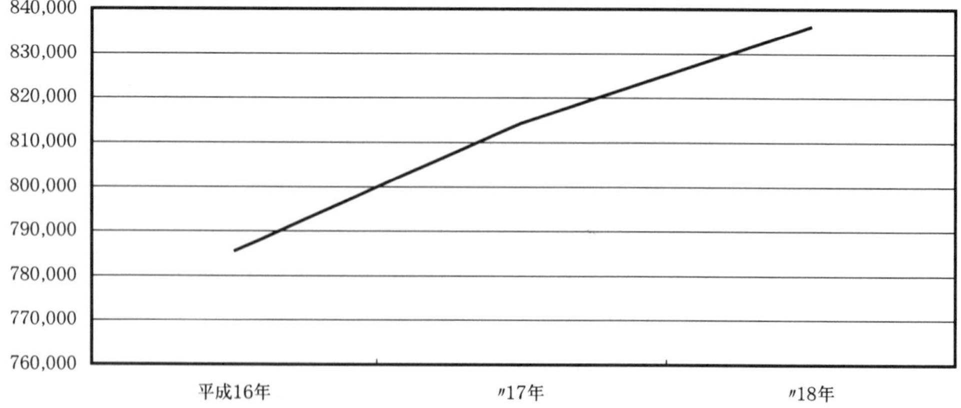

（単位　金額　100万円）

年　度		長期給付					
		年金受給権者状況（年度末現在）				一時金給付決定	
		船員年金		公務災害給付			
		人員	金額	人員	金額	件数	金額
2004	平成16年	-	-	-	-	157	341
2005	〃17年	-	-	-	-	131	283
2006	〃18年	-	-	-	-	130	307

一時金給付決定　件数

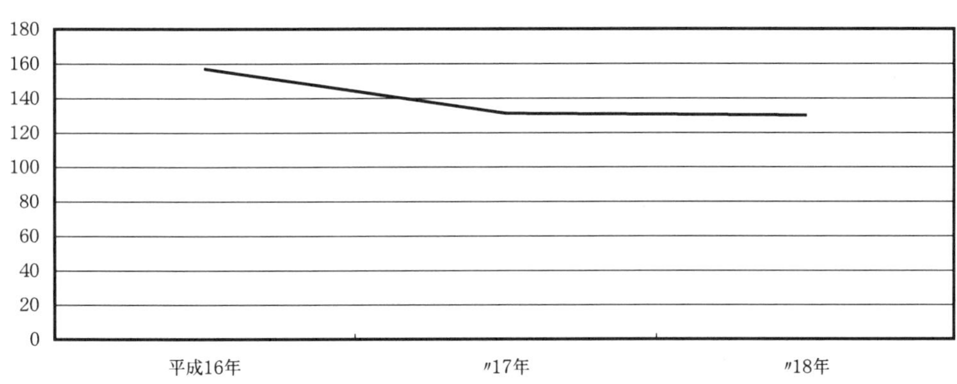

一時金給付決定　金額

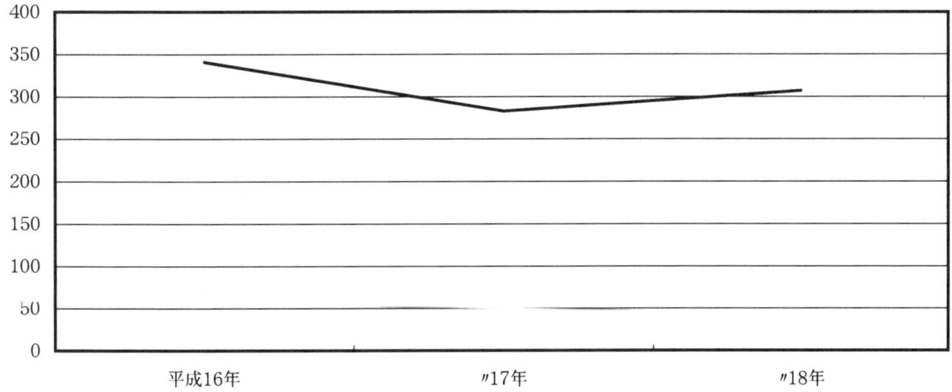

12-18 私立学校教職員共済組合（平成元年度～16年度）

（単位　金額　100万円）

年　度	年度末現在適用状況						
	加入学校数	加入者 (1,000) 2)	#甲種 (短期, 長期) 2)	#乙種 (短期) 2)	#丙種 (長期) 2)	被扶養者 (1,000)	標準給与平均月額 (円)
1989 平成元年	13,362	396	380	0.2	3.5	364	290,692
1990 〃2年	13,477	405	370	19	3.4	369	302,599
1991 〃3年	13,552	414	378	21	3.4	373	315,351
1992 〃4年	13,602	423	385	22	3.1	376	330,101
1993 〃5年	13,663	431	391	23	3.1	379	340,651
1994 〃6年	13,715	437	395	25	3.1	381	349,531
1995 〃7年	13,671	442	397	26	3.1	382	356,371
1996 〃8年	13,719	444	398	26	3.0	382	362,455
1997 〃9年	13,774	446	398	27	3.0	381	368,427
1998 〃10年	13,806	448	400	26	3.1	380	373,086
1999 〃11年	13,802	449	401	26	3.1	379	376,634
2000 〃12年	13,821	452	403	26	3.1	377	378,558
2001 〃13年	13,821	454	405	26	3.1	374	379,665
2002 〃14年	13,874	458	426	9.1	3.2	373	379,681
2003 〃15年	13,931	465	431	9.2	3.2	373	381,079
2004 〃16年	13,907	471	438	9.1	3.2	371	380,025

原注：1) 老人保健にかかる給付分を除く。　2) 私学共済法の一部改正により平成元年以前とは接続しない。　3) 支払基金審査費を含む。　4) 高額療養費を含む。　5) 共済年金を含む。　6) 通算遺族年金を含む。　7) 平成12年度以前は配偶者のみ。　a) 退職者医療制度による退職者給付分を除く。

出所：43, 45, 48, 51, 55, 56

12-18 私立学校教職員共済（平成17年度, 18年度）

（単位　金額　100万円）

年　度	年度末現在適用状況						
	加入学校数	加入者数 (1,000)	#短期	#長期	被扶養者数 (1,000)	標準給与平均月額（円） 短期	長期
2005 平成17年	13,997	478	475	448	369	379,602	369,808
2006 〃18年	14,063	487	484	458	367	378,749	368,611

原注：1) 老人保健にかかる給付分を除く。　2) 高額療養費を含む。　3) 共済年金を含む。　4) 通算遺族年金を含む。

出所：58

（単位　金額　100万円）

年　度	短期給付決定状況　1) 総数 件数 (1,000)	金額 3)	保健給付 加入者分 件数 (1,000)	金額	医療費　4) 件数 (1,000)	金額	出産費 件数 (1,000)	金額
1989 平成元年	6,702	a) 74,877	3,146	41,704	3,130	40,347	4.9	1,108
1990 〃2年	6,997	a) 79,047	3,315	44,021	3,299	42,657	4.7	1,063
1991 〃3年	6,363	a) 84,539	3,508	47,624	3,492	46,203	4.7	1,105
1992 〃4年	7,692	a) 92,044	3,683	51,883	3,667	50,367	4.5	1,168
1993 〃5年	7,897	a) 95,904	3,810	54,120	3,795	52,563	4.5	1,202
1994 〃6年	8,139	a) 103,422	3,924	55,915	3,912	54,205	4.8	1,352
1995 〃7年	8,456	a) 108,037	4,071	58,496	4,065	56,704	4.6	1,439
1996 〃8年	8,584	a) 107,062	4,147	59,869	4,142	58,046	4.7	1,476
1997 〃9年	8,901	a) 105,284	4,204	56,788	4,198	54,925	4.8	1,518
1998 〃10年	9,396	a) 102,365	4,240	51,162	4,235	49,295	4.8	1,541
1999 〃11年	9,034	a) 100,544	4,316	51,530	4,310	49,575	5.0	1,606
2000 〃12年	9,241	102,506	4,440	52,383	4,434	50,344	5.2	1,660
2001 〃13年	9,491	103,404	4,611	53,496	4,717	51,482	5.2	1,684
2002 〃14年	9,407	102,066	4,723	53,048	4,789	50,986	5.4	1,745
2003 〃15年	8,833	98,668	4,795	49,945	4,605	47,830	5.5	1,789
2004 〃16年	8,953	99,541	4,940	50,130	4,934	48,026	5.6	1,822

（単位　金額　100万円）

年　度	短期給付決定状況　1) 総数 件数 (1,000)	金額	保健給付 加入者分 件数 (1,000)	金額	医療費 件数 (1,000)	金額	出産費 件数 (1,000)	金額
2005 平成17年	9,454	103,352	5,284	53,184	5,277	51,048	5.6	1,834
2006 〃18年	9,530	103,848	5,365	53,549	5,358	51,334	6.0	2,005

（単位　金額　100万円）

年度		短期給付決定状況 1)							
		保健給付							
		加入者分				被扶養者分			
		育児手当金		埋葬料				医療費 4)	
		件数(1,000)	金額	件数(1,000)	金額	件数(1,000)	金額	件数(1,000)	金額
1989	平成元年	11	26	0.7	223	2,685	25,419	2,678	23,664
1990	〃2年	10	25	0.7	275	2,764	26,733	2,757	24,881
1991	〃3年	10	25	0.8	292	2,875	28,166	2,868	26,297
1992	〃4年	9.8	24	0.8	324	2,971	30,232	2,963	28,252
1993	〃5年	9.9	24	0.8	332	3,001	31,196	3,008	29,182
1994	〃6年	6.6	16	0.8	342	3,087	32,889	3,080	30,769
1995	〃7年	0.0	0.1	0.8	353	3,182	34,205	3,175	32,011
1996	〃8年	0.0	0.0	0.8	348	3,213	35,097	3,206	32,921
1997	〃9年	-	-	0.8	345	3,241	35,076	3,235	32,956
1998	〃10年	-	-	0.7	327	3,375	36,210	3,369	34,139
1999	〃11年	-	-	0.8	349	3,432	36,390	3,425	34,331
2000	〃12年	-	-	0.8	379	3,512	37,207	3,506	35,209
2001	〃13年	-	-	0.7	330	3,587	36,862	3,581	34,935
2002	〃14年	-	-	0.7	317	3,668	36,765	3,662	34,787
2003	〃15年	-	-	0.7	325	3,725	37,787	3,719	35,890
2004	〃16年	-	-	0.6	283	3,775	38,654	3,769	36,631

被扶養者分　金額

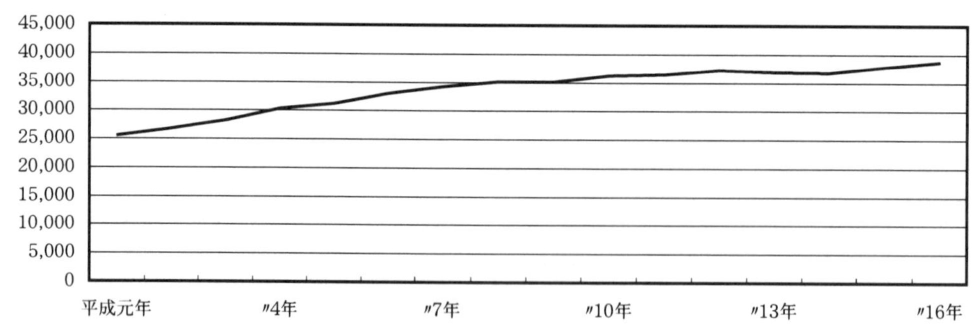

（単位　金額　100万円）

年度		短期給付決定状況 1)							
		保健給付							
		加入者分				被扶養者分			
		育児手当金		埋葬料				医療費 2)	
		件数(1,000)	金額	件数(1,000)	金額	件数(1,000)	金額	件数(1,000)	金額
2005	平成17年	-	-	0.7	301	3,958	39,654	3,952	37,706
2006	〃18年	-	-	0.7	210	3,948	39,068	3,942	37,153

(単位　金額　100万円)

年　度		短期給付決定状況　1)						
		保健給付				支払基金審査費	災害給付	
		被扶養者分						
		家族出産費　7)		家族埋葬料				
		件数(1,000)	金額	件数(,1000)	金額		件数(1,000)	金額
1989	平成元年	5.8	1,342	1.6	414	-	0.1	31
1990	〃2年	5.9	1,381	1.6	471	-	0.1	36
1991	〃3年	5.6	1,359	1.7	509	-	0.1	58
1992	〃4年	5.5	1,436	1.8	544	-	0.1	52
1993	〃5年	5.5	1,469	1.7	546	-	0.2	86
1994	〃6年	5.5	1,565	1.7	555	691	3.8	2,301
1995	〃7年	5.1	1,609	1.7	585	734	4.7	2,352
1996	〃8年	5.1	1,600	1.7	577	753	0.4	188
1997	〃9年	4.9	1,555	1.6	566	776	0.1	66
1998	〃10年	4.8	1,513	1.6	559	787	0.1	71
1999	〃11年	4.6	1,484	1.6	575	802	0.1	62
2000	〃12年	4.6	1,472	1.5	526	817	0.2	89
2001	〃13年	4.3	1,398	1.5	528	836	0.1	55
2002	〃14年	4.5	1,468	1.4	510	834	0.1	33
2003	〃15年	4.4	1,422	1.4	475	825	0.1	59
2004	〃16年	4.6	1,484	1.5	538	836	0.2	80

災害給付　金額

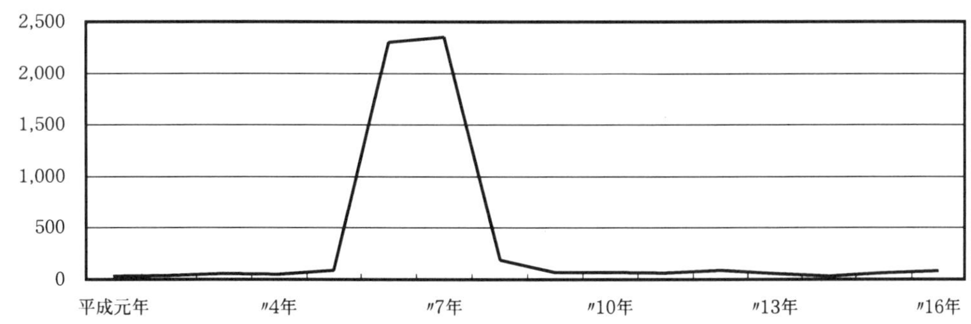

(単位　金額　100万円)

年　度		短期給付決定状況　1)						
		保健給付				支払基金審査費	災害給付	
		被扶養者分						
		家族出産費		家族埋葬料				
		件数(1,000)	金額	件数(1,000)	金額		件数(1,000)	金額
2005	平成17年	4.4	1,435	1.5	513	883	0.1	67
2006	〃18年	4.6	1,577	1.4	339	885	0.0	21

(単位　金額　100万円)

年度	短期給付決定状況　1)				長期給付			
					年度末現在年金者状況			
	休業給付		付加給付等		計		本来の退職者退職年金	
	件数 (1,000)	金額	件数 (1,000)	金額	人員	金額	人員	金額
1989 平成元年	10	1,917	860	5,266	96,922	86,337	13,072	24,983
1990 〃2年	11	2,308	907	5,386	115,581	111,532	12,729	24,655
1991 〃3年	11	2,345	970	5,075	123,800	121,699	12,365	24,443
1992 〃4年	12	2,796	1,027	6,470	131,705	132,362	11,967	24,281
1993 〃5年	13	3,010	1,067	6,858	139,727	141,815	11,621	23,898
1994 〃6年	12	3,087	1,112	8,540	147,916	156,373	11,263	24,279
1995 〃7年	12	3,066	1,187	9,185	160,350	169,894	10,877	23,602
1996 〃8年	12	3,142	1,211	8,013	171,400	181,638	10,533	22,832
1997 〃9年	13	3,537	1,442	9,041	180,293	189,141	10,172	22,030
1998 〃10年	13	3,616	1,768	10,519	189,256	199,966	9,795	21,537
1999 〃11年	13	3,630	1,274	8,130	198,770	208,399	9,398	20,732
2000 〃12年	13	3,908	1,276	8,103	223,771	243,208	9,023	19,868
2001 〃13年	13	3,784	1,281	8,371	235,257	249,720	8,674	19,057
2002 〃14年	13	3,891	1,004	7,494	245,888	258,681	8,259	18,100
2003 〃15年	14	4,077	300	5,976	258,174	267,520	7,858	17,018
2004 〃16年	15	4,403	223	5,438	270,985	272,942	7,481	16,104

本来の退職者退職年金　金額

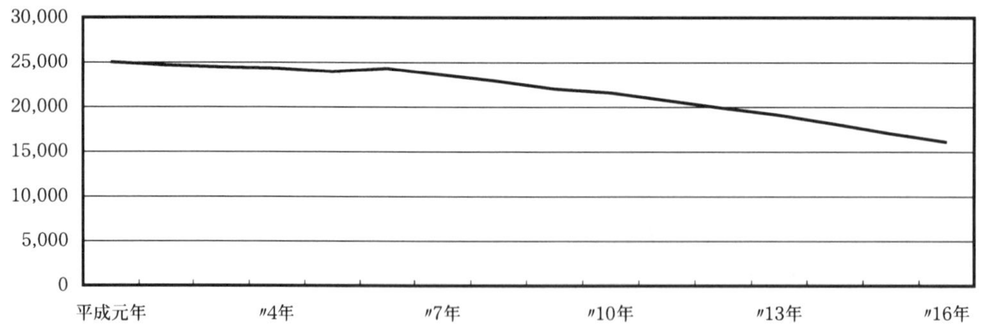

(単位　金額　100万円)

年度	短期給付決定状況　1)				長期給付			
					年度末現在年金者状況			
	休業給付		付加給付等		計		本来の退職者退職年金	
	件数 (1,000)	金額	件数 (1,000)	金額	人員	金額	人員	金額
2005 平成17年	15	4,477	198	5,089	280,763	280,318	7,090	15,208
2006 〃18年	16	4,870	201	5,456	293,335	288,783	6,733	14,320

（単位　金額　100万円）

年　度	長期給付							
	年度末現在年金者状況							
	在職年通算者退職年金		減額退職年金		通算退職年金		その他の退職年金　5)	
	人員	金額	人員	金額	人員	金額	人員	金額
1989 平成元年	439	489	401	562	34,776	18,425	27,245	28,174
1990 〃2年	397	447	402	570	32,853	17,774	46,518	53,112
1991 〃3年	368	424	401	581	31,221	17,350	54,863	62,356
1992 〃4年	336	397	398	591	29,623	16,982	62,990	71,904
1993 〃5年	307	367	394	593	27,999	16,278	71,709	81,823
1994 〃6年	274	346	391	617	26,306	16,089	79,790	93,281
1995 〃7年	248	313	391	622	24,605	15,102	92,460	106,948
1996 〃8年	226	284	388	617	23,073	14,124	103,547	119,166
1997 〃9年	202	253	389	618	21,444	13,072	112,502	127,189
1998 〃10年	177	225	384	619	19,931	12,341	121,712	137,575
1999 〃11年	153	195	380	617	18,394	11,448	130,810	145,769
2000 〃12年	136	174	376	611	17,012	10,583	155,327	180,385
2001 〃13年	113	145	375	609	15,685	9,729	166,552	187,018
2002 〃14年	101	130	372	601	14,300	8,858	177,051	196,311
2003 〃15年	84	106	369	593	13,062	7,980	189,105	205,849
2004 〃16年	69	87	367	587	11,992	7,278	201,435	211,440

通算退職年金　金額

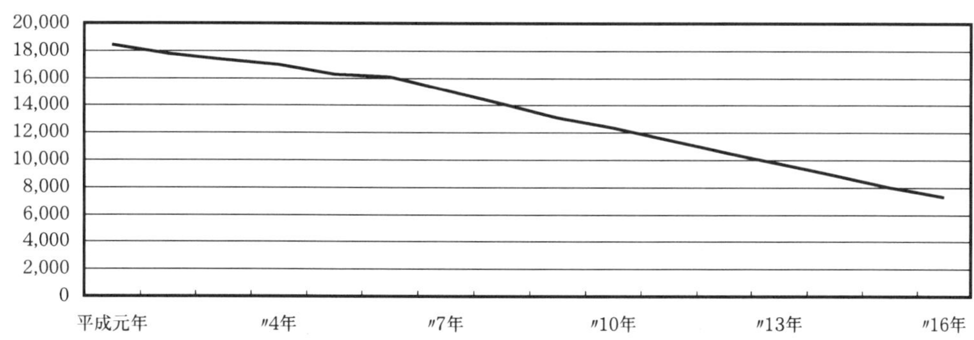

（単位　金額　100万円）

年　度	長期給付							
	年度末現在年金者状況							
	在職年通算者退職年金		減額退職年金		通算退職年金		その他の退職年金　3)	
	人員	金額	人員	金額	人員	金額	人員	金額
2005 平成17年	56	71	356	568	10,858	6,580	210,932	218,891
2006 〃18年	51	64	349	553	9,751	5,884	222,843	227,494

（単位　金額　100万円）

年　度	長期給付							
	年度末現在年金者状況						一時金支給決定状況	
	障害年金 5)		遺族年金 5) 6)		恩給財団年金			
	人員	金額	人員	金額	人員	金額	件数	金額
1989 平成元年	1,151	1,589	19,568	11,866	270	249	80	107
1990 〃2年	1,173	1,604	21,261	13,135	248	236	109	192
1991 〃3年	1,202	1,646	23,152	14,674	228	225	100	120
1992 〃4年	1,202	1,628	24,980	16,364	209	215	77	112
1993 〃5年	1,198	1,613	26,681	17,768	187	198	90	150
1994 〃6年	1,267	1,739	28,449	19,836	162	175	107	182
1995 〃7年	1,292	1,738	30,318	21,401	145	158	205	207
1996 〃8年	1,330	1,764	32,157	22,694	132	145	254	221
1997 〃9年	1,349	1,709	34,125	24,147	110	122	305	296
1998 〃10年	1,381	1,751	35,772	25,801	104	117	349	312
1999 〃11年	1,419	1,764	38,125	27,772	91	103	343	310
2000 〃12年	1,711	2,122	40,107	29,375	79	89	331	329
2001 〃13年	1,753	2,134	42,033	30,947	72	82	304	302
2002 〃14年	1,814	2,174	43,926	32,434	65	74	325	314
2003 〃15年	1,902	2,236	45,732	33,668	62	70	282	291
2004 〃16年	2,004	2,303	47,581	35,079	56	63	310	277

一時金支給決定状況　件数

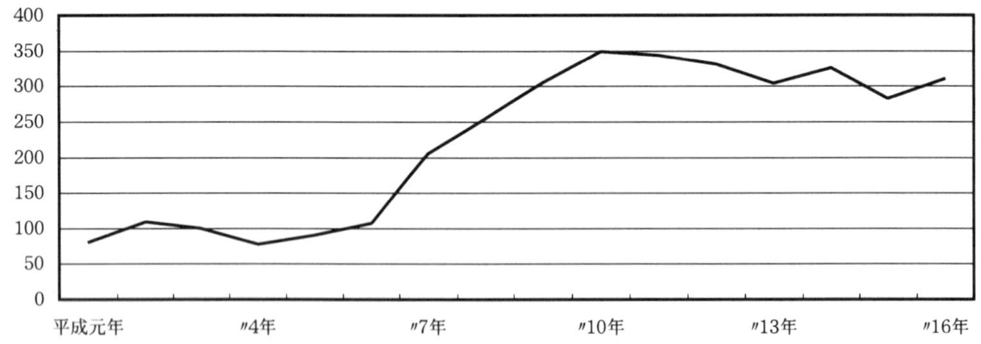

（単位　金額　100万円）

年　度	長期給付							
	年度末現在年金者状況						一時金支給決定状況	
	障害年金 3)		遺族年金 3) 4)		恩給財団年金			
	人員	金額	人員	金額	人員	金額	件数	金額
2005 平成17年	2,071	2,366	49,352	36,577	50	57	292	262
2006 〃18年	2,148	2,402	51,431	38,010	49	56	269	230

12-19 船員保険（平成元年度～12年度）

（単位　金額　100万円）

年度	年度末現在適用状況							
	普通保険						失業保険	
	船舶所有者数	被保険者数 強制適用	被保険者数 任意継続適用 1)	扶養者数 (1,000)	平均標準報酬月額(円) 強制適用 1)	平均標準報酬月額(円) 任意継続適用 1)	船舶所有者数	被保険者数
		(1,000人)	(1,000人)					(1,000人)
1989 平成元年	9,877	132	11	297	304,955	264,296	6,240	106
1990 〃2年	9,600	127	10	272	323,582	268,818	6,125	103
1991 〃3年	9,305	121	10	257	339,888	281,833	5,971	99
1992 〃4年	9,008	116	9.7	238	356,584	296,456	5,844	97
1993 〃5年	8,629	110	9.8	228	365,184	307,669	5,740	93
1994 〃6年	8,388	105	9.1	211	371,346	312,658	5,646	89
		(人)	(人)					(人)
1995 〃7年	8,190	100,349	9,042	202	375,048	318,951	5,528	84,736
1996 〃8年	8,026	96,050	8,864	187	379,579	329,630	5,401	80,761
1997 〃9年	7,822	91,292	8,967	178	382,606	331,882	5,234	76,451
1998 〃10年	7,536	84,171	9,698	165	380,501	335,003	4,985	69,778
1999 〃11年	7,318	79,521	9,243	155	379,634	332,606	4,822	65,736
2000 〃12年	7,100	75,889	7,802	145	372,001	329,385	4,700	62,830

原注：昭和61年4月以降職務外年金部門は厚生年金保険に統合された。　1) 疾病部門のみの額。　2) 老人保健に係る給付分を除く。　3) 世帯合算高額療養費を含む。　4) 高額療養費を含む。　5) 移転に要する費用を除く。また昭和60年以降再就職手当及び高齢求職者給付金を含む。

出所：43, 46, 50, 53

12-19 船員保険（平成13年度～17年度）

（単位　金額　100万円）

年度	年度末現在適用状況							
	普通保険						失業保険	
	船舶所有者数	被保険者数 強制適用	被保険者数 任意継続適用	扶養者数 (1,000)	平均標準報酬月額(円) 1) 強制適用	平均標準報酬月額(円) 1) 任意継続適用	船舶所有者数	被保険者数
2001 平成13年	6,912	71,317	6,836	134	372,691	326,440	4,541	58,794
2002 〃14年	6,611	66,818	6,620	124	369,469	321,445	4,363	54,992
2003 〃15年	6,460	63,288	5,661	116	386,646	325,555	4,205	52,216
2004 〃16年	6,347	61,935	4,146	108	383,845	329,937	4,121	50,791
2005 〃17年	6,292	60,831	4,003	103	381,364	323,068	4,036	49,526

原注：昭和61年4月以降職務外年金部門は厚生年金保険に統合された。　1) 疾病部門のみの額。　2) 老人保健に係る給付分を除く。　3) 高齢者受給分，世帯合算高額療養費を含む。　4) 高額療養費を含む。　5) 障害年金及び遺族年金。　6) 移転に要する費用を除く。また，再就職手当及び高齢求職者給付金，教育訓練給付金を含む。

出所：56, 58

(単位　金額　100万円)

年度	年度末現在適用状況 失業保険 平均標準報酬月額 (円)	疾病部門 2) 総数 3) 件数 (1,000)	疾病部門 2) 総数 3) 金額	被保険者分 件数 (1,000)	被保険者分 金額	#医療給付 4) 件数 (1,000)	#医療給付 4) 金額
1989 平成元年	324,430	3,039	52,846	1,035	31,246	985	21,878
1990 〃2年	343,582	2,851	51,263	992	30,272	947	21,272
1991 〃3年	359,995	2,767	50,207	976	29,676	935	20,997
1992 〃4年	377,102	2,665	51,155	955	30,378	916	21,742
1993 〃5年	387,294	2,499	49,690	924	30,060	886	21,329
1994 〃6年	394,497	2,449	48,011	910	28,644	877	20,709
1995 〃7年	397,867	2,322	46,285	880	27,696	850	20,265
1996 〃8年	401,598	2,277	45,295	881	27,033	853	20,086
1997 〃9年	405,844	2,198	42,018	854	24,724	827	18,098
1998 〃10年	405,455	2,135	38,848	817	22,301	792	16,061
1999 〃11年	404,140	2,026	36,895	771	21,006	748	15,162
2000 〃12年	397,399	1,951	34,802	744	19,999	723	14,363

疾病部門　総数　件数

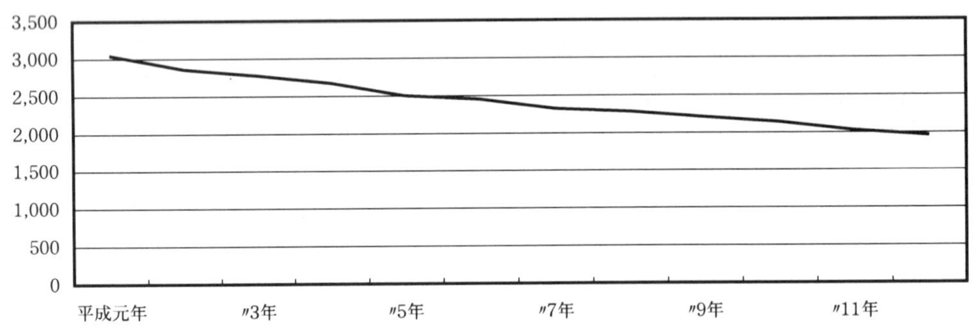

(単位　金額　100万円)

年度	年度末現在適用状況 失業保険 平均標準報酬月額 (円)	疾病部門 2) 計 3) 件数 (1,000)	疾病部門 2) 計 3) 金額	被保険者分 件数 (1,000)	被保険者分 金額	#医療給付 4) 件数 (1,000)	#医療給付 4) 金額
2001 平成13年	398,860	1,877	31,561	708	17,482	691	13,278
2002 〃14年	396,882	1,765	28,655	659	15,879	644	11,980
2003 〃15年	410,448	1,645	26,527	595	14,174	580	10,385
2004 〃16年	407,874	1,587	25,379	570	13,531	557	9,859
2005 〃17年	406,203	1,587	25,540	567	13,365	553	9,656

(単位　金額　100万円)

年　度	疾病部門　2)						年金部門	
	被保険者分		被扶養者分				年度末現在受給者状況	
	#傷病手当				#医療給付　4)		計	
	件数(1,000)	金額	件数(1,000)	金額	件数(1,000)	金額	件数	金額
1989　平成元年	49	9,044	2,004	21,584	1,995	20,115	633	1,092
1990　〃2年	44	8,670	1,859	20,971	1,851	19,562	851	1,479
1991　〃3年	40	8,315	1,791	20,508	1,784	19,116	991	1,779
1992　〃4年	38	8,275	1,710	20,746	1,703	19,271	1,116	2,072
1993　〃5年	37	8,341	1,575	19,603	1,569	18,237	1,277	2,293
1994　〃6年	33	7,577	1,538	19,340	1,533	17,942	1,371	2,662
1995　〃7年	29	7,072	1,442	18,563	1,438	17,175	1,467	2,975
1996　〃8年	28	6,620	1,396	18,242	1,392	16,909	1,558	3,177
1997　〃9年	26	6,310	1,344	17,268	1,341	16,063	1,660	3,428
1998　〃10年	24	5,959	1,317	16,510	1,314	15,294	1,724	3,608
1999　〃11年	22	5,559	1,255	15,846	1,252	14,740	1,778	3,716
2000　〃12年	21	5,370	1,206	14,772	1,204	13,755	1,839	3,868

被扶養者分　件数

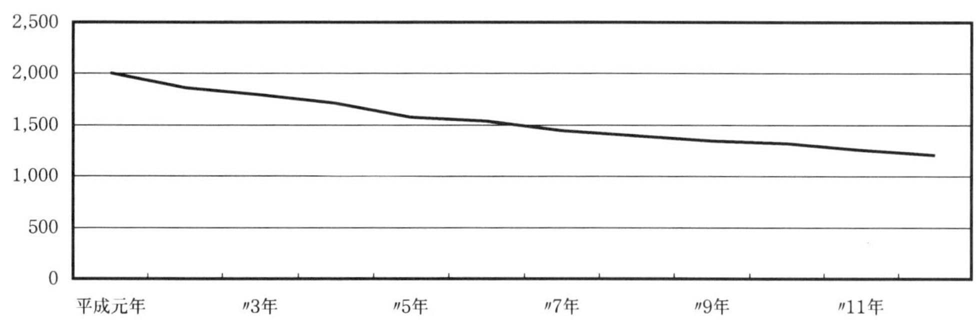

(単位　金額　100万円)

年　度	疾病部門　2)						年金部門	
	被保険者分		被扶養者分				年度末現在受給者状況　5)	
	#傷病手当				#医療給付			
	件数(1,000)	金額	件数(1,000)	金額	件数(1,000)	金額	件数	金額
2001　平成13年	17	3,992	1,168	14,047	1,166	13,121	1,919	4,024
2002　〃14年	15	3,684	1,104	12,695	1,101	11,835	1,966	4,100
2003　〃15年	14	3,593	1,032	11,951	1,030	11,148	2,011	4,163
2004　〃16年	13	3,481	984	11,116	982	10,364	2,051	4,237
2005　〃17年	13	3,503	971	11,119	970	10,353	2,111	4,355

（単位　金額　100万円）

年　度	年金部門							
	年度末現在受給者状況							
	障害年金							
	1級		2級		3級		その他	
	件数	金額	件数	金額	件数	金額	件数	金額
1989 平成元年	20	59	1	3.1	12	31	124	189
1990 〃2年	25	78	1	3.3	15	38	183	280
1991 〃3年	31	102	2	6.2	17	42	214	339
1992 〃4年	34	117	3	10	19	52	237	389
1993 〃5年	34	121	3	10	19	53	265	321
1994 〃6年	36	131	7	20	24	68	285	496
1995 〃7年	41	152	7	21	25	72	294	519
1996 〃8年	44	154	7	22	30	91	323	582
1997 〃9年	44	155	8	25	32	102	337	613
1998 〃10年	47	164	9	28	35	110	342	625
1999 〃11年	46	156	9	28	37	118	351	636
2000 〃12年	48	167	10	32	38	121	358	645

障害年金　1級　金額

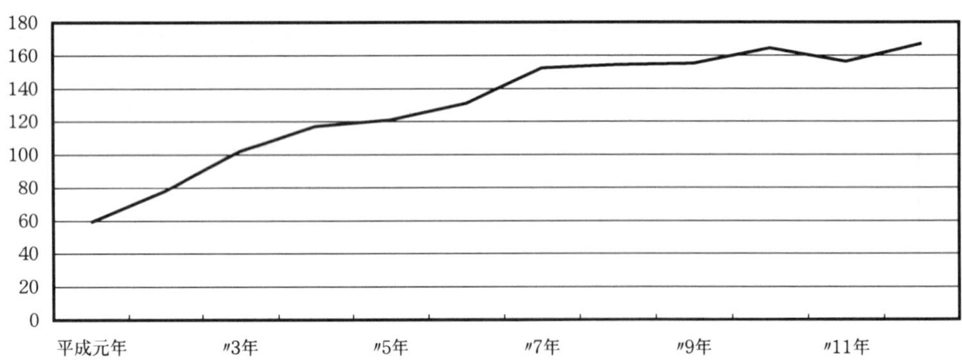

（単位　金額　100万円）

年　度	失業部門			
	計 6)		#失業保険金	
	件数	金額	件数	金額
2001 平成13年	36,187	6,749	31,858	5,829
2002 〃14年	36,882	6,812	32,954	5,767
2003 〃15年	27,418	4,669	24,400	4,052
2004 〃16年	19,704	3,091	17,283	2,615
2005 〃17年	17,047	2,594	14,522	2,171

（単位　金額　100万円）

年　度	年金部門		失業部門					
	年度末現在受給者状況 遺族年金		一時金給付決定		計 5)		失業保険金	
	件数	金額	件数	金額	件数	金額	件数	金額
1989 平成元年	476	809	511	1,378	69,167	9,356	58,443	8,460
1990 〃2年	627	1,079	443	1,306	50,471	7,170	44,182	6,445
1991 〃3年	727	1,289	358	976	49,432	7,576	43,400	6,714
1992 〃4年	823	1,504	274	871	44,598	7,309	39,061	6,498
1993 〃5年	956	1,787	407	1,359	48,695	8,374	43,444	7,337
1994 〃6年	1,019	1,947	346	841	47,718	8,385	42,984	7,476
1995 〃7年	1,100	2,212	175	629	47,229	8,737	42,384	7,636
1996 〃8年	1,154	2,327	190	724	43,638	8,437	38,830	7,191
1997 〃9年	1,239	2,533	163	584	40,783	8,621	35,715	7,242
1998 〃10年	1,291	2,681	144	502	54,626	10,961	49,323	9,506
1999 〃11年	1,335	2,777	126	431	52,815	10,032	47,573	8,928
2000 〃12年	1,385	2,902	132	514	39,484	7,471	35,120	6,659

遺族年金　金額

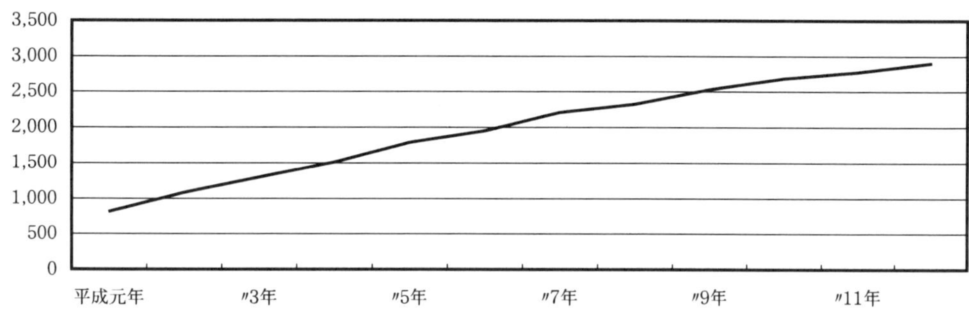

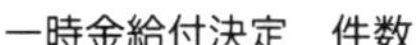
一時金給付決定　件数

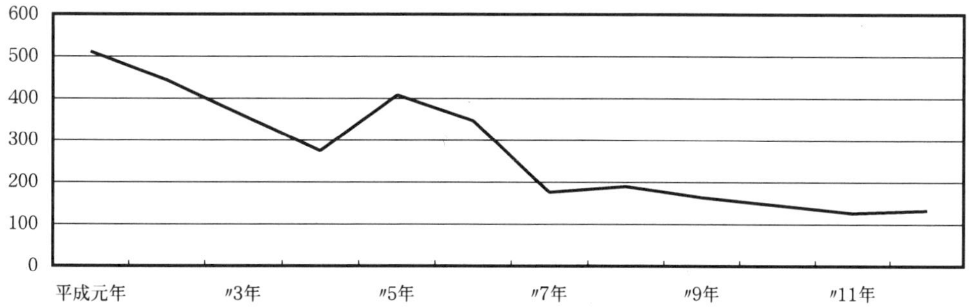

（単位　金額　100万円）

年　度	失業部門					
	傷病給付金		技能習得手当		寄宿手当	
	件数	金額	件数	金額	件数	金額
1989 平成元年	426	65	7381	135	712	6.2
1990 〃2年	286	47	3808	72	373	3.5
1991 〃3年	305	54	3392	65	285	2.8
1992 〃4年	226	44	3203	61	218	2.0
1993 〃5年	318	61	2574	50	210	2.1
1994 〃6年	281	55	2332	46	271	2.7
1995 〃7年	168	35	2,398	48	243	2.4
1996 〃8年	207	45	2,236	45	206	2.1
1997 〃9年	182	40	2,444	49	157	1.6
1998 〃10年	205	48	2,415	50	226	2.3
1999 〃11年	177	34	2,354	49	180	1.9
2000 〃12年	148	30	1,997	39	152	1.5

傷病給付金　金額

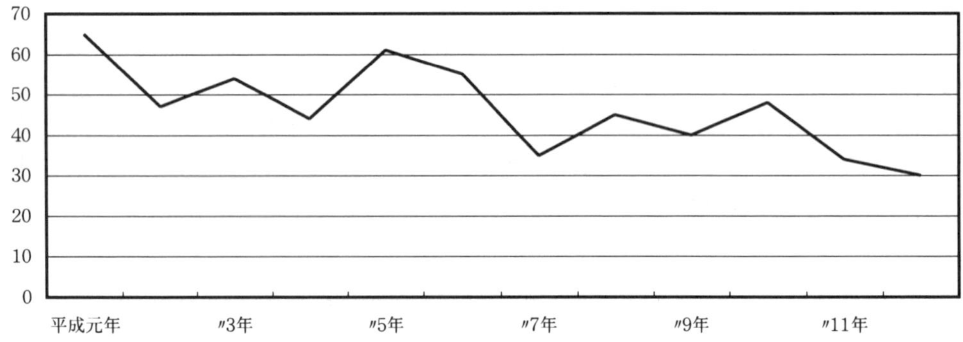

技能習得手当　金額

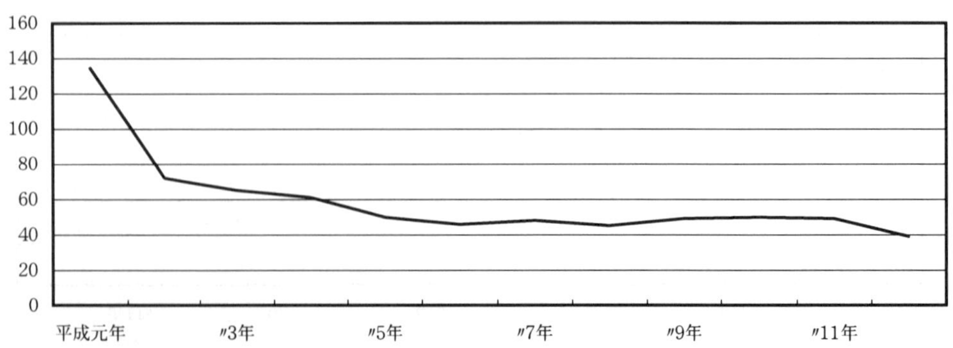

12-20 農林漁業団体職員共済組合

(単位 金額 100万円)

年度	年度末現在適用状況							
	団体数	団体種別組合員数 (1,000)						
		総数	総合農協,開拓農協,専門農協	農業共済	土地改良	たばこ耕作等	森林組合	漁協
1989 平成元年	12,060	496	416	13	14	1.6	15	33
1990 〃2年	11,880	498	418	13	14	1.7	16	33
1991 〃3年	11,662	501	420	12	14	1.7	16	33
1992 〃4年	11,280	506	425	12	14	1.7	17	33
1993 〃5年	10,886	510	428	12	14	1.7	18	33
1994 〃6年	10,496	511	428	12	14	1.7	19	32
1995 〃7年	10,157	509	425	12	15	1.7	20	32
1996 〃8年	9,833	501	418	12	15	1.7	21	31
1997 〃9年	9,415	490	407	11	15	1.7	21	30
1998 〃10年	8,956	482	401	11	14	1.6	21	30
1999 〃11年	8,571	475	394	11	14	1.6	21	29
2000 〃12年	8,096	467	388	11	14	1.6	21	29
2001 〃13年	7,691	459	381	11	14	1.6	21	28

原注: 1) 任意継続組合員を除く。 2) 平成元年以降共済年金を含む。 3) 通算遺族年金を含む。

出所: 43, 46, 49, 52, 53

団体数

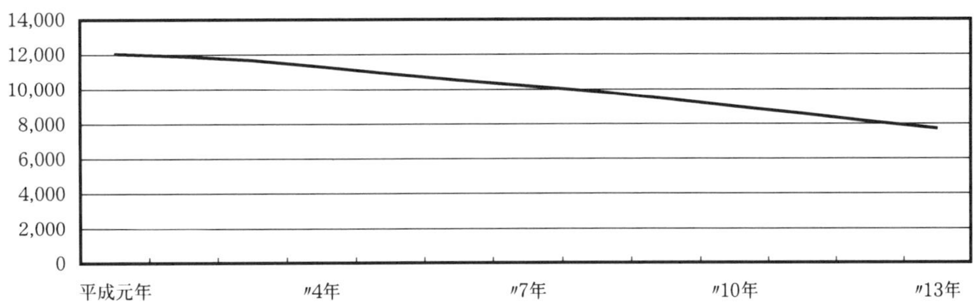

団体種別組合員数 総数

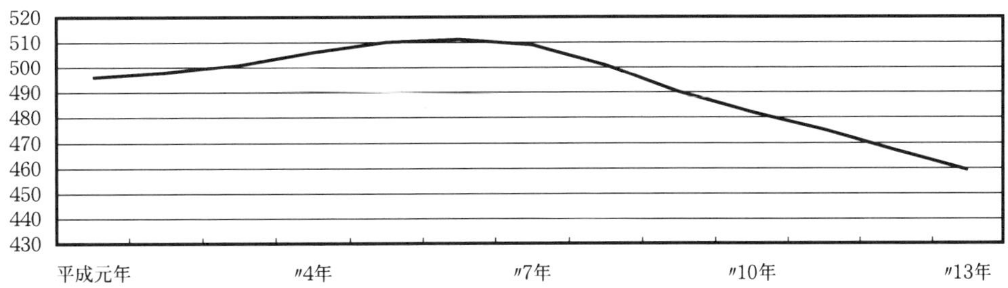

(単位　金額　100万円)

年　度	年度末現在適用状況 団体種別組合員数(1,000) 漁船保険等	農事法人	任意継続組合員(1,000)	平均標準給与月額(円) 1)	年度末現在年金受給権者状況 計 人員	金額	退職年金 2) 人員	金額
1989 平成元年	1.1	2.2	1.2	228,141	193,899	239,829	119,084	184,398
1990 〃2年	1.1	2.1	0.7	238,183	204,739	257,826	128,013	198,895
1991 〃3年	1.1	2.2	0.2	249,058	215,888	278,022	137,048	214,890
1992 〃4年	1.1	2.3	0.0	259,387	226,784	298,486	145,806	230,690
1993 〃5年	1.2	2.3	-	266,532	237,927	313,929	154,597	242,231
1994 〃6年	1.1	2.3	-	272,886	250,910	344,438	165,325	266,158
1995 〃7年	1.1	2.4	-	277,620	266,032	362,261	178,126	280,665
1996 〃8年	1.1	2.5	-	282,375	278,162	371,024	187,924	286,543
1997 〃9年	1.1	2.5	-	286,727	290,383	380,636	197,922	293,328
1998 〃10年	1.0	2.4	-	289,986	302,757	394,672	208,231	303,277
1999 〃11年	1.0	2.4	-	292,577	314,899	403,579	217,798	308,583
2000 〃12年	1.0	2.2	-	295,153	330,718	412,932	231,076	315,129
2001 〃13年	1.0	2.2	-	296,925	348,134	417,985	245,891	317,225

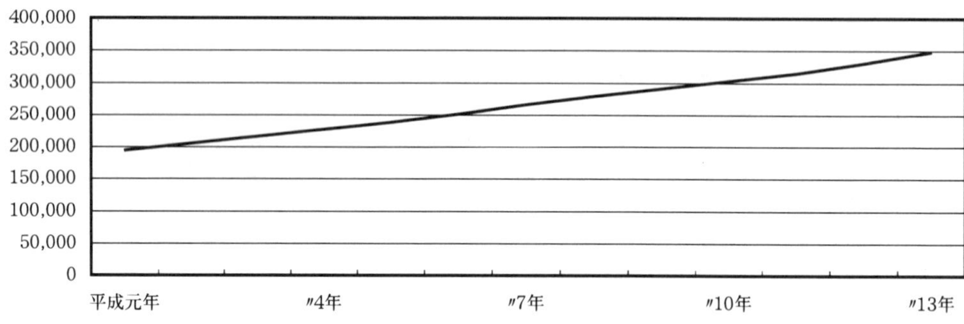

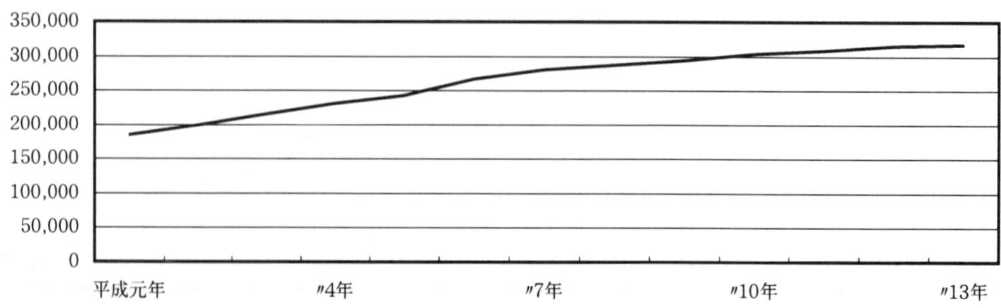

（単位　金額　100万円）

年度		年度末現在年金受給権者状況							
		減額退職年金		通算退職年金		障害年金　2)		遺族年金　2) 3)	
		人員	金額	人員	金額	人員	金額	人員	金額
1989	平成元年	6,526	8,391	29,387	13,496	3,891	5,079	35,011	28,465
1990	〃2年	6,521	8,571	28,417	13,319	4,036	5,320	37,752	31,720
1991	〃3年	6,533	8,832	27,485	13,261	4,140	5,518	40,682	35,521
1992	〃4年	6,533	9,121	26,602	13,247	4,303	5,776	43,540	39,652
1993	〃5年	6,507	9,224	25,559	12,909	4,461	5,952	46,803	43,612
1994	〃6年	6,482	9,669	24,671	13,109	4,669	6,370	49,763	49,133
1995	〃7年	6,408	9,635	23,626	12,627	4,833	6,530	53,039	52,805
1996	〃8年	6,333	9,524	22,655	12,083	4,970	6,570	56,280	56,303
1997	〃9年	6,260	9,397	21,634	11,534	5,084	6,599	59,483	59,778
1998	〃10年	6,182	9,444	20,577	11,150	5,304	6,824	62,463	63,977
1999	〃11年	6,071	9,316	19,483	10,603	5,425	6,885	66,122	68,192
2000	〃12年	5,975	9,166	18,701	10,088	5,582	6,968	69,384	71,581
2001	〃13年	5,868	9,002	17,708	9,528	5,720	7,042	72,947	75,189

障害年金　金額

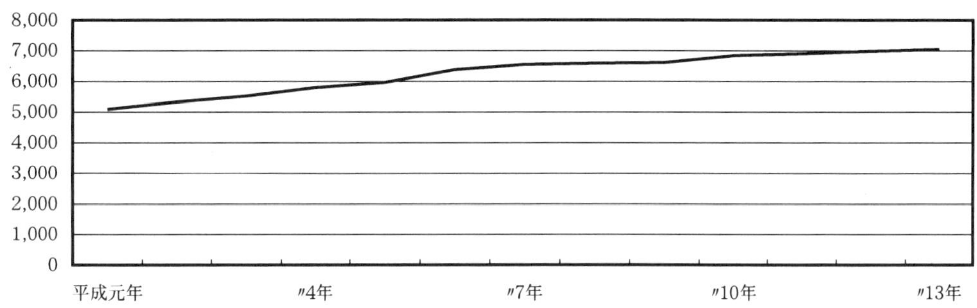

遺族年金　金額

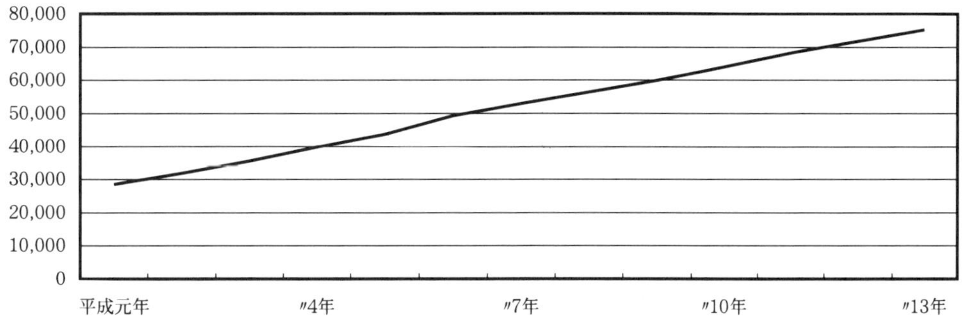

（単位　金額　100万円）

年　度		一時金支給決定	
		件数	金額
1989	平成元年	80	67
1990	〃2年	104	64
1991	〃3年	100	84
1992	〃4年	96	91
1993	〃5年	114	79
1994	〃6年	113	79
1995	〃7年	86	78
1996	〃8年	87	55
1997	〃9年	80	81
1998	〃10年	94	62
1999	〃11年	54	54
2000	〃12年	103	84
2001	〃13年	96	67

一時金支給決定　件数

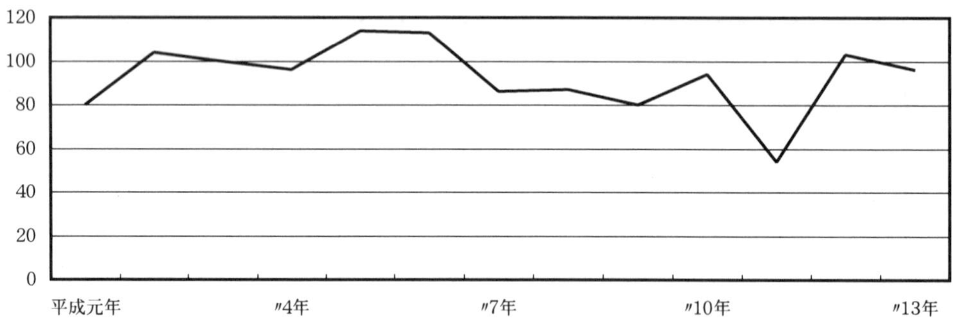

一時金支給決定　金額

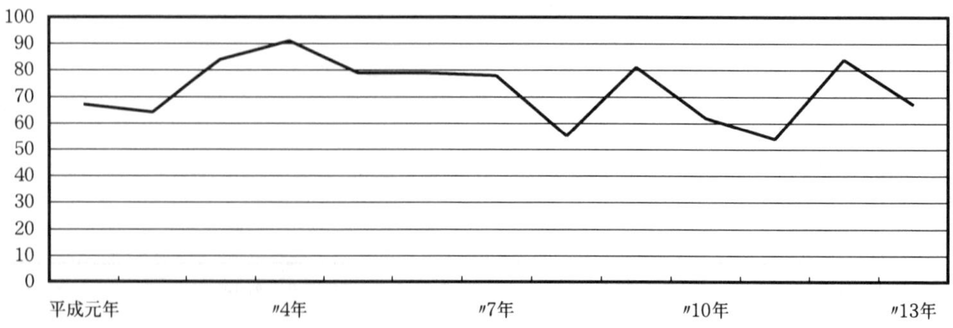

12-21　介護保険

（単位　人数　1,000人，金額　10億円）

年　度	年度末現在適用状況			要介護（要支援）認定者　1)				
	第1号被保険者のいる世帯数 (1,000)	第1号被保険者数		総数	第1号被保険者数			
		65～75歳未満	75歳以上		要支援	要介護1	要介護2	要介護3
2000　平成12年	15,833	13,192	9,231	2,562	318	680	461	341
2001　〃13年	16,685	13,424	9,745	2,983	385	848	536	373
2002　〃14年	17,183	13,709	10,225	3,445	493	1,022	605	408
2003　〃15年	17,575	13,736	10,758	3,839	584	1,198	567	466
2004　〃16年	18,010	13,871	11,240	4,086	659	1,282	582	501
2005　〃17年	18,544	14,125	11,753	4,323	706	1,374	616	531

原注: 1) 年度末現在。　2) 3月サービス分から2月サービス分（平成12年は4月サービス分から2月サービス分）の累計。
a) 不詳を含む。

出所：55, 58

第1号被保険者のいる世帯数

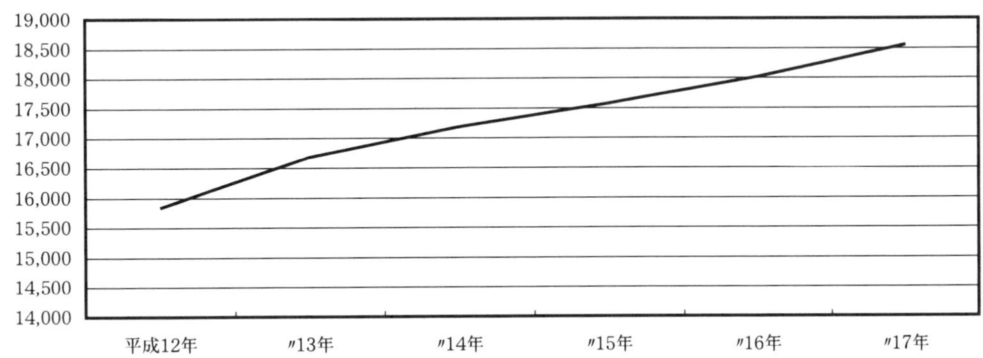

要支援（要介護）認定者　総数

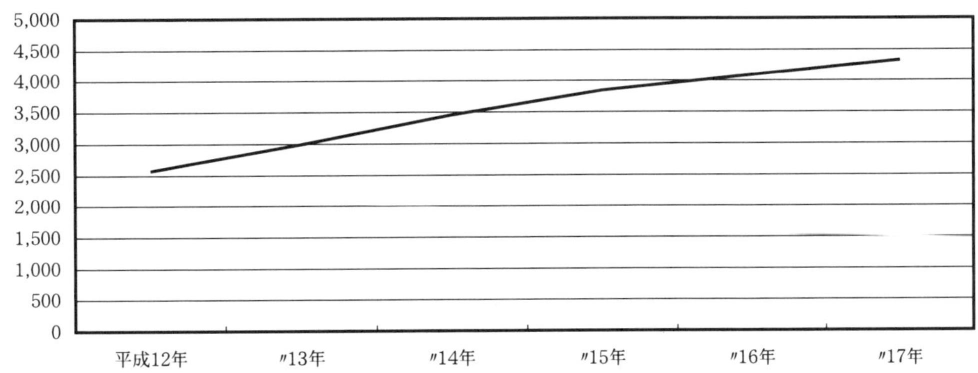

（単位　人数　1,000人，　金額　10億円）

年　度	要介護（要支援）認定者　1)			居宅介護（支援）サービス受給者　2)				
	第1号被保険者数		第2号被保険者	総数	第1号被保険者数			
	要介護 4	要介護 5			要支援	要介護 1	要介護 2	要介護 3
2000　平成12年	351	321	91	a)　13,604	2,303	4,179	2,537	1,632
2001　〃13年	376	360	105	18,241	2,728	6,053	3,566	2,144
2002　〃14年	405	390	121	22,079	3,394	7,714	4,299	2,481
2003　〃15年	457	432	135	25,633	4,065	9,372	4,623	2,879
2004　〃16年	476	443	143	28,838	4,849	10,843	4,702	3,315
2005　〃17年	504	445	148	30,997	5,428	11,750	5,001	3,568

要介護（要支援）認定者　第2号被保険者

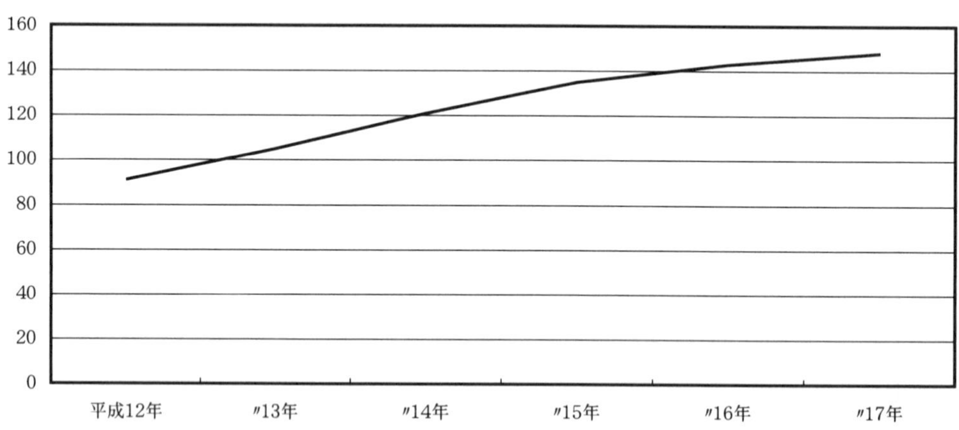

居宅介護（支援）サービス受給者　総数

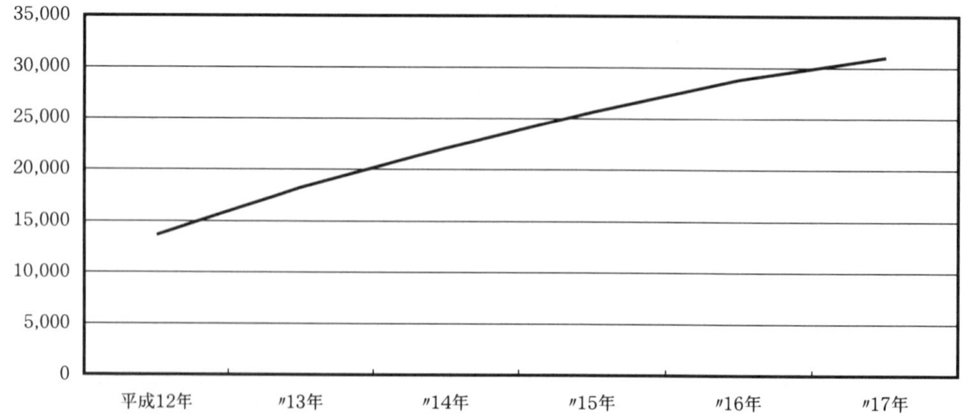

（単位　人数　1,000人，　金額　10億円）

年　度	居宅介護（支援）サービス受給者　2)			施設介護サービス受給者　2)				
	第1号被保険者数		第2号被保険者	総数	第1号被保険者数			第2号被保険者
	要介護 4	要介護 5			介護老人福祉施設	介護老人保健施設	介護療養型医療施設	
2000　平成12年	1,331	1,138	476	a) 6,645	3,096	2,388	1,057	103
2001　〃13年	1,647	1,430	674	7,863	3,657	2,822	1,260	124
2002　〃14年	1,833	1,545	812	8,396	3,860	2,949	1,451	136
2003　〃15年	2,102	1,653	940	8,784	4,029	3,074	1,537	145
2004　〃16年	2,367	1,701	1,060	9,164	4,228	3,232	1,549	154
2005　〃17年	2,461	1,664	1,124	9,443	4,432	3,376	1,475	160

施設介護サービス受給者　総数

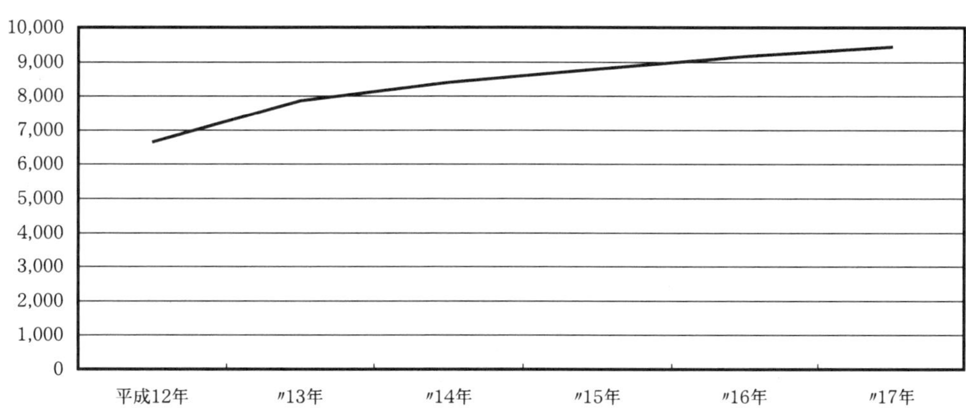

施設介護サービス受給者　第2号被保険者

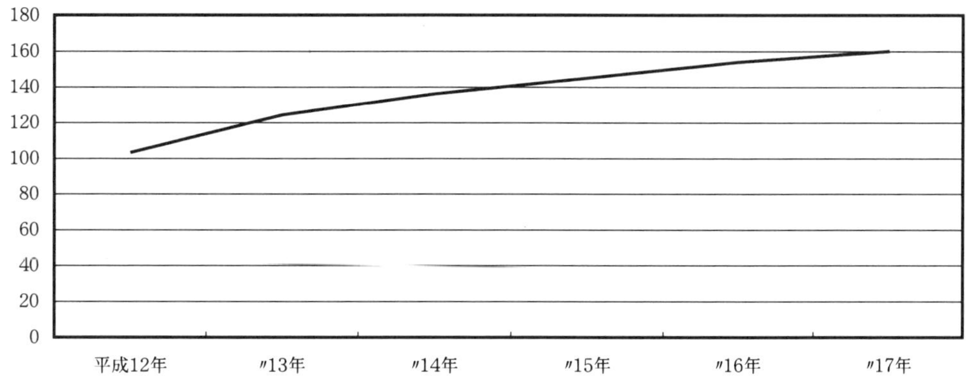

（単位　人数　1,000人，　金額　10億円）

年　度	保険給付							
	介護給付・予防給付　2)						高額介護（居宅支援）サービス費	
	居宅介護（支援）サービス			施設介護サービス				
	件数 (1,000)	費用額	支給額	件数 (1,000)	費用額	支給額	件数 (1,000)	支給額
2000　平成12年	37,346	1,208	1,096	7,008	2,419	2,134	1,928	14
2001　〃13年	51,744	1,756	1,593	8,147	2,836	2,496	3,826	26
2002　〃14年	63,315	2,169	1,969	8,620	3,023	2,657	4,647	31
2003　〃15年	73,724	2,595	2,357	9,023	3,094	2,709	5,045	34
2004　〃16年	82,489	2,980	2,706	9,375	3,222	2,816	5,648	37
2005　〃17年	88,620	3,233	2,937	9,660	3,077	2,721	6,917	51

居宅介護（支援）サービス　件数

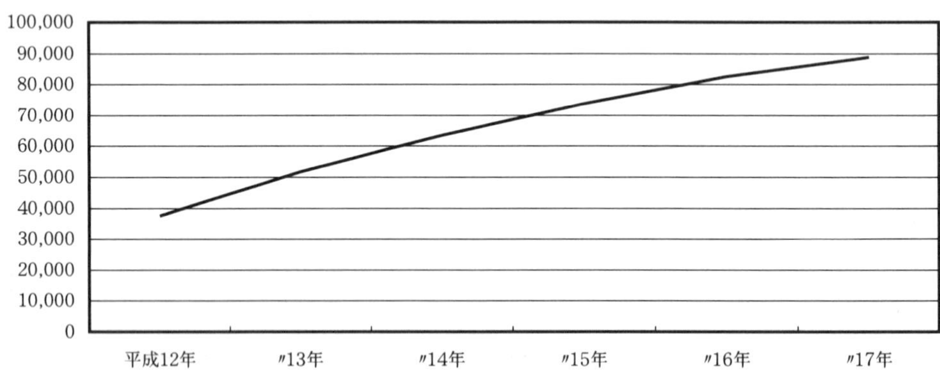

施設介護サービス　件数

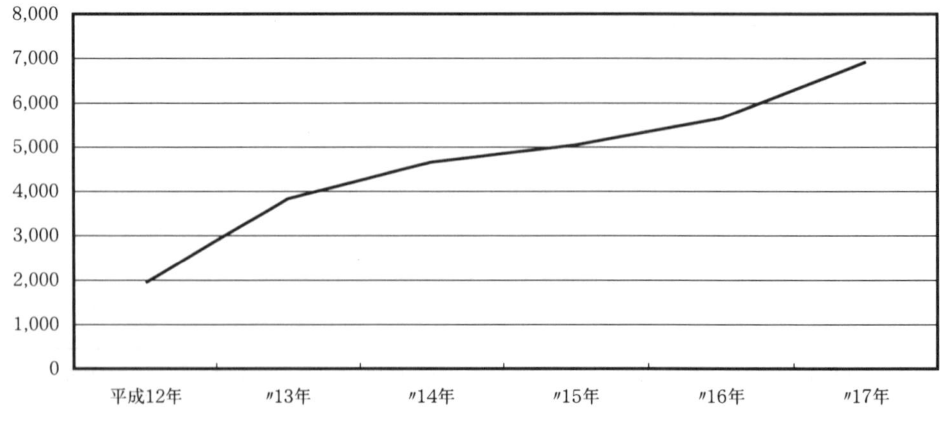

(単位　人数　1,000人，　金額　10億円)

年度		保険給付		
		市町村特別給付		
		件数(1,000)	費用額	支給額
2000	平成12年	92	0.5	0.4
2001	〃13年	145	0.8	0.8
2002	〃14年	166	0.7	0.6
2003	〃15年	274	1.1	0.9
2004	〃16年	347	1.4	1.2
2005	〃17年	382	1.4	1.2

市町村特別給付　件数

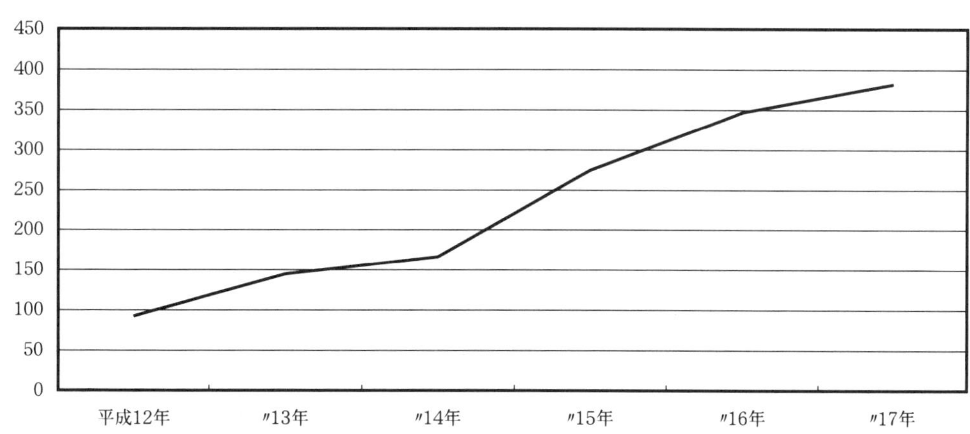

市町村特別給付　支給額

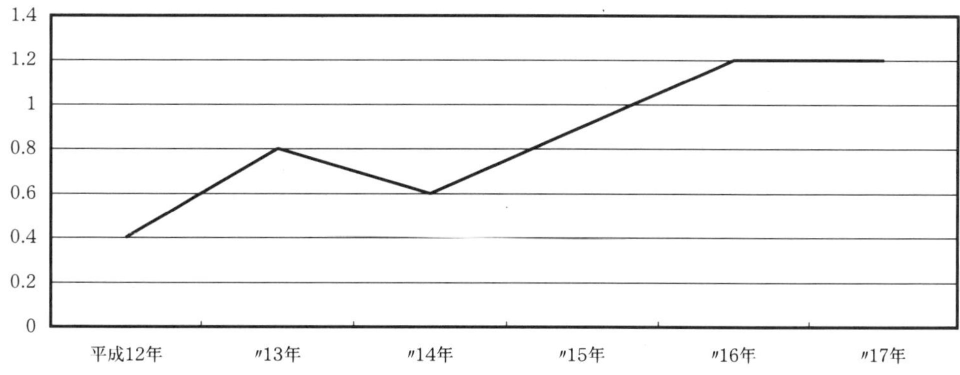

12-22 児童扶養手当支給状況（平成元年度～4年度）

（単位 1,000）

年 度	児童扶養手当支給状況 児童扶養手当 受給者数 1)	生別母子世帯	死別母子世帯	未婚の母子世帯	障害者世帯	遺棄世帯	その他	手当額 (100万円)
1989 平成元年	605	505	21	31	9.3	29	8.8	…
1990 〃2年	589	496	18	31	8.1	26	8.8	…
1991 〃3年	574	488	16	31	7.1	24	8.3	…
1992 〃4年	568	487	15	31	6.1	21	7.9	…

原注： 1) 年度末現在。

出所： 43, 44

児童扶養手当　受給者数

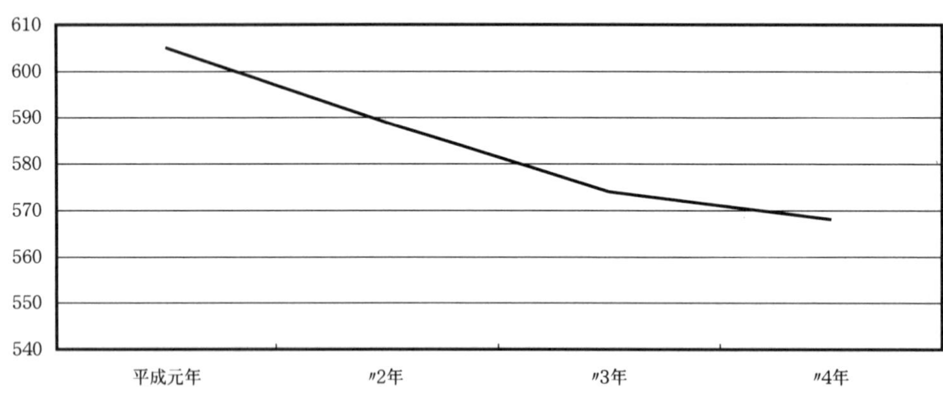

生別母子世帯

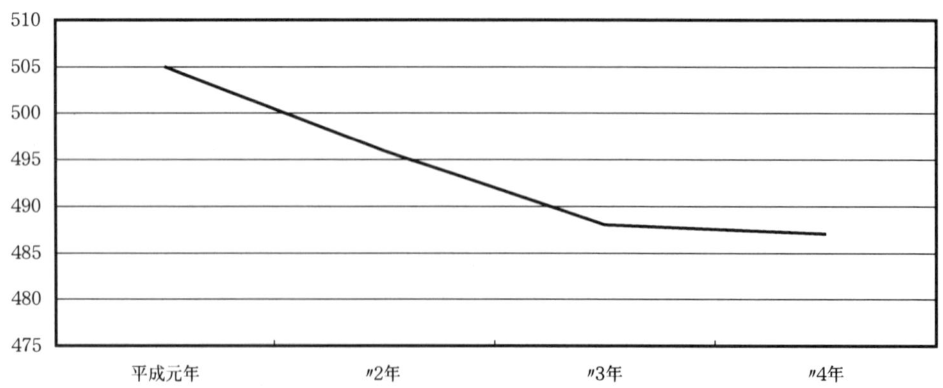

（単位　1,000）

年　度	児童扶養手当支給状況					
	特別児童扶養手当					
	受給者数 1)	対象障害児数 1)	身体障害	精神障害	重複障害	手当額 (100万円)
1989 平成元年	126	129	56	70	2.6	…
1990 〃2年	125	128	55	70	2.6	…
1991 〃3年	122	125	54	68	2.6	…
1992 〃4年	121	123	53	68	2.7	…

特別児童扶養手当　受給者数

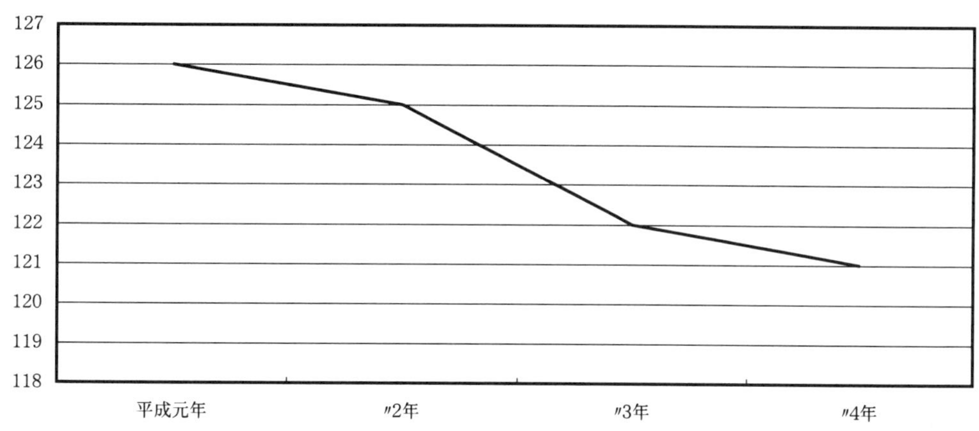

特別児童扶養手当　対象障害児数

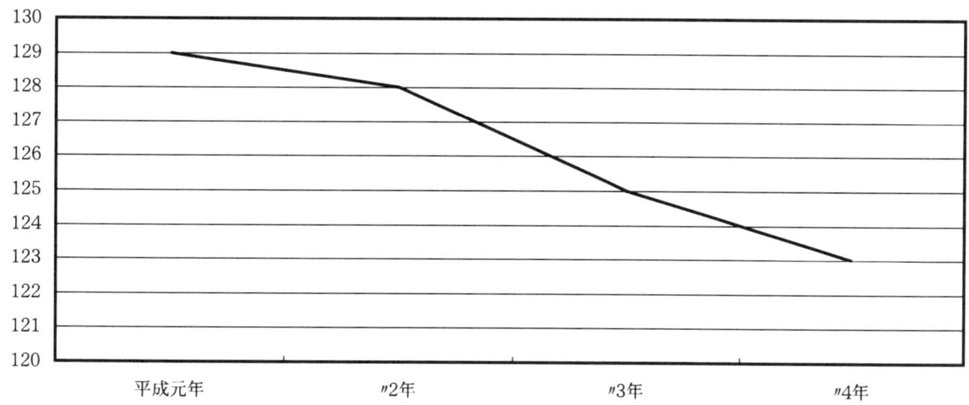

12-22 児童手当受給者数，支給対象児童数及び支給額（平成5年度～18年度）

年度		受給者数				支給対象児童数	支給額（100万円）
		総数	支給対象児童数別				
			1人	2人	3人以上		
1993	平成5年	2,215,388	1,953,778	254,992	6,618	2,483,665	194,228
1994	〃6年	2,216,080	1,954,107	255,415	6,558	2,485,032	170,876
1995	〃7年	2,028,746	1,790,001	231,474	7,271	2,275,119	160,863
1996	〃8年	2,001,864	1,762,686	232,135	7,043	2,248,433	152,972
1997	〃9年	1,928,553	1,705,632	217,049	5,872	2,157,668	149,366
1998	〃10年	1,981,265	1,758,135	218,244	4,886	2,209,515	148,434
1999	〃11年	2,164,782	1,925,062	233,619	6,101	2,407,489	158,723
2000	〃12年	4,831,225	3,943,469	830,102	57,654	5,780,683	293,502
2001	〃13年	5,752,231	4,790,002	909,723	52,506	6,769,412	403,624
2002	〃14年	5,884,043	4,936,223	900,640	47,180	6,880,786	429,840
2003	〃15年	5,958,399	5,032,894	882,003	43,502	6,929,237	435,345
2004	〃16年	7,473,761	5,514,213	1,758,828	200,720	9,644,674	593,336
2005	〃17年	7,484,532	5,565,404	1,729,326	189,802	9,603,648	624,875
2006	〃18年	9,273,566	6,094,513	2,681,708	497,345	12,993,353	806,905

原注：受給者数及び支給対象児童数は，各年度2月末現在。

出所：47, 50, 53, 56, 58

受給者数　総数

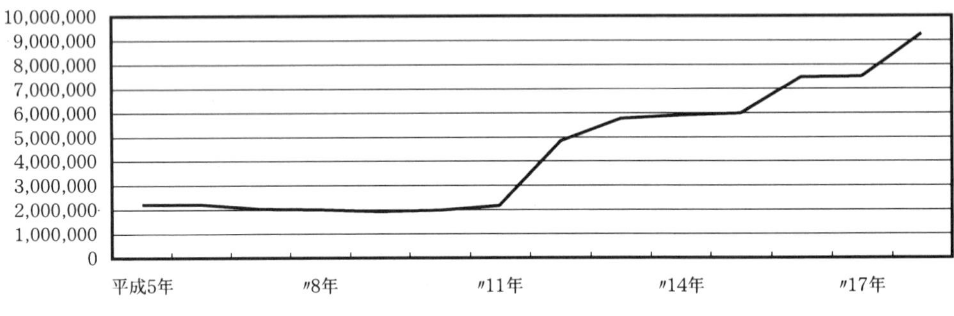

支給額

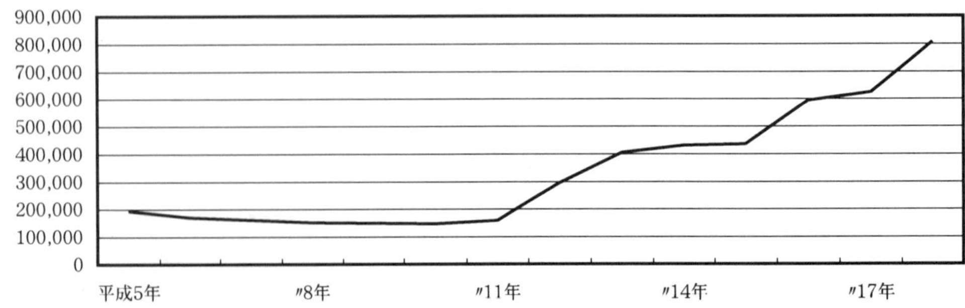

12-23 社会福祉関係資金貸付状況

(単位 金額 100万円)

区 分	平成元年度 1989		平成 2年度 1990		平成 3年度 1991	
	件 数 1)	金 額	件 数 1)	金 額	件 数 1)	金 額
			生活福祉資金			
計	19,938	17,764	20,153	19,534	19,958	18,964
更生資金	1,842	2,079	1,576	1,920	1,454	1,756
身体障害者更生資金	2,453	3,929	2,417	3,981	2,208	3,628
生活資金	547	243	481	220	442	196
福祉資金	2,889	3,739	3,762	4,871	2,955	3,335
住宅資金	2,394	2,736	2,680	3,336	2,853	3,664
修学資金	8,873	4,685	8,349	4,787	8,418	5,286
療養資金	752	191	607	161	527	147
災害援護資金	188	161	281	258	1,101	952
			母子福祉資金			
計	62,647	14,094	60,007	14,442	59,520	15,724
事業開始資金	422	747	436	818	407	779
事業継続資金	465	420	440	403	383	360
修学資金	48,620	10,927	46,418	11,146	44,723	11,488
技能習得資金	344	78	359	88	374	93
修業資金	949	218	935	228	995	254
就職支度資金	230	18	243	19	238	20
療養資金	104	16	82	13	82	17
生活資金	180	87	161	81	378	155
住宅資金	501	484	528	532	630	650
転宅資金	296	45	361	61	418	76
就学支度資金	10,286	1,028	9,846	1,026	10,740	1,810
結婚資金	28	6.4	57	14	43	11
児童扶養資金	222	19	141	12	109	12

原注：1) 母子福祉資金については人員を表す。

出所：44

生活福祉資金 金額計

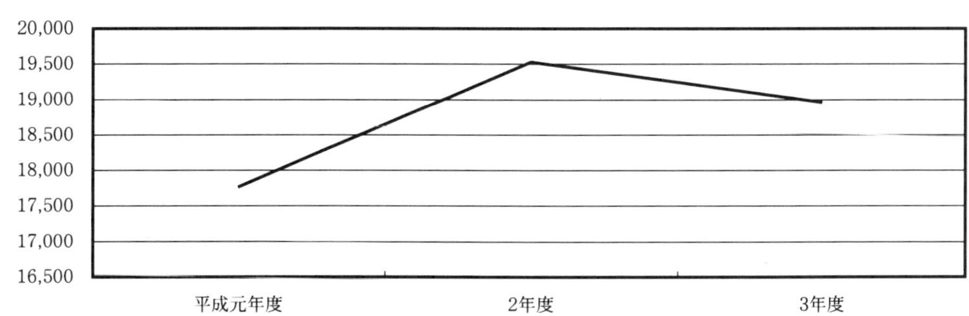

12-24　社会福祉行政機関及び民生委員

年　次	福祉事務所（10月1日）　1)							
	事務所数		社会福祉主事		身体障害者福祉司 2)	精神薄弱者福祉司 2)	老人福祉指導主事 2)	家庭児童福祉主事 2)
	都道府県	市区町村	査察指導員	現業員 2)				
1989 平成元年	340	839	2,892	16,015	201	124	174	50
1990 〃2年	340	844	2,902	15,811	193	119	180	46
1991 〃3年	338	846	2,893	15,928	183	115	173	51
1992 〃4年	338	852	2,888	15,967	163	105	162	49
1993 〃5年	338	851	2,870	15,496	106	105	141	45
1994 〃6年	338	852	2,822	15,713	95	95	154	46
1995 〃7年	338	853	2,835	15,930	92	95	147	42
1996 〃8年	338	855	2,859	16,230	78	88	138	31
1997 〃9年	339	854	2,853	16,573	66	80	117	28
1998 〃10年	340	858	2,879	16,837	75	78	122	32
1999 〃11年	340	858	2,892	17,170	72	79	143	39
2000 〃12年	341	859	2,852	17,015	72	83	98	26
2001 〃13年	335	860	2,893	17,371	69	82	82	27
2002 〃14年	333	865	2,913	18,146	70	86	93	30
2003 〃15年	333	879	2,951	18,890	77	75	84	29
2004 〃16年	321	905	3,031	19,581	80	79	90	27
2005 〃17年	b) 293	b) 934	…	…	…	…	…	…
2006 〃18年	b) 246	b) 987	…	…	…	…	…	…

原注：1) 平成4年以前は6月1日現在。　2) 専任のみ。　a) 12月1日現在。　b) 4月1日現在。
出所：44, 47, 51, 53, 56, 58

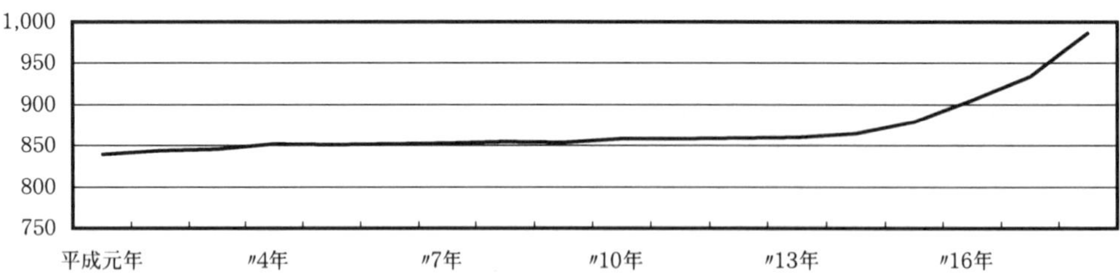

身体障害者福祉司

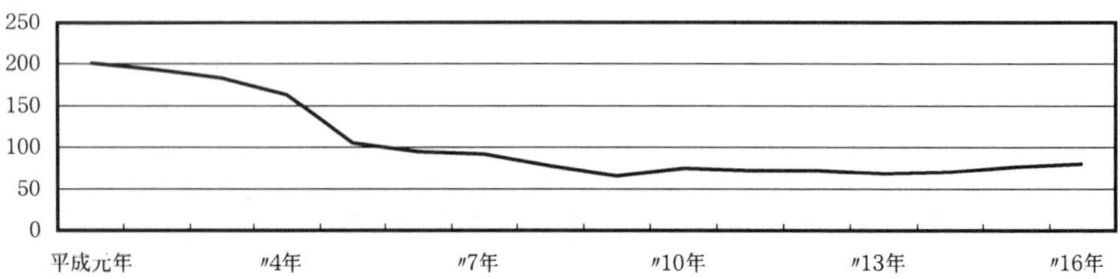

年次		身体障害者更生相談所数（10月末）	精神薄弱者更生相談所数（4月1日）	児童相談所（5月1日）		
				相談所数	職員数	民生（児童）委員（年度末）
1989	平成元年	62	56	170	4,892	183,216
1990	〃2年	62	56	171	5,011	183,246
1991	〃3年	63	57	171	5,083	183,461
1992	〃4年	64	56	172	5,186	188,944
1993	〃5年	68	63	174	5,214	202,480
1994	〃6年	69	71	174	5,359	202,704
1995	〃7年	69	72	175	5,475	208,595
1996	〃8年	69	72	175	5,497	209,300
1997	〃9年	69	72	175	5,495	210,271
1998	〃10年	69	72	174	5,569	214,926
1999	〃11年	a) 68	a) 72	174	5,574	215,269
2000	〃12年	b) 68	72	174	5,770	215,444
2001	〃13年	b) 68	72	175	6,046	224,032
2002	〃14年	b) 68	72	180	6,502	224,402
2003	〃15年	b) 71	75	182	6,607	224,582
2004	〃16年	b) 73	77	182	6,847	226,914
2005	〃17年	b) 74	75	b) 187	b) 7,227	226,582
2006	〃18年	b) 73	74	b) 191	b) 6,662	226,821

児童相談所　職員数

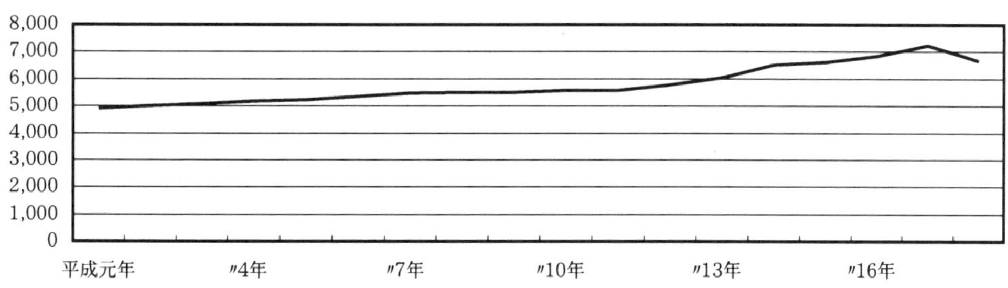

民政（児童）委員

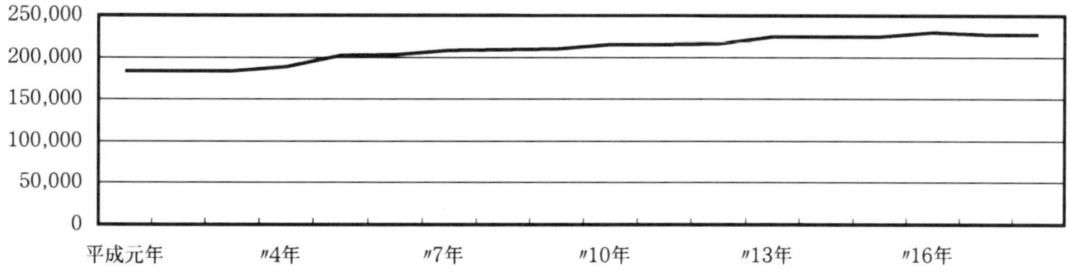

12-25 電灯及び電力需要（平成元年度～12年度）

年度	契約口数（1,000） 1)							契約 kW 数（1,000 kW）
	電気事業用計	電灯需要	電力需要 4)					電気事業用計
			計	# 業務用電力	# 小口電力	# 高圧電力 B 5)	# 深夜電力 2)	
1989 平成元年	66,414	56,660	9,754	309	6,582	22	2,633	212,480
1990 〃 2年	67,962	58,072	9,891	327	6,688	23	2,637	223,162
1991 〃 3年	69,374	59,379	9,996	346	6,768	24	2,640	233,822
1992 〃 4年	70,765	60,703	10,062	364	6,818	25	2,634	240,798
1993 〃 5年	71,875	61,791	10,084	376	6,837	25	2,617	244,454
1994 〃 6年	a) 72,877	a) 62,769	a) 10,109	a) 387	a) 6,857	a) 25	a) 2,588	…
1995 〃 7年	74,217	64,099	10,118	398	6,882	25	2,554	…
1996 〃 8年	75,610	65,488	10,122	409	6,897	26	30,481	…
1997 〃 9年	76,829	66,715	10,114	420	6,897	26	2,493	…
1998 〃 10年	77,742	67,682	10,060	428	6,865	26	2,456	…
1999 〃 11年	78,552	68,582	9,970	434	6,820	26	…	…
2000 〃 12年	79,446	69,538	9,908	438	6,771	20	…	…

原注: 契約口数及び契約 kW 数は年度末現在。 1) 平成7年度以降は一般電気事業者のみ。 2) 平成7年度以前は年度末現在，8年度は年度間延べ数，9年度は契約口数と契約 kW数が年度末現在，使用電力量は年時計。 3) 平成7年度までは500 kW以上，8年度以降は1,000 kW以上の事業場を計上。 4) 平成12年度は特定規模需要を除く。 5) 平成11年度以前は大口電力。 a) 一般電気事業者のみ。

出所：43, 46, 49, 52

契約口数　電気事業用計

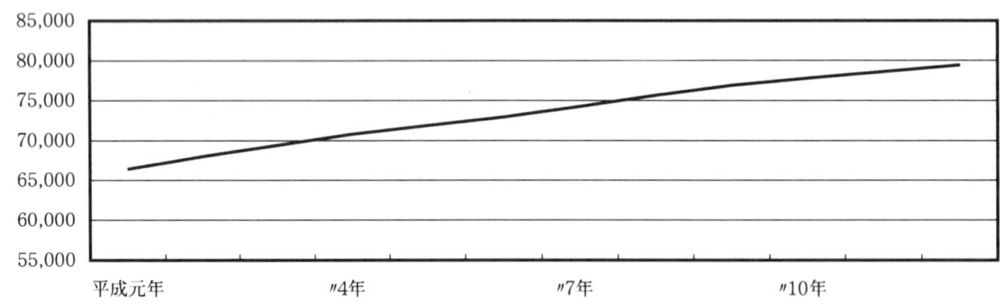

契約口数　電灯需要

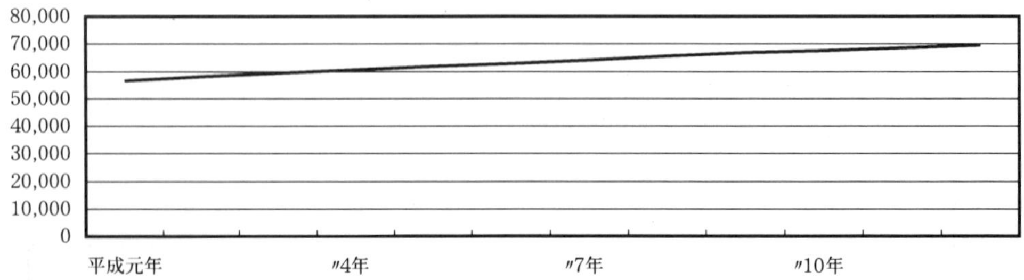

年度	契約 kW 数						使用電力量 (100万 kWh)	
	電灯需要	電力需要 1) 4)					電気事業用計	電灯需要
		計	# 業務用電力	# 小口電力	# 高圧電力B 5)	# 深夜電力 2)		
1989 平成元年	19,018	193,461	45,656	72,374	62,174	10,484	632,313	163,414
1990 〃2年	20,365	202,797	49,304	74,951	65,199	10,582	678,131	177,419
1991 〃3年	21,805	212,017	52,647	77,395	68,582	10,665	698,594	185,326
1992 〃4年	23,288	217,510	55,245	78,773	69,915	10,723	704,796	192,136
1993 〃5年	24,657	219,797	56,455	79,339	70,122	10,726	709,202	197,695
1994 〃6年	...	a)219,937	a)58,469	a)79,848	a)67,865	a)10,687	759,013	215,515
1995 〃7年	...	222,819	59,500	80,361	69,154	10,599	776,511	224,650
1996 〃8年	...	225,032	60,549	80,695	70,064	126,737	794,318	228,231
1997 〃9年	...	226,958	61,194	80,780	71,317	10,471	811,261	232,371
1998 〃10年	...	227,822	62,472	80,423	71,320	10,375	818,334	240,938
1999 〃11年	...	226,980	62,785	80,069	70,651	...	836,743	248,234
2000 〃12年	...	170,623	56,713	79,933	20,754	...	858,078	254,592

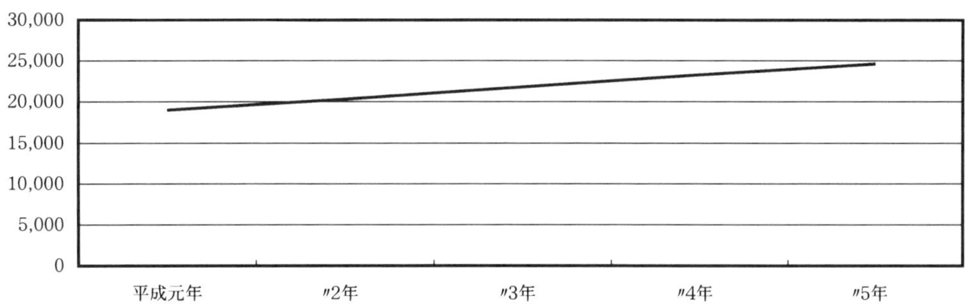

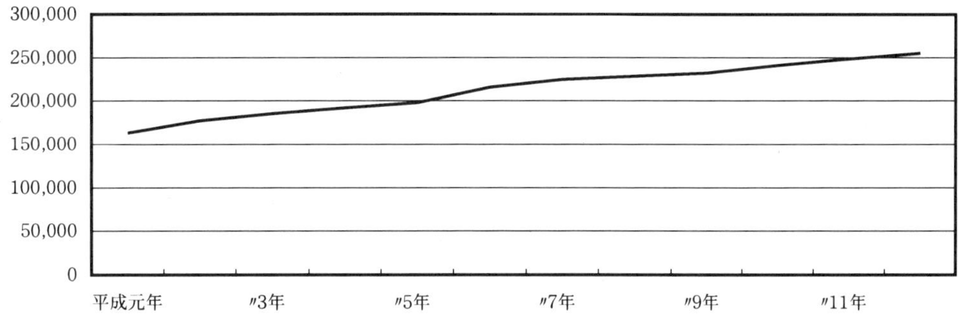

年　度		使用電力量（100万 kWh）					
		電力需要 1) 4)					自家発自家消費 3)
		計	#業務用電力	#小口電力	#高圧電力 B 5)	#深夜電力 2)	
1989	平成元年	468,893	105,032	94,353	252,307	13,203	81,605
1990	〃2年	500,712	116,353	100,083	267,252	12,731	87,471
1991	〃3年	513,267	123,894	101,064	271,467	12,736	91,295
1992	〃4年	512,670	129,005	99,861	266,556	12,681	92,956
1993	〃5年	511,507	134,106	99,134	261,023	12,868	95,494
1994	〃6年	543,498	a) 147,725	107,662	a) 252,433	a) 11,765	99,804
1995	〃7年	532,325	152,819	107,964	254,737	11,991	105,048
1996	〃8年	546,371	159,664	109,473	260,241	11,726	109,153
1997	〃9年	559,080	166,866	110,840	265,322	11,178	115,197
1998	〃10年	577,397	174,986	111,410	256,101	10,722	116,327
1999	〃11年	588,509	179,693	113,503	259,730	…	120,627
2000	〃12年	363,594	157,930	115,795	74,798	…	120,178

電力需要計

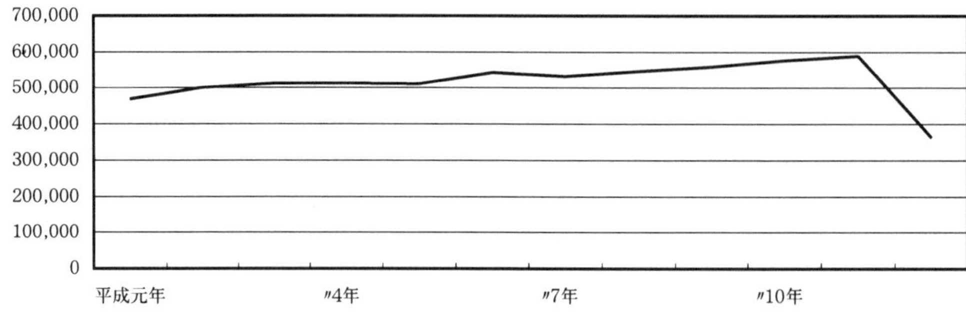

自家発自家消費

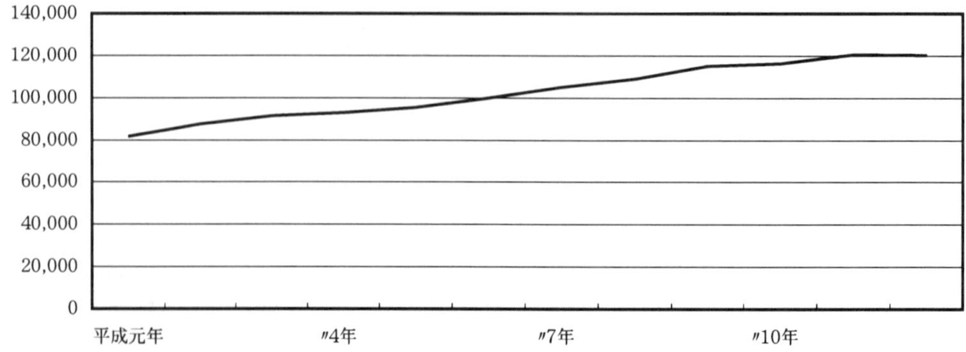

12-25 電灯及び電力需要（平成13年度～16年度）

年　度	契約口数（1,000）						契約 kW 数（1,000 kW）	
	電気事業用計	電灯需要	電力需要				電力需要	
			計	# 業務用電力	# 小口電力	# 高圧電力B	計	# 業務用電力
2001　平成13年	80,203	70,383	9,820	444	6,710	20	170,112	57,269
2002　〃14年	80,829	71,160	9,669	449	6,611	20	169,114	57,812
2003　〃15年	81,394	71,868	9,526	454	6,528	19	166,906	57,096
2004　〃16年	81,919	72,573	9,346	443	6,444	0.1	133,325	44,584

原注: 契約口数及び契約キロワット数は年度末現在。

出所: 55,56

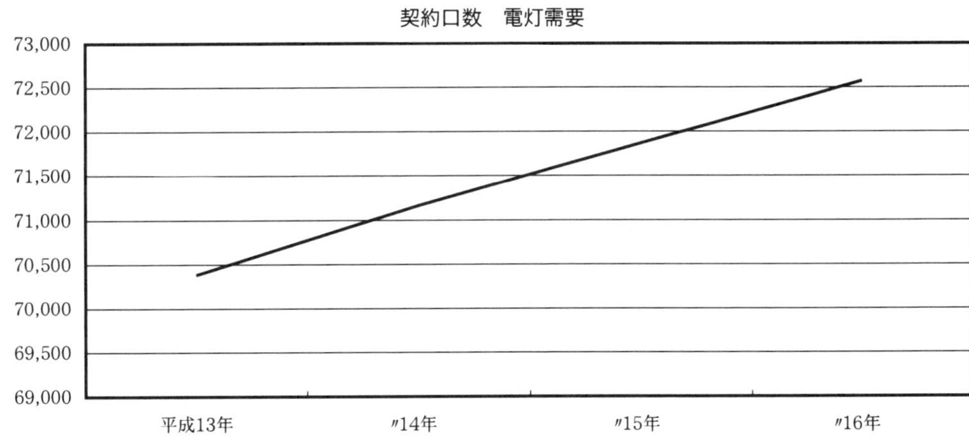

12-25 電灯及び電力需要（平成17年度，18年度）

年　度	契約口数（1,000）						契約 kW 数（1,000 kW）	
	電気事業用計	電灯需要	電力需要				計	# 低圧電力
			計	# 低圧電力	# 事業用電力	# 農事用電力		
2005　平成17年	81,848	73,349	8,499	6,097	106	74	58,973	47,340
2006　〃18年	82,592	74,228	8,365	6,014	103	75	58,120	46,641

原注: 契約口数及び契約キロワット数は年度末現在。 1) 特定供給を含む。　2) 原則50kW 以上の者の需要。　3) 1,000kW 以上の事業場を計上。

出所: 58

年　度	契約 kW 数 (1,000kW)		使用電力量　(100万 kWh)					
	電力需要		電気事業用計	電灯需要	電力需要			
	#小口電力	#高圧電力B			計	#業務用電力	#小口電力	#高圧電力B
2001　平成13年	79,398	20,364	844,277	254,469	358,303	159,178	112,041	72,538
2002　〃14年	78,494	19,920	862,932	263,439	362,405	162,533	112,355	73,227
2003　〃15年	77,781	19,367	858,221	259,658	359,725	162,866	110,321	72,844
2004　〃16年	76,743	67	892,103	272,552	250,781	125,036	112,890	273

使用電力量　電灯需要

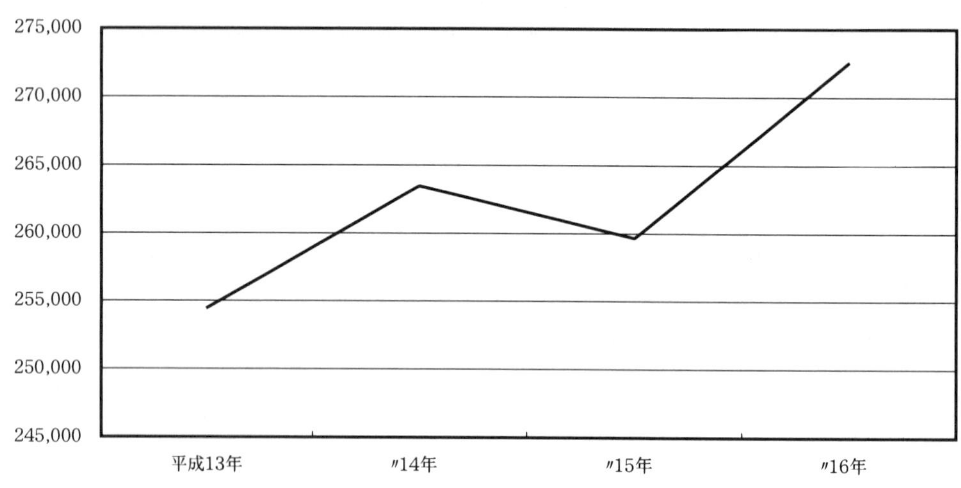

年　度	契約 kW数 (1,000kW)		使用電力量　(100万 kWh)					
	電力需要		電気事業用計 1)	電灯需要	電力需要			
	#事業用電力	#農事用電力			計	#低圧電力	#事業用電力	#農事用電力
2005　平成17年	132	402	918,265	281,294	52,827	39,418	119	965
2006　〃18年	123	407	927,141	278,316	49,427	36,671	119	861

年度		使用電力量　(100万 kW h)	
		特定規模需要	自家発 自家消費
2001	平成13年	231,505	123,378
2002	〃14年	237,088	126,760
2003	〃15年	238,838	…
2004	〃16年	368,770	…

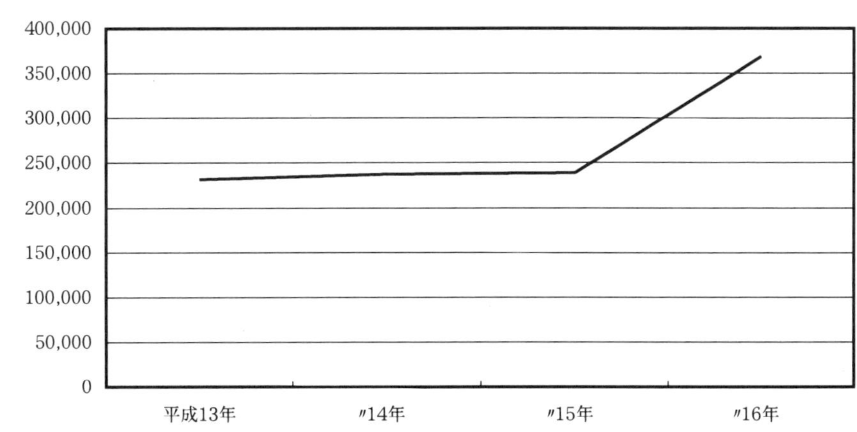

年度		使用電力量　(100万 kW h)	
		特定規模需要 2)	自家発 自家消費 3)
2005	平成17年	559,654	125,538
2006	〃18年	575,451	121,196

12-26 上水道，簡易水道及び専用水道の現況

年度末	上水道							
	事業数	人口（1,000）		管路延長（km）1)	年間取水量（100万m³）			
		計画給水	現在給水			地表水	地下水	その他
1989 平成元年	1,957	126,487	108,201	437,864	15,879	7,999	4,112	3,768
1990 〃2年	1,964	126,885	108,885	448,441	16,334	8,097	4,238	3,999
1991 〃3年	1,969	127,902	109,834	458,998	16,528	8,166	4,211	4,151
1992 〃4年	1,971	128,008	110,602	468,637	16,672	8,175	4,218	4,279
1993 〃5年	1,969	128,692	111,313	479,046	16,618	8,058	4,159	4,401
1994 〃6年	1,962	129,122	112,055	488,950	16,750	8,060	4,287	4,404
1995 〃7年	1,952	129,456	112,496	497,767	16,767	7,940	4,276	4,551
1996 〃8年	1,960	129,896	113,246	507,932	16,779	7,938	4,266	4,576
1997 〃9年	1,962	130,136	113,897	516,882	16,848	7,934	4,238	4,676
1998 〃10年	1,964	129,684	114,477	526,227	16,825	7,907	4,198	4,719
1999 〃11年	1,962	129,581	115,001	536,589	16,767	7,819	4,175	4,773
2000 〃12年	1,958	130,006	115,533	544,124	16,715	7,743	4,146	4,827
2001 〃13年	1,956	130,091	116,069	552,154	16,563	7,529	4,057	4,977
2002 〃14年	1,956	130,275	116,567	561,681	16,397	7,407	3,980	5,010
2003 〃15年	1,936	130,914	117,039	568,210	16,185	7,272	3,910	5,002
2004 〃16年	1,811	130,867	117,465	576,606	16,232	7,301	3,901	5,030
2005 〃17年	1,602	130,778	117,788	585,772	16,208	7,248	3,881	5,079

原注: 「全国水道施設現況調査」及び「上水道業務統計調査」による。 1) 導水管，送水管及び配水管延長の計。 2) 年間給水量のうち無効水量（メーターより上流の漏水等）を除いたもの。水道用水供給事業からの供給があるので，浄水量を上回っている。 3) 公称能力（年度末現在の稼動しうる浄水能力）。

出所: 44, 47, 50, 53, 56, 58

上水道　事業数

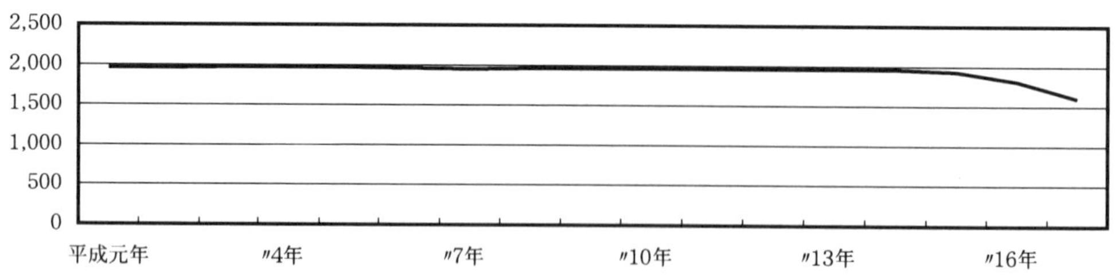

年間取水量

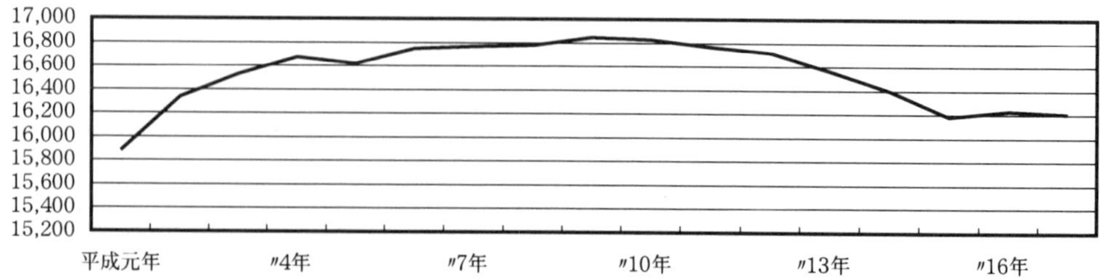

年度末		上水道 年間浄水量（100万m³）	上水道 年間有効水量（100万m³）2）	上水道 1日あたり施設能力（1,000m³/日）3）	簡易水道 事業数	簡易水道 人口（1,000）計画給水	簡易水道 人口（1,000）現在給水	簡易水道 実績年間給水量（100万m³）
1989	平成元年	12,348	13,555	63,194	10,670	9,851	7,359	801
1990	〃2年	12,578	14,007	63,996	10,546	9,766	7,269	815
1991	〃3年	12,649	14,204	64,689	10,390	9,664	7,171	808
1992	〃4年	12,647	14,365	66,139	10,111	9,503	7,029	831
1993	〃5年	12,456	14,530	66,587	9,942	9,333	6,940	846
1994	〃6年	12,585	14,530	66,587	9,942	9,333	6,940	846
1995	〃7年	12,483	14,560	66,577	9,828	9,282	6,908	856
1996	〃8年	12,445	14,678	66,976	9,709	9,173	6,809	856
1997	〃9年	12,392	14,730	67,574	9,540	9,076	6,738	848
1998	〃10年	12,291	14,740	68,307	9,370	8,964	6,647	853
1999	〃11年	12,199	14,726	68,534	9,195	8,811	6,552	848
2000	〃12年	12,117	14,748	68,479	8,979	8,648	6,434	850
2001	〃13年	11,745	14,613	68,477	8,790	8,539	6,334	833
2002	〃14年	11,603	14,507	68,645	8,599	8,372	6,228	824
2003	〃15年	11,420	14,346	68,666	8,360	8,209	6,124	817
2004	〃16年	11,385	14,409	68,174	8,068	7,996	5,981	800
2005	〃17年	11,358	14,401	68,399	7,794	7,782	5,788	784

年間浄水量

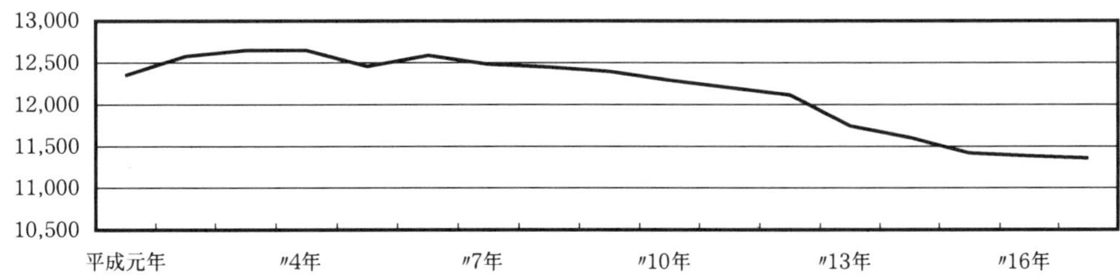

簡易水道　事業数

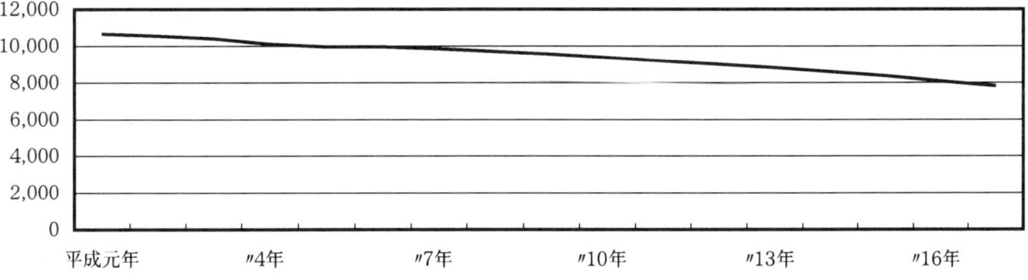

年度末		専用水道			普及率（%）
		事業数	人口（1,000）		
			確認時給水	現在給水	
1989	平成元年	4,252	1,984	819	94.4
1990	〃2年	4,277	1,972	808	94.7
1991	〃3年	4,247	1,959	793	94.9
1992	〃4年	4,162	1,852	744	95.3
1993	〃5年	4,108	1,752	715	95.5
1994	〃6年	4,108	1,752	715	95.5
1995	〃7年	4,090	1,690	692	95.8
1996	〃8年	4,005	1,632	675	96.0
1997	〃9年	3,881	1,564	654	96.1
1998	〃10年	3,837	1,556	652	96.3
1999	〃11年	3,784	1,504	631	96.4
2000	〃12年	3,754	1,460	593	96.6
2001	〃13年	3,723	1,425	574	96.7
2002	〃14年	6,933	1,877	583	96.8
2003	〃15年	7,314	2,631	590	96.9
2004	〃16年	7,473	2,376	562	97.1
2005	〃17年	7,611	2,221	545	97.2

専用水道　事業数

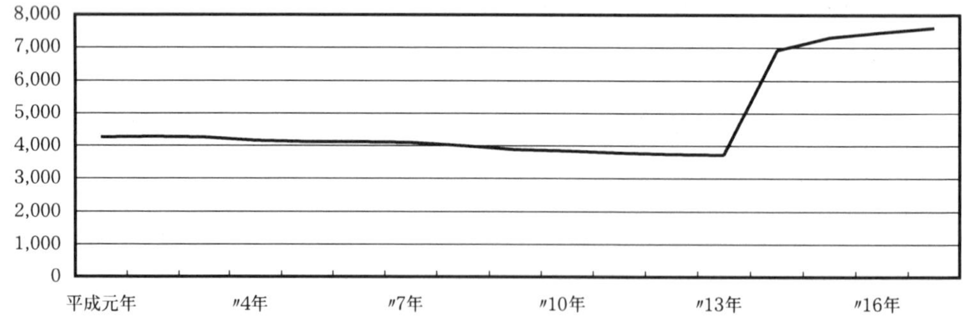

普及率

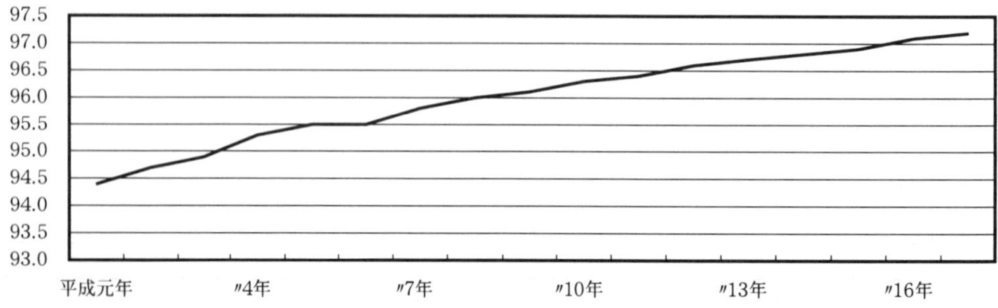

12-27 公共下水道普及状況（昭和39年度，40年度）

（単位　面積　ヘクタール）

年度末		市街地		公共下水道					普及率
				認可区域面積	排水区域				
		面積	戸数		面積	戸数	# 排水設備施設所	# 水洗便所施設済	B/A
		(A) (ha)		(ha)	(B) (ha)				(%)
1964	昭和39年	316,990	8,809,708	162,690.4	74,861.1	2,462,677	2,444,759	1,084,303	23.0
1965	〃40年	333,113	9,367,200	169,446.05	79,572.29	3,499,730	2,990,429	1,425,640	23.8

原注：「公共下水道統計」による主要都市にかんする数字である。

出所： 18

12-27 公共下水道普及状況（昭和41年度～45年度）

（単位　面積　ヘクタール）

年度末		市街地		公共下水道					
				認可区域面積	整備面積	排水区域			
		面積	戸数			面積	戸数	# 排水設備施設所	# 水洗便所施設済
		(A)			(ha)	(B)			
1966	昭和41年	351,468.4	10,040,775	177,960.5	…	86,929.2	3,900,560	2,190,863	1,723,715
1967	〃42年	366,560.6	10,210,845	194,339.1	99,145.7	94,158.4	4,226,954	2,317,363	2,002,544
1968	〃43年	376,037.2	11,023,459	248,607.2	112,879.8	107,670.7	4,789,244	2,815,795	2,348,162
1969	〃44年	400,797.9	11,794,385	265,564.8	120,733.3	115,373.1	4,991,952	3,113,709	2,460,763
1970	〃45年	471,085	12,423,392	293,108	132,515.0	125,074	5,218,272	2,948,366	2,865,452

原注：「公共下水道統計」による。1) 流域下水道を含む。a) 大阪府及び兵庫県の境界にある猪名川流域下水道を含む。

出所： 22, 23

公共下水道　認可区域面積

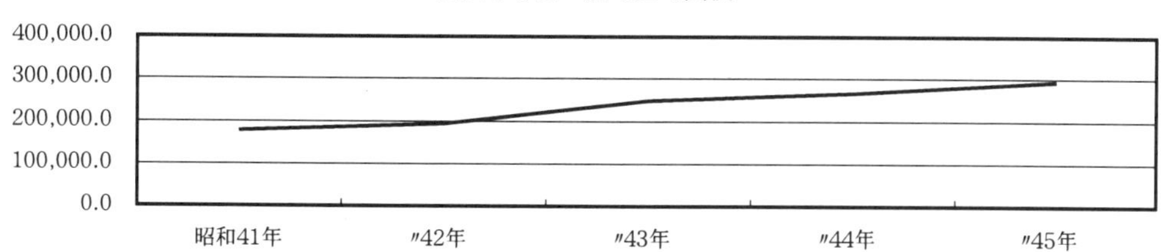

水洗便所施設済

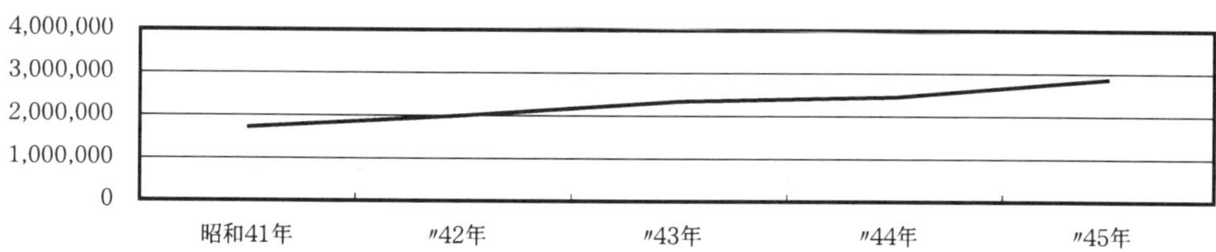

（単位　面積　ヘクタール）

年度末		下水道延長	
		公共下水道計画	排水区域
1964	昭和39年	35,096,769	12,991,587
1965	〃40年	40,877,866	18,094,158

（単位　面積　ヘクタール）

年度末		普及率 B/A (%)	管きょ延長計画 (m) 1)
1966	昭和41年	24.7	43,370,817
1967	〃42年	25.7	39,841,346
1968	〃43年	28.6	48,346,624
1969	〃44年	28.8	a) 52,192,235
1970	〃45年	26.6	59,521,970

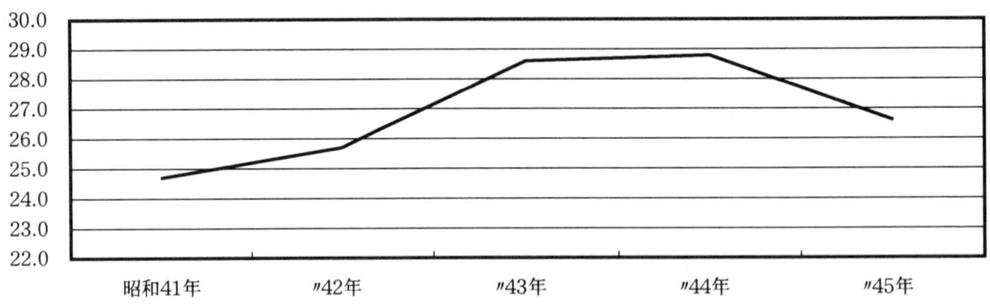

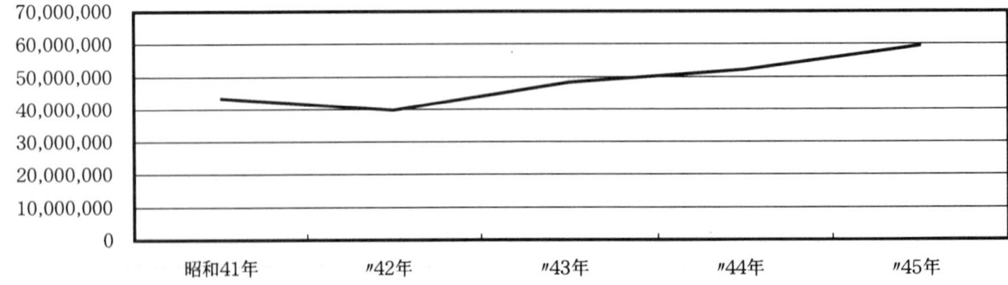

12-27 公共下水道普及状況（昭和46年度～49年度）

（単位 面積 ヘクタール）

年度末		市街地		公共下水道排水区域					
						処理区域			
								水洗便所設置済	
		面積 (A)	戸数	面積 (B)	戸数	面積	戸数	戸数	人口
1971	昭和46年	515,927	13,131,241	146,963	5,719,579	116,752	4,576,583	3,404,441	12,133,952
1972	〃47年	526,556	13,835,361	164,624	6,401,491	134,619	5,300,966	3,992,321	13,868,405
1973	〃48年	554,039	14,314,008	182,533	6,939,815	154,206	5,912,275	4,584,487	15,399,355
1974	〃49年	574,775	15,073,535	199,461	7,363,746	170,996	6,458,400	5,290,537	17,804,402

原注：「公共下水道実態調査」による。1)流域下水道及び特定公共下水道を含む。

出所：27

12-27 公共下水道及びごみ処理の現況（昭和50年度～53年度）

（単位 面積 ヘクタール）

年度末		市街地		公共下水道排水区域				普及率
						処理区域		
		面積 (A)	戸数	面積 (B)	戸数	面積	戸数	B/A (%)
1975	昭和50年	583,668	15,753,811	210,055	7,870,749	183,966	7,048,837	36.0
1976	〃51年	639,569	16,451,781	223,210	8,393,126	198,211	7,524,003	34.9
1977	〃52年	647,690	16,713,682	236,945	8,935,638	214,326	8,131,555	36.6
1978	〃53年	656,536	54,466,004	256,714	29,676,009	235,887	27,376,360	39.1

原注：「公共下水道実態調査」による。

出所：30, 31

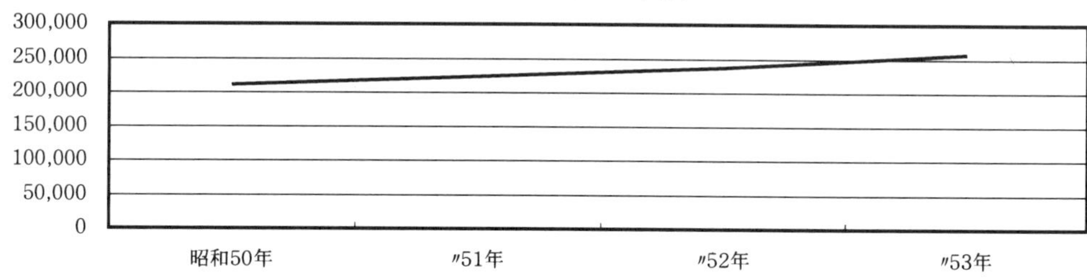

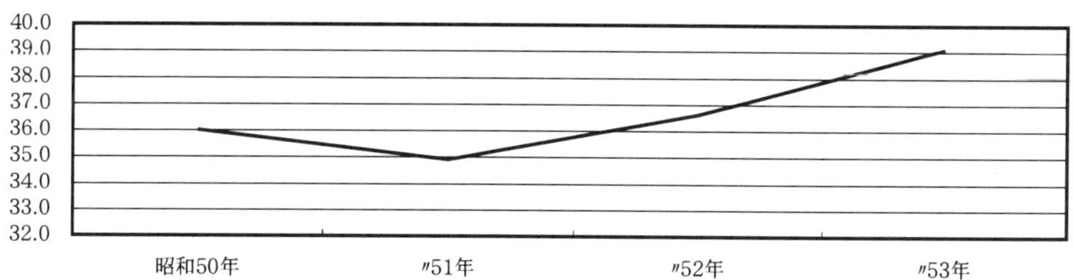

（単位　面積　ヘクタール）

年度末		普及率 B/A (%)	管きょ 延長計画 (m)　1)
1971	昭和46年	38.5	69,061,940
1972	〃47年	21.3	87,788,870
1973	〃48年	32.9	102,302,616
1974	〃49年	34.7	118,690,688

（単位　面積　ヘクタール）

年度末		ごみ処理 人口 (1,000人)	ごみ総 収集量 (1,000 t)	ごみ衛生 処理量 (1,000 t)
1975	昭和50年	105,756	35,641	20,754
1976	〃51年	107,135	37,042	21,870
1977	〃52年	109,043	37,999	22,969
1978	〃53年	110,932	40,196	24,251

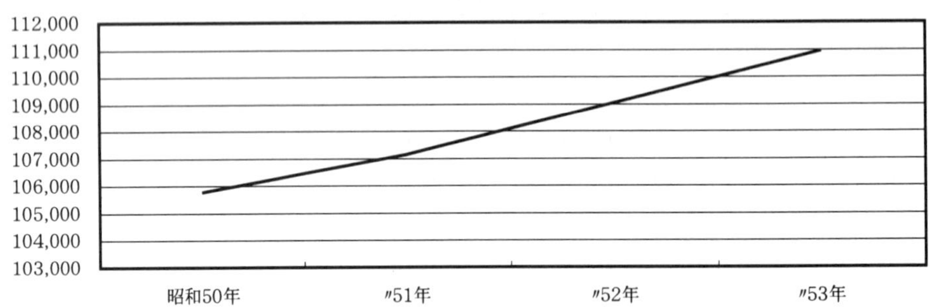

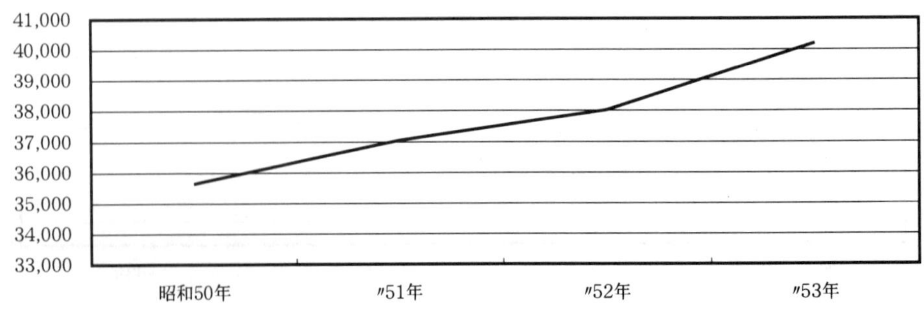

12-27 下水道普及状況（昭和54年度～平成17年度）

（単位　面積　ヘクタール）

年度末		公共下水道						
		現在排水人口 (1,000)	計画排水区域面積 (A)	現在排水区域面積 (B)	実施率 (B/A) (%)	計画処理区域面積	現在処理区域面積	現在終末処理場数
1979	昭和54年	31,413	910,734	292,450	32.1	890,778	263,537	423
1980	〃55年	32,724	928,722	308,547	33.2	909,399	283,646	439
1981	〃56年	34,103	952,242	329,918	34.6	933,864	306,636	463
1982	〃57年	35,568	983,952	354,651	36.0	965,174	332,433	479
1983	〃58年	37,339	1,008,438	381,992	37.9	986,673	360,543	499
1984	〃59年	39,033	1,031,480	412,382	40.0	1,011,971	390,567	533
1985	〃60年	41,178	1,068,834	447,422	41.9	1,048,626	426,627	568
1986	〃61年	43,324	1,106,970	481,390	43.5	1,085,506	461,696	596
1987	〃62年	45,637	1,144,801	518,711	45.3	1,124,398	500,011	617
1988	〃63年	48,251	1,204,280	560,772	46.6	1,179,237	543,889	648
1989	平成元年	51,145	1,269,251	608,384	47.9	1,244,772	592,556	693
1990	〃2年	53,996	1,349,247	658,957	48.8	1,326,252	644,957	744
1991	〃3年	56,554	1,422,652	705,634	49.6	1,401,672	692,186	776
1992	〃4年	59,153	1,476,134	753,822	51.1	1,456,304	740,518	826
1993	〃5年	61,845	1,540,128	803,050	52.1	1,523,275	788,434	873
1994	〃6年	64,382	1,620,366	853,762	52.7	1,603,039	839,478	927
1995	〃7年	66,838	1,684,812	909,407	54.0	1,668,300	896,561	997
1996	〃8年	69,206	1,745,358	962,555	55.1	1,727,243	950,106	1,072
1997	〃9年	71,627	1,818,317	1,016,194	55.9	1,799,163	1,004,317	1,160
1998	〃10年	73,873	1,881,956	1,072,344	57.0	1,863,367	1,060,192	1,259
1999	〃11年	76,245	1,925,027	1,134,217	58.9	1,908,794	1,123,130	1,358
2000	〃12年	78,852	1,982,302	1,197,100	60.4	1,965,446	1,186,123	1,476
2001	〃13年	81,262	2,029,625	1,257,076	61.9	2,010,290	1,246,640	1,569
2002	〃14年	83,738	2,071,656	1,318,513	63.6	2,052,382	1,308,029	1,690
2005	〃17年	89,433	2,182,944	1,463,926	67.1	2,164,104	1,456,397	1,893

原注：「公共施設状況調」による。

出所： 34, 37, 39, 41, 45, 48, 51, 58

公共下水道　現在排水区域面積

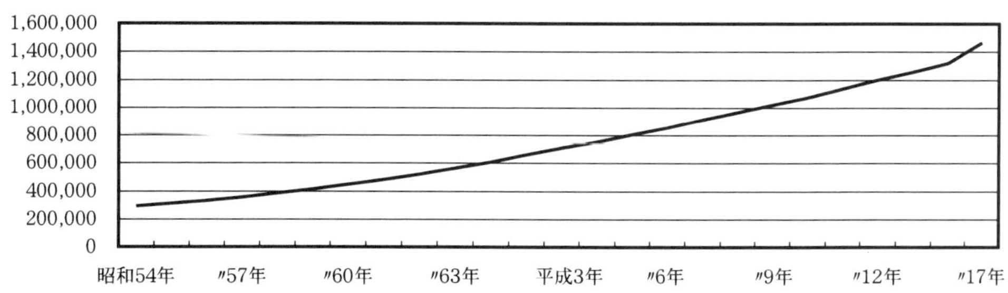

（単位　面積　ヘクタール）

年度末		都市下水路		
		計画排水区域面積 (C)	現在排水区域面積 (D)	実施率 (%) (D/C)
1979	昭和54年	314,199	196,562	62.6
1980	〃55年	307,231	196,012	63.8
1981	〃56年	305,637	198,596	65.0
1982	〃57年	307,968	202,608	65.8
1983	〃58年	312,878	209,971	67.1
1984	〃59年	307,866	211,530	68.7
1985	〃60年	305,496	211,408	69.2
1986	〃61年	302,999	213,045	70.3
1987	〃62年	298,605	217,886	73.0
1988	〃63年	292,047	218,312	74.8
1989	平成元年	280,775	212,714	75.8
1990	〃2年	271,992	212,252	78.0
1991	〃3年	267,189	211,273	79.1
1992	〃4年	257,801	203,672	79.0
1993	〃5年	256,150	200,932	78.4
1994	〃6年	248,616	196,049	78.9
1995	〃7年	241,238	191,966	79.6
1996	〃8年	237,107	189,571	80.0
1997	〃9年	230,761	187,143	81.1
1998	〃10年	224,584	183,550	81.7
1999	〃11年	219,516	180,916	82.4
2000	〃12年	217,162	179,128	82.5
2001	〃13年	213,434	176,319	82.6
2002	〃14年	209,493	172,572	82.4
2005	〃17年	189,048	157,763	83.5

都市下水路　現在排水区域面積

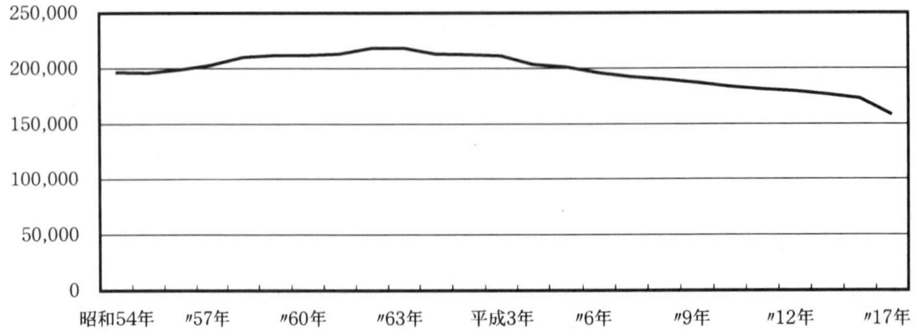

12-28　総合卸売物価指数
基本分類別指数

（平成 7年平均=100）

年　次	総平均	工業製品	加工食品	繊　維製　品	製材・木製品	パルプ・紙・同製品	化　学製　品	プラスチック製品
品目数	1,427	1,319	139	107	35	48	185	25
ウエイト	1000.0	908.45	92.19	31.89	16.02	27.54	77.55	30.69
1989　平成元年	106.3	105.7	93.7	109.5	95.7	99.3	107.4	101.6
1990　〃2年	108.5	107.7	96.0	110.5	99.7	99.9	107.6	103.4
1991　〃3年	107.8	107.4	99.4	112.0	98.1	101.1	109.2	109.6
1992　〃4年	106.1	105.8	101.1	109.5	97.7	99.5	103.5	106.9
1993　〃5年	103.0	102.8	100.8	103.0	107.7	97.9	99.4	103.3
1994　〃6年	101.0	100.8	100.5	101.4	103.9	96.2	97.7	100.3
1995　〃7年	100.0	100.0	100.0	100.0	100.0	100.0	100.0	100.0
1996　〃8年	100.1	99.7	100.3	103.1	103.1	100.4	98.3	99.2
1997　〃9年	101.6	100.9	102.1	107.1	105.6	100.3	100.8	100.7
1998　〃10年	100.0	100.0	103.0	107.0	95.5	97.7	99.1	100.7
1999　〃11年	96.7	96.7	103.4	102.4	95.5	95.1	96.0	99.1
2000　〃12年	96.6	96.0	102.9	100.0	93.1	97.2	99.0	98.9
2001　〃13年	96.9	96.1	103.2	101.9	93.5	97.2	99.7	99.3

出所：52

総平均

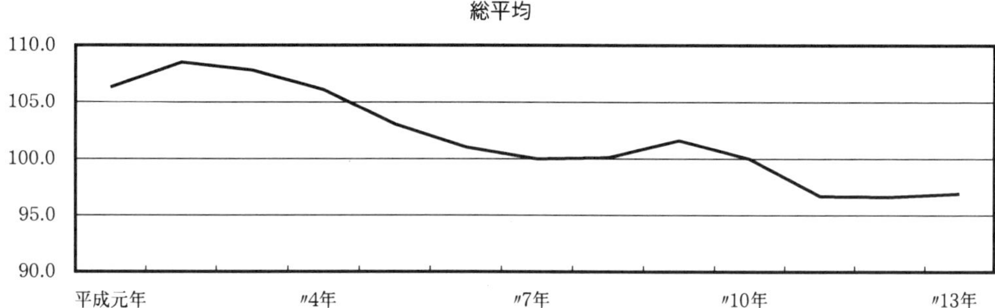

繊維製品

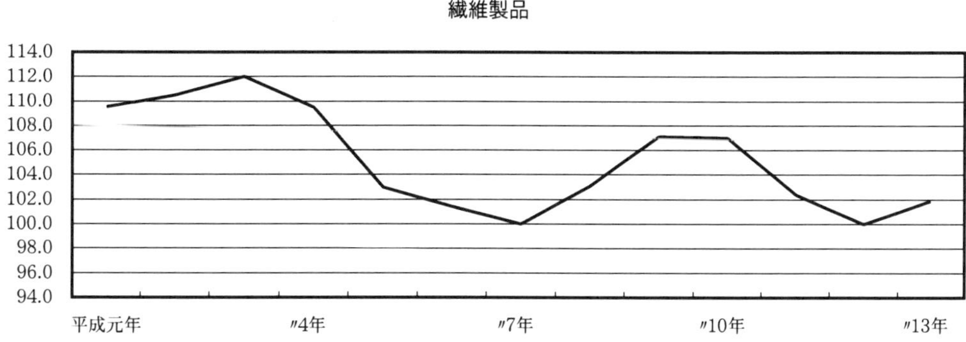

(平成 7年平均=100)

年 次		工業製品							
		石油・石炭製品	窯業・土石製品	鉄 鋼	非 鉄 金 属	金 属 製 品	一般・精密機器	電気 機器	輸送用機器
品目数		23	60	77	58	58	141	190	25
ウエイト		25.40	30.63	41.00	23.58	38.83	111.59	179.44	90.63
1989	平成元年	104.9	99.4	114.2	129.6	99.6	100.1	126.3	103.6
1990	〃2年	121.2	102.1	114.5	126.9	102.0	102.9	123.3	105.0
1991	〃3年	121.6	105.1	115.1	113.8	104.0	103.5	116.9	104.2
1992	〃4年	113.0	104.7	111.9	105.2	103.7	103.4	113.1	105.0
1993	〃5年	105.8	103.0	105.6	93.5	101.9	102.3	108.1	102.3
1994	〃6年	99.1	100.6	99.7	95.2	100.2	101.1	104.3	101.4
1995	〃7年	100.0	100.0	100.0	100.0	100.0	100.0	100.0	100.0
1996	〃8年	108.0	100.0	98.5	99.2	99.9	101.0	95.2	102.0
1997	〃9年	118.3	101.7	101.3	106.0	101.3	102.5	92.1	103.2
1998	〃10年	108.5	101.3	98.4	101.6	101.2	103.0	90.2	104.6
1999	〃11年	110.0	99.0	92.3	93.4	99.4	100.1	84.6	100.2
2000	〃12年	130.4	97.6	92.3	97.0	98.6	98.8	80.7	97.1
2001	〃13年	137.4	97.7	90.4	98.5	98.2	99.7	78.4	96.9

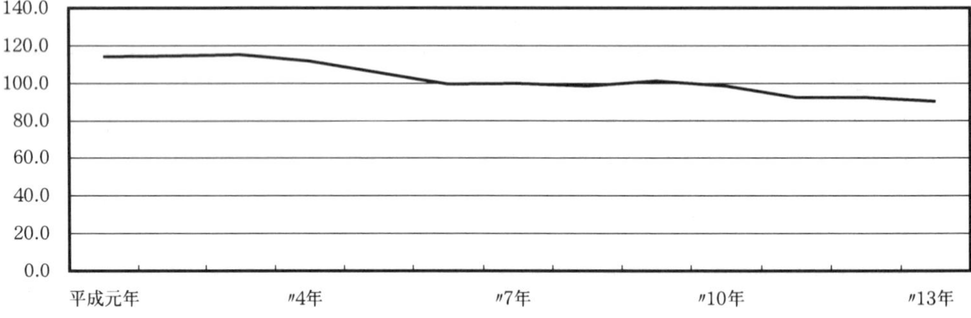

電気機器

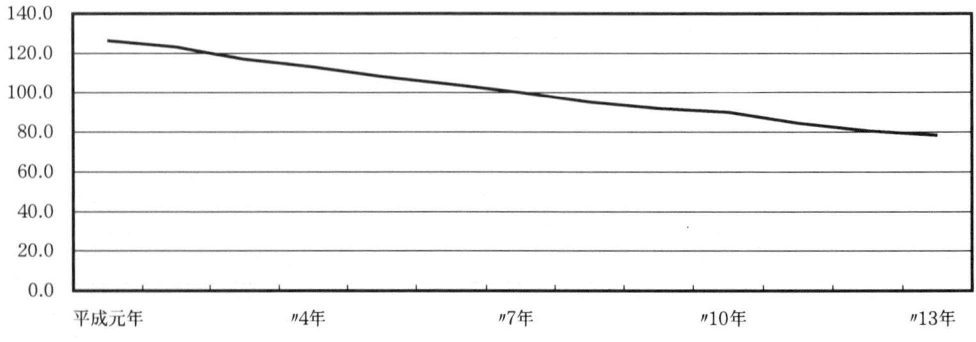

(平成 7年平均=100)

年次	工業製品		農林水産物			鉱産物	電力・都市ガス・水道	スクラップ類
	精密機器	その他工業製品		食料用農畜水産物	非食料農林産物			
品目数	44	104	68	39	29	25	6	9
ウエイト	14.14	77.33	31.77	26.37	5.40	22.50	34.62	2.66
1989 平成元年	104.5	96.7	112.0	111.9	112.4	119.7	102.1	135.0
1990 〃2年	106.5	99.3	114.0	113.4	115.9	137.4	101.2	138.7
1991 〃3年	105.4	100.6	111.1	112.1	107.1	128.6	101.3	119.6
1992 〃4年	106.0	102.0	109.7	111.2	103.8	121.1	101.4	94.2
1993 〃5年	104.3	101.1	108.4	108.2	108.6	105.5	101.4	99.1
1994 〃6年	102.1	100.5	106.8	107.1	102.9	98.5	100.0	98.0
1995 〃7年	100.0	100.0	100.0	100.0	100.0	100.0	100.0	100.0
1996 〃8年	102.1	101.7	103.4	102.1	109.6	115.2	97.8	95.1
1997 〃9年	103.6	103.8	103.2	102.7	105.3	126.0	102.1	102.8
1998 〃10年	104.9	104.5	98.6	99.5	94.2	107.9	98.7	80.9
1999 〃11年	100.2	101.9	95.9	97.9	86.1	101.7	96.4	68.5
2000 〃12年	96.9	100.9	93.1	94.8	84.6	128.5	97.3	73.6
2001 〃13年	98.4	102.2	95.6	97.3	87.1	135.4	96.8	65.7

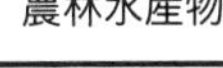

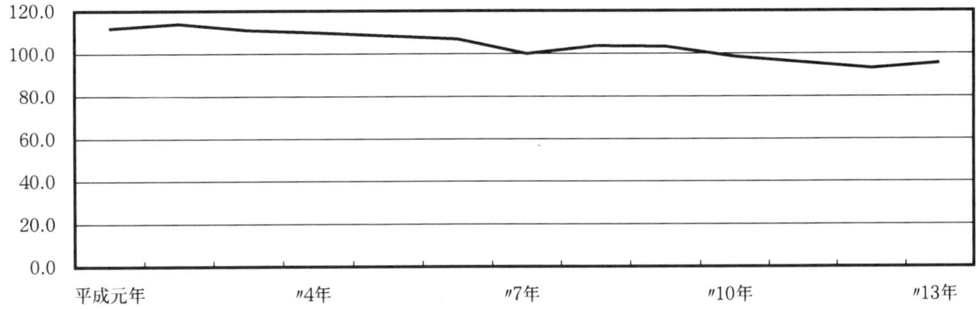

鉱産物

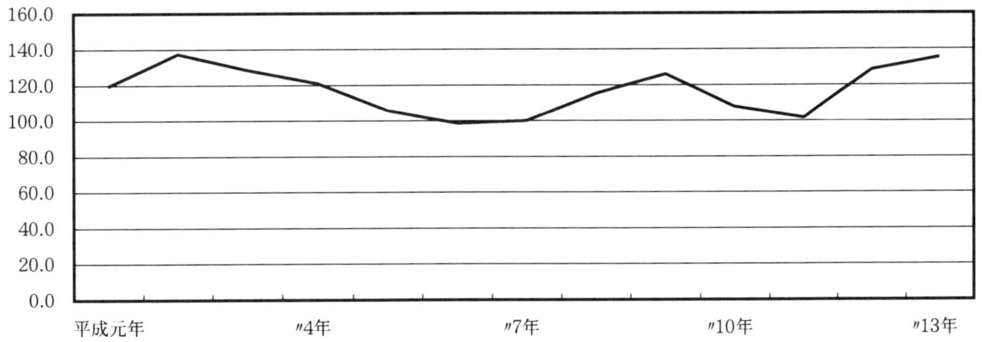

(平成 7年平均=100)

年　次	(参考)	
	食料品	機械機器
品目数	178	400
ウエイト	118.56	395.80
1989　平成元年	97.6	110.6
1990　〃2年	99.8	111.4
1991　〃3年	102.3	108.9
1992　〃4年	103.3	107.6
1993　〃5年	102.4	104.6
1994　〃6年	102.1	102.5
1995　〃7年	100.0	100.0
1996　〃8年	100.7	98.6
1997　〃9年	102.2	98.0
1998　〃10年	102.3	97.6
1999　〃11年	102.2	93.1
2000　〃12年	101.1	90.1
2001　〃13年	101.9	89.4

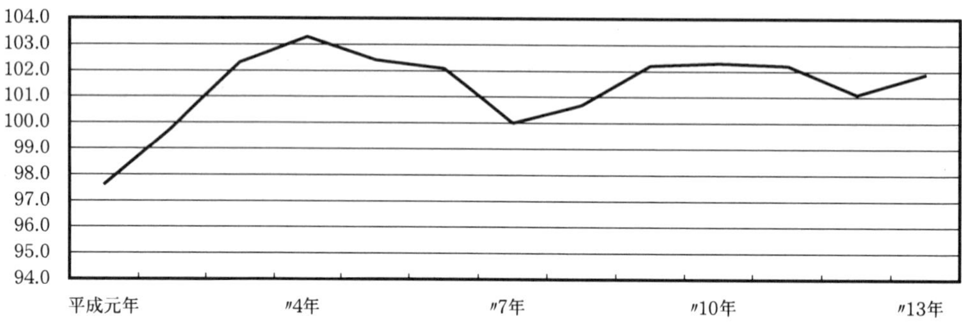

機械器具

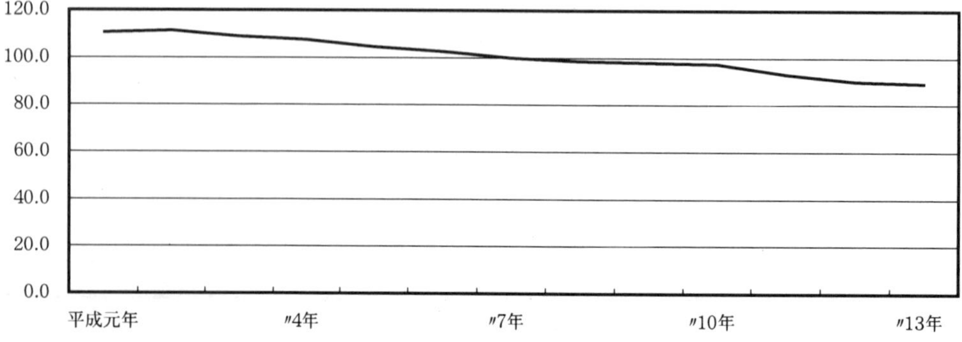

12-29　総合卸売物価指数
特殊分類需要段階別・用途別指数

（平成 7年平均＝100）

年　次	国　内 需要財 (国内品 ＋ 輸入品)	素原材料	# 輸入品	加工用 素原材料	建設用 材　料	燃　料	その他
品目数	1,381	98	50	85	6	5	2
ウエイト	880.65	42.15	21.75	30.58	4.33	3.69	3.55
1989　平成元年	104.3	116.2	134.5	122.5	80.7	144.9	89.4
1990　〃2年	106.5	125.5	153.6	132.8	82.4	162.9	92.5
1991　〃3年	106.6	118.0	138.3	122.3	87.8	153.9	93.2
1992　〃4年	105.1	112.0	127.4	114.8	92.5	137.1	93.8
1993　〃5年	102.7	104.7	111.1	106.6	92.5	116.5	97.1
1994　〃6年	100.7	100.7	100.3	101.4	97.8	100.7	98.9
1995　〃7年	100.0	100.0	100.0	100.0	100.0	100.0	100.0
1996　〃8年	99.5	118.1	120.6	111.1	95.0	124.1	105.5
1997　〃9年	100.9	117.0	132.2	118.0	95.4	138.7	112.4
1998　〃10年	98.9	104.1	111.0	102.5	94.2	118.4	115.1
1999　〃11年	96.6	97.9	101.6	95.8	90.0	108.0	115.2
2000　〃12年	97.2	111.7	129.3	111.1	87.3	142.3	115.2
2001　〃13年	97.0	115.6	138.7	114.9	86.4	155.3	116.5

出所：52

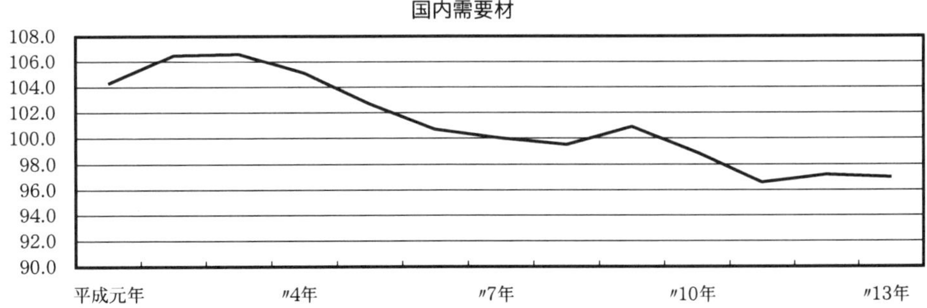

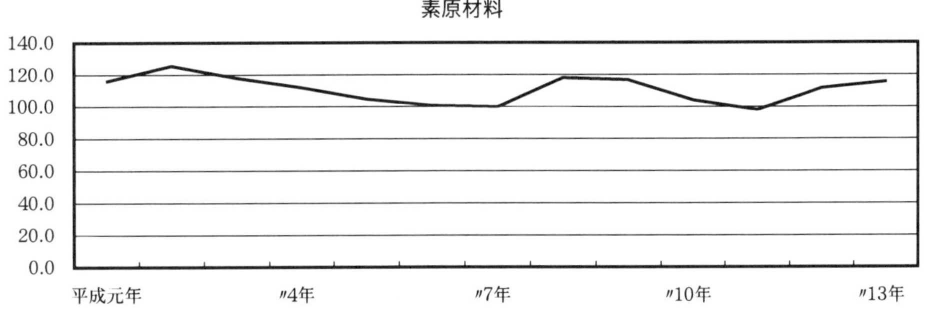

（平成 7年平均＝100）

年　次	国内需要財（国内品+輸入品）							
	中間財		中間財				最終財	
		# 輸入品	製品原材料	建設用材料	燃料・動力	その他		# 輸入品
品目数	705	118	485	143	18	59	578	113
ウエイト	436.02	30.28	267.74	72.10	43.83	52.35	402.48	35.77
1989　平成元年	105.1	129.9	108.8	99.1	103.5	97.1	102.6	115.8
1990　〃2年	107.1	131.6	109.8	102.6	109.4	98.3	103.8	127.1
1991　〃3年	107.6	119.6	109.6	104.7	109.4	101.3	104.3	120.8
1992　〃4年	105.1	109.3	105.8	104.1	106.1	101.8	104.5	119.1
1993　〃5年	102.2	98.3	101.9	103.3	103.5	101.0	103.1	109.5
1994　〃6年	99.9	96.8	99.6	100.6	99.9	100.1	101.7	103.5
1995　〃7年	100.0	100.0	100.0	100.0	100.0	100.0	100.0	100.0
1996　〃8年	99.0	104.8	98.3	100.2	101.1	99.5	98.9	107.4
1997　〃9年	101.0	113.4	99.7	102.1	107.2	100.7	99.2	112.9
1998　〃10年	98.8	108.2	97.8	99.6	101.1	100.7	98.6	116.1
1999　〃11年	96.3	97.5	94.4	98.1	100.0	100.1	96.9	105.4
2000　〃12年	97.5	100.1	95.2	97.6	107.9	100.3	95.3	98.0
2001　〃13年	97.1	103.0	94.3	97.6	109.8	100.4	94.9	105.6

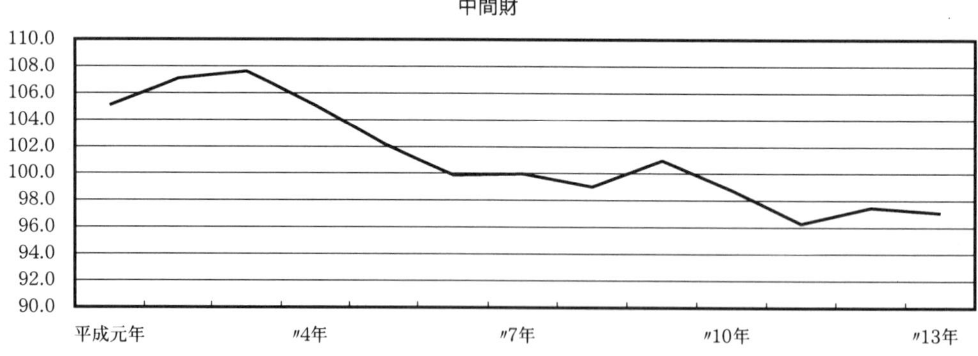

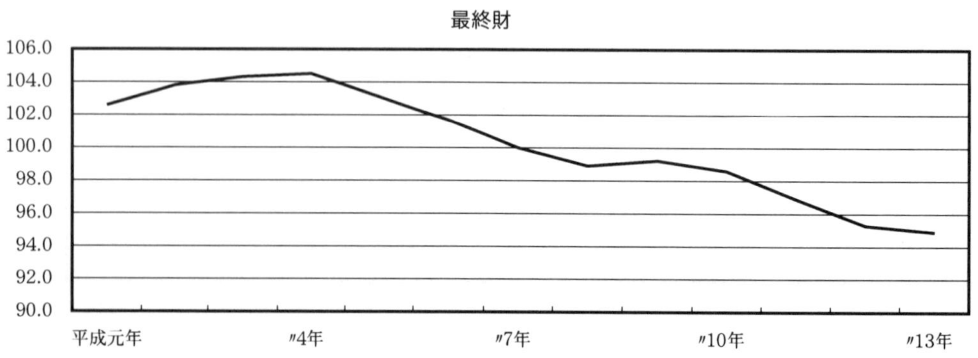

（平成 7年平均＝100）

年　次	国内需要財（国内品+輸入品）				輸出品			
	最終財					製品原材料	建設用材料	資本財
	資本財	消費財	耐久消費財	非耐久消費財				
品目数	161	417	99	318	240	130	20	53
ウエイト	139.77	262.72	77.17	185.55	119.35	50.73	2.76	41.62
1989 平成元年	103.4	102.1	111.1	98.6	122.7	133.9	124.5	116.8
1990 〃2年	105.1	103.2	109.0	100.7	125.3	134.4	123.2	120.6
1991 〃3年	104.7	104.0	107.3	102.6	118.6	125.1	117.6	114.7
1992 〃4年	104.6	104.5	106.9	103.5	114.3	116.1	110.3	112.0
1993 〃5年	103.6	103.0	104.8	102.2	105.2	103.0	99.4	105.8
1994 〃6年	101.8	101.7	102.4	101.3	102.2	98.7	94.5	103.9
1995 〃7年	100.0	100.0	100.0	100.0	100.0	100.0	100.0	100.0
1996 〃8年	98.0	99.3	96.6	100.4	104.8	102.3	106.0	105.2
1997 〃9年	98.1	99.8	94.3	102.0	106.7	102.9	109.8	107.9
1998 〃10年	97.4	99.2	92.0	102.2	108.2	102.4	107.8	110.7
1999 〃11年	95.0	97.9	88.7	101.7	97.2	92.7	95.3	101.0
2000 〃12年	92.9	96.6	85.9	101.0	92.7	90.4	92.6	96.2
2001 〃13年	91.7	96.7	83.7	102.1	96.1	92.5	99.6	100.3

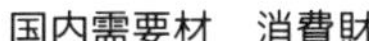

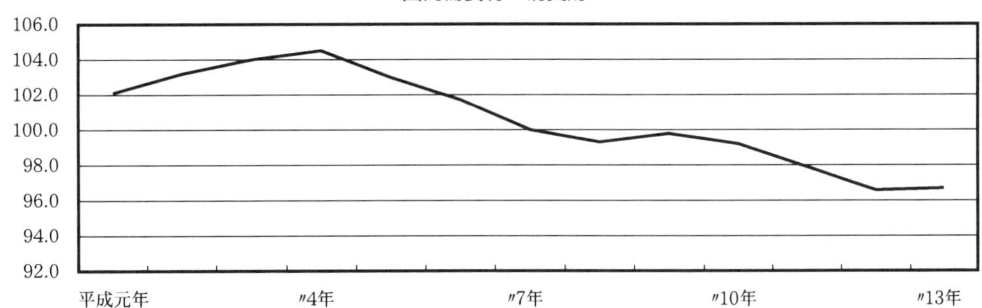

輸出品

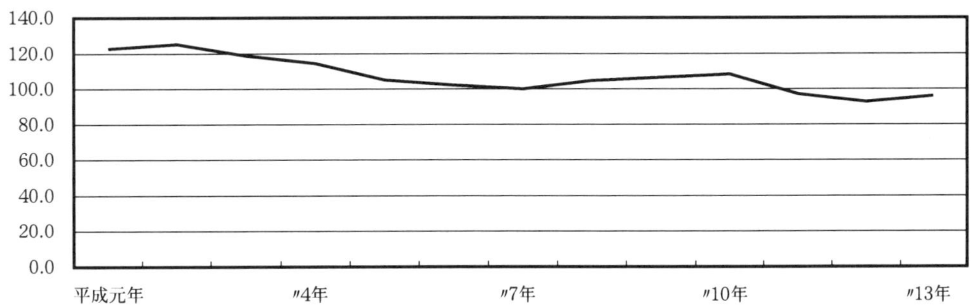

（平成 7年平均＝100）

年　次	輸出品		
	消費財	耐久消費財	非耐久消費財
品目数	37	22	15
ウエイト	24.24	20.76	3.48
1989 平成元年	119.8	118.2	130.6
1990 〃2年	123.5	121.6	137.0
1991 〃3年	117.9	116.4	128.9
1992 〃4年	116.0	114.9	124.2
1993 〃5年	106.8	106.1	112.3
1994 〃6年	104.1	104.0	105.4
1995 〃7年	100.0	100.0	100.0
1996 〃8年	109.0	108.8	110.3
1997 〃9年	112.5	111.9	116.0
1998 〃10年	115.8	115.3	118.6
1999 〃11年	100.6	100.1	103.3
2000 〃12年	91.6	91.2	94.0
2001 〃13年	96.2	95.8	98.5

輸出品　耐久消費財

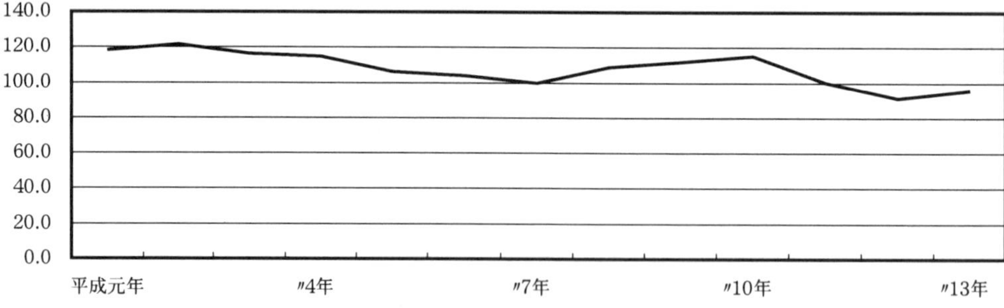

輸出品　非耐久消費財

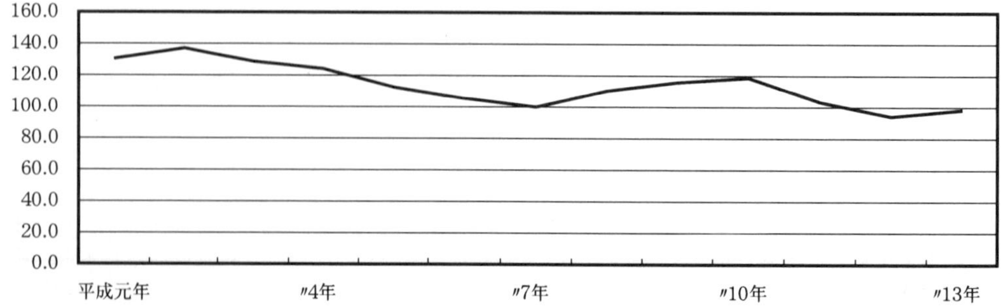

12-30 消費者物価指数（平成元年～16年）

(平成12年平均＝100)

年　次		総合	食料	穀類	魚介類	肉類	乳卵類	野菜・海草	果物
ウエイト		10,000	2,730	238	280	205	115	284	113
1989	平成元年	89.3	90.1	97.7	91.8	92.0	95.0	87.5	89.1
1990	〃2年	92.1	93.7	99.3	95.1	94.5	100.0	97.5	99.3
1991	〃3年	95.1	98.2	101.8	98.9	97.2	104.9	110.4	110.8
1992	〃4年	96.7	98.7	104.7	100.5	98.3	99.7	101.0	112.6
1993	〃5年	98.0	99.8	107.0	99.9	97.6	99.2	109.0	99.8
1994	〃6年	98.6	100.6	112.8	98.2	96.3	99.0	108.9	104.0
1995	〃7年	98.5	99.4	104.5	97.0	96.1	99.1	105.2	107.4
1996	〃8年	98.6	99.3	103.1	98.8	97.3	99.5	103.3	107.1
1997	〃9年	100.4	101.1	103.6	101.1	101.3	100.9	104.4	104.6
1998	〃10年	101.0	102.5	101.6	102.4	102.2	99.4	115.4	104.9
1999	〃11年	100.7	102.0	102.2	102.1	101.4	100.7	106.5	108.1
2000	〃12年	100.0	100.0	100.0	100.0	100.0	100.0	100.0	100.0
2001	〃13年	99.3	99.4	98.2	99.4	99.7	98.3	102.0	99.1
2002	〃14年	98.4	98.6	97.3	99.0	100.3	98.0	100.1	95.7
2003	〃15年	98.1	98.4	98.7	97.1	101.1	97.0	102.2	96.2
2004	〃16年	98.1	99.3	102.4	95.9	104.0	97.4	105.4	99.8

原注：1) 生鮮魚介，生鮮野菜，生鮮果物

出所：55

食　料

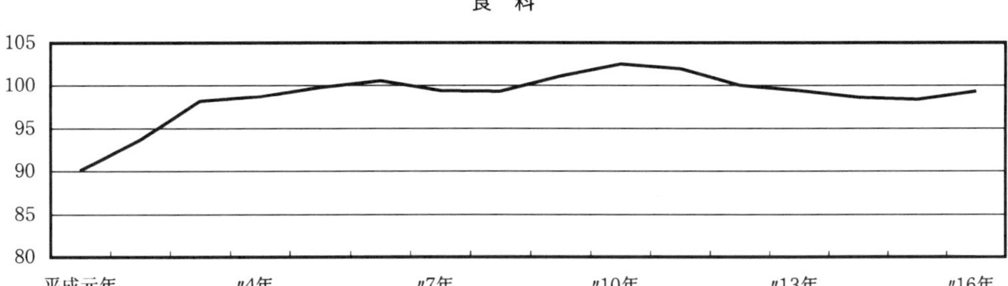

12-30 消費者物価指数（平成17年～19年）

(平成17年平均＝100)

年　次		総合	食料	穀類	魚介類	肉類	乳卵類	野菜・海草	果物
ウエイト		10,000	2,586	219	245	198	109	273	103
2005	平成17年	100.0	100.0	100.0	100.0	100.0	100.0	100.0	100.0
2006	〃18年	100.3	100.5	98.3	102.2	100.8	97.8	103.3	103.7
2007	〃19年	100.3	100.8	97.8	103.1	102.7	97.5	101.7	108.8

原注：1) 生鮮魚介，生鮮野菜，生鮮果物

出所：58

(平成12年平均＝100)

年次	食料						住居	
	油脂・調味料	菓子類	調理食品	飲料	酒類	外食		家賃
ウエイト	103	222	263	145	143	620	2,003	1,708
1989 平成元年	96.4	87.7	86.4	86.2	93.5	88.0	82.2	83.1
1990 〃2年	99.0	90.2	88.6	86.8	95.6	90.2	84.7	85.4
1991 〃3年	105.5	93.5	93.0	88.5	97.6	92.7	87.4	87.9
1992 〃4年	106.2	95.3	95.4	92.3	97.9	95.0	90.1	90.3
1993 〃5年	105.9	96.2	96.8	93.8	97.8	96.8	92.4	92.4
1994 〃6年	104.9	96.6	97.6	94.2	99.7	97.8	94.6	94.5
1995 〃7年	103.0	96.3	97.3	95.5	100.5	97.8	96.4	96.2
1996 〃8年	101.3	96.3	97.8	95.1	100.1	97.5	97.8	97.6
1997 〃9年	102.3	97.8	100.1	96.8	101.0	99.9	99.3	98.9
1998 〃10年	102.0	98.4	100.9	98.9	100.6	100.7	99.9	99.6
1999 〃11年	101.5	99.8	100.8	100.2	100.6	101.0	99.8	99.6
2000 〃12年	100.0	100.0	100.0	100.0	100.0	100.0	100.0	100.0
2001 〃13年	98.7	98.7	98.9	98.3	99.3	99.4	100.2	100.4
2002 〃14年	97.2	96.5	98.5	96.7	98.4	99.7	100.1	100.4
2003 〃15年	95.0	96.2	97.9	94.2	97.6	99.6	100.0	100.5
2004 〃16年	93.8	96.6	97.8	92.0	96.7	100.5	99.8	100.3

住　居

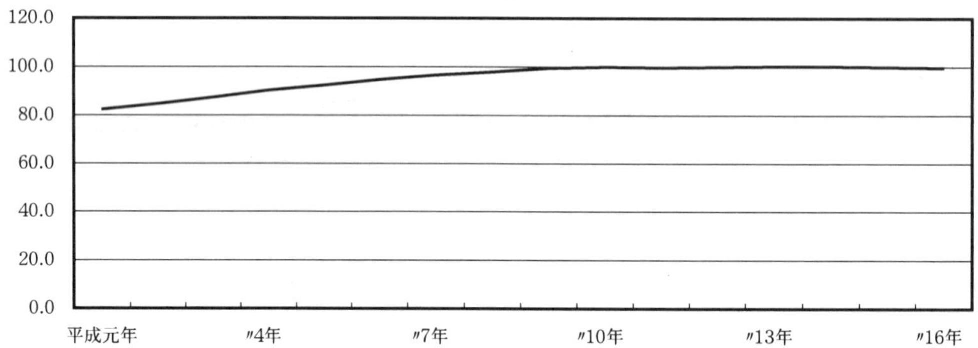

(平成17年平均＝100)

年次	食料						住居	
	油脂・調味料	菓子類	調理食品	飲料	酒類	外食		家賃
ウエイト	101	217	283	145	136	555	2,039	1,766
2005 平成17年	100.0	100.0	100.0	100.0	100.0	100.0	100.0	100.0
2006 〃18年	98.7	100.0	100.5	97.9	99.1	100.5	100.0	100.0
2007 〃19年	99.2	100.4	101.1	96.9	98.0	101.2	99.8	99.8

(平成12年平均＝100)

年　次	住居 設備修繕・維持	光熱・水道	電気・ガス代	他の光熱	上下水道料	家具・家事用品	#家庭用耐久財	#家事雑貨
ウエイト	295	651	467	39	145	369	116	80
1989　平成元年	77.2	92.2	99.1	78.7	75.4	111.4	138.2	90.8
1990　〃2年	80.6	94.4	99.7	97.7	76.6	111.5	136.5	92.7
1991　〃3年	84.7	96.5	101.4	109.3	77.3	112.4	133.6	97.0
1992　〃4年	88.9	96.6	101.5	105.3	78.6	113.7	133.3	99.9
1993　〃5年	92.6	97.3	101.4	106.2	81.4	113.4	131.8	101.0
1994　〃6年	94.8	97.0	100.2	102.2	84.8	111.1	126.5	101.5
1995　〃7年	97.5	97.2	100.3	97.8	86.9	109.1	122.4	101.8
1996　〃8年	99.1	97.0	98.8	101.2	89.9	106.9	117.3	101.8
1997　〃9年	101.3	101.6	103.1	108.2	94.3	105.9	114.2	102.4
1998　〃10年	101.7	100.0	100.8	99.1	97.1	104.3	109.8	102.7
1999　〃11年	100.9	98.4	98.9	92.7	98.3	103.1	107.1	101.8
2000　〃12年	100.0	100.0	100.0	100.0	100.0	100.0	100.0	100.0
2001　〃13年	99.2	100.6	99.8	106.5	101.8	96.4	92.4	99.1
2002　〃14年	98.2	99.4	98.2	99.7	103.3	92.9	85.3	97.5
2003　〃15年	97.3	98.9	96.9	104.8	103.9	90.1	78.8	96.1
2004　〃16年	96.7	99.0	96.5	108.6	104.5	87.1	72.2	95.0

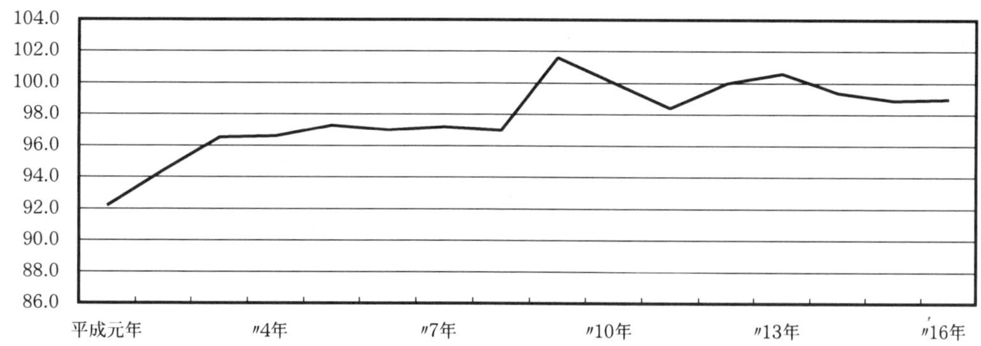

(平成17年平均＝100)

年　次	住居 設備修繕・維持	光熱・水道	電気代	ガス代	他の光熱	上下水道料	家具・家事用品	#家庭用耐久財
ウエイト	272	676	292	171	53	160	344	111
2005　平成17年	100.0	100.0	100.0	100.0	100.0	100.0	100.0	100.0
2006　〃18年	100.0	103.6	100.7	104.8	124.6	100.8	97.9	94.8
2007　〃19年	100.1	104.4	101.1	106.5	126.5	100.8	96.3	89.0

(平成12年平均＝100)

年　　次	被服及び履物	衣料	シャツ・セーター・下着類	履物類	生地・他の被服類	保健医療	医薬品・健康保持用摂取品	保健医療用品・器具
ウエイト	568	250	163	63	92	380	112	73
1989　平成元年	86.9	88.1	84.8	87.7	87.1	85.7	94.5	115.3
1990　〃2年	91.1	92.9	88.9	90.7	89.8	86.4	95.3	111.5
1991　〃3年	95.3	97.7	92.9	95.5	92.9	86.6	97.2	111.0
1992　〃4年	98.3	100.6	96.2	97.5	95.9	89.3	97.6	111.7
1993　〃5年	98.3	99.8	96.2	98.2	97.5	89.7	97.6	111.1
1994　〃6年	97.1	97.5	95.9	97.3	97.9	89.9	97.8	109.1
1995　〃7年	96.6	96.5	95.9	97.1	97.9	90.0	98.5	106.8
1996　〃8年	97.7	97.9	97.2	97.2	98.1	90.6	99.2	105.4
1997　〃9年	99.9	100.1	99.8	99.4	100.0	94.8	100.3	105.1
1998　〃10年	101.3	101.8	100.9	100.5	100.9	101.5	100.3	104.0
1999　〃11年	101.1	101.7	100.7	100.5	100.5	100.8	100.2	102.6
2000　〃12年	100.0	100.0	100.0	100.0	100.0	100.0	100.0	100.0
2001　〃13年	97.8	96.9	97.6	98.9	99.9	100.7	99.2	97.6
2002　〃14年	95.6	93.8	95.1	97.9	99.7	99.5	98.3	94.3
2003　〃15年	93.8	91.4	93.1	97.0	99.5	102.9	97.7	91.8
2004　〃16年	93.6	90.9	93.5	96.2	99.2	102.9	97.2	90.0

被服及び履物

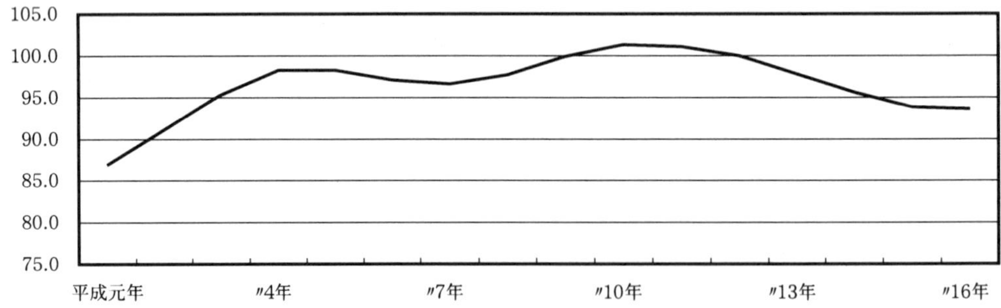

(平成17年平均＝100)

年　　次	家具・家事用品 #家事雑貨	被服及び履物	#衣料	#シャツ・セーター・下着類	#履物類	保健医療	医薬品・健康保持用摂取品	保健医療用品・器具
ウエイト	71	464	209	140	50	448	122	86
2005　平成17年	100.0	100.0	100.0	100.0	100.0	100.0	100.0	100.0
2006　〃18年	100.3	100.8	101.1	100.7	100.6	99.4	99.5	99.4
2007　〃19年	101.3	101.4	101.5	101.4	102.0	99.7	98.5	99.0

(平成12年平均＝100)

年　　次	保健医療	交通・通信				教育		
	保健医療サービス		交通	自動車等関係費	通信		授業料等	教科書・学習参考教材
ウエイト	195	1,313	278	740	295	398	292	11
1989 平成元年	71.7	99.8	87.4	103.0	114.0	72.0	70.7	81.5
1990 〃2年	72.8	101.2	88.6	105.1	113.3	75.6	74.3	82.9
1991 〃3年	73.1	101.9	89.5	106.6	111.3	79.2	77.7	89.2
1992 〃4年	76.5	102.5	91.5	107.0	109.0	82.7	81.2	89.7
1993 〃5年	78.0	102.8	92.5	107.9	106.4	86.1	84.7	93.1
1994 〃6年	79.3	102.1	93.0	107.4	103.0	88.9	87.9	94.9
1995 〃7年	80.1	102.2	94.7	105.0	107.1	91.5	90.7	94.9
1996 〃8年	81.3	101.5	97.4	102.3	106.1	93.7	93.0	95.5
1997 〃9年	88.5	101.5	99.0	101.7	105.5	95.7	94.9	97.5
1998 〃10年	101.4	99.9	99.7	98.8	103.2	97.5	96.8	99.3
1999 〃11年	100.5	99.7	99.9	98.4	103.0	98.9	98.5	99.7
2000 〃12年	100.0	100.0	100.0	100.0	100.0	100.0	100.0	100.0
2001 〃13年	102.8	99.1	100.3	100.8	93.9	101.1	101.2	101.6
2002 〃14年	102.2	98.5	100.1	100.4	92.5	102.1	102.3	102.7
2003 〃15年	110.1	98.6	100.3	100.4	92.4	102.7	103.2	102.3
2004 〃16年	111.1	98.4	100.5	100.5	91.3	103.4	103.9	101.9

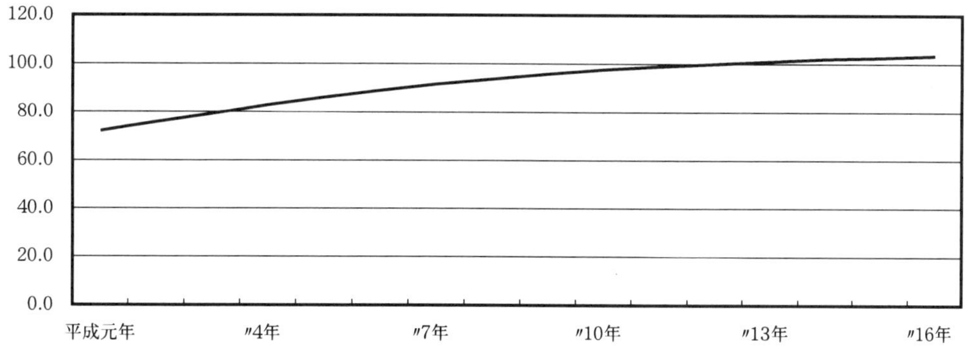

(平成17年平均＝100)

年　　次	保健医療	交通・通信				教育		
	保健医療サービス		交通	自動車等関係費	通信		授業料等	教科書・学習参考教材
ウエイト	241	1,392	250	778	364	364	273	10
2005 平成17年	100.0	100.0	100.0	100.0	100.0	100.0	100.0	100.0
2006 〃18年	99.4	100.3	99.7	102.4	96.4	100.7	100.7	100.3
2007 〃19年	100.6	100.4	99.8	103.4	94.4	101.4	101.4	101.7

(平成12年平均＝100)

年　　次	教育	教養娯楽			諸雑費			
	補習教育		#教養娯楽用耐久財	#教養娯楽サービス		理美容サービス	理美容用品	身の回り用品
ウエイト	95	1,130	117	600	456	119	123	85
1989　平成元年	74.2	90.3	169.5	84.1	90.2	80.4	99.5	93.2
1990　〃2年	78.1	93.4	167.9	88.2	91.2	82.1	99.5	95.9
1991　〃3年	82.3	96.1	166.4	91.3	93.0	84.5	99.9	99.5
1992　〃4年	85.9	99.2	165.3	93.9	94.5	88.1	100.4	101.0
1993　〃5年	89.3	100.7	160.2	96.2	95.8	90.6	101.1	101.2
1994　〃6年	90.8	102.0	150.8	97.8	96.5	92.4	102.1	100.6
1995　〃7年	93.2	101.2	135.9	98.2	96.8	94.2	101.9	99.8
1996　〃8年	95.2	100.1	120.8	98.5	97.2	95.6	101.6	99.5
1997　〃9年	97.5	101.6	113.6	100.9	98.7	97.8	101.6	101.9
1998　〃10年	99.1	101.7	110.6	101.1	99.4	99.2	101.4	102.6
1999　〃11年	99.6	100.9	106.9	100.4	100.4	99.6	100.6	101.2
2000　〃12年	100.0	100.0	100.0	100.0	100.0	100.0	100.0	100.0
2001　〃13年	100.5	97.0	78.7	99.0	99.8	100.3	99.2	99.9
2002　〃14年	101.8	94.9	66.7	98.1	100.0	100.3	98.0	102.1
2003　〃15年	101.5	93.5	57.5	98.1	100.9	100.3	96.5	106.1
2004　〃16年	102.0	92.2	50.4	97.6	101.5	100.5	95.5	107.1

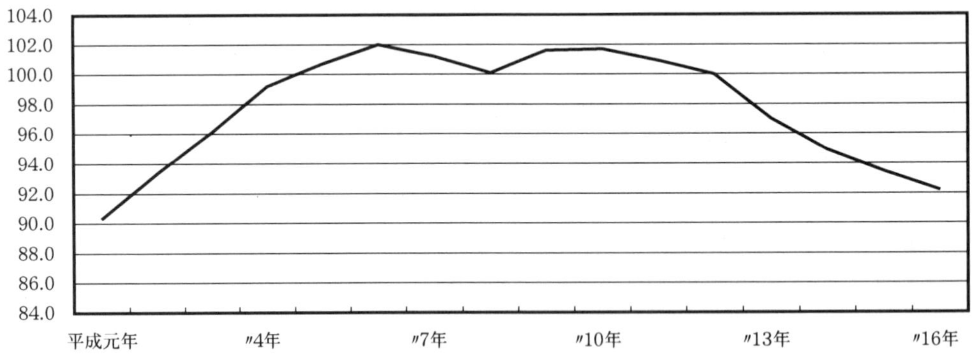

(平成17年平均＝100)

年　　次	教育	教養娯楽				諸雑費		
	補習教育		#教養娯楽用耐久財	#書籍・他の印刷物	#教養娯楽サービス		理美容サービス	理美容用品
ウエイト	81	1,100	118	161	588	586	129	134
2005　平成17年	100.0	100.0	100.0	100.0	100.0	100.0	100.0	100.0
2006　〃18年	100.7	98.5	81.4	100.5	100.7	100.9	100.0	99.0
2007　〃19年	101.7	97.2	67.8	100.7	101.6	101.7	99.7	98.9

(平成12年平均＝100)

年　　次	諸雑費		生鮮食品 1)	生鮮食品を除く総合	生鮮食品を除く食料	持家の帰属家賃及び生鮮食品を除く総合
	たばこ	その他				
ウエイト	69	59	450	9,550	2,279	8,190
1989　平成元年	90.1	69.2	92.6	89.1	89.7	90.2
1990　〃2年	90.1	69.2	102.7	91.5	91.9	92.5
1991　〃3年	90.2	69.2	112.8	94.1	95.3	95.2
1992　〃4年	90.5	69.7	105.5	96.2	97.3	97.2
1993　〃5年	90.7	82.7	105.9	97.5	98.5	98.4
1994　〃6年	90.9	85.2	106.0	98.2	99.5	99.0
1995　〃7年	90.9	86.2	104.2	98.2	98.4	98.7
1996　〃8年	90.9	92.4	104.6	98.4	98.2	98.6
1997　〃9年	92.5	94.8	105.0	100.1	100.2	100.4
1998　〃10年	93.4	97.7	112.3	100.4	100.5	100.7
1999　〃11年	100.0	99.0	107.0	100.4	101.0	100.5
2000　〃12年	100.0	100.0	100.0	100.0	100.0	100.0
2001　〃13年	100.0	100.2	100.8	99.2	99.1	99.0
2002　〃14年	100.0	100.4	99.0	98.3	98.5	98.0
2003　〃15年	104.1	100.1	99.7	98.0	98.1	97.6
2004　〃16年	108.2	100.1	102.2	97.9	98.8	97.4

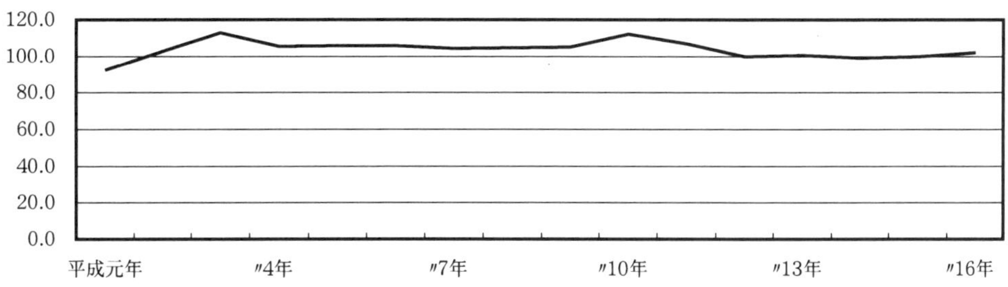

(平成17年平均＝100)

年　　次	諸雑費			生鮮食品を除く総合	持家の帰属家賃及び生鮮食品を除く総合	生鮮食品を除く食料	生鮮食品 1)
	身の回り用品	たばこ	その他				
ウエイト	73	63	187	9,588	8,165	2,174	412
2005　平成17年	100.0	100.0	100.0	100.0	100.0	100.0	100.0
2006　〃18年	103.8	104.6	100.4	100.1	100.1	99.8	104.3
2007　〃19年	105.9	109.1	100.8	100.1	100.2	100.1	105.0

12-31 消費水準（平成元年～7年）
全世帯（非農家）

（平成2年＝100）

年次		総合	食料	住居	光熱・水道	家具・家事用品	被服及び履物	保健医療	交通・通信
1989	平成元年	98.8	99.2	103.2	96.6	96.8	98.9	92.8	97.7
1990	〃2年	100.0	100.0	100.0	100.0	100.0	100.0	100.0	100.0
1991	〃3年	101.7	99.2	108.9	102.6	107.2	99.0	101.0	102.9
1992	〃4年	102.3	99.3	114.1	105.5	103.6	94.3	101.5	104.3
1993	〃5年	102.4	98.2	113.5	108.7	100.2	90.9	106.9	111.7
1994	〃6年	101.7	96.5	121.2	112.2	105.1	87.6	105.0	111.1
1995	〃7年	101.1	95.2	123.1	114.8	104.3	84.6	106.4	112.5

原注： 全世帯は「家計調査」による。

出所： 46

12-31 消費水準（平成8年～17年）
全世帯

（平成12年＝100）

年次		総合	食料	住居	光熱・水道	家具・家事用品	被服及び履物	保健医療	交通・通信
1996	平成8年	103.5	103.4	107.9	96.2	103.0	120.7	99.8	93.6
1997	〃9年	103.5	103.5	107.2	95.8	103.5	117.9	100.3	93.5
1998	〃10年	101.6	102.4	97.8	97.4	102.9	108.9	97.4	96.0
1999	〃11年	100.6	101.1	101.2	98.4	102.5	106.7	99.8	94.8
2000	〃12年	100.0	100.0	100.0	100.0	100.0	100.0	100.0	100.0
2001	〃13年	98.8	98.1	96.9	99.5	105.4	96.3	101.6	102.1
2002	〃14年	99.4	99.0	98.2	99.6	103.4	95.1	103.2	103.3
2003	〃15年	98.4	97.5	98.8	99.3	104.1	92.6	106.2	105.9
2004	〃16年	98.8	96.4	95.3	99.5	104.1	90.2	104.9	111.1
2005	〃17年	98.8	96.4	95.9	101.5	107.7	89.3	112.8	110.2

原注： 「家計調査」による。二人以上の非農林漁家世帯。

出所： 53, 56

12-31 消費水準指数（平成18年，19年）
二人以上の世帯（農林漁家世帯を除く）

（平成17年＝100）

年次		総合	食料	住居	光熱・水道	家具・家事用品	被服及び履物	保健医療	交通・通信
2006	平成18年	98.2	98.8	94.5	100.2	99.7	95.4	99.2	97.6
2007	〃19年	98.9	99.3	90.5	97.5	100.4	95.7	101.1	98.3

原注： 「家計調査」による。

出所： 58

(平成2年＝100)

年　度		教　育	教養娯楽	諸雑費	臨時費
1989	平成元年	95.6	96.8	99.7	-
1990	〃2年	100.0	100.0	100.0	-
1991	〃3年	93.7	101.4	109.5	-
1992	〃4年	99.2	102.7	109.1	-
1993	〃5年	96.4	104.3	111.0	-
1994	〃6年	98.5	101.7	108.2	-
1995	〃7年	97.0	98.5	105.0	-

(平成12年＝100)

年　度		教　育	教養娯楽	諸雑費
1996	平成8年	106.1	97.9	103.0
1997	〃9年	107.3	99.6	98.9
1998	〃10年	103.1	98.7	104.9
1999	〃11年	95.6	102.6	103.4
2000	〃12年	100.0	100.0	100.0
2001	〃13年	93.2	101.3	99.2
2002	〃14年	95.3	102.5	106.5
2003	〃15年	96.7	101.3	101.6
2004	〃16年	99.8	106.1	103.7
2005	〃17年	94.5	106.9	109.6

(平成17年＝100)

年　度		教　育	教養娯楽	諸雑費
2006	平成18年	104.1	99.3	95.1
2007	〃19年	104.3	103.7	102.8

12-32 消費水準（平成元年度～6年度）
農家

（平成2年＝100）

年　度		総　合	食　料	住　居	光熱・水道	家具・家事用品	被服及び履物	保健医療	交通・通信
1989	平成元年	98.6	101.2	99.9	93.0	90.0	106.6	97.9	95.7
1990	〃2年	100.0	100.0	100.0	100.0	100.0	100.0	100.0	100.0
1991	〃3年	101.8	100.1	112.8	102.0	100.3	100.7	103.2	105.5
1992	〃4年	103.5	99.9	110.4	105.5	99.0	91.0	98.2	106.4
1993	〃5年	103.5	99.8	101.2	108.2	98.5	92.7	101.7	109.4
1994	〃6年	105.1	102.5	118.1	112.8	109.4	88.6	106.9	114.8

原注： 農家は「農家経済調査」による。
出所： 46

12-32 消費水準（平成7年～11年）
農家

（平成7年＝100）

年　次		総　合	食　料	住　居	光熱・水道	家具・家事用品	被服及び履物	保健医療	交通・通信
1995	平成7年	100.0	100.0	100.0	100.0	100.0	100.0	100.0	100.0
1996	〃8年	99.2	100.3	130.7	106.4	93.8	90.3	99.7	104.5
1997	〃9年	100.1	102.0	121.8	109.2	94.9	87.8	99.5	111.7
1998	〃10年	96.6	101.1	118.5	115.0	93.2	79.6	88.8	113.4
1999	〃11年	95.1	100.9	117.6	118.6	94.1	75.2	90.1	113.9

原注： 農家は「農業経営統計調査」による。
出所： 51

食　料

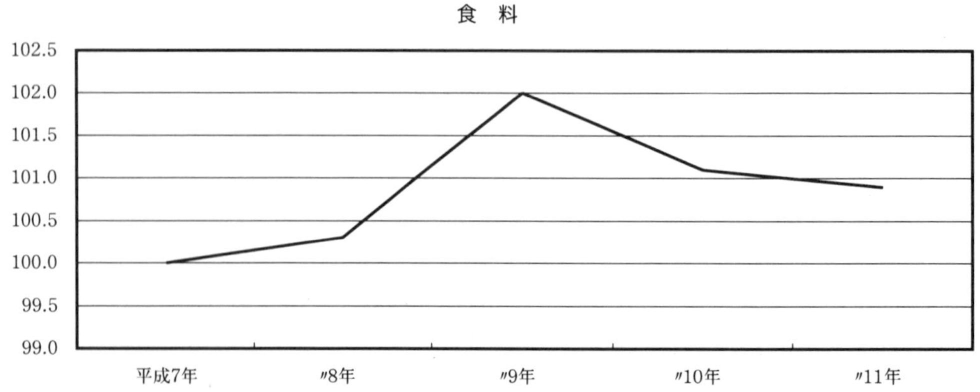

(平成2年＝100)

年　度		教　育	教養娯楽	諸雑費	臨時費
1989	平成元年	99.1	95.4	98.1	100.6
1990	〃2年	100.0	100.0	100.0	100.0
1991	〃3年	101.1	102.8	101.0	104.9
1992	〃4年	101.0	104.4	107.1	110.4
1993	〃5年	95.3	105.4	107.0	108.4
1994	〃6年	97.5	102.5	110.2	91.6

(平成7年＝100)

年　次		教　育	教養娯楽	諸雑費	臨時費
1995	平成7年	100.0	100.0	100.0	100.0
1996	〃8年	94.1	100.3	99.7	83.3
1997	〃9年	98.2	101.6	99.6	83.0
1998	〃10年	95.2	97.4	94.1	75.9
1999	〃11年	90.1	96.3	91.4	71.0

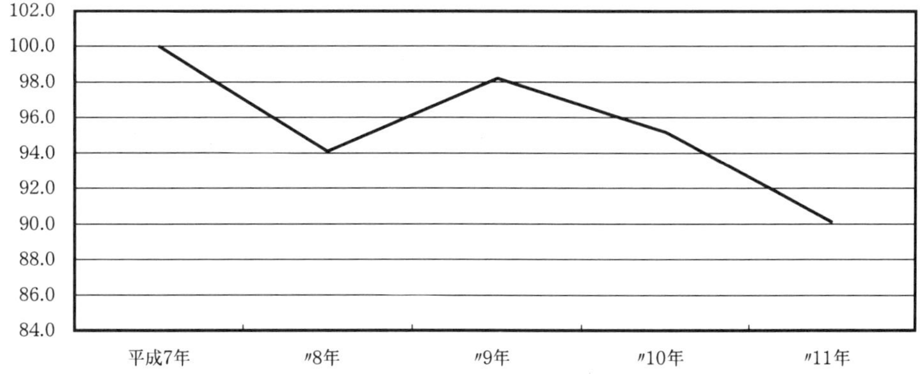

12-33　勤労者1世帯1か月当たり収入と支出

（単位　金額　円）

年　次		世帯数分布（抽出率調整）	世帯人員	有業人員	世帯主の年齢	受取	実収入		
								経常収入	勤め先収入
1989	平成元年	-	3.72	1.63	44.1	873,421	495,849	484,731	466,564
1990	〃2年	-	3.70	1.64	44.5	926,965	521,757	510,727	490,626
1991	〃3年	10,000	3.71	1.66	44.7	968,124	548,769	536,393	515,365
1992	〃4年	-	3.69	1.68	44.8	1,001,938	563,855	551,411	529,490
1993	〃5年	-	3.65	1.68	45.3	1,031,214	570,545	557,373	536,070
1994	〃6年	10,000	3.63	1.67	45.1	1,044,382	567,174	554,228	532,442
1995	〃7年	10,000	3.58	1.67	45.6	1,045,240	570,817	557,900	536,458
1996	〃8年	10,000	3.53	1.66	45.8	1,068,999	579,461	566,856	543,687
1997	〃9年	10,000	3.53	1.66	45.8	1,078,257	595,214	582,454	558,596
1998	〃10年	10,000	3.50	1.66	46.2	1,081,992	588,916	575,969	551,283
1999	〃11年	-	3.52	1.65	45.9	1,060,740	574,676	561,663	537,461
2000	〃12年	-	3.46	1.65	46.2	1,044,312	560,954	550,088	526,331
2001	〃13年	10,000	3.47	1.66	46.3	1,040,564	551,160	540,431	514,328
2002	〃14年	10,000	3.50	1.65	46.4	1,014,822	539,924	528,146	506,126
2003	〃15年	10,000	3.49	1.64	46.4	995,704	524,810	514,287	492,964
2004	〃16年	10,000	3.48	1.64	46.5	1,009,611	531,690	522,313	502,248
2005	〃17年	10,000	3.46	1.66	46.9	998,810	524,585	514,628	493,829
2006	〃18年	10,000	3.43	1.67	47.0	990,162	525,719	516,469	495,003
2007	〃19年	10,000	3.45	1.66	47.4	1,001,977	528,762	520,246	497,395

原注：「家計調査」による。1) 平成2年までは，世帯主の配偶者が男である場合の収入を含んでいたが，5年以降は「世帯主の配偶者の収入」に含まれるため，接続しない。

出所：42, 45, 49, 52, 55, 58

受　取

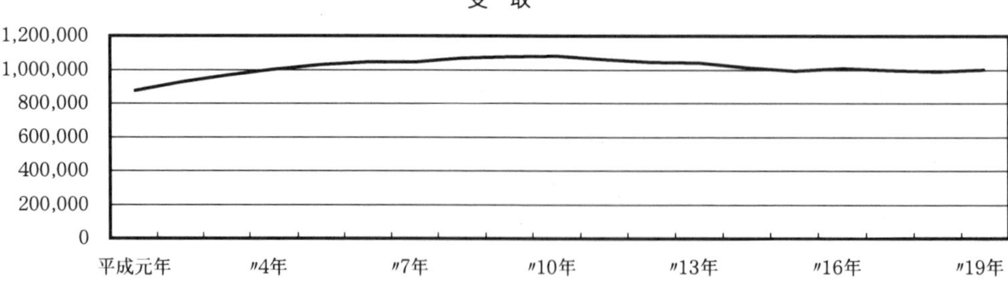

実収入

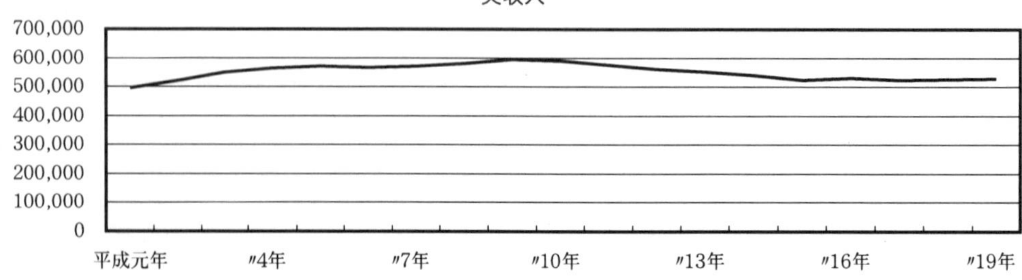

(単位　金額　円)

年　次	実収入							
	経常収入							
	勤め先収入					事業・内職収入		
	#世帯主収入	定期収入	臨時収入,賞与	#世帯者の配偶者の収入ーうち女	他の世帯員収入 1)		事業収入	内職収入
1989　平成元年	410,117	318,898	91,219	40,892	15,555	5,600	2,824	2,776
1990　〃2年	430,670	332,026	98,644	44,101	15,854	5,216	2,810	2,405
1991　〃3年	448,226	342,868	105,359	49,621	17,518	5,151	2,836	2,315
1992　〃4年	462,253	357,068	105,184	51,058	16,179	5,583	3,367	2,216
1993　〃5年	468,324	364,427	103,897	51,562	15,795	5,481	3,224	2,257
1994　〃6年	468,008	369,944	98,057	48,801	15,435	5,075	3,328	1,747
1995　〃7年	467,799	374,148	93,651	54,484	14,013	4,035	2,578	1,457
1996　〃8年	474,550	378,409	96,141	55,020	14,028	4,089	2,762	1,327
1997　〃9年	487,356	388,738	98,619	56,115	14,775	3,977	2,660	1,317
1998　〃10年	480,122	386,466	93,656	55,891	14,898	3,312	2,276	1,035
1999　〃11年	468,310	381,995	86,314	55,766	13,208	3,427	2,475	951
2000　〃12年	460,436	379,700	80,737	53,232	12,250	3,747	2,756	990
2001　〃13年	449,310	371,407	77,903	52,422	12,070	4,322	3,403	919
2002　〃14年	438,702	366,689	72,012	55,505	11,342	3,273	2,484	789
2003　〃15年	430,491	361,895	68,597	52,782	9,216	2,800	2,188	613
2004　〃16年	436,349	368,872	67,477	55,917	9,395	2,971	2,307	664
2005　〃17年	425,706	360,004	65,702	57,035	10,785	2,735	2,096	639
2006　〃18年	431,284	359,216	72,068	52,633	10,373	2,780	2,058	722
2007　〃19年	433,306	358,289	75,017	53,440	9,959	2,639	2,072	568

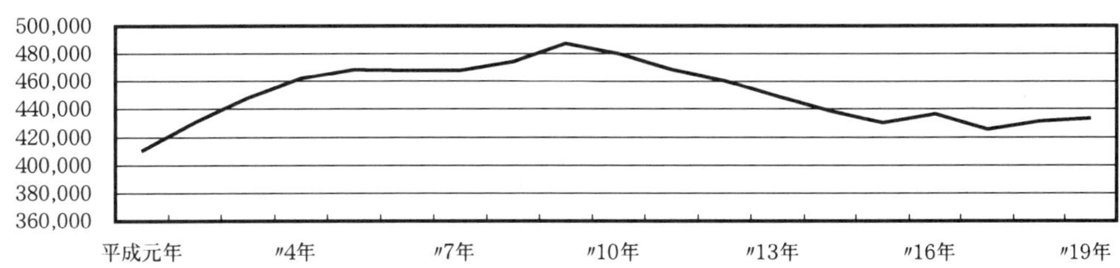

事業・内職収入

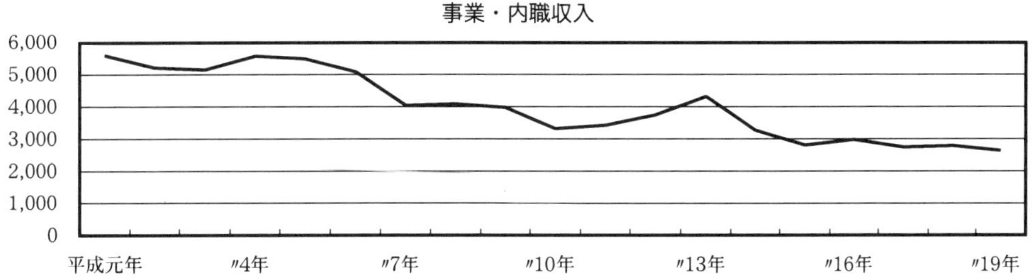

(単位　金額　円)

年　次		実収入					実収入以外の収入		繰入金
		経常収入				特別収入		#貯金引出	
		農林漁業収入	他の経常収入	#財産収入	#社会保障給付				
1989	平成元年	-	12,567	1,186	10,943	11,118	281,331	256,812	96,240
1990	〃2年	-	14,886	1,593	12,826	11,030	306,094	277,579	99,115
1991	〃3年	-	15,876	1,624	13,747	12,376	320,548	292,502	98,808
1992	〃4年	-	16,337	2,534	13,479	12,444	338,749	311,090	99,334
1993	〃5年	-	15,822	1,444	13,896	13,172	363,004	328,620	97,664
1994	〃6年	-	16,711	1,152	15,036	12,946	381,259	337,502	95,948
1995	〃7年	-	17,408	880	16,037	12,917	379,923	340,884	94,500
1996	〃8年	-	19,079	770	17,740	12,605	397,236	354,160	92,302
1997	〃9年	-	19,881	792	18,466	12,760	394,096	360,489	88,946
1998	〃10年	-	21,375	746	19,980	12,947	405,673	369,729	87,402
1999	〃11年	-	20,775	883	19,300	13,013	400,347	362,157	85,717
2000	〃12年	-	20,010	766	18,691	10,866	400,890	362,605	82,468
2001	〃13年	-	21,780	840	20,359	10,730	407,180	364,984	82,223
2002	〃14年	69	18,678	626	17,319	11,778	396,070	360,880	78,827
2003	〃15年	111	18,412	603	17,198	10,523	395,370	357,452	75,524
2004	〃16年	32	17,062	621	15,871	9,378	403,566	362,584	74,355
2005	〃17年	104	17,959	525	16,862	9,957	399,061	359,502	75,164
2006	〃18年	36	18,649	668	17,497	9,249	390,622	352,543	73,821
2007	〃19年	32	20,181	823	18,905	8,516	402,779	357,977	70,436

実収入以外の収入

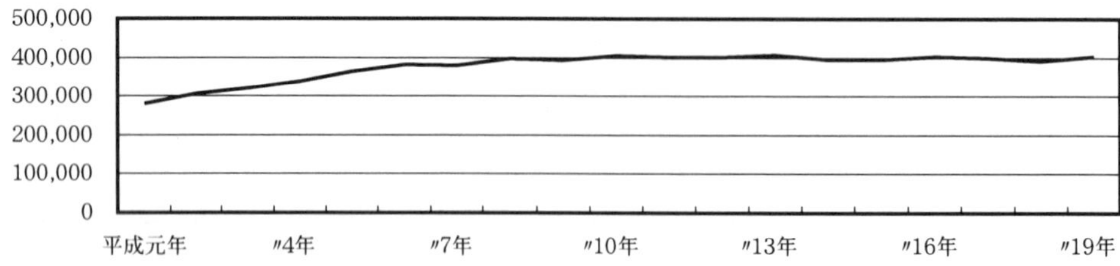

繰入金

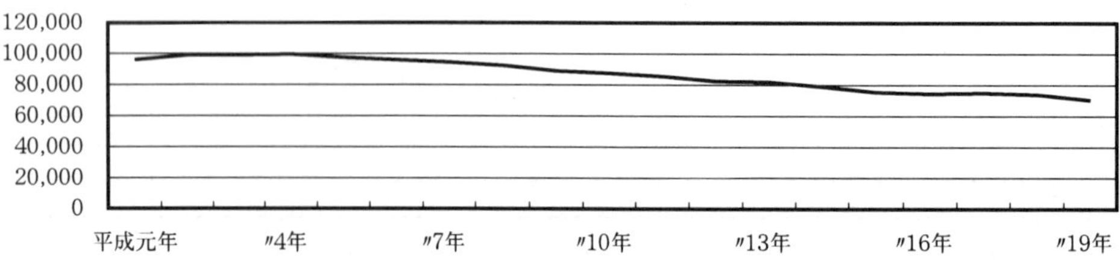

（単位　金額　円）

年　次		支払	実支出	消費支出	食料	住居	光熱・水道	家具・家事用品	被服及び履物
1989	平成元年	873,421	390,904	316,489	76,794	15,846	15,887	12,388	22,577
1990	〃2年	926,965	412,813	331,595	79,993	16,475	16,797	13,103	23,902
1991	〃3年	968,124	430,380	345,473	83,051	18,234	17,642	13,944	24,451
1992	〃4年	1,001,938	442,937	352,820	83,445	20,191	18,094	13,560	24,033
1993	〃5年	1,031,214	447,666	355,276	82,477	20,258	18,674	13,144	23,134
1994	〃6年	1,044,382	439,112	353,116	81,513	22,446	19,150	13,239	21,963
1995	〃7年	1,045,240	438,307	349,663	78,947	23,412	19,551	13,040	21,085
1996	〃8年	1,068,999	442,679	351,755	78,131	24,679	19,971	12,811	20,438
1997	〃9年	1,078,257	455,815	357,636	79,879	24,114	20,841	12,599	20,264
1998	〃10年	1,081,992	446,581	353,552	80,169	22,242	20,839	12,186	19,081
1999	〃11年	1,060,740	436,943	346,177	78,059	22,614	20,680	12,110	18,876
2000	〃12年	1,044,312	429,109	340,977	74,889	21,674	21,124	11,208	17,192
2001	〃13年	1,040,564	421,479	335,042	73,180	22,168	21,072	11,319	16,192
2002	〃14年	1,014,822	417,408	331,199	73,434	21,200	20,894	10,819	15,807
2003	〃15年	995,704	410,709	326,566	71,394	22,222	20,718	10,427	15,444
2004	〃16年	1,009,611	417,038	331,636	71,935	20,877	20,950	10,392	14,867
2005	〃17年	998,810	412,928	329,499	70,947	21,839	21,328	10,313	14,971
2006	〃18年	990,162	404,502	320,231	69,403	20,292	21,998	9,954	14,430
2007	〃19年	1,001,977	409,716	323,459	70,352	20,207	21,555	9,914	14,846

実支出

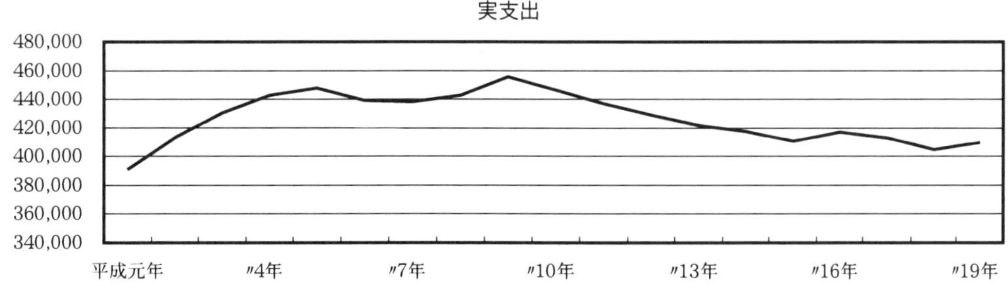

消費支出

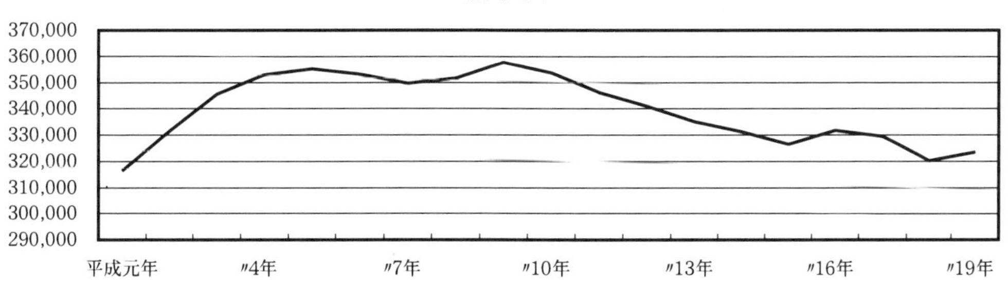

（単位　金額　円）

年次		実支出							実支出以外の支出
		消費支出					非消費支出		
		保健医療	交通・通信	教育	教養娯楽	その他の消費支出		#勤労所得税	
1989	平成元年	8,092	32,217	15,349	29,585	87,753	74,415	21,650	385,140
1990	〃2年	8,670	33,499	16,827	31,761	90,569	81,218	23,632	415,633
1991	〃3年	8,776	34,659	17,129	32,861	94,726	84,907	26,246	438,997
1992	〃4年	9,125	35,304	18,625	34,279	96,164	90,117	27,808	460,169
1993	〃5年	9,586	38,561	18,269	34,799	96,373	92,390	28,247	487,583
1994	〃6年	9,474	37,301	18,988	34,549	94,491	85,996	23,976	510,529
1995	〃7年	9,334	38,524	18,467	33,221	94,082	88,644	22,153	512,956
1996	〃8年	9,858	40,611	18,511	33,804	92,939	90,924	22,776	536,047
1997	〃9年	10,386	41,552	19,162	34,295	94,543	98,179	25,656	535,505
1998	〃10年	10,565	41,295	18,766	34,484	93,926	93,029	20,876	550,403
1999	〃11年	10,884	40,610	17,813	35,284	89,246	90,766	19,061	539,392
2000	〃12年	10,865	43,660	18,214	33,831	88,320	88,132	18,479	535,251
2001	〃13年	10,760	43,955	17,668	33,522	85,206	86,437	17,462	539,572
2002	〃14年	10,511	43,730	17,544	33,008	84,252	86,208	17,117	521,957
2003	〃15年	11,603	44,730	17,857	32,181	79,991	84,143	15,728	512,634
2004	〃16年	11,545	47,356	19,482	33,549	80,683	85,402	16,915	521,789
2005	〃17年	12,035	46,986	18,561	32,847	79,671	83,429	16,278	513,814
2006	〃18年	11,463	45,769	18,713	31,421	76,786	84,271	17,793	514,604
2007	〃19年	11,697	46,259	19,090	33,166	76,372	86,257	15,661	525,971

非消費支出

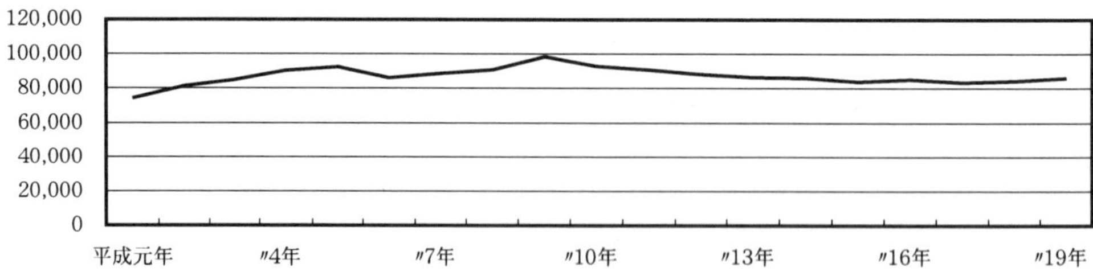

実支出以外の支出

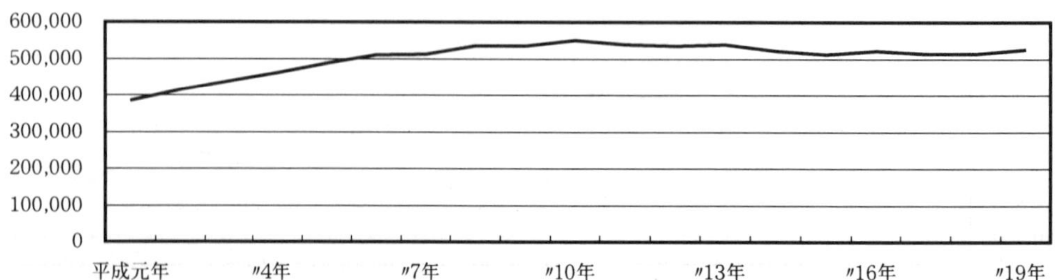

（単位　金額　円）

年　次		実支出以外の支出 #預貯金	繰越金	現物総額	可処分所得	黒字	#金融資産純増	平均消費性向 (%)
1989	平成元年	295,672	97,377	13,902	421,435	104,946	72,011	75.1
1990	〃2年	320,894	98,519	14,216	440,539	108,944	76,904	75.3
1991	〃3年	342,277	98,748	15,076	463,862	118,389	85,082	74.5
1992	〃4年	361,149	98,832	15,006	473,738	120,918	88,368	74.5
1993	〃5年	372,392	95,965	14,732	478,155	122,879	82,713	74.3
1994	〃6年	384,727	94,741	14,475	481,178	128,063	86,918	73.4
1995	〃7年	387,627	93,977	13,642	482,174	132,510	88,275	72.5
1996	〃8年	402,610	90,273	13,299	488,537	136,782	89,932	72.0
1997	〃9年	417,820	86,937	12,287	497,036	139,400	99,310	72.0
1998	〃10年	428,164	85,008	11,569	495,887	142,335	100,371	71.3
1999	〃11年	416,743	84,405	10,906	483,910	137,733	95,775	71.5
2000	〃12年	413,705	79,952	10,604	472,823	131,846	89,294	72.1
2001	〃13年	415,402	79,513	9,935	464,723	129,681	87,693	72.1
2002	〃14年	405,520	75,457	9,593	453,716	122,516	80,683	73.0
2003	〃15年	397,635	72,361	8,946	440,667	114,100	74,578	74.1
2004	〃16年	406,728	70,784	8,594	446,288	114,652	76,613	74.3
2005	〃17年	401,296	72,067	8,992	441,156	111,657	73,053	74.7
2006	〃18年	407,379	71,057	8,612	441,448	121,217	83,907	72.5
2007	〃19年	413,147	66,290	8,923	442,504	119,046	82,087	73.1

繰越金

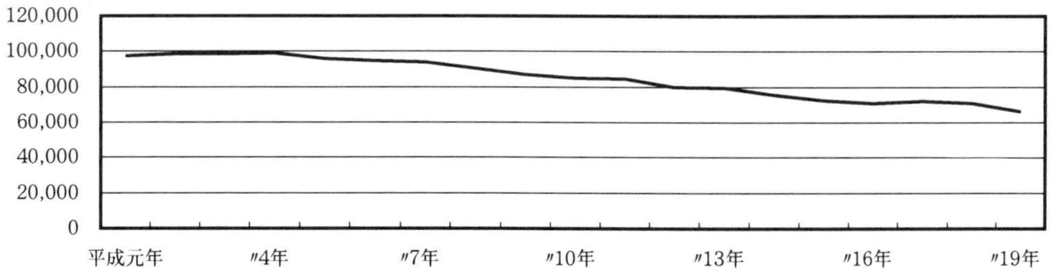

現物総額

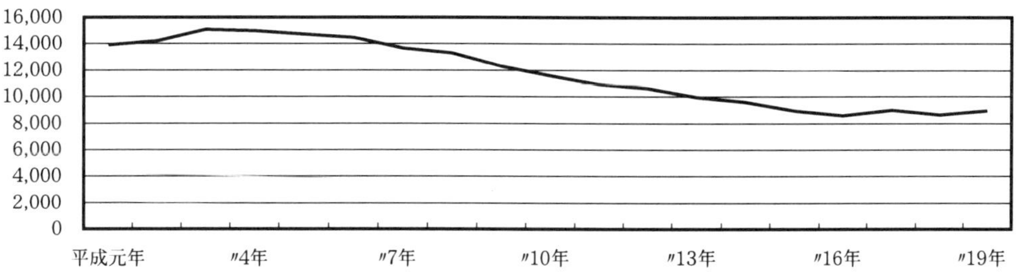

12－34　1世帯当たり年間の品目別支出金額（全世帯）（平成元年～16年）

（単位　金額　円）

年　次		世帯数分布(抽出率調整)	集計世帯数	世帯人員(人)	有業人員(人)	世帯主の年齢(歳)	消費支出	穀類	魚介類
1989	平成元年	10,000	7,976	3.61	1.60	48.5	3,592,205	112,396	129,860
1990	〃2年	10,000	7,976	3.56	1.60	49.4	3,734,084	112,090	134,482
1991	〃3年	10,000	7,976	3.57	1.63	49.7	3,925,358	114,137	139,992
1992	〃4年	10,000	7,962	3.53	1.62	50.0	4,003,931	115,671	143,455
1993	〃5年	10,000	7,962	3.49	1.60	50.3	4,022,955	119,810	137,343
1994	〃6年	10,000	7,960	3.47	1.60	50.0	4,006,086	117,647	128,200
1995	〃7年	10,000	7,923	3.42	1.59	51.0	3,948,741	105,572	126,332
1996	〃8年	10,000	7,927	3.34	1.54	51.4	3,946,187	102,244	123,512
1997	〃9年	10,000	7,935	3.34	1.54	51.6	3,999,759	100,492	123,841
1998	〃10年	10,000	7,941	3.31	1.52	52.1	3,938,235	98,103	120,569
1999	〃11年	10,000	7,901	3.30	1.49	52.1	3,876,091	96,084	115,032
2000	〃12年	10,000	7,803	3.24	1.47	52.7	3,805,600	91,367	110,147
2001	〃13年	10,000	7,782	3.22	1.46	53.4	3,704,298	87,454	106,101
2002	〃14年	10,000	7,769	3.19	1.41	53.7	3,673,550	86,528	104,141
2003	〃15年	10,000	7,747	3.21	1.41	53.8	3,631,473	87,805	98,475
2004	〃16年	10,000	7,742	3.19	1.39	54.1	3,650,436	88,062	94,809

原注：2人以上の非農林漁家世帯。

出所：「新版　日本長期統計総覧」4

消費支出

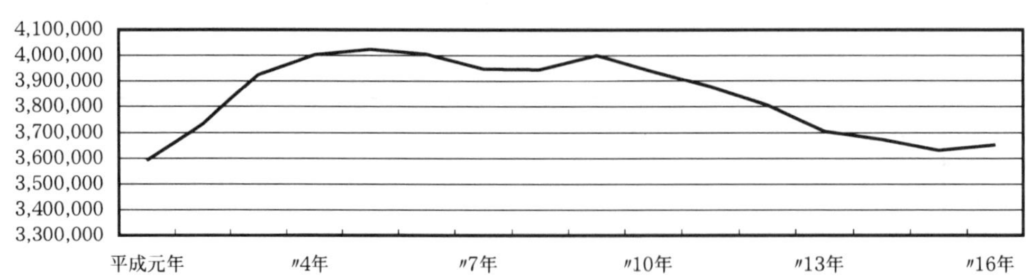

穀　類

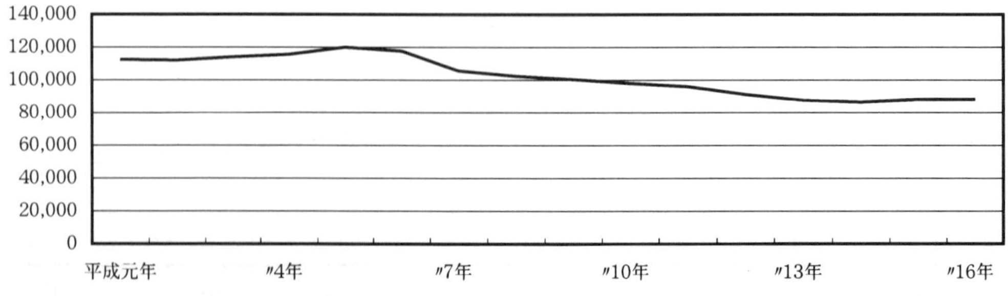

（単位　金額　円）

年　次		肉類	乳卵類	野菜・海藻	果物	油脂・調味料	菓子類	調理食品	飲料
1989	平成元年	94,154	43,709	117,082	49,668	37,689	79,837	73,078	37,602
1990	〃2年	96,119	45,211	126,215	53,308	38,446	82,961	79,719	39,112
1991	〃3年	98,508	47,846	135,499	56,070	40,916	87,990	85,012	39,886
1992	〃4年	97,654	46,086	130,863	55,819	41,988	89,414	87,472	40,339
1993	〃5年	93,435	45,358	132,545	48,974	42,121	89,270	89,225	39,942
1994	〃6年	88,848	46,601	128,239	51,398	41,257	89,126	89,398	42,822
1995	〃7年	88,274	45,387	124,245	49,776	39,935	81,843	91,133	42,480
1996	〃8年	85,281	46,105	123,336	48,465	40,114	81,192	91,058	42,818
1997	〃9年	88,651	47,528	123,563	46,899	41,302	83,104	97,478	43,983
1998	〃10年	86,190	46,697	130,130	45,958	41,480	81,523	99,118	44,833
1999	〃11年	84,171	46,945	120,234	46,212	40,966	80,279	99,724	47,083
2000	〃12年	80,775	44,955	112,709	44,625	40,344	78,136	99,280	46,043
2001	〃13年	74,872	42,583	110,323	44,013	39,019	77,584	100,611	45,594
2002	〃14年	74,770	43,431	109,214	43,068	39,144	77,018	100,004	45,762
2003	〃15年	74,508	42,329	107,870	39,845	39,129	76,739	101,287	45,558
2004	〃16年	74,533	41,253	108,010	40,167	39,210	75,896	100,014	47,043

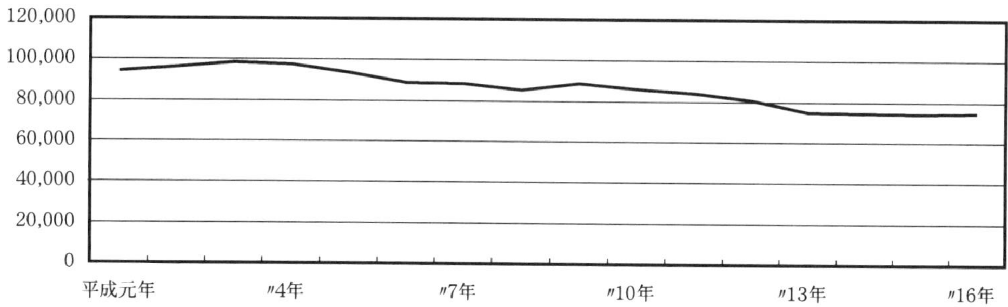

野菜・海藻

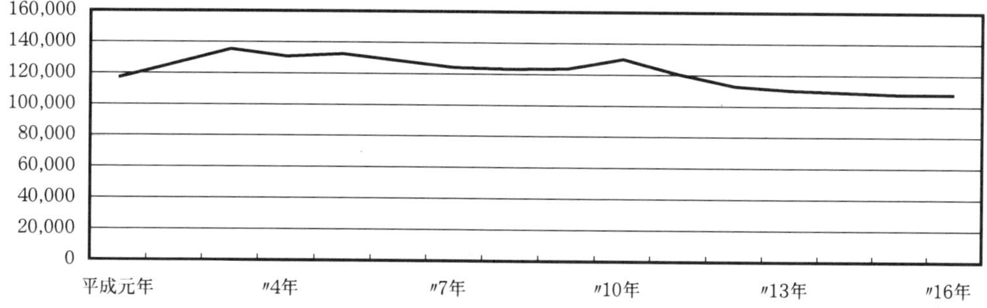

(単位　金額　円)

年　次		酒類	外食	住居	光熱・水道	家庭用耐久財	冷暖房用器具	一般家具	室内装備・装飾品
1989	平成元年	50,178	161,943	176,683	195,136	53,814	15,267	15,341	17,725
1990	〃2年	53,832	168,630	177,872	205,769	57,200	18,124	14,962	18,718
1991	〃3年	54,563	175,905	201,078	215,779	63,525	20,283	18,717	20,481
1992	〃4年	53,328	179,099	219,082	222,191	57,426	16,155	18,632	20,288
1993	〃5年	52,301	178,437	224,781	228,370	51,802	12,277	16,260	19,372
1994	〃6年	55,945	177,586	245,862	234,376	55,481	16,283	14,734	21,026
1995	〃7年	53,366	176,175	256,566	238,956	54,518	17,436	13,444	20,387
1996	〃8年	53,808	178,398	266,960	243,719	52,267	15,699	13,744	19,578
1997	〃9年	52,869	183,664	267,875	252,810	51,382	13,863	13,299	19,001
1998	〃10年	52,696	179,998	244,970	252,358	49,053	13,555	12,553	16,375
1999	〃11年	50,978	178,266	252,567	250,488	48,920	14,395	11,906	15,720
2000	〃12年	49,577	174,465	249,525	257,737	44,343	13,167	9,227	14,021
2001	〃13年	47,808	167,352	240,275	256,412	48,577	14,807	10,759	14,150
2002	〃14年	47,364	169,596	243,183	252,178	42,231	12,760	9,051	13,744
2003	〃15年	45,952	163,799	242,990	250,797	40,580	11,348	9,092	12,449
2004	〃16年	45,819	165,153	233,722	251,882	39,137	10,537	7,901	12,206

住　居

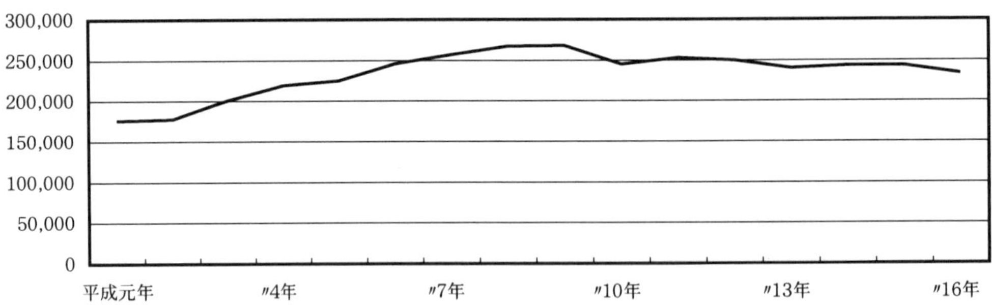

光熱・水道

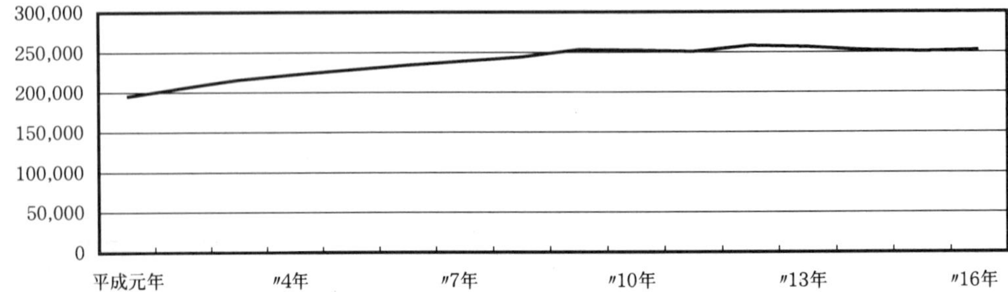

（単位　金額　円）

年　次		寝具類	家事雑貨	家事用消耗品	家事サービス	和服	洋服	シャツ・セーター類	下着類
1989	平成元年	16,983	30,958	24,467	10,558	19,582	109,631	50,547	22,145
1990	〃2年	14,786	32,277	25,420	11,165	20,484	117,255	54,354	22,774
1991	〃3年	15,094	33,893	27,422	11,881	19,609	123,051	56,143	23,236
1992	〃4年	16,160	34,566	27,705	11,920	17,587	120,518	54,720	23,924
1993	〃5年	15,097	35,010	27,727	12,153	17,369	114,327	51,715	22,603
1994	〃6年	14,842	35,197	26,835	11,928	16,077	107,097	51,210	22,433
1995	〃7年	12,634	33,974	26,572	13,581	16,246	101,083	49,556	22,288
1996	〃8年	13,021	34,071	26,770	12,302	12,817	100,025	47,676	20,898
1997	〃9年	12,255	33,241	27,291	12,907	11,764	99,101	48,096	21,374
1998	〃10年	12,611	31,487	27,180	13,689	9,855	90,610	46,857	20,747
1999	〃11年	11,683	31,062	27,475	12,746	9,491	88,907	45,535	19,994
2000	〃12年	11,807	30,190	26,754	12,036	9,335	80,645	42,339	19,099
2001	〃13年	11,465	29,192	26,050	12,124	8,470	76,588	39,182	17,332
2002	〃14年	10,196	28,857	25,950	11,474	6,278	73,679	38,293	17,245
2003	〃15年	10,558	27,052	27,010	11,024	6,758	70,547	37,109	16,286
2004	〃16年	10,041	25,888	26,103	11,523	6,834	67,704	37,703	15,602

家事用消耗品

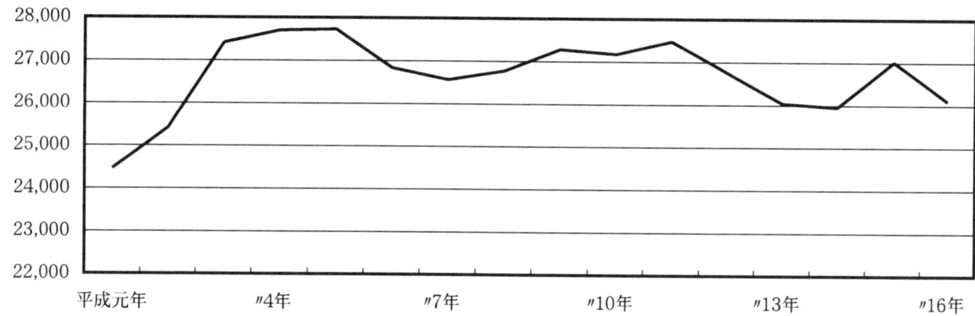

洋　服

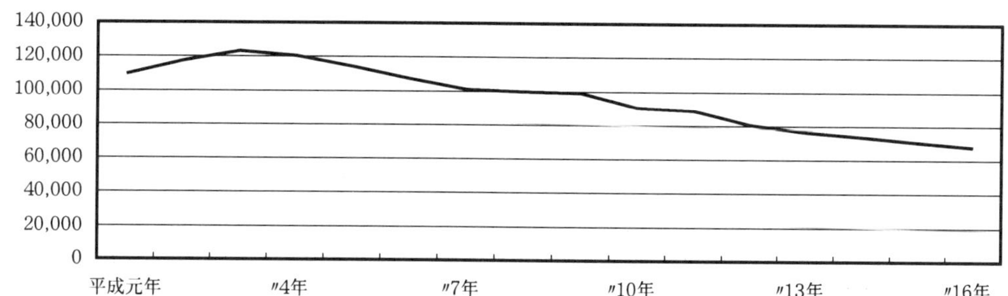

(単位　金額　円)

年　次		生地・糸類	他の被服	履物類	被服関連サービス	保健医療	交通	自動車等関係費	通信
1989	平成元年	8,559	18,472	25,277	20,854	99,661	81,284	187,248	74,370
1990	〃2年	8,219	19,343	26,392	20,927	107,559	83,944	192,850	78,148
1991	〃3年	9,387	20,831	27,419	22,653	109,371	85,814	203,313	78,807
1992	〃4年	7,202	21,516	27,669	23,674	112,594	89,940	206,639	78,178
1993	〃5年	7,238	21,215	26,619	22,742	119,417	88,391	231,335	79,434
1994	〃6年	5,737	19,987	25,615	21,792	117,827	88,182	228,081	78,407
1995	〃7年	5,304	18,613	23,934	20,721	119,684	87,244	226,887	84,015
1996	〃8年	4,862	18,463	24,324	19,603	124,996	89,895	240,870	89,933
1997	〃9年	4,978	17,848	25,308	18,719	131,004	91,146	229,386	98,556
1998	〃10年	4,499	17,007	23,207	17,425	135,859	88,412	233,751	99,878
1999	〃11年	4,460	16,301	23,189	16,896	137,704	86,383	221,384	107,395
2000	〃12年	3,540	15,589	21,822	15,179	137,371	85,536	236,731	114,345
2001	〃13年	3,347	14,918	20,809	13,579	140,304	82,025	237,500	119,753
2002	〃14年	2,900	13,990	21,100	13,643	140,594	79,938	234,109	125,839
2003	〃15年	2,613	13,293	19,242	12,456	149,357	79,042	238,864	134,222
2004	〃16年	2,260	12,923	18,619	12,327	147,810	80,918	255,383	136,978

保健医療

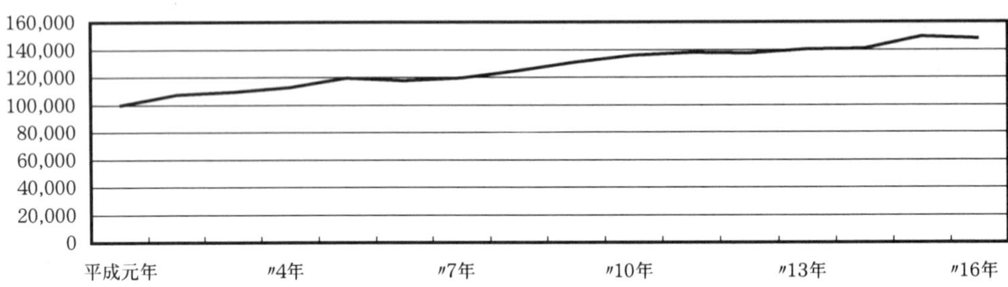

交　通

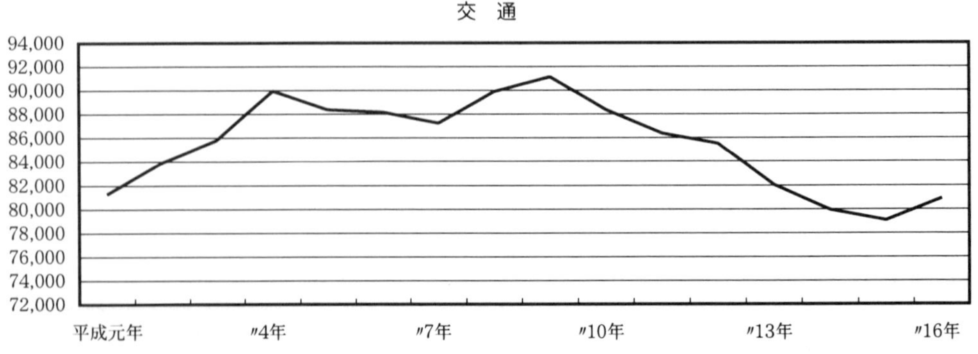

（単位　金額　円）

年　次		授業料等	教科書・学習参考教材	補習教育	教養娯楽用耐久財	教養娯楽用品	書籍・他の印刷物	教養娯楽サービス	諸雑費
1989	平成元年	119,298	5,806	37,025	45,500	79,651	49,677	176,920	208,588
1990	〃2年	127,102	6,686	39,886	41,052	83,889	50,565	198,010	211,467
1991	〃3年	123,067	5,921	41,559	39,140	90,289	50,742	211,931	236,182
1992	〃4年	134,618	6,147	43,973	35,170	92,092	55,546	226,031	240,305
1993	〃5年	129,622	6,540	45,286	36,739	97,046	56,578	227,769	246,692
1994	〃6年	136,382	6,295	45,761	35,328	93,374	57,377	226,034	242,102
1995	〃7年	133,247	6,036	45,346	35,134	87,845	55,855	214,335	235,810
1996	〃8年	132,443	5,275	40,181	37,274	89,872	55,560	216,846	241,124
1997	〃9年	135,164	5,417	42,483	39,181	92,557	56,661	222,969	235,134
1998	〃10年	131,440	5,133	39,183	37,090	92,946	56,607	220,168	250,200
1999	〃11年	117,776	5,176	39,607	42,851	95,381	56,317	225,193	248,720
2000	〃12年	124,556	4,336	37,472	42,679	91,580	55,081	215,104	240,560
2001	〃13年	116,308	3,855	33,109	41,581	89,438	54,111	210,444	237,028
2002	〃14年	117,444	3,997	32,150	38,626	87,909	56,956	206,936	254,115
2003	〃15年	123,586	3,729	32,403	35,183	85,601	55,828	203,474	245,233
2004	〃16年	123,404	3,692	35,911	37,075	84,102	55,713	216,502	251,677

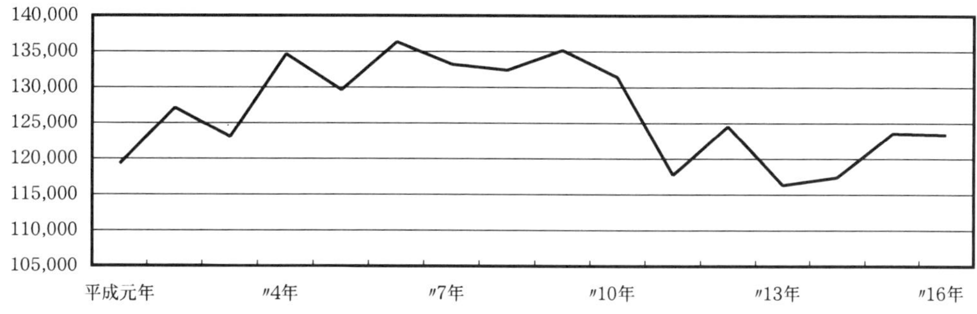

書籍・他の印刷物

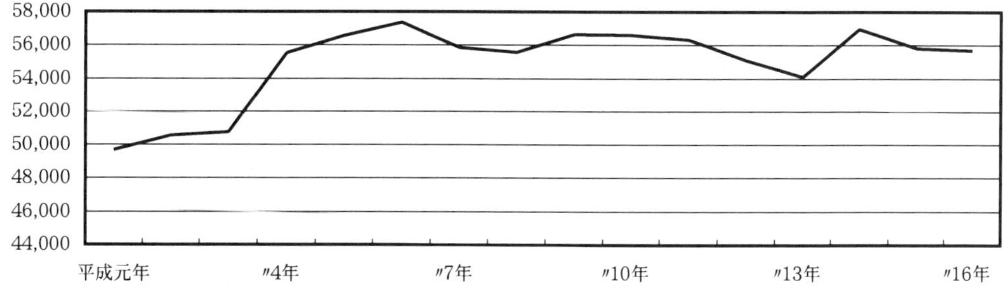

（単位　金額　円）

年　次		こづかい（使途不明）	交際費	仕送り金
1989	平成元年	340,360	211,680	86,551
1990	〃2年	330,825	230,697	88,324
1991	〃3年	342,028	247,523	91,865
1992	〃4年	342,313	250,197	102,856
1993	〃5年	334,764	253,247	103,196
1994	〃6年	326,855	242,789	108,730
1995	〃7年	312,896	252,143	112,813
1996	〃8年	298,888	245,823	103,522
1997	〃9年	308,761	246,679	107,336
1998	〃10年	287,587	236,443	118,314
1999	〃11年	274,509	233,322	102,965
2000	〃12年	260,835	222,326	110,706
2001	〃13年	241,571	220,591	100,897
2002	〃14年	228,172	216,180	95,602
2003	〃15年	219,757	210,769	90,366
2004	〃16年	212,472	208,779	95,578

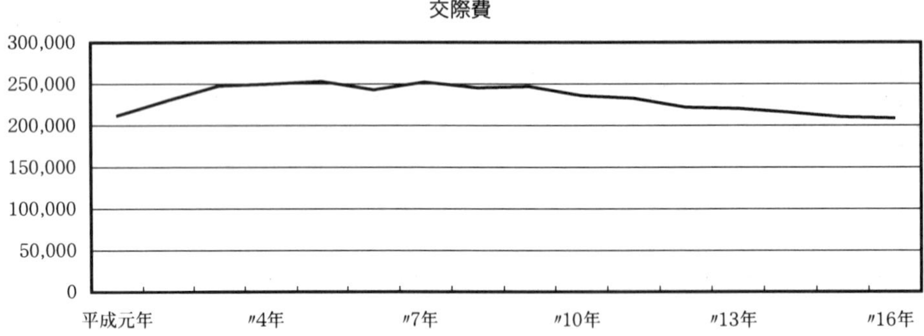

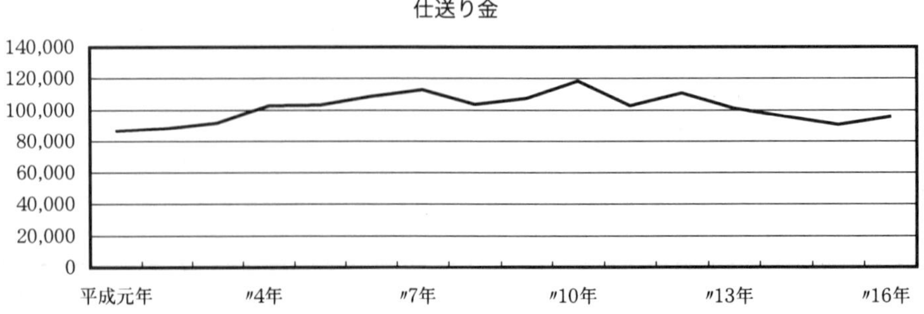

12-34 家庭主要品目の1世帯当たり年間支出金額（二人以上の世帯（農林漁家世帯を含む）－全世帯）（平成17年～19年）

（単位 金額 円）

品目	平成17年	平成18年	平成19年
穀類			
米	32,896	30,967	30,679
食パン	8,219	8,248	8,249
生うどん・そば	3,591	3,501	3,588
乾うどん・そば	2,856	2,851	2,834
スパゲティ	1,047	1,020	1,081
即席めん	1,538	1,414	1,375
小麦粉	567	539	601
もち	2,159	2,169	2,089
魚介類			
まぐろ	6,942	635	6,935
あじ	1,670	1,720	1,751
いわし	699	739	741
かつお	2,086	2,106	1,890
かれい	1,639	1,692	1,674
さけ	3,823	3,979	4,037
さば	1,274	1,374	1,362
さんま	1,547	1,479	1,503
ぶり	3,540	3,471	3,712
いか	3,068	2,972	3,002
えび	3,935	3,716	3,632
あさり	1,153	1,146	1,089
かき	1,310	1,215	957
塩さけ	2,166	2,215	2,187
たらこ	3,243	3,087	3,100
干しあじ	1,241	1,245	1,256
揚げかまぼこ	2,668	2,623	2,580
ちくわ	1,707	1,692	1,708
かまぼこ	3,195	3,195	3,318
魚介の漬物	3,233	3,281	3,213
魚介のつくだ煮	1,375	1,329	1,372
魚介の缶詰	2,313	2,333	2,363
肉類			
牛肉	21,324	20,705	20,868
豚肉	23,191	23,249	23,923
鶏肉	10,749	10,871	11,295
ハム	5,841	5,765	5,938
ソーセージ	6,357	6,373	6,613
ベーコン	2,157	2,263	2,362
乳卵類			
牛乳	18,862	17,987	17,237
バター	666	687	721
チーズ	3,051	3,151	3,315
卵	8,876	8,386	8,364
野菜・海藻			
キャベツ	2,246	2,408	2,309
ほうれんそう	2,284	2,290	2,149
はくさい	1,182	1,116	1,081
ねぎ	2,819	2,833	2,812

原注：「家計調査」による。

出所：56,57,58

（単位　金額　円）

品　　目	平成17年	平成18年	平成19年
レタス	2,013	2,078	2,197
もやし	942	941	922
かんしょ	966	948	990
ばれいしょ	2,538	2,505	2,381
さといも	994	999	975
だいこん	1,885	1,913	1,792
にんじん	2,320	2,392	2,088
ごぼう	1,134	1,193	1,168
たまねぎ	2,836	2,879	2,671
れんこん	802	797	814
たけのこ	984	956	975
さやまめ	2,423	2,299	2,237
かぼちゃ	1,268	1,368	1,393
きゅうり	3,128	3,269	3,409
なす	1,886	1,949	2,017
トマト	5,932	6,123	6,425
ピーマン	1,613	1,666	1,701
生しいたけ	1,918	1,986	2,035
干しのり	2,921	2,748	2,751
わかめ	1,649	1,638	1,565
こんぶ	1,296	1,224	1,197
豆腐	6,439	6,493	6,492
油揚げ・がんもどき	3,280	3,233	3,289
納豆	3,914	3,891	3,867
こんにゃく	2,311	2,278	2,230
だいこん漬	1,163	1,131	1,072
はくさい漬	777	742	688
こんぶつくだ煮	1,277	1,265	1,376
果物			
りんご	4,946	4,976	5,338
みかん	4,778	4,959	4,942
グレープフルーツ	806	558	934
オレンジ	602	645	505
なし	2,201	2,051	2,259
ぶどう	2,468	2,317	2,556
もも	1,382	1,263	1,421
すいか	1,531	1,394	1,497
メロン	1,834	1,555	1,603
いちご	4,153	3,813	3,736
バナナ	3,964	3,854	3,964
油脂・調味料			
食用油	3,401	3,305	3,446
マーガリン	780	752	755
食塩	606	599	581
しょう油	2,263	2,233	2,220
みそ	2,695	2,694	2,631
砂糖	1,383	1,413	1,454
酢	1,514	1,508	1,438
ソース	770	741	785
ケチャップ	567	559	590
マヨネーズ･ドレッシング	2,867	2,934	2,998
カレールウ	1,484	1,486	1,465
乾燥スープ	2,188	2,204	2,217
菓子類			
まんじゅう	1,625	1,596	1,729

（単位　金額　円）

品　　目	平成17年	平成18年	平成19年
ケーキ	7,506	7,625	7,516
せんべい	4,938	5,115	5,207
ビスケット	2,923	2,908	3,015
スナック菓子	3,402	3,378	3,492
キャンデー	2,219	2,107	2,097
チョコレート	4,123	4,292	4,280
アイスクリーム・シャーベット	7,067	6,823	7,081
調理食品			
弁当	12,180	11,913	12,327
調理パン	3,364	3,467	3,553
サラダ	2,802	2,918	2,888
コロッケ	1,973	1,944	1,835
天ぷら・フライ	8,534	8,505	8,504
しゅうまい	1,018	978	1,013
冷凍調理食品	5,177	5,195	5,207
飲料			
緑茶	5,615	5,484	5,290
コーヒー・ココア	8,498	8,748	8,754
果実・野菜ジュース	9,274	9,258	9,300
乳酸菌飲料	3,253	3,021	3,478
酒類			
清酒	7,694	7,449	7,267
焼ちゅう	6,959	6,705	7,162
ビール	17,345	16,330	17,218
ウイスキー	1,272	1,212	1,220
ぶどう酒	2,566	2,298	2,414
発泡酒	6,519	5,600	5,991
外食			
日本そば・うどん	5,413	5,282	5,333
中華そば	5,768	5,237	5,396
すし	14,517	13,822	14,667
和食	22,169	22,901	23,304
中華食	5,411	5,082	5,054
洋食	15,900	15,714	16,914
喫茶代	5,338	5,131	5,294
学校給食	11,392	11,563	12,043
住居			
民営家賃	90,003	90,820	90,764
公営家賃	23,652	22,014	16,052
給与住宅家賃	12,156	11,231	10,706
地代	4,033	4,637	3,745
火災保険料	10,272	10,251	9,487
光熱・水道			
電気代	110,603	113,545	111,014
都市ガス	37,699	39,378	38,512
プロパンガス	29,087	29,857	29,665
灯油	19,584	23,334	20,652
上下水道料	60,603	60,834	61,087
家庭用耐久財			
電子レンジ	1,219	1,171	1,347
炊事用電気器具	4,191	4,283	4,303
炊事用ガス器具	1,669	1,857	2,093
電気冷蔵庫	5,459	4,721	5,101
電気掃除機	2,208	2,004	2,160
電気洗濯機	3,489	4,334	3,322

（単位　金額　円）

品　　目	平成17年	平成18年	平成19年
冷暖房用器具			
エアコンディショナ	6,148	6,195	5,800
ストーブ・温風ヒーター	2,501	1,800	1,707
一般家具			
たんす	1,395	1,080	1,130
食卓セット	1,991	1,263	1,323
室内装備・装飾品			
照明器具	1,332	1,203	1,334
室内装飾品	3,201	2,673	2,763
敷物	2,792	2,389	2,219
寝具類			
布団	4,090	3,728	3,502
毛布	798	765	820
敷布	827	840	754
家事雑貨			
茶わん・皿・鉢	2,018	1,803	1,709
なべ・やかん	1,950	1,816	2,038
電球・蛍光ランプ	1,494	1,480	1,402
タオル	1,595	1,604	1,869
家事用消耗品			
ポリ袋・ラップ	2,746	2,863	2,959
ティッシュペーパー	2,187	1,944	2,045
トイレットペーパー	2,849	2,878	3,078
台所・住居用洗剤	2,698	2,757	2,833
洗濯用洗剤	3,704	3,782	3,794
殺虫・防虫剤	2,143	2,220	2,211
洋服			
背広服	7,648	6,650	7,330
男子用上着	2,889	2,805	2,842
男子用ズボン	4,305	4,053	4,232
男子用学校制服	1,206	1,134	1,216
婦人服	8,565	8,415	8,541
スカート	3,781	3,454	2,999
婦人用スラックス	7,013	6,634	6,977
婦人用コート	3,239	3,171	3,300
女子用学校制服	1,436	1,129	1,378
子供服	7,081	7,622	7,471
乳児服	1,261	1,349	1,170
シャツ・セーター類			
ワイシャツ	2,337	2,169	2,170
他の男子用シャツ	6,865	6,729	6,793
男子用セーター	2,170	1,774	1,700
ブラウス	4,551	4,202	4,338
婦人用セーター	8,322	7,497	7,621
子供用シャツ	2,922	2,908	2,628
子供用セーター	362	309	285
下着類			
男子用下着類	5,157	4,827	4,801
婦人用下着類	9,054	8,614	8,399
子供用下着類	1,754	1,699	1,619
生地・糸類			
着尺地	312	290	435
生地	922	972	956
他の被服			
ネクタイ	1,074	1,040	992

（単位　金額　円）

品　　目	平成17年	平成18年	平成19年
手袋	765	668	653
男子用靴下	1,999	1,971	1,938
婦人用ストッキング	911	771	784
子供用靴下	848	828	818
履物類			
運動靴	4,075	3,994	4,012
サンダル	961	933	917
男子靴	3,731	3,625	3,787
婦人靴	7,339	6,880	7,288
被服関連サービス			
仕立代	562	481	593
洗濯代	9,438	9,018	8,915
保健医療			
感冒薬	2,282	2,111	2,110
胃腸薬	1,222	1,218	1,195
栄養剤	6,210	5,457	5,510
保健用消耗品	6,789	6,521	6,599
眼鏡	8,464	8,072	7,653
医科診療代	45,415	46,184	47,657
出産入院料	2,660	3,710	2,919
他の入院料	16,658	16,898	18,955
交通			
鉄道運賃	27,703	25,483	25,406
鉄道通学定期代	4,439	4,148	4,161
鉄道通勤定期代	11,728	11,198	11,639
バス代	4,071	3,644	3,755
タクシー代	5,957	6,046	5,881
航空運賃	6,733	6,908	7,323
自動車等関係費			
自動車購入	65,664	56,120	55,558
自転車購入	2,450	2,568	2,955
ガソリン	64,980	70,631	71,988
自動車整備費	16,693	17,524	17,261
自動車保険料（自賠責）	7,408	7,331	7,649
自動車保険料（任意）	35,681	32,828	33,215
通信			
郵便料	5,368	5,359	5,231
固定電話通信料	44,062	41,939	39,537
移動電話通信料	77,044	83,558	87,398
授業料等			
国公立小学校	4,401	4,687	4,611
国公立中学校	5,561	5,264	5,438
国公立高校	14,377	13,546	13,959
私立高校	15,369	14,855	15,809
国公立大学	5,267	3,569	5,136
私立大学	33,414	35,478	38,781
幼稚園	22,818	22,823	22,954
教科書・学習参考教材			
教科書	1,580	1,231	1,128
学習参考教材	2,209	2,197	1,960
教養娯楽用耐久財			
テレビ	11,502	13,864	14,806
ステレオセット	695	427	435
ビデオデッキ	3,120	2,908	2,733
パーソナルコンピュータ	11,728	10,164	10,926

（単位　金額　円）

品　　目	平成17年	平成18年	平成19年
教養娯楽用品			
筆記・絵画用具	1,163	1,203	1,247
ノートブック	460	472	481
ゴルフ用具	1,270	1,405	1,332
スポーツ用品	11,363	10,879	11,030
テレビゲーム	2,681	3,520	4,561
フィルム	553	425	326
音楽・映像用未使用メディア	1,695	1,467	1,499
切り花	10,602	10,722	10,828
ペットフード	5,501	5,945	6,462
書籍・他の印刷物			
新聞	37,710	36,760	36,548
雑誌・週刊誌	5,040	4,675	4,434
教養娯楽サービス			
宿泊料	20,469	19,996	20,903
パック旅行費	59,415	58,223	59,041
語学月謝	4,373	4,140	4,222
音楽月謝	8,245	7,337	8,021
スポーツ月謝	10,382	10,162	10,316
自動車講習料	3,516	3,224	4,136
放送受信料	21,938	22,619	23,981
映画・演劇等入場料	6,655	6,029	6,243
スポーツ観覧料	575	630	634
文化施設入場料	2,786	2,097	2,137
現像焼付代	5,372	5,273	4,740
インターネット接続料	15,040	15,779	18,103
諸雑費			
温泉・銭湯入浴料	2,523	2,673	2,654
理髪料	6,450	6,148	6,070
パーマネント代	7,249	6,745	6,633
カット代	6,040	5,671	5,965
理美容用電気器具	1,432	1,304	1,473
歯ブラシ	1,172	1,216	1,315
浴用・洗顔石けん	3,817	4,004	4,278
シャンプー	2,877	2,919	3,108
歯磨き	1,809	1,858	1,941
整髪・養毛剤	2,322	2,127	2,163
化粧クリーム	4,416	4,161	4,215
化粧水	4,535	4,356	4,441
ファンデーション	2,767	2,503	2,443
口紅	1,056	931	980
傘	863	963	867
ハンドバック	6,521	5,965	6,276
通学用かばん	716	791	1,039
旅行用かばん	746	674	820
装身具	7,812	7,193	7,014
腕時計	1,939	1,888	2,023
たばこ	12,780	12,195	12,347
信仰・祭祀費	16,834	17,034	17,845
婚礼関係費	8,077	7,209	8,594
葬儀関係費	20,278	17,253	21,841
非貯蓄型保険料	64,309	66,530	73,753
贈与金	155,420	154,119	161,463
つきあい費	9,278	7,998	7,838
仕送り金	89,953	94,131	83,550

12-35 ラジオ・テレビジョン放送局数及びテレビジョン放送受信契約数

年度末	民間放送 1)				日本放送協会（NHK）			
	会社数		放送局数		放送局数 1)		受信契約数 (1,000)	
	ラジオ	テレビ	ラジオ	テレビ	ラジオ 2)	テレビ 3)	テレビ	#カラー
1989 平成元年	81	108	363	6,718	847	6,897	33,189	30,535
1990 〃2年	83	113	385	6,853	849	6,899	33,543	29,826
1991 〃3年	88	115	411	7,074	852	6,901	33,937	28,855
1992 〃4年	89	117	430	7,307	854	6,905	34,344	28,206
1993 〃5年	98	120	464	7,553	856	6,909	34,701	27,799
1994 〃6年	108	121	481	7,736	859	6,889	35,027	27,476
1995 〃7年	125	123	510	7,936	860	6,882	35,377	27,137
1996 〃8年	165	126	560	8,075	864	6,887	35,816	26,845
1997 〃9年	190	126	585	8,180	868	6,881	36,283	26,754
1998 〃10年	216	127	645	8,262	869	6,879	36,597	26,466
1999 〃11年	231	127	664	8,315	871	6,862	36,878	26,199
2000 〃12年	240	127	691	8,307	873	6,817	37,274	26,111
2001 〃13年	253	127	707	8,299	879	6,789	37,679	26,034
2002 〃14年	264	127	721	8,277	884	6,807	37,953	25,932
2003 〃15年	268	127	733	8,264	889	6,745	38,157	25,737
2004 〃16年	278	127	746	8,251	892	6,727	37,921	25,176
2005 〃17年	290	127	759	8,216	894	6,736	37,512	24,607
2006 〃18年	305	127	784	8,126	894	6,603	37,547	24,293

原注：1) 地上系放送。2)第1, 第2 及びFM放送局所の計。3) 総合及び教育放送局所の計。

出所：43, 46, 50, 53, 56, 58

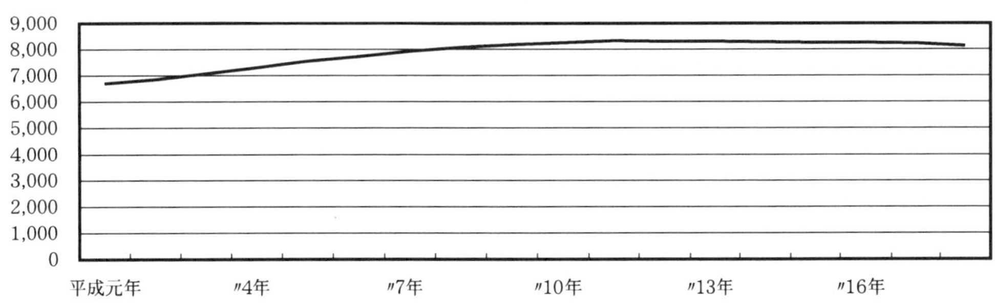

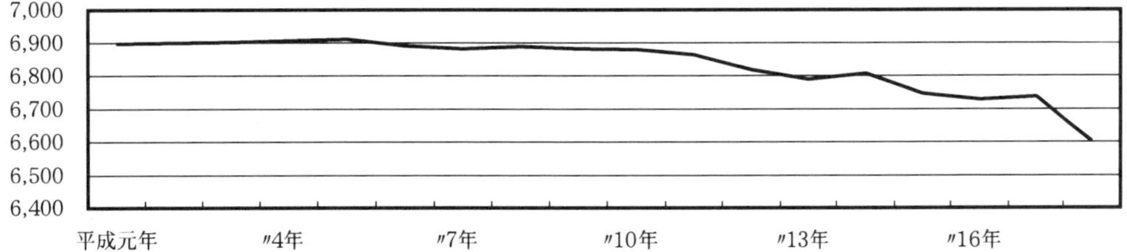

年度末		日本放送協会 (NHK) 受信契約数 (1,000) テレビ	
		#普通	#衛星カラー
1989	平成元年	1,447	1,200
1990	〃2年	1,358	2,344
1991	〃3年	1,271	3,785
1992	〃4年	1,126	4,976
1993	〃5年	1,040	5,815
1994	〃6年	971	6,528
1995	〃7年	866	7,316
1996	〃8年	800	8,110
1997	〃9年	733	8,735
1998	〃10年	667	9,406
1999	〃11年	610	10,013
2000	〃12年	542	10,571
2001	〃13年	480	11,119
2002	〃14年	444	11,536
2003	〃15年	410	11,971
2004	〃16年	386	12,324
2005	〃17年	362	12,509
2006	〃18年	332	12,892

日本放送協会　受信契約数　普通

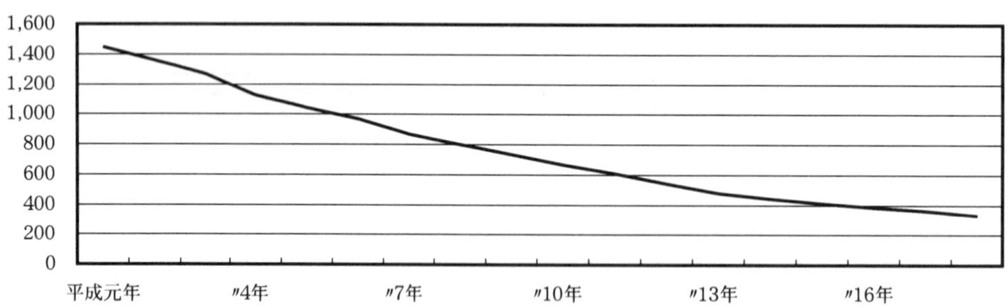

日本放送協会　受信契約数　衛星カラー

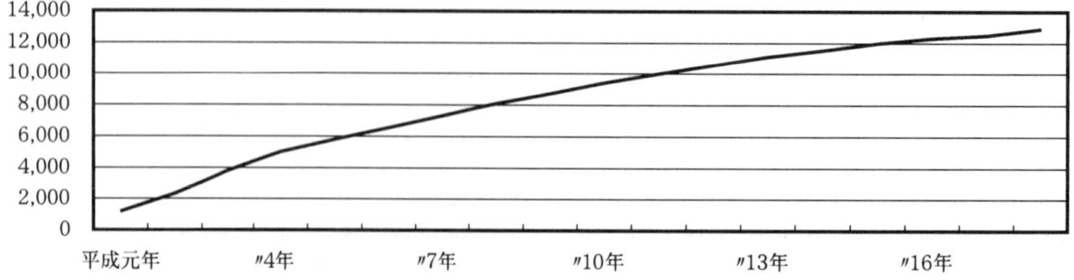

12-36 書籍の出版点数

年 次		新刊書籍							
		総 数	総 記	哲 学	歴 史	社会科学	自然科学	技 術	産 業
1989	平成元年	39,698	1,622	1,779	2,561	9,518	2,763	3,500	1,723
1990	〃2年	40,576	1,780	1,762	2,481	9,798	2,970	3,446	1,698
1991	〃3年	42,345	1,852	2,010	2,627	10,251	3,036	3,601	1,866
1992	〃4年	45,595	2,065	2,237	2,989	10,415	3,574	3,597	1,862
1993	〃5年	48,053	2,331	2,312	3,157	10,614	3,799	3,749	1,809
1994	〃6年	53,890	2,673	2,526	3,410	11,772	4,194	4,363	2,179
1995	〃7年	58,310	2,794	2,731	3,917	12,578	4,460	4,774	2,160
1996	〃8年	60,462	2,733	2,794	3,824	12,607	4,533	5,479	2,422
1997	〃9年	62,336	2,972	2,821	4,522	12,803	4,783	5,481	2,532
1998	〃10年	63,023	2,720	2,840	4,250	13,586	4,721	5,610	2,639
1999	〃11年	62,621	2,751	2,816	4,444	13,413	4,935	5,727	2,732
2000	〃12年	65,065	2,587	2,997	4,634	14,099	5,218	6,105	3,000
2001	〃13年	71,073	3,046	2,967	5,148	14,648	5,385	7,709	3,068
2002	〃14年	74,259	3,005	3,138	5,001	15,238	5,758	7,868	3,181
2003	〃15年	75,530	2,849	3,280	5,141	15,744	6,012	8,254	3,357
2004	〃16年	77,031	2,882	3,735	5,070	16,002	6,273	8,064	3,332
2005	〃17年	78,304	2,551	3,763	5,102	16,201	6,226	8,104	3,337
2006	〃18年	77,074	2,352	3,688	5,040	16,652	6,303	8,164	3,400

出所：42, 45, 49, 53, 56, 58

総 数

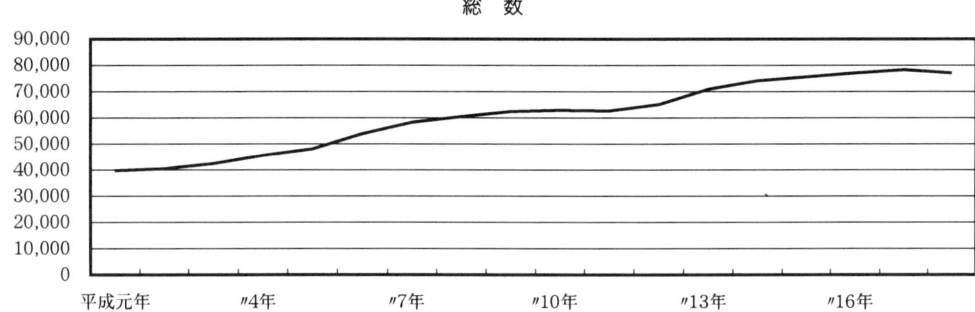

自然科学

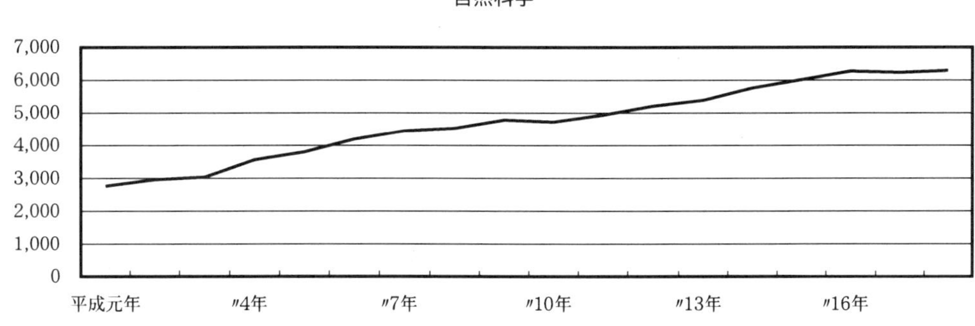

年次		新刊書籍				
		芸術	語学	文学	児童書	学習参考書
1989	平成元年	3,359	813	8,354	2,911	795
1990	〃2年	3,348	826	8,792	2,986	689
1991	〃3年	3,785	849	8,833	2,895	740
1992	〃4年	4,746	1,026	9,332	3,031	721
1993	〃5年	5,612	1,141	9,633	3,107	789
1994	〃6年	6,705	1,327	10,490	3,333	918
1995	〃7年	7,540	1,391	11,427	3,510	1,028
1996	〃8年	8,358	1,405	11,680	3,460	1,167
1997	〃9年	8,287	1,516	11,715	3,455	1,449
1998	〃10年	8,799	1,618	11,648	3,276	1,316
1999	〃11年	8,767	1,625	11,191	3,074	1,146
2000	〃12年	8,895	1,766	11,484	3,334	946
2001	〃13年	10,199	1,967	12,119	3,940	877
2002	〃14年	10,351	2,030	12,708	4,265	1,716
2003	〃15年	10,477	1,933	12,738	4,369	1,376
2004	〃16年	10,531	2,023	13,355	4,650	1,114
2005	〃17年	10,884	2,063	13,595	5,064	1,414
2006	〃18年	10,974	2,063	12,309	4,820	1,309

文学

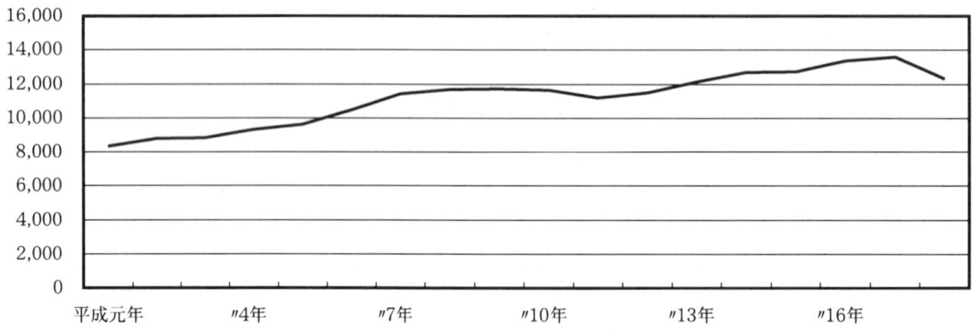

児童書

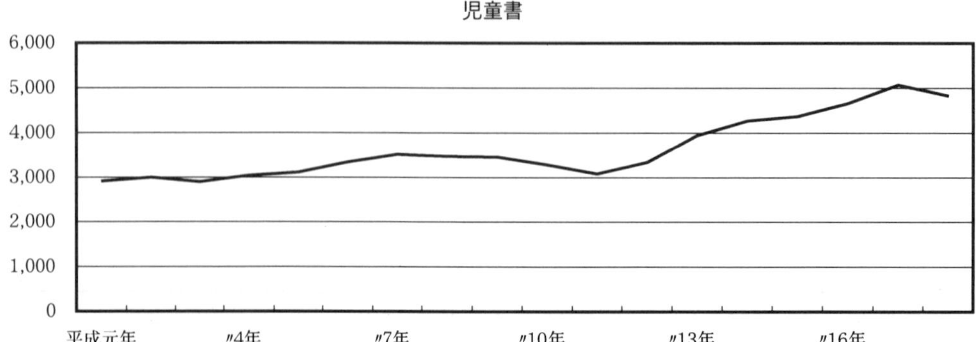

12-37　雑誌の出版点数

年末		総数	刊別						
			月刊	月2回	旬刊	週刊	隔月	季刊	その他
1989	平成元年	3,864	2,642	131	28	110	279	459	215
1990	〃2年	3,889	2,680	89	28	111	265	445	271
1991	〃3年	3,918	2,700	97	28	107	283	456	247
1992	〃4年	3,851	2,656	149	23	107	283	429	204
1993	〃5年	3,895	2,690	153	22	107	301	423	199
1995 1)	〃7年	4,002	2,753	107	21	104	324	425	268
1996 2)	〃8年	4,178	2,848	124	22	112	335	436	301
1997 2)	〃9年	4,350	2,886	128	21	123	363	473	356
1998 2)	〃10年	4,459	2,885	140	22	138	374	491	409
1999 2)	〃11年	4,446	2,855	138	21	133	385	487	427
2000 2)	〃12年	4,396	2,792	131	22	142	414	468	427
2001 2)	〃13年	4,533	2,856	134	20	138	377	491	517
2002	〃14年	4,417	2,779	132	19	152	462	463	410
2003	〃15年	4,514	2,771	131	18	159	519	491	425
2004	〃16年	4,549	2,743	137	16	138	555	508	452
2005	〃17年	4,581	2,724	139	16	132	581	515	474
2006	〃18年	4,540	2,671	129	16	132	599	525	468

原注：1) 2月末現在。2) 3月末現在。3) 平成12年度以前は児童。
出所：42, 45, 48, 52, 56, 58

総　数

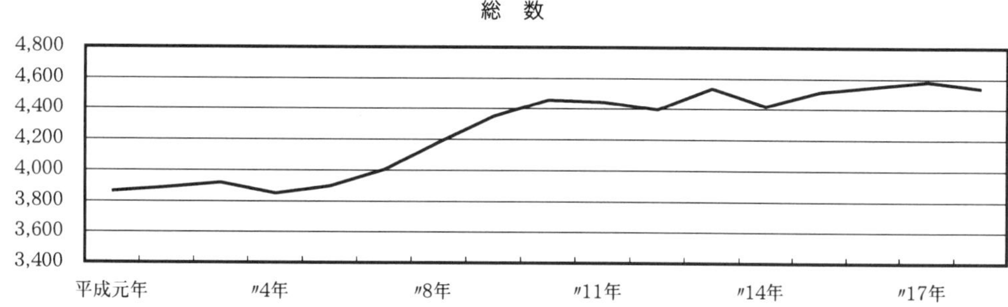

週　刊

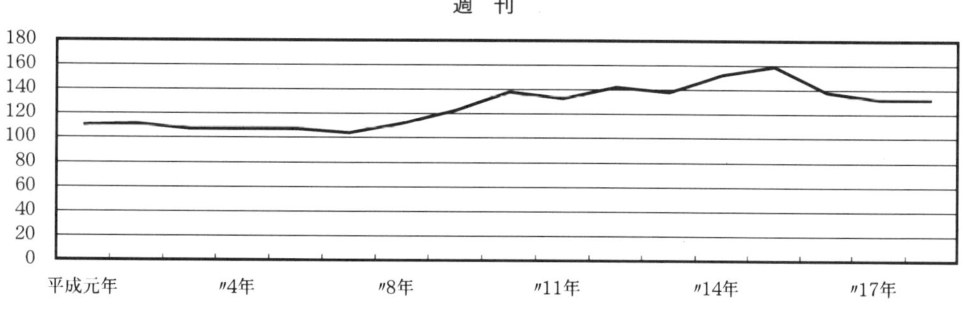

年末		部門別							
		総記	哲学	歴史・地理	社会科学	自然科学	工学・工業	家政学	産業
1989	平成元年	185	117	104	775	365	477	149	303
1990	〃2年	185	116	102	765	368	464	148	316
1991	〃3年	177	113	105	748	393	463	149	320
1992	〃4年	163	109	100	721	395	458	148	320
1993	〃5年	156	108	94	726	408	454	150	316
1995 1)	〃7年	159	110	95	720	434	475	141	318
1996 2)	〃8年	162	119	105	755	443	509	146	330
1997 2)	〃9年	172	122	113	766	466	528	162	352
1998 2)	〃10年	179	122	134	808	483	499	163	362
1999 2)	〃11年	176	120	135	789	489	497	159	363
2000 2)	〃12年	172	112	128	780	486	493	166	362
2001 2)	〃13年	174	110	137	817	501	501	195	366
2002	〃14年	173	103	127	776	503	495	190	368
2003	〃15年	169	105	124	769	519	485	221	370
2004	〃16年	170	105	133	763	523	480	238	367
2005	〃17年	167	107	132	767	530	478	251	369
2006	〃18年	172	108	128	735	522	481	276	377

社会科学

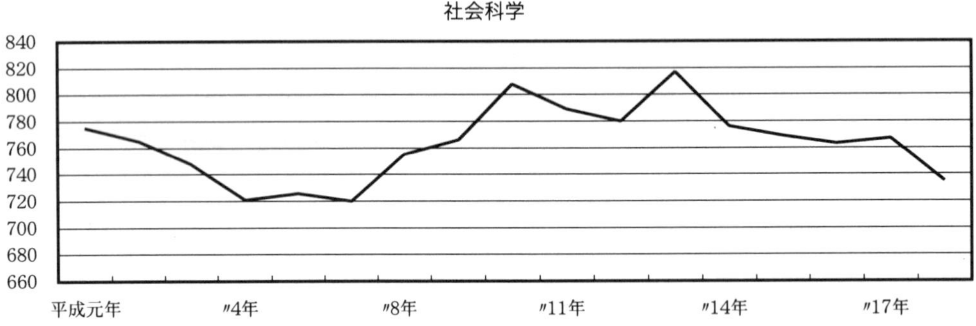

家政学

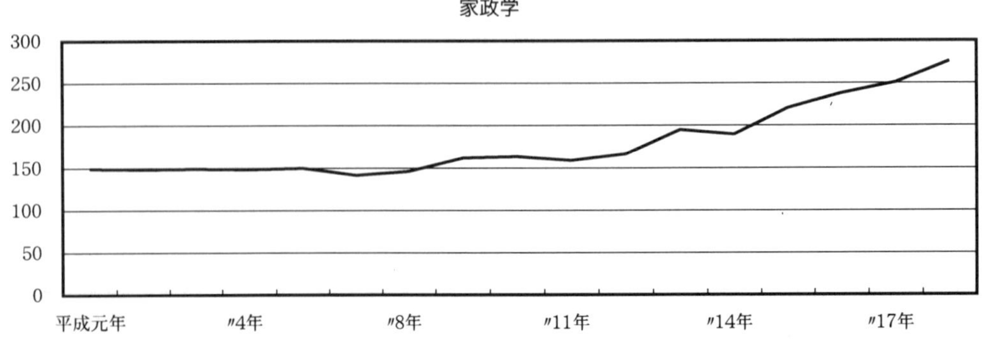

年　末		部　門　別							
		芸　術	語　学	文　学	女　性	青　年	少年・少女 3)	学習受験	音の出る雑　誌
1989	平成元年	527	33	526	69	3	197	34	-
1990	〃2年	557	33	522	73	5	199	36	-
1991	〃3年	559	37	530	76	5	213	30	-
1992	〃4年	545	35	541	75	6	206	29	-
1993	〃5年	574	35	567	73	6	202	26	-
1995 1)	〃7年	611	34	598	73	6	206	22	-
1996 2)	〃8年	652	33	611	78	6	206	23	-
1997 2)	〃9年	682	32	647	84	5	198	21	-
1998 2)	〃10年	676	31	697	91	5	194	15	-
1999 2)	〃11年	695	32	706	83	5	186	11	-
2000 2)	〃12年	685	35	694	78	5	189	11	-
2001 2)	〃13年	715	37	700	75	5	191	9	-
2002	〃14年	689	37	670	82	5	191	8	-
2003	〃15年	741	35	677	81	5	203	10	-
2004	〃16年	754	37	683	86	4	196	10	-
2005	〃17年	758	40	699	81	3	189	10	-
2006	〃18年	740	44	678	77	3	189	10	-

文　学

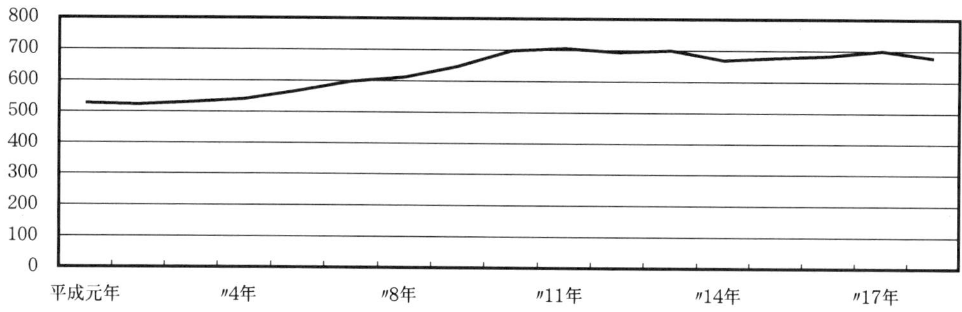

少年・少女

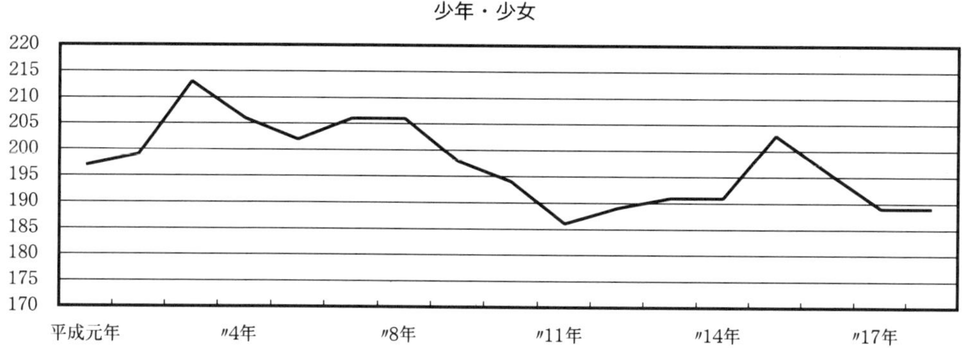

12-38 新聞発行部数

(単位 1,000部)

年 次	総 数	朝夕刊セット	朝刊のみ	夕刊のみ
1989 平成元年	51,063	20,394	28,712	1,958
1990 〃2年	51,908	20,616	29,268	2,023
1991 〃3年	52,026	20,510	29,552	1,964
1992 〃4年	51,938	19,752	30,196	1,990
1993 〃5年	52,433	19,610	30,781	2,043
1994 〃6年	52,601	19,324	31,269	2,008
1995 〃7年	52,855	19,192	31,645	2,017
1996 〃8年	53,556	19,149	32,421	1,985
1997 〃9年	53,765	18,934	32,842	1,989
1998 〃10年	53,670	18,740	32,953	1,977
1999 〃11年	53,757	18,461	33,381	1,915
2000 〃12年	53,709	18,187	33,703	1,819
2001 〃13年	53,681	18,013	33,863	1,805
2002 〃14年	53,198	17,617	33,901	1,681
2003 〃15年	52,875	17,465	33,781	1,629
2004 〃16年	53,022	17,342	34,066	1,613
2005 〃17年	52,568	17,112	33,928	1,529
2006 〃18年	52,310	16,789	34,048	1,474
2007 〃19年	52,029	16,409	34,175	1,445

原注： 10月現在。

出所： 41, 42, 43, 44, 45, 46, 47, 48, 49, 50, 51, 52, 53, 54, 55, 56, 57, 58

総 数

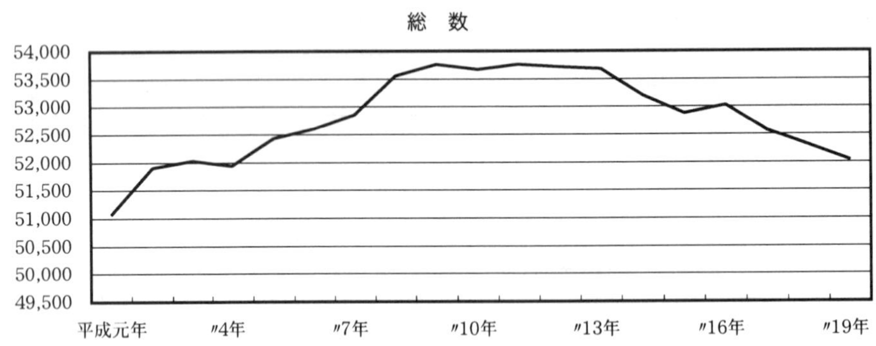

朝夕刊セット

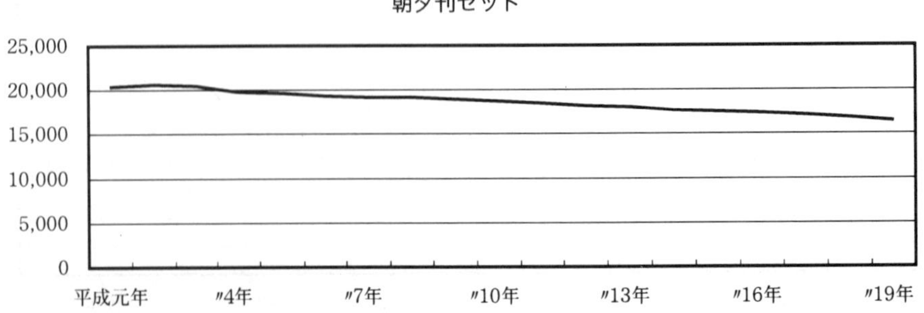

12-39　公共図書館

年　次		設置地方公共団体数	図書館数			職員数			
			計	本館	分館	専任，兼任	非常勤	# 司書	# 司書補
1990	平成2年	1,218	1,950	1,475	475	14,225	2,106	6,401	383
1993	〃5年	1,346	2,172	1,607	565	15,686	3,653	7,529	429
1996	〃8年	1,510	2,396	1,794	602	17,036	5,021	8,602	443
1999	〃11年	1,644	2,593	1,959	634	17,743	7,179	9,824	425
2002	〃14年	1,734	2,742	2,040	702	17,972	9,304	10,977	387
2005	〃17年	1,506	2,979	1,985	994	17,133	13,527	12,781	442

原注：「社会教育調査」による。10月1日現在。1) 他の分類を含む。2) 内訳は平成8年の数値。
出所：53, 58

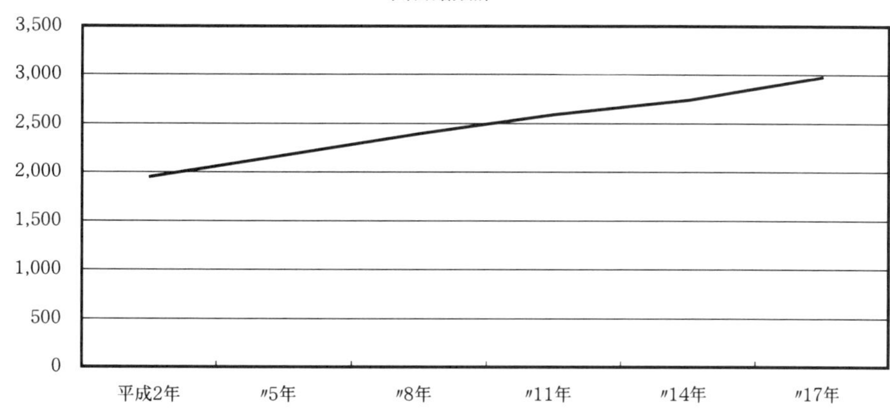

職員数　司書

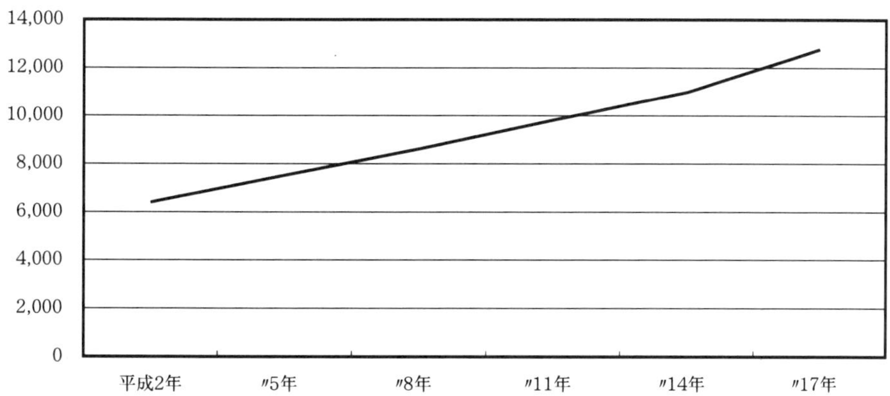

年　次		蔵書冊数							
		計 1)	図書分類別						
			総記	哲学	歴史	社会科学	自然科学	工学・技術	産業
1990	平成2年	161,694	7,219	4,999	12,228	17,964	8,696	9,006	4,220
1993	〃5年	195,390	8,193	5,982	14,979	21,729	10,836	11,082	5,073
1996	〃8年	237,647	9,317	7,230	18,631	26,682	13,801	13,974	6,285
1999	〃11年	271,630	10,372	8,343	21,658	30,826	16,430	16,563	7,569
2002	〃14年	308,076	11,342	9,276	24,796	35,356	18,694	19,400	8,846
2005	〃17年	340,304	12,079	10,310	27,308	39,673	21,016	22,041	10,073

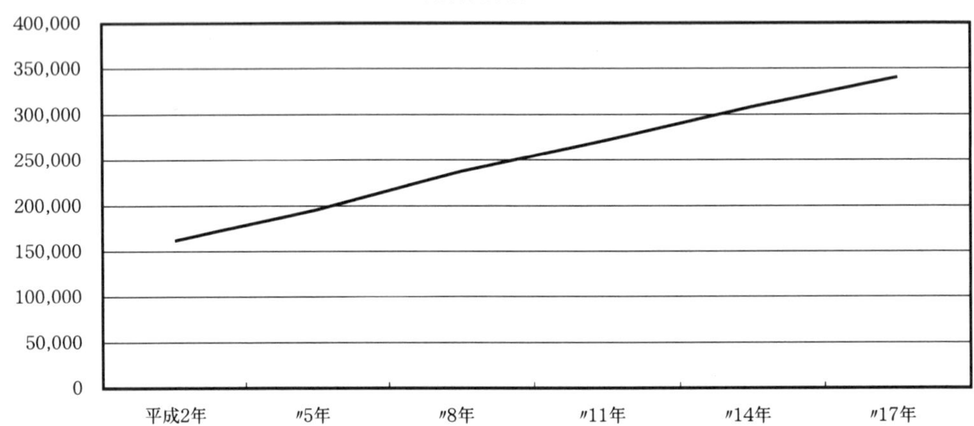

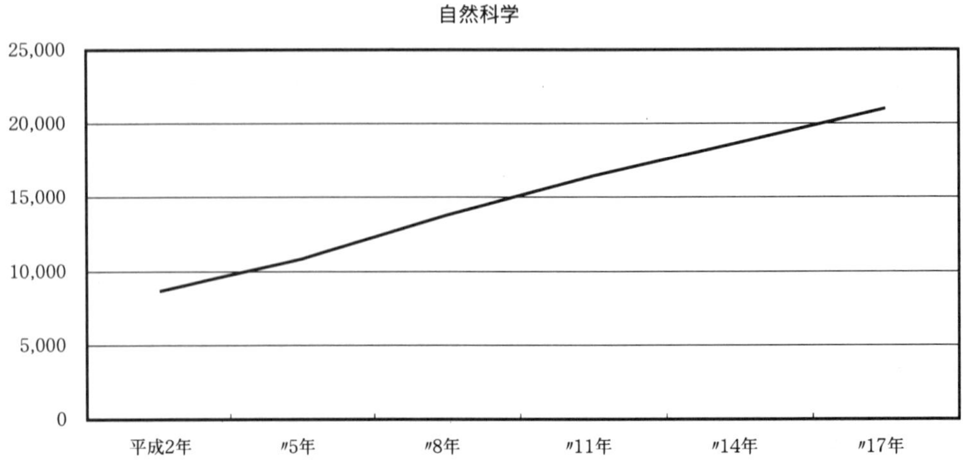

年次		蔵書冊数							
		図書分類別			未整理	和洋別		対象別	
		芸術	語学	文学		和漢書	洋書	成人用	児童用
1990	平成2年	10,591	2,263	50,091	5,681	160,693	1,001	120,207	41,486
1993	〃5年	13,179	2,840	61,335	7,949	193,761	1,629	146,399	48,992
1996	〃8年	17,713	3,546	76,595	4,596	236,141	1,507	178,947	58,700
1999	〃11年	20,905	4,139	87,632	3,080	269,468	2,162	204,965	66,665
2002	〃14年	25,019	4,716	98,583	3,950	305,731	2,345	232,888	75,188
2005	〃17年	27,870	5,361	108,781	2,884	337,802	2,502	256,866	83,438

文　学

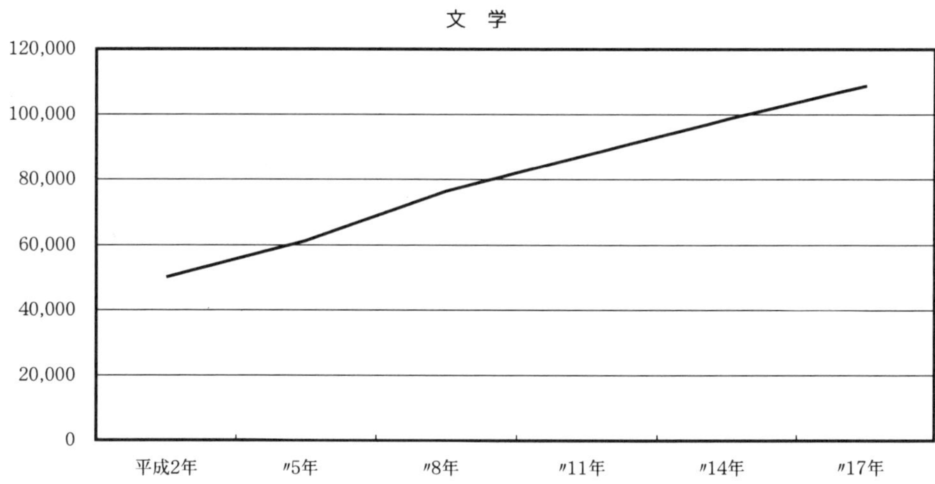

洋　書

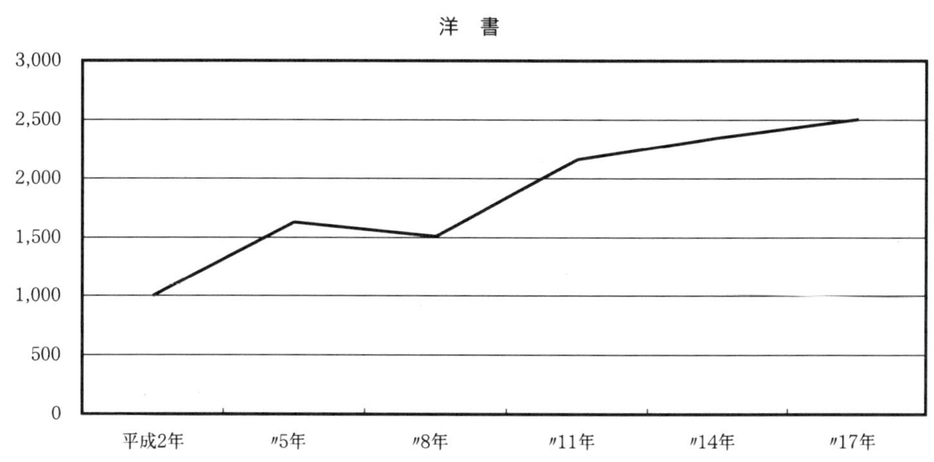

年　次		蔵書冊数 観覧形態別 開架式図書	閉架式図書	レコード (1,000枚)	録音テープ (1,000本)	コンパクトディスク (1,000枚)	受入冊数 (前年度間) (1,000)	図書館における事業(前年度間) 読書会・研究会 件数	参加者 (1,000)
1990	平成2年	97,550	64,143	546	550	451	15,205	22,496	707
1993	〃5年	119,889	75,501	518	618	1,208	17,032	25,615	889
1996	〃8年	140,704	96,943	488	709	2,156	19,087	28,653	1,011
1999	〃11年	164,694	106,936	469	732	3,125	19,848	32,754	1,127
2002	〃14年	185,161	122,916	424	698	3,832	19,702	33,590	1,244
2005	〃17年	196,518	143,786	421	679	4,558	19,160	44,561	1,471

コンパクトディスク

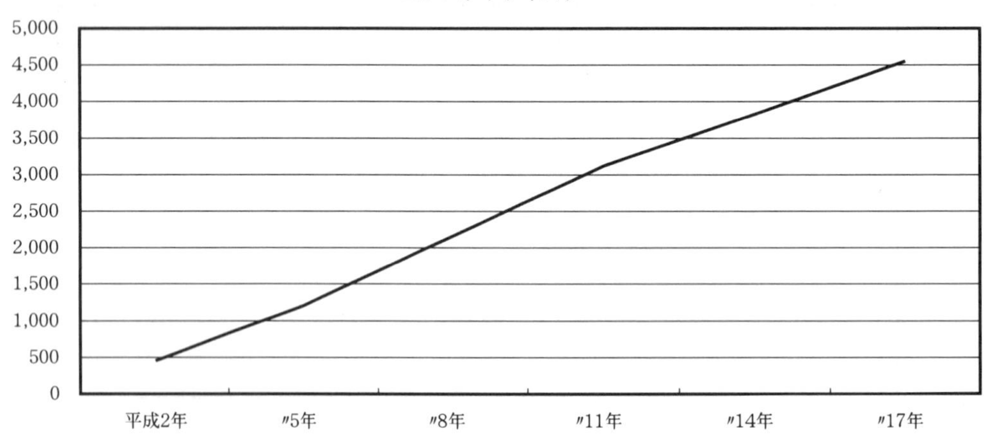

受入冊数

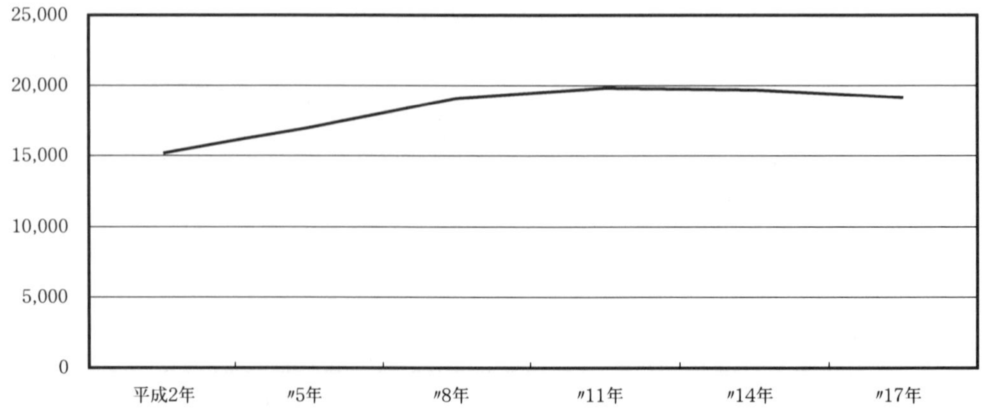

年次		図書館における事業（前年度間）			登録者数(前年度間)	貸出冊数(前年度間)	帯出者数(前年度間)	
		鑑賞会・映写会		資料展示会				#児童
		件数	参加者(1,000)	件数	(1,000)	(1,000)	(1,000)	
1990	平成2年	13,978	927	3,542	16,038	232,144	76,070	22,829
1993	〃5年	18,869	1,149	4,328	20,340	293,376	100,500	25,796
1996	〃8年	18,978	1,122	6,038	31,349	377,715	120,011	25,416
1999	〃11年	19,522	1,086	6,575	26,541	480,422	131,378	24,099
2002	〃14年	19,658	1,026	7,477	27,857	520,822	143,100	21,636
2005	〃17年	18,608	826	8,632	31,992	580,726	170,611	23,639

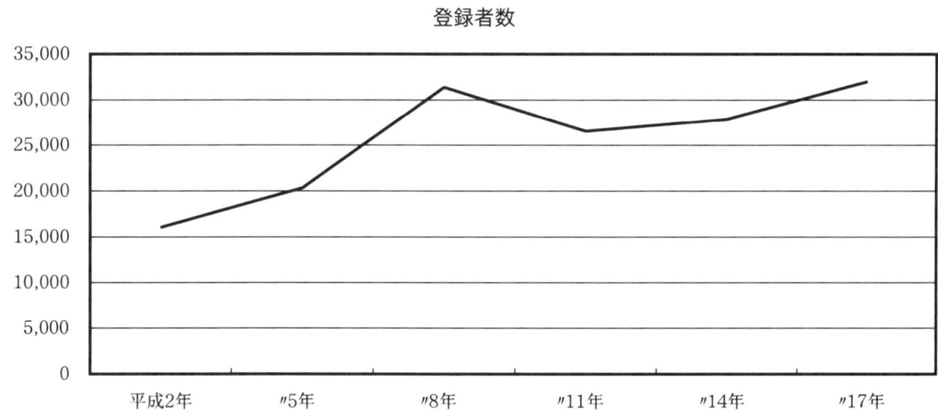

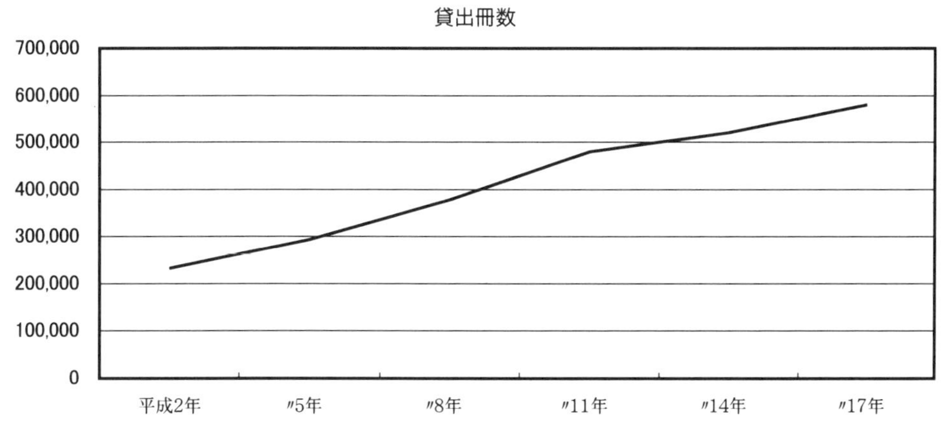

年　次	自動車文庫（前年度間）2)			貸出文庫（前年度間）2)		
	所有館数	登録者数 (1,000)	貸出冊数 (1,000)	所有館数	登録者数 (1,000)	貸出冊数 (1,000)
1990　平成2年	550	1,904	21,819	732	1,133	12,058
1993　〃5年	574	2,481	19,689	815	1,924	10,542
1996　〃8年	598	4,091	17,483	794	1,447	8,963
1999　〃11年	…	…	…	…	…	…
2002　〃14年	-	-	-	-	-	-
2005　〃17年	-	-	-	-	-	-

自動車文庫　貸出冊数

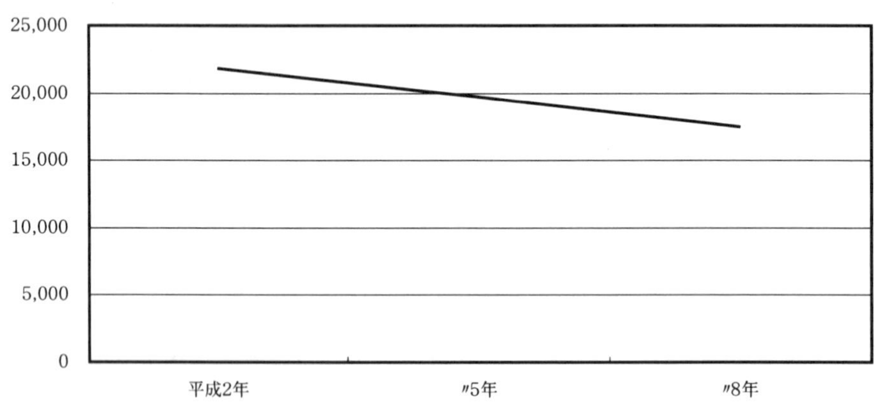

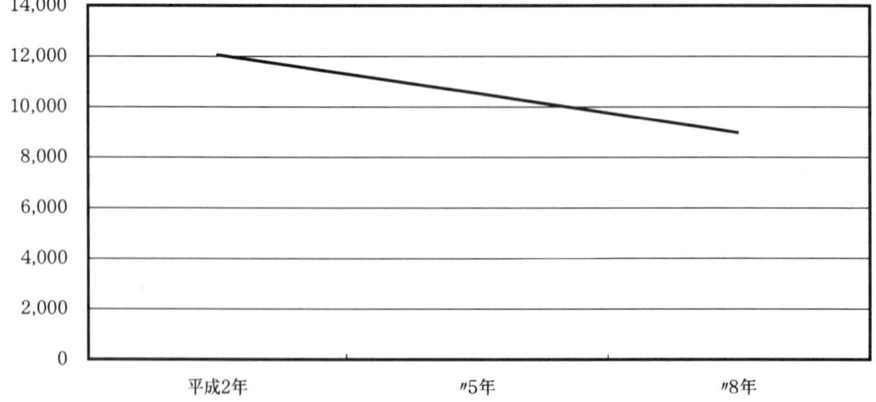

12-40 大学附属図書館

年次		大学数	大学図書館数 1) 中央図書館	分館	職員数 専任	臨時	閲覧座席数	#教員用
1989	平成元年	496	496	197	8,026	3,493	212,746	9,100
1990	〃2年	507	507	197	8,101	3,607	216,546	9,175
1991	〃3年	514	514	210	8,152	3,792	221,295	9,295
1992	〃4年	523	523	215	8,199	3,926	226,690	9,335
1993	〃5年	534	534	218	8,290	4,335	233,887	9,243
1994	〃6年	552	552	205	8,318	4,469	242,849	9,284
1995	〃7年	565	565	201	8,385	4,683	254,603	9,346
1996	〃8年	576	576	236	8,301	4,809	263,002	9,099
1997	〃9年	586	586	239	8,345	4,974	272,476	8,743
1998	〃10年	604	604	244	8,269	5,121	283,017	8,810
1999	〃11年	622	622	249	8,111	5,434	291,489	8,832
2000	〃12年	650	650	254	8,011	5,701	303,002	8,307
2001	〃13年	670	670	243	7,851	5,813	313,703	7,781
2002	〃14年	686	686	248	7,577	5,898	322,079	6,742
2003	〃15年	699	699	262	7,334	5,986	329,996	6,758
2004	〃16年	708	708	275	7,075	6,503	335,837	6,603
2005	〃17年	716	716	308	6,799	6,971	345,265	5,361
2006	〃18年	734	734	314	6,576	6,707	350,144	5,044

原注：「大学図書館実施調査」による。5月1日現在。1) 部局図書館・室を除く。
出所：42, 45, 49, 52, 55, 58

大学図書館数　中央図書館

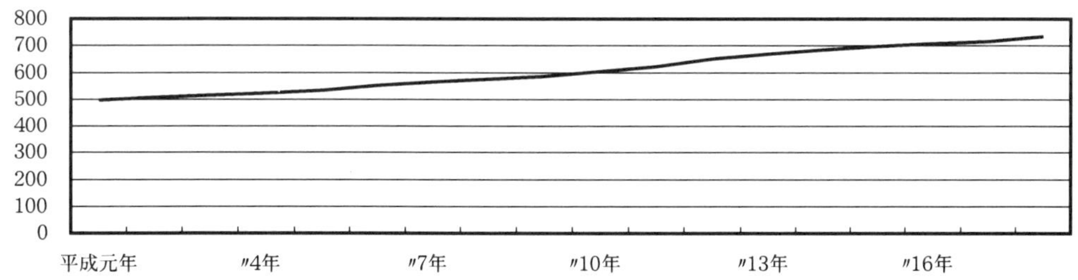

職員数　専任

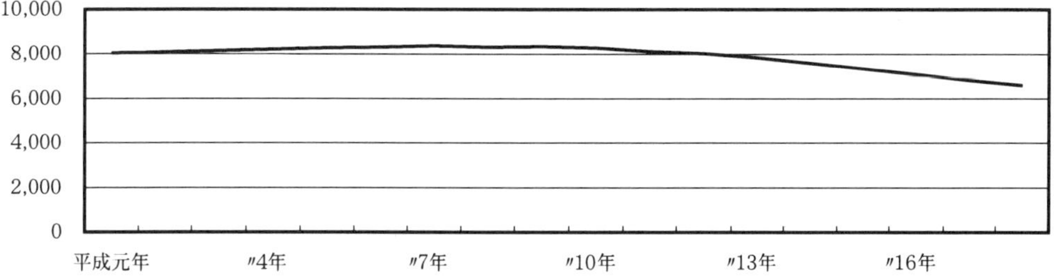

年度		蔵書冊数(年度末)(1,000)		所蔵雑誌種類数(年度末) (1,000)		図書受入れ冊数(1,000)		雑誌継続受入れ種類数(1,000)	
		和書	洋書	和雑誌	洋雑誌	和書	洋書	和雑誌	洋雑誌
1989	平成元年	110,138	62,067	1,462	849	4,607	2,678	883	454
1990	〃2年	114,756	64,671	1,530	882	4,622	2,527	906	466
1991	〃3年	119,867	67,045	1,625	978	4,496	2,481	934	472
1992	〃4年	124,482	69,618	1,661	991	4,559	2,443	963	474
1993	〃5年	129,262	71,858	1,693	984	4,782	2,554	978	478
1994	〃6年	134,106	74,239	1,742	1,014	4,862	2,478	987	484
1995	〃7年	139,003	76,908	1,819	1,066	4,997	2,581	1,003	485
1996	〃8年	143,838	79,043	1,871	1,095	5,178	2,514	1,033	493
1997	〃9年	149,528	81,453	1,947	1,125	5,034	2,330	1,048	490
1998	〃10年	155,010	83,550	2,122	1,250	4,958	2,173	1,054	478
1999	〃11年	160,280	85,787	2,093	1,194	5,527	2,291	1,068	466
2000	〃12年	166,702	88,023	2,156	1,204	5,635	2,234	1,071	460
2001	〃13年	172,463	89,677	2,316	1,370	5,446	2,081	1,066	441
2002	〃14年	178,824	91,944	2,304	1,261	5,498	1,945	1,060	429
2003	〃15年	182,336	92,877	2,373	1,291	5,862	2,012	1,062	424
2004	〃16年	186,916	92,820	2,472	1,308	5,526	1,790	1,030	389
2005	〃17年	191,727	94,859	2,560	1,387	5,517	1,736	1,020	371

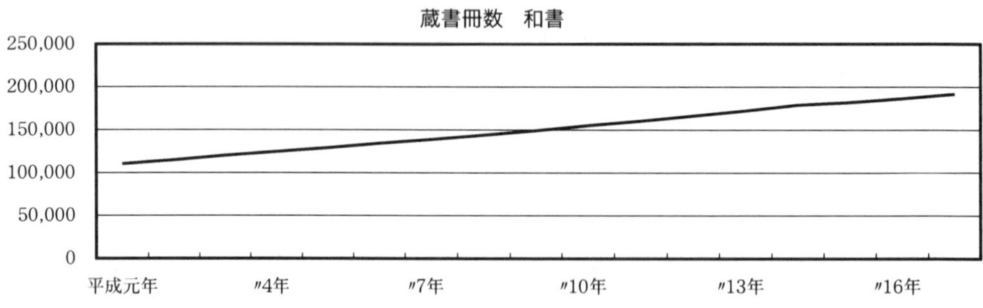

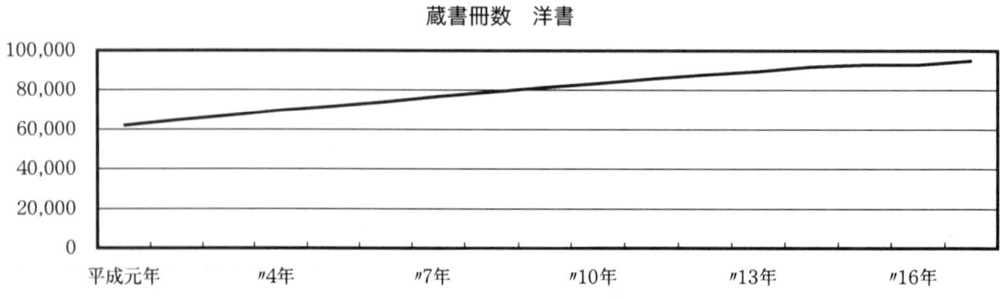

年　度	学生1人当たり蔵書冊数	学生1人当たり図書受入冊数	開　架図書率(%)	館外貸出し冊数 (1,000)			利用者別参考業務件数(1,000)	
				学内者		学外者	学内者	
				教職員	学　生		教職員	学　生
1989 平成元年	75.6	3.2	40.0	3,281	13,074	210	509	791
1990 〃2年	75.7	3.0	40.9	3,222	13,706	210	539	831
1991 〃3年	75.6	2.8	41.7	3,229	14,413	256	594	891
1992 〃4年	78.5	2.7	42.8	3,256	15,750	298	607	906
1993 〃5年	72.4	2.6	43.5	3,319	17,179	291	651	1,007
1994 〃6年	77.0	2.7	44.2	3,166	18,104	318	735	1,120
1995 〃7年	78.0	2.7	44.7	3,297	19,889	387	903	1,307
1996 〃8年	79.8	2.8	…	3,658	20,540	374	926	1,498
1997 〃9年	86.3	2.8	…	3,310	20,987	438	737	1,335
1998 〃10年	81.0	2.4	…	3,260	21,525	492	696	1,355
1999 〃11年	85.4	2.7	…	3,253	22,166	610	642	1,361
2000 〃12年	89.4	2.8	…	3,147	22,553	622	611	1,382
2001 〃13年	90.6	2.6	…	3,212	22,502	708	572	1,323
2002 〃14年	92.6	2.5	…	3,145	23,101	806	605	1,308
2003 〃15年	94.3	2.7	…	3,390	24,547	924	523	1,319
2004 〃16年	91.4	2.4	…	3,235	24,180	981	443	1,187
2005 〃17年	94.3	2.4	…	3,394	24,277	1,058	480	1,144

学生１人当たり蔵書冊数

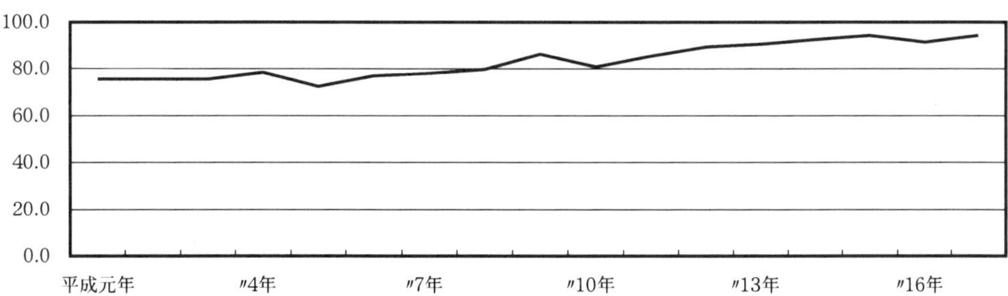

館外貸出し冊数　学生

30,000
25,000
20,000
15,000
10,000
5,000
0
平成元年
〃4年
〃7年
〃10年
〃13年
〃16年

年　度		利用者別参考業務件数(1,000)	業務内容別参考業務件数(1,000)				利用者別文献複写件数(1,000)	
		学外者	文献所在調査	事項調査	利用指導	その他	学内者	学外者
1989	平成元年	161	814	211	358	78	6,697	1,835
1990	〃2年	169	859	229	364	87	8,807	2,113
1991	〃3年	196	946	245	386	104	8,666	1,886
1992	〃4年	207	945	258	400	118	9,392	1,961
1993	〃5年	224	997	315	431	140	9,306	1,405
1994	〃6年	231	1,057	373	489	167	8,610	1,544
1995	〃7年	262	1,287	454	594	138	11,033	1,618
1996	〃8年	249	1,497	450	591	135	12,613	1,701
1997	〃9年	251	1,121	406	645	153	10,929	1,815
1998	〃10年	254	1,115	368	665	157	11,028	1,925
1999	〃11年	261	1,125	343	665	131	10,483	1,987
2000	〃12年	253	1,117	332	684	112	12,086	2,112
2001	〃13年	250	1,064	313	658	111	10,820	12,734
2002	〃14年	265	1,060	344	668	106	10,708	12,836
2003	〃15年	289	989	325	667	151	9,140	11,034
2004	〃16年	226	873	254	612	115	10,544	1,941
2005	〃17年	226	862	229	624	162	10,263	1,748

業務内容別参考業務件数　文献所在調査

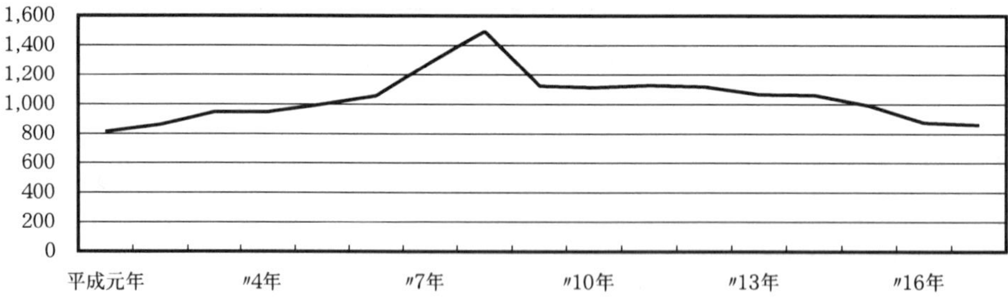

利用者別文献複写件数　学内者

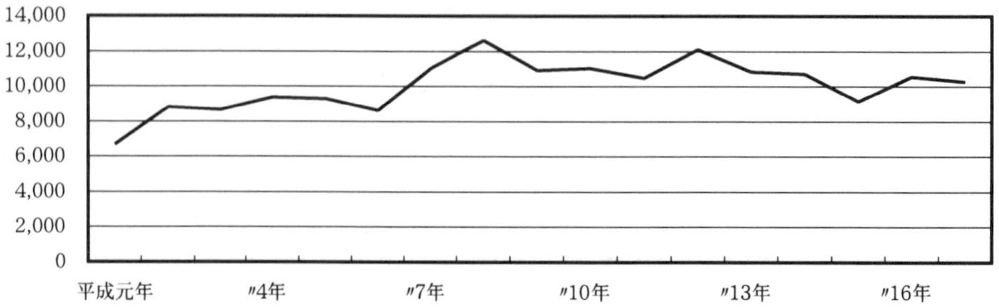

年　度		複写形態別文献複写件数 (1,000)		
		電子複写 (枚)	マイクロ フィルム (コマ)	マイクロ フィッシュ (シート)
1989	平成元年	112,035	757	62
1990	〃2年	116,567	594	36
1991	〃3年	119,595	657	58
1992	〃4年	126,708	994	61
1993	〃5年	126,419	736	96
1994	〃6年	132,583	929	91
1995	〃7年	139,805	838	164
1996	〃8年	144,381	901	139
1997	〃9年	146,220	1,125	156
1998	〃10年	141,099	981	133
1999	〃11年	151,181	1,067	72
2000	〃12年	137,508	1,222	67
2001	〃13年	134,258	1,104	33
2002	〃14年	130,434	822	60
2003	〃15年	120,586	829	31
2004	〃16年	116,576	661	26
2005	〃17年	97,431	623	44

複写形態別文献複写件数　電子複写

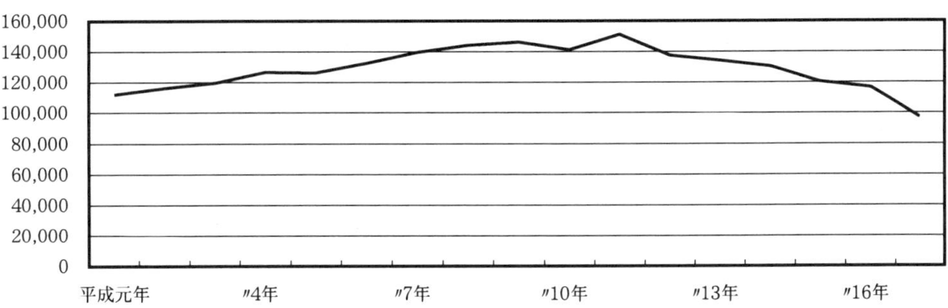

複写形態別文献複写件数　マイクロフィッシュ

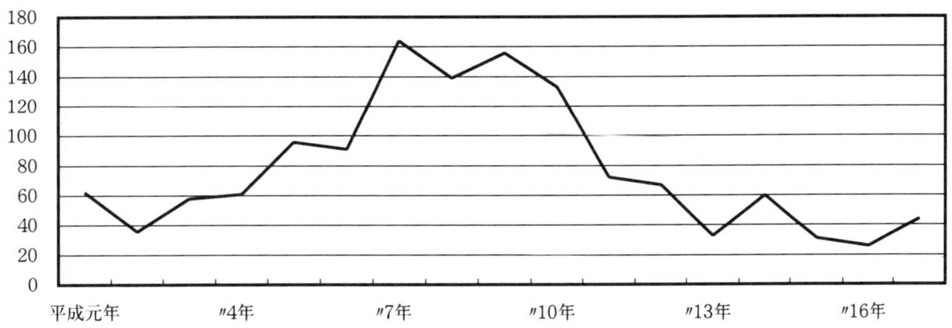

13. 国民経済計算

13-1 国内総生産と総支出勘定（平成元年度～10年度）

（単位 10億円）

年次	国内総生産					国内総生産（＝国内総支出）	国内総支出	
	雇用者所得	営業余剰	固定資本減耗	間接税（控除）補助金	統計上の不突合		民間最終消費支出	政府最終消費支出
1989 平成元年	218,560	98,167	59,891	28,384	-2,690	402,311	231,854	36,734
1990 〃2年	236,952	103,148	63,901	31,644	-3,056	432,589	246,446	39,520
1991 〃3年	254,734	100,959	69,815	33,712	-3,359	455,862	258,190	41,671
1992 〃4年	263,369	91,876	73,577	33,906	2,704	465,431	266,426	43,672
1993 〃5年	264,766	103,613	74,572	34,113	-317	476,746	281,136	45,039
1994 〃6年	271,233	98,709	75,858	34,904	-1,863	478,841	286,666	46,197
1995 〃7年	275,099	100,857	77,574	35,889	-171	489,249	293,606	47,674
1996 〃8年	281,109	105,520	80,760	37,634	-1,955	503,068	303,048	48,494
1997 〃9年	286,408	99,372	82,275	39,320	257	507,632	304,273	50,029
1998 〃10年	282,032	90,400	83,166	41,059	598	497,256	305,404	50,911

出所： 44, 48, 50

13-1 国内総生産と総支出勘定（平成11年度～18年度）

（単位 10億円）

年次	国内総生産					国内総生産（＝国内総支出）	国内総支出	
	雇用者報酬	営業余剰・混合所得	固定資本減耗	生産・輸入品に課される税（控除）補助金	統計上の不突合		民間最終消費支出	政府最終消費支出
1999 平成11年	273,030	93,323	95,857	39,017	6,773	508,000	286,826	81,450
2000 〃12年	275,444	95,999	98,644	38,462	4,661	513,209	285,993	84,903
2001 〃13年	271,864	87,324	98,955	38,295	4,481	500,920	285,150	86,986
2002 〃14年	264,742	90,067	97,831	37,455	7,552	497,647	284,542	87,403
2003 〃15年	256,194	93,099	103,733	36,788	3,934	493,748	282,563	88,613
2004 〃16年	255,947	97,922	105,778	38,005	839	498,491	284,173	89,785
2005 〃17年	259,430	94,027	104,358	39,821	6,209	503,845	287,556	90,577
2006 〃18年	262,835	95,413	105,964	40,163	7,502	511,877	291,375	89,912

出所： 54, 58

（単位　10億円）

年　次	国内総支出			
	国内総固定資本形成	在庫品増加	財貨・サービスの輸出	（控除）財貨・サービスの輸入
1989 平成元年	125,857	3,147	43,714	38,995
1990 〃2年	140,105	2,697	46,210	42,390
1991 〃3年	143,302	3,331	47,107	37,739
1992 〃4年	142,843	919	47,366	35,795
1993 〃5年	139,232	602	43,600	32,864
1994 〃6年	136,428	312	44,416	35,177
1995 〃7年	140,944	956	46,396	40,328
1996 〃8年	148,351	880	51,212	48,918
1997 〃9年	143,403	2,482	56,671	49,227
1998 〃10年	131,627	-508	53,746	43,924

（単位　10億円）

年　次	国内総支出				
	国内総固定資本形成	うち無形固定資産	在庫品増加	財貨・サービスの輸出	（控除）財貨・サービスの輸入
1999 平成11年	133,633	11,011	-1,737	52,151	44,323
2000 〃12年	135,319	11,866	798	55,632	49,437
2001 〃13年	126,477	11,544	-1,562	52,273	48,403
2002 〃14年	119,482	10,658	23	56,679	50,482
2003 〃15年	112,472	9,653	904	60,376	51,181
2004 〃16年	113,919	9,669	1,684	67,039	58,109
2005 〃17年	117,618	10,021	1,592	74,902	68,400
2006 〃18年	120,958	10,292	2,498	83,889	76,756

13-2　国内総支出

（単位　10億円）

年　次		民間最終消費支出 (A)	政府最終消費支出 (B)	国内総資本形成 (C)				
				民間総固定資本形成		公的総固定資本形成	在庫品増加	
				住　宅	企業設備		民間企業	公的企業
1989	平成元年	221,164	53,977	23,087	80,538	27,137	3,222	-113
1990	〃2年	237,928	58,048	25,068	92,341	29,220	2,787	46
1991	〃3年	251,285	61,495	23,373	92,664	31,657	3,319	-77
1992	〃4年	259,609	65,168	22,914	87,756	37,262	249	64
1993	〃5年	266,463	67,665	24,039	74,746	40,275	-2,970	-171
1994	〃6年	273,683	70,320	25,788	72,687	39,373	41	270
1995	〃7年	278,752	73,298	24,185	73,570	42,196	1,759	330
1996	〃8年	286,333	76,028	27,738	78,632	40,797	2,285	279
1997	〃9年	287,415	77,458	22,768	83,728	38,666	3,066	265
1998	〃10年	288,072	79,216	19,828	78,043	38,523	-722	-27
1999	〃11年	286,854	81,450	20,431	75,591	37,587	-1,803	66
2000	〃12年	285,921	84,903	20,310	80,668	34,374	683	116
2001	〃13年	285,030	86,986	18,496	75,950	32,045	-1,364	-44
2002	〃14年	284,100	87,536	17,888	71,412	30,025	68	-23
2003	〃15年	283,548	88,002	17,809	75,201	27,229	337	-67
2004	〃16年	284,173	89,785	18,414	71,504	24,002	1,409	275
2005	〃17年	287,556	90,577	18,387	76,237	22,993	1,339	253
2006	〃18年	291,375	89,912	18,828	80,981	21,149	2,297	201

出所： 55, 58

政府最終消費支出

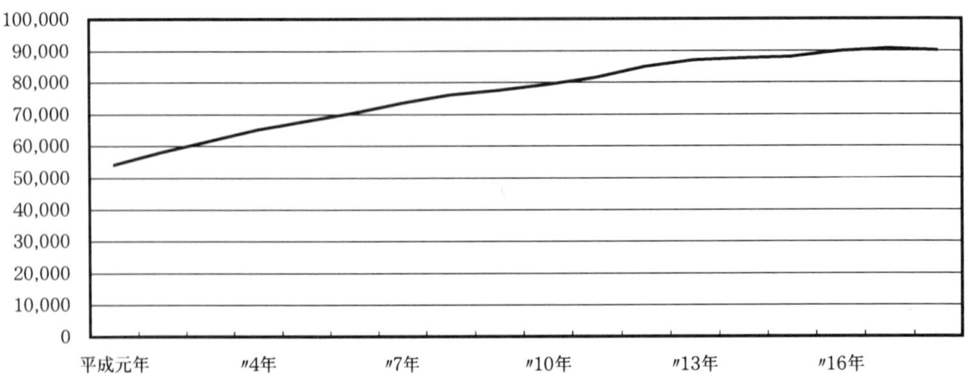

（単位　10億円）

年　次		財貨・サービスの純輸出 (D)	財貨・サービスの輸出	(控除) 財貨・サービスの輸入	国　内総支出 (A+B+C+D)	対前年増加率 (%)
1989	平成元年	5,732	43,644	37,912	414,743	7.2
1990	〃2年	4,558	46,127	41,568	449,997	8.5
1991	〃3年	8,545	46,987	38,442	472,261	4.9
1992	〃4年	10,815	47,237	36,422	483,838	2.5
1993	〃5年	10,613	43,478	32,864	480,662	-0.7
1994	〃6年	9,107	44,284	35,177	491,268	2.2
1995	〃7年	5,894	46,222	40,328	499,984	1.8
1996	〃8年	2,137	51,054	48,917	514,227	2.8
1997	〃9年	7,171	56,398	49,227	520,535	1.2
1998	〃10年	9,570	53,494	43,924	512,503	-1.5
1999	〃11年	7,829	52,151	44,323	508,005	-0.9
2000	〃12年	6,196	55,632	49,437	513,170	1.0
2001	〃13年	3,869	52,273	48,403	500,968	-2.4
2002	〃14年	6,197	56,679	50,482	497,203	-0.8
2003	〃15年	9,195	60,376	51,181	501,254	0.8
2004	〃16年	8,929	67,039	58,109	498,491	1.0
2005	〃17年	6,502	74,902	68,400	503,845	1.1
2006	〃18年	7,134	83,889	76,756	511,877	1.6

国内総支出

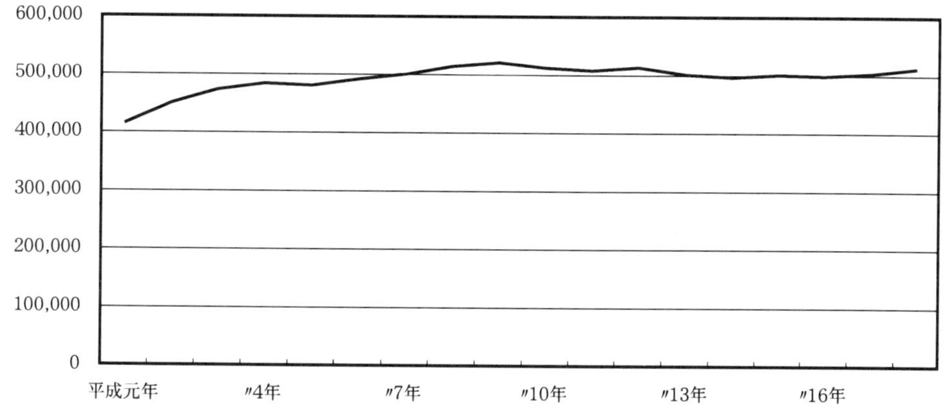

13-3 国民所得の分配（平成元年度～10年度）

（単位 10億円）

年次	雇用者所得 (A)				財産所得（非企業部門） (B)			
	総額	賃金・俸給	社会保障雇主負担	その他の雇主負担	総額	一般政府	対家計民間非営利団体	家計
1989 平成元年	216,087	184,835	18,207	13,045	30,480	-4,064	46	34,498
1990 〃2年	233,917	199,932	20,386	13,599	38,475	-3,379	174	41,680
1991 〃3年	251,189	214,993	21,821	14,374	39,934	-2,562	38	42,458
1992 〃4年	258,385	223,088	22,734	12,563	35,473	-2,917	-180	38,570
1993 〃5年	264,939	227,837	23,358	13,744	35,115	-940	-87	36,142
1994 〃6年	271,356	234,133	24,024	13,199	28,918	-1,699	-515	31,133
1995 〃7年	275,260	235,026	25,762	14,471	25,826	-2,895	-517	29,238
1996 〃8年	280,983	240,610	26,452	13,922	20,407	-5,038	-514	25,960
1997 〃9年	286,467	244,563	27,549	14,356	20,207	-5,102	-504	25,812
1998 〃10年	282,009	239,146	27,647	15,216	18,835	-6,100	-466	25,402

原注：「国民経済計算」による。1) 人口は総務庁統計局「人口推計月報」中の月初人口の単純平均による。

出所：50

13-3 国民所得・国民可処分所得の分配（平成11年度～18年度）

（単位 10億円）

年次	雇用者報酬 (A)				財産所得（非企業部門） (B)			
	総額	賃金・俸給	雇主の社会負担		総額	一般政府	家計	
			雇主の現実社会負担	雇主の帰属社会負担				利子
1999 平成11年	273,036	234,161	27,499	11,375	14,780	-7,030	21,632	4,506
2000 〃12年	275,441	235,948	27,854	11,640	14,509	-7,181	21,534	5,266
2001 〃13年	272,259	231,692	28,243	12,324	8,014	-6,736	14,700	-452
2002 〃14年	266,029	224,192	28,168	13,669	8,559	-6,912	15,369	-1,284
2003 〃15年	263,471	222,431	27,726	13,314	8,666	-6,821	15,360	-1,056
2004 〃16年	256,074	218,660	26,420	10,994	10,848	-4,987	15,697	-1,935
2005 〃17年	259,554	223,206	26,889	9,459	14,111	-3,286	17,221	-2,653
2006 〃18年	262,969	225,768	27,400	9,802	17,519	-2,877	20,133	-1,227

原注：「国民経済計算」による。1)人口は総務庁統計局「人口推計月報」中の月初人口の単純平均による。

出所：55, 58

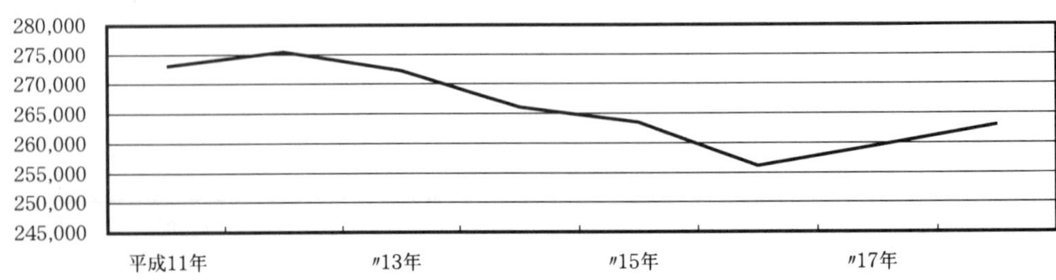

（単位　10億円）

年次	財産所得（非企業部門）(B) 家計 利子	配当	賃貸料	企業所得（配当受払後）(C) 総額	民間法人企業	公的企業	個人企業	農林水産業
1989 平成元年	22,545	9,601	2,352	75,577	35,629	3,765	36,182	3,683
1990 〃2年	28,799	10,320	2,561	73,347	33,052	4,574	35,721	3,765
1991 〃3年	29,287	10,415	2,757	71,931	30,428	3,344	38,159	3,307
1992 〃4年	26,655	8,943	2,972	75,230	33,111	2,623	39,496	3,317
1993 〃5年	25,050	7,910	3,182	72,411	28,914	774	42,723	2,774
1994 〃6年	20,768	7,183	3,182	73,499	28,460	423	44,616	4,278
1995 〃7年	19,031	6,907	3,300	79,629	32,366	2,711	44,551	3,484
1996 〃8年	17,128	5,599	3,234	90,486	39,499	4,382	46,605	3,464
1997 〃9年	16,901	5,593	3,317	85,645	33,892	4,772	46,981	2,944
1998 〃10年	16,460	5,373	3,570	78,394	28,962	4,879	44,553	2,777

（単位　10億円）

年次	財産所得（非企業部門）(B) 家計 配当(受取)	保険契約者に帰属する財産所得(受取)	賃貸料(受取)	対家計民間非営利団体	企業所得（法人企業の分配所得受払後）(C) 総額	民間法人企業	公的企業	個人企業
1999 平成11年	2,229	11,911	2,988	178	85,525	36,151	1,635	47,738
2000 〃12年	2,907	10,589	2,772	156	89,116	42,674	3,183	43,259
2001 〃13年	2,327	9,705	3,120	50	88,102	39,536	6,176	42,390
2002 〃14年	3,082	10,206	3,366	102	87,531	36,803	7,144	43,583
2003 〃15年	3,446	9,850	3,120	127	96,522	44,344	6,757	45,422
2004 〃16年	4,925	9,701	3,007	138	96,976	51,851	5,770	39,354
2005 〃17年	6,567	10,396	2,911	177	92,996	47,671	6,793	38,532
2006 〃18年	7,334	10,871	3,155	264	92,758	48,459	6,849	37,450

企業所得　総額

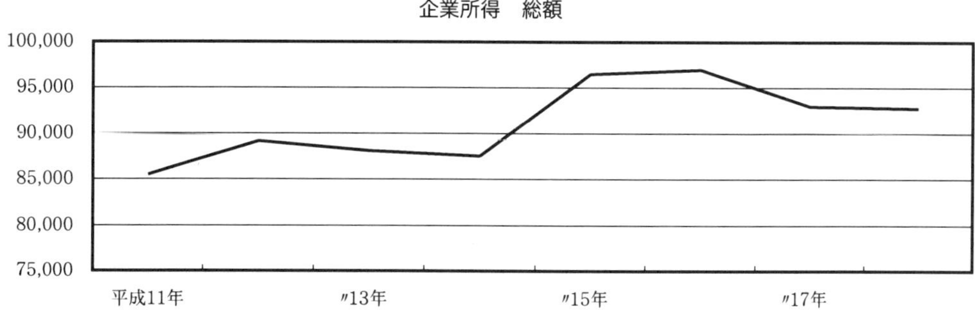

（単位　10億円）

年　次		企業所得（配当受払後）(C) 個人企業 その他の産業（非農林水・非金融）	持ち家	国民所得（要素費用表示）(D=A+B+C)	間接税（控除）補助金 (E)	国民所得（市場価格表示）(F=D+E)	その他の経常移転（純）(G)	国民可処分所得 (F+G)
1989	平成元年	21,472	11,028	322,144	28,379	350,523	-342	350,181
1990	〃2年	21,625	10,331	345,739	31,644	377,383	-320	377,063
1991	〃3年	23,357	11,495	363,054	33,712	396,766	-376	396,390
1992	〃4年	22,326	13,853	369,088	33,925	403,013	-518	402,496
1993	〃5年	23,835	16,114	372,464	34,113	406,577	-578	406,000
1994	〃6年	23,295	17,043	373,772	34,904	408,676	-605	408,071
1995	〃7年	21,740	19,328	380,715	35,889	416,603	-827	415,776
1996	〃8年	21,513	21,628	391,876	37,638	429,514	-1,055	428,460
1997	〃9年	20,543	23,494	392,319	39,320	431,639	-1,034	430,605
1998	〃10年	17,930	23,845	379,239	41,059	420,298	-1,459	418,839

（単位　10億円）

年　次		企業所得 (C)（法人企業の分配所得受払後）個人企業 農林水産業	その他の産業（非農林水・非金融）	持ち家	国民所得（要素費用表示）(D=A+B+C)	生産・輸入品に課される税(控除)補助金 (E)	国民所得（市場価格表示）(F=D+E)	その他の経常移転（純）(G)	国民可処分所得 (F+G)
1999	平成11年	2,947	21,423	23,368	373,340	39,017	412,357	-928	411,429
2000	〃12年	2,841	16,224	24,194	379,066	38,462	417,528	-746	416,782
2001	〃13年	2,798	14,497	25,096	368,374	38,295	406,669	-498	406,171
2002	〃14年	2,778	14,694	26,111	362,118	37,449	399,567	-851	398,716
2003	〃15年	2,965	15,490	26,967	368,659	36,901	405,561	-684	404,876
2004	〃16年	2,770	14,915	21,669	363,898	38,005	401,902	-749	401,154
2005	〃17年	2,658	13,849	22,025	366,661	39,821	406,482	-583	405,899
2006	〃18年	2,615	12,492	22,343	373,247	40,163	413,410	-978	412,432

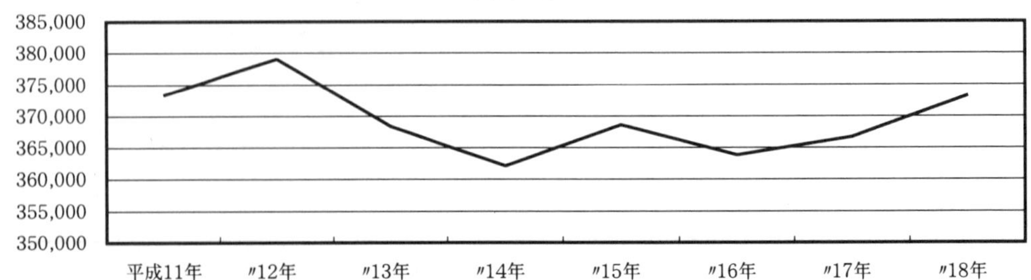

(単位　10億円)

年　次	参　考		
	民間法人企業所得(配当受払前)	民間法人企業所得に対する直接税	1人当たり国民所得(1,000円) 1)
1989 平成元年	41,213	25,273	2,616
1990 〃2年	38,853	24,671	2,798
1991 〃3年	36,019	22,600	2,928
1992 〃4年	36,962	18,721	2,968
1993 〃5年	32,649	16,959	2,987
1994 〃6年	31,797	16,708	2,991
1995 〃7年	36,225	18,029	3,037
1996 〃8年	43,706	18,856	3,115
1997 〃9年	37,881	17,593	3,111
1998 〃10年	33,073	15,421	2,999

(単位　10億円)

年　次	参　考		
	民間法人企業所得(分配所得受払前)	民間法人企業所得に対する所得・富等に課される経常税	1人当たり国民所得(1,000円) 1)
1999 平成11年	37,600	14,283	2,947
2000 〃12年	44,380	15,509	2,988
2001 〃13年	40,546	14,019	2,897
2002 〃14年	38,783	12,874	2,843
2003 〃15年	46,469	13,574	2,889
2004 〃16年	55,030	15,202	2,849
2005 〃17年	51,865	18,181	2,871
2006 〃18年	53,552	20,456	2,922

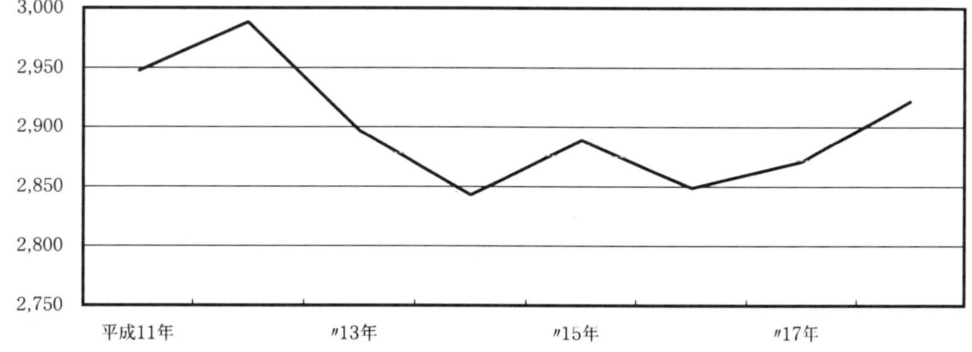

出所一覧

1. 人 口

1-1 人口の推移：総務省統計局「日本統計年鑑」第58回 pp.34-35.

1-2 出生，死亡，死産，婚姻および離婚数：総務省統計局「日本統計年鑑」第58回 pp.62-63.

1-3 国籍別登録外国人数（平成元年～3年）：総務庁統計局「日本統計年鑑」第42回 p.45.

1-3 国籍別登録外国人数（平成4年～7年）：総務庁統計局「日本統計年鑑」第44回 p.53,第46回 p.53.

1-3 国籍別登録外国人数（平成8年～13年）：総務庁統計局「日本統計年鑑」第50回 p.53,総務省統計局「日本統計年鑑」第56回 p.55

1-3 国籍別登録外国人数（平成14年～18年）：総務省統計局「日本統計年鑑」第56回 p.55,第58回 p.57.

2. 労 働

2-1 就業状態別15歳以上人口－総数：総務省統計局「日本統計年鑑」第58回 pp.490-491.

2-2 就業状態別15歳以上人口－男：総務省統計局「日本統計年鑑」第58回 pp.490-491.

2-3 就業状態別15歳以上人口－女：総務省統計局「日本統計年鑑」第58回 pp.490-491.

2-4 従業上の地位別就業者数－総数：総務庁統計局「日本統計年鑑」第42回 pp.72-73,第45回 pp.84-85,第49回 pp.84-85,総務省統計局「日本統計年鑑」第52回 pp.84-85,第55回 pp.494-495,第58回 pp.494-495.

2-5 従業上の地位別就業者数－男：総務庁統計局「日本統計年鑑」第42回 pp.72-73,第45回 pp.84-85,第49回 pp.84-85,総務省統計局「日本統計年鑑」第52回 pp.84-85,第55回 pp.494-495,第58回 pp.494-495.

2-6 従業上の地位別就業者数－女：総務庁統計局「日本統計年鑑」第42回 pp.72-73,第45回 pp.84-85,第49回 pp.84-85,総務省統計局「日本統計年鑑」第52回 pp.84-85,第55回 pp.494-495,第58回 pp.494-495.

2-7 産業，職業別就業者数－総数（平成元年～14年）：総務庁統計局「日本統計年鑑」第42回 pp.72-73,第45回 pp.84-85,第48回 pp.84-85,総務省統計局「日本統計年鑑」第51回 pp.84-85,第53回 pp.500-501.

2-7 産業・職業別就業者数－総数（平成15年～19年）：総務省統計局「日本統計年鑑」第56回 pp.494-495,第58回 pp.494-495.

2-8 産業，職業別就業者数－男（平成元年～14年）：総務庁統計局「日本統計年鑑」第42回 pp.72-73,第45回 pp.84-85,第48回 pp.84-85,総務省統計局「日本統計年鑑」第51回 pp.84-85,第53回 pp.500-501.

2-8 産業・職業別就業者数－男（平成15年～19年）：総務省統計局「日本統計年鑑」第56回 pp.494-495,第58回 pp.494-495.

2-9 産業，職業別就業者数－女（平成元年～14年）：総務庁統計局「日本統計年鑑」第42回 pp.72-73,第45回 pp.84-85,第48回 pp.84-85,総務省統計局「日本統計年鑑」第51回 pp.84-85,第53回 pp.500-501.

2-9 産業・職業別就業者数－女（平成15年～19年）：総務省統計局「日本統計年鑑」第56回 pp.494-495,第58回 pp.494-495.

2-10 産業別常用労働者１人平均月間総実労働時間数（平成元年～１６年）：総務庁統計局「日本統計年鑑」第４４回 p.124,第49回 p.123,総務省統計局「日本統計年鑑」第54回 p.533,第55回 p.533.

2-10 産業別常用労働者１人平均月間総実労働時間数（平成１７年～１９年）：総務省統計局「日本統計年鑑」第５８回 p.533.

2-11 労働組合数及び組合員数（平成元年～15年）：総務庁統計局「日本統計年鑑」第42回 p.114,第45回 p.127,第48回 p.127,総務省統計局「日本統計年鑑」第51回 p.127,第54回 p.537.

2-11 労働組合数及び組合員数（平成16年～19年）：総務省統計局「日本統計年鑑」第56回 p.537,第58回 p.537.

2-12 争議形態別労働争議：総務省統計局「日本統計年鑑」第54回 p.538,第58回 p.538.

3. 貿 易

3-1 主要商品の輸出数量及び金額（平成元年～4年）：総務庁統計局「日本統計年鑑」第42回 pp.346-347,第43回 pp.416-417.

3-1 品別輸出数量及び金額（平成5年～15年）：総務庁統計局「日本統計年鑑」第47回 pp.418-419,総務省統計局「日本統計年鑑」第51回 pp.418-419,第54回 pp.462-463.

3-1　品別輸出数量及び金額（平成16年～19年）：総務省統計局「日本統計年鑑」第58回 pp.462-463.

3-2　主要商品の輸入数量及び金額（平成元年～6年）：総務庁統計局「日本統計年鑑」第42回 pp.348-349,第45回 pp.418-419.

3-2　品別輸入数量及び金額（平成7年～15年）：総務庁統計局「日本統計年鑑」第50回 pp.414-415,総務省統計局「日本統計年鑑」第54回 pp.464-465.

3-2　品別輸入数量及び金額（平成16年～19年）：総務省統計局「日本統計年鑑」第58回 pp.464-465.

3-3　国際収支（平成元年～6年）：総務庁統計局「日本統計年鑑」第45回 p.429.

3-3　国際収支（平成7年～19年）：総務省統計局「日本統計年鑑」第51回 p.431,第56回 p.475,第58回 p.475.

4. 金　融

4-1　日本銀行勘定（平成元年～7年）：総務庁統計局「日本統計年鑑」第42回 p.399,第45回 p.449,第46回 p.451.

4-1　日本銀行勘定（平成8年～12年）：総務庁統計局「日本統計年鑑」第50回 p.447,総務省統計局「日本統計年鑑」第51回 p.453.

4-1　日本銀行勘定（平成13年，14年）：総務省統計局「日本統計年鑑」第53回 p.421.

4-1　日本銀行勘定（平成15年～19年）：総務省統計局「日本統計年鑑」第57回 p.421,第58回 p.421.

4-2　日本銀行金利（平成元年～13年）：総務省統計局「日本統計年鑑」第53回 p.421.

4-3　通貨流通高：総務省統計局「日本統計年鑑」第55回 p.122,第58回 p.124.

4-4　全国銀行銀行勘定 総数－資産（平成元年～6年）：総務庁統計局「日本統計年鑑」第42回 pp.400-401,第44回 pp.452-453,第45回 pp.450-451.

4-4　国内銀行銀行勘定 総数－資産（平成7年～14年）：総務庁統計局「日本統計年鑑」第50回 pp.448-449,総務省統計局「日本統計年鑑」第53回 pp.422-423.

4-4　国内銀行銀行勘定　総数－資産（平成15年～18年）：総務省統計局「日本統計年鑑」第57回 p.422.

4-4　国内銀行銀行勘定　総数－資産（平成19年）：総務省統計局「日本統計年鑑」第58回 p.422.

4-5　全国銀行銀行勘定　総数－負債及び資本（平成元年～6年）：総務庁統計局「日本統計年鑑」第42回 pp.402-403,第44回 pp.454-455,第45回 pp.452-453.

4-5　国内銀行銀行勘定　総数－負債及び資本（平成7年～14年）：総務庁統計局「日本統計年鑑」第50回 pp.450-451,総務省統計局「日本統計年鑑」第53回 pp.424-425.

4-5　国内銀行銀行勘定　総数－負債及び資本（平成15年～19年）：総務省統計局「日本統計年鑑」第57回 p.422,第58回 p.422.

4-6　全国銀行銀行勘定　都市銀行－資産（平成元年～6年）：総務庁統計局「日本統計年鑑」第42回 pp.400-401,第44回 pp.452-453,第45回 pp.450-451.

4-6　国内銀行銀行勘定　都市銀行－資産（平成7年～14年）：総務庁統計局「日本統計年鑑」第50回 pp.448-449,総務省統計局「日本統計年鑑」第53回 pp.422-423.

4-7　全国銀行銀行勘定　都市銀行－負債及び資本（平成元年～6年）：総務庁統計局「日本統計年鑑」第42回 pp.402-403,第44回 pp.454-455,第45回 pp.452-453.

4-7　国内銀行銀行勘定　都市銀行－負債及び資本（平成7年～14年）：総務庁統計局「日本統計年鑑」第50回 pp.450-451,総務省統計局「日本統計年鑑」第53回 pp.424-425.

4-8　全国銀行銀行勘定　地方銀行－資産（平成元年～6年）：総務庁統計局「日本統計年鑑」第42回 pp.400-401,第44回 pp.452-453,第45回 pp.450-451.

4-8　国内銀行銀行勘定　地方銀行－資産（平成7年～14年）：総務庁統計局「日本統計年鑑」第50回 pp.448-449,総務省統計局「日本統計年鑑」第53回 pp.422-423.

4-9　全国銀行銀行勘定　地方銀行－負債及び資本（平成元年～6年）：総務庁統計局「日本統計年鑑」第42回 pp.402-403,第44回 pp.454-455,第45回 pp.452-453.

4-9　国内銀行銀行勘定　地方銀行－負債及び資本（平成7年～14年）：総務庁統計局「日本統計年鑑」第50回 pp.450-451,総務省統計局「日本統計年鑑」第53回 pp.424-425.

4-10 全国銀行銀行勘定　長期信用銀行－資産（平成元年～6年）：総務庁統計局「日本統計年鑑」第42回 pp.400-401,第44回 pp.452-453,第45回 pp.450-451.

4-10 国内銀行銀行勘定　長期信用銀行－資産（平成7年～11年）：総務庁統計局「日本統計年鑑」第50回

pp.448-449.
4-11 全国銀行銀行勘定　長期信用銀行－負債及び資本（平成元年～6年）：総務庁統計局「日本統計年鑑」第42回 pp.402-403,第44回 pp.454-455,第45回 pp.452-453.
4-11 国内銀行銀行勘定　長期信用銀行－負債及び資本（平成7年～11年）：総務庁統計局「日本統計年鑑」第50回 pp.450-451.
4-12 全国銀行銀行勘定　信託銀行－資産（平成元年～6年）：総務庁統計局「日本統計年鑑」第42回 pp.400-401,第44回 pp.452-453,第45回 pp.450-451.
4-12 国内銀行銀行勘定　信託銀行－資産（平成7年～11年）：総務庁統計局「日本統計年鑑」第50回 pp.448-449.
4-13 全国銀行銀行勘定　信託銀行－負債及び資本（平成元年～6年）：総務庁統計局「日本統計年鑑」第42回 pp.402-403,第44回 pp.454-455,第45回 pp.452-453.
4-13 国内銀行銀行勘定　信託銀行－負債及び資本（平成7年～11年）：総務庁統計局「日本統計年鑑」第50回 pp.450-451.
4-14 郵便貯金，郵便貯金貸付金及び郵便振替受払高：総務庁統計局「日本統計年鑑」第43回 p.460,第46回 p.462,第50回 p.456,総務省統計局「日本統計年鑑」第53回 p.430,第56回 p.426,第58回 p.427.
4-15 手形交換：総務庁統計局「日本統計年鑑」第43回 pp.470-471,第46回 pp.472-473,第49回 pp.458-459,総務省統計局「日本統計年鑑」第52回 pp.472-473,第56回 p.435,第58回 p.435.
4-16 外国為替相場：総務省統計局「日本統計年鑑」第52回 p.430,第58回 p.474.
4-17 生命保険会社の契約高及び資金運用状況：総務庁統計局「日本統計年鑑」第43回 p.481,第46回 p.483,第47回 p.483,第50回 p.477,総務省統計局「日本統計年鑑」第53回 p.451,第56回 p.445,第58回 p.445.
4-18 損害保険会社の契約高及び資金運用状況：総務庁統計局「日本統計年鑑」第43回 p.481,第46回 p.483,第47回 p.483,第50回 p.477,総務省統計局「日本統計年鑑」第53回 p.451,第56回 p.445,第58回 p.445.

5. 財　政

5-1　税目別国税額：総務庁統計局「日本統計年鑑」第42回 p.452,第45回 p.504,第48回 p.500,第50回 p.498,総務省統計局「日本統計年鑑」第52回 p.504,第54回 p.146,第57回 p.150,第58回 p.150.
5-2　一般会計－主要科目別歳入額：総務庁統計局「日本統計年鑑」第42回 p.441,第45回 p.493,第48回 p.491,総務省統計局「日本統計年鑑」第51回 p.495,第56回 p.139,第58回 p.141.
5-3　一般会計－目的別歳出額：総務庁統計局「日本統計年鑑」第43回 p.494,第46回 p.498,第50回 p.492,総務省統計局「日本統計年鑑」第53回 p.140,第57回 p.144,第58回 p.144.
5-4　特別会計－主要会計項別歳入歳出額：総務庁統計局「日本統計年鑑」第41回 pp.448-449,第42回 pp.448-449,第43回 pp.498-499,第44回 pp.502-503,第45回 pp.500-501.
5-5　政府関係機関－機関別収入支出額（平成元年度～8年度）：総務庁統計局「日本統計年鑑」第41回 p.450,第42回 p.450,第43回 p.500,第44回 p.504,第45回 p.502,第46回 p.502,第47回 p.502,第48回 p.498.
5-5　政府関係機関－機関別収入支出額（平成9年度～12年度）：総務庁統計局「日本統計年鑑」第49回 p.492,第50回 p.496,総務省統計局「日本統計年鑑」第51回 p.502,第52回 p.502.
5-5　政府関係機関－機関別収入支出額（平成13年度～17年度）：総務省統計局「日本統計年鑑」第53回 p.144,第54回 p.144,第55回 p.146,第57回 p.148,第58回 p.148.

6. 教　育

6-1　幼稚園，保育所（平成元年～13年）：総務庁統計局「日本統計年鑑」第42回 p.649,第44回 p.679,第46回 p.691,第49回 p.685,総務省統計局「日本統計年鑑」第51回 p.695,第53回 p.711.
6-1　幼稚園及び保育所（平成14年～19年）：総務省統計局「日本統計年鑑」第55回 p.699,第56回 p.699,第58回 p.699.
6-2　小学校（平成元年～13年）：総務庁統計局「日本統計年鑑」第42回 pp.650-651,第44回 pp.680-681,第46回 pp.692-693,第49回 pp.686-687,第50回 pp.690-691,総務省統計局「日本統計年鑑」第52回 pp.698-699,第53回 pp.712-713.
6-2　小学校（平成14年～19年）：総務省統計局「日本統計年鑑」第55回 pp.700-701,第57回 pp.700-701,第58回 pp.700-701.
6-3　中学校（平成元年～13年）：総務庁統計局「日本統計年鑑」第42回 pp.652-653,第44回 pp.682-683,第46回

pp.694-695,第49回 pp.688-689,第50回 pp.692-693,総務省統計局「日本統計年鑑」第52回 pp.700-701,第53回 pp.714-715.

6-3　中学校（平成14年～19年）：総務省統計局「日本統計年鑑」第55回 pp.702-703,第57回 pp.702-703,第58回 pp.702-703.

6-4　高等学校（平成元年～14年）：総務庁統計局「日本統計年鑑」第42回 p.654,第45回 p.694,第48回 p.694,総務省統計局「日本統計年鑑」第51回 p.700,第53回 p.716.

6-4　高等学校（平成15年～19年）：総務省統計局「日本統計年鑑」第56回 p.704,第58回 p.704.

6-5　高等専門学校：総務庁統計局「日本統計年鑑」第42回 p.657,第44回 p.687,第47回 p.701,第50回 p.697,総務省統計局「日本統計年鑑」第54回 p.703,第57回 p.707,第58回 p.707.

6-6　短期大学（平成元年～12年）：総務庁統計局「日本統計年鑑」第42回 pp.658-659,第44回 pp.688-689,第47回 pp.702-703,第50回 pp.698-699,総務省統計局「日本統計年鑑」第51回 pp.704-705.

6-6　短期大学（平成13年～19年）：総務省統計局「日本統計年鑑」第54回 pp.704-705,第57回 pp.708-709,第58回 pp.708-709.

6-7　大学（平成元年～12年）：総務庁統計局「日本統計年鑑」第42回 pp.658-659,第45回 pp.698-699,第47回 pp.702-703,第50回 pp.698-699,総務省統計局「日本統計年鑑」第51回 pp.704-705.

6-7　大学（平成13年～19年）：総務省統計局「日本統計年鑑」第54回 pp.704-705,第57回 pp.708-709,第58回 pp.708-709.

6-8　盲学校：総務庁統計局「日本統計年鑑」第42回 p.656,第45回 p.696,第48回 p.696,総務省統計局「日本統計年鑑」第51回 p.702,第54回 p.702,第57回 p.706.

6-9　聾学校：総務庁統計局「日本統計年鑑」第42回 p.656,第45回 p.696,第48回 p.696,総務省統計局「日本統計年鑑」第51回 p.702,第54回 p.702,第57回 p.706.

6-10 養護学校：総務庁統計局「日本統計年鑑」第42回 p.656,第45回 p.696,第48回 p.696,総務省統計局「日本統計年鑑」第51回 p.702,第54回 p.702,第57回 p.706.

6-11 特別支援学校：総務省統計局「日本統計年鑑」第58回 p.706.

6-12 中学校卒業者の卒業後の状況：総務庁統計局「日本統計年鑑」第42回 p.665,第45回 p.705,第49回 p.701,総務省統計局「日本統計年鑑」第51回 p.711,第54回 p.711,第57回 p.715,第58回 p.715.

6-13 高等学校卒業者の卒業後の状況：総務庁統計局「日本統計年鑑」第42回 p.665,第45回 p.705,第49回 p.701,総務省統計局「日本統計年鑑」第51回 p.711,第54回 p.711,第57回 p.715,第58回 p.715.

6-14 中等教育学校卒業者の卒業後の状況：総務省統計局「日本統計年鑑」第54回 p.711,第57回 p.715,第58回 p.715.

6-15 高等専門学校卒業者の卒業後の状況：総務庁統計局「日本統計年鑑」第42回 p.665,第45回 p.705,第49回 p.701,総務省統計局「日本統計年鑑」第51回 p.711,第54回 p.711,第57回 p.715,第58回 p.715.

6-16 短期大学卒業者の卒業後の状況：総務庁統計局「日本統計年鑑」第42回 p.665,第45回 p.705,第49回 p.701,総務省統計局「日本統計年鑑」第51回 p.711,第54回 p.711,第57回 p.715,第58回 p.715.

6-17 大学卒業者の卒業後の状況：総務庁統計局「日本統計年鑑」第42回 p.665,第45回 p.705,第49回 p.701,総務省統計局「日本統計年鑑」第51回 p.711,第54回 p.711,第57回 p.715,第58回 p.715.

6-18 大学院卒業者の卒業後の状況：総務庁統計局「日本統計年鑑」第42回 p.665,第45回 p.705,第49回 p.701,総務省統計局「日本統計年鑑」第51回 p.711,第54回 p.711,第57回 p.715,第58回 p.715.

7.　農林水産業

7-1　専業・兼業別・経営耕地規模別農家数：総務省統計局「日本統計年鑑」第55回 p.231,第58回 p.233.

7-2　農家人口：総務庁統計局「日本統計年鑑」第40回 p.154,第41回 p.154,第42回 p.154,第43回 p.222,第44回 p.226.

7-3　経営耕地面積及び耕地の拡張・かい廃面積：総務庁統計局「日本統計年鑑」第42回 p.156,第45回 p.228,第49回 p.223,総務省統計局「日本統計年鑑」第52回 p.233,第55回 p.235,第58回 p.237.

7-4　農作物作付面積及び生産量（平成元年～13年）：総務庁統計局「日本統計年鑑」第43回 pp.230-233,第46回 pp.236-239,第50回 pp.230-233,総務省統計局「日本統計年鑑」第53回 pp.238-241.

7-4　農作物作付面積及び収穫量（平成14年～18年）：総務省統計局「日本統計年鑑」第56回 pp.240-243,第58回 pp.242-245.

7-5　家畜・鶏飼養戸数，飼養頭羽数及び生乳，鶏卵生産量：総務庁統計局「日本統計年鑑」第40回 p.167,第41

回 p.167,第42回 p.167,第43回 p.235,第44回 p.239,第45回 p.239,第46回 p.241,第47回 p.241,第48回 p.237,第49回 p.233,第50回 p.235,総務省統計局「日本統計年鑑」第51回 p.243,第52回 p.243,第53回 p.243,第54回 p.243,第55回 p.245,第56回 p.245,第57回 p.247,第58回 p.247.

7-6 林業経営体数，保有山林面積及び所有形態別現況森林面積：総務省統計局「日本統計年鑑」第58回 p.256.

7-7 樹種別人工造林面積（平成元年度～11年度）：総務庁統計局「日本統計年鑑」第43回 p.248,第46回 p.252,第49回 p.244,総務省統計局「日本統計年鑑」第52回 p.254.

7-7 樹種別人工造林面積（平成12年度～17年度）：総務省統計局「日本統計年鑑」第56回 p.256,第58回 p.258.

7-8 素材生産量：総務庁統計局「日本統計年鑑」第43回 p.249,第44回 p.253.

7-9 特用林産物生産量（平成元年～4年）：総務庁統計局「日本統計年鑑」第43回 p.250,第44回 p.254.

7-9 素材・特用林産物生産量（平成5年～18年）：総務庁統計局「日本統計年鑑」第47回 p.253,第50回 p.247,総務省統計局「日本統計年鑑」第53回 p.255,第56回 p.257,第58回 p.259.

7-10 海面漁業世帯数及び世帯人員（平成元年～5年）：総務庁統計局「日本統計年鑑」第43回 p.252,第45回 p.254.

7-10 海面漁業世帯数及び世帯人員（平成6年～18年）：総務庁統計局「日本統計年鑑」第48回 p.252,総務省統計局「日本統計年鑑」第51回 p.258,第54回 p.258,第56回 p.260,第58回 p.262.

7-11 海面漁業就業者数：総務庁統計局「日本統計年鑑」第43回 p.252,第46回 p.256,第49回 p.248,総務省統計局「日本統計年鑑」第54回 p.258,第56回 p.260,第58回 p.262.

7-12 登録漁船隻数：総務庁統計局「日本統計年鑑」第43回 p.255,第46回 p.259,総務省統計局「日本統計年鑑」第51回 p.261,第53回 p.261,第56回 p.263,第58回 p.265.

7-13 漁業部門別漁獲高－漁獲量（平成元年～14年）：総務庁統計局「日本統計年鑑」第43回 p.257,第46回 p.260,第50回 p.254,総務省統計局「日本統計年鑑」第54回 p.262,第55回 p.264.

7-13 漁業部門別漁獲高－漁獲量（平成15年～17年）：総務省統計局「日本統計年鑑」第57回 p.266,第58回 p.266.

7-14 漁業部門別漁獲高－生産額（平成元年～14年）：総務庁統計局「日本統計年鑑」第43回 p.257,第46回 p.260,第50回 p.254,総務省統計局「日本統計年鑑」第54回 p.262,第55回 p.264.

7-14 漁業部門別漁獲高－生産額（平成15年～17年）：総務省統計局「日本統計年鑑」第57回 p.266,第58回 p.266.

8. 鉱工・建設業

8-1 鉱物生産量及び在庫量（平成元年～7年）：総務庁統計局「日本統計年鑑」第43回 pp.284-285,第45回 pp.284-285,第46回 pp.286-287.

8-1 鉱物生産量及び在庫量（平成8年～12年）：総務庁統計局「日本統計年鑑」第49回 pp.278-279,総務省統計局「日本統計年鑑」第52回 pp.288-289.

8-1 鉱物生産量及び在庫量（平成13年～15年）：総務省統計局「日本統計年鑑」第55回 pp.286-287.

8-1 鉱物生産・出荷及び在庫量（平成16年～18年）：総務省統計局「日本統計年鑑」第58回 p.288.

8-2 石油製品の消費者向け総販売量（平成元年～12年）：総務庁統計局「日本統計年鑑」第43回 p.300,第45回 p.300,第48回 p.298,総務省統計局「日本統計年鑑」第52回 p.304.

8-2 石油製品需給（平成13年度～18年度）：総務省統計局「日本統計年鑑」第55回 pp.350-351,第58回 pp.352-353.

8-3 着工新設住宅：総務庁統計局「日本統計年鑑」第41回 p.271,第42回 p.271,第43回 p.339,第44回 p.339,第45回 p.337,第46回 p.339,第47回 p.339,第48回 p.335,第49回 p.331,第50回 p.333,総務省統計局「日本統計年鑑」第51回 p.339,第52回 p.339,第53回 p.335,第54回 p.333,第55回 p.335,第56回 p.335,第57回 p.337,第58回 p.337.

9. 運輸・通信

9-1 輸送機関別輸送量（平成元年度～9年度）：総務庁統計局「日本統計年鑑」第43回 p.372,第46回 p.374,第49回 p.366.

9-1 輸送機関別輸送量（平成10年度～18年度）：総務省統計局「日本統計年鑑」第52回 p.374,第55回 p.386,第58回 p.388.

9-2 車種別保有自動車数：総務庁統計局「日本統計年鑑」第43回 p.372,第45回 p.372,第47回 p.374,第50回

p.368, 総務省統計局「日本統計年鑑」第54回 p.386, 第57回 p.388, 第58回 p.388.

9-3 外航旅客輸送（平成元年度～9年度）：総務庁統計局「日本統計年鑑」第43回 p.381, 第46回 p.383, 第49回 p.375.

9-3 外航旅客輸送（平成10年～18年）：総務省統計局「日本統計年鑑」第52回 p.383, 第55回 p.395, 第57回 p.397, 第58回 p.397.

9-4 外航貨物輸送（平成元年度～10年度）：総務庁統計局「日本統計年鑑」第43回 p.382, 第46回 p.384, 第50回 p.378.

9-4 外航貨物輸送（平成11年～18年）：総務省統計局「日本統計年鑑」第53回 p.398, 第55回 p.396, 第58回 p.398.

9-5 内航貨物輸送：総務庁統計局「日本統計年鑑」第43回 p.383, 第46回 p.377, 第49回 p.377, 総務省統計局「日本統計年鑑」第52回 p.385, 第55回 p.397, 第58回 p.399.

9-6 航空輸送量－国内定期：総務庁統計局「日本統計年鑑」第43回 p.384, 第46回 p.386, 第50回 p.380, 総務省統計局「日本統計年鑑」第53回 p.400, 第56回 p.398, 第58回 p.400.

9-7 航空輸送量－国際定期：総務庁統計局「日本統計年鑑」第43回 p.384, 第46回 p.386, 第50回 p.380, 総務省統計局「日本統計年鑑」第53回 p.400, 第56回 p.398, 第58回 p.400.

9-8 電気通信の現況（平成元年度～5年度）：総務庁統計局「日本統計年鑑」第44回 pp.388-389, 第45回 pp.386-387.

9-8 電気通信の現況（平成6年度～10年度）：総務庁統計局「日本統計年鑑」第49回 pp.380-381, 第50回 pp.382-383.

9-9 情報通信サービスの加入者数・契約者数（平成7年度～13年度）：総務省統計局「日本統計年鑑」第53回 p.368.

9-9 情報通信サービスの加入・契約状況（平成14年度～18年度）：総務省統計局「日本統計年鑑」第58回 p.368.

9-10 世帯における情報通信機器の保有状況：総務省統計局「日本統計年鑑」第53回 p.365, 第55回 p.363, 第58回 p.365.

9-11 インターネットの利用状況（平成13年）：総務省統計局「日本統計年鑑」第56回 p.364.

9-11 インターネットの利用状況（平成18年）：総務省統計局「日本統計年鑑」第58回 p.366.

9-12 情報サービス業の事業所数，従業者数及び年間売上高（平成7年～17年）：総務省統計局「日本統計年鑑」第53回 p.370, 第55回 p.368, 第57回 p.370.

9-12 情報サービス業の事業所数，従業者数，従事者数及び年間売上高（平成18年）：総務省統計局「日本統計年鑑」第58回 p.370.

10. 企　業

10-1 経営組織別事業所数及び従業者数（平成3年，8年）：総務庁統計局「日本統計年鑑」第47回 pp.176-179, 総務省統計局「日本統計年鑑」第52回 pp.184-187.

10-1 経営組織別事業所数及び従業者数（平成13年）：総務省統計局「日本統計年鑑」第55回 pp.186-189.

10-1 経営組織別民営事業所数及び従業者数（平成16年）：総務省統計局「日本統計年鑑」第56回 pp.186-187.

10-1 経営組織別事業所数及び従業者数（平成18年）：総務省統計局「日本統計年鑑」第58回 pp.190-191.

10-2 会社経理（平成元年度～3年度）：総務庁統計局「日本統計年鑑」第43回 pp.190-193.

10-2 会社経理（平成4年度～18年度）：総務庁統計局「日本統計年鑑」第46回 pp.194-197, 第49回 pp.192-195, 総務省統計局「日本統計年鑑」第52回 pp.202-205, 第55回 pp.204-207, 第58回 pp.208-211.

11. 環　境

11-1 国内温室ガス排出量：総務省統計局「日本統計年鑑」第58回 p.798.

11-2 国内二酸化炭素の部門別排出量：総務省統計局「日本統計年鑑」第58回 p.798.

11-3 産業廃棄物の処理状況：総務省統計局「日本統計年鑑」第54回 p.795, 第58回 p.799.

11-4 一般廃棄物（ごみ及びし尿）処理状況－し尿処理：総務省統計局「日本統計年鑑」第53回 pp.808-809, 第57回 p.800, 第58回 p.800.

11-5 一般廃棄物（ごみ及びし尿）処理状況－ごみ処理：総務省統計局「日本統計年鑑」第54回 p.797, 第57回 p.801, 第58回 p.801.

11-6 大気汚染（5物質）に関する環境基準達成率及び年平均濃度：総務省統計局「日本統計年鑑」第53回 p.811, 第56回 p.804, 第58回 p.804.
11-7 公共用水域水質に関する環境基準達成率：総務省統計局「日本統計年鑑」第53回 p.811, 第57回 p.804, 第58回 p.804.

12. 国民生活

12-1 宗教団体数，教師数及び信者数：総務庁統計局「日本統計年鑑」第43回 p.727, 第46回 p.741, 第50回 p.739, 総務省統計局「日本統計年鑑」第53回 p.759, 第56回 p.747, 第58回 p.747.
12-2a 刑法犯の罪名別認知件数，検挙件数：総務庁統計局「日本統計年鑑」第43回 p.749, 第46回 p.763, 第50回 p.761, 総務省統計局「日本統計年鑑」第53回 p.785, 第56回 p.773, 第58回 p.773.
12-2b 刑法犯の検挙人員：総務庁統計局「日本統計年鑑」第43回 p.749, 第46回 p.763, 第50回 p.761, 総務省統計局「日本統計年鑑」第53回 p.785, 第56回 p.773, 第58回 p.773.
12-3 道路交通事故：総務庁統計局「日本統計年鑑」第45回 p.792, 第50回 p.792, 総務省統計局「日本統計年鑑」第52回 p.800, 第58回 p.816.
12-4 鉄道運転事故－JR：総務庁統計局「日本統計年鑑」第43回 p.783, 第45回 p.795, 第48回 p.795, 総務省統計局「日本統計年鑑」第51回 p.801, 第56回 p.819, 第58回 p.819.
12-5 鉄道運転事故－民営鉄道（JR以外）：総務庁統計局「日本統計年鑑」第43回 p.783, 第45回 p.795, 第48回 p.795, 総務省統計局「日本統計年鑑」第51回 p.801, 第56回 p.819, 第58回 p.819.
12-6 海難（平成元年～16年）：総務庁統計局「日本統計年鑑」第43回 p.784, 第46回 p.798, 第50回 p.796, 総務省統計局「日本統計年鑑」第53回 p.826, 第56回 p.820.
12-6 海難（平成17年，18年）：総務省統計局「日本統計年鑑」第58回 p.820.
12-7 電気事故（平成元年度～14年度）：総務庁統計局「日本統計年鑑」第43回 p.784, 第46回 p.798, 第48回 p.796, 総務省統計局「日本統計年鑑」第51回 p.802, 第55回 p.821.
12-7 電気事故（平成15年度～18年度）：総務省統計局「日本統計年鑑」第57回 p.820, 第58回 p.820.
12-8 ガス事故：総務庁統計局「日本統計年鑑」第43回 p.784, 第46回 p.798, 第50回 p.796, 総務省統計局「日本統計年鑑」第53回 p.826, 第58回 p.820.
12-9 自然災害発生状況：総務庁統計局「日本統計年鑑」第43回 p.770, 第46回 p.784, 第49回 p.778, 総務省統計局「日本統計年鑑」第52回 p.790, 第55回 p.807, 第57回 p.807, 第58回 p.807.
12-10 火災件数及び損害：総務庁統計局「日本統計年鑑」第43回 p.774, 第47回 p.790, 第50回 p.786, 総務省統計局「日本統計年鑑」第53回 p.817, 第56回 p.811, 第58回 p.811.
12-11 衆議院議員及び参議院議員選挙の推移：総務省統計局「日本統計年鑑」第57回 p.764.
12-12 厚生年金保険（平成元年度～3年度）：総務庁統計局「日本統計年鑑」第43回 p.632.
12-12 厚生年金保険（平成4年度～12年度）：総務庁統計局「日本統計年鑑」第46回 p.633, 第50回 p.631, 総務省統計局「日本統計年鑑」第53回 p.654.
12-12 厚生年金保険（平成13年度～17年度）：総務省統計局「日本統計年鑑」第56回 p.644, 第58回 p.644.
12-13 国民年金（平成元年度～11年度）：総務庁統計局「日本統計年鑑」第43回 p.631, 第46回 p.632, 第50回 p.630, 総務省統計局「日本統計年鑑」第52回 p.638.
12-13 国民年金（平成12年度～14年度）：総務省統計局「日本統計年鑑」第55回 p.644.
12-13 国民年金（平成15年度～17年度）：総務省統計局「日本統計年鑑」第58回 p.644.
12-14 農業者年金基金（平成元年度～3年度）：総務庁統計局「日本統計年鑑」第43回 p.632.
12-14 農業者年金基金（平成4年度～6年度）：総務庁統計局「日本統計年鑑」第46回 p.633
12-14 農業者年金基金（平成7年度～13年度）：総務庁統計局「日本統計年鑑」第50回 p.631, 総務省統計局「日本統計年鑑」第54回 p.641.
12-14 農業者年金（平成14年度～18年度）：総務省統計局「日本統計年鑑」第55回 p.645, 第58回 p.645.
12-15 国家公務員等共済組合 各省各庁組合（平成元年度～15年度）：総務庁統計局「日本統計年鑑」第43回 pp.634-635, 第46回 pp.634-635, 第49回 pp.628-629, 総務省統計局「日本統計年鑑」第52回 pp.640-641, 第55回 pp.646-647.
12-15 国家公務員等共済組合 各省各庁組合（平成16年度～18年度）：総務省統計局「日本統計年鑑」第58回 pp.646-647.
12-16 国家公務員等共済組合 適用法人組合：総務庁統計局「日本統計年鑑」第43回 pp.634-635, 第46回

pp.634-635,第49回 pp.628-629.

12-17 地方公務員等共済組合（平成元年度～15年度）：総務庁統計局「日本統計年鑑」第43回 pp.634-635,第46回 pp.634-635,第49回 pp.628-629,総務省統計局「日本統計年鑑」第52回 pp.640-641,第55回 pp.646-647.

12-17 地方公務員等共済組合（平成16年度～18年度）：総務省統計局「日本統計年鑑」第58回 pp.646-647.

12-18 私立学校教職員共済組合（平成元年度～16年度）：総務庁統計局「日本統計年鑑」第43回 p.636,第45回 p.634,第48回 p.634,総務省統計局「日本統計年鑑」第51回 p.640,第55回 p.648,第56回 p.648.

12-18 私立学校教職員共済（平成17年度，18年度）：総務省統計局「日本統計年鑑」第58回 p.648.

12-19 船員保険（平成元年度～12年度）：総務庁統計局「日本統計年鑑」第43回 p.633,第46回 p.637,第50回 p.635,総務省統計局「日本統計年鑑」第53回 p.659.

12-19 船員保険（平成13年度～17年度）：総務省統計局「日本統計年鑑」第56回 p.649,第58回 p.649.

12-20 農林漁業団体職員共済組合：総務庁統計局「日本統計年鑑」第43回 p.637,第46回 p.638,第49回 p.632,総務省統計局「日本統計年鑑」第52回 p.644,第53回 p.660.

12-21 介護保険：総務省統計局「日本統計年鑑」第55回 p.645,第58回 p.645.

12-22 児童扶養手当支給状況（平成元年度～4年度）：総務庁統計局「日本統計年鑑」第43回 pp.624-625,第44回 pp.624-625.

12-22 児童手当受給者数,支給対象児童数及び支給額（平成5年度～18年度）：総務庁統計局「日本統計年鑑」第47回 p.650,第50回 p.646,総務省統計局「日本統計年鑑」第53回 p.672,第56回 p.662,第58回 p.662.

12-23 社会福祉関係資金貸付状況：総務庁統計局「日本統計年鑑」第44回 p.619.

12-24 社会福祉行政機関及び民生委員：総務庁統計局「日本統計年鑑」第44回 p.619,第47回 p.654,総務省統計局「日本統計年鑑」第51回 p.656,第53回 p.675,第56回 p.665,第58回 p.665.

12-25 電灯及び電力需要（平成元年度～12年度）：総務庁統計局「日本統計年鑑」第43回 p.348,第46回 p.349,第49回 p.341,総務省統計局「日本統計年鑑」第52回 p.349.

12-25 電灯及び電力需要（平成13年度～16年度）：総務省統計局「日本統計年鑑」第55回 p.344,第56回 p.344.

12-25 電灯及び電力需要（平成17年度，18年度）：総務省統計局「日本統計年鑑」第58回 p.346.

12-26 上水道，簡易水道及び専用水道の現況：総務庁統計局「日本統計年鑑」第44回 pp.362-363,第47回 pp.362-363,第50回 pp.356-357,総務省統計局「日本統計年鑑」第53回 pp.358-359,第56回 pp.356-357,第58回 pp.358-359.

12-27 公共下水道普及状況（昭和39年度，40年度）：総務庁統計局「日本統計年鑑」第18回 p.246.

12-27 公共下水道普及状況（昭和41年度～45年度）：総務庁統計局「日本統計年鑑」第22回 p.239,第23回 p.239.

12-27 公共下水道普及状況（昭和46年度～49年度）：総務庁統計局「日本統計年鑑」第27回 p.233.

12-27 公共下水道及びごみ処理の現況（昭和50年度～53年度）：総務庁統計局「日本統計年鑑」第30回 p.229,第31回 p.576.

12-27 下水道普及状況（昭和54年度～平成17年度）：総務庁統計局「日本統計年鑑」第34回 p.619,第37回 p.619,第39回 p.619,第41回 p.621,第45回 p.661,第48回 p.661,総務省統計局「日本統計年鑑」第51回 p.667,第58回 p.805.

12-28 総合卸売物価指数－基本分類類別指数：総務省統計局「日本統計年鑑」第52回 p.536.

12-29 総合卸売物価指数－特殊分類需要段階別・用途別指数：総務省統計局「日本統計年鑑」第52回 p.537.

12-30 消費者物価指数（平成元年～16年）：総務省統計局「日本統計年鑑」第55回 pp.554-555.

12-30 消費者物価指数（平成17年～19年）：総務省統計局「日本統計年鑑」第58回 pp.554-555.

12-31 消費水準－全世帯（非農家）（平成元年～7年）：総務庁統計局「日本統計年鑑」第46回 p.588.

12-31 消費水準－全世帯（平成8年～17年）：総務省統計局「日本統計年鑑」第53回 p.633,第56回 p.623.

12-31 消費水準指数－二人以上の世帯（農林漁家世帯を除く）（平成18年，19年）：総務省統計局「日本統計年鑑」第58回 p.623.

12-32 消費水準－農家（平成元年度～6年度）：総務庁統計局「日本統計年鑑」第46回 p.588.

12-32 消費水準－農家（平成7年～11年）：総務省統計局「日本統計年鑑」第51回 p.592.

12-33 勤労者1世帯1か月当たり収入と支出：総務庁統計局「日本統計年鑑」第42回 pp.532-533,第45回 pp.570-571,第49回 pp.564-565,総務省統計局「日本統計年鑑」第52回 pp.574-575,第55回 pp.606-607,第58回 pp.606-607.

12-34 1世帯当たり年間の品目別支出金額（全世帯）（平成元年～16年）：「新版 日本長期統計総覧」4.

12-34 家庭主要品目の1世帯当たり年間支出金額（二人以上の世帯（農林漁家世帯を含む）－全世帯（平成17年

～19年）：総務省統計局「日本統計年鑑」第56回 pp.609-611,第57回 pp.609-611,第58回 pp.609-611.

12-35　ラジオ・テレビジョン放送局数及びテレビジョン放送受信契約数：総務庁統計局「日本統計年鑑」第43回 pp.718-719,第46回 pp.732-733,第50回 pp.730-731,総務省統計局「日本統計年鑑」第53回 pp.750-751,第56回 pp.738-739,第58回 pp.738-739.

12-36　書籍の出版点数：総務庁統計局「日本統計年鑑」第42回 p.685,第45回 p.729,第49回 p.725,総務省統計局「日本統計年鑑」第53回 p.750,第56回 p.738,第58回 p.738.

12-37　雑誌の出版点数：総務庁統計局「日本統計年鑑」第42回 p.685,第45回 p.729,第48回 p.729,総務省統計局「日本統計年鑑」第52回 p.737,第56回 p.738,第58回 p.738.

12-38　新聞発行部数：総務庁統計局「日本統計年鑑」第41回 p.686,第42回 p.686,第43回 p.718,第44回 p.720,第45回 p.730,第46回 p.732,第47回 p.734,第48回 p.730,第49回 p.726,第50回 p.730,総務省統計局「日本統計年鑑」第51回 p.736,第52回 p.738,第53回 p.751,第54回 p.735,第55回 p.739,第56回 p.739,第57回 p.739,第58回 p.739.

12-39　公共図書館：総務省統計局「日本統計年鑑」第53回 p.746,第58回 p.734.

12-40　大学附属図書館：総務庁統計局「日本統計年鑑」第42回 p.684,第45回 p.718,第49回 p.714,総務省統計局「日本統計年鑑」第52回 p.726,第55回 p.735,第58回 p.735.

13.　国民経済計算

13-1 国内総生産と総支出勘定（平成元年度～10年度）：総務庁統計局「日本統計年鑑」第44回 p.142,第48回 p.142,第50回 p.142.

13-1 国内総生産と総支出勘定（平成11年度～18年度）：総務省統計局「日本統計年鑑」第54回 p.91,第58回 p.95.

13-2 国民総支出：総務省統計局「日本統計年鑑」第55回 p.89,第58回 p.91.

13-3 国民所得の分配（平成元年度～10年度）：総務庁統計局「日本統計年鑑」第50回 pp.148-149.

13-3 国民所得・国民可処分所得の分配（平成11年度～18年度）：総務省統計局「日本統計年鑑」第55回 p.100,第58回 p.102.

事項名索引

あ

い

う

え

お

か

き

く

け

こ

さ

し

す

せ

そ

た

ち

つ

て

と

な

に

ね

の

は

ひ

ふ

へ

ほ

ま

み

む

め

も

や

ゆ

よ

ら

り

れ

ろ

わ

日本経済統計集 1989-2007

2009年6月25日 第1刷発行

監　　修／本間立志
発 行 者／大高利夫
編集・発行／日外アソシエーツ株式会社
〒143-8550 東京都大田区大森北1-23-8 第3下川ビル
電話(03)3763-5241(代表) FAX(03)3764-0845
URL http://www.nichigai.co.jp/
発 売 元／株式会社紀伊國屋書店
〒163-8636 東京都新宿区新宿3-17-7
電話(03)3354-0131(代表)
ホールセール部(営業) 電話(03)6910-0519

電算漢字処理／日外アソシエーツ株式会社
印刷・製本／株式会社平河工業社

《中性紙三菱クリームエレガ使用》

ISBN978-4-8169-2188-9　Printed in Japan,2009

本書はディジタルデータでご利用いただくことができます。詳細はお問い合わせください。